徐州统计年鉴

XUZHOU STATISTICAL YEARBOOK

2016

（总第29期）

徐州市统计局
国家统计局徐州调查队
编

中国统计出版社
China Statistics Press

图书在版编目(CIP)数据

徐州统计年鉴. 2016/ 徐州市统计局，国家统计局徐州调查队编. -- 北京：中国统计出版社，2016.7

ISBN 978-7-5037-7850-6

Ⅰ. ①徐…
Ⅱ. ①徐… ②国…
Ⅲ. ①统计资料 – 徐州市 – 2016 – 年鉴
Ⅳ. ①C832.533-54

中国版本图书馆 CIP 数据核字(2016)第 155337 号

徐州统计年鉴-2016

作　　者 / 徐州市统计局　国家统计局徐州调查队
责任编辑 / 陈越月
装帧设计 / 陈　燕　贺　凤
出版发行 / 中国统计出版社
地　　址 / 北京市丰台区西三环南路甲 6 号
邮　　编 / 100073
电　　话 / 邮购(010)63376909　　书店(010)68783171
网　　址/ http://csp.stats.gov.cn
印　　刷 / 徐州市今日彩色印刷有限公司
经　　销 / 新华书店
开　　本 / 890mm×1240mm　　1/16
字　　数 / 1200 千字
印　　张 / 32.5
版　　别 / 2016 年 7 月第 1 版
版　　次 / 2016 年 7 月第 1 次印刷
书　　价 / 300.00 元

如有印装差错，由本社发行部调换。

《徐州统计年鉴-2016》编辑委员会

《徐州统计年鉴-2016》编辑部

编 者 说 明

《徐州统计年鉴-2016》是一部全面、系统反映徐州市国民经济和社会发展情况的资料性年刊。书中汇集了徐州市及各县(市)2015年经济和社会各方面的统计数据,以及历史重要年份和改革开放以来的主要统计数据。

全书内容分为27个篇目,即:1.综合;2.国民经济核算;3.人口;4.就业人员和职工工资;5.固定资产投资;6.对外经济贸易和国际旅游;7.能源消费与库存;8.财政、金融和保险;9.物价指数;10.人民生活;11.自然资源、城市概况和环境保护;12.农林牧渔业;13.工业;14.建筑业;15.交通运输和邮电;16.批发零售和住宿餐饮业;17.科技和教育;18.卫生和社会服务;19.文化和体育;20.公共管理及其他;21.县(市)社会经济;22.乡镇基本情况;附录1.小康社会进程监测;附录2.江苏省市、县主要经济指标;附录3.江苏省市辖区主要经济指标;附录4.淮海经济区主要经济指标;附录5.企业选介。为方便读者使用,大部分篇末附有《主要统计指标解释》。

与2015版《徐州统计年鉴》相比较,本年鉴在统计内容和编辑上主要做了如下修订:

根据方法制度变化、实际编辑情况和用户需求,对第一篇综合,第二篇国民经济核算,第三篇人口,第四篇就业人员和职工工资,第八篇财政、金融和保险,第十篇人民生活,第十二篇农林牧渔业,第二十一篇县(市)社会经济等部分内容进行了调整修订,另外新增附录3江苏省市辖区主要经济指标。

本年鉴部分数据合计数或相对数由于单位取舍不同产生的计算误差均未作机械调整;年鉴文稿中所用数字,如有与表中数据不一致的,读者在引用时均以表中数据为准;凡与本年鉴有出入的历史资料数据,均以本年鉴为准。

本年鉴表中的符号使用说明:"…"表示数据不足本表最小单位数;"空格"表示该项统计指标数据不详或无该项数据;"#"表示其中的主要项。

本年鉴编辑过程中,得到中国统计出版社和江苏省统计局综合处的悉心指导,得到市财政局、市交通局、市农委、市农机局、市国土局、市气象局、市水利局、市城乡建设局、市环保局、市卫计委、市民政局、市人保局、市司法局、市教育局、市旅游局、市商务局、市文广新局、市体育局、市政协、市妇联、市邮政管理局、人民银行徐州中心支行、市公安交警支队、市公安消防支队、市车管所、市保险协会、市各通信公司等各有关部门、单位以及广大统计工作人员的大力支持,在此我们表示诚挚的感谢。恳请各界人士和读者对年鉴的不足之处批评指正,以期进一步提高编辑水平,更好地为广大读者服务。

目　录

五、固定资产投资

六、对外经济贸易和国际旅游

七、能源消费与库存

八、财政、金融和保险

九、物价指数

十、人民生活

十一、自然资源、城市概况和环境保护

十二、农林牧渔业

十三、工　业

十四、建筑业

十五、交通运输和邮电

十六、批发零售和住宿餐饮业

十七、科技和教育

十八、卫生和社会服务

十九、文化和体育

二十、公共管理及其他

二十一、县（市）社会经济（1978-2015）

二十二、乡镇基本情况

CONTENTS

CHART OF THE ACHIEVEMENTS OF XUZHOU´S NATIONAL ECONOMY AND SOCIAL DEVELOPMENT

Chapter 1 GENERAL SURVEY

Chapter 2 NATIONAL ACCOUNTS

Chapter 3 POPULATION

Chapter 4 EMPLOYMENT AND WAGES

Chapter 5 INVESTMENT IN FIXED ASSETS

Chapter 6 FOREIGN ECONOMY & TRADE AND INTERNATIONAL TOURISM

Chapter 7 ENERGY CONSUMPTION AND STOCK

Chapter 8 FINANCE, BANKING AND INSURANCE

Chapter 9 PRICE INDICES

Chapter 10 PEOPLE´S LIVELIHOOD

Chapter 11 NATURAL RESOURCES, GENERAL SURVEY OF CITIES AND ENVIROMENTAL PROTECTION

Chapter 12 AGRICULTURE FORESTRY, ANIMAL HUSBANDRY AND FISHERY

Chapter 13 INDUSTRY

Chapter 14 CONSTRUCTION

Chapter15 TRANSPORTATION, POSTAL AND TELECOMMUNICATIONS SERVICES

Chapter 16 WHOLESALE, RETAIL AND ACCOMMDATIONS CATERING INDUSTRY

Chapter 17 SCIENCE AND TECHNOLOGY, EDUCATION

Chapter 18 PUBLIC HEALTH AND SOCIAL SERVICES

Chapter 19 CULTURE AND SPORTS

Chapter 20 PUBLIC MANAGEMENT AND OTHERS

Chapter 21 SOCLAL ECONOMIC OF COUNTIES (CITIES) (1978-2015)

Chapter 22 BASIC CONDITIONS OF COUNTRY AND TOWN (1978-2015)

地区生产总值（亿元）

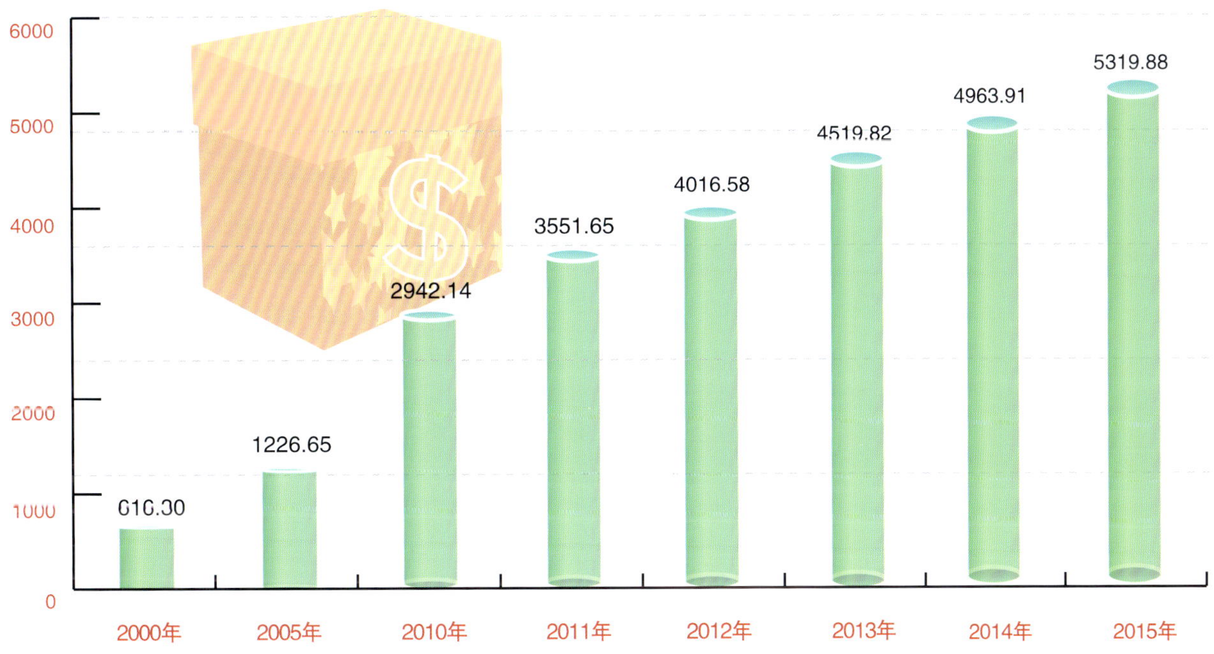

三次产业比重（%）

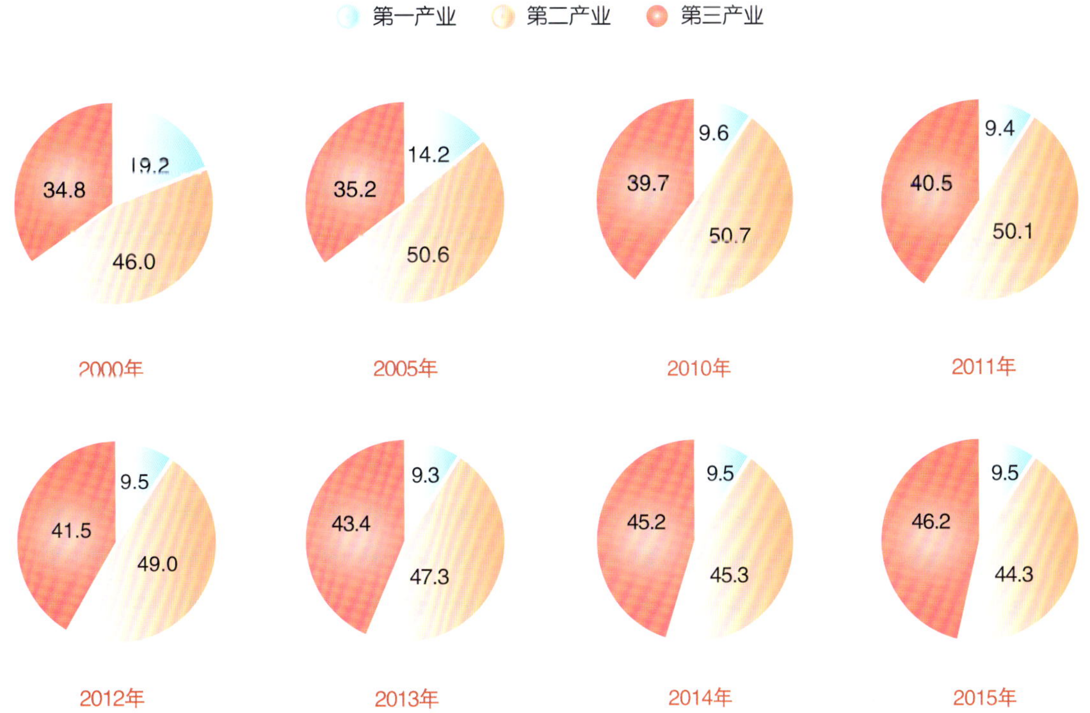

总人口（万人）

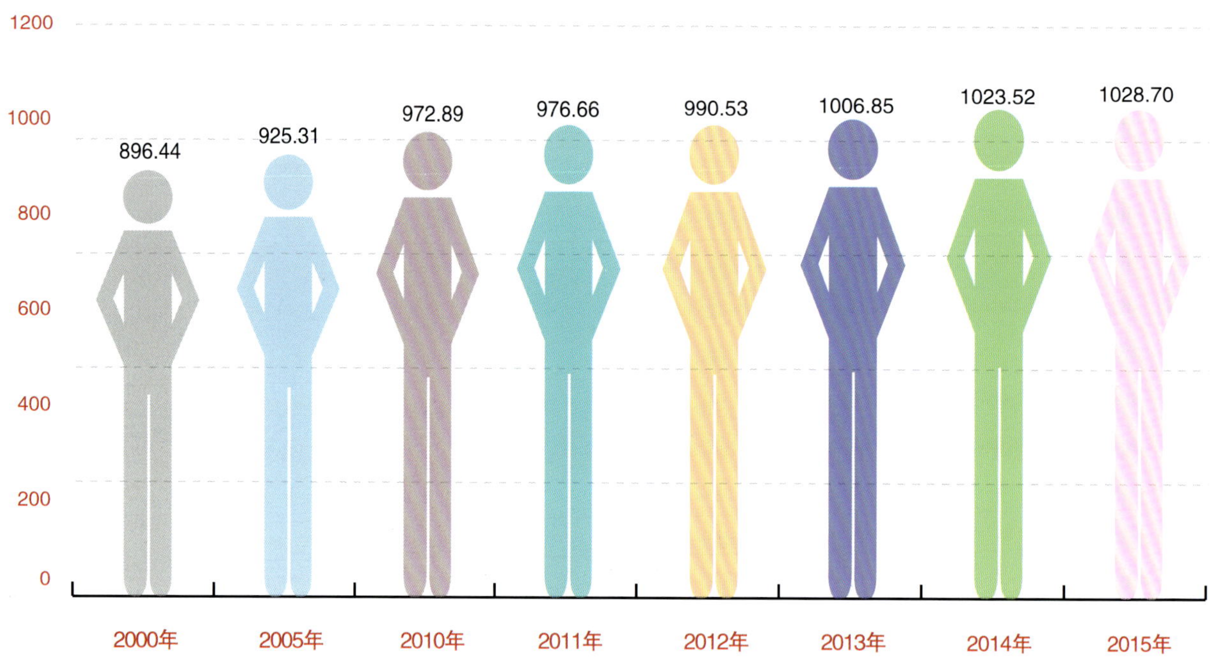

农业人口与非农业人口之比（%）

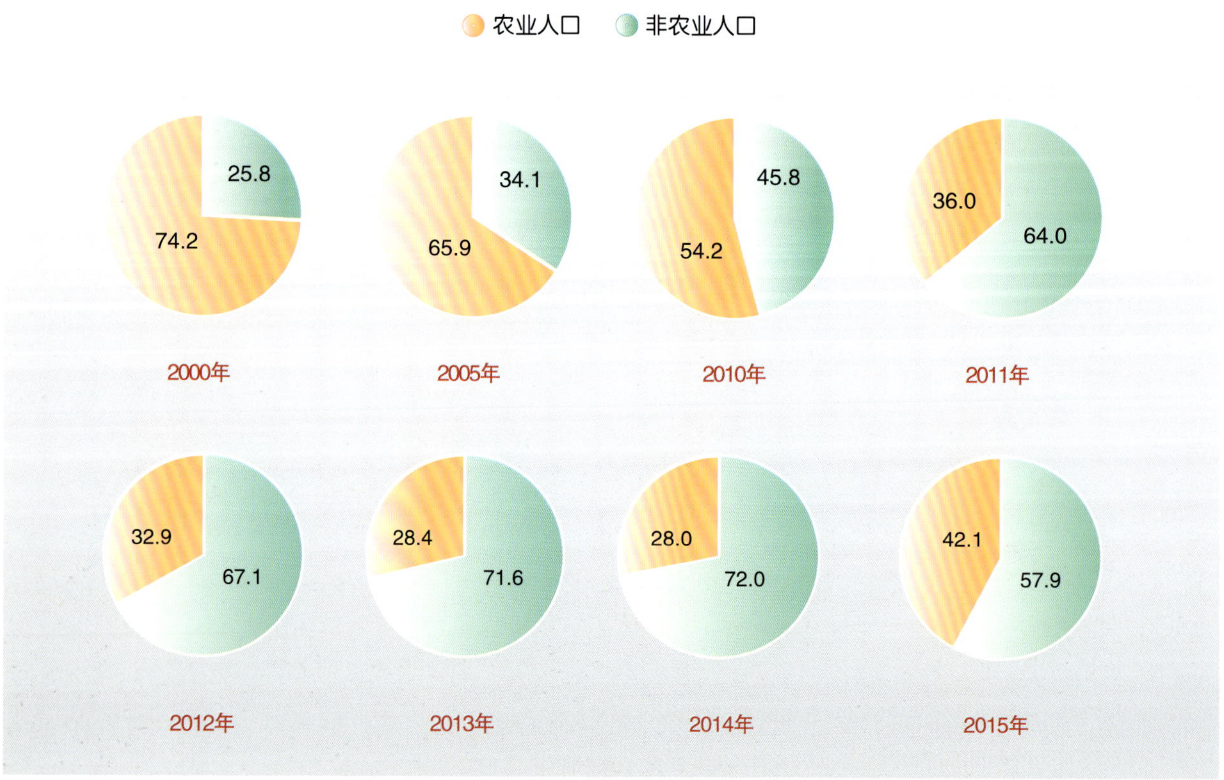

从业人员与职工人数（万人）

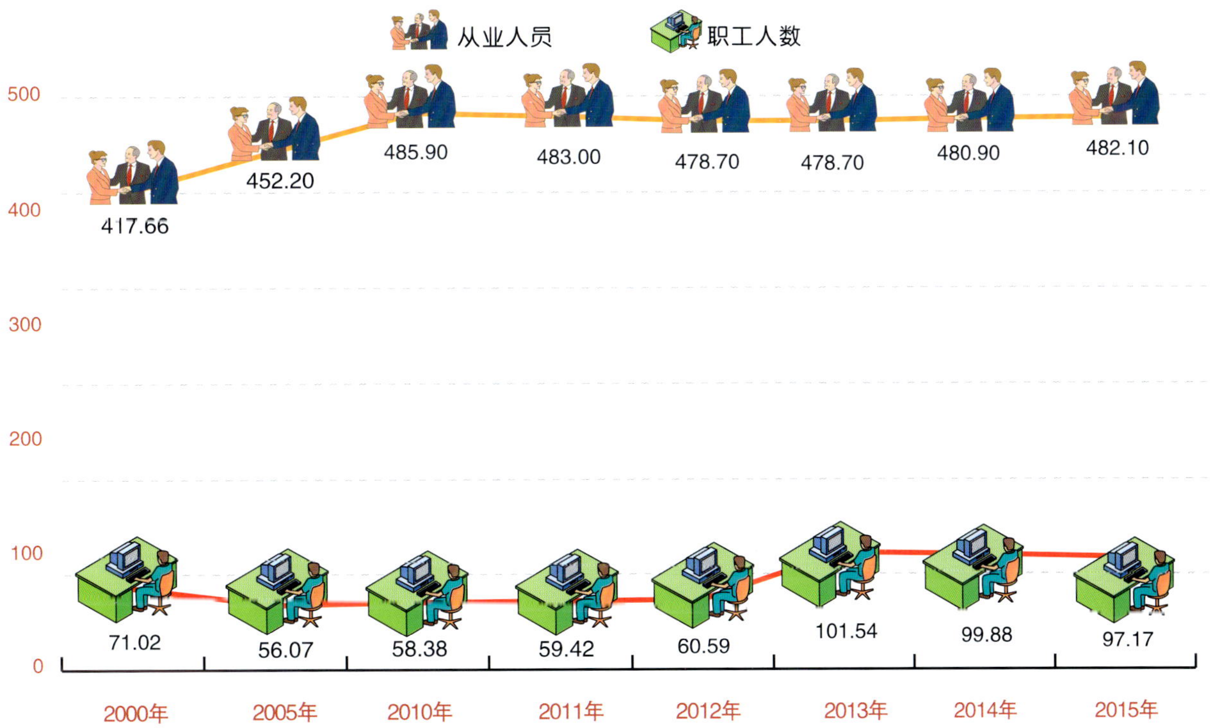

注：从2010年开始从业人数为推算数。

从业人员三次产业构成（%）

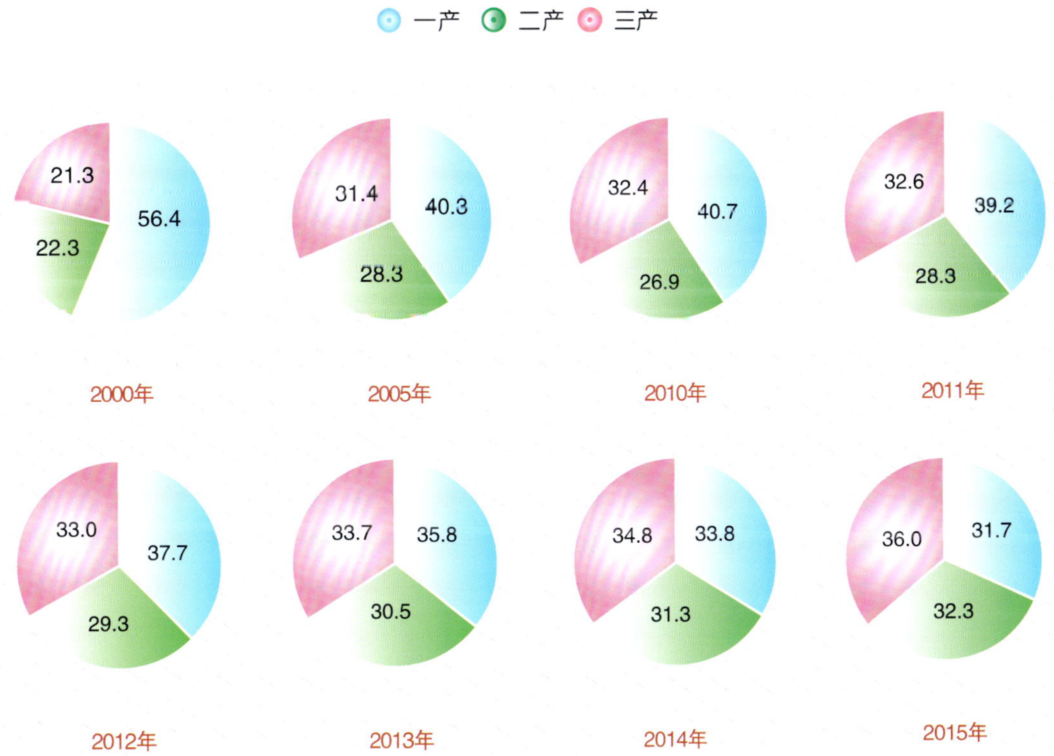

固定资产投资完成额（亿元）

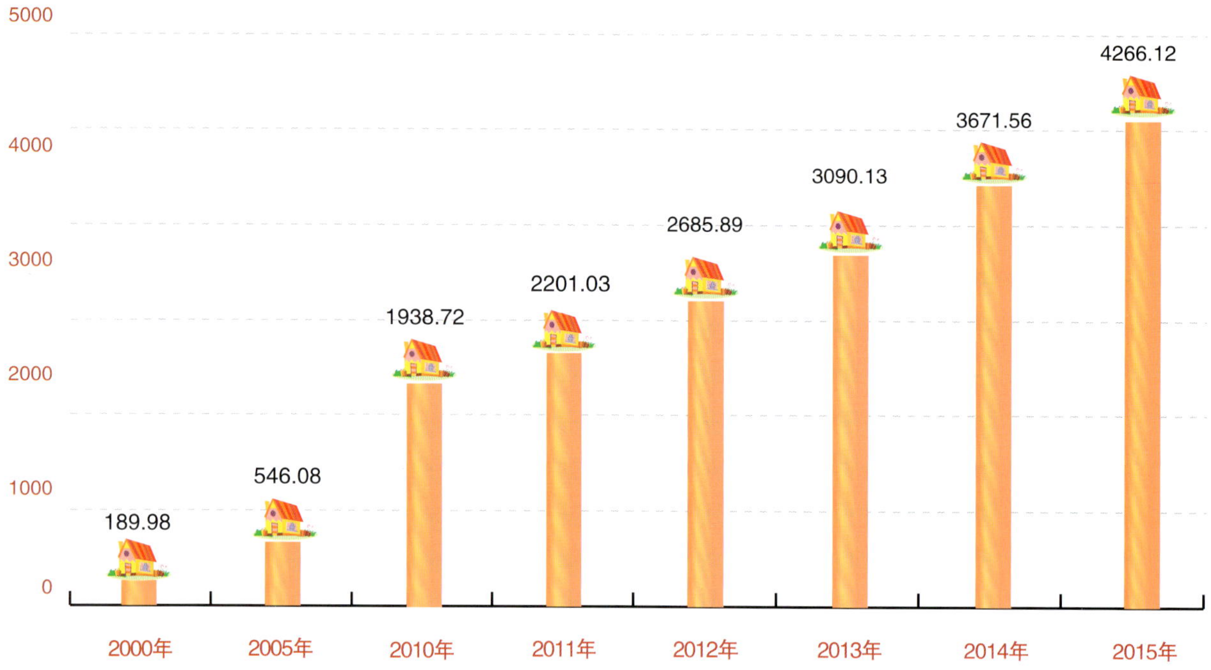

固定资产投资竣工房屋面积（万平方米）

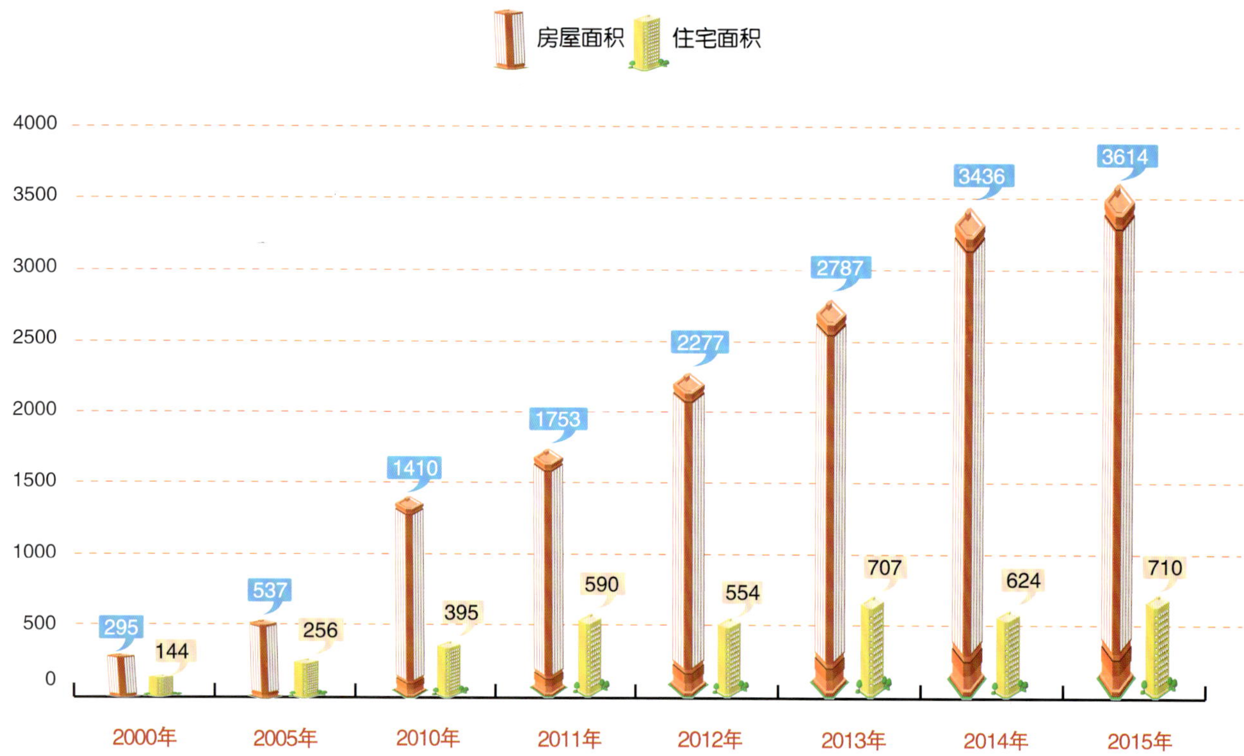

财政收支（亿元）

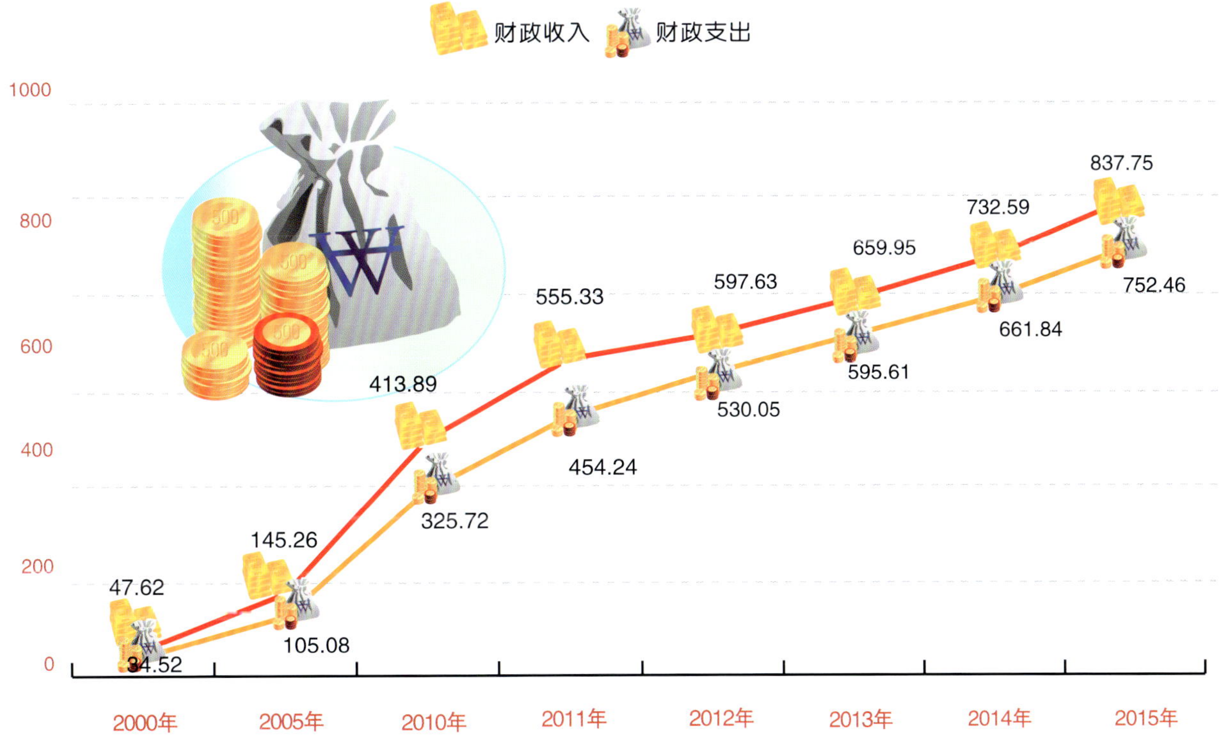

金融机构存贷款（亿元）

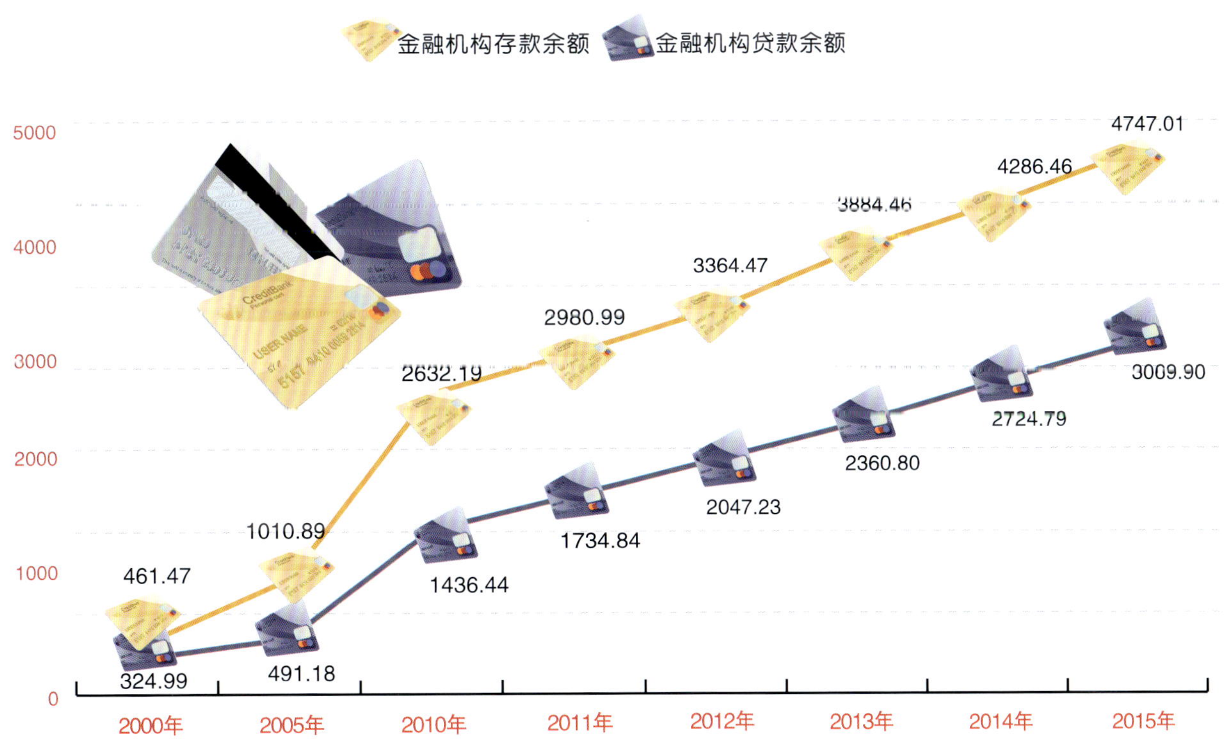

社会消费品零售总额（亿元）

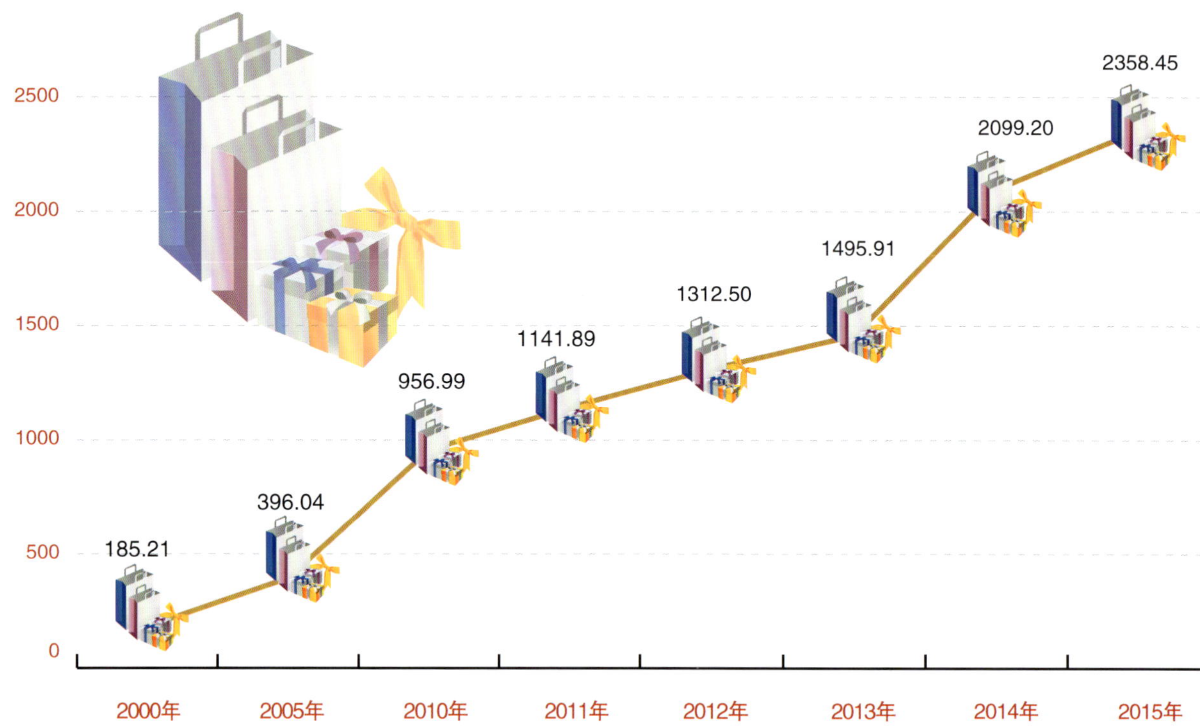

价格总指数（%）

注：2013年及以前为纯收入口径，2014年、2015年为可支配收入口径

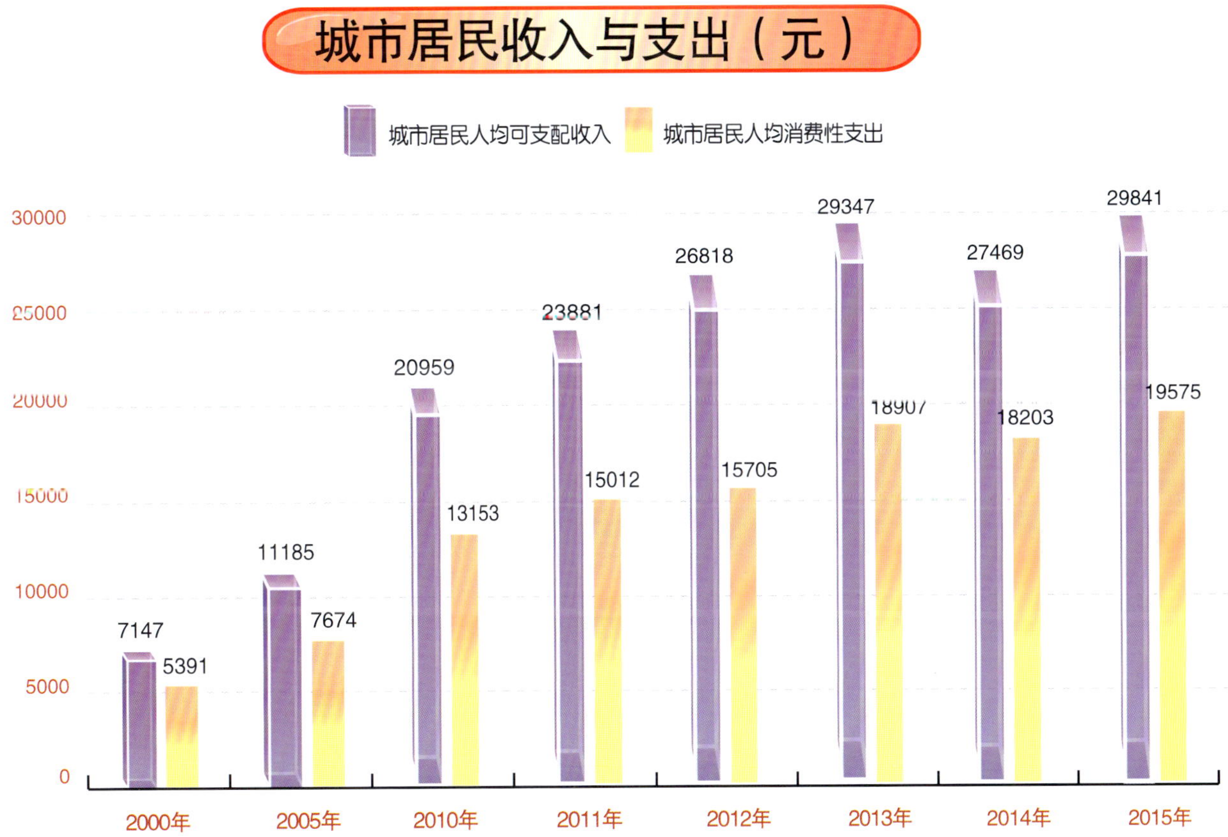

注：2014年、2015年城市居民人均可支配收入、支出调查方法发生变化，与往年不可比。

粮食总产量（万吨）

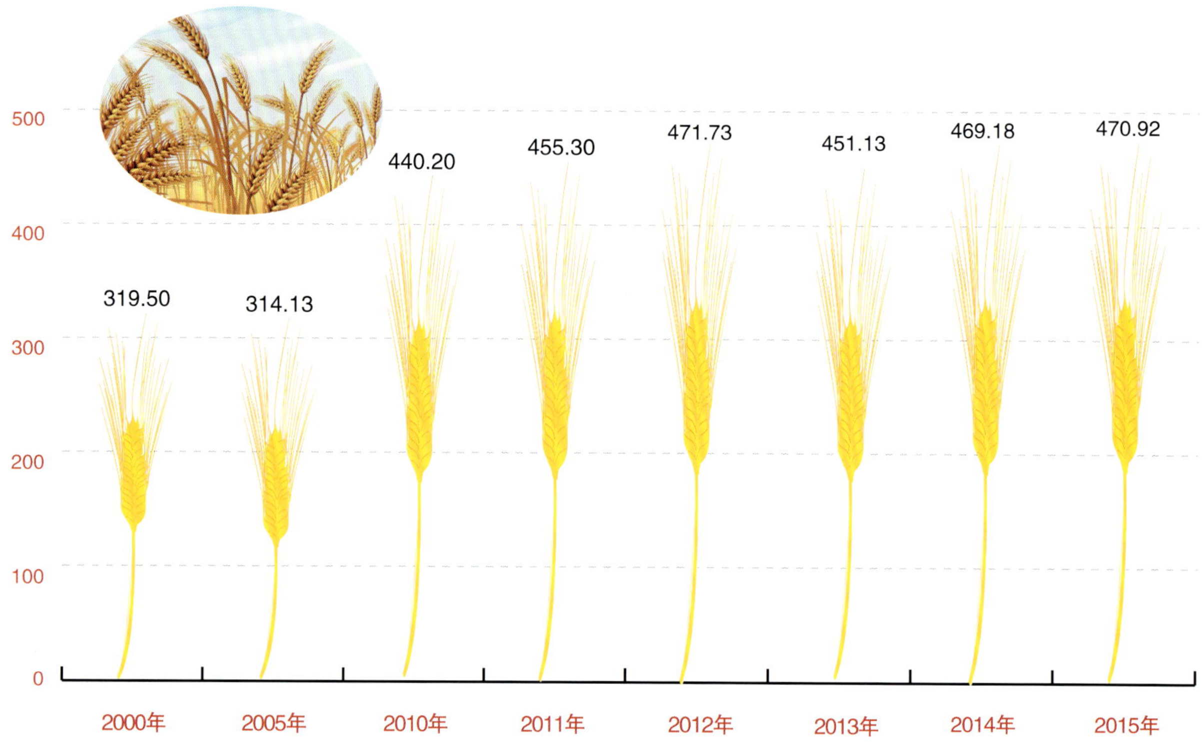

棉花总产量（万吨）

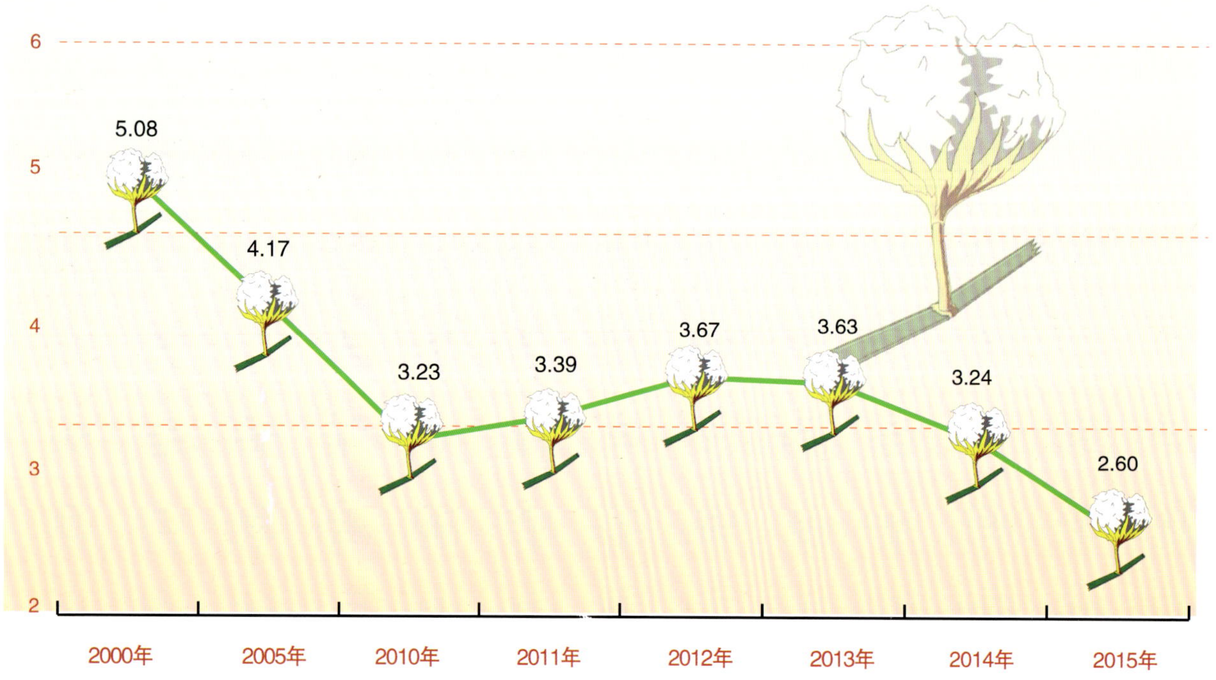

油料总产量（万吨）

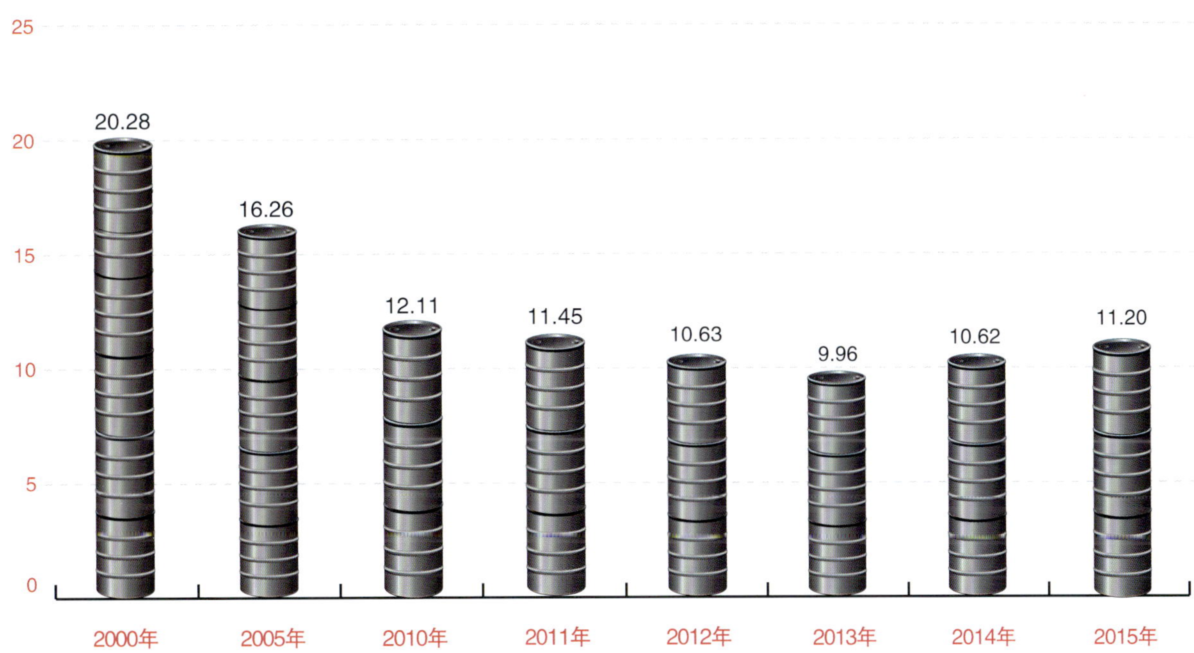

水产品总产量（万吨）

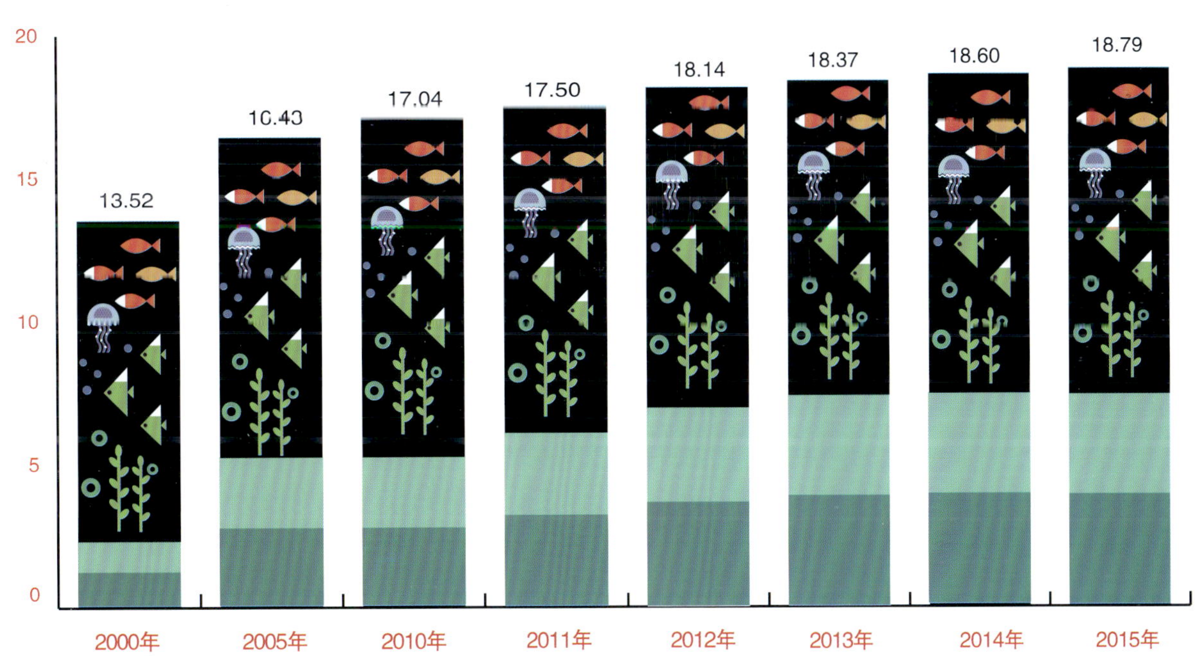

发电量（亿千瓦时）

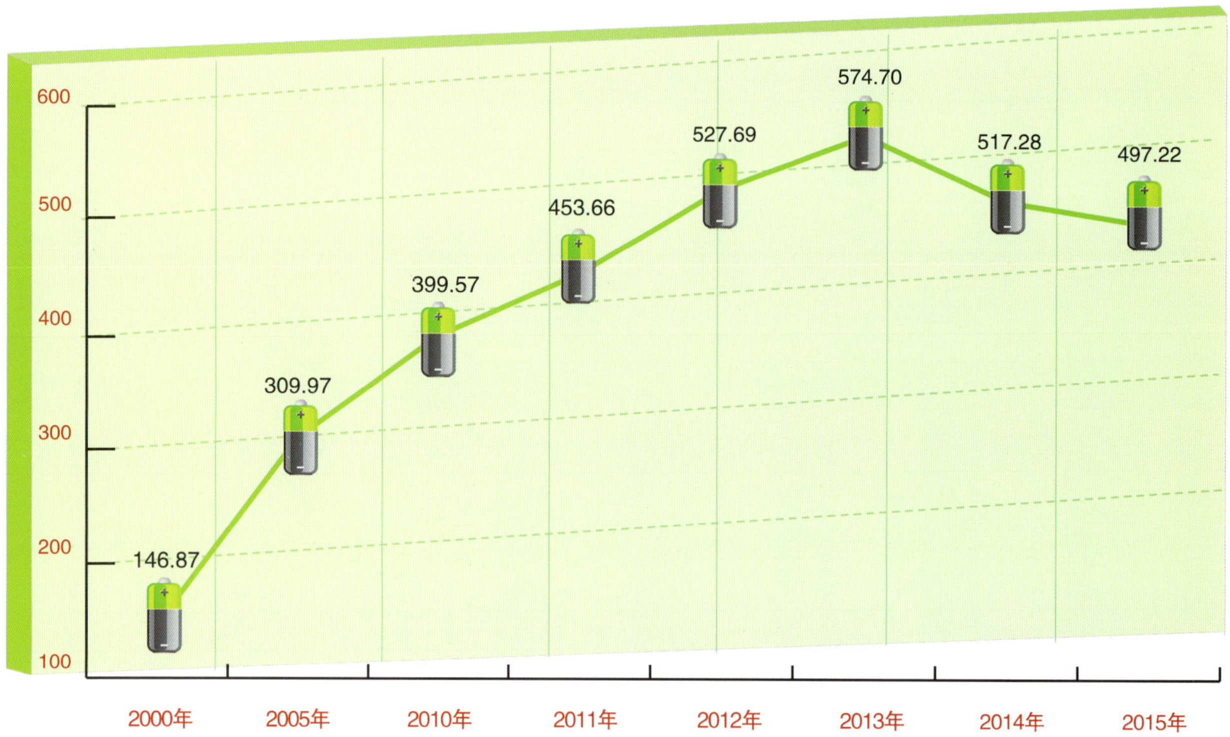

原煤（万吨）

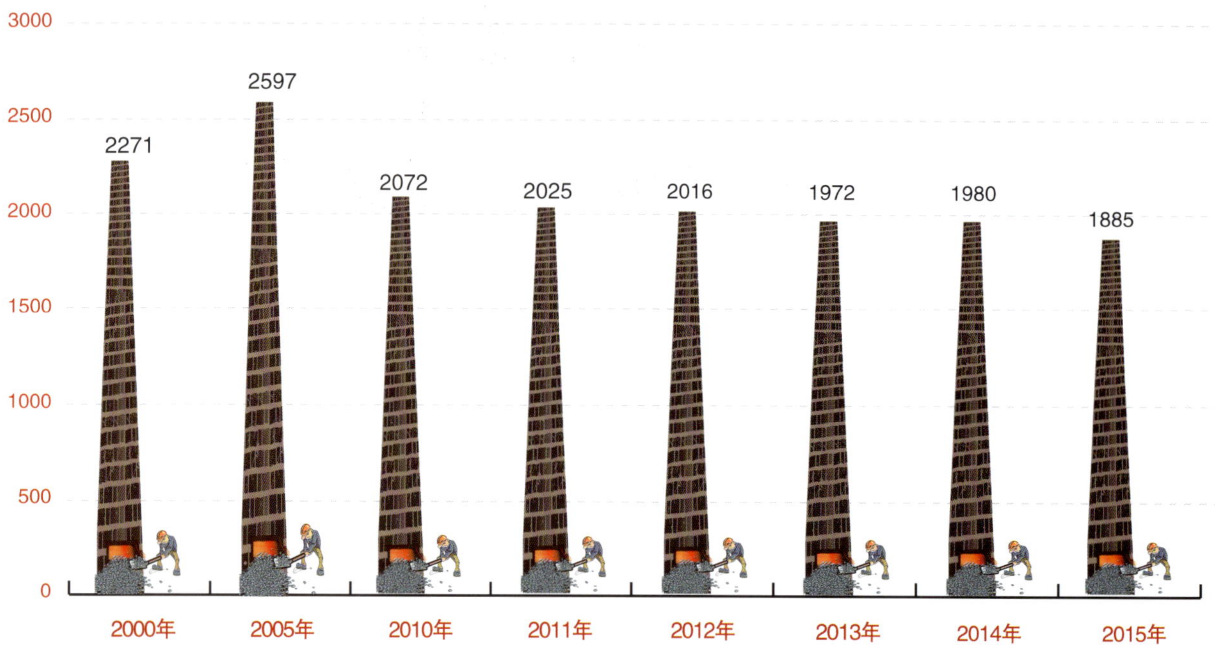

全社会供水量（万立方米）

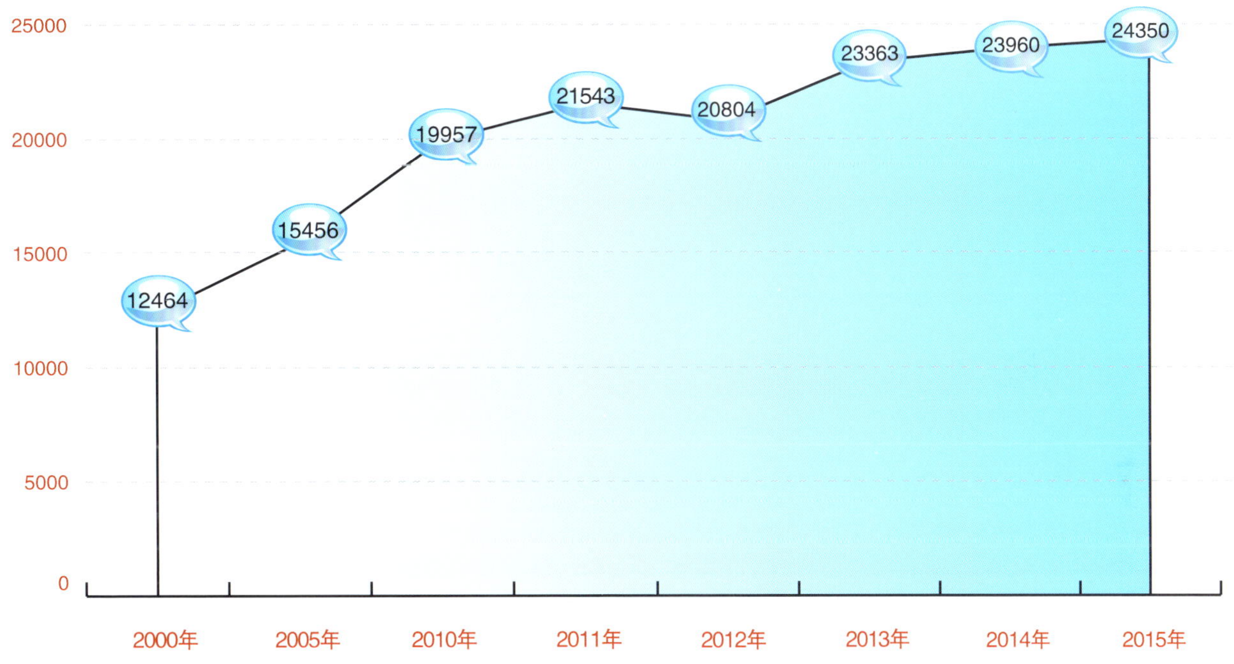

煤气、天然气供应量（万立方米）

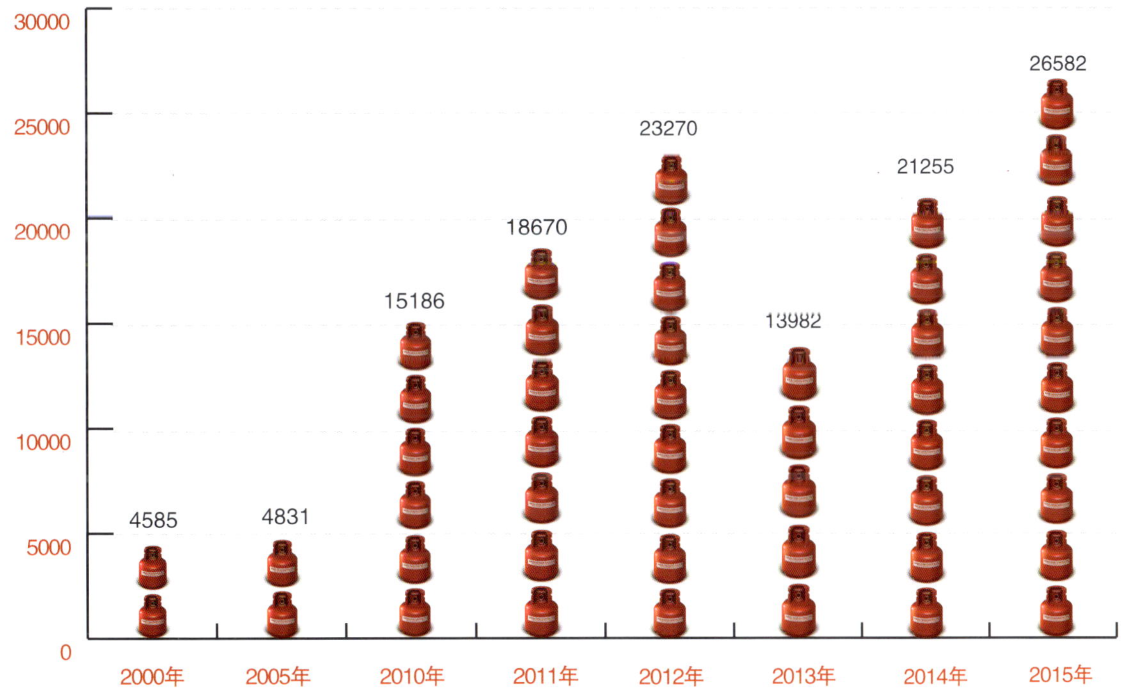

全社会客运量（万人）

全社会货运量（万吨）

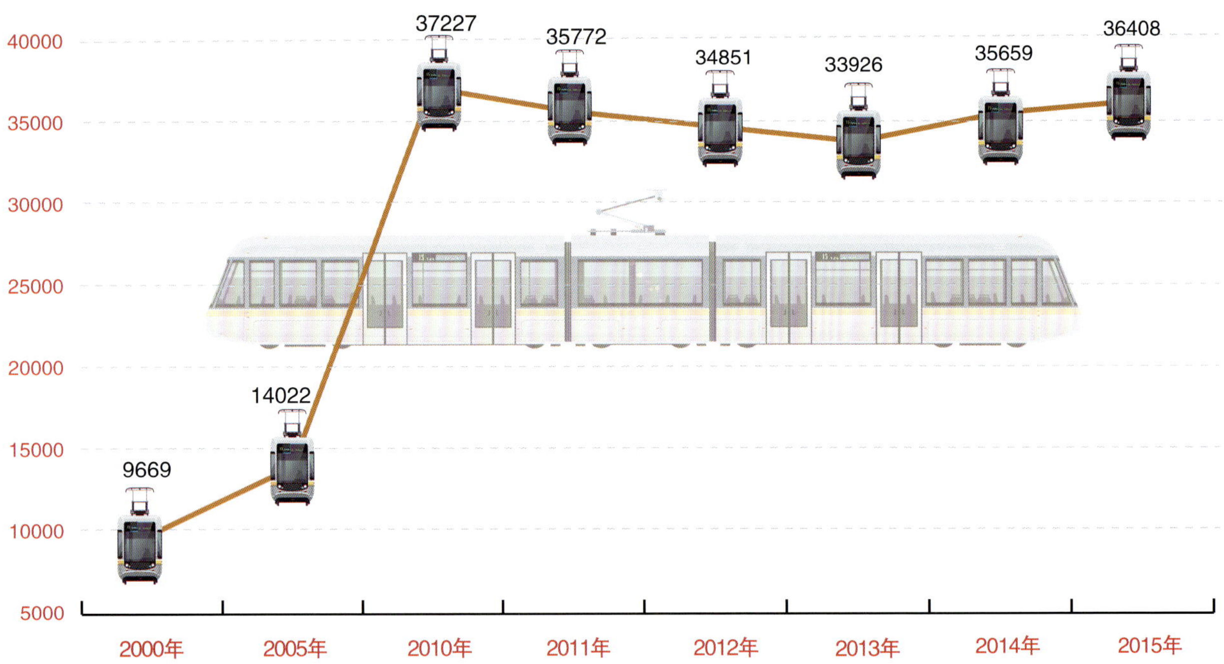

城市铺装道路长度（公里）

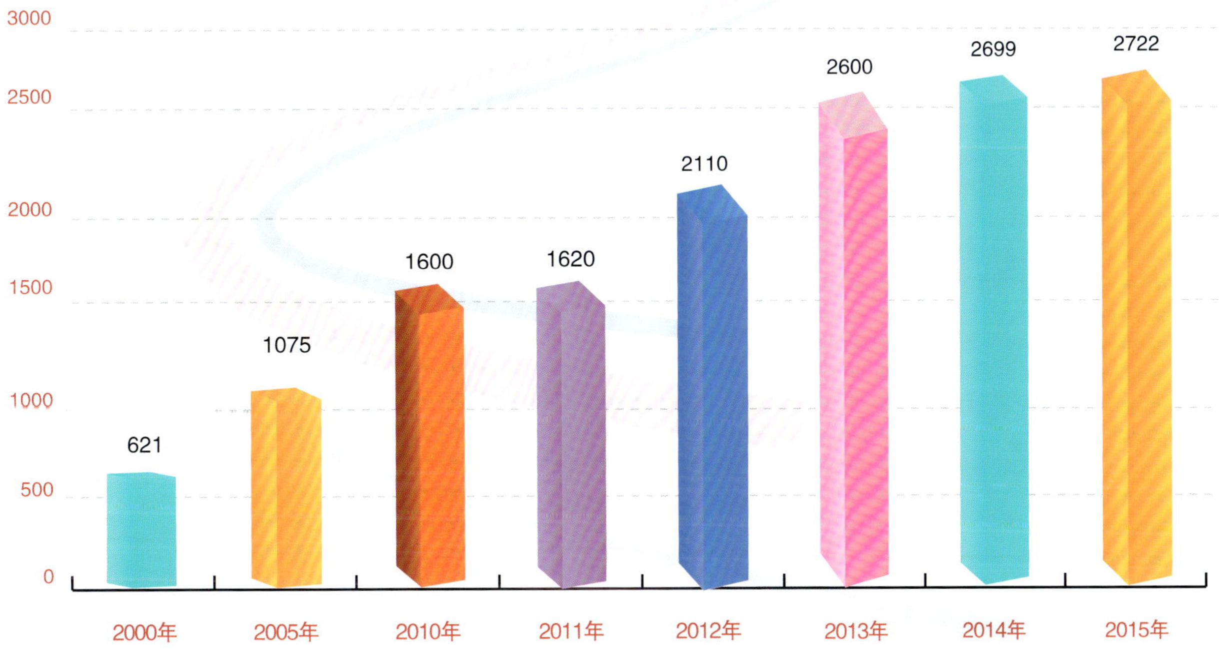

城市人均绿地（平方米）

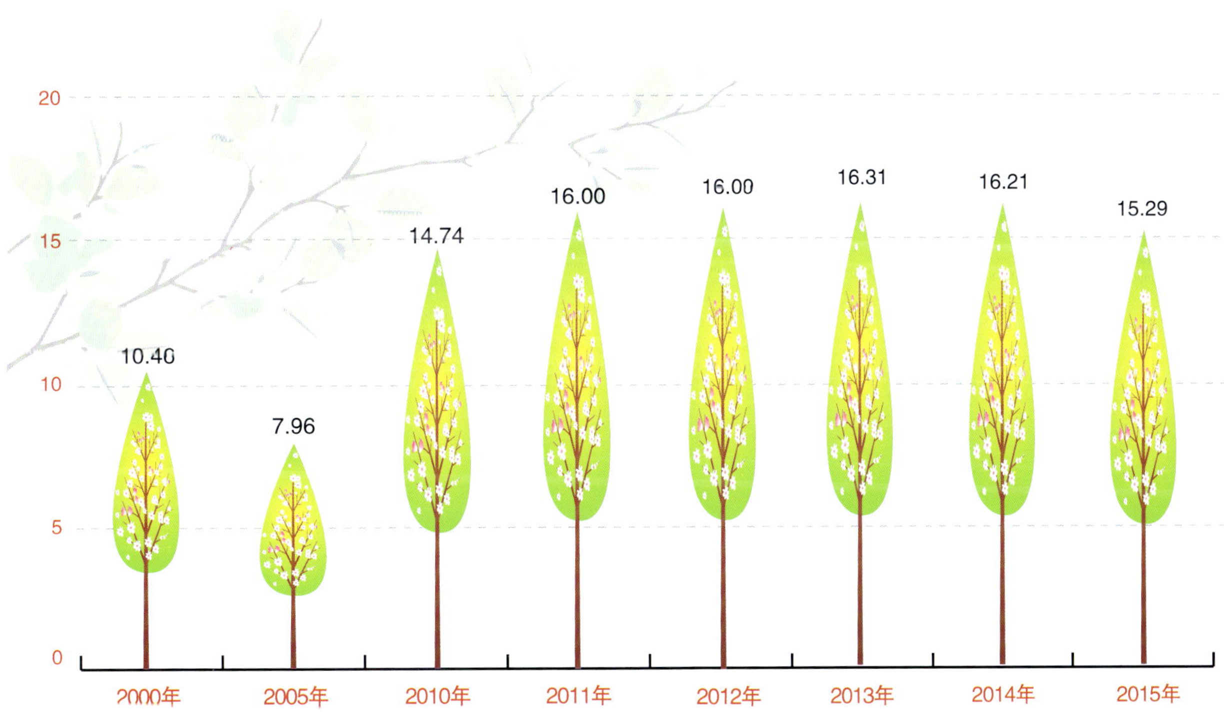

固定电话用户（万户）

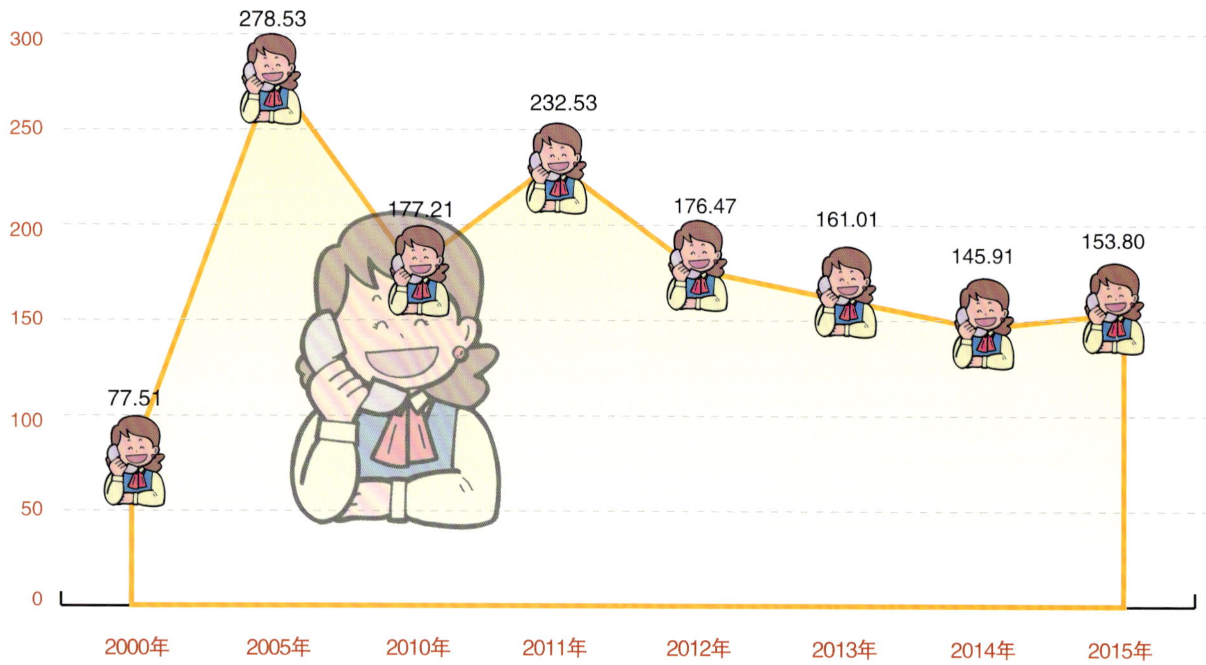

邮电业务总量（亿元）

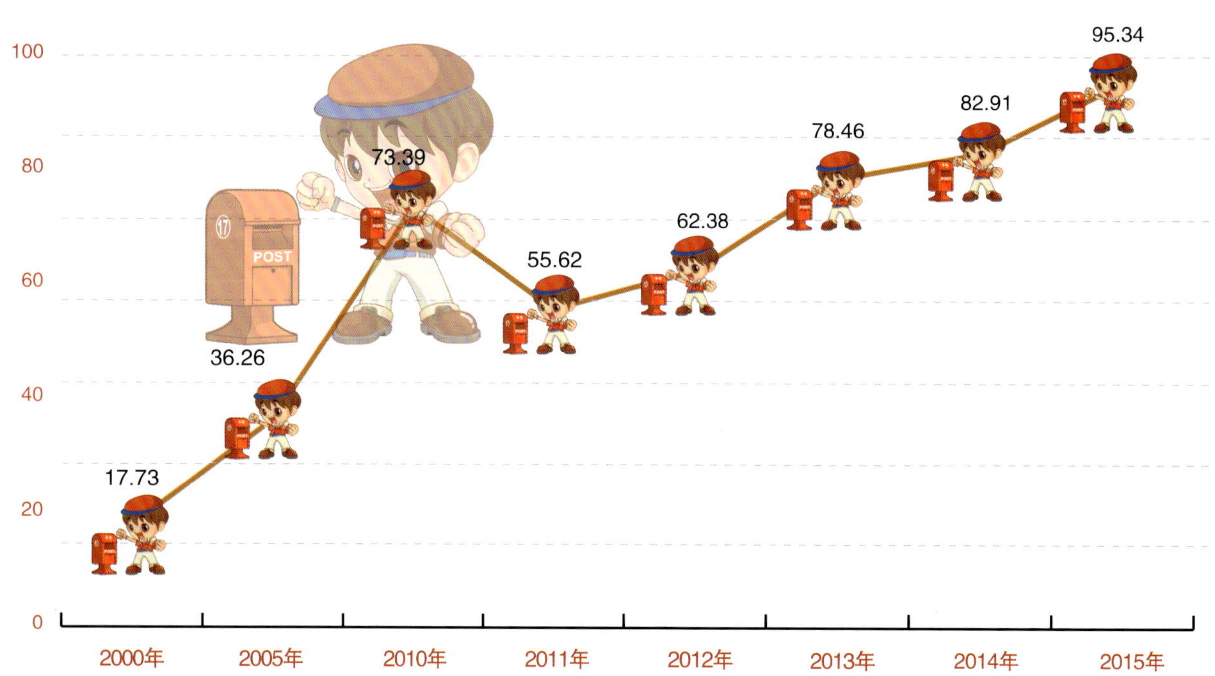

实际到帐注册外资（万美元）

进出口总额（万美元）

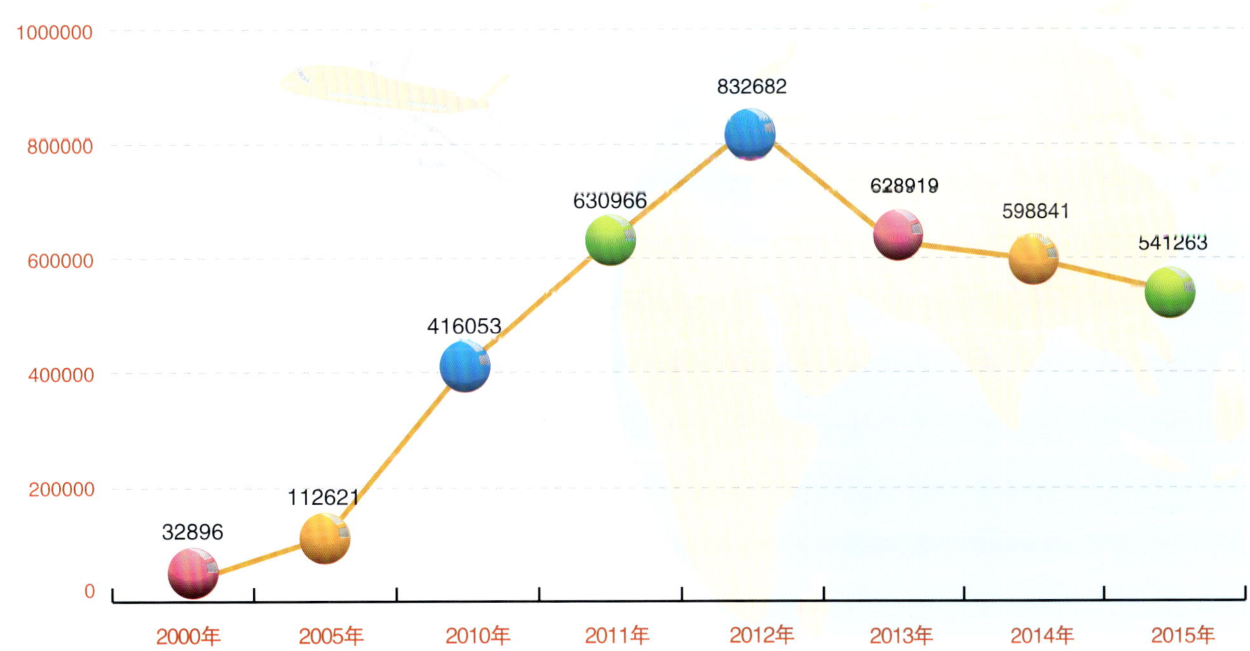

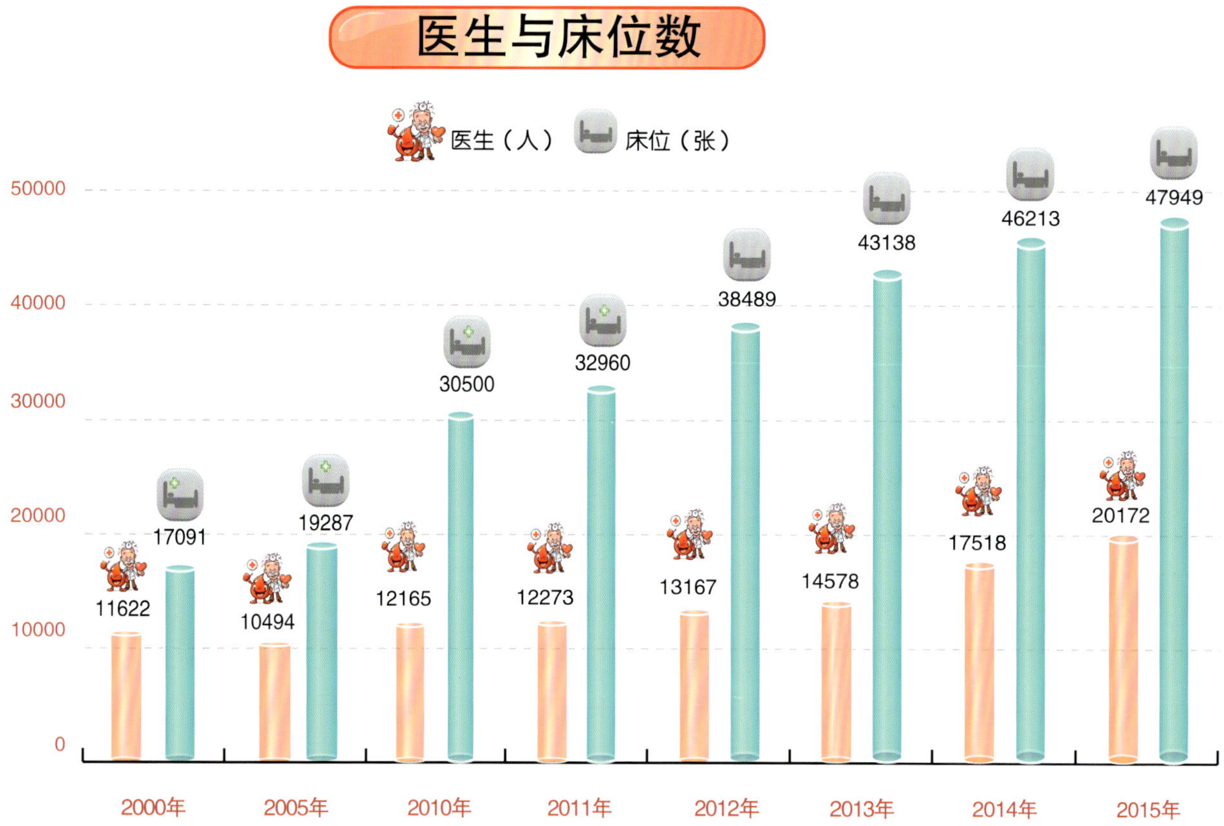

医生与床位数
医生（人）
床位（张）
50000
40000
30000
20000
10000
0
11622
17091
10494
19287
12165
30500
12273
32960
13167
38489
14578
43138
17518
46213
20172
47949
2000年
2005年
2010年
2011年
2012年
2013年
2014年
2015年

全社会专业技术人员（万人）
50
40
30
20
10
0
22.84
21.76
27.18
39.63
42.00
43.60
45.49
44.10
2000年
2005年
2010年
2011年
2012年
2013年
2014年
2015年

第1部分

综合 GENERAL SURVEY

版面负责人：卓卫华　牛坚强

编　　　辑：卢川川　冯洋洋

江苏省统计条例

（2014年1月16日江苏省第十二届人民代表大会常务委员会第八次会议通过）

第一条 为了加强统计管理和监督，规范统计行为，维护统计调查对象的合法权益，保障统计资料的真实性、准确性、完整性和及时性，发挥统计服务经济社会发展的作用，根据《中华人民共和国统计法》等法律、行政法规，结合本省实际，制定本条例。

【释义】 本条是关于本条例立法目的和依据的规定。

根据本条规定，制定本条例的目的，是加强统计管理和监督，规范统计行为，维护统计调查对象的合法权益，保障统计资料的真实性、准确性、完整性和及时性，发挥统计服务经济社会发展的作用。

本条例所指的统计，是指运用各种统计方法对国民经济和社会发展情况进行统计调查、统计分析，提供统计资料和统计咨询意见，实行统计监督等活动的总称。

统计调查对象。是指在统计调查活动中，提供关于自身情况的统计资料的单位和个人。包括国家机关、企业事业单位和其他组织、个体工商户以及个人。

统计调查对象的合法权益。是指符合宪法、法律规定的统计调查对象的权利和利益，主要包括：独立填报统计资料和抵制、举报统计违法行为的权利，拒绝非法调查的权利，对其提供统计资料要求保密的权利，查询政府统计资料和订正错误统计数据的权利，委托民间统计调查组织代理其统计事务的权利等。联合国官方统计的基本原则规定，统计机构在选择统计资料来源时应考虑到数据的质量、及时性、代价及其给被调查者造成的负担；统计机构所搜集的个人数据，不管是涉及自然人还是法人，都应严格保密，而且只能用于统计。

统计资料。是指统计的成果，是通过统计调查得到的反映国民经济和社会发展情况的统计信息的总称。

统计资料的真实性、准确性，是指统计调查对象应当向统计机构或者统计人员提供真实、客观的统计数据；统计资料的完整性，是指统计调查对象应当提供其所掌握的统计调查项目所要求的全部资料；统计资料的及时性，是指统计调查对象应当按照统计调查制度规定的时间提供统计资料。保障统计资料的真实性、准确性、完整性和及时性，是统计工作的根本要求。统计调查对象提供不真实或者不完整的统计资料，或者迟报、拒报统计资料的，应当依法承担相应的法律责任。

统计服务经济社会发展的作用。即为政府及社会提供有关国民经济和社会发展情况的数据资料，为政府管理经济社会事务提供决策依据，同时为社会公众提供信息服务。制定本条例，对《统计法》作出补充、细化和完善，可以更好地发挥统计服务经济社会发展的重要作用，提高政府决策的科学性，增强统计信息服务社会的功能。

《中华人民共和国统计法》等法律、行政法规。主要是指《统计法》及《统计法实施细则》、《行政监察法》、《公务员法》、《行政机关公务员处分条例》、《行政处罚法》、《行政复议法》、《行政诉讼法》、《电子签名法》等。

第二条 本条例适用于本省行政区域内地方各级人民政府、县级以上地方人民政府统计机构和有关部门组织实施的统计活动与统计监督管理。

【释义】 本条是关于本条例适用范围的规定。

本条在适用范围上突出“地方”，明确规定本条例仅仅调整地方政府及其部门的统计活动。即本条例适用于本省行政区域内地方各级人民政府、县级以上地方人民政府统计机构和有关部门组织实施的统计活动。国家统计局派出调查机构负责实施国家统计调查，不属于本条例的调整范围。

同时，本条在适用范围上突出“统计监督管理”。即明确本条例适用于地方各级人民政府、县级以上地方人民政府统计机构和有关部门对全社会统计活动（包括民间统计调查活动）的监管。

编辑：王中彬

徐州自然概貌

位　置

徐州市位于江苏省的西北部，东经116°22′～118°40′、北纬33°43′～34°58′之间，东西长约210公里，南北宽约140公里，土地总面积11765平方公里。地处苏、鲁、豫、皖四省交界，为东部沿海与中部地带、上海经济区与环渤海经济圈的结合部。"东襟淮海，西接中原，南屏江淮，北扼齐鲁"，素有"五省通衢"之称。京沪、陇海两大铁路在此交汇，京杭大运河傍城而过贯穿徐州南北，公路四通八达，北通京津，南达沪宁，西接兰新，东抵海滨，为全国重要水陆交通枢纽和东西、南北经济联系的重要"十字路口"。

地　貌

徐州市地貌，根据成因和区域特征自西向东大致可分为丰、沛黄泛冲积平原，铜、邳、睢低山剥蚀平原，沂、沭河洪冲积平原三个地貌区。地形由平原和山丘岗地两部分组成，以平原为主，约占全市总面积的90%，属黄淮平原一部分，地势低平，海拔高度在20～50米之间，大致由西北向东南降低，系黄河、淮河的支流长期合力冲积所成。丘陵岗地约占10%，为鲁中南低山丘陵向南延续部分，海拔高度大都在100～300米之间，多属顶平坡缓的侵蚀残丘。

水　系

徐州市位于淮河流域，分属三个水系：故黄河水系、沂沭泗水系、濉安河水系。故黄河是历史上的黄河故道，自成独立水系，是沂沭泗水系和濉安河水系的分水岭，徐州境内长196km，流域面积885km²。故黄河以北为沂沭泗水系，境内面积8479km²，流域内主要骨干河道有沂河、沭河、中运河及邳苍分洪道，并有南四湖及骆马湖两座湖泊调蓄洪水。故黄河以南为濉安河水系，境内面积2020km²，分为安河和濉河，均直接排入洪泽湖。主要支流有龙河、潼河、徐沙河、闸河、奎河、灌沟河、琅河、阎河、看溪河、运料河等。徐州境内有两座湖泊、五座中型水库及六十九座小型水库。各水系河网密布，河、湖、库相互沟通，已初步形成具有防洪、除涝、供水、灌溉、降渍等功能的水利工程体系。

气　候

徐州市位居中纬度地区，属暖温带季风气候区，既受东南季风影响，又受西北季风控制，资源丰富，光、热、水配合较好，有利于农作物的生长，气候资源的地区差异较大，有利于农林牧渔的综合发展。其主要气候特点有：气候温和，四季分明，光照充足，雨量适中；四季之中，冬、夏季长，春、秋季短，春季天气多变，夏季高温多雨，秋季天高气爽，冬季寒潮频袭；以中运河为界，东部属暖温带湿润季风区，西部属暖温带半湿润季风区；主要气象灾害有旱、涝、风、霜冻、冰雹等；全年太阳辐射总量约119.4千卡/平方厘米，平均日照时数2100小时左右，平均降水量900毫米左右，无霜期200–230天。

土　壤

徐州市土壤，根据成土条件、过程、土体结构和性质的差异，主要分为棕土、褐土、紫色土、潮土、砂姜黑土、水稻土六大类。其中棕土、褐土为暖温带湿润、半湿润气候和落叶植被环境下的地带性土壤，面积分别为33.9千公顷和77.5千公顷；潮土类为本区冲积平原的主要土类，面积约为649.9千公顷，占全市土壤总面积的79.5%。此外在一些湖荡洼地中还有少量的沼泽土类。

矿　产

徐州市地层发育齐全，地质构造复杂，岩浆活动频繁，地质历史时期环境多变，为不同类型矿产的形成和储存，提供了良好的条件。现已查明和开采的矿产资源有铁、铜、煤、石灰石、大理石、钾、磷、岩盐、石膏、石英岩（砂）、粘土、白云岩等。其中铁矿主要属接触交代型内生铁矿，以磁铁矿、赤铁矿为主，矿石品位高，含量多为大于50%的富矿，同时，部分矿体中还伴有铜、金、银等有色和稀贵金属，具有较高的综合开发利用价值，已探明储量8300万吨；煤矿具有储量大、层次多、煤层厚、质量好、分布稳定而有规律等特点，已探明储量39亿吨以上，预测储量在69亿吨以上；岩盐已探明储量5.53亿吨，预测储量21亿吨；石膏已探明储量3.2亿吨，预测储量44.4亿吨。此外，金刚石及其伴生矿物亦多处有所发现。

1-1 行政区划、土地面积与人口密度

（2015 年底） 单位：个

地 区	镇	办事处	村民委员会	居民委员会	土地面积（平方公里）	人口密度(常住)（人/平方公里）
全市合计	**98**	**63**	**2001**	**771**	**11764.89**	**737**
市 区	23	48	469	336	3062.51	1058
鼓楼区		7		64	66.23	5727
云龙区		8	24	51	119.72	3434
贾汪区	5	4	97	54	620.26	690
泉山区		14		114	99.97	7033
铜山区	17	11	294	29	1871.19	559
开发区	1	4	54	24	285.14	953
县(市)	75	15	1532	435	8702.38	624
丰 县	12	3	343	68	1450.28	653
沛 县	13	4	243	151	1805.77	617
睢宁县	16		268	132	1769.34	578
新沂市	13	4	219	45	1592.3	571
邳州市	21	4	459	39	2084.69	689

1-2　各行政区划街道办事处(镇)名称

(2015 年底)

地　区	街道办事处或镇数(个)	街道办事处或镇名称
鼓楼区	7	黄楼街道、丰财街道、琵琶街道、牌楼街道、铜沛街道、环城街道、九里街道
云龙区	8	彭城街道、子房街道、黄山街道、骆驼山街道、大郭庄街道、翠屏山街道、大龙湖街道、潘塘街道
贾汪区	9	老矿街道、大泉街道、大吴街道、潘安湖街道、青山泉镇、紫庄镇、塔山镇、汴塘镇、江庄镇
泉山区	14	王陵街道、七里沟街道、永安街道、湖滨街道、段庄街道、翟山街道、奎山街道、和平街道、金山街道、泰山街道、庞庄街道、火花街道、桃园街道、苏山街道
铜山区	28	拾屯街道、义安街道、利国街道、张集街道、垞城街道、电厂街道、张双楼街道、三河尖街道、铜山街道、新区街道、三堡街道、何桥镇、黄集镇、马坡镇、郑集镇、柳新镇、刘集镇、大彭镇、汉王镇、棠张镇、张集镇、房村镇、伊庄镇、单集镇、大许镇、茅村镇、柳泉镇、利国镇
开发区	5	金山桥街道、东环街道、大黄山街道、大庙街道、徐庄镇
丰　县	15	中阳里街道、凤城街道、孙楼街道、首羡镇、顺河镇、常店镇、欢口镇、师寨镇、华山镇、梁寨镇、范楼镇、宋楼镇、大沙河镇、王沟镇、赵庄镇
沛　县	17	沛城街道、大屯街道、汉兴街道、汉源街道、胡寨镇、龙固镇、敬安镇、杨屯镇、魏庙镇、五段镇、张庄镇、张寨镇、河口镇、栖山镇、朱寨镇、鹿楼镇、安国镇
睢宁县	16	睢城镇、姚集镇、邱集镇、王集镇、魏集镇、岚山镇、庆安镇、官山镇、桃园镇、古邳镇、梁集镇、双沟镇、凌城镇、沙集镇、李集镇、高作镇
新沂市	17	新安街道、北沟街道、墨河街道、唐店街道、瓦窑镇、港头镇、合沟镇、草桥镇、窑湾镇、棋盘镇、马陵山镇、新店镇、邵店镇、时集镇、高流镇、阿湖镇、双塘镇
邳州市	25	东湖街道、运河街道、戴圩街道、炮车街道、邳城镇、官湖镇、四户镇、宿羊山镇、八义集镇、土山镇、碾庄镇、港上镇、邹庄镇、占城镇、新河镇、八路镇、铁富镇、岔河镇、陈楼镇、邢楼镇、戴庄镇、车辐山镇、燕子埠镇、赵墩镇、议堂镇

1-3 主要年份国民经济和社会发展主要指标

指标		1978	1990	1995	2000	2005	2010	2012	2013	2014	2015
年末人口(常住)	**(万人)**					**881.33**	**858.21**	**856.41**	**859.10**	**862.83**	**866.90**
城镇人口						381.60	462.58	485.67	498.97	513.04	529.24
乡村人口						499.73	395.63	370.74	360.13	349.79	337.66
城镇化率	**(%)**					**43.30**	**53.90**	**56.71**	**58.08**	**59.46**	**61.05**
年末人口(户籍)	**(万人)**	**645.41**	**807.14**	**851.15**	**896.44**	**925.31**	**972.89**	**990.53**	**1006.85**	**1023.52**	**1028.70**
# 非农业人口		74.51	138.26	168.62	231.11	315.85	445.38	665.06	720.62	737.39	595.34
从业人数	**(万人)**	**283.64**	**408.50**	**425.43**	**417.66**	**452.20**	**485.90**	**478.70**	**478.70**	**480.90**	**482.10**
# 职工人数		60.12	87.35	92.39	71.02	56.07	58.38	60.59	101.54	99.88	97.17
# 国有经济单位		41.16	63.69	72.52	57.74	40.13	38.59	39.50	32.98	34.06	32.05
城镇集体经济		18.96	23.53	19.13	8.30	3.60	2.89	2.62	3.04	3.32	3.16
地区生产总值(当年价格)	**(亿元)**	**21.39**	**112.84**	**403.46**	**616.30**	**1226.65**	**2942.14**	**4016.58**	**4519.82**	**4963.91**	**5319.88**
第一产业		9.40	38.69	100.67	118.57	174.24	282.82	382.46	418.88	473.54	504.76
第二产业		8.95	44.91	184.14	283.56	620.13	1490.92	1968.52	2140.03	2246.24	2355.06
# 工业		8.06	40.93	165.94	243.54	527.93	1268.61	1666.62	1807.98	1883.70	1976.57
第三产业		3.04	29.24	118.65	214.16	432.29	1168.40	1665.60	1960.91	2244.13	2460.07
固定资产投资	**(亿元)**										
固定资产投资						546.08	1938.72	2685.89	3090.13	3671.56	4266.12
# 房地产开发投资			1.22	6.07	28.05	62.57	205.32	310.07	380.47	468.88	470.22
# 住宅投资					19.18	46.79	169.70	238.37	288.94	316.95	338.80
固定资产投资竣工的住宅建筑面积	(万平方米)	36.40	58.40	91.90	143.62	255.92	395.22	554.30	702.67	623.70	709.87
财政	**(亿元)**										
财政总收入		3.27	10.23	25.30	47.62	145.26	413.89	597.63	659.95	732.59	837.75
# 公共财政预算收入					22.45	55.22	222.16	366.76	422.84	472.33	530.68
地方财政支出		1.77	8.56	18.02	34.52	105.08	325.72	530.05	595.61	660.93	752.46
物价	**(%)**										
城市居民消费价格总指数		100.0	104.5	116.9	100.0	102.2	103.6	102.6	102.3	102.1	101.5
城市商品零售价格总指数		100.1	103.9	113.2	98.2	101.0	102.1	102.4	101.2	101.6	101.3
人民生活											
职工工资总额	(亿元)	3.14	18.59	50.68	65.31	107.26	198.51	266.48	458.72	501.18	524.81
职工平均工资	(元)	554	2179	5537	9339	18849	34243	44070	47013	50268	54310
农民人均收入	(元)	112	661	1800	3230	4443	7955	10762	12052	12811	13982

注:2007年及以后财政总收入及财政支出中不包括基金收入(支出);2010年以前固定资产投资竣工的住宅建筑面积为城镇口径;2013年及以前"农民人均收入"为纯收入口径,2014年起为可支配收入口径(下同);2010年及以后从业人数调整为劳动力抽样调查数据。

1-3　续表 1

指　　标		1978	1990	1995	2000	2005	2010	2012	2013	2014	2015
城市居民人均可支配收入	（元）		1687	4665	7147	11185	20959	26818	29347	27469	29841
城乡居民储蓄存款余额	（亿元）	0.89	44.64	140.06	305.80	650.61	1324.39	1794.72	2089.77	2377.44	2780.60
城市居民人均住房使用面积	（平方米）		11.07	12.71	14.51	17.12	21.16	23.81	28.90	33.40	33.80
农民人均生活用房面积	（平方米）		18.73	19.51	22.52	29.36	41.83	45.60	47.50	49.73	51.30
国有工业企业	**（亿元）**										
利税总额		2.14	5.32	20.62	13.11	56.68	127.88	173.01	189.46	0.66	-1.60
利润总额			-0.71	5.27	0.24	15.37	33.21	44.58	48.24	-0.44	-2.15
固定资产原价		17.20	72.97	173.09	132.63	47.47	111.45	194.74	78.18	15.18	14.73
固定资产净值		10.19	50.92	117.62	84.14	28.22	68.14	138.00	48.50	10.77	10.17
运输、邮电											
全社会客运量	（万人次）	2030	3156	6071	7255	8099	27761	24892	16758	17282	15660
全社会货运量	（万吨）	2608	6073	10859	9669	14022	37227	34851	33926	35659	36408
内河港口货物吞吐量	（万吨）		837	1399	1452	4189	6308	7208	8226	9202	9030
邮电业务总量	（亿元）	0.07	0.62	3.88	17.73	36.26	73.39	62.38	78.46	82.91	95.34
邮电业务收入	（亿元）				13.06	27.05	48.14	61.58	69.40	70.30	74.11
计费函件(不含广告)	（万件）		2463	2579	2512	2041	4728	4527	2613	1568	1488
订销报刊累计份数	（万份）		10291	17075	16451	9116	10845	10117	12236	11706	11015
国内外贸易、旅游											
社会消费品零售总额	（亿元）	7.71	42.23	115.07	185.21	396.04	956.99	1312.50	1495.91	2099.20	2358.45
进出口总额(海关数)	（万美元）		1015	24696	32896	112621	416053	832682	628919	598841	541263
# 出口总额			599	14724	18715	75196	263060	628769	489709	467657	438935
实际到帐注册外资	（万美元）		1324	10432	20790	26057	101330	170021	150047	165786	142788
接待国外旅游人数(含港澳台)	（人次）		4325	4988	17825	73010	158277	199488	25849	29485	33776
科技、教育	**（万人）**										
专业技术人员		3.09	12.53	18.40	22.84	21.76	27.18	42.00	43.60	45.49	44.10
高等学校在校学生		0.21	1.16	1.86	4.61	9.27	11.88	13.36	13.63	13.72	13.76
中等专业学校在校学生		0.29	1.11	2.45	3.41	5.12	5.54	4.72	4.81	4.71	4.36
普通中学在校学生		45.98	31.38	42.47	58.43	81.51	52.07	42.61	37.52	35.93	34.74
小学在校学生		95.62	84.77	110.34	126.06	72.24	53.02	62.85	66.18	75.45	84.13

注：2014 年城乡一体化住户调查后，“城市居民人均可支配收入”与往年口径不可比；“实际利用外资”2005 年及以后为“实际到账注册外资”，口径与往年不可比；2011 年及以后邮电业务总量按 2010 年价格计算；2013 年起接待国外旅游人数和专业技术人员统计口径有调整，与往年不可比；“进出口总额”、“出口总额”1997 年及以前年度数字为“自营进出口总额”、“自营出口总额”口径；“城乡居民储蓄存款余额”自 2015 年更改为“住户存款余额”口径，与往年不可比。本表中高等学校在校学生数不含成人本专科学生数，以便与历史数据可比。

1-3 续表 2

指　　标	1978	1990	1995	2000	2005	2010	2012	2013	2014	2015
卫生										
卫生机构数　（个）	652	1058	1052	993	1384	1213	1311	4454	4620	4601
床位数　（张）	11325	17303	18596	17736	19888	30500	38489	43138	46213	47949
卫生技术人员数　（万人）	1.57	2.44	2.94	3.05	2.83	3.24	3.97	4.36	4.70	5.16
# 医生	0.49	0.99	1.12	1.16	1.05	1.18	1.32	1.46	1.75	2.02
主要工农业产品产量　（万吨）										
粮食	206.15	399.00	406.13	319.50	314.13	440.20	471.70	451.13	469.18	470.92
棉花	2.47	5.57	5.91	5.08	4.17	3.23	3.67	3.63	3.24	2.60
油料	1.59	4.77	8.35	20.28	16.26	12.11	10.63	9.96	10.62	11.20
水果	2.62	14.13	35.78	81.91	87.52	106.31	118.77	92.81	116.11	108.47
生猪存栏　（万头）	149.21	170.81	215.78	201.07	214.26	293.19	313.49	297.20	306.91	299.61
猪、牛、羊肉　（万吨）	5.18	18.73	31.15	27.51	35.05	46.58	52.97	47.87	51.11	50.09
蚕茧　（吨）	525	6032	22100	15176	13212	6805	6941	6815	7977	6512
水产品　（万吨）	0.72	3.70	8.49	13.52	16.43	17.04	18.14	18.37	18.60	18.79
生铁	15.19	29.22	52.00	37.10	152.53	304.92	375.37	522.43	437.80	475.96
铝锭	0.31	0.76	1.94	0.50	1.08	10.87	11.25	5.71	1.22	
原煤	1445	2032	2344	2271	2597	2072	2016	1972	1980	1885
发电量　（亿千瓦时）	27.08	104.40	119.38	146.87	309.97	399.57	527.69	574.70	517.28	497.22
合成氨　（万吨）	7.07	13.40	14.86	19.16	36.96	66.40	74.82	98.61	93.00	93.21
农用化肥（折 100%）	4.91	12.52	19.76	15.42	29.58	48.05	53.36	53.98	54.23	45.76
水泥	66.68	297.67	1031.48	983.36	1295.66	3205.35	2778.85	2488.69	2749.01	2681.63
纱	1.68	3.63	4.64	7.16	23.01	81.58	83.89	103.88	152.92	141.21
布　（万米）	5474	12112	13883	8196	10551	16056	16966	18059	27015	31490
机制纸及纸板　（万吨）	2.47	16.44	71.60	32.65	48.91	105.54	123.11	38.34	44.40	27.58
卷烟　（万箱）	14.74	33.50	34.00	34.40	57.57	60.94	64.41	68.46	71.73	66.50
饮料酒　（万千升）	1.35	4.99	11.42	8.50	20.28	45.73	66.23	68.02	64.00	58.85
多晶硅　（吨）						17799	37097	50440	66876	74358
汽车起重机　（台）		419	683	1087	5368	18623	14139	7939	7864	4088
装载机　（辆）			1298	1777	9442	15212	19199	18967	11945	7142
压路机　（台）		802	1897	2466	2434	6874	3604	4460	4048	2721

1-4 国民经济主要指标发展速度

指　　标	指数(2015年为以下各年的%)							1979-2015年平均增长(%)	2001-2015年平均增长(%)
	1978	1990	1995	2000	2005	2010	2014		
从业人数	**170.0**	**118.0**	**113.3**	**115.4**	**106.6**	**99.2**	**100.2**	**1.4**	**1.0**
# 职工人数	161.6	111.2	105.2	136.8	173.3	166.4	97.3	1.3	2.1
# 国有经济单位	77.9	50.3	44.2	55.5	79.9	83.1	94.1	-0.7	-3.8
城镇集体经济	16.7	13.4	16.5	38.1	87.8	109.3	95.2	-4.7	-6.2
地区生产总值(可比价格)	**6792.6**	**2331.8**	**1086.5**	**617.1**	**340.4**	**173.8**	**109.5**	**12.1**	**12.9**
第一产业	665.8	446.9	290.8	195.0	153.4	121.4	103.5	5.3	4.6
第二产业	13311.4	3460.2	1336.5	728.6	369.1	176.2	109.8	14.1	14.2
# 工业	13636.1	3500.9	1352.5	755.0	383.3	178.7	109.5	14.2	14.4
第三产业	12943.1	2834.1	1278.1	707.7	374.8	183.2	110.2	14.0	13.9
固定资产投资额					**781.2**	**220.0**	**116.2**		
# 房地产开发投资		38542.6	7746.6	1676.4	751.5	229.0	100.3		20.7
财政									
财政总收入	25619.3	8189.1	3311.3	1759.2	576.7	202.4	114.4	16.2	21.1
# 公共财政预算收入				2363.8	961.0	238.9	112.4		23.5
地方财政支出	42511.9	8790.4	4175.7	2179.8	716.1	231.0	113.8	17.8	22.8
人民生活									
职工年平均工资	9803.2	2492.4	980.9	581.5	288.1	158.6	108.0	13.2	12.5
农民人均收入	12483.9	2115.3	776.8	432.9	314.7	175.8	109.1	13.9	10.3
城市居民人均可支配收入		1768.9	639.7	417.5	266.8	142.4	108.6		10.0
城乡居民年末储蓄存款余额	312427.0	6228.9	1985.3	909.3	427.4	210.0	117.0	24.3	15.9
运输、邮电									
全社会旅客运输量	771.4	496.2	258.0	215.9	193.4	56.4	90.6	5.7	5.3
全社会货物运输量	1396.0	599.5	335.3	376.5	259.6	97.8	102.1	7.4	9.2
邮电业务总量	136200.0	15377.4	2457.2	537.7	262.9	129.9	115.0	21.5	11.9
国内外贸易、旅游									
社会消费品零售总额	30589.5	5584.8	2049.6	1273.4	595.5	246.4	112.3	16.7	18.5
进出口总额		53326.4	2191.7	1645.4	480.6	130.1	90.4		20.5
# 出口总额		73278.0	2981.1	2345.4	583.7	166.9	93.9		23.4
实际利用外资		10784.6	1368.8	686.8	548.0	140.9	86.1		13.7
国际旅游人数		780.9	677.1	189.5	46.3	21.3	114.6		4.4

注:2013年及以前“农民人均收入”为人均纯收入口径,2014年起为可支配收入口径。

1-4 续表

指标	指数(2015 年为以下各年的%)							1979–2015 年平均增长(%)	2001–2015 年平均增长(%)
	1978	1990	1995	2000	2005	2010	2014		
科技、教育									
专业技术人员	1427.2	352.0	239.7	193.1	202.7	162.3	96.9	7.4	4.5
高等学校在校学生	6553.9	1186.5	740.0	298.5	148.5	115.9	100.3	12.0	7.6
中等专业学校在校学生	1503.4	392.8	178.0	127.9	85.2	78.7	92.6	7.6	1.7
普通中学在校学生	75.6	110.7	81.8	59.5	42.6	66.7	96.7	–0.8	–3.4
小学在校学生	88.0	99.2	76.2	66.7	116.5	158.7	111.5	–0.3	–2.7
卫生									
卫生机构数	705.7	434.9	437.4	463.3	332.4	379.3	99.6	5.4	10.8
床位数	423.4	277.1	257.8	270.3	241.1	157.2	103.8	4.0	6.9
卫生技术人员数	328.7	211.5	175.5	169.2	182.3	159.3	109.8	3.3	3.6
# 医生	412.2	204.0	180.4	174.1	192.4	171.2	115.4	3.9	3.8
主要工农业产品产量									
粮食	228.4	118.0	116.0	147.4	149.9	107.0	100.4	2.3	2.6
棉花	105.3	46.7	44.0	51.2	62.4	80.5	80.2	0.1	–4.4
油料	704.4	234.8	134.1	55.2	68.9	92.5	105.5	5.4	–3.9
水果	4140.1	767.7	303.2	132.4	123.9	102.0	93.4	10.6	1.9
生猪存栏	200.8	175.4	138.8	149.0	139.8	102.2	97.6	1.9	2.7
猪、牛、羊肉	967.0	267.4	160.8	182.1	142.9	107.5	98.0	6.3	4.1
蚕茧	1240.4	108.0	29.5	42.9	49.3	95.7	81.6	7.0	–5.5
水产品	2609.7	507.8	221.3	139.0	114.4	110.3	101.0	9.2	2.2
生铁	3133.4	1628.9	915.3	1282.9	312.0	156.1	108.7	9.8	18.5
原煤	130.5	92.8	80.4	83.0	72.6	91.0	95.2	0.7	–1.2
发电量	1836.1	476.3	416.5	338.5	160.4	124.4	96.1	8.2	8.5
合成氨	1318.4	695.6	627.3	486.5	252.2	140.4	100.2	7.2	11.1
农用化肥(折 100%)	932.0	365.5	231.6	296.8	154.7	95.2	84.4	6.2	7.5
水泥	4021.6	900.9	260.0	272.7	207.0	83.7	97.5	10.5	6.9
纱	8405.4	3890.1	3043.3	1972.2	613.7	173.1	92.3	12.7	22.0
布	575.3	260.0	226.8	384.2	298.5	196.1	116.6	4.8	9.4
机制纸及纸板	1116.6	167.8	38.5	84.5	56.4	26.1	62.1	6.7	–1.1
卷烟	451.2	198.5	195.6	193.3	115.5	109.1	92.7	4.2	4.5
饮料酒	4359.3	1179.4	515.3	692.4	290.2	128.7	92.0	10.7	13.8
多晶硅						417.8	111.2		
汽车起重机		975.7	598.5	376.1	76.2	22.0	52.0		9.2
装载机			550.2	401.9	75.6	46.9	59.8		9.7
压路机		339.3	143.4	110.3	111.8	39.6	67.2		0.7

1-5　各时期国民经济主要指标平均增长速度

单位：%

指　　标	"一五"时期	"二五"时期	调整时期	"三五"时期	"四五"时期	"五五"时期
年末总人口(户籍)	**2.9**	**0.6**	**1.9**	**2.9**	**1.7**	**1.4**
职工人数	**4.4**	**11.0**	**-3.6**	**7.8**	**14.1**	**8.8**
# 国有单位	4.4	11.0	-3.6	7.8	5.7	9.1
地区生产总值	**9.9**	**4.4**	**7.4**	**8.9**	**7.9**	**15.3**
第一产业	-0.2	-1.3	11.1	7.2	5.1	10.7
第二产业	34.3	3.5	12.5	15.7	10.5	20.0
# 工业						
第三产业	16.3	6.0	-0.8	4.2	7.7	16.0
农林牧渔业总产值	**1.3**	**-1.1**	**9.0**	**4.7**	**7.7**	**6.2**
固定资产投资额	**43.3**	**25.2**	**10.2**	**5.3**	**10.6**	**31.7**
# 房地产开发投资						
财政						
财政收入	18.5	3.2	4.5	11.8	5.2	12.9
财政支出	26.0	-4.5	12.0	3.6	11.5	13.4
人民生活						
职工工资总额	9.2	12.5	-2.9	3.5	13.5	16.3
职工年平均工资	2.6	-0.9	3.0	-1.6	-1.6	7.0
城乡居民储蓄存款余额	29.1	4.8	17.3	4.3	14.7	33.6
运输、邮电						
邮电业务总量	14.9	16.8	-1.8	2.4	7.8	6.8
内外贸易						
社会消费品零售总额	14.3	5.0	1.5	2.9	10.9	13.8
教育						
高等学校在校学生数			-28.4			12.2
中等专业学校在校学生数	7.0	0.8	-7.3			17.1

注：本表中高等学校在校学生数不含成人本专科学生数。

1-5 续表 1 单位:%

指　　标	"一五"时期	"二五"时期	调整时期	"三五"时期	"四五"时期	"五五"时期
普通中学在校学生数	23.2	9.6	0.5	23.9	5.1	10.0
小学在校学生数	8.4	1.6	15.5	–1.9	10.8	–1.3
卫生						
卫生机构数	14.3	6.1	3.7	–0.6	7.4	9.2
床位数	17.6	24.1	–0.5	4.4	5.6	5.3
卫生技术人员数	16.3	13.3	6.5	6.0	8.9	8.7
# 医生	20.4	12.0	5.6	–0.3	4.7	10.6
主要工农业产品产量						
粮食	1.2	0.6	1.4	6.4	7.3	6.0
棉花	13.3	–12.2	34.3	25.6	2.8	5.5
油料	–8.4	–13.7	32.9	–10.4	2.8	21.1
水果	–4.1	–13.2	8.5	14.5	9.9	9.5
生猪存栏	12.5	0.4	13.1	3.0	10.0	2.2
水产品	1.7	–0.1	14.0	–19.3	24.9	18.2
生铁		65.4	–0.6	23.1	19.1	8.1
铝锭			6.7	9.3	7.7	5.3
原煤	10.0	20.0	1.8	6.0	7.3	10.9
发电量	35.1	33.1	5.6	10.3	17.2	24.5
合成氨				80.4	27.0	29.4
农用化肥(折 100%)		89.0	22.9	24.6	30.0	3.1
水泥		68.8	9.7	7.6	23.0	16.7
纱	1.4	22.5	60.8	15.0	5.9	13.5
布	17.7	11.1	17.3	17.9	13.9	16.6
机制纸及纸板	150.6	11.7	–1.6	20.0	4.3	22.9
卷烟	–2.0	1.0	38.4	9.7	1.9	10.1
饮料酒	15.7	2.8	–3.6	9.7	12.8	17.5

1-5　续表 2　　单位：%

指　　标	"六五"时期	"七五"时期	"八五"时期	"九五"时期	"十五"时期	"十一五"时期	"十二五"时期
年末总人口(常住)						**-0.5**	**0.2**
年末总人口(户籍)	**1.4**	**2.7**	**1.1**	**1.0**	**0.6**	**1.0**	**1.1**
职工人数	**3.7**	**2.3**	**1.1**	**-1.7**	**-4.6**	**0.8**	**10.7**
# 国有单位	4.1	2.9	2.6	-1.6	-7.0	-0.8	-3.6
地区生产总值	**11.3**	**7.0**	**16.5**	**12.0**	**12.6**	**14.4**	**11.7**
第一产业	8.2	0.8	9.0	8.3	4.9	4.8	4.0
第二产业	12.5	8.3	21.0	12.9	14.6	15.9	12.0
# 工业	11.7	9.2	21.0	12.4	14.5	16.5	12.3
第三产业	14.2	12.1	17.3	12.5	13.5	15.3	12.9
农林牧渔业总产值	**10.5**	**3.9**	**10.7**	**8.9**	**4.6**	**9.1**	**4.5**
固定资产投资额	**7.6**	**9.3**	**36.8**	**25.4**	**19.7**	**27.7**	**17.1**
# 房地产开发投资			32.7	38.8	8.5	26.3	18.0
财政							
财政收入	10.0	12.2	19.9	13.5	24.5	28.8	15.1
财政支出	13.4	20.5	16.1	13.9	24.9	25.4	18.2
人民生活							
职工工资总额	15.8	14.8	22.2	6.2	10.4	13.1	21.5
职工年平均工资	11.5	12.1	20.5	8.5	15.1	12.7	9.7
城乡居民储蓄存款余额	36.6	35.5	25.7	16.9	16.3	15.3	16.0
运输、邮电							
客运量	5.7	-2.5	14.0	3.6	1.8	27.9	-10.8
货运量	14.1	-0.7	12.3	-2.3	7.7	21.6	-0.4
邮电业务总量	11.2	34.5	44.5	35.5	15.4	15.1	5.4
内外贸易							
社会消费品零售总额	16.4	12.6	22.2	10.0	12.7	19.3	19.8
进出口总额				15.7	27.9	29.9	5.4
实际到帐注册外资				13.0	14.1	34.7	7.1
教育							
高等学校在校学生数	31.0	3.1	8.7	19.9	13.2	5.1	3.0
中等专业学校在校学生数	6.4	5.0	17.2	6.8	3.6	1.6	-4.6

1-5 续表 3 单位：%

指　　标	"六五"时期	"七五"时期	"八五"时期	"九五"时期	"十五"时期	"十一五"时期	"十二五"时期
普通中学在校学生数	-3.0	0.2	6.2	6.6	6.9	-8.6	-7.8
小学在校学生数	-1.9	-0.7	5.4	2.7	-10.5	-6.0	9.7
卫生							
卫生机构数	4.2	0.1	-0.1	-1.1	6.9	-2.6	30.6
床位数	4.6	2.3	1.5	-0.9	2.3	8.9	9.5
卫生技术人员数	3.8	3.5	3.8	0.7	-1.5	2.7	9.8
# 医生	6.2	4.9	2.5	0.7	-2.0	2.4	11.4
主要工农业产品产量							
粮食	10.9	1.5	0.4	-4.7	-0.4	7.0	1.4
棉花	9.6	-4.6	1.2	-3.0	-3.9	-5.0	-4.2
油料	27.2	-14.6	11.8	19.4	-4.3	-5.7	-1.6
水果	9.1	19.6	20.4	18.0	1.3	4.0	0.4
生猪存栏	5.7	-2.2	4.8	-1.4	1.3	6.5	0.4
水产品	8.2	15.8	18.1	9.8	4.0	0.7	2.0
生铁	0.2	12.1	12.2	-6.5	32.7	14.9	9.3
铝锭	2.4	19.8	20.6	-23.7	16.6	58.7	
原煤	3.7	2.4	2.9	-0.6	2.7	-4.4	-1.9
发电量	4.1	12.3	2.7	4.2	16.1	5.2	4.5
合成氨	2.9	-1.3	2.1	5.2	14.1	12.4	7.0
农用化肥(折 100%)	1.5	9.6	-4.8		13.9	10.2	-1.0
水泥	8.0	28.2	-1.0		5.7	19.9	-3.5
纱	2.9	8.4	5.0	9.1	26.3	28.8	11.6
布	-0.4	10.5	2.8	-10.0	5.2	8.8	14.4
机制纸及纸板	15.6	20.5	34.2	-14.5	8.4	16.6	-23.5
卷烟	6.1	5.1	0.3	0.2	10.8	1.1	1.8
饮料酒	7.0	11.9	18.0	-5.7	19.0	17.7	5.2
多晶硅							33.1
汽车起重机		5.2	10.3	9.7	37.6	28.2	-26.2
装载机				6.5	39.7	10.0	-14.0
压路机		1.9	18.8	5.4	-0.3	23.1	-16.9

1-6　徐州的一天

指　标		1985	1990	1995	2000	2005	2010	2012	2013	2014	2015
全市每天创造的财富											
地区生产总值	（万元）	1522	3092	11054	16885	33607	80607	110043	123831	135998	145750
第一产业		607	1060	2758	3248	4774	7748	10478	11476	12974	13829
第二产业		651	1230	5045	7769	16990	40847	53932	58631	61541	64522
工业		568	1121	4546	6672	14464	34756	45661	49534	51608	54153
建筑业		83	109	499	1096	2526	6091	8271	9152	9989	10370
第三产业		264	801	3251	5868	11843	32011	45633	53724	61483	67399
# 运输和邮电业			198	810	1567	3523	6648	8873	11764	10853	13310
批发、零售、住宿和餐饮业			187	869	1594	3358	10517	16279	18759	21434	23512
财政总收入	（万元）	158	280	693	1305	3980	11339	16373	18081	20071	22952
# 公共财政预算收入					615	1513	6087	10048	11585	12940	14539
生铁	（吨）	453	800	1425	1016	4179	8354	10284	14313	11995	13040
原煤	（万吨）	4.93	5.57	6.40	6.22	7.12	5.68	5.52	5.40	5.40	5.16
发电量	（万千瓦时）	1599	2860	3271	4024	8492	10947	14457	15745	14172	13623
水泥	（吨）	5562	8155	28247	26941	35498	87818	76133	68183	75315	73469
布	（万米）	20.14	33.18	38.00	22.45	28.91	43.99	46.48	49.48	74.00	86.27
机制纸及纸板	（吨）	178	451	1962	895	1340	2892	3373	1050	1216	756
卷烟	（箱）	715	918	932	942	1577	1670	1765	1876	1965	1822
全市每天消费量											
社会消费品零售总额	（万元）	640	1157	3183	5074	10850	26219	35959	40984	57512	64615
城市居民每人生活费支出	（元）	1.85	3.86	10.09	14.77	21.02	36.04	43.03	51.80	49.38	53.03
# 食品消费		1.00	2.22	5.04	5.44	7.42	12.32	15.68	17.36	14.49	15.54
农民每人生活费支出	（元）	0.90	1.47	3.11	4.44	7.78	14.29	18.47	19.85	24.69	27.05
# 食品消费		0.47	0.78	1.86	1.87	3.31	5.37	6.61	7.10	7.89	8.64
每天其他经济活动											
旅客运输量	（万人次）	9.84	8.65	16.63	19.88	22.19	76.06	68.20	45.91	47.35	42.91
货物运输量	（万吨）	17.21	16.64	29.75	26.49	38.42	101.99	95.48	92.95	97.70	99.75
房屋建筑竣工面积	（平方米）	3539	3063	5022	8078	14720	12524	13192	19251	13934	18405
# 住宅竣工面积		1839	1600	2517	3935	7012	10372	11678	16865	11811	14269
邮寄函件	（万件）	7.05	8.13	8.59	6.88	5.59	12.95	12.40	7.16	4.30	4.08
每天人口变动和婚姻											
出生人数	（人）	235	432	228	460	192	596	531	580	563	416
死亡人数	（人）	93	98	108	122	62	218	125	92	83	162
结婚对数	（对）	145	189	178	153	146	279	349	342	328	269
离婚对数	（对）	2	1	3	4	17	30	39	51	49	60

注：2010 年之前房屋建筑竣工面积和住宅竣工面积为固定资产投资中的竣工面积，2010 年之后为房地产开发中的竣工面积。本表中食品消费与 10-3 表中食品烟酒数据对应，数据可比；自 2014 年开始消费支出使用新口径，现食品烟酒类与原食品类一致。

1-7 徐州市国民经济主要指标占全省比重

（2015年）

指 标		全 省	徐州市	徐州市占全省的比重（%）
年末人口(常住)	**(万人)**	**7976.30**	**866.90**	**10.9**
年末人口(户籍)		7717.59	1028.70	13.3
就业人数		**4758.50**	**482.10**	**10.1**
#职工人数		1467.53	97.17	6.6
地区生产总值(GDP)(当年价格)	**(亿元)**	**70116.38**	**5319.88**	**7.6**
第一产业		3987.94	504.76	12.7
第二产业		32043.63	2355.06	7.3
#工业		27996.42	1976.57	7.1
第三产业		34084.81	2460.07	7.2
人均GDP	(元)	87995	61511	
社会消费品零售总额	**(亿元)**	**25876.77**	**2358.45**	**9.1**
进出口总额	**(亿美元)**	**5456.14**	**54.13**	**1.0**
#出口总额		3386.68	43.89	1.3
实际到帐注册外资		**242.75**	**14.28**	**5.9**
财政总收入	**(亿元)**	**17841.60**	**837.75**	**4.7**
#公共财政预算收入		8028.59	530.68	6.6
地方财政支出		9681.47	752.46	7.8
职工工资总额	**(亿元)**	**9802.41**	**524.81**	**5.4**
城镇非私营单位在岗职工平均工资	**(元)**	**66196**	**54310**	
居民人均可支配收入		**29539**	**20425**	
农村居民人均可支配收入		16257	13982	
城镇居民人均可支配收入		37173	29841	
金融机构存款余额	**(亿元)**	**73665.11**	**4747.01**	**6.4**
#住户存款		22468.48	2780.60	12.4
金融机构贷款余额		55087.35	3069.90	5.6

1-7　续表　（2015 年）

指　标		全 省	徐州市	徐州市占全省的　比　重（%）
全社会客运量	**（万人）**	**153943**	**15660.36**	**10.2**
全社会货运量	（万吨）	209121	36407.70	17.4
邮电业务总量	（亿元）	2280.6	95.34	4.2
高等学校本专科在校学生	**（万人）**	**171.57**	**16.25**	**9.5**
普通中学在校学生　、		284.52	34.74	12.2
小学在校学生		499.64	84.13	16.8
卫生机构数	**（个）**	**32105**	**4601**	**14.3**
# 医院、卫生院		2622	283	10.8
卫生机构床位数	（万张）	40.69	4.79	11.8
# 医院、卫生院		37.85	4.46	11.8
卫生技术人员数	（万人）	48.65	5.16	10.6
# 执业医师、执业助理医师		18.32	2.02	11.0
主要工农业产品产量	**（万吨）**			
粮食		3561.34	470.92	13.2
棉花		11.69	2.60	22.2
油料		143.11	11.20	7.8
水产品产量		522.11	18.79	3.6
原煤		1918.9	1885.17	98.2
发电量	（亿千瓦时）	4351.78	497.22	11.4
农用化肥（折 100%）	（万吨）	203.76	45.76	22.5
水泥		18013.66	2681.63	14.9
纱		568.76	141.21	24.8
布	（亿米）	95.68	3.15	3.3

注：为与全省可比，本表中高等学校本专科在校学生含成人本专科学生数。

1-8 主要年份国民经济和社会发展结构指标

单位：%

指　　标	1978	1990	1995	2000	2005	2010	2012	2013	2014	2015
人口结构										
常住人口										
城镇人口					43.3	53.9	56.7	58.1	59.5	61.1
农村人口					56.7	46.1	43.3	41.9	40.5	39.0
户籍人口										
农业人口	88.5	82.9	80.2	74.2	65.9	54.2	32.9	28.4	28.0	42.1
非农业人口	11.5	17.1	19.8	25.8	34.1	45.8	67.1	71.6	72.0	57.9
就业结构										
第一产业	72.1	61.0	56.9	56.4	40.3	40.7	37.7	35.8	33.8	31.7
第二产业	15.3	23.4	25.3	22.3	28.3	26.9	29.3	30.5	31.3	32.3
第三产业	12.6	15.6	17.8	21.3	31.4	32.4	33.0	33.7	34.8	36.0
地区生产总值产业结构										
第一产业	44.0	34.3	25.0	19.2	14.2	9.6	9.5	9.3	9.5	9.5
第二产业	41.8	39.8	45.6	46.0	50.6	50.7	49.0	47.3	45.3	44.3
第三产业	14.2	25.9	29.4	34.8	35.2	39.7	41.5	43.4	45.2	46.2
地区生产总值支出结构										
总消费			45.3	48.9	50.4	46.1	47.4	49.0	49.3	43.8
居民消费			84.9	80.5	79.5	73.0	70.9	68.1	67.8	76.3
政府消费			15.1	19.5	20.5	27.0	29.1	31.9	32.2	23.7
资本形成总额			44.3	49.5	55.6	58.3	55.2	59.5	59.2	56.2
固定资产形成			64.1	85.7	88.0	97.4	91.2	94.7	93.9	93.6
存货增加			35.9	14.3	12.0	2.6	8.8	5.3	6.1	6.4
财政总收入相当于地区生产总值比例	**15.3**	**9.1**	**6.2**	**7.3**	**12.0**	**14.1**	**14.9**	**14.9**	**14.8**	**15.7**
科教文卫事业费占财政支出的比例		**33.1**	**40.4**	**33.5**	**24.1**	**41.4**	**31.9**	**31.5**	**31.7**	**31.6**
农林牧渔业总产值结构										
农业	84.1	65.0	59.4	65.7	62.7	62.9	61.5	61.7	62.5	62.3
林业	2.7	2.3	2.4	2.6	2.7	2.0	1.8	1.7	1.7	1.7
牧业	12.5	30.0	35.0	26.1	27.2	28.3	30.3	30.0	29.1	29.1
渔业	0.7	2.7	3.2	5.6	5.4	4.9	4.1	4.1	4.0	3.9
农林牧渔服务业					2.0	2.1	2.3	2.5	2.7	3.0
农作物播种面积结构										
粮食作物	74.1	86.1	76.8	59.3	56.3	65.0	65.0	64.8	65.0	63.4
经济作物	23.7	8.8	9.9	10.7	13.0	7.6	7.4	7.1	6.9	6.9
其他作物	2.2	5.1	13.3	30.0	30.7	27.4	27.6	28.1	28.1	29.7

1-8　续表　　单位:%

指　　标	1978	1990	1995	2000	2005	2010	2012	2013	2014	2015
工业总产值按经济类型分										
国有工业	74.7	68.2	57.0	26.9	9.5	4.5	3.3	3.0	2.0	0.1
集体工业	25.3	31.3	36.2	12.9	0.1	0.3	0.2	0.2	0.2	0.1
其他工业		0.5	6.8	60.2	90.4	95.2	96.5	96.8	97.8	99.8
工业总产值按轻重工业分										
轻工业	39.6	45.6	42.5	44.0	32.0	27.4	28.3	29.7	31.1	32.8
重工业	60.4	54.4	57.5	56.0	68.0	72.6	71.7	70.3	68.9	67.2
货运量结构										
铁路	56.7	43.8	18.6	17.6	10.6	26.7	13.2	3.1	2.6	2.7
公路	25.0	45.9	61.9	49.5	43.6	39.6	48.8	45.6	47.6	46.4
水运	3.6	7.6	10.9	5.8	6.3	6.8	8.0	14.1	14.1	15.5
管道	14.7	2.7	8.6	27.1	39.5	26.8	30.0	37.2	35.7	35.3
在校学生结构										
大学生	0.1	1.0	1.2	2.4	5.0	10.2	10.3	10.6	10.1	9.6
中学生	32.6	28.6	30.1	33.2	53.2	44.5	41.5	38.2	34.5	31.8
小学生	67.2	70.4	68.8	64.5	41.8	45.3	48.2	51.2	55.4	58.6
专任教师结构										
大学		3.6	3.3	3.6	6.3	8.0	8.7	9.0	9.1	9.0
中学		37.4	38.1	39.3	46.4	48.8	49.8	47.5	46.1	44.9
小学		59.0	58.6	57.1	47.3	43.2	41.5	43.4	44.8	46.1
城市居民消费结构										
食品		57.4	49.9	36.8	35.3	34.2	36.4	33.5	29.4	29.3
衣着		14.0	15.1	10.0	9.5	10.8	10.0	9.3	8.5	8.4
娱乐文教		8.7	8.7	14.4	16.5	11.4	13.1	13.4	11.3	11.4
居住		2.3	6.0	6.3	11.3	9.2	10.3	7.8	19.1	19.3
用品及其他		17.5	20.3	32.5	27.4	34.4	30.1	35.9	31.7	31.6
农村居民消费结构										
食品		53.4	59.9	42.2	42.6	37.6	35.8	35.8	32.0	31.9
衣着		10.3	7.2	6.2	6.9	8.3	8.2	8.3	8.0	8.0
娱乐文教		6.2	6.5	12.0	16.7	15.3	18.5	18.0	10.2	10.7
居住		17.8	15.4	19.9	10.8	15.6	14.1	14.7	18.8	18.4
用品及其他		18.5	17.6	31.8	23.0	23.1	23.4	23.2	31.0	31.0
卫生技术人员结构										
# 医生	31.0	40.5	38.1	38.1	37.1	36.0	36.4	37.1	37.3	39.1
护师、护士		28.3	33.4	28.6	30.3	36.6	40.5	41.4	41.9	41.4
治理污染资金使用结构										
治理废水		69.7	68.2	34.7	15.6	29.6	13.3	1.0	5.2	37.5
治理废气		26.8	18.1	64.4	81.6	61.4	86.7	97.3	70.8	47.3
治理固体废物		1.3	12.8	0.7	0.7	7.6				
治理噪声		2.0	0.8	0.1	1.3					
其他		0.2		0.1	0.8	1.4		1.7	24.0	15.2

1-9 全市法人单位数及从业人员数

项　　目	法人单位数(个)		从业人员数(万人)	
	2014	2015	2014	2015
合　计	**100809**	**115976**	**286.18**	**315.32**
按机构类型分				
企业	85612	100468	244.55	273.13
事业单位	3738	3739	20.96	21.04
机关	1022	1023	6.57	6.56
社会团体	1398	1417	1.84	1.85
民办非企业单位	1614	1685	2.96	3.14
基金会	18	16	0.02	0.02
居委会	672	672	0.65	0.65
村委会	2076	2077	1.58	1.58
其他组织机构	4659	4879	7.07	7.34
按登记注册类型分				
内资	100304	115448	277.58	306.19
国有	5571	5561	35.94	36.33
集体	1067	1042	4.00	4.02
股份合作	126	122	0.80	0.76
联营	87	87	0.19	0.18
国有联营	13	11	0.05	0.05
集体联营	39	42	0.06	0.08
国有与集体联营	8	8	0.01	0.01
其他联营	27	26	0.07	0.05
有限责任公司	4527	5024	47.30	47.95
国有独资公司	105	124	8.66	7.48
其他有限责任公司	4422	4900	38.64	40.47
股份有限公司	808	1090	10.50	11.57
私营	72129	85141	154.32	179.98
私营独资	22325	23542	33.07	34.16
私营合伙	1134	1270	1.96	2.11
私营有限责任公司	47049	58422	113.32	137.61
私营股份有限公司	1621	1907	5.97	6.10
其他	15989	17381	24.53	25.39

1-9　续表

项　目	法人单位数(个)		从业人员数(万人)	
	2014	2015	2014	2015
港澳台商投资	262	283	4.59	4.82
与港澳台商合资经营	86	90	2.35	2.45
与港澳台商合作经营	11	11	0.10	0.09
港澳台商独资	152	170	2.01	2.10
港澳台商投资股份有限公司	11	10	0.13	0.18
其他港、澳、台商投资	2	2	…	…
外商投资	243	245	4.01	4.31
中外合资经营	123	124	2.31	2.66
中外合作经营	5	3	0.12	0.11
外资企业	104	106	1.57	1.53
外商投资股份有限公司	6	7	0.01	0.01
其他外商投资	5	5	…	…
按行业分				
农、林、牧、渔业	4127	4998	6.60	7.79
采矿业	194	211	10.12	8.90
制造业	19626	21361	99.86	114.87
电力、燃气及水的生产和供应业	240	304	1.85	1.74
建筑业	3887	5041	47.07	50.54
批发和零售业	36445	42206	45.36	48.52
交通运输、仓储和邮政业	2739	3164	8.04	9.25
住宿和餐饮业	967	1112	2.33	2.56
信息传输、软件和信息技术服务业	1870	2621	2.38	2.84
金融业	777	831	2.13	2.17
房地产业	3062	3516	5.34	6.39
租赁和商务服务业	7725	9828	8.98	11.64
科学研究和技术服务业	5397	6118	7.64	8.22
水利、环境和公共设施管理业	792	894	1.80	2.05
居民服务、修理和其他服务业	1482	1821	1.85	2.28
教育	2143	2376	13.54	13.83
卫生和社会工作	1188	1258	6.08	6.38
文化、体育和娱乐业	1428	1575	1.92	2.08
公共管理、社会保障和社会组织	6720	6741	13.28	13.28

1-10 全市产业活动单位数及从业人员数

项目	产业活动单位(个)		从业人员数(万人)	
	2014	2015	2014	2015
合计	**111009**	**126793**	**288.91**	**322.60**
按机构类型分				
企业	91197	106657	245.70	278.70
事业单位	6951	6965	22.63	22.81
机关	1518	1520	6.32	6.34
社会团体	1414	1433	1.53	1.54
民办非企业单位	1607	1678	2.92	3.11
基金会	18	16	0.02	0.02
居委会	671	671	0.65	0.65
村委会	2077	2078	1.58	1.59
其他组织机构	5556	5775	7.57	7.85
按登记注册类型分				
内资	110392	126147	280.13	313.27
国有	10129	10135	39.60	42.02
集体	2046	2023	4.80	6.64
股份合作	175	173	0.93	0.88
联营	116	117	0.22	0.21
国有联营	24	23	0.06	0.06
集体联营	48	51	0.07	0.08
国有与集体联营	15	15	0.02	0.02
其他联营	29	28	0.07	0.05
有限责任公司	4838	5399	38.71	39.61
国有独资公司	128	145	5.22	4.05
其他有限责任公司	4710	5254	33.49	35.56
股份有限公司	1775	2069	12.67	13.86
私营	74156	87634	157.35	183.28
私营独资	22854	24117	33.90	35.05
私营合伙	1177	1320	2.01	2.17
私营有限责任公司	48415	60186	116.14	139.66
私营股份有限公司	1710	2011	5.31	6.39
其他	17157	18597	25.85	26.76

1-10　续表

项　　目	产业活动单位(个)		从业人员数(万人)	
	2014	2015	2014	2015
港澳台商投资	306	330	4.53	4.77
与港澳台商合资经营	96	101	2.34	2.44
与港澳台商合作经营	11	12	0.06	0.07
港澳台商独资	184	203	2.00	2.12
港澳台商投资股份有限公司	12	10	0.13	0.14
其他港、澳、台商投资	3	4	…	0.01
外商投资	311	316	4.25	4.57
中外合资经营	140	141	2.36	2.77
中外合作经营	5	3	0.12	0.11
外资企业	143	147	1.73	1.65
外商投资股份有限公司	14	16	0.03	0.04
其他外商投资	9	9	0.01	0.01
按行业分				
农、林、牧、渔业	4151	5024	6.68	7.89
采矿业	217	234	6.56	6.59
制造业	19781	21520	101.22	115.69
电力、燃气及水的生产和供应业	339	403	2.14	2.02
建筑业	4138	5364	44.25	50.33
批发和零售业	38258	44251	47.02	50.39
交通运输、仓储和邮政业	3274	3722	9.05	10.57
住宿和餐饮业	1074	1241	2.52	2.78
信息传输、软件和信息技术服务业	2500	3280	2.85	3.41
金融业	2304	2405	4.39	4.43
房地产业	3235	3741	5.80	6.94
租赁和商务服务业	7958	10151	8.72	11.64
科学研究和技术服务业	5554	6300	7.81	8.42
水利、环境和公共设施管理业	852	957	1.87	2.12
居民服务、修理和其他服务业	1517	1860	1.89	2.36
教育	2819	3059	14.00	14.29
卫生和社会工作	3914	3983	6.58	6.97
文化、体育和娱乐业	1468	1619	1.95	2.11
公共管理、社会保障和社会组织	7656	7679	13.62	13.65

主要统计指标解释

平均每年增长速度 在我国计算平均增长速度有两种方法,一种是习惯上经常使用的“水平法”,又称几何平均法,是以间隔期最后一年的水平同基期水平对比来计算平均每年增长(或下降)速度。另一种是“累计法”,又称代数平均法或方程法,是以间隔期内各年水平的总和同基期水平对比来计算平均每年增长(或下降)速度。

在一般正常情况下,两种方法计算的平均每年增长速度比较接近,但在经济发展不平衡,出现大起大落时,两种方法计算的结果差别较大。

本《年鉴》内所列的平均每年增长速度,除固定资产投资是用“累计法”计算以外,其余均用“水平法”计算。从某年到某年平均增长速度的年份,均不包括基期年在内。如改革开放以来的平均增长速度是以1978年为基期计算的,则写为1979-2015年平均增长速度,其余类推。

各个计划时期 表内所用各个“时期”代表的年份如下:恢复时期为1950年到1952年;第一个五年计划时期(简称一五时期)为1953年到1957年;第二个五年计划时期(简称二五时期)为1958年到1962年;三年调整时期为1963年到1965年;第三个五年计划时期(简称三五时期)为1966年到1970年;第四个五年计划时期(简称四五时期)为1971年到1975年;第五个五年计划时期(简称五五时期)为1976年到1980年;第六个五年计划时期(简称六五时期)为1981年到1985年;第七个五年计划时期(简称七五时期)为1986年到1990年;第八个五年计划时期(简称八五时期)为1991年到1995年,第九个五年计划时期(简称九五时期)为1996年到2000年;第十个五年计划时期(简称十五时期)为2001年到2005年;第十一个五年计划时期(简称十一五时期)为2006年到2010年;第十二个五年计划时期(简称十二五时期)为2011年到2015年。

“倍数”的用法 倍,就是跟原数相同的数。倍数,只能用于数字的增加,不能用于数字的减少。如“增长多少倍”、“扩大多少倍”、“提高多少倍”都可以,但不能说“降低多少倍”、“缩小多少倍”、“减少多少倍”。因为减少一倍就减完了,再无什么可减了。运用倍数时,还要注意词的准确。如“增加了两倍”即原来是一,现在是三;“增加到两倍”,即原来是一,现在是二。这里的“了”和“到”不能缺少,也不能互换。

“百分数”的用法 百分数,是用一百做分母的分数,在数学中用“%”来表示,在文章中一般都写作“百分之多少”。百分数与倍数不同,它既可以表示数量的增加,也可以表示数量的减少。运用百分数时,也要注意概念的精确。如“比过去增长30%,即过去为100,现在是“130”;比过去降低30%,即过去是100,现在是“70”;“降低到原来的30%”,即原来是100,现在是“30”。

运用百分数时,还要注意有些数最多只能达到100%,如产品合格率,种子发芽率等;有些百分数只能小于100%,如粮食出粉率等;有些百分数却可以超过100%,如产品产量计划完成情况等。

“番”的用法与“倍”的关系 增加一倍,就是增加100%;翻一番,也是增加100%。除了一倍与一番相当外,两倍与两番以上数字含义就不同了,而且数字越大,差距越大。如增加两倍,就指增加200%;翻两番,就是400%(一番二、二番是四、三番就是八),所以说翻两番就是增加了300%,翻三番就是增加了700%。“番”是按几何级数计算的,“倍”是按算术级数计算的。

计算翻番公式为:

n=[lg(报告期数 ÷ 基数)] ÷ lg2

n 表示翻番数 lg 是常用对数符号

第2部分

国民经济核算
NATIONAL ACCOUNTS

版面负责人：卓卫华
编　　　辑：王　楠

江苏省统计条例

（2014年1月16日江苏省第十二届人民代表大会常务委员会第八次会议通过）

第三条 县级以上地方人民政府应当加强对统计工作的组织领导，将统计事业纳入本地区国民经济和社会发展规划，建立健全统计机构，加强统计队伍建设，为统计工作提供必要的保障，确保统计工作正常开展。

【释义】 本条是关于地方各级人民政府对统计工作组织领导和保障职责的规定。

统计工作是政府管理经济社会事务的一项重要的基础性工作。为了科学、有效地开展统计工作，地方各级人民政府应当加强对统计工作的组织领导，为统计工作提供必要的保障。

对统计工作的组织领导主要体现在：一是高度重视统计工作，将其作为本级政府的一项经常性基础工作进行研究、规划、布置；二是加强对重大国情国力普查项目和重大省情省力项目的规划、组织和领导，加强对本级政府统计调查项目的规划、组织和领导，确保统计调查顺利实施；三是加强对政府统计机构、统计人员的领导和监督，保障其依法履行职责。

为统计工作提供必要的保障，主要包括：一是提供组织保障，依照规定设置统计机构，配备统计人员，加强对统计人员的专业培训和职业道德教育，提高统计人员的专业素质，保障统计队伍的稳定性；二是提供制度保障，加强统计法制建设，保障政府统计机构、统计人员依法独立行使统计调查、统计报告、统计监督的职权不受侵犯，防止对统计工作的违法干预，加大对统计违法行为的监督检查和惩处力度；三是提供科学技术保障，加强统计科学研究，健全科学的统计指标体系，不断改进统计调查方法，加强统计信息化建设；四是提供物质保障，将统计工作所需经费列入政府财政预算，按时拨付，为开展统计工作提供必要的物质条件。

第四条 县级以上地方人民政府统计机构(以下简称政府统计机构)负责本行政区域内统计工作的组织实施、管理协调和监督检查。

县级以上地方人民政府有关部门依法组织、管理本部门职责范围内的统计工作，实施统计调查。

【释义】 本条是关于政府统计机构及有关部门职责的规定。

县级以上地方人民政府统计机构的职责。是指依法管理协调、监督检查统计工作，组织实施统计调查。具体职责主要包括：(1)组织管理本行政区域内的统计工作；(2)依法制定、审批地方统计调查项目；(3)完成国家和地方统计调查任务；(4)依法管理和公布本行政区域的统计资料；(5)对本行政区域内的经济和社会发展情况进行统计分析，提供咨询意见，实行统计监督；(6)组织指导本行政区域内各部门、各单位加强统计基础建设；(7)监督检查本行政区域内的政府统计活动、民间统计调查活动，依法查处统计违法行为。

县级以上地方人民政府有关部门的职责。是指依法管理统计工作，组织实施统计调查。具体职责主要包括：(1)组织指导、综合协调本部门职责范围内的统计工作；(2)依法制定本部门、本行业的地方统计调查项目；(3)完成国家、部门和地方统计调查任务；(4)依法管理和公布本部门、本行业的统计资料；(5)依法对本部门、本行业的经济和社会发展情况进行统计分析，提供咨询意见，实行统计监督；(6)依法组织指导本部门、本行业的各单位加强统计基础建设；(7)依法监督检查职责范围内的统计活动，及时移送有关涉嫌统计违法的材料，协助政府统计机构查处统计违法案件。

本条例所称的政府统计机构。是指县级以上地方人民政府统计机构。

编辑：王中彬

2-1　主要年份地区生产总值

（当年价格）　　　　　　　　　　　　　　　　　　　　　　　　单位：万元

年　份	地区生产总　　值	第一产业	第二产业	工　业	建筑业	第三产业	#交通、仓储邮电通信业	#批发零售、住宿餐饮业	人均地区生产总值
1949	17274	13388	1282			2604			46
1952	22978	16401	2717			3860			60
1957	36912	17195	11501			8216			83
1962	45752	20558	14176			11018			100
1965	56658	26883	19016			10759			117
1970	86926	39808	33926			13192			156
1975	126877	53488	54233			19156			207
1978	213899	94036	89475	80640	8835	30388			334
1979	248679	107103	106042	95109	10933	35534			383
1980	286203	112976	129855	117494	12361	43372			436
1981	303742	125809	131965	120773	11192	45968			456
1982	354094	144961	152552	136971	15581	56581			522
1983	422603	169141	177376	152040	25336	76086			468
1984	496828	203530	205616	182030	23586	87682			713
1985	555667	221573	237589	207209	30380	96505			790
1986	630445	246074	259605	219901	39704	124766			886
1987	719853	272596	296863	254061	42802	150394			999
1988	846322	302814	364213	325963	38250	179295			1152
1989	992598	347872	402214	366541	35673	242512			1319
1990	1128406	386894	449104	409314	39790	292408	72126	68281	1438
1991	1300510	436804	501072	457482	43590	362634	82331	92901	1598
1992	1621503	468032	702902	623641	79261	450569	96581	117949	1969
1993	2205695	558606	1036980	934658	102322	610109	148636	159699	2656
1994	3147560	797131	1482083	1346900	135183	868346	208401	224935	3754
1995	4034596	1006725	1841433	1659430	182003	1186438	295570	317301	4762
1996	4880421	1156698	2232087	1997969	234118	1491636	374708	406308	5706
1997	5042259	1079337	2338385	2081981	256404	1624537	413969	447971	5841
1998	5367632	1124458	2479489	2158727	320762	1763685	469179	488742	6159
1999	5770945	1135814	2700239	2340678	359561	1934892	518356	521626	6583
2000	6162952	1185711	2835638	2435429	400209	2141603	571968	581651	6948
2001	6814908	1260273	3143812	2698419	445393	2410823	633089	653360	7579
2002	7493386	1340458	3511425	3028844	482581	2641503	685237	726092	8297
2003	8522604	1346800	4198275	3627200	571075	2977529	724227	846509	9401
2004	10311200	1615900	5116400	4353500	762900	3578900	1003800	985500	11596
2005	12266500	1742400	6201400	5279300	922100	4322900	1285800	1225700	13861
2006	14647400	1900500	7564900	6475000	1089900	5181900	1580100	1475600	16665
2007	17478700	2075800	9093300	7870100	1223200	6309600	1917100	1818400	20003
2008	21188400	2300000	11057600	9527000	1530600	7830800	2299100	2312000	24350
2009	23901600	2499000	12490400	10652800	1837600	8912200	2496800	2738400	27514
2010	29421400	2828200	14909200	12686100	2223100	11684000	2851800	3838600	34084
2011	35516500	3345400	17770400	15098200	2672200	14400700	3350100	5158700	41407
2012	40165800	3824600	19685200	16666200	3019000	16656000	3825900	5941800	46877
2013	45198200	4188800	21400300	18079800	3340400	19609100	4293900	6847000	52694
2014	49639100	4735400	22462400	18837000	3646100	22441300	4785700	7823500	57655
2015	53198800	5047600	23550600	19765700	3806500	24600700	4858100	8581900	61511

注：根据国家统计局《三次产业划分规定》（国统字［2012］108号）要求，2013年起原第一产业中的农林牧渔服务业调整到第三产业中，原第二产业中的金属制品、机械和设备修理业调整到第三产业中，产业划分调整后，工业与建筑业合计要大于等于第二产业；1993-2004年数据是2004年第一次经济普查调整修订数据；2006-2008年数据是第二次经济普查调整修订数据；2013年数据是第三次经济普查调整修订数据（下同）。

2-2 主要年份地区生产总值指数

（按可比价格计算、以 1978 年为 100）

年 份	地区生产总 值	第一产业	第二产业	工 业	建筑业	第三产业	# 交通、仓储邮电通信业	# 批发零售、住宿餐饮业	人均地区生产总值
1978	100.0	100.0	100.0	100.0	100.0	100.0			100.0
1979	106.0	92.1	117.4	117.5	117.2	115.4			105.3
1980	121.3	96.3	143.7	144.5	136.1	133.0			119.2
1981	127.0	104.3	146.7	149.3	122.9	139.2			122.9
1982	145.5	112.8	171.8	172.1	168.9	169.7			138.4
1983	172.7	126.8	202.1	193.8	277.9	228.0			161.6
1984	197.5	144.7	232.9	230.3	256.2	256.5			182.8
1985	207.6	142.9	258.6	251.4	324.4	257.8			190.2
1986	224.3	146.3	276.6	261.5	415.3	311.3			203.2
1987	240.6	146.2	305.0	290.6	436.1	343.2			215.3
1988	251.0	132.2	347.5	346.1	360.5	334.5			220.2
1989	263.4	145.3	345.5	349.6	307.3	387.4			225.6
1990	291.3	149.0	384.7	389.5	340.4	456.7	100.0	100.0	239.4
1991	334.7	165.8	422.8	423.8	417.0	581.4	101.4	139.2	265.3
1992	407.0	176.2	566.1	561.5	611.7	707.6	115.9	162.4	318.6
1993	459.1	184.5	730.3	745.1	592.7	679.3	134.4	188.8	356.7
1994	537.1	200.2	867.6	885.9	695.8	832.8	176.9	218.4	399.3
1995	625.2	229.0	996.0	1008.2	893.4	1012.7	229.6	268.2	460.1
1996	722.7	248.0	1181.3	1188.7	1130.2	1171.7	245.0	320.3	524.2
1997	810.1	282.2	1319.5	1326.6	1265.8	1311.1	293.5	362.6	582.2
1998	908.9	306.8	1497.6	1489.8	1620.2	1463.2	331.9	385.8	646.8
1999	1000.7	325.8	1653.4	1637.4	1874.6	1632.9	374.1	422.5	707.9
2000	1100.8	341.4	1827.0	1806.1	2120.2	1828.8	423.9	475.3	769.6
2001	1221.9	363.6	2048.1	2021.0	2393.7	2044.6	469.3	538.0	842.7
2002	1361.2	386.5	2320.5	2310.0	2599.6	2277.7	529.4	604.2	934.6
2003	1531.4	379.5	2719.6	2728.1	2924.6	2576.1	591.3	705.1	1047.2
2004	1745.8	417.5	3135.7	3118.2	3532.9	2929.0	685.3	798.2	1185.4
2005	1995.4	434.1	3606.1	3557.9	4278.4	3453.3	846.4	956.2	1360.9
2006	2297.7	452.8	4248.1	4196.3	5006.0	3995.7	973.3	1121.6	1577.3
2007	2650.4	471.4	4998.2	5037.4	5200.4	4637.6	1137.8	1296.6	1829.6
2008	3009.5	498.7	5698.9	5791.1	5602.7	5351.0	1306.2	1544.3	2085.3
2009	3429.3	526.1	6528.3	6572.4	6841.5	6185.3	1446.0	1860.8	2379.3
2010	3909.4	548.3	7554.0	7630.3	7742.6	7063.6	1534.2	2223.7	2729.1
2011	4439.1	572.9	8653.8	8817.2	8429.9	8084.7	1707.2	2717.4	3117.2
2012	5025.1	602.1	9908.6	10086.9	9728.1	9168.0	1860.8	3114.1	3531.8
2013	5616.0	620.6	11129.5	11405.5	10488.5	10337.5	2021.7	3685.3	3942.9
2014	6203.3	643.3	12123.3	12451.2	11263.4	11745.1	2238.8	4138.7	4339.0
2015	6792.6	665.8	13311.4	13636.1	12593.1	12943.1	2354.3	4518.8	4730.8

2–3　主要年份地区生产总值指数

（按可比价格计算、以上年为 100）

年　份	地区生产总　值	第一产业	第二产业			第三产业			人均地区生产总值
				工　业	建筑业		# 交通、仓储邮电通信业	# 批发零售、住宿餐饮业	
1978	100.0	100.0	100.0	100.0	100.0	100.0			100.0
1979	106.0	92.1	117.4	117.5	117.2	115.4			105.3
1980	114.4	104.6	122.4	123.0	116.1	115.3			113.2
1981	104.7	108.3	102.1	103.3	90.3	104.7			103.1
1982	114.6	108.1	117.1	115.3	137.4	121.9			112.6
1983	118.7	112.4	117.6	112.6	164.5	134.4			116.8
1984	114.4	114.1	115.2	118.8	92.2	112.5			113.1
1985	105.1	98.8	111.0	109.2	126.6	100.5			104.0
1986	108.0	102.4	107.0	104.0	128.0	120.8			106.8
1987	107.3	99.9	110.3	111.1	105.0	110.2			106.0
1988	104.3	90.4	113.9	119.1	82.7	97.5			102.3
1989	104.9	109.9	99.4	101.0	85.2	115.8			102.5
1990	110.6	102.5	111.3	111.4	110.8	117.9			106.1
1991	114.9	111.3	109.9	108.8	122.5	127.3	101.4	139.2	110.8
1992	121.6	106.3	133.9	132.5	146.7	121.7	114.3	116.7	120.1
1993	112.8	104.7	129.0	132.7	96.9	96.0	116.0	116.3	112.0
1994	117.0	108.5	118.8	118.9	117.4	122.6	131.6	115.7	111.9
1995	116.4	114.4	114.8	113.8	128.4	121.6	129.8	122.8	115.2
1996	115.6	108.3	118.6	117.9	126.5	115.7	106.7	119.4	113.9
1997	112.1	113.8	111.7	111.6	112.0	111.9	119.8	113.2	111.1
1998	112.2	108.7	113.5	112.3	128.0	111.6	113.1	106.4	111.1
1999	110.1	106.2	110.4	109.9	115.7	111.6	112.7	109.5	109.4
2000	110.0	104.8	110.5	110.3	113.1	112.0	113.3	112.5	108.7
2001	111.0	106.5	112.1	111.9	112.9	111.8	110.7	113.2	109.5
2002	111.4	106.3	113.3	114.3	108.6	111.4	112.8	112.3	110.9
2003	112.5	98.2	117.2	118.1	112.5	113.1	111.7	116.7	112.0
2004	114.0	110.0	115.3	114.3	120.8	113.7	115.9	113.2	113.2
2005	114.3	104.0	115.0	114.1	121.1	117.9	123.5	119.8	114.8
2006	115.1	104.3	117.8	117.9	117.0	115.7	115.0	117.3	115.9
2007	115.3	104.1	117.7	120.0	103.9	116.1	116.9	115.6	116.0
2008	113.5	105.8	114.0	115.0	107.7	115.4	114.8	119.1	114.0
2009	113.9	105.5	114.6	113.5	122.1	115.6	110.7	120.5	114.1
2010	114.0	104.2	115.7	116.1	113.2	114.2	106.1	119.5	114.7
2011	113.5	104.5	114.6	115.6	108.9	114.5	111.3	122.2	114.2
2012	113.2	105.1	114.5	114.4	115.4	113.4	109.0	114.6	113.3
2013	111.8	103.1	112.3	113.1	107.8	112.8	108.6	118.3	111.6
2014	110.5	103.7	108.9	109.2	107.4	113.6	110.7	112.3	110.0
2015	109.5	103.5	109.8	109.5	111.8	110.2	105.2	109.2	109.0

2–4 市区主要年份地区生产总值

（当年价格）　　单位：万元

年　份	地区生产总　值	第一产业	第二产业	工　业	建筑业	第三产业	#交通、仓储邮电通信业	#批发零售、住宿餐饮业	人均地区生产总值
1949	2999	130	1180			1689			100
1952	4800	243	2416			2141			215
1957	13961	311	9972			3678			367
1962	17942	330	12136			5476			392
1965	20029	299	14484			5246			391
1970	34074	642	27317			6115			625
1975	50598	1111	42074			7413			841
1978	76966	1473	63559	59772	3787	11934			1169
1979	92885	1453	76488	72392	4096	14944			1347
1980	114121	1404	92906	87787	5119	19811			1588
1981	115615	1911	92268	86945	5323	21436			1564
1982	132620	2651	102819	96100	6719	27150			1742
1983	158974	3277	120463	104405	16058	35234			2031
1984	178795	2573	139174	127450	11724	37048			2236
1985	201382	3944	155271	142093	13178	42167			2469
1986	226245	3473	167736	146660	21076	55036			2717
1987	261723	3641	185152	162570	22582	72930			3086
1988	290004	5416	197585	183348	14237	87003			3357
1989	393946	26854	243492	229027	14465	123600			3036
1990	465430	28945	286638	267966	18672	149847	47377	34909	3486
1991	527063	34667	302487	281089	21398	189909	52387	52176	3864
1992	691488	35101	423675	380596	43079	232712	60256	66734	5005
1993	1010701	43486	636807	584435	52372	330408	95675	101473	7217
1994	1407532	48151	872348	809989	62359	487033	128744	144742	9922
1995	1756497	65060	1023748	938593	85155	667689	174146	214297	12199
1996	2099264	73753	1155934	1039063	116871	869577	223403	283423	14356
1997	2268272	66222	1263562	1122431	141131	938488	244896	308787	15291
1998	2443284	69244	1395261	1186598	208663	978779	253128	337690	16224
1999	2578059	65613	1406279	1175659	230620	1106167	277688	371413	16945
2000	2903331	66504	1561564	1289353	272211	1275263	329705	429898	18551
2001	3225039	69606	1702464	1401992	300472	1452969	376668	482627	19959
2002	3593285	74009	1911036	1585572	325464	1608240	410094	544230	21970
2003	4259982	74000	2343692	1998038	345654	1842290	461838	628954	25672
2004	5383900	80700	3052100	2607600	444500	2251100	575700	761400	28544
2005	6258100	117900	3551600	3116700	434900	2588600	622500	936100	31203
2006	7272800	111800	4111800	3720300	391500	3049200	683300	1167000	38836
2007	8686000	162800	4820900	4432500	388400	3702300	750000	1478200	45407
2008	9984800	177100	5517000	5183700	333300	4290700	937900	1803400	50586
2009	11433600	174200	6189200	5775800	413400	5070200	1078500	2119300	56833
2010	17794700	521200	9673700	8831100	842600	7599800	1532100	2906400	57743
2011	21151700	632600	11495300	10340000	1155300	9023800	1239300	3266900	68564
2012	24029300	677900	13070100	11792100	1278000	10281300	1845900	4021400	76923
2013	26417600	725100	14231800	12819300	1412500	11460700	2043100	4584100	83976
2014	27929400	916000	14452400	12795200	1657200	12561000	2191200	5017600	87617
2015	29104800	1035200	14350600	12651900	1702800	13719000	2421900	5378500	90287

2–5 市区主要年份地区生产总值指数

（按可比价格计算、以 1978 年为 100）

年 份	地区生产总值	第一产业	第二产业	工 业	建筑业	第三产业	# 交通、仓储邮电通信业	# 批发零售、住宿餐饮业	人均地区生产总值
1978	100.0	100.0	100.0	100.0	100.0	100.0			100.0
1979	119.4	79.8	119.5	120.6	102.4	123.6			114.0
1980	145.1	76.4	144.9	145.7	131.5	154.7			132.9
1981	146.9	101.1	144.5	145.0	136.3	165.2			130.8
1982	169.5	131.6	163.3	162.9	169.9	207.4			146.6
1983	204.3	156.8	193.3	179.5	410.9	268.9			171.8
1984	228.6	116.8	222.3	217.6	297.1	276.0			188.2
1985	244.4	162.4	238.3	232.6	328.3	286.8			197.2
1986	264.7	131.8	251.9	235.3	514.4	349.6			209.2
1987	289.4	124.6	267.9	250.9	536.7	423.8			224.5
1988	286.3	150.9	265.6	262.6	313.0	413.3			218.2
1989	334.9	716.1	294.5	294.7	290.7	502.8			249.8
1990	391.6	711.7	345.8	344.1	372.7	595.9	100.0	100.0	286.5
1991	456.6	911.7	358.9	352.0	467.4	833.7	100.4	160.4	329.2
1992	591.3	859.7	479.5	463.2	734.8	1079.6	115.9	176.0	419.7
1993	667.0	1097.8	625.3	623.5	648.8	909.0	129.3	223.3	465.0
1994	779.1	999.0	704.7	706.4	675.4	1163.5	176.4	247.6	341.8
1995	867.9	1273.7	741.3	733.9	870.6	1432.3	230.7	306.8	417.1
1996	979.9	1348.8	813.9	793.3	1175.3	1713.0	262.8	357.4	455.0
1997	1078.9	1583.5	904.2	873.4	1446.7	1846.6	293.5	375.3	493.7
1998	1173.8	1721.3	1010.9	945.0	2162.8	1913.1	306.1	409.5	529.2
1999	1270.1	1772.9	1064.5	985.6	2446.1	2180.9	337.6	447.6	566.8
2000	1432.7	1804.8	1185.9	1089.1	2869.3	2529.8	419.0	490.6	621.5
2001	1580.3	1913.1	1279.4	1186.0	3193.5	2820.7	490.2	535.2	664.0
2002	1776.3	2012.6	1472.5	1363.9	3445.8	3147.9	537.7	587.1	737.4
2003	2064.1	1934.1	1750.8	1668.0	3618.1	3585.5	625.1	655.2	844.3
2004	2435.6	2282.2	1988.9	2035.0	4204.2	4105.4	715.7	750.2	987.0
2005	2813.2	2257.1	2337.0	2376.8	5150.2	4667.8	959.8	865.7	1072.9
2006	3251.5	2056.2	2731.7	2802.3	5721.3	5357.7	1104.7	1009.4	1208.0
2007	3765.6	2118.8	3175.0	3262.3	6584.2	6196.4	1289.4	1151.3	1369.0
2008	4266.4	2226.9	3603.6	3735.3	7005.6	7070.1	1454.4	1341.3	1518.1
2009	4890.7	2426.5	4061.7	4178.6	8959.5	8293.5	1690.1	1535.7	1706.3
2010	5678.0	2318.7	4613.1	4679.6	11934.1	10059.6	1789.8	1934.4	1953.0
2011	6401.0	2373.2	5222.1	5248.3	14822.0	11352.0	1939.6	2064.2	2181.5
2012	7225.8	2466.9	5913.3	5944.3	16748.0	12827.2	2168.8	2419.6	2432.4
2013	8042.3	2541.4	6563.8	6598.1	18591.5	14386.0	2412.3	2778.1	2682.9
2014	8845.7	2638.1	7400.5	7439.6	20954.2	15363.5	2446.7	3087.8	2956.5
2015	9444.8	2724.1	7747.4	7747.1	23036.3	16862.2	2719.8	3318.3	3121.5

2–6 市区主要年份地区生产总值指数

（按可比价格计算、以上年为 100）

年 份	地区生产总值	第一产业	第二产业	工 业	建筑业	第三产业	#交通、仓储邮电通信业	#批发零售、住宿餐饮业	人均地区生产总值
1978	100.0	100.0	100.0	100.0	100.0	100.0			100.0
1979	119.4	79.8	119.5	120.6	102.4	123.6			114.0
1980	121.5	95.7	121.3	120.8	128.4	125.2			116.6
1981	101.2	132.3	99.7	99.5	103.7	106.8			98.4
1982	115.4	130.2	113.0	112.3	124.7	125.5			112.1
1983	120.5	119.1	118.4	110.2	241.8	129.7			117.2
1984	111.9	74.5	115.0	121.2	72.3	102.6			109.5
1985	106.9	139.0	107.2	106.9	110.5	103.9			104.8
1986	108.3	81.2	105.7	101.2	156.7	121.9			106.1
1987	109.3	94.5	106.4	106.6	104.3	121.2			107.3
1988	98.9	121.1	99.1	104.7	58.3	97.5			97.2
1989	117.0	474.6	110.9	112.2	92.9	121.7			114.5
1990	116.9	99.4	117.4	116.8	128.2	118.5			114.7
1991	116.6	128.1	103.8	102.3	125.4	139.9	100.4	160.4	114.9
1992	129.5	94.3	133.6	131.6	157.2	129.5	115.4	109.7	127.5
1993	112.8	127.7	130.4	134.6	88.3	84.2	111.6	126.9	110.8
1994	116.8	91.0	112.7	113.3	104.1	128.0	136.4	110.9	73.5
1995	111.4	127.5	105.2	103.9	128.9	123.1	130.8	123.9	122.0
1996	112.9	105.9	109.8	108.1	135.0	119.6	113.9	116.5	109.1
1997	110.1	117.4	111.1	110.1	123.1	107.8	111.7	105.0	108.5
1998	108.8	108.7	111.8	108.2	149.5	103.6	104.3	109.1	107.2
1999	108.2	103.0	105.3	104.3	113.1	114.0	110.3	109.3	107.1
2000	112.8	101.8	111.4	110.5	117.3	116.0	124.1	109.6	109.7
2001	110.3	106.0	107.9	108.9	111.3	111.5	117.0	109.1	106.8
2002	112.4	105.2	115.1	115.0	107.9	111.6	109.7	109.7	111.1
2003	116.2	96.1	118.9	122.3	105.0	113.9	116.3	111.6	114.5
2004	118.0	118.0	113.6	122.0	116.2	114.5	114.5	114.5	116.9
2005	115.5	98.9	117.5	116.8	122.5	113.7	134.1	115.4	108.7
2006	115.6	91.1	116.9	117.9	111.1	114.8	115.1	116.6	112.6
2007	115.8	103.0	116.2	116.4	115.1	115.7	116.7	114.1	113.4
2008	113.3	105.1	113.5	114.5	106.4	114.1	112.8	116.5	110.9
2009	114.6	109.0	112.7	111.9	127.9	117.3	116.2	114.5	112.4
2010	116.1	95.6	113.6	112.0	133.2	121.3	105.9	126.0	114.5
2011	112.7	102.4	113.2	112.2	124.2	112.8	108.4	106.7	111.7
2012	112.9	103.9	113.2	113.3	113.0	113.0	111.8	117.2	111.5
2013	111.3	103.0	111.0	111.0	111.0	112.2	111.2	114.8	110.3
2014	110.0	103.8	112.7	112.8	112.7	106.8	101.4	111.1	110.2
2015	106.8	103.3	104.7	104.1	109.9	109.8	111.2	107.5	105.6

2-7 全市及市区主要年份生产总值构成

（当年价格）

年 份	全市地区生产总值	第一产业	第二产业	第三产业	市区地区生产总值	第一产业	第二产业	第三产业
1949	100.0	77.5	7.4	15.1	100.0	4.3	39.3	56.3
1952	100.0	71.4	11.8	16.8	100.0	5.1	50.3	44.6
1957	100.0	46.6	31.2	22.3	100.0	2.2	71.4	26.3
1962	100.0	44.9	31.0	24.1	100.0	1.8	67.6	30.5
1965	100.0	47.4	33.6	19.0	100.0	1.5	72.3	26.2
1970	100.0	45.8	39.0	15.2	100.0	1.9	80.2	17.9
1975	100.0	42.2	42.7	15.1	100.0	2.2	83.2	14.7
1978	100.0	44.0	41.8	14.2	100.0	1.9	82.6	15.5
1979	100.0	43.1	42.6	14.3	100.0	1.6	82.3	16.1
1980	100.0	39.5	45.4	15.2	100.0	1.2	81.4	17.4
1981	100.0	41.4	43.4	15.1	100.0	1.7	79.8	18.5
1982	100.0	40.9	43.1	16.0	100.0	2.0	77.5	20.5
1983	100.0	40.0	42.0	18.0	100.0	2.1	75.8	22.2
1984	100.0	41.0	41.4	17.6	100.0	1.4	77.8	20.7
1985	100.0	39.9	42.8	17.4	100.0	2.0	77.1	20.9
1986	100.0	39.0	41.2	19.8	100.0	1.5	74.1	24.3
1987	100.0	37.9	41.2	20.9	100.0	1.4	70.7	27.9
1988	100.0	35.8	43.0	21.2	100.0	1.9	68.1	30.0
1989	100.0	35.0	40.5	24.4	100.0	6.8	61.8	31.4
1990	100.0	34.3	39.8	25.9	100.0	6.2	61.6	32.2
1991	100.0	33.6	38.5	27.9	100.0	6.6	57.4	36.0
1992	100.0	28.9	43.3	27.8	100.0	5.1	61.3	33.7
1993	100.0	25.3	47.0	27.7	100.0	4.3	63.0	32.7
1994	100.0	25.3	47.1	27.6	100.0	3.4	62.0	34.6
1995	100.0	25.0	45.6	29.4	100.0	3.7	58.3	38.0
1996	100.0	23.7	45.7	30.6	100.0	3.5	55.1	41.4
1997	100.0	21.4	46.4	32.2	100.0	2.9	55.7	41.4
1998	100.0	20.9	46.2	32.9	100.0	2.8	57.1	40.1
1999	100.0	19.7	46.8	33.5	100.0	2.5	54.5	42.9
2000	100.0	19.2	46.0	34.7	100.0	2.3	53.8	43.9
2001	100.0	18.5	46.1	35.4	100.0	2.2	52.8	45.1
2002	100.0	17.9	46.9	35.3	100.0	2.1	53.2	44.8
2003	100.0	15.8	49.3	34.9	100.0	1.7	55.0	43.2
2004	100.0	15.7	49.6	34.7	100.0	1.5	56.7	41.8
2005	100.0	14.2	50.6	35.2	100.0	1.9	56.8	41.4
2006	100.0	13.0	51.6	35.4	100.0	1.5	56.5	41.9
2007	100.0	11.9	52.0	36.1	100.0	1.9	55.5	42.6
2008	100.0	10.9	52.2	37.0	100.0	1.8	55.3	43.0
2009	100.0	10.5	52.3	37.3	100.0	1.5	54.1	44.3
2010	100.0	9.6	50.7	39.7	100.0	2.9	54.4	42.7
2011	100.0	9.4	50.0	40.5	100.0	3.0	54.3	42.7
2012	100.0	9.5	49.0	41.5	100.0	2.8	54.4	42.8
2013	100.0	9.3	47.3	43.4	100.0	2.7	53.9	43.4
2014	100.0	9.5	45.3	45.2	100.0	3.3	51.7	45.0
2015	100.0	9.5	44.3	46.2	100.0	3.6	49.3	47.1

2-8 分行业地区生产总值

（当年价格） 单位：亿元

行业	全市			市区		
	2013	2014	2015	2013	2014	2015
地区生产总值	**4519.82**	**4963.91**	**5319.88**	**2641.76**	**2792.94**	**2910.48**
农、林、牧、渔业	432.38	489.87	524.10	74.59	94.94	107.85
农业	297.87	339.44	361.83	49.61	64.61	73.51
林业	8.58	9.30	9.84	1.55	0.97	1.06
牧业	92.23	102.38	109.31	17.8	21.85	24.33
渔业	20.21	22.42	23.77	3.55	4.18	4.62
农、林、牧、渔服务业	13.50	16.33	19.34	2.08	3.34	4.33
工业	1807.98	1883.70	1976.57	1281.93	1279.52	1265.19
采矿业	143.56	133.74	127.50	146.63	117.47	106.46
制造业	1596.21	1682.65	1780.06	1081.10	1106.24	1100.65
电力、燃气及水的生产和供应	68.21	67.31	69.01	54.19	55.81	58.08
建筑业	334.04	364.61	380.65	141.25	165.72	170.28
批发和零售业	606.55	691.15	755.54	414.03	452.90	482.91
交通运输、仓储和邮政业	359.51	396.13	405.71	146.33	159.25	188.48
住宿和餐饮业	78.15	91.20	102.65	44.38	48.87	54.93
信息传输、计算机服务和软件业	69.88	82.43	80.10	57.98	59.87	53.71
金融业	177.32	206.89	236.88	104.7	117.43	129.06
房地产业	167.49	177.54	188.18	79.35	76.94	83.16
租赁和商务服务业	84.88	103.88	109.63	49.4	57.35	58.52
科学研究、技术服务和地质勘查业	36.30	43.63	47.25	20.59	31.91	34.84
水利、环境和公共设施管理业	13.54	16.05	20.54	8.85	9.61	10.87
居民服务和其他服务业	53.53	62.13	97.94	16.21	20.27	36.71
教育	78.98	93.99	102.83	71.25	72.06	78.41
卫生、社会保障和社会福利业	71.81	84.65	106.20	47.16	52.30	64.28
文化、体育和娱乐业	18.85	24.42	23.24	7.07	9.12	10.22
公共管理和社会组织	128.63	151.64	161.88	76.69	84.86	81.07

主要统计指标解释

国内生产总值(GDP)　指一个国家(地区)所有常住单位在一定时期内生产活动的最终成果。国内生产总值有三种表现形态,即价值形态、收入形态和产品形态。从价值形态看,它是所有常住单位在一定时期内所生产的全部货物和服务价值超过同期投入的全部非固定资产货物和服务价值的差额,即所有常住单位的增加值之和;从收入形态看,它是所有常住单位在一定时期内所创造并分配给常住单位和非常住单位的初次分配收入之和;从产品形态看,它是所有常住单位在一定时期内最终使用的货物和服务减去进口货物和服务价值。在实际核算中,国内生产总值的三种表现形态表现为三种计算方法,即生产法、收入法和支出法。三种方法分别从不同的方面反映国内生产总值及其构成。对于地区(省、市、县),GDP中文名称为“地区生产总值”。

当年价格　指报告期的实际价格,如工厂的出厂价格,农产品的收购价格,商业的零售价格等。使用当年价格计算的数字,是为了使国民经济各项指标互相衔接,便于考察当年社会经济效益,便于对生产和流通、生产和分配、生产和消费进行经济核算和综合平衡。

按当年价格计算的价值指标,在不同年份之间进行对比时,因为包含有各年间价格变动的因素,不能确切地反映实物量的增添变动。必须消除价格变动因素后,才能真实反映经济发展动态。因此,在计算增长速度时都使用按可比价格计算的数字。

可比价格　指在不同时期的价值指标对比时,扣除了价格变动的因素,以确切反映物量的变化。按可比价格计算有两种方法:一种是直接用产品产量乘某一年的不变价格计算;另一种是用价格指数换算。

不变价格　指用同类产品的年平均价格作为固定价格,来计算各年产品价值。按不变价格计算的产品价值消除了价格变动因素,不同时期对比可以反映生产的发展速度。新中国成立后,随着工农业产品价格水平的变化,国家统计局先后五次制定了全国统一的工业产品不变价格和农业产品不变价格,从1949年到1957年使用1952年工(农)业产品不变价格,从1957年到1971年使用1957年不变价格,从1971年到1981年使用1970年不变价格,从1981年到1990年使用1980年不变价格,从1990年开始使用1990年不变价格。

三次产业　根据社会生产活动历史发展的顺序对产业结构的划分,产品直接取自自然界的部门称为第一产业,对初级产品进行再加工的部门称为第二产业,为生产和消费提供各种服务的部门称为第三产业。它是世界上通用的产业结构分类,但各国的划分不尽一致。我国的三次产业划分是:

第一产业是指农、林、牧、渔业(不含农、林、牧、渔服务业)。

第二产业是指采矿业(不含开采辅助活动),制造业(不含金属制品、机械和设备修理业),电力、热力、燃气及水生产和供应业,建筑业。

第三产业即服务业,是指除第一产业、第二产业以外的其他各业。第三产业包括:批发和零售业,交通运输、仓储和邮政业,住宿和餐饮业,信息传输、软件和信息技术服务业,金融业,房地产业,租凭和商务服务业,科学研究和技术服务业,水利、环境和公共设施管理业,居民服务、修理和其他服务业,教育,卫生和社会工作,文化、体育和娱乐业,公共管理、社会保障和社会组织,国际组织,以及农、林、牧、渔业中的农、林、牧、渔服务业,采矿业中的开采辅助活动,制造业中的金属制品、机械和设备修理业。

第3部分

人口 POPULATION

版面负责人：李跃东

编　　　辑：闫礼建

江苏省统计条例

（2014 年 1 月 16 日江苏省第十二届人民代表大会常务委员会第八次会议通过）

第五条 县级以上地方人民政府应当加强统计信息化建设，构建统计公共信息系统和业务平台，支持和实现资源共享、业务协同。

省人民政府统计机构应当会同有关部门对全省统计信息化建设进行统一规划，推进统计信息搜集、处理、传输、存储技术和统计数据库体系的现代化。

政府统计机构应当制定统计信息安全应急处置预案，建立和完善统计资料备份系统，保障统计资料安全。

【释义】 本条是关于统计信息化建设的规定。

在统计工作中，广泛应用现代化信息技术，对于提高统计效率，减少干扰，深度开发统计信息资源，减轻调查对象负担，具有重要作用。同时，大数据时代，还可以利用统计信息技术、统计数据库体系，提升统计资料的利用度。

本条分三款，对统计信息化建设作出如下规定：一是明确责任分工。地方各级人民政府负责构建公共信息系统和业务平台，省人民政府统计机构负责全省统一规划，各级政府统计机构负责建立灾备系统保障资料安全。二是明确方向和重点。方向是“实现资源共享、业务协同”，通过加强统计信息化，实现政府各部门之间，省、市、县、乡各级政府及部门之间的资源共享、业务协同，真正构建一个“大统计”的格局。重点则是“构建统计公共信息系统和业务平台”，这是实现“资源共享、业务协同”的桥梁，也是近期统计信息化规划和建设的重点。三是明确政府统计机构的主要任务。省人民政府统计机构负责会同有关部门制定全省统计信息化建设规划，着力实现统计技术和数据库体系的现代化；各级政府统计机构负责制定统计信息安全应急处置预案、建立数据备份系统，以保障统计资料安全。

统计公共信息系统。是指运用计算机公共网络建立的统计资料的搜集、处理、传输、存储系统。

统计业务平台。是指计算机公共网络所需的硬件或软件的操作环境。

统计信息安全应急处置预案。是指对统计信息安全突发事件的应急管理、指挥、救援计划等。

统计资料灾难备份系统。是指利用技术、管理手段以及相关资源，确保已有的统计资料在发生故障时可以恢复和继续运营的系统。

第六条 政府统计机构应当建立统计信用制度，定期将政府统计调查对象依法履行统计义务的信用信息提供给公共信用信息机构，供社会公众查询。

【释义】 本条是关于统计信用制度的规定。

建立并完善统计诚信体系，是社会诚信体系建设的重要组成部分，是保障源头数据质量的重要手段。本条作出如下规范：一是建立统计信用制度。目前，统计法律、行政法规尚未对建立统计信用制度提出明确要求。本条规定，政府统计机构应当结合统计工作实际，建立以政府统计调查对象依法履行统计义务的信用信息为内容的统计信用制度，推进统计信用体系建设。二是明确统计信用信息的使用和管理。本条对统计信用信息的使用和管理也作出规范，明确政府统计机构定期将统计信用信息提供给公共信用信息机构，供社会公众查询、使用。

政府统计调查对象。是指在政府统计调查活动中，提供统计资料的单位和个人。政府统计调查对象的范围除国家机关、企业事业单位、个体工商户和个人以外，还包括社会团体、基层群众性自治组织、民办非企业单位、农村承包经营户等各类其他组织。具体到每一个地方统计调查项目，按照统计调查制度的规定，政府统计调查对象可能包括上述范围的全部或者部分对象。

编辑：王中彬

3-1　主要年份户数、人口数及构成(常住人口)

（年底数）

年　份	总户数（万户）	总人口（万人）	按性别分 男 人口数（万人）	男 比重（%）	女 人口数（万人）	女 比重（%）	平均每户人数（人/户）	年平均人口（万人）	人口密度（人/平方公里）
2006	284.06	872.07	436.91	50.1	435.16	49.9	3.07	—	779
2007	280.10	871.12	437.30	50.2	433.82	49.8	3.11	871.60	778
2008	275.94	869.21	436.34	50.2	432.87	49.8	3.15	870.17	776
2009	273.88	868.19	436.70	50.3	431.49	49.7	3.17	868.70	775
2010	264.88	858.21	431.62	50.3	426.59	49.7	3.24	863.20	766
2011	267.89	857.26	431.20	50.3	426.06	49.7	3.2	857.74	766
2012	271.02	856.41	429.92	50.2	426.49	49.8	3.16	856.84	765
2013	271.01	859.10	432.13	50.3	426.97	49.7	3.17	857.76	767
2014	271.33	862.83	434.00	50.3	428.83	49.7	3.18	860.97	770
2015	270.91	866.90	436.92	50.4	429.98	49.6	3.2	864.87	774

注：除普查年份外，数据均以年度人口抽样调查数据测算。

3-2　全市镇、乡村人口数及其构成(常住人口)

单位：万人

年　份	总人口数	城镇 人口数	城镇 占总人口%	乡村 人口数	乡村 占总人口%
2006	872.07	390.69	44.8	481.38	55.20
2007	871.12	398.97	45.8	472.15	54.20
2008	869.21	416.35	47.9	452.86	52.10
2009	868.19	430.62	49.6	437.57	50.40
2010	858.21	462.58	53.9	395.63	46.10
2011	857.26	475.18	55.43	382.08	44.57
2012	856.41	485.67	56.71	370.74	43.29
2013	859.10	498.97	58.08	360.13	41.92
2014	862.83	513.04	59.46	349.79	40.54
2015	866.90	529.24	61.05	337.66	38.95

3-3 主要年份人口数及构成(户籍人口)

(年底数)

单位:万人

年份	总人口	按性别分				按户口性质分			
		男		女		农业人口		非农业人口	
		人口数	比重(%)	人口数	比重(%)	人口数	比重(%)	人口数	比重(%)
1949	372.61	186.90	50.2	185.71	49.8	340.89	91.5	31.72	8.5
1952	390.60	195.09	49.9	195.51	50.1	362.62	92.8	27.98	7.2
1957	450.86	225.50	50.0	225.36	50.0	401.62	89.1	49.24	10.9
1962	463.94	233.10	50.2	230.84	49.8	410.56	88.5	53.38	11.5
1965	490.87	248.12	50.5	242.75	49.5	434.30	88.5	56.57	11.5
1970	565.88	286.11	50.6	279.77	49.4	508.33	89.8	57.55	10.2
1975	616.98	313.92	50.9	303.06	49.1	549.55	89.1	67.43	10.9
1978	645.41	329.21	51.0	316.20	49.0	570.90	88.5	74.51	11.5
1979	652.47	333.30	51.1	319.44	48.9	572.40	87.7	80.34	12.3
1980	659.86	336.37	51.0	323.49	49.0	576.22	87.3	83.64	12.7
1981	672.02	343.13	51.1	328.89	48.9	585.14	87.1	86.88	12.9
1982	684.45	350.08	51.1	334.37	48.9	594.34	86.8	90.11	13.2
1983	692.94	355.10	51.2	337.84	48.8	599.89	86.6	93.05	13.4
1984	700.04	358.91	51.3	341.13	48.7	603.98	86.3	96.06	13.7
1985	707.56	363.42	51.4	344.14	48.6	605.66	85.6	101.90	14.4
1986	715.41	367.27	51.3	348.14	48.7	610.43	85.3	104.98	14.7
1987	725.88	372.76	51.4	352.12	48.6	616.53	84.9	109.35	15.1
1988	743.78	382.42	51.4	361.36	48.6	621.93	83.6	121.85	16.4
1989	761.81	390.65	51.3	371.16	48.7	629.65	82.7	132.16	17.3
1990	807.14	412.92	51.2	394.22	48.8	668.88	82.9	138.26	17.1
1991	820.17	419.73	51.2	400.44	48.8	675.69	82.4	144.48	17.6
1992	826.74	423.34	51.2	403.40	48.8	676.90	81.9	149.84	18.1
1993	833.94	427.03	51.2	406.91	48.8	678.33	81.3	155.61	18.7
1994	843.21	431.56	51.2	411.65	48.8	683.15	81.0	160.06	19.0
1995	851.15	435.79	51.2	415.36	48.8	682.53	80.2	168.62	19.8
1996	859.43	440.95	51.3	418.48	48.7	682.89	79.5	176.54	20.5
1997	867.16	444.54	51.3	422.62	48.7	684.73	79.0	182.43	21.0
1998	875.78	450.53	51.4	425.25	48.6	687.36	78.5	188.42	21.5
1999	877.53	452.68	51.6	424.85	48.4	684.36	78.0	193.17	22.0
2000	896.44	461.12	51.4	435.32	48.6	665.33	74.2	231.11	25.8
2001	901.86	463.64	51.4	438.21	48.6	661.15	73.3	240.71	26.7
2002	904.44	465.45	51.5	438.99	48.5	654.14	72.3	250.30	27.7
2003	908.66	467.80	51.5	440.86	48.5	624.16	68.7	284.50	31.3
2004	916.85	471.36	51.4	445.49	48.6	614.31	67.0	302.54	33.0
2005	925.31	476.08	51.5	449.23	48.5	609.46	65.9	315.85	34.1
2006	934.73	481.46	51.5	453.27	48.5	613.97	65.7	320.76	34.3
2007	940.95	484.56	51.5	456.39	48.5	617.49	65.6	323.46	34.4
2008	946.86	488.31	51.6	458.55	48.4	610.21	64.4	336.65	35.6
2009	957.61	494.55	51.6	463.06	48.4	579.09	60.5	378.52	39.5
2010	972.89	502.44	51.6	470.45	48.4	527.51	54.2	445.38	45.8
2011	976.66	505.72	51.8	470.94	48.2	351.16	36.0	625.50	64.0
2012	990.52	513.26	51.8	477.26	48.2	325.46	32.9	665.06	67.1
2013	1006.85	521.91	51.8	484.94	48.2	286.23	28.4	720.62	71.6
2014	1023.52	530.37	51.8	493.15	48.2	286.13	28.0	737.39	72.0
2015	1028.70	533.06	51.8	495.64	48.2	433.36	42.1	595.34	57.9

注:户籍人口由公安局提供。

3-4　主要年份户数、平均人口及人口密度(户籍人口)

年　份	户　数 (万户)	平均每户人口 (人)	年平均人口 (万人)			人口密度 (人/平方公里)
				农业人口	非农业人口	
1949	85.85	4.34				331
1952	91.05	4.29	384.46	357.37	27.07	347
1957	104.97	4.30	445.51	398.88	46.63	400
1962	115.02	4.03	458.18	402.01	56.17	412
1965	116.76	4.20	485.20	429.36	55.84	436
1970	124.88	4.53	557.98	499.57	58.41	503
1975	132.87	4.64	611.72	545.36	66.36	548
1978	143.57	4.50	640.77	567.85	72.92	573
1979	146.72	4.45	649.07	571.65	77.42	580
1980	149.43	4.42	656.30	574.31	81.99	586
1981	155.52	4.32	665.94	580.68	85.26	597
1982	157.29	4.35	678.24	589.74	88.50	608
1983	158.32	4.38	688.69	597.11	91.58	616
1984	161.16	4.34	696.49	601.93	94.56	622
1985	163.80	4.32	703.80	604.82	98.98	628
1986	168.46	4.25	711.48	608.04	103.44	635
1987	173.15	4.19	720.65	613.48	107.17	645
1988	182.07	4.09	734.83	619.23	115.60	661
1989	191.43	3.98	752.80	625.79	127.01	677
1990	204.40	3.95	784.47	649.26	135.21	717
1991	209.15	3.92	813.65	672.28	141.37	729
1992	214.47	3.85	823.46	676.30	147.16	734
1993	216.59	3.85	830.34	677.62	152.72	741
1994	220.58	3.82	838.58	680.74	157.84	749
1995	227.60	3.74	847.18	682.84	164.34	756
1996	232.50	3.70	855.29	682.71	172.58	763
1997	238.73	3.63	863.29	683.81	179.48	770
1998	249.75	3.51	871.47	686.04	185.43	778
1999	257.66	3.41	876.66	685.86	190.80	779
2000	270.80	3.31	886.99	674.85	212.14	796
2001	275.91	3.27	899.15	663.24	235.91	801
2002	279.22	3.24	903.15	657.64	245.51	803
2003	282.84	3.21	906.55	639.15	267.40	807
2004	285.00	3.22	912.75	619.23	293.52	814
2005	286.44	3.23	921.08	611.89	309.19	822
2006	284.25	3.29	930.02	611.71	318.31	830
2007	279.33	3.37	937.84	615.73	322.11	836
2008	277.76	3.41	943.91	613.86	330.05	841
2009	278.46	3.44	952.24	594.65	357.59	851
2010	277.28	3.51	965.25	553.30	411.95	864
2011	273.21	3.57	974.78	439.34	535.44	867
2012	274.09	3.61	983.59	338.31	645.28	879
2013	275.57	3.65	998.69	305.85	692.84	894
2014	277.82	3.68	1015.19	286.18	729.00	909
2015	277.66	3.70	1026.11	359.75	666.36	919

3-5 主要年份人口自然变动(户籍人口)

单位:人

年 份	出 生		死 亡		自然增长	
	人 数	出生率(‰)	人 数	死亡率(‰)	人 数	自然增长率(‰)
1949		24.95				
1952	129371	33.65				
1957	138958	31.19	40675	9.13	98273	22.06
1962	164440	35.89	34635	7.56	129805	28.33
1965	181877	37.48	44313	9.13	137564	28.35
1970	185564	33.26	37511	6.72	148053	26.54
1975	125373	20.50	36260	5.93	89113	14.57
1978	102744	16.03	35276	5.51	67468	10.52
1979	85371	13.15	34814	5.36	50557	7.79
1980	125947	19.19	44562	6.79	81385	12.40
1981	120099	18.03	36366	5.46	83733	12.57
1982	119391	17.60	32890	4.85	86501	12.75
1983	98387	14.29	32972	4.79	65415	9.50
1984	98214	14.10	35109	5.04	63105	9.06
1985	85653	12.17	33919	4.82	51734	7.35
1986	97011	13.64	33463	4.70	63548	8.94
1987	110981	15.40	33568	4.66	77413	10.74
1988	169348	23.04	35284	4.80	134064	18.24
1989	170011	22.58	34013	4.52	135998	18.06
1990	157605	20.09	35867	4.57	121738	15.52
1991	156429	19.23	40402	4.97	116027	14.26
1992	101899	12.37	42462	5.16	59437	7.21
1993	99582	11.99	42517	5.12	57065	6.87
1994	113310	13.51	41946	5.00	71364	8.51
1995	83162	9.82	39442	4.66	39442	5.16
1996	81414	9.52	41982	4.91	39432	4.61
1997	99902	11.57	40210	4.66	59692	6.91
1998	91325	10.48	41298	4.74	50027	5.74
1999	71921	8.20	34545	3.94	37376	4.26
2000	167764	18.91	44483	5.02	123281	13.89
2001	69383	7.72	29094	3.24	40289	4.48
2002	69905	7.74	33811	3.74	36094	4.07
2003	85756	9.46	34229	3.78	51527	5.68
2004	132605	14.53	42775	4.69	89830	9.84
2005	125308	13.60	22775	2.47	102533	11.13
2006	138879	14.93	34254	3.68	104644	11.25
2007	190322	20.29	133825	14.27	56497	6.02
2008	170661	18.08	106845	11.32	63816	6.76
2009	182950	19.21	68358	7.18	114592	12.03
2010	217399	22.52	79390	8.22	138009	14.30
2011	177663	18.23	71598	7.35	106065	10.88
2012	193812	19.71	45778	4.65	148045	15.05
2013	211582	21.19	33430	3.35	178152	17.84
2014	205463	20.24	30120	2.97	175343	17.27
2015	151956	14.81	59174	5.77	92782	9.04

3–6　市区主要年份人口数及构成(户籍人口)

（年底数）　　　　单位:万人

年份	总人口	按性别分				按户口性质分			
		男		女		农业人口		非农业人口	
		人口数	比重(%)	人口数	比重(%)	人口数	比重(%)	人口数	比重(%)
1949	29.94	15.91	53.1	14.03	46.9	4.30	14.4	25.64	85.6
1952	22.21	11.53	51.9	10.68	48.1	3.19	14.4	19.02	85.6
1957	38.66	19.93	51.6	18.73	48.4	3.00	7.8	35.66	92.2
1962	45.35	23.63	52.1	21.72	47.9	8.46	18.7	36.89	81.3
1965	51.73	27.76	53.7	23.97	46.3	7.32	14.2	44.41	85.8
1970	53.86	28.68	53.2	25.18	46.8	8.82	16.4	45.04	83.6
1975	61.24	33.21	54.2	28.03	45.8	10.32	16.9	50.92	83.1
1978	67.07	36.57	54.5	30.50	45.5	11.08	16.5	55.99	83.5
1979	70.87	38.74	54.7	32.13	45.3	10.05	14.2	60.82	85.8
1980	72.85	39.71	54.5	33.14	45.5	9.92	13.6	62.93	86.4
1981	74.96	40.78	54.4	34.18	45.6	10.18	13.6	64.78	86.4
1982	77.29	42.16	54.5	35.13	45.5	10.48	13.6	66.81	86.4
1983	79.28	43.34	54.7	35.94	45.3	10.69	13.5	68.59	86.5
1984	80.64	44.04	54.6	36.60	45.4	10.73	13.3	69.91	86.7
1985	82.48	44.99	54.5	37.49	45.5	10.31	12.5	72.17	87.5
1986	84.08	45.83	54.5	38.25	45.5	10.24	12.2	73.84	87.8
1987	85.57	46.45	54.3	39.12	45.7	10.32	12.1	75.25	87.9
1988	87.20	47.27	54.2	39.93	45.8	9.88	11.3	77.32	88.7
1989	89.27	48.34	54.2	40.93	45.8	9.92	11.1	79.35	88.9
1990	90.66	48.98	54.0	41.68	46.0	10.09	11.1	80.57	88.9
1991	91.86	49.52	53.9	42.34	46.1	10.00	10.9	81.86	89.1
1992	93.65	50.48	53.9	43.17	46.1	9.64	10.3	84.01	89.7
1993	95.17	51.14	53.7	44.03	46.3	9.64	10.1	85.53	89.9
1994	142.84	74.73	52.3	68.11	47.7	49.13	34.4	93.71	65.6
1995	145.14	75.74	52.2	69.39	47.8	48.65	33.5	96.48	66.5
1996	147.34	76.91	52.2	70.42	47.8	47.13	32.0	100.21	68.0
1997	149.34	77.90	52.2	71.44	47.8	47.12	31.5	102.22	68.5
1998	151.87	79.09	52.1	72.78	47.9	47.40	31.2	104.47	68.8
1999	152.41	79.12	51.9	73.29	48.1	46.90	30.8	105.51	69.2
2000	160.61	83.28	51.9	77.33	48.1	51.51	32.1	109.10	67.9
2001	162.54	84.27	51.8	78.27	48.2	50.49	31.1	112.05	68.9
2002	164.55	85.30	51.8	79.25	48.2	43.47	26.4	121.08	73.6
2003	167.33	86.87	51.9	80.46	48.1	31.89	19.1	135.44	80.9
2004	167.42	86.76	51.8	80.66	48.2	28.76	17.2	138.66	82.8
2005	179.87	93.21	51.8	86.66	48.2	30.22	16.8	149.65	83.2
2006	181.61	94.11	51.8	87.50	48.2	27.88	15.4	153.73	84.6
2007	182.93	94.70	51.8	88.23	48.2	26.87	14.7	156.06	85.3
2008	184.40	95.38	51.7	89.02	48.3	26.42	14.3	157.98	85.7
2009	186.22	96.29	51.7	89.93	48.3	26.91	14.4	159.31	85.6
2010	312.72	161.06	51.5	151.66	48.5	108.50	34.7	204.22	65.3
2011	315.67	162.58	51.5	153.09	48.5	70.59	22.4	245.08	77.6
2012	320.85	165.27	51.5	155.58	48.5	71.07	22.2	249.78	77.8
2013	326.36	167.96	51.5	158.40	48.5	40.89	12.5	285.47	87.5
2014	331.47	170.37	51.4	161.10	48.6	38.87	11.7	292.60	88.3
2015	333.46	171.26	51.4	162.20	48.6	88.04		245.42	73.6

3-7 市区主要年份户数、平均人口及人口密度(户籍人口)

年份	户数（万户）	平均每户人口（人）	年平均人口（万人）	农业人口	非农业人口	人口密度（人/平方公里）
1949	5.99	5.00				667
1952	5.31	4.18	22.34	3.21	19.13	621
1957	8.73	4.43	38.04	4.50	33.54	721
1962	9.76	4.65	45.74	7.90	37.84	2153
1965	10.31	5.02	51.27	7.23	44.04	2970
1970	11.11	4.85	54.52	8.68	45.84	3092
1975	12.95	4.73	60.16	10.11	50.05	3515
1978	14.76	4.54	65.82	11.13	54.69	3636
1979	15.80	4.49	68.97	10.57	58.40	3842
1980	16.82	4.33	71.86	9.99	61.87	3950
1981	18.22	4.11	73.90	10.05	63.85	4063
1982	19.60	3.94	76.13	10.33	65.80	4189
1983	20.64	3.84	78.29	10.59	67.70	4297
1984	21.70	3.72	79.96	10.71	69.25	4371
1985	22.79	3.62	81.56	10.52	71.04	4470
1986	23.71	3.55	83.28	10.28	73.00	4557
1987	24.46	3.50	84.83	10.28	74.55	4638
1988	25.56	3.41	86.39	10.10	76.29	4726
1989	26.57	3.36	88.24	9.90	78.34	4838
1990	27.44	3.30	89.97	10.01	79.96	4914
1991	28.18	3.26	91.26	10.05	81.21	4979
1992	28.84	3.25	92.76	9.82	82.94	5076
1993	29.42	3.24	94.41	9.64	84.77	5158
1994	42.92	3.33	141.86	49.13	93.71	1483
1995	44.02	3.30	143.99	48.89	95.10	1507
1996	44.76	3.29	146.24	47.89	98.35	1530
1997	45.72	3.27	148.34	47.12	101.22	1551
1998	46.66	3.25	150.60	47.26	103.34	1577
1999	47.35	3.22	152.14	47.15	104.99	1583
2000	49.74	3.23	156.51	49.20	107.31	1547
2001	50.65	3.21	161.58	51.00	110.31	1566
2002	51.22	3.21	163.55	46.98	116.57	1576
2003	51.81	3.23	165.94	37.68	128.26	1612
2004	52.29	3.20	167.38	30.33	137.05	1613
2005	56.29	3.20	179.03	35.78	143.25	1543
2006	56.59	3.21	180.74	29.05	151.69	1566
2007	56.84	3.22	182.27	27.38	154.90	1577
2008	57.15	3.23	183.67	26.65	157.02	1590
2009	57.52	3.24	185.31	26.67	158.64	1605
2010	95.16	3.29	314.58	110.36	204.22	1029
2011	94.77	3.33	314.20	89.55	224.65	1039
2012	95.27	3.36	318.26	70.83	247.43	1056
2013	96.14	3.39	323.61	55.98	267.63	1074
2014	96.93	3.42	328.90	39.86	289.04	1092
2015	97.10	3.43	332.46	63.45	269.01	1104

3-8　市区主要年份人口自然变动(户籍人口)

单位:人

年　份	出　生		死　亡		自然增长	
	人　数	出生率(‰)	人　数	死亡率(‰)	人　数	自然增长率(‰)
1949						23.44
1952	8237	36.87	2784	12.46	5453	24.41
1957	14012	36.84	2898	7.62	11114	29.22
1962	18156	39.70	3022	6.61	15134	33.09
1965	12905	25.10	2840	5.50	10065	19.60
1970	14121	25.90	3217	5.90	10904	20.00
1975	10242	17.02	2821	4.69	7421	12.33
1978	7190	10.92	3001	4.56	4189	6.36
1979	9081	13.17	3129	4.54	5952	8.63
1980	11590	16.13	3405	4.74	8185	11.39
1981	13518	18.29	3478	4.71	10040	13.59
1982	13343	17.53	3455	4.54	9888	12.99
1983	10570	13.50	3294	4.21	7276	9.29
1984	9512	11.90	3325	4.16	6187	7.74
1985	9612	11.78	3429	4.20	6183	7.58
1986	12006	14.42	3253	3.91	8753	10.51
1987	14076	16.59	3472	4.09	10604	12.50
1988	13299	15.39	3598	4.17	9701	11.22
1989	12535	14.21	3642	4.13	8893	10.08
1990	7662	8.52	3525	3.92	4137	4.60
1991	8139	8.92	4013	4.40	4126	4.52
1992	8131	8.77	3953	4.26	4178	4.51
1993	8885	9.41	4252	4.50	4633	4.91
1994	15513	10.94	4873	3.44	10640	7.50
1995	11960	8.31	5650	3.92	6310	4.39
1996	11831	8.09	5939	4.06	5892	4.03
1997	14429	9.73	5590	3.77	8839	5.96
1998	14758	9.80	8273	5.49	6485	4.31
1999	12234	8.04	5819	3.82	6415	4.22
2000	23718	15.15	8152	5.21	15566	9.94
2001	11175	6.92	4366	2.70	6809	4.22
2002	11598	7.09	5444	3.33	6154	3.76
2003	11459	6.91	5540	3.34	5919	3.57
2004	13234	7.91	6690	4.00	6544	3.91
2005	17323	9.68	5551	3.10	11772	6.58
2006	19567	10.83	5368	2.97	14199	7.86
2007	23946	13.14	15701	8.61	8245	4.53
2008	24004	13.07	9462	5.15	14542	7.92
2009	25797	13.92	5511	2.97	20286	10.95
2010	64556	20.72	31217	9.92	33339	10.60
2011	59766	19.02	19167	6.10	40599	12.92
2012	58680	18.43	10139	3.18	48541	15.25
2013	62770	19.40	11104	3.43	51666	15.97
2014	56863	17.29	10068	3.06	46795	14.23
2015	45790	13.77	20886	6.28	24904	7.49

3-9　市区分区户数、人口数(户籍人口)

(2015 年底)　　单位:人

地　　区	总户数(户)	总人口(人)	男	女	农业人口	非农业人口
市　　区	**970961**	**3334560**	**1712580**	**1621980**	**880406**	**2454154**
鼓楼区	181583	598651	304712	293939		598651
云龙区	108369	336953	168101	168852		336953
贾汪区	139311	520693	272591	248102	231719	288974
泉山区	183600	564695	285963	278732		564695
铜山区	358098	1313568	681213	632355	648687	664881

3-10　市区分区人口自然变动(户籍人口)

(2015 年底)　　单位:人、‰

年　　份	出　　生		死　　亡		自然增长	
	人　数	出生率	人　数	死亡率	人　数	自然增长率
市　　区	**45790**	**13.77**	**20886**	**6.28**	**24904**	**7.49**
鼓楼区	8050	13.45	4131	6.90	3919	6.55
云龙区	4655	13.97	1500	4.50	3155	9.47
贾汪区	7670	14.77	2047	3.94	5623	10.83
泉山区	6036	10.72	1903	3.38	4133	7.34
铜山区	19379	14.74	11305	8.60	8074	6.14

主要统计指标解释

总人口数 是指在一定时点、一定地域范围内所有的有生命的个人总和，它是由不同性别、不同年代出生的人所组成，是反映一个国家人口资源的重要指标。

人口总数随人口的出生、死亡、迁入、迁出的变动而变动，也随计算时地域范围和依据的人口范畴（户籍人口和常住人口）的不同而不同，如户籍人口统计中的人口总数和人口普查所取得的人口总数，由于统计的口径不同，在相同地域范围内得到的人口数也不尽相同。

户籍人口 是指在户口管理部门登记了常住户口的人。本《年鉴》内所列人口数除特别说明外均为户籍人口。

农业人口 依靠从事农业生产（包括林、牧、渔业）维持生活的全部人口，包括实际从事农业生产的人口以及由他们所抚养的人口。由于改革开放，一些人外出务工经商，其户口性质仍为农村户口的人也统计在农业人口范围内。

非农业人口 不依靠从事农业生产的职业来维持生活的人口，主要指城镇的非农业户口性质的人口。

年平均人数 是指一年内的各个时点人口的平均数。在实际统计工作中，由于资料的限制，无法按理论上所讲的方法计算，一般根据年初、年末人数按简单算术平均数计算，也常用年中人数来表示年平均人数。

出生率 一定时期内出生人数与同期平均人口数之比。又称总出生率或粗出生率。它反映人口的出生水平。出生人口数是指活产，即离开母体时有生命现象的活产婴儿总和。

出生率通常以年为单位计算，计算方法为：年出生人数除以年平均人数，以千分数表示。

死亡率 一定时期内（通常为一年）死亡人数与同期平均人数（或期中人数）之比。说明该时期人口的死亡强度。计算方法为：年死亡人数除以年平均人数，以千分数表示。

自然增长率 它是表明人口自然增长的趋势和程度（或速度）的指标，即一定时期内人口自然增长数（出生人数减死亡人数）与同期平均人口数之比。通常以一年为期计算，用千分数表示。计算公式为：人口自然增长率 =（全年出生人数减死亡人数）/ 年平均总人数 × 1000‰。实际工作中，一般用出生率减死亡率计算而得。

第4部分

就业人员和职工工资

EMPLOYMENT AND WAGES

版面负责人：李跃东　卓卫华

编　　　辑：李跃东　闫礼建　宋　蕊

　　　　　　顾元林

江苏省统计条例

（2014 年 1 月 16 日江苏省第十二届人民代表大会常务委员会第八次会议通过）

第七条 地方各级人民政府和有关部门应当鼓励支持、依法规范民间统计调查，引导从事民间统计调查活动的社会中介机构等民间统计调查组织(以下称民间统计调查组织)参与政府统计调查活动，发挥其在促进经济社会发展中的作用。

地方各级人民政府和有关部门应当扶持统计调查行业组织，发挥其联系政府、社会的作用，促进行业的自律和有序发展。

【释义】 本条是关于民间统计调查以及民间统计调查组织参与政府统计活动的规定。

民间统计和政府统计都是我国社会主义市场经济体制下统计事业的重要组成部分。本条对民间统计调查作出如下规范：一是明确民间统计调查是政府统计的有益补充。地方各级人民政府和有关部门应当鼓励支持、依法规范民间统计调查，发挥其在促进经济社会发展中的作用，这就为民间统计调查的健康发展提供了重要的法律保障，有利于民间统计调查组织发展壮大。二是明确引导社会中介机构等民间统计调查组织参与政府统计调查活动。民间统计调查组织构接受行政机关或者企事业单位的委托代理政府统计调查事务，对于减轻基层统计机构和统计调查对象的负担，加强统计基础建设具有推动作用，应当积极引导和大力扶持，但这种活动在法律意义上仍然属于政府统计调查活动，是其必要的延伸和有益的发展。三是明确扶持统计调查行业组织，促进统计调查行业的公平竞争和有序发展。为规范发展民间统计调查活动，本条第二款规定，地方各级人民政府和有关部门应当扶持统计调查行业组织，发挥其联系政府、社会的作用，促进行业自律和有序发展。

民间统计调查。是指除各级人民政府、县级以上人民政府统计机构和有关部门等组织实施的政府统计调查以外，由民间统计调查组织、个人运用统计方法搜集、整理有关经济社会状况的统计资料的活动。

从事民间统计调查活动的社会中介机构等民间统计调查组织。包括市场调查、市场咨询机构等专业的调查机构，也包括统计事务所、会计师事务所等中介服务机构，还包括从事统计科研的高校、研究机构等。

2013 年 10 月，经省民政厅批准，我省成立了“江苏省统计调查服务行业协会”。

编辑：王中彬

4–1 从业人员

单位:万人

年 份	从业人数	职工人数				城镇私营企业从业人员和个体劳动者	其 他从业人员
			国有经济单 位	城镇集体经济单位	其他经济类型单位		
1978	283.64	60.12	41.16	18.96			
1979	282.72	61.94	41.04	20.90		0.19	
1980	292.22	64.97	45.16	19.81		0.53	
1981	302.62	67.64	47.80	19.84		0.74	
1982	314.75	70.10	50.18	19.92		0.36	
1983	322.66	72.17	52.60	19.57		0.57	
1984	337.62	76.65	53.40	23.25		1.10	
1985	349.04	78.06	55.19	22.87		1.56	
1986	357.72	80.41	56.82	23.58	0.01	1.15	
1987	367.36	82.15	58.96	23.17	0.02	1.44	
1988	381.43	85.87	61.88	23.96	0.04	2.29	
1989	390.31	85.39	61.88	23.42	0.09	3.16	
1990	408.50	87.35	63.69	23.53	0.13	3.27	
1991	419.35	89.59	65.55	23.85	0.19	2.60	
1992	421.81	90.25	67.10	22.87	0.28	3.04	
1993	423.40	91.83	69.40	21.54	0.89	3.62	1.08
1994	423.45	91.39	70.80	19.60	0.99	5.12	1.16
1995	425.43	92.39	72.52	19.13	0.74	8.03	1.24
1996	428.26	94.16	73.94	18.78	1.44	8.98	0.91
1997	432.88	93.85	74.41	17.76	1.68	12.42	1.30
1998	421.09	77.72	63.66	9.79	4.27	17.33	1.35
1999	418.65	75.07	61.95	9.39	3.73	17.81	1.42
2000	417.66	71.02	57.74	8.30	4.98	19.21	1.26
2001	415.78	67.64	53.65	7.01	6.98	20.58	1.29
2002	391.81	61.76	44.55	4.92	12.28	16.09	1.50
2003	382.03	59.15	43.32	4.25	11.58	17.73	2.15
2004	395.50	56.31	40.19	3.90	12.22	28.73	3.08
2005	452.20	56.07	40.13	3.60	12.34	37.74	10.39
2006	469.15	56.91	39.87	3.57	13.47	43.51	15.98
2007	477.21	57.56	40.00	3.35	14.21	53.61	11.49
2008	486.05	58.34	39.53	3.44	15.37	59.38	13.95
2009	501.17	58.29	38.49	2.99	16.81	68.93	15.20
2010	485.90	58.38	38.59	2.89	16.9	80.17	15.96
2011	483.00	59.42	38.94	2.93	17.55	88.82	15.56
2012	478.70	60.59	39.50	2.62	18.46	93.62	15.85
2013	478.70	101.54	32.98	3.04	65.51	104.88	16.21
2014	480.90	99.88	34.06	3.32	62.49	109.77	19.78
2015	482.10	97.17	32.05	3.16	61.95	112.58	22.49

注:2010 年起从业人数为抽样调查推算数。2013 年起在岗职工年末人数为原劳动工资统计口径与一套表四上单位合并数据,且为在岗职工与劳务派遣工之和,因此从业人数较上年增加较多。(下同)

4-2 市区从业人员

年份	从业人数	职工人数				城镇私营企业从业人员和个体劳动者	其他从业人员
			国有经济单位	城镇集体经济单位	其他经济类型单位		
1978	43.76	39.20	28.07	11.13			
1979	46.66	42.12	28.90	13.22		0.02	
1980	47.26	42.71	30.76	11.95		0.12	
1981	49.16	44.41	32.44	11.97		0.19	
1982	51.19	46.28	34.24	12.04		0.21	
1983	53.74	48.37	36.37	12.00		0.37	
1984	55.88	50.01	37.69	12.32		0.75	
1985	58.14	51.42	39.51	11.91		1.18	
1986	58.95	52.69	40.30	12.38	0.01	0.72	
1987	59.82	53.34	41.09	12.23	0.02	0.97	
1988	61.42	54.06	42.03	11.98	0.05	1.90	
1989	61.35	54.01	42.22	11.70	0.09	1.72	
1990	62.50	55.05	43.12	11.81	0.12	1.82	
1991	63.48	56.05	43.93	11.93	0.19	1.93	
1992	63.35	56.07	44.57	11.27	0.23	2.06	
1993	63.95	56.13	44.88	10.59	0.66	2.65	0.25
1994	80.20	55.75	45.21	9.69	0.85	3.11	0.63
1995	82.89	55.92	45.98	9.52	0.42	5.11	0.67
1996	82.21	56.12	45.78	9.30	1.04	5.24	0.40
1997	82.85	55.41	45.53	9.00	0.87	7.17	0.42
1998	74.39	44.72	38.92	3.60	2.20	10.52	0.28
1999	71.29	42.84	37.62	3.48	1.74	9.09	0.39
2000	72.16	40.10	34.32	2.88	2.90	10.61	0.43
2001	72.81	38.12	32.08	2.24	3.79	11.91	0.51
2002	63.22	34.33	25.23	1.70	7.40	6.92	0.71
2003	62.74	32.64	24.45	1.40	6.79	8.21	0.64
2004	71.37	30.71	21.99	1.21	7.51	17.42	1.46
2005	91.10	30.35	22.31	1.02	7.02	23.77	8.79
2006	99.74	30.18	22.00	1.00	7.18	26.55	12.75
2007	96.42	30.55	22.39	0.84	7.32	29.74	6.73
2008	99.17	30.30	21.79	1.14	7.37	30.19	9.00
2009	103.83	30.00	21.33	0.84	7.83	34.13	8.27
2010	157.24	35.22	24.17	1.03	10.02	43.98	11.51
2011	156.30	35.48	24.29	1.13	10.06	48.84	10.38
2012	154.91	35.82	24.51	0.87	10.43	51.59	6.93
2013	154.91	54.85	14.69	0.92	39.23	60.36	7.35
2014	155.62	52.84	15.03	0.77	37.04	62.01	5.28
2015	156.01	50.17	14.32	0.70	35.15	61.64	16.52

注:2010年以后市区为包含铜山区口径,与往年不可比。

4-3 分三次产业从业人数及构成

单位:万人、%

年 份	从业人数	第一产业		第二产业		第三产业	
		人 数	比 重	人 数	比 重	人 数	比 重
1978	283.64	204.41	72.1	43.56	15.3	35.67	12.6
1979	282.72	204.52	72.4	45.06	15.9	33.14	11.7
1980	292.22	209.96	71.8	49.69	17.0	32.57	11.2
1981	302.62	216.86	71.7	51.80	17.1	33.96	11.2
1982	314.75	221.17	70.3	57.62	18.3	35.96	11.4
1983	322.66	223.59	69.3	61.30	19.0	37.77	11.7
1984	337.62	223.01	66.0	69.74	20.7	44.87	13.3
1985	349.04	222.57	63.8	78.65	22.5	47.82	13.7
1986	357.72	222.38	62.2	84.04	23.5	51.30	14.3
1987	367.35	225.07	61.3	89.84	24.4	52.45	14.3
1988	381.43	226.65	59.4	97.06	25.5	57.72	15.1
1989	390.31	235.21	60.2	95.49	24.5	59.61	15.3
1990	408.50	249.36	61.0	95.41	23.4	63.73	15.6
1991	419.35	260.56	62.1	93.90	22.4	64.89	15.5
1992	421.81	258.67	61.3	98.13	23.3	65.01	15.4
1993	423.40	247.05	58.3	105.18	24.9	71.17	16.8
1994	423.45	247.36	58.4	103.56	24.5	72.53	17.1
1995	425.43	242.09	56.9	107.66	25.3	75.68	17.8
1996	428.26	239.60	55.9	108.63	25.4	80.03	18.7
1997	432.88	240.85	55.6	106.11	24.5	85.92	19.9
1998	421.09	242.24	57.5	92.02	21.9	86.83	20.6
1999	418.65	235.80	56.3	92.26	22.0	90.59	21.7
2000	417.66	235.35	56.4	93.24	22.3	89.07	21.3
2001	415.78	230.49	55.4	95.79	23.0	89.50	21.6
2002	391.81	216.01	55.1	94.83	24.2	80.97	20.7
2003	382.03	196.26	51.4	103.31	27.0	82.46	21.6
2004	395.50	189.72	48.0	111.45	28.2	94.33	23.8
2005	452.20	182.63	40.3	127.69	28.3	141.88	31.4
2006	469.15	177.20	37.8	144.99	30.9	146.96	31.3
2007	477.21	170.31	35.7	152.18	31.9	154.72	32.4
2008	486.05	163.19	33.5	168.99	34.8	153.87	31.7
2009	501.17	162.08	32.4	180.01	35.9	159.08	31.7
2010	485.90	197.80	40.7	130.60	26.9	157.50	32.4
2011	483.00	189.10	39.2	136.50	28.3	157.40	32.6
2012	478.70	180.40	37.7	140.30	29.3	158.00	33.0
2013	478.70	171.50	35.8	145.80	30.5	161.40	33.7
2014	480.90	162.70	33.8	150.70	31.3	167.50	34.8
2015	482.10	152.80	31.7	155.60	32.3	173.70	36.0

注:从 2010 年开始从业人数为抽样调查推算数。

4-4 市区分三次产业从业人数及构成

单位：万人、%

年 份	从业人数	第一产业		第二产业		第三产业	
		人 数	比 重	人 数	比 重	人 数	比 重
1978	43.76	3.90	8.9	24.66	56.4	15.20	34.7
1979	46.66	3.83	8.2	27.73	59.4	15.10	32.4
1980	47.26	3.65	7.7	29.47	62.4	14.14	29.9
1981	49.16	3.65	7.4	30.60	62.3	14.91	30.3
1982	51.19	3.56	7.0	32.25	63.0	15.38	30.0
1983	53.74	3.50	6.5	34.59	64.4	15.65	29.1
1984	55.88	3.28	5.9	36.60	65.5	16.00	28.6
1985	58.14	2.78	4.8	39.89	66.9	16.47	28.3
1986	58.95	2.84	4.8	38.85	65.9	17.26	29.3
1987	59.82	2.79	4.6	40.25	67.3	16.78	28.1
1988	61.42	2.71	4.4	40.46	65.9	18.25	29.7
1989	51.35	2.86	4.7	39.94	65.1	18.55	30.2
1990	62.50	2.91	4.7	39.41	63.0	20.19	32.3
1991	63.48	2.83	4.4	39.97	63.0	20.68	32.6
1992	63.35	2.71	4.3	41.23	65.1	19.41	30.6
1993	63.95	2.24	3.5	40.79	63.8	20.92	32.7
1994	80.20	11.46	14.3	43.90	54.7	24.84	31.0
1995	82.89	11.83	14.3	45.71	55.1	25.35	30.6
1996	82.21	11.86	14.4	44.61	54.3	25.74	31.3
1997	82.85	10.96	13.2	44.24	53.4	27.65	33.4
1998	74.39	10.21	13.7	34.85	46.9	29.33	39.4
1999	71.29	10.06	14.1	33.38	46.8	27.85	39.1
2000	72.16	11.18	15.5	32.22	44.6	28.76	39.9
2001	72.81	12.78	17.6	31.19	42.8	28.84	39.6
2002	63.22	11.73	18.6	27.21	43.0	24.28	38.4
2003	62.75	10.71	17.1	26.78	42.7	25.26	40.2
2004	71.38	10.01	14.0	27.80	39.0	33.56	47.0
2005	91.10	12.06	13.2	32.08	35.2	46.95	51.5
2006	99.74	12.41	12.4	34.35	34.5	52.98	53.1
2007	96.42	9.26	9.6	33.07	34.3	54.09	56.1
2008	99.17	10.70	10.8	39.72	40.0	48.75	49.2
2009	103.83	11.82	11.4	42.22	40.7	49.79	47.9
2010	157.24	54.28	34.5	38.83	24.7	64.13	40.8
2011	156.30	51.62	33.0	40.59	26.0	64.09	41.0
2012	154.91	48.86	31.5	41.72	26.9	64.33	41.5
2013	154.91	45.84	29.6	43.35	28.0	65.72	42.4
2014	155.62	42.61	27.4	44.81	28.8	68.20	43.8
2015	156.01	39.02	25.0	46.27	29.7	70.72	45.3

注：2010 年以后市区为包含铜山区口径，与往年不可比。从 2010 年开始从业人数为抽样调查推算数。

4-5　分行业城镇私营个体从业人员

（2015 年底）　　单位：人

行　　业	全　市	市　区
合　计	**1125795**	**616388**
第一产业	18468	8609
第二产业	343286	153472
工业	239370	108686
建筑业	103916	44786
第三产业	764041	454307
交通运输、仓储和邮政业	429448	254644
信息传输、计算机服务和软件业	67205	29644
批发和零售业	45131	27686
住宿和餐饮业	14028	9127
金融业	1811	883
房地产业	30732	16751
租赁和商务服务业	69857	46176
科学研究、技术服务和地质勘查业	46788	33202
水利、环境和公共设施管理业	1928	1279
居民服务和其他服务业	46366	28778
教育	2321	1322
卫生、社会保障和社会福利业	2160	1587
文化、体育和娱乐业	6217	3183
其他	49	45

4-6　分行业乡村从业人员

（2015 年底）　　单位：万人

行　　业	全　市	市　区
合　计	**358.48**	**85.59**
第一产业	132.75	29.86
# 农业	107.10	23.47
第二产业	154.98	36.46
工业	103.32	25.65
建筑业	51.66	10.81
第三产业	70.75	19.27
交通运输、仓储和邮政业	15.32	5.12
信息传输、计算机服务和软件业	1.72	0.54
批发和零售业	22.20	6.18
住宿、餐饮业	9.99	2.42
金融和保险业	1.33	0.38
房地产和社会服务业	1.86	0.42
科学研究、技术服务和地质勘查业	0.53	0.16
教育、文化、艺术和广播电视业	3.00	0.66
卫生、体育和社会福利业	2.06	0.47
公共管理和社会组织	0.97	0.24
其他	11.77	2.68

4-7 主要年份在岗职工人数

（年底数） 单位：万人

年份	全市合计	国有经济单位	城镇集体经济单位	其他经济类型单位	市区合计	国有经济单位	城镇集体经济单位	其他经济类型单位
1949	6.11	6.11			4.88	4.88		
1952	8.11	8.11			6.00	6.00		
1957	10.04	10.04			6.86	6.86		
1962	16.94	16.94			16.81	12.21	4.60	
1965	15.18	15.18			15.23	10.45	4.78	
1970	22.12	22.12			18.94	13.84	5.10	
1975	42.69	29.21	13.48		27.06	19.86	7.20	
1978	60.12	41.16	18.96		39.20	28.07	11.13	
1979	61.94	41.04	20.90		42.12	28.90	13.22	
1980	64.97	45.16	19.81		42.71	30.76	11.95	
1981	67.64	47.80	19.84		44.41	32.44	11.97	
1982	70.10	50.18	19.92		46.28	34.24	12.04	
1983	72.17	52.60	19.57		48.37	36.37	12.00	
1984	76.65	53.40	23.25		50.01	37.69	12.32	
1985	78.06	55.19	22.87		51.42	39.51	11.91	
1986	80.41	56.82	23.58	0.01	52.69	40.30	12.38	0.01
1987	82.15	58.96	23.17	0.02	53.34	41.09	12.23	0.02
1988	85.87	61.88	23.96	0.04	54.06	42.03	11.98	0.05
1989	85.39	61.88	23.42	0.09	54.01	42.22	11.70	0.09
1990	87.35	63.69	23.53	0.13	55.05	43.12	11.81	0.12
1991	89.59	65.55	23.85	0.19	56.05	43.93	11.93	0.19
1992	90.25	67.10	22.87	0.28	56.07	44.57	11.27	0.23
1993	91.83	69.40	21.54	0.89	56.13	44.88	10.59	0.66
1994	91.39	70.80	19.60	0.99	55.75	45.21	9.69	0.85
1995	92.39	72.52	19.13	0.74	55.92	45.98	9.52	0.42
1996	94.16	73.94	18.78	1.44	56.12	45.78	9.30	1.04
1997	93.85	74.41	17.76	1.68	55.41	45.53	9.00	0.87
1998	77.72	63.66	9.79	4.27	44.72	38.92	3.60	2.20
1999	75.07	61.95	9.39	3.73	42.84	37.62	3.48	1.74
2000	71.02	57.74	8.30	4.98	40.10	34.32	2.88	2.90
2001	67.64	53.65	7.01	6.98	38.12	32.08	2.24	3.79
2002	61.76	44.55	4.92	12.28	34.33	25.23	1.70	7.40
2003	59.15	43.32	4.25	11.58	32.64	24.45	1.40	6.79
2004	56.31	40.19	3.90	12.22	30.71	21.99	1.21	7.51
2005	56.07	40.13	3.60	12.34	30.35	22.31	1.02	7.03
2006	56.91	39.87	3.57	13.47	30.18	22.00	1.00	7.18
2007	57.56	40.00	3.35	14.21	30.55	22.39	0.84	7.32
2008	58.34	39.53	3.44	15.37	30.30	21.79	1.14	7.37
2009	58.29	38.49	2.99	16.81	30.00	21.33	0.84	7.83
2010	58.38	38.59	2.89	16.90	35.22	24.17	1.03	10.02
2011	59.42	38.94	2.93	17.54	35.48	24.30	1.13	10.05
2012	60.59	39.50	2.62	18.46	35.82	24.51	0.87	10.43
2013	101.53	32.98	3.04	65.51	54.84	14.69	0.92	39.23
2014	99.88	34.06	3.32	62.50	52.84	15.03	0.77	37.04
2015	97.17	32.05	3.16	61.95	50.17	14.32	0.70	35.15

注：从 2013 年年报开始在岗职工期末人数为劳资老口径与一套表四上单位合并数据，且为在岗职工与劳务派遣工之和。

4-8 在岗职工人数

（2015 年底） 单位：人

项　　目	在岗职工人数	国有经济单位	城镇集体经济单位	其他经济类型单位
总　计	**971666**	**320494**	**31630**	**619542**
按企业、事业、机关分				
企业	734930	96560	20929	617441
事业	174416	161650	10701	2065
机关	60474	60474		
民间非营利组织	36			36
其他	1810	1810		
按国民经济行业分				
农、林、牧、渔业	12661	12556	70	35
采矿业	72670	2246	98	70326
制造业	229734	2583	1862	225289
电力、煤气及水的生产和供应业	13436	6365	155	6916
建筑业	262643	34267	8758	219618
批发和零售业	34830	7249	3655	23926
交通运输、仓储及邮政业	45481	15752	1417	28312
住宿和餐饮业	5061	1235	350	3476
信息传输、计算机服务和软件业	6793	1311	7	5475
金融业	16878	5927	3411	7540
房地产业	12237	1550	325	10362
租赁和商务服务业	14724	5317	712	8695
科学研究、技术服务和地质勘查业	11501	8087	367	3047
水利、环境和公共设施管理业	13239	11375	787	1077
居民服务和其他服务业	1011	650	69	292
教育	102161	98749	49	3363
卫生、社会保障和社会福利业	46321	35631	9478	1212
文化、体育和娱乐业	4275	3634	60	581
公共管理和社会组织	66010	66010		
按隶属关系分（国有经济）				
中央	22418	22418		
省	33046	33046		
省辖市	52292	52292		
县及县以下	209991	209991		
其他	2747	2747		

4-9　市区在岗职工人数

（2015 年底）　　　　单位：人

项　　目	在岗职工人　数	国有经济单位	城镇集体经济单位	其他经济类型单位
总　计	**501699**	**143181**	**6996**	**351522**
按企业、事业、机关分				
企业	400085	43779	5192	351114
事业	72780	70568	1804	408
机关	28834	28834		
民间非营利组织				
其他				
按国民经济行业分				
农、林、牧、渔业	4785	4723	27	35
采矿业	44394	2246		42148
制造业	145068	2583	756	141729
电力、煤气及水的生产和供应业	9104	3532	155	5417
建筑业	99926	5515	1233	93178
批发和零售业	19559	3233	866	15460
交通运输、仓储及邮政业	31883	9385	397	22101
住宿和餐饮业	3930	1086	194	2650
信息传输、计算机服务和软件业	4977		7	4970
金融业	10333	2708	890	6735
房地产业	8547	852	120	7575
租赁和商务服务业	9548	3889	381	5278
科学研究、技术服务和地质勘查业	7471	5892	147	1432
水利、环境和公共设施管理业	6179	5146	154	879
居民服务和其他服务业	218	171	47	
教育	39646	38703	45	898
卫生、社会保障和社会福利业	22380	20224	1577	579
文化、体育和娱乐业	3131	2673		458
公共管理和社会组织	30620	30620		
按隶属关系分（国有经济）				
中央	16696	16696		
省	21047	21047		
省辖市	49057	49057		
县及县以下	54182	54182		
其他	2199	2199		

4–10　女性在岗职工人数

（2015 年底）　　单位：人

项　　目	女性从业人员人数	国有经济单位	城镇集体经济单位	其他经济类型单位
总　计	**355699**	**151926**	**13209**	**190564**
按企业、事业、机关分				
企业	235128	39795	6055	189278
事业	101147	92742	7154	1251
机关	18753	18753		
民间非营利组织	35			35
其他	636	636		
按国民经济行业分				
农、林、牧、渔业	7440	7389	26	25
采矿业	16030	399	22	15609
制造业	87054	559	775	85720
电力、煤气及水的生产和供应业	3563	1635	58	1870
建筑业	51371	10820	775	39776
批发和零售业	19036	3090	1452	14494
交通运输、仓储及邮政业	14827	5377	562	8888
住宿和餐饮业	3091	681	220	2190
信息传输、计算机服务和软件业	3054	593	4	2457
金融业	14741	6375	1482	6884
房地产业	5478	632	163	4683
租赁和商务服务业	4852	993	347	3512
科学研究、技术服务和地质勘查业	3221	2277	120	824
水利、环境和公共设施管理业	6527	5125	912	490
居民服务和其他服务业	365	185	22	158
教育	57916	55912	43	1961
卫生、社会保障和社会福利业	34717	27817	6212	688
文化、体育和娱乐业	2011	1662	14	335
公共管理和社会组织	20405	20405		

4-11 主要年份职工工资总额

单位:万元

年份	全市				市区			
	全部职工	国有经济单位	城镇集体经济单位	其他经济类型单位	全部职工	国有经济单位	城镇集体经济单位	其他经济类型单位
1949	1962	1962			1707	1707		
1952	3680	3680			3177	3177		
1957	5709	5709			4251	4251		
1962	10295	10295			8042	8042		
1965	9418	9418			7106	7106		
1970	11199	11199			8136	8136		
1975	21093	15939	5154		14896	11824	3072	
1978	31439	23706	7733		22573	17598	4975	
1979	36925	27781	9144		27260	21129	6131	
1980	44954	34084	10870		32809	25473	7336	
1981	47170	35891	11279		34194	26615	7579	
1982	51676	39575	12101		37389	29355	8033	
1983	55388	43349	12039		40701	32699	8001	
1984	80714	60828	19886		58779	46285	12493	
1985	93432	72426	21006		68323	55947	12376	
1986	110187	85424	24754	9	80480	65838	14633	9
1987	117231	91512	25689	30	84543	69518	14995	28
1988	149139	117615	31454	70	104028	86618	17340	64
1989	165525	132521	32819	185	118228	100083	17960	185
1990	185938	150380	35187	371	132593	112898	19324	371
1991	208723	169855	38397	471	149964	127972	21524	468
1992	244828	202261	41831	736	175433	151564	23203	666
1993	304255	253382	47734	3139	218454	189200	26586	2668
1994	407761	349729	53041	4991	287245	253793	28832	4620
1995	506766	437394	66563	2809	355676	317499	36295	1880
1996	584442	506673	68847	8922	402383	358696	36286	7401
1997	609772	534263	64613	10896	419217	375289	36310	7618
1998	592951	514526	48949	29476	396614	357549	23395	15670
1999	624029	546719	49089	28221	417883	378034	23453	16396
2000	653127	565585	42684	44858	439909	390587	18473	30849
2001	700349	596699	39062	64588	482073	423530	15307	43235
2002	742489	572711	31159	138619	516553	397782	13763	105008
2003	802685	621748	29756	151181	569467	440515	12119	116832
2004	894607	679066	33849	181692	641470	483484	15473	142513
2005	1072593	825124	35199	212270	763816	587518	14430	161868
2006	1250866	943120	40150	267595	888450	679934	14744	193772
2007	1367407	1034032	42865	290510	932620	720634	13729	198257
2008	1549543	1141926	56183	351434	1032278	776277	20991	235010
2009	1808200	1289097	58151	460952	1179995	860207	17196	302592
2010	1985130	1431819	70534	482777	1404233	1034203	29191	340839
2011	2347680	1673845	91401	582434	1621227	1187306	41355	392566
2012	2664762	1890555	92391	681817	1813377	1326132	33376	453870
2013	4587245	1617517	119932	2849796	2806363	867345	37131	1901887
2014	5011775	1782705	144653	3084417	2997160	963758	37083	1996319
2015	5248123	1957397	148450	3142276	3020812	1037061	36704	1947048

注:在岗职工工资总额为两套数据合并后的在岗职工工资总额与劳务派遣工工资总额之和(新口径)。

4–12 主要年份职工平均工资

单位:元

年份	全市				市区			
	全部职工	国有经济单位	城镇集体经济单位	其他经济类型单位	全部职工	国有经济单位	城镇集体经济单位	其他经济类型单位
1949					349	349		
1952	503	503			529	529		
1957	573	573			619	619		
1962	548	548			590	590		
1965	599	599			594	680	407	
1970	553	553			547	587	436	
1975	509	564	392		580	595	426	
1978	554	593	430		605	664	446	
1979	605	676	459		647	731	464	
1980	715	791	535		768	828	613	
1981	720	772	569		770	820	633	
1982	755	808	609		807	857	667	
1983	780	840	621		841	898	667	
1984	1 105	1 178	884		1 175	1 228	1 014	
1985	1 231	1 351	941		1 220	1 303	944	
1986	1 403	1 537	1 077	1 828	1 400	1 503	1 067	645
1987	1 463	1 601	1 119	2 021	1 511	1 625	1 136	1 934
1988	1 798	1 973	1 349	2 101	1 800	1 935	1 329	1 633
1989	1 965	2 177	1 410	2 224	2 189	2 370	1 535	2 189
1990	2 179	2 417	1 531	3 050	2 708	2 618	1 636	3 091
1991	2 379	2 644	1 647	2 656	2 715	2 913	1 804	2 521
1992	2 753	3 052	1 867	2 838	3 151	3 426	2 068	3 115
1993	3 355	6 698	2 245	3 702	3 914	4 244	2 512	4 119
1994	4 524	5 013	2 732	5 202	5 186	5 658	2 971	5 583
1995	5 537	6 101	3 481	3 957	6 381	6 938	3 791	4 669
1996	6 279	6 933	3 707	6 308	7 208	7 878	3 916	7 197
1997	6 521	7 211	3 636	6 580	7 533	8 214	3 994	8 764
1998	7 717	8 149	5 150	7 023	8 999	9 234	6 998	7 796
1999	8 447	8 955	5 351	7 731	9 911	10 169	7 015	9 945
2000	9 339	9 908	5 243	9 531	11 144	11 442	6 706	11 940
2001	10 501	11 174	5 630	10 171	12 837	13 143	7 041	13 710
2002	11 887	12 683	6 235	11 264	14 929	15 633	8 246	14 027
2003	13 551	14 327	6 777	13 209	17 518	18 073	8 528	17 405
2004	15 809	16 864	8 387	14 789	20 898	22 046	12 735	18 876
2005	18 849	20 373	9 597	16 670	24 838	26 223	13 545	22 230
2006	21 896	23 639	11 058	19 673	29 191	30 969	14 163	26 047
2007	23 711	25 791	12 674	20 465	30 652	32 299	15 904	27 338
2008	26 824	29 000	16 253	23 534	33 982	35 610	18 075	31 689
2009	31 173	33 575	19 527	27 715	39 392	40 387	20 230	38 766
2010	34 243	37 406	24 377	28 737	40 254	43 371	28 185	34 075
2011	39 493	43 102	30 823	33 008	45 909	49 355	36 327	38 794
2012	44070	47890	35540	37076	50715	54249	37936	43510
2013	47013	50192	40499	45680	51903	59051	40505	49445
2014	50268	53761	43619	48784	55387	63929	48059	52170
2015	54310	61794	47722	50809	59373	72206	52751	54356

注:在岗职工平均工资为两套数据合并后的在岗职工工资总额与劳务派遣工工资的平均工资(新口径)。

4-13 职工工资总额

（2015 年底）　　单位：万元

项　　目	在岗职工人数	国有经济单位	城镇集体经济单位	其他经济类型单位
总　计	**5248123**	**1957397**	**148450**	**3142276**
按企业、事业、机关分				
企业	3718768	496940	7672	3131252
事业	1108180	1039410	5085	10896
机关	408762	408762		
民间非营利组织	128			128
其他	12285	12285		
按国民经济行业分				
农、林、牧、渔业	32335	31934	319	81
采矿业	470780	9760	387	460633
制造业	1140180	10690	5175	1124315
电力、煤气及水的生产和供应业	118590	62799	909	54882
建筑业	1162106	151032	31430	979645
批发和零售业	140133	29105	10040	100988
交通运输、仓储及邮政业	271106	113277	5276	152554
住宿和餐饮业	18801	4311	1204	13286
信息传输、计算机服务和软件业	50568	7218	55	43296
金融业	149126	43735	32144	73248
房地产业	61588	8695	1131	51763
租赁和商务服务业	55495	13561	2418	39516
科学研究、技术服务和地质勘查业	73588	55743	1679	16167
水利、环境和公共设施管理业	65032	57760	3516	3755
居民服务和其他服务业	4903	3319	181	1403
教育	653782	636390	135	17257
卫生、社会保障和社会福利业	320948	262197	52183	6567
文化、体育和娱乐业	22630	19441	269	2921
公共管理和社会组织	436432	436432		
按隶属关系分（国有经济）				
中央	149528	149528		
省	220744	220744		
省辖市	394390	394390		
县及县以下	1176922	1176922		
其他	15813	15813		

4-14 市区职工工资总额

（2015 年底）　　单位:万元

项　　目	在岗职工人　数	国有经济单位	城镇集体经济单位	其他经济类型单位
总　计	**3020812**	**1037061**	**36704**	**1947048**
按企业、事业、机关分				
企业	2243498	273547	26109	1943842
事业	548226	534426	10595	3205
机关	229088	229088		
民间非营利组织				
其他				
按国民经济行业分				
农、林、牧、渔业	11717	11441	196	81
采矿业	302732	9760		292972
制造业	808019	10690	2558	794771
电力、煤气及水的生产和供应业	84034	39751	909	43374
建筑业	456622	31413	3927	421282
批发和零售业	89806	16939	3083	69784
交通运输、仓储及邮政业	209717	82194	1442	126082
住宿和餐饮业	15532	3786	653	11093
信息传输、计算机服务和软件业	40979		55	40923
金融业	100244	22721	11043	66479
房地产业	44833	5504	455	38874
租赁和商务服务业	30720	9404	1180	20136
科学研究、技术服务和地质勘查业	52375	44675	463	7238
水利、环境和公共设施管理业	38284	34627	851	2807
居民服务和其他服务业	1409	1290	119	
教育	296516	290566	123	5827
卫生、社会保障和社会福利业	181916	169236	9647	3033
文化、体育和娱乐业	16590	14298		2292
公共管理和社会组织	238768	238768		
按隶属关系分(国有经济)				
中央	115207	115207		
省	166517	166517		
省辖市	374537	374537		
县及县以下	367691	367691		
其他	13109	13109		

4-15 职工平均工资

（2015 年底）　　　　单位：元

项　　目	在岗职工年平均工资	国有经济单位	城镇集体经济单位	其他经济类型单位
总　计	**54310**	**61794**		**50809**
按企业、事业、机关分				
企业	50882	52877	44140	50803
事业	63971	64728	54665	52791
机关	67686	67686		
民间非营利组织	35556			35556
其他	67797	67797		
按国民经济行业分				
农、林、牧、渔业	22670	22554	45600	23912
采矿业	60776	42068	40292	61381
制造业	49313	42136	27912	49568
电力、煤气及水的生产和供应业	86166	94095	60212	79103
建筑业	46406	50649	37573	46158
批发和零售业	40396	40184	27507	42437
交通运输、仓储及邮政业	59513	71437	37126	53952
住宿和餐饮业	36865	35134	34409	37712
信息传输、计算机服务和软件业	73097	53226	79000	77940
金融业	88513	74203	94180	97132
房地产业	50432	55914	34895	50095
租赁和商务服务业	38455	27274	34147	45156
科学研究、技术服务和地质勘查业	63025	67551	45861	52869
水利、环境和公共设施管理业	49360	51056	44623	34966
居民服务和其他服务业	47279	51218	25886	43972
教育	64262	64719	28660	51391
卫生、社会保障和社会福利业	70342	74749	55710	55513
文化、体育和娱乐业	52752	53644	44800	48200
公共管理和社会组织	66221	66221		
按隶属关系分（国有经济）				
中央	66427	66427		
省	63915	63915		
省辖市	75270	75270		
县及县以下	57526	57526		
其他	57924	57924		

4–16 市区职工平均工资

（2015 年底） 单位：元

项　　　目	在岗职工年平均工资	国有经济单位	城镇集体经济单位	其他经济类型单位
总　　计	**59373**	**72206**	**52751**	**54356**
按企业、事业、机关分				
企业	55027	61122	50609	54328
事业	75830	76249	58892	78559
机关	79594	79594		
民间非营利组织				
其他				
按国民经济行业分				
农、林、牧、渔业	23562	23291	72444	23912
采矿业	61773	42068		62752
制造业	54865	42136	34065	55198
电力、煤气及水的生产和供应业	88859	103302	60212	79469
建筑业	45910	56949	32865	45421
批发和零售业	46026	52378	35558	45282
交通运输、仓储及邮政业	65121	86066	34993	56686
住宿和餐饮业	38742	35026	33639	40574
信息传输、计算机服务和软件业	81001		79000	81004
金融业	97163	84371	124359	98692
房地产业	52609	63774	37933	51564
租赁和商务服务业	31644	23605	31140	37672
科学研究、技术服务和地质勘查业	68626	73793	31497	50578
水利、环境和公共设施管理业	61769	66821	55253	32559
居民服务和其他服务业	64032	74988	24771	
教育	75117	75403	28581	65032
卫生、社会保障和社会福利业	82573	85022	61248	55045
文化、体育和娱乐业	52567	53611		46875
公共管理和社会组织	78098	78098		
按隶属关系分（国有经济）				
中央	68441	68441		
省	78683	78683		
省辖市	76221	76221		
县及县以下	67712	67712		
其他	59860	59860		

4-17 城镇登记失业人数及失业率

单位:人

年份	当年需要安置的人数	当年已安置就业的人数	年末城镇登记失业人数	#失业青年	#失业女青年	年末城镇登记失业率(%)
1981	42995	22600	10294	10294		1.52
1982	28451	18432	5144	5144		0.73
1983	20261	8336	10633	10633		1.44
1984	22729	13584	8396	8396		1.08
1985	27051	14654	11605	11605		1.45
1986	30373	18158	11854	11854		1.43
1987	32082	16469	15200	15200		1.78
1988	36679	22722	13469	13469		1.5
1989	74534	22780	50947	50947		5.44
1990	71500	44775	22440	22440		2.42
1991	50367	29702	18622	18622	12054	1.98
1992	42113	19787	18754	18754	11627	1.97
1993	37681	19406	16997	16275	9615	1.81
1994	33896	17241	15576	14875	8815	1.7
1995	31238	14971	15390	15078	8869	1.6
1996	31431	14568	15276	13795	7742	1.5
1997	29154	13083	15073	13181	7232	1.62
1998	27155	13481	13163	10398	6295	1.3
1999	28125	13087	15038	12981	8035	1.52
2000	34107	14078	18625	8482	4433	1.89
2001	44654	16512	26836	9956	5650	2.4
2002	60674	21098	38099			3.58
2003	66044	22521	37980	7430	3492	4.3
2004	67288	27905	37231	6571	3815	4.03
2005	66614	31263	33560	10385	5980	3.44
2006	78964	45611	32581	9589	5273	3.03
2007	84262	50696	33488	17268	9478	2.8
2008	88393	54628	33665			2.7
2009	96903	61063	35738			2.86
2010	106308	72665	33613			2.63
2011	115628	77798	37824			2.55
2012	117890	82521	35369			2.39
2013	156404	122597	33785			2.14
2014	132486	100534	31914			1.91
2015	155995	124366	31611			1.89

主要统计指标解释

从业人员 指从事一定社会劳动并取得劳动报酬或经营收入的全部劳动力。包括:

(1)全部职工

(2)城镇私营企业从业人员

(3)城镇个体劳动者

(4)农村社会劳动者

(5)其他社会劳动者

这一指标反映了一定时期内全部劳动力资源的实际利用情况,是研究基本国情国力的重要指标。

各单位的从业人员是指在各级国家机关、政党机关、社会团体及企业、事业单位中工作,并取得劳动报酬的全部人员。包括职工、再就业的离退休人员、民办教师以及在各单位中工作的外方人员和港、澳、台方人员。

各单位的从业人员反映了各单位实际参加生产或工作的全部劳动力。

职工 指在国有经济、城镇集体经济、联营经济、股份制经济、外商和港、澳、台投资经济、其他经济单位及其附属机构工作,并由其支付工资的各类人员。

合同制职工 指各单位根据国务院国发(1986)77号文件和国务院令第99号的规定,通过签订有固定期限劳动合同、无固定期限劳动合同和以完成一项工作为期限劳动合同所使用的职工。包括实行全员劳动合同制单位的全部职工。

使用的农村劳动力 指国有经济、城镇集体经济、联营经济、股份制经济、外商和港、澳、台投资经济、其他经济单位的职工中,现仍保留农村户籍关系的人员。

长期职工 指用工期限在一年以上(含一年)的职工。包括原固定职工、合同制职工、长期临时工以及国有单位使用的城镇集体所有制单位的人员和其他使用期限在一年以上的原计划外用工。

临时职工 指用工期限不超过一年的职工。包括各单位根据国家有关规定招用的,签订一年以内的劳动合同或使用期不超过一年的临时性、季节性用工。

其他从业人员 指劳动统计制度规定不作职工统计,但实际参加社会劳动并取得劳动报酬的人员。

各单位的其他从业人员是指单位中除职工以外的全部参加本单位生产或工作并取得劳动报酬的人员。包括再就业的离退休人员、民办教师以及在各单位中工作的外方人员和港、澳、台方人员。

城镇集体经济单位职工 指在城镇集体经济单位及其管理部门工作并由其支付工资的各类人员。

其他经济单位职工 指在联营经济、股份制经济、外商投资经济、港、澳、台投资经济单位工作,并由其支付工资的各类人员。

城镇个体劳动者 指经工商行政管理部门核准登记,领取营业执照,参加生产经营活动,户口在城镇的全部人员。

农村社会劳动者 指农村人口中经常参加合作经济组织(包括乡(镇)办企业事业单位)和家庭副业生产劳动的劳动力。凡是由合作经济组织分配劳动任务或承包各种生产任务,并从中直接取得实物、现金收入和从承包的生产任务中获得实物、现金收入的劳动力,不管从事何种劳动,都要统计为农村社会劳动者。国家从乡(村)调用的建勤民工;由集体经费支付工资或补贴的乡(村)脱产管理干部;乡(村)劳动力到国有经济单位或城镇集体经济单位工作,其收入交给合作经济组织,并从中取得实物或现金收入的合同工、临时工、亦工亦农人员;自行外出,但户口没有转出的劳动力,都应包括在内。

城镇登记失业人员 指有非农业户口,在一定的劳动年龄内(16岁以上及男50岁以下、女45岁以下),有劳动能力,无业而要求就业,并在当地就业服务机构进行待业登记的人员。

城镇登记失业率 是城镇登记失业人数同城镇在业人数加城镇登记失业人数之比。计算公式为:

$$\text{城镇失业率} = \frac{\text{城镇登记失业人数}}{\text{城镇在业人数} + \text{城镇登记失业人数}} \times 100\%$$

从业人员劳动报酬 各单位一定时期内直接支付给本单位全部从业人员的劳动报酬总额。包括职工工资总额和本单位其他从业人员劳动报酬两部分。

职工工资总额 指各单位在一定时期内直接支付给本单位全部职工的劳动报酬总额。

工资总额的计算原则应以直接支付给职工的全部劳动报酬为根据。各单位支付给职工的劳动报酬以及其他根据有关规定支付的工资,不论是计入成本的还是不计入成本的,不论是按国家规定列入计征奖金税项目的,还是未列入计征奖金税项目的,不论是以货币形式支付的还是以实物形式支付的,均包括在工资总额内。

计时工资 指按计时工资标准(包括地区生活费补贴)和

工作时间支付给个人的劳动报酬，以及根据国家法律、法规和政策规定，因病、工伤、产假、计划生育假、婚丧假、事假、探亲假、定期休假、停工学习、执行国家或社会义务等原因按计时工资标准或计时工资标准的一定比例支付的工资。

计件标准工资 是指实行计件工资制的单位按照批准的计件单价和规定的劳动定额或工作量应支付给计件工人的劳动报酬。

计件超额工资 是计件工资的一部分，指计件工人超额完成定额任务后所得的工资。即计件工人实得的全部计件工资减去应得的计件标准工资后的数额。某些企业的工人由于从事生产的工作物等级高于本人工资等级，因而其计件标准工资高于本人标准工资，其计件超额工资也应是全部工资减去应得的计件标准工资后的数额。

奖金 指支付给职工的超额劳动报酬和增收节支的劳动报酬。

津贴和补贴 指为了补偿职工特殊或额外的劳动消耗和因其他特殊原因支付给职工的津贴，以及为了保证职工工资水平不受物价影响支付给职工的物价补贴。

其他从业人员劳动报酬 指各单位在一定时期内直接支付给本单位其他从业人员的全部劳动报酬。

职工平均工资 指企业、事业、机关单位的职工在一定时间内平均每人所得的货币工资额。它表明一定时期职工工资收入的高低程度，是反映职工工资水平的主要指标。计算公式为：

$$\text{职工平均工资}=\frac{\text{报告期实际支付的全部职工工资总额}}{\text{报告期全部职工平均人数}}$$

职工平均实际工资 指扣除物价变动因素后的职工平均工资。计算公式为：

$$\text{职工平均实际工资}=\frac{\text{报告期职工平均工资}}{\text{报告期全部职工生活费价格指数}}$$

第5部分

固定资产投资

INVESTMENT IN FIXED ASSETS

版面负责人：许　清

编　　　辑：张　虹　孙　伟

江苏省统计条例

（2014年1月16日江苏省第十二届人民代表大会常务委员会第八次会议通过）

第八条 地方统计调查应当按照地方统计调查项目组织实施。地方统计调查项目包括县级以上地方人民政府、政府统计机构及有关部门的统计调查项目。

地方统计调查项目应当执行国家统计标准和部门统计标准，与国家统计调查项目、部门统计调查项目互相衔接，下级地方统计调查项目不得与上级地方统计调查项目重复。

地方统计调查项目的制定应当进行必要性、可行性论证，听取有关部门、专家和公众的意见，并根据经济社会发展需要科学合理设置统计指标。与人口、社会相关的统计调查项目应当合理设置分性别统计指标。

【释义】 本条是关于地方统计调查依照统计调查项目组织实施，以及确保统计调查项目科学设置的规定。

本条对地方统计调查作出如下规范：一是明确地方统计调查项目的范围：即指县级以上地方人民政府、政府统计机构及有关部门制定的统计调查项目，省、设区的市、县(市、区)人民政府有关部门制定的统计调查项目也属于地方统计调查项目。二是明确地方统计调查的协调分工。即地方统计调查项目应当与国家统计调查项目、部门统计调查项目互相衔接，下级地方统计调查项目不得与上级地方统计调查项目重复，以防止“数出多门”，减轻基层统计机构和统计调查对象的负担。三是规定科学论证和征求意见是制定地方统计调查项目的必经程序。即作为制定机关的政府统计机构、有关部门应当在地方统计调查项目履行审批手续前，进行科学论证，听取各方意见，并提供相应证明一并提交给审批机关。四是规定地方统计调查项目执行国家统计标准和地方统计标准。这是促进统计现代化、科学化、规范化的基础，是一项重要的统计基础工作。

统计调查项目。是指在一定时期内，为实现特定统计调查目的，经过依法批准组织实施的政府统计调查。国家对统计调查项目，按照国家统计调查项目、部门统计调查项目和地方统计调查项目，实行分类管理。国家统计调查项目，是指全国性基本情况的统计调查项目；部门统计调查项目，是指国务院有关部门的专业性统计调查项目。

地方统计调查项目的必要性论证。主要是指：地方统计调查项目是否具有法定依据，或者确为公共管理和服务所必需；是否与已有统计调查项目的主要内容不重复；主要统计指标是否不能通过已有行政记录或者统计资料加工整理取得等。

地方统计调查项目的可行性论证。主要是指：地方统计调查项目是否符合申请机关工作职责；是否有明确的调查目的、调查对象和资料用户；申请机关是否具备项目执行能力；从技术上要获得准确的统计资料是否具有现实可行性；是否有相应的经费保障等。

统计标准。是指根据经济社会管理现代化的需要，按照国家有关规定，对统计调查采用的指标涵义、计算方法、分类目录、调查表式和统计编码等的标准化所作出的统一规范。根据制定机关和适用范围的不同，统计标准分为两种：(1)国家统计标准，是由国家统计局制定，或者由国家统计局和国务院标准化主管部门共同制定；(2)部门统计标准，是由国务院有关部门制定，并报国家统计局审批。

统计指标简称指标。是指反映同类社会经济现象总体综合数量特征的范畴及其具体数值。主要包括四项内容：(1)指标名称，说明所反映现象数量特征的性质和内容；(2)统计的时间界限和空间范围；(3)计量单位；(4)指标的数值。依照内容、作用、表现形式和功能作用等，统计指标有不同的分类。

编辑：王中彬

5-1 全社会固定资产投资

单位:万元

年 份	全社会固定资产投资完成额	# 城镇规模以上	农村规模以上	# 城乡个私	# 城镇个私
1978	32052	32052			
1979	39965	39965			
1980	46737	46737			
1981	31140	31140			
1982	45100	45100			
1983	61776	61776			
1984	72575	72575			
1985	81993	81993			
1986	186435	111793	46816	27826	13530
1987	223523	120516	54252	48755	15040
1988	203704	101872	62359	39473	16000
1989	211255	88112	70066	73077	16730
1990	244092	117535	84417	42140	19460
1991	300167	153137	99315	47715	22890
1992	448089	256335	132420	59334	23160
1993	513891	308967	134000	70924	15986
1994	772145	407060	247278	117807	31959
1995	1036880	532002	407263	97615	20696
1996	1365558	713616	542778	109164	18626
1997	1521073	812015	573291	135767	21696
1998	1882611	1137480	510507	211098	7529
1999	2202118	1313145	404029	422971	47274
2000	2521865	1540283	359501	541440	81474
2001	2878503	1715698	137554	182724	109437
2002	3231237	1776036	121704	272936	128717
2003	3830289	2447598	412593	292571	130034
2004	4452726	3187501	717778	726871	281055
2005	6013112	4509921	950880	1613051	881267
2006	7529941	5985211	816056	2386794	1800453
2007	9607018	7695881	1027195	6310559	5364624
2008	12506684	10150379	1467142	4397099	3293322
2009	16245718	13375634	2314293	7555693	5821889
2010	20492595	16469766	2917392	9003877	6810346

注:1.2002 年以前城镇、农村规模以上分别为城镇、农村集体以上; 2.2010 年以后不再统计全社会固定资产投资。

5-2 固定资产投资

单位:万元

年 份	全 市	#城乡个私	市 区	#城乡个私
1978	32052		27988	
1979	39965		34622	
1980	46737		40763	
1981	31140		26990	
1982	45100		38339	
1983	61776		54607	
1984	72575		64757	
1985	81993		69413	
1986	158609	27826	106534	5816
1987	174768	48755	118110	6935
1988	164231	39473	95271	7917
1989	158178	73077	85194	7378
1990	201952	42140	117947	9486
1991	252452	47715	142140	10426
1992	388755	59334	233176	9293
1993	442967	70924	205394	6145
1994	654338	117807	316251	11149
1995	939265	97615	425293	13867
1996	1256394	109164	584478	18347
1997	1385306	135767	752279	36649
1998	1647987	211098	1098821	19776
1999	1717174	422971	1153101	100599
2000	1899784	541440	1269190	150387
2001	1853252	182724	1401933	87082
2002	1897740	272936	1461694	94483
2003	2860191	292571	1788761	49681
2004	3905279	726871	2041714	130810
2005	5460801	1613051	2492481	465764
2006	6801267	2386794	2936655	631616
2007	8723076	6310559	3617867	2402901
2008	11617521	4397099	5218485	2177161
2009	15689927	7555693	6270237	2248229
2010	19387158	9003877	10220846	3953299
2011	22010274	8934776	11930894	3448110
2012	26858891	9599343	14485002	2939545
2013	30901313	12552369	16824224	4944903
2014	36715594	17262719	19315592	7573667
2015	42661166	20133071	21670386	8223614

注:2011 年以前为城镇规模以上固定资产投资(计划总投资 50 万元以上),2011 年起,统计的起点标准提高到 500 万元,不再区分城镇和农村(后同)。

5-3 各时期固定资产投资完成额

单位:万元

时　期	合　计	基本建设	更新改造	其他投资	房地产开发
1949	**257**	**257**			
恢复时期	**2065**	**2065**			
“一五”时期	**15602**	**15602**			
“二五”时期	**70222**	**70222**			
调整时期	**14262**	**14262**			
“三五”时期	**18586**	**18586**			
“四五”时期	**63127**	**60974**	**2153**		
“五五”时期	**151718**	**134899**	**12287**	**4532**	
1976	14432	14432			
1977	18532	18532			
1978	32052	29141	1870	1041	
1979	39965	32579	6402	984	
1980	46732	40215	4015	2507	
“六五”时期	**292584**	**177653**	**79905**	**35026**	
1981	31140	22524	5465	3151	
1982	45100	24312	14281	6507	
1983	61776	37279	17443	7054	
1984	72575	48622	17164	6789	
1985	81993	44916	25552	11525	
“七五”时期	**539828**	**285696**	**180358**	**61560**	**12214**
1986	111793	66508	29063	16222	
1987	120516	75020	31166	14330	
1988	101872	40804	46889	14179	
1989	88112	46274	34590	7248	
1990	117535	57090	38650	9581	12214
“八五”时期	**1657501**	**826093**	**526087**	**151031**	**154290**
1991	153137	74263	50691	13114	15069
1992	256335	116204	94656	29404	16071
1993	308967	126040	119234	35333	28360
1994	407060	205272	131971	35682	34135
1995	532002	304314	129535	37498	60655
“九五”时期	**5516539**	**2909525**	**1257699**	**449088**	**900227**
1996	713616	375182	186272	71520	80642
1997	812015	419068	202617	74937	115393
1998	1137480	591413	270144	90292	185631
1999	1313145	720580	283647	70847	238071
2000	1540283	803282	315019	141492	280490
“十五”时期	**13636754**	**5179894**	**1925784**	**847621**	**1799272**
2001	1715698	921817	359585	120944	313352
2002	1776036	1020760	398013	107174	250089
2003	2447598	1344223	520720	281697	300958
2004	3187501	1893094	647466	337806	309135
2005	4509921				625738
“十一五”时期	**53676871**				**6661018**
2006	5985211				707983
2007	7695881				1001097
2008	10150379				1308123
2009	13375634				1590593
2010	16469766				2053222
“十二五”时期	**159147238**				**18847603**
2011	22010274				2551217
2012	26858891				3100707
2013	30901313				3804668
2014	36715594				4688767
2015	42661166				4702244

注:2002 年以前为城镇集体以上投资,2005 年以后取消了基本建设和更新改造的分类。

5-4 市区固定资产投资完成额

单位:万元

年份	合计	基本建设	更新改造	其他投资	房地产开发
1978	27988	25927	1144	917	
1979	34622	28415	5418	789	
1980	40763	35533	3171	2059	
1981	26990	20409	4270	2311	
1982	38339	21143	11801	5395	
1983	54607	33224	15401	5982	
1984	64757	44088	14998	5671	
1985	69413	38898	22367	8148	
1986	95150	60380	24007	10763	
1987	104174	70483	24933	8758	
1988	78745	35361	36892	6492	
1989	68047	38675	27081	2294	
1990	95455	45083	32432	5726	12214
1991	119408	60097	39380	6875	13056
1992	195860	86709	75680	19008	14463
1993	201019	68547	88506	20131	23835
1994	253437	130328	78598	19578	24933
1995	338392	196442	76004	17063	48883
1996	443879	252482	91128	38360	61909
1997	577803	316030	134249	42989	84535
1998	902936	481654	205674	65758	149850
1999	1048339	614299	211568	32237	190235
2000	1205265	681585	236759	62123	224798
2001	1328481	741555	295767	62149	229010
2002	1401555	832978	325980	72250	170347
2003	1788761	1134523	420109	53217	180912
2004	2231004	1557209	448594	35911	189290
2005	2451166				362170
2006	2924555				451565
2007	3607867				478393
2008	5185735				741589
2009	6162667				797912
2010	9664307				1266145
2011	11930894				1517773
2012	14485002				1995752
2013	16824224				2611336
2014	19315592				2996808
2015	21670386				2863281

5-5 各时期投资新增固定资产

单位:万元

时　期	合　计	基本建设	更新改造	其他投资	房地产开发
1949	**248**	**248**			
恢复时期	**1776**	**1776**			
"一五"时期	**12643**	**12643**			
"二五"时期	**52985**	**52985**			
调整时期	**11619**	**11619**			
"三五"时期	**11759**	**11759**			
"四五"时期	**35169**	**35169**			
"五五"时期	**120222**	**108726**	**8258**	**3238**	
1976	9446	9446			
1977	9458	9458			
1978	30475	27986	1789	700	
1979	30209	25844	3807	558	
1980	40634	35992	2662	1980	
"六五"时期	**225890**	**129838**	**63086**	**32966**	
1981	22041	15323	4097	2621	
1982	31357	15074	11754	4529	
1983	35124	14919	12514	7691	
1984	51932	30733	13882	7317	
1985	85436	53789	20839	10808	
"七五"时期	**439936**	**226017**	**147703**	**54849**	**11367**
1986	89636	48050	25724	15862	
1987	96080	60055	27876	8149	
1988	95252	48063	33199	13990	
1989	74117	34597	31245	8275	
1990	84851	35252	29659	8573	11367
"八五"时期	**1130113**	**526560**	**375736**	**128774**	**99043**
1991	114583	50726	39636	10026	14195
1992	186138	92456	56505	26802	10375
1993	191284	76848	84971	26428	3037
1994	252013	108300	87916	33537	22260
1995	386095	198230	106708	31981	49176
"九五"时期	**4160683**	**2118938**	**1041554**	**417666**	**582526**
1996	610805	319035	172302	58363	61105
1997	757218	425798	178475	67624	85321
1998	752613	303985	250117	80716	117795
1999	968298	520106	179786	86004	182402
2000	1071749	550014	260874	124958	135903
"十五"时期	**8627742**	**2848831**	**1427736**	**731525**	**1122436**
2001	1070252	582891	134992	110582	241787
2002	1549933	786760	559860	77321	125992
2003	1295044	672868	270887	225322	125967
2004	1718860	806312	461997	318300	132251
2005	2993653				496439
"十一五"时期	**36739637**				**3820079**
2006	3024852				298673
2007	6163555				448651
2008	5513772				497972
2009	9252496				1261300
2010	12784962				1313483
"十二五"时期	**124550840**				**10389210**
2011	15040675				1539050
2012	20447653				1360822
2013	24690737				2684251
2014	30741958				2152080
2015	33629817				2653007

5-6 市区投资新增固定资产

单位:万元

年 份	合 计	基本建设	更新改造	其他投资	房地产开发
1978	26866	25315	970	581	
1979	25972	22452	3066	454	
1980	35533	31935	2033	1565	
1981	18034	13109	3078	1847	
1982	25881	12913	9497	3471	
1983	29766	12206	10875	6685	
1984	44568	26544	11892	6132	
1985	75673	49688	17681	8204	
1986	73299	42141	20519	10629	
1987	80186	54202	21992	3891	
1988	75532	42957	26722	5853	
1989	55544	28219	24011	3314	
1990	64294	21322	13423	6171	11367
1991	84047	26233	27873	4974	13000
1992	150991	81358	42839	17559	9235
1993	119722	36283	52825	12914	16700
1994	135861	51271	49550	16641	18399
1995	207292	64720	51384	14704	43484
1996	375765	211880	91132	29017	43735
1997	537990	329431	102839	42557	62163
1998	553824	205359	192031	60488	95946
1999	731316	421070	124137	34668	151441
2000	772075	456828	185994	40513	88740
2001	662624	408353	79246		175025
2002	1193645	600972	483374	41657	67642
2003	762273	498133	183849	31992	48299
2004	909183	526150	263125	38431	81477
2005	1579550				246009
2006	1764597				89433
2007	2344769				448651
2008	2719346				234540
2009	3723923				797912
2010	8237121				697580
2011	6991822				826774
2012	10519995				623425
2013	12075838				1583159
2014	15337399				1154480
2015	16990739				1470955

5-7 固定资产投资竣工房屋建筑面积

单位:万平方米

年份	竣工的房屋建筑面积	基本建设	更新改造	其他投资	房地产开发
1978	75.6	64.8	4.2	6.6	
1979	97.3	78.0	13.4	5.9	
1980	113.5	96.3	6.8	10.4	
1981	109.4	84.2	14.4	10.8	
1982	110.1	60.5	27.5	22.1	
1983	132.4	63.5	39.0	29.9	
1984	131.6	68.4	30.5	32.7	
1985	129.2	63.7	29.3	36.2	
1986	153.0	63.6	42.4	47.0	
1987	124.2	60.3	27.2	36.7	
1988	105.1	44.7	31.0	29.4	
1989	80.9	42.8	23.9	14.2	
1990	111.8	38.0	27.7	8.9	37.2
1991	115.6	42.3	25.7	14.4	33.2
1992	129.6	54.7	25.9	18.2	30.8
1993	160.1	62.2	32.8	17.3	47.8
1994	140.3	43.5	25.4	15.8	55.6
1995	183.3	89.0	17.8	15.9	60.6
1996	224.0	86.0	37.2	17.8	83.0
1997	261.5	101.9	34.3	21.6	130.7
1998	245.4	84.4	11.7	21.9	127.4
1999	380.8	118.1	6.1	46.9	209.8
2000	294.8	123.7	23.4	60.7	87.0
2001	431.1	179.1	16.1	35.5	200.4
2002	385.5	186.4	20.4	46.5	132.3
2003	211.6	66.6	7.6	26.0	111.4
2004	199.6	53.0	13.0	29.3	104.3
2005	537.3				320.1
2006	463.4				172.3
2007	767.5				265.7
2008	685.2				224.4
2009	689.3				407.9
2010	1409.6				457.1
2011	1752.8				562.5
2012	2276.7				481.5
2013	2787.0				702.7
2014	3436.1				508.6
2015	3613.6				671.8

5-8 市区固定资产投资竣工房屋建筑面积

单位:万平方米

年份	竣工的房屋建筑面积	基本建设	更新改造	其他投资	房地产开发
1978	60.7	53.5	2.0	5.2	
1979	80.9	64.5	11.1	5.3	
1980	86.5	72.5	5.1	8.9	
1981	85.2	68.0	9.1	8.1	
1982	78.2	41.9	19.0	17.3	
1983	104.4	48.4	31.3	24.7	
1984	103.4	51.7	25.3	26.4	
1985	98.4	46.7	25.4	26.3	
1986	112.8	52.0	33.5	27.3	
1987	65.3	41.3	21.0	3.0	
1988	52.1	26.0	19.0	7.1	
1989	51.9	31.0	17.3	3.6	
1990	75.2	22.2	20.0	2.0	31.0
1991	67.0	20.3	17.8	2.4	26.5
1992	76.0	28.0	9.0	11.0	28.0
1993	97.4	29.6	17.7	7.7	42.4
1994	84.9	18.2	14.6	7.6	44.5
1995	97.2	31.2	5.1	7.3	53.6
1996	116.1	35.6	13.7	5.2	61.6
1997	136.9	39.7	10.1	10.0	77.1
1998	159.6	35.2	7.3	7.0	110.1
1999	261.1	64.3	3.8	11.9	181.1
2000	162.2	64.1	16.5	23.9	57.7
2001	194.3	48.6	8.9	17.1	119.6
2002	167.6	71.2	12.4	17.7	66.3
2003	75.6	32.5	6.6		36.5
2004	102.8	19.6	7.0	4.3	71.9
2005	231.8				127.7
2006	186.5				43.9
2007	248.2				86.4
2008	251.1				76.4
2009	375.0				233.5
2010	732.4				227.0
2011	710.5				276.0
2012	966.8				179.2
2013	1223.6				403.9
2014	1401.2				170.4
2015	1636.1				302.2

5-9 固定资产投资竣工住宅建筑面积

单位:万平方米

年份	竣工的房屋住宅面积	基本建设	更新改造	其他投资	房地产开发
1978	36.4	33.7	0.4	2.3	
1979	50.5	44.7	3.6	2.2	
1980	61.2	58.2	0.2	2.8	
1981	64.3	53.3	7.7	3.3	
1982	58.8	37.3	9.9	11.6	
1983	73.8	38.5	16.1	19.2	
1984	65.8	35.2	12.3	18.3	
1985	67.1	32.3	10.4	24.4	
1986	76.1	31.9	18.1	26.1	
1987	48.7	25.6	6.9	16.2	
1988	33.0	15.5	8.1	9.4	
1989	29.7	18.0	7.3	4.4	
1990	58.4	12.2	9.4	2.1	34.7
1991	55.4	19.3	5.1	3.4	27.6
1992	64.6	26.2	6.8	4.8	26.8
1993	74.3	25.4	8.0	1.6	39.3
1994	73.8	21.1	4.3	6.4	42.0
1995	91.9	31.5	2.7	2.8	54.9
1996	114.1	31.7	8.4	3.0	71.0
1997	134.7	41.0	2.1	6.1	85.5
1998	140.6	26.9	0.4	6.0	107.3
1999	228.3	32.9	0.1	7.3	188.0
2000	143.6	31.9	3.5	33.7	74.5
2001	213.4	63.2		7.0	143.2
2002	155.7	43.0	0.9	9.3	102.6
2003	101.4	8.0	2.2	1.0	90.2
2004	92.8	3.7			89.1
2005	255.9				250.2
2006	149.3				136.7
2007	226.5				225.6
2008	198.4				198.4
2009	357.5				356.1
2010	395.2				378.6
2011	589.5				494.1
2012	554.3				426.2
2013	706.7				615.6
2014	623.7				431.1
2015	709.8				520.8

5-10 市区固定资产投资竣工住宅建筑面积

单位:万平方米

年份	竣工的房屋住宅面积	基本建设	更新改造	其他投资	房地产开发
1978	32.2	30.4		1.8	
1979	43.9	38.7	3.2	2.0	
1980	50.8	48.3	0.2	2.3	
1981	50.9	42.7	5.6	2.6	
1982	46.8	29.0	7.6	10.2	
1983	63.1	31.9	13.6	17.6	
1984	57.0	28.6	11.4	17.0	
1985	53.4	24.2	9.2	20.0	
1986	68.8	27.6	16.6	24.6	
1987	36.5	19.5	5.8	11.2	
1988	22.9	10.2	11.5	1.2	
1989	22.1	14.8	6.3	1.0	
1990	48.8	8.0	6.8	1.0	33.0
1991	39.8	19.3	5.1	3.4	12.0
1992	46.0	20.0	6.8	4.0	15.2
1993	54.4	12.2	3.8	1.5	36.9
1994	48.8	8.7	3.2	3.8	33.1
1995	63.7	15.2	0.5		48.0
1996	70.9	14.5	2.7	0.2	53.5
1997	81.0	16.8	1.1	2.6	60.5
1998	101.7	7.9	0.4		93.4
1999	173.6	11.3			162.3
2000	73.0	7.5	3.5	14.6	47.4
2001	94.9	13.5		2.8	78.6
2002	65.3	16.2	0.9	1.7	46.5
2003	30.8	1.6	2.2		27.0
2004	91.3	19.6	7.0	4.3	60.4
2005	102.0				102.0
2006	46.7				36.7
2007	65.9				65.9
2008	55.9				55.9
2009	196.3				196.3
2010	177.0				176.9
2011	254.8				252.6
2012	167.0				167.0
2013	377.7				355.7
2014	246.7				137.8
2015	236.2				230.7

5-11 固定资产投资情况(不含房地产)

(2015 年) 单位:万元

指　　标	全　　市	#市　区
计划投资		
建设项目计划总投资	49812652	25759743
#本年新开工项目	36366659	18348416
自开始建设累计完成投资	44589877	22111135
自年初累计完成投资	**37958922**	**18807105**
#本年新开工项目	32004887	15156339
#国有经济控股	7639727	4798512
#住宅	362680	100516
#基础设施投资	7925620	4372154
#民间投资	29518094	13457692
按构成分		
建筑工程	19621714	10139471
安装工程	1953891	1065760
设备工器具购置	15039384	7091590
#用于更新的设备	1300216	916621
其他费用	1343933	510284
按建设性质分		
新　建	25263720	12688996
扩　建	6205243	3005048
改　建	4600022	1969554
按登记注册类型分		
内　资	36626373	17828616
国有	7358017	4696257
集体	521794	245116
股份合作	62320	4800
联营企业	543699	383469
国有联营	203570	67320
集体联营企业	60650	40650
国有与集体联营企业	17100	17100
其他联营企业	262379	258399
有限责任公司	3556874	1535102
国有独资公司	30370	
其他有限责任公司	3526504	1535102
股份有限公司	2146678	1483688
私营	20103062	8202755
私营独资企业	5492227	1371644
私营合伙企业	101475	35310
私营有限责任公司	14282034	6783245
私营股份有限公司	227326	12556
其他	2333929	1277429
港澳台商投资	531234	271134
合资经营	99432	99432
合作经营		
独资	258002	72002
股份有限公司	98600	80000
其他港澳台商投资企业	75200	19700
外商投资	771306	686496
合资经营	549159	481549
合作经营	51123	39723
独资	171024	165224
股份有限公司		
其他外商投资企业		

5-11 续表 1 （2015 年） 单位:万元

指 标	全 市	#市 区
个体经营	30009	20859
个体户	30009	20859
个人合伙		
按产业分		
第一产业	489488	166524
第二产业	23346755	10065994
工业	23095573	9946470
#能源工业	2161786	1392503
原材料工业	4864410	2350370
机电工业	7204173	4081612
轻纺工业	9060874	2273633
第三产业	14122679	8574587
按国民经济行业分		
农、林、牧、渔业	589398	180294
农业	359254	119524
林业	28300	21000
畜牧业	91434	26000
渔业	10500	
农、林、牧、渔服务业	99910	13770
采矿业	224022	154452
煤炭开采和洗选业	37700	27900
石油与天然气开采业业		
黑色金属矿采选业	100800	100800
有色金属矿采选业		
非金属矿采选业	65482	25752
开采辅助活动	9750	
其他采矿业	10290	
制造业	20705764	8537530
农副食品加工业	1464061	259795
食品制造业	508657	237718
酒、饮料和精制茶制造业	236023	113103
烟草制品业	156204	156204
纺织业	1297364	107701
纺织服装、服饰业	422123	69733
皮革、毛皮、羽毛(绒)及其制品业和制鞋业	250715	14765
木材加工及木、竹、藤、棕、草制品业	1238171	33800
家具制造业	580674	209044
造纸及纸制品业	199542	129202
印刷业和记录媒介的复制业	170197	115567
文教、工美、体育和娱乐用品制造业	229864	41539
石油加工、炼焦及核燃料加工业	459561	371221
化学原料及化学制品制造业	1533479	340569
医药制造业	1048056	194109
化学纤维制造业	18928	850
橡胶和塑料制品业	392549	103865
非金属矿物制品业	1889994	1100863
黑色金属冶炼及压延加工业	828585	605065
有色金属冶炼及压延加工业	363315	122250
金属制品业	1029556	543976
通用设备制造业	1841883	1305352
专用设备制造业	1646009	1157555
汽车制造业	391488	55592
铁路、船舶、航空航天和其他运输设备制造业	297212	124862
电气机械及器材制造业	1180937	470226
计算机、通信和其他电子设备制造业	458408	157044
仪器仪表制造业	358680	267005

5-11 续表 2 （2015 年） 单位：万元

指标	全市	#市区
其他制造业	51092	33932
废弃资源综合利用业	148237	80823
金属制品、机械和设备修理业	14200	14200
电力、燃气及水的生产和供应业	2189737	1268688
电力、热力的生产和供应业	1594190	977357
燃气生产和供应业	70335	16025
水的生产和供应业	525212	275306
建筑业	251182	119524
房屋建筑业	57127	49227
土木工程建筑业	133959	47000
建筑安装业	35681	8781
建筑装饰和其他建筑业	24415	14516
批发和零售业	1929698	995239
批发业	678444	307230
零售业	1251254	688009
交通运输、仓储和邮政业	2299491	1699563
铁路运输业	12018	12018
道路运输业	1117616	929818
水上运输业	247693	170163
航空运输业	52000	29000
管道运输业	39013	8363
装卸搬运和其他运输服务业	66030	
仓储业	745489	530569
邮政业	19632	19632
住宿和餐饮业	783777	680482
住宿业	338722	249097
餐饮业	445055	431385
信息传输、软件和信息技术服务业	294696	261186
电信、广播电视和卫星传输服务	117260	113000
互联网和相关服务	32484	14534
软件和信息技术服务业	144952	133652
金融业	55402	42872
货币金融服务	52802	42872
资本市场服务		
保险业	2600	
其他金融活动		
房地产业	674054	372073
房地产业	674054	372073
租赁和商务服务业	1035659	899397
租赁业	34014	34014
商务服务业	1001645	865383
科学研究和技术服务业	287200	187350
研究与试验发展	74025	74025
专业技术服务业	171730	103670
科技推广和应用服务业	41445	9655
水利、环境和公共设施管理业	4032137	1806938
水利管理业	337387	112296
生态保护和环境治理业	169434	159284
公共设施管理业	3525316	1535358
居民服务、修理和其他服务业	568128	509473

5-11 续表 3 （2015 年） 单位:万元

指 标	全 市	#市 区
居民服务业	530552	486377
机动车、电子产品和日用产品修理业	8996	8996
其他服务业	28580	14100
教育	542081	393724
教育	542081	393724
卫生和社会工作	905289	283604
卫生	834430	232975
社会工作	70859	50629
文化、体育和娱乐业	207076	173430
新闻出版业		
广播、电视、电影和音像业	10700	9300
文化艺术业	101253	71607
体育	38858	38858
娱乐业	56265	53665
公共管理和社会组织	384131	241286
中国共产党机关		
国家机构	293766	217786
人民政协、民主党派		
社会保障		
群众团体、社会团体和其他成员组织	66865	
基层群众自治组织	23500	23500
本年新增固定资产	30976810	15519784
项目个数 （个）		
施工项目个数	3630	1518
本年新开工	3252	1395
全投项目个数	3171	1409
房屋建筑面积 （平方米）		
施工房屋面积	38753079	17031602
#住宅	2532839	690118
竣工房屋面积	29418528	13339052
#住宅	1890468	54547
本年资金来源合计	38533202	19173316
上年末结余资金	47149	34049
本年资金来源小计	38486053	19139267
国家预算内资金	1263212	528054
国内贷款	3758302	1660081
债券		
利用外资	259490	163170
#外商直接投资	59520	13000
自筹资金	32601819	16630230
#企事业单位自有资金	8547124	4354284
其他资金来源	603230	157732
本年各项应付款合计	1386879	735459
其中:工程款	912904	570171

5-12 主要年份房地产投资与销售情况

项　　目	2000	2005	2006	2007	2008	2009
企业个数(个)	**108**	**165**	**137**	**211**	**282**	**448**
投资完成额(万元)	**280490**	**625738**	**707983**	**1001097**	**1308123**	**1590593**
按构成分						
建筑工程	207412	443842	584594	834389	1025881	1168452
安装工程	12904	27867	15827	46890	91168	162724
设备工器具购置	3104	4421	1848	5476	13413	13092
其他费用	57070	149608	105714	114342	177661	246325
按工程用途分						
住宅	191782	467936	591725	831687	1139708	1234603
#经济适用房屋	50168	410893	22387	120306	149187	170740
办公楼	6916	45104	26934	41080	23060	53094
商业营业用房	68964	89115	75039	120659	119464	232714
其他	12828	23583	14285	7671	25891	70182
按资金来源分						
#国内贷款	101610	128526	134422	149464	238007	521596
利用外资		30605	7250	13324	26228	6414
自筹投资	53974	249819	215214	438451	592728	668993
其他投资	119564	372014	489812	591747	640962	1122305
房屋建筑面积(万平方米)						
施工面积	306.90	672.98	679.70	911.26	1261.87	1397.46
#住宅	241.70	541.34	548.30	793.43	1074.33	1188.96
竣工面积	87.00	320.14	172.27	265.74	224.40	407.89
#住宅	74.50	250.15	136.66	225.57	198.39	356.09
土地开发及购置						
本年土地开发面积	63.40	124.56	99.54	173.49	199.24	162.44
本年土地购置面积	110.60	86.34	153.47	141.88	187.36	130.28
商品房销售情况						
房屋实际销售面积	129.00	273.04	110.54	357.70	294.27	544.38
#住宅	119.90	252.99	97.32	321.41	267.92	492.73
#经济适用房	47.60	7.36	10.88	26.88	39.60	26.66
房屋预售面积	46.00	131.11	177.92	245.29	185.65	661.83
#住宅	40.00	123.62	154.89	223.06	172.08	587.53
#经济适用房	6.00	2.52	10.04	14.00	6.79	21.27
商品房销售额(万元)	152149	506098	619776	852022	786881	1764117

5-12 续表 2

项　　目	2010	2011	2012	2013	2014	2015
企业个数(个)	**324**	**374**	**349**	**377**	**415**	**394**
投资完成额(万元)	**2053222**	**2551217**	**3100707**	**3804668**	**4688767**	**4702244**
按构成分						
建筑工程	1415802	1730734	2201797	2798239	3219634	3652336
安装工程	180429	237251	248917	242240	447314	441134
设备工器具购置	48979	92012	103974	106206	104249	63407
其他费用	408012	491220	546019	657983	917570	545367
按工程用途分						
住宅	1696983	2199609	2383681	2889379	3169514	3387992
#经济适用房屋	96320					
办公楼	65046	56078	124277	236588	306250	274486
商业营业用房	233634	197678	410289	539895	943431	762179
其他	57559	97852	182460	138806	269572	277587
按资金来源分						
#国内贷款	564358	485349	615576	731229	909134	982918
利用外资	21247	7236	111126	132597	156146	12000
自筹投资	808743	1249202	1578584	1984130	2216401	3084313
其他投资	1761756	1409150	2225886	3001351	2684856	3602887
房屋建筑面积(万平方米)						
施工面积	1710.17	1932.97	2281.57	3035.43	3370.18	3816.70
#住宅	1438.21	1657.62	1904.06	2451.21	2594.14	2866.42
竣工面积	457.13	562.47	481.51	702.67	508.59	671.77
#住宅	378.57	494.14	426.23	615.57	431.06	520.82
土地开发及购置						
本年土地开发面积						
本年土地购置面积	67.57	86.96	168.67	350.57	309.23	165.85
商品房销售情况						
房屋实际销售面积	621.75	639.38	698.34	856.82	738.03	790.51
#住宅	548.71	575.14	623.84	765.84	650.39	684.83
#经济适用房	37.76					
房屋预售面积	685.81					
#住宅	580.11					
#经济适用房	21.07					
商品房销售额(万元)	2325498	2860072	3427468	4573050	3837231	4312938

主要统计指标解释

固定资产投资额 指以货币形式表现的在一定时期内建造和购置固定资产的工作量以及与此有关的费用的总称。

计划总投资 是反应固定资产投资在建总规模的重要指标，也是检查工程进度，计算建设周期的依据之一。

计划总投资是指在建的建设工程按照总体设计（或按设计概算或预算）规定的内容全部建成计划需要的总投资。没有总体设计的建设工程，分别按报告期施工工程的计划总投资合计数填报。单纯购置单位应填报单纯购置的计划总投资。

自开始建设累计完成投资 是指建设项目从开始建设到本年底止累计完成的全部投资。它是反映整个建设项目或企、事业单位建设总进度的指标，其计算范围原则上应与“计划总投资”指标包括的工程内容相一致。报告期前已建成投产或停、缓建工程完成的投资以及拆除、报废工程的投资，仍应包括在内，但转出的“在建工程”累计投资应予以扣除，转入的"在建工程"以前年度完成的投资应当包括。

本年完成投资 指从本年1月1日起至本年最后一天止完成的全部投资额。本年完成投资是反映本年的实际投资规模，计算有关投资效果，进行国民经济核算和经济分析的重要指标。

建筑工程 是指各种房屋、建筑物的建造工程，又称建筑工作量。这部分投资额必须兴工动料，通过施工活动才能实现，是固定资产投资额的重要组成部分。

安装工程 指各种设备、装置的安装工程，又称安装工作量。

设备工器具购置 是指报告期内购置或自制的，达到固定资产标准的设备、工具、器具的价值。新建单位及扩建单位的新建车间，按照设计或计划要求购置或自制的全部设备、工具、器具，不论是否达到固定资产标准均计入“设备工器具购置”中。

其他费用 指在固定资产建造和购置过程中发生的，除建筑安装工程和设备、工器具购置投资完成额以外的应当分摊计入固定资产投资的费用，不指经营中财务上的其他费用。

本年新增固定资产 指报告期内交付使用的固定资产价值。包括本年内建成投入生产或使用的工程投资和达到固定资产标准的设备工器具的投资以及有关应摊入的费用。

第6部分

对外经济贸易和国际旅游

FOREIGN ECONOMY & TRADE AND INTERNATIONAL TOURISM

版面负责人：王廷宝

编　　　辑：吕延婷

江苏省统计条例

（2014年1月16日江苏省第十二届人民代表大会常务委员会第八次会议通过）

第九条 制定地方统计调查项目,应当同时制定该项目的统计调查制度,并按照下列规定审批:

(一)省人民政府统计机构单独制定或者与有关部门共同制定的,报国家统计局审批;

(二)设区的市、县(市、区)人民政府统计机构单独制定或者与有关部门共同制定的,报省人民政府统计机构审批;

(三)县级以上地方人民政府有关部门单独制定或者与其他部门共同制定的,报本级人民政府统计机构审批。

变更统计调查制度内容的,应当报经原审批机关批准。

【释义】 本条是关于地方统计调查项目及统计调查制度制定和审批权限的规定。

根据制定机关的不同,本条对地方统计调查项目的审批作出规范:一是由省人民政府统计机构单独制定或者与有关部门共同制定的,报国家统计局审批;二是由设区的市、县(市、区)人民政府统计机构单独制定或者与有关部门共同制定的,报省人民政府统计机构审批;三是由县级以上地方人民政府有关部门单独制定或者与其他部门共同制定的,报本级人民政府统计机构审批。

鉴于统计调查制度一经批准公布即产生法律效力,本条第二款同时规定,需要变更统计调查制度内容的,应当依照本条第一款规定报经原审批机关批准。未经批准,擅自变更统计调查制度的内容的,依法承担相应的法律责任。

统计调查制度。是指实施一项统计调查必须遵守的技术性规范,是统计调查项目的核心内容。统计调查制度对调查目的、调查内容、调查方法、调查对象、调查组织方式、调查表式、统计资料的报送和公布等作出规定。因此,制定地方统计调查项目,应当同时制定该调查项目的统计调查制度。

对地方统计调查项目的制定及审批权限作出明确规定,有利于从制度和程序上加强对政府统计调查项目的管理,有利于保障国家、部门和地方统计调查项目之间明确分工,互相衔接,避免重复。

第十条 除涉及国家秘密的以外,地方统计调查项目及其统计调查制度,应当及时向社会公布。经国家统计局批准的,由省人民政府统计机构自批准之日起十日内公布;经县级以上地方人民政府统计机构批准的,由审批机关自批准之日起十日内公布。

【释义】 本条是关于地方统计调查项目及其统计调查制度向社会公布义务的规定。

本条规定了有关政府统计机构公布地方统计调查项目及其统计调查制度的具体责任：一是省人民政府统计机构单独制定或者与有关部门共同制定,并报经国家统计局审批批准的,由省人民政府统计机构负责公布;二是设区的市、县(市、区)人民政府统计机构单独制定或者与有关部门共同制定,并报经省人民政府统计机构审批批准的,由作为审批机关的省人民政府统计机构负责公布；三是县级以上人民政府有关部门单独制定或者与其他部门共同制定,并报经本级人民政府统计机构审批批准的,由作为审批机关的本级人民政府统计机构负责公布。

本条所称的十日、五日。是指按照工作日计算,不包括法定节假日。

本条所称的公布。是指应当以社会公众可以查询的方式公布,并确保在统计调查表的有效期限内可以查询和确认。

编辑:王中彬

6-1 利用外资签订协议(合同)情况

单位:万美元

年 份	合 计		对外借款		外商直接投资	
	合同数(个)	合同外资额	合同数(个)	合同外资额	合同数(个)	合同外资额
1980	3	506	2	206		
1981						
1982	3	3678				
1983	2	29				
1984	2	55				
1985	9	406			2	41
1986	5	414	2	290	3	124
1987	11	973			1	66
1988	17	3574	5	2106	8	470
1989	17	2475	5	1530	11	937
1990	10	1604	4	1113	6	491
1991	27	1978	1	1281	26	697
1992	218	8111	3	525	215	7586
1993	432	25022	11	433	421	24589
1994	173	19516			173	19516
1995	159	10866			159	10866
1996	122	20791	6	3283	116	17508
1997	59	23626	8	13390	51	10236
1998	83	27817	4	5162	79	22655
1999	56	24468			56	24468
2000	99	25720			99	25720
2001	62	29078			62	29078
2002	119	44066			119	44060
2003	166	57301			166	57301
2004	186	69689			186	69689
2005	173	81733			173	81733
2006	151	81095			151	81095
2007	166	135827			166	135827
2008	122	172608			122	172608
2009	145	110956			145	110956
2010	204	189233			204	189233
2011	218	258369			218	258369
2012	211	243884			211	243884
2013	171	244661			171	244661
2014	189	302142			189	302142
2015	109	158941			109	158941

注:1989 年以前合同数、合同外资金额分三部分:对外借款、外商直接投资、外商其他投资。本表中不含外商其他投资。1989 年以后合同数、合同外资额包括两部分:对外借款、外商直接投资。2004 年以后合同数、合同外资额为新批外商投资项目个数和新签协议注册外资额(下同)。

6-2 实际利用外资情况

单位:万美元

年 份	合 计	# 对外借款	# 外商直接投资
1985	55		
1986	618	253	
1987	214		40
1988	434	37	127
1989	2191	1022	371
1990	1324	578	110
1991	1225	978	247
1992	2378	1578	800
1993	4161	433	3728
1994	6898	1237	5661
1995	10432		10432
1996	17284	3232	14052
1997	19020	10091	8929
1998	22816		22816
1999	20184		20184
2000	20790		20790
2001	21840		21840
2002	25023		25023
2003	34095		34095
2004	30399		30399
2005	26057		26057
2006	24433		24433
2007	44291		44291
2008	58251		58251
2009	69781		69781
2010	101330		101330
2011	146569		146569
2012	170021		170021
2013	150047		150047
2014	165786		165786
2015	142788		142788

注:2004 年以后实际利用外资为实际到帐注册外资,后同。

6–3 主要年份对外经济情况

单位:万美元

指　　标	1990	1995	2000	2005	2010	2011	2012	2013	2014	2015
自营进出口总额	1015	24696	32896	112621	416053	630966	832682	628919	598841	541263
自营出口	599	14724	18715	75196	263060	415941	628769	489709	467657	438935
#三资企业	599	5626	7794	36282	111952	113270	145400	147695	142804	129468
自营进口	416	9972	14181	37425	152993	215025	203914	139210	131184	102328
#三资企业	416	8454	9765	29056	98975	123976	91436	50105	52613	40728
新批外商投资项目个数(个)	10	159	99	173	204	218	211	171	189	109
新批协议注册外资额	1604	10866	25720	81733	189233	258369	243884	244661	302142	158941
实际到帐注册外资额	1324	10432	20790	26057	101330	146569	170021	150047	165786	142788
新签对外承包工程劳务合同额		3256	8010	31500	12648	14459	59061	25905	61881	17674
对外承包工程劳务营业额		2228	6995	30000	14610	16365	20812	25509	29919	23067
期末在外人数(人)		2316	2802	18200	1761	1420	2137	2494		
新批海外投资企业(家)		1		1	6	10	19	20	24	26
年末实有三资企业(家)	31	877	553	599	944	1789	1393	1367	1262	1320
#投产开业企业	20	486	415	599	944	1789	1393	1367	1262	1320

注:进出口总额 1998 年以后为海关数;2000 年年末在外人数为当年新派人数。

6–4 主要年份国际旅游人数和收入

单位:人

指　　标	1990	1995	2000	2005	2010	2011	2012	2013	2014	2015
过夜旅游者人数	**4325**	**4988**	**17825**	**73010**	**158277**	**182180**	**199488**	**25849**	**29485**	**33776**
外国人	971	2985	11324	51417	121446	138659	151258	19973	22210	24834
港澳台同胞	3354	2003	6501	21593	36831	43521	48230	5875	7275	8942
过夜者人天数　(人天)	**10318**	**19749**	**320914**	**521067**	**1019251**	**1174174**	**1300785**	**94622**	**110307**	**127958**
外国人	3131	12926	182885	346684	724714	831461	907000	71173	83008	95003
港澳台同胞	7187	6823	138029	174383	294537	342713	393785	23449	27299	32956
过夜的外国人按国别分										
日　本	401	792	2720	5992	13409	11364	9377			
菲律宾	7	13	20	519	3815	1589	782			
新加坡	9	89	1006	2107	8304	10202	11271			
泰　国	33	37	23	727	3763	1895	4750			
印度尼西亚	1	64	51	915	1485	3084	2605			
美　国	109	494	3305	9361	15615	16597	18329			
加拿大	17	56	383	3020	4876	8891	11868			
英　国	41	74	198	2277	7961	7642	7043			
法　国	25	134	68	2121	5374	6419	6130			
德　国	100	342	244	6803	12568	13951	13075			
意大利	13	66	81	1009	1976	1165	1303			
俄罗斯	50	51	141	1027	3282	4767	4236			
澳大利亚	35	62	390	3225	4869	6749	6965			
新西兰	6	8	22	1523	2536	3247	3946			
马来西亚		115	83	860	3603	2508	2674			
韩　国		216	1454	2543	12362	14344	14094			
西班牙		15	10	553	489	462	380			
国际旅游收入　(万美元)		**229**	**1307**	**5658**	**15287**	**18700**	**21000**	**2193**	**2975**	**3861**

注:俄罗斯旅游人数 1992 年及以前为前苏联数,德国 1991 年及以前的数字为西德数。2013 年及以后入境人数不再分国别进行统计。

主要统计指标解释

利用外资 指我国各级政府、部门、企业和其他经济组织通过对外借款、吸收外商直接投资以及用其他方式筹措的境外现汇、设备、技术等。

对外借款 是我国利用外资的主要部分。包括我国通过外国政府贷款,国际金融组织贷款,外国银行商业贷款,出口信贷以及对外发行债券、股票等方式,从境外筹措的资金。

外商直接投资 是指外国企业和经济组织或个人 (包括华侨、港澳台同胞以及我国在境外注册的企业)按我国有关政策、法规,用现汇、实物、技术等在我国境内开办外商独资企业、与我国境内的企业或经济组织共同举办中外合资经营企业、合作经营企业或合作开发资源的投资(包括外商投资收益的再投资)以及政府有关部门批准的项目投资总额内,企业从境外借入的资金。

对外承包工程 包括各对外承包公司以招标议标承包方式承揽的下列业务:(1)承包国外工程建设项目;(2)承包我国对外经援项目;(3)承包我国驻外机构的工程建设项目;(4)承包我国境内利用外资进行建设的工程项目;(5)与外国承包公司合营或联合承包工程项目时我国公司分包部分;(6)以服务成果向业主收费的技术服务项目(包括承担地形地貌测绘;地质资源勘探与普查;建设区域规划;提供设计文件、图纸、生产工艺技术资料和工程技术经济咨询;工程项目的可行性考察、研究和评估;进行技术指导和培训人员等);(7)对外承包兼营的房屋开发业务。对外承包工程的营业额是以货币表现的本期内完成的对外承包工程的工作量, 包括以前年度签订的合同和本年度新签订的合同在报告期完成的工作量。

对外劳务合作 指以收取工资的形式向业主或承包商提供技术和劳动服务的活动。我国对外承包公司在境外开办的合营企业,中国公司同时又提供劳务的,其劳务部分也纳入劳务合计统计。劳务合作营业额按报告期内向雇主提交的结算数(包括工资、加班费和奖金等)统计。

旅游人数 指来我国参观、访问、旅行、探亲、访友、休养、考察、参加会议和从事经济、科技、文化、教育、体育、宗教等活动的外国人、华侨、港澳和台湾同胞的人数。不包括外国在我国的常住机构,如使领馆、通讯社、企业办事处的工作人员;来我国常驻的外国专家、留学生以及在岸逗留不过夜人员。

旅游外汇收入 指国内各部门为来我国旅游的外国人、华侨、港澳和台湾同胞提供商品和劳务而获得的外汇收入。包括供应商品、饮食和提供住宿、交通、邮电、文化娱乐、导游等各项服务所得到的全部外汇收入。

第7部分

能源消费与库存

ENERGY CONSUMPTION AND STOCK

版面负责人：陈晓红

编　　　辑：李家平

江苏省统计条例

（2014年1月16日江苏省第十二届人民代表大会常务委员会第八次会议通过）

第十一条 地方统计调查项目及其统计调查制度未经批准或者虽经批准但未依法公布的，不得组织实施。紧急情况下，经省人民政府批准实施的临时性统计调查项目除外。

前款所称的紧急情况，是指重大自然灾害等突发事件对本省经济社会发展产生重大影响的情形。

【释义】 本条是关于地方统计调查项目禁止性行为及对特殊情形加以解释的规定。

为规范地方统计调查项目管理，维护统计调查对象的合法权益，本条例第十条规定，地方统计调查项目及其统计调查制度应当自批准之日起10日内公布；第二十六条规定，未依法公布的，统计调查对象有权拒报。本条进一步明确，规定除紧急情况以外，依法公布是地方统计调查项目及其统计调查制度生效的前置条件，即地方统计调查项目及其统计调查制度未经批准，或者虽经批准但是未依法公布的，均不得组织实施统计调查。

本条所称的紧急情况。是指发生重大自然灾害等突发事件，对经济社会发展产生重大影响的情形，依照《突发事件应对法》等法律、法规的规定执行。

第十二条 省人民政府统计机构应当建立全省统一的基本单位名录库，作为政府统计调查的基础。

政府统计机构应当利用行政记录等资料对基本单位名录库进行日常维护和更新。机构编制、民政、工商行政、税务、质量监督等有关部门，应当按照有关规定向本级人民政府统计机构提供统计所需的行政记录，不得以任何理由拒绝提供。

【释义】 本条是关于基本单位名录库建立、更新维护管理的规定。

对于基本单位名录库建立、更新维护管理，本条作出如下规范：一是明确了基本单位名录库的法律地位。即作为政府统计调查的基础，从而突出了其作为政府统计调查对象“身份证”的重要地位和作用。二是规定了更新维护基本单位名录库的义务。由于基本单位变动频繁，更新维护涉及多个有关部门，如何掌握其变化情况，一直是一个难点。本条对名录库的更新维护责任作出规定，即省统计局负责建立全省统一的基本单位名录库，政府统计机构利用行政记录等资料对基本单位名录库进行维护更新；有关部门负有提供相关行政记录的法定义务，以保障名录库更新维护。三是依法保障基本单位名录库及时更新。本条规定，机构编制、民政、工商行政、税务、质量监督等有关部门应当按照规定，向本级人民政府统计机构提供统计所需的行政记录，不得以任何理由拒绝提供。

基本单位名录库。是指在我省境内从事经济和社会活动的所有法人单位、产业活动单位(分支机构)基本信息的数据库。基本单位，是指法人单位和产业活动单位；基本信息，包括识别信息、属性信息和数据信息等。近些年来，我省已通过经济普查和统计登记，初步建立了基本单位名录库，但是，按照国务院关于“要最大限度地衔接和统一有关部门的单位认定标准和代码，加快相关部门之间的网络互联，在中央、省(自治区、直辖市)、地、县四级逐步建立和完善部门间相互衔接、互为补充、信息共享且能适时更新的基本单位名录库系统，为国家的行政管理现代化提供基础信息”的要求，还有较大差距，仍需做大量艰苦细致的工作。

行政记录。是指政府部门为实现管理、控制和服务等目的，通过办证、登记、审批等方式搜集并保存的关于自然人、国家机关、企业事业单位和其他组织的相关信息。采用行政记录的主要优势在于：减轻基层单位填报负担，节约统计成本，改善多个统计专业领域的数据基础等。

编辑：王中彬

7-1 规模以上工业企业综合能源分行业消费量

指标	2014			2015		
	单位数（个）	综合能源消费量（吨标准煤）	产值单耗（吨标准煤/万元）	单位数（个）	综合能源消费量（吨标准煤）	产值单耗（吨标准煤/万元）
全部工业企业	**2577**	**24084633**	**0.21**	**2592**	**23529108**	**0.19**
按轻重工业分						
轻工业	966	2101261	0.06	1000	2108701	0.05
重工业	1611	21983372	0.27	1592	21420408	0.26
按行业门类分						
采矿业	42	1894378	0.55	37	1682058	0.56
煤炭开采和洗选业	9	1828314	0.69	10	1660166	0.79
石油和天然气开采业						
黑色金属矿采选业	3	44164	0.42	2	7468	0.08
有色金属矿采选业						
非金属矿采选业	30	21901	0.03	25	14423	0.02
开采辅助活动						
其他采矿业						
制造业	2506	13393446	0.12	2525	14158408	0.12
农副食品加工业	221	181476	0.03	227	161991	0.02
食品制造业	46	76892	0.06	46	71938	0.05
酒、饮料和精制茶制造业	26	542839	0.16	29	593283	0.15
烟草制品业	1	10671	0.01	1	9629	0
纺织业	243	243052	0.05	255	235446	0.04
纺织服装、服饰业	80	26714	0.02	85	27052	0.02
皮革、毛皮、羽毛及其制品和制鞋业	17	26101	0.04	20	31049	0.04
木材加工和木、竹、藤、棕、草制品业	362	529335	0.05	364	531683	0.05
家具制造业	32	8289	0.01	40	8431	0.01
造纸和纸制品业	34	99535	0.12	29	97596	0.1
印刷和记录媒介复制业	18	4371	0.02	17	3712	0.02
文教、工美、体育和娱乐用品制造业	50	42282	0.04	47	44502	0.03
石油加工、炼焦和核燃料加工业	10	556299	0.6	11	1642457	0.75
化学原料和化学制品制造业	212	2965622	0.17	201	2959805	0.16
医药制造业	55	296256	0.06	57	354025	0.07
化学纤维制造业	20	29667	0.03	20	33216	0.03
橡胶和塑料制品业	106	112638	0.04	107	96205	0.03
非金属矿物制品业	214	1924376	0.34	226	1663932	0.27
黑色金属冶炼和压延加工业	93	4995718	0.67	90	4976533	0.64
有色金属冶炼和压延加工业	45	85846	0.03	46	72863	0.02
金属制品业	118	117470	0.03	106	113364	0.03
通用设备制造业	95	106326	0.02	93	82957	0.02
专用设备制造业	114	73700	0.02	116	64449	0.01
汽车制造业	30	9876	0.02	33	10036	0.02
铁路、船舶、航空航天和其他运输设备制造业	18	13427	0.01	19	16776	0.01
电气机械和器材制造业	110	212636	0.03	110	155170	0.02
计算机、通信和其他电子设备制造业	50	37693	0.01	49	37762	0.01
仪器仪表制造业	67	57247	0.01	63	55966	0.01
其他制造业	10	4859	0.03	9	4094	0.02
废弃资源综合利用业	6	1285	0.02	6	1431	0.01
金属制品、机械和设备修理业	3	947	0.03	3	1052	0.03
电力、热力、燃气及水生产和供应业	29	8796808	2.87	30	7688643	4.37
电力、热力生产和供应业	20	8787019	2.96	21	7679275	4.65
燃气生产和供应业	3	519	0.01	3	679	0.01
水的生产和供应业	6	9270	0.24	6	8688	0.22

7-2 规模以上工业企业能源购进、消费及库存

（2015 年） 单位:吨

指标		企业单位数（个）	年初库存	购进量	消费量			年末库存
					合计	工业生产消费	非工业生产消费	
原煤		433	1776696	26117803	41388327	41364455	23872	1223580
无烟煤		26	124011	1417998	1431569	1431569		109344
炼焦烟煤		4		253545	13403542	13403542		
一般烟煤		405	1573724	22744322	23322501	23305569	16932	977557
褐煤		2	78962	1701938	3230715	3223775	6940	136679
洗精煤		13	447618	16436291	16673898	16673898		210012
其他洗煤		3	71972	938413	943057	943057		67329
煤制品		1		3532	3532	3532		
焦炭		35	55861	3734056	3788998	3788998		52072
其他焦化产品		1	5057	185547	187579	187579		3026
焦炉煤气	（万立方米）	6		1390	58741	58741		
高炉煤气	（万立方米）	1			40311	40311		
转炉煤气	（万立方米）							
发生炉煤气	（万立方米）							
天然气（气态）	（万立方米）	35		7327	7716	7575	141	
液化天然气（液态）		1		99	99	99		
煤层气（煤田）	（万立方米）							
原油								
汽油		47	431	2133	2220	1137	1083	356
煤油		3	1	2456	2457	2457		1
柴油		95	2454	53316	53129	50202	2926	2426
燃料油		2	753	1600	1437	1354	82	917
液化石油气		1		30	30	30		
炼厂干气								
石脑油								
润滑油		2	2	277	277	277		
石蜡								
溶剂油		1		24	24	24		
石油焦								
石油沥青								
其他石油制品		1		17	17	17		
热力	（百万千焦）	97		15371015	16324076	15945455	378621	
电力	（万千瓦时）	2737		2667483	3009521	2981871	7650	
煤矸石用于燃料								
城市生活垃圾用于燃料		2		39	470039	470039		
生物质废料用于燃料		3		5588	5348	5348		240
余热余压	（百万千焦）							
其他工业废料用于燃料								
其他燃料	（吨标准煤）	2		2551	2551	2551		1

7-3 规模以上加工转换工业企业能源消费、投入及产出

（2015 年）

单位：吨

指标	企业单位数（个）	工业生产消费量	加工转换投入合计	#火力发电	供热	原煤入洗	炼焦	能源加工转换产出
原煤	23	37169321	36194404	20517522	1843241	13388181	445460	
无烟煤	1	1125757	206111	46400	159711			
炼焦烟煤	2	13388181	13388181			13388181		
一般烟煤	21	19431607	19376337	17610794	1320082		445460	
褐煤	2	3223775	3223775	2860327	363448			
洗精煤	8	15963461	15963461				15963461	9350256
其他洗煤	3	943057	943057	162076	780980			1936069
煤制品								
焦炭	1	259616						12507207
其他焦化产品								1099064
焦炉煤气（万立方米）	3	57107	23177	13749	9428			79930
高炉煤气（万立方米）	1	40311	40311	16124	24186			
转炉煤气（万立方米）								
发生炉煤气（万立方米）								
天然气（气态）（万立方米）	2	1746						
液化天然气（液态）								
煤层气（煤田）（万立方米）								
原油								
汽油	4	275						
煤油	1	1844						
柴油	18	7041	2619	2619				
燃料油	1	209	209	209				
液化石油气	1	30						
炼厂干气								
石脑油								
润滑油	1	270						
石蜡								
溶剂油								
石油焦								
石油沥青								
其他石油制品	1	17						
热力（百万千焦）	7	5279835						44035543
电力（万千瓦时）	31	620757						4957172
煤矸石用于燃料								
城市生活垃圾用于燃料	1	470000	470000	470000				
生物质废料用于燃料								
余热余压（百万千焦）								
其他工业废料用于燃料								
其他燃料（吨标准煤）								
能源合计（折标准）（吨标准煤）	**31**	**43860653**	**41595961**	**14564406**	**1744755**	**10168952**	**15117849**	**31051407**

7-4　规模以上工业企业分品种能源消费

（2015 年）　　　　单位：吨

指　　标	原煤	无烟煤	炼焦烟煤	一般烟煤	褐煤	洗精煤	其它洗煤
全部工业企业	**41388327**	**1431569**	**13403542**	**23322501**	**3230715**	**16673898**	**943057**
按轻重工业分							
轻工业	1558663	12630	7561	1538472			
重工业	39829664	1418940	13395981	21784028	3230715	16673898	943057
按行业门类分							
采矿业	16634938		13388181	16042	3230715		99123
煤炭开采和洗选业	16634524		13388181	15628	3230715		99123
石油和天然气开采业							
黑色金属矿采选业	414			414			
有色金属矿采选业							
非金属矿采选业							
开采辅助活动							
其他采矿业							
制造业	6007507	1431569	15361	4560577		16673898	
农副食品加工业	46774	2006		44768			
食品制造业	17970	8659		9311			
酒、饮料和精制茶制造业	723690			723690			
烟草制品业							
纺织业	25348			25348			
纺织服装、服饰业	1687			1687			
皮革、毛皮、羽毛及其制品和制鞋业	27143	4		27139			
木材加工和木、竹、藤、棕、草制品业	426062	3836	7800	414426			
家具制造业	3326			3326			
造纸和纸制品业	33603			33603			
印刷和记录媒介复制业							
文教、工美、体育和娱乐用品制造业	7879			7879			
石油加工、炼焦和核燃料加工业	48773			48773		12325705	
化学原料和化学制品制造业	2204420	1408285	7561	788575		3562949	
医药制造业	197455			197455			
化学纤维制造业	3531	32		3499			
橡胶和塑料制品业	4559			4559			
非金属矿物制品业	1962866	8646		1954220			
黑色金属冶炼和压延加工业	180557	75		180483		785244	
有色金属冶炼和压延加工业	5286			5286			
金属制品业	14091	22		14069			
通用设备制造业	3452	5		3447			
专用设备制造业	9468			9468			
汽车制造业	1163			1163			
铁路、船舶、航空航天和其他运输设备制造业							
电气机械和器材制造业	46442			46442			
计算机、通信和其他电子设备制造业	745			745			
仪器仪表制造业	10061			10061			
其他制造业	1156			1156			
废弃资源综合利用业							
金属制品、机械和设备修理业							
电力、热力、燃气及水生产和供应业	18745882			18745882			843933
电力、热力生产和供应业	18745882			18745882			843933
燃气生产和供应业							
水的生产和供应业							

7-4 续表 1 （2015 年）

指　　标	焦炭	其他焦化产品	焦炉煤气（万立方米）	高炉煤气（万立方米）	天然气（气态）（万立方米）	液化天然气（液态）	汽油
全部工业企业	**3788998**	**187579**	**58741**	**40311**	**7716**	**99**	**2220**
按轻重工业分							
轻工业	8128				1011	99	553
重工业	3780870	187579	58741	40311	6705		1668
按行业门类分							
采矿业					428		696
煤炭开采和洗选业					428		696
石油和天然气开采业							
黑色金属矿采选业							
有色金属矿采选业							
非金属矿采选业							
开采辅助活动							
其他采矿业							
制造业	3788998	187579	58741	40311	7287	99	1408
农副食品加工业					71		31
食品制造业	2789				305		55
酒、饮料和精制茶制造业					22		216
烟草制品业					314		
纺织业							45
纺织服装、服饰业							
皮革、毛皮、羽毛及其制品和制鞋业					287		
木材加工和木、竹、藤、棕、草制品业							
家具制造业							
造纸和纸制品业							
印刷和记录媒介复制业							78
文教、工美、体育和娱乐用品制造业	5339					99	6
石油加工、炼焦和核燃料加工业		187579	57328				
化学原料和化学制品制造业	255		6		112		155
医药制造业							87
化学纤维制造业							
橡胶和塑料制品业							
非金属矿物制品业	3025		24		505		20
黑色金属冶炼和压延加工业	3756116		1133	40311	1781		238
有色金属冶炼和压延加工业					1678		
金属制品业	3388				1400		30
通用设备制造业	1489		250		776		115
专用设备制造业	1290				7		97
汽车制造业					9		30
铁路、船舶、航空航天和其他运输设备制造业							
电气机械和器材制造业	15307						43
计算机、通信和其他电子设备制造业					19		
仪器仪表制造业							156
其他制造业							
废弃资源综合利用业							6
金属制品、机械和设备修理业							
电力、热力、燃气及水生产和供应业							117
电力、热力生产和供应业							12
燃气生产和供应业							105
水的生产和供应业							

7-4 续表 2 （2015 年）

指标	煤油	柴油	液化石油气	热力（百万千焦）	电力（万千瓦时）	煤矸石用于燃料	城市生活垃圾用于燃料
全部工业企业	**2457**	**53129**	**30**	**16324076**	**3009521**		**470039**
按轻重工业分							
轻工业		23858		6603576	577109		
重工业	2457	29271	30	9720500	2432412		470039
按行业门类分							
采矿业	2444	8290	30	499190	142729		
煤炭开采和洗选业	1844	4922	30	499190	128483		
石油和天然气开采业							
黑色金属矿采选业		261			6912		
有色金属矿采选业							
非金属矿采选业	600	3107			7334		
开采辅助活动							
其他采矿业							
制造业	13	41986		15824041	2616099		39
农副食品加工业		13174		50044	86666		
食品制造业		6		741734	20383		
酒、饮料和精制茶制造业		6563		293754	48555		
烟草制品业		748		45457	3266		
纺织业		18		19901	174638		
纺织服装、服饰业				6690	20846		
皮革、毛皮、羽毛及其制品和制鞋业		62			6309		
木材加工和木、竹、藤、棕、草制品业				2797200	107212		39
家具制造业					4931		
造纸和纸制品业				1637571	14445		
印刷和记录媒介复制业		1		2024	2870		
文教、工美、体育和娱乐用品制造业					25001		
石油加工、炼焦和核燃料加工业		504		673335	65410		
化学原料和化学制品制造业		1090		4629385	888459		
医药制造业		56		3557660	74454		
化学纤维制造业				125958	21480		
橡胶和塑料制品业				651057	57547		
非金属矿物制品业		6043		762	190471		
黑色金属冶炼和压延加工业		2645		462081	433299		
有色金属冶炼和压延加工业					36724		
金属制品业		79			66494		
通用设备制造业	13	4946		129428	45203		
专用设备制造业		1063			44728		
汽车制造业		35			7398		
铁路、船舶、航空航天和其他运输设备制造业		523			13030		
电气机械和器材制造业		4104			82268		
计算机、通信和其他电子设备制造业					30335		
仪器仪表制造业		312			39134		
其他制造业					2660		
废弃资源综合利用业		16			1028		
金属制品、机械和设备修理业					856		
电力、热力、燃气及水生产和供应业		2853		845	250692		470000
电力、热力生产和供应业		2853		845	243196		470000
燃气生产和供应业					427		
水的生产和供应业					7069		

7-5 工业企业分行业分地区用水量

单位:万立方米

指　　标	企业数	取水量		用水量	
		2014	2015	2014	2015
全部工业企业	**2842**	**22366.60**	**21901.30**	**22366.60**	**21901.30**
按轻重工业分					
轻工业	1079	2183.82	2164.12	2183.82	2164.12
重工业	1763	20182.78	19737.19	20182.78	19737.19
按行业门类分					
采矿业	47	3470.09	4219.86	3470.09	4219.86
煤炭开采和洗选业	12		3694.32		3694.32
石油和天然气开采业		457.56		457.56	
黑色金属矿采选业	5		485.13		485.13
有色金属矿采选业		34.95		34.95	
非金属矿采选业	30		40.41		40.41
开采辅助活动					
其他采矿业					
制造业	2769	7454.13	7820.25	7454.13	7820.25
农副食品加工业	243	148.70	128.82	148.70	128.82
食品制造业	50	142.99	152.28	142.99	152.28
酒、饮料和精制茶制造业	29	642.56	652.75	642.56	652.75
烟草制品业	1	37.26	34.38	37.26	34.38
纺织业	279	483.42	470.53	483.42	470.53
纺织服装、服饰业	87	28.20	36.94	28.20	36.94
皮革、毛皮、羽毛及其制品和制鞋业	24	74.39	75.61	74.39	75.61
木材加工和木、竹、藤、棕、草制品业	403	114.06	118.73	114.06	118.73
家具制造业	42	6.02	4.65	6.02	4.65
造纸和纸制品业	38	56.12	59.53	56.12	59.53
印刷和记录媒介复制业	19	17.32	16.61	17.32	16.61
文教、工美、体育和娱乐用品制造业	50	27.57	27.97	27.57	27.97
石油加工、炼焦和核燃料加工业	12	105.93	506.89	105.93	506.89
化学原料和化学制品制造业	225	2631.47	2693.89	2631.47	2693.89
医药制造业	62	339.24	317.15	339.24	317.15
化学纤维制造业	22	71.60	80.34	71.60	80.34
橡胶和塑料制品业	111	81.83	56.08	81.83	56.08
非金属矿物制品业	244	673.99	659.20	673.99	659.20
黑色金属冶炼和压延加工业	95	775.99	720.50	775.99	720.50
有色金属冶炼和压延加工业	50	374.40	384.43	374.40	384.43
金属制品业	128	73.64	74.96	73.64	74.96
通用设备制造业	107	278.07	283.24	278.07	283.24
专用设备制造业	128	64.15	74.49	64.15	74.49
汽车制造业	38	36.53	32.51	36.53	32.51
铁路、船舶、航空航天和其他运输设备制造业	22	28.87	27.95	28.87	27.95
电气机械和器材制造业	118	70.23	69.41	70.23	69.41
计算机、通信和其他电子设备制造业	51	26.43	29.06	26.43	29.06
仪器仪表制造业	70	35.44	25.38	35.44	25.38
其他制造业	10	2.37	2.89	2.37	2.89
废弃资源综合利用业	7	5.07	2.90	5.07	2.90
金属制品、机械和设备修理业	4	0.26	0.22	0.26	0.22
电力、热力、燃气及水生产和供应业	26	10949.86	9861.19	10949.86	9861.19
电力、热力生产和供应业	23	10945.35	9858.69	10945.35	9858.69
燃气生产和供应业	3	4.52	2.50	4.52	2.50
水的生产和供应业					

注:本表汇总数据不含水的生产供应业。

7-6　工业企业重复用水量

单位:万立方米

指　　标	企业数	取水量		用水量	
		2014	2015	2014	2015
全部工业企业	**145**	**23187.86**	**22459.60**	**425400.83**	**373344.98**
按轻重工业分					
轻工业	45	2999.73	2717.13	968.29	912.30
重工业	100	20188.14	19742.47	424432.54	372432.67
按行业门类分					
采矿业	2	3962.60	4219.86	1324.73	1259.54
煤炭开采和洗选业	1	3470.09	3694.32	684.79	580.86
石油和天然气开采业					
黑色金属矿采选业	1	457.56	485.13	639.94	678.67
有色金属矿采选业					
非金属矿采选业		34.95	40.41		
开采辅助活动					
其他采矿业					
制造业	127	7454.13	7820.25	12439.14	14077.49
农副食品加工业	5	148.70	128.82	0.99	0.94
食品制造业	1	142.99	152.28	53.48	51.51
酒、饮料和精制茶制造业	6	642.56	652.75	200.89	196.63
烟草制品业	1	37.26	34.38	12.30	10.77
纺织业	12	483.42	470.53	282.13	280.10
纺织服装、服饰业	3	28.20	36.94	0.10	0.12
皮革、毛皮、羽毛及其制品和制鞋业	1	74.39	75.61	16.62	16.75
木材加工和木、竹、藤、棕、草制品业	4	114.06	118.73	1.06	1.22
家具制造业	1	6.02	4.65	0.01	0.01
造纸和纸制品业	2	56.12	59.53	201.21	191.20
印刷和记录媒介复制业		17.32	16.61		
文教、工美、体育和娱乐用品制造业		27.57	27.97		
石油加工、炼焦和核燃料加工业	5	105.93	506.89	248.88	700.92
化学原料和化学制品制造业	18	2631.47	2693.89	4949.20	6191.45
医药制造业	4	339.24	317.15	122.57	109.09
化学纤维制造业		71.60	80.34		
橡胶和塑料制品业	3	81.83	56.08	0.30	0.41
非金属矿物制品业	23	673.99	659.20	1037.71	1031.64
黑色金属冶炼和压延加工业	15	775.99	720.50	5305.58	5286.02
有色金属冶炼和压延加工业	1	374.40	384.43	0.03	0.02
金属制品业	3	73.64	74.96	0.38	3.54
通用设备制造业	8	278.07	283.24	2.26	1.48
专用设备制造业	2	64.15	74.49	0.15	0.01
汽车制造业	1	36.53	32.51	1.79	2.16
铁路、船舶、航空航天和其他运输设备制造业		28.87	27.95		
电气机械和器材制造业	3	70.23	69.41	0.50	0.54
计算机、通信和其他电子设备制造业	2	26.43	29.06	0.74	0.77
仪器仪表制造业		35.44	25.38	0.15	
其他制造业	2	2.37	2.89	0.10	0.13
废弃资源综合利用业	1	5.07	2.90		0.07
金属制品、机械和设备修理业		0.26	0.22		
电力、热力、燃气及水生产和供应业	16	11771.13	10419.49	411636.97	358007.95
电力、热力生产和供应业	16	10945.35	9858.69	411636.97	358007.95
燃气生产和供应业		4.52	2.50		
水的生产和供应业		821.26	558.30		

7-7 工业企业用水情况(一)

单位:万立方米

指　　标	企业数	取水量		取水量减外供水量	
		2014	2015	2014	2015
合　计	**2842**	**22367**	**21901**	**22367**	**21901**
按水源分					
地表淡水	187	12732	12255	12732	12255
地下淡水	2238	8500	8550	8500	8550
自来水	626	1123	1095	1123	1095
海水					
陆地苦咸水					
矿井水					
雨水	2	2	2	2	2
再生水(中水)	4	10		10	
海水淡化水					
其他水	4				
外排水量	2840	5205	5570		
重复用水量	145	425401	373345		
直流冷却水量(河湖水)					
直流冷却水量(海水)					
污水处理企业污水处理量					

注:本表汇总数据不含水的生产和供应业。

7-8 工业企业用水情况(二)

单位:万立方米

指　　标	企业数	取水量		取水量减外供水量	
		2014	2015	2014	2015
合　计	**6**	**14418**	**15488**	**13596**	**14930**
按水源分					
地表淡水	2	6493	8414		
地下淡水	4	7920	7070		
自来水	5	1	1	13596	14930
海水					
陆地苦咸水					
矿井水					
雨水					
再生水(中水)	1	3	3		
海水淡化水					
其他水					
外排水量	6	750	463		
重复用水量					
直流冷却水量(河湖水)					
直流冷却水量(海水)					
污水处理企业污水处理量	1	3	3		

注:本表汇总数据为水的生产和供应业

7-9 主要年份全社会用电情况

单位:万千瓦时

指　　标	1990	1995	2000	2005	2010	2011	2012	2013	2014	2015
全社会用电量	**509155**	**705549**	**670550**	**1382016**	**2460074**	**2873024**	**3185730**	**3364173**	**3324661**	**3441896**
全行业用电	493133	649319	597739	1255025	2175168	2556637	2806270	2919423	2891860	2987551
农林牧渔水利业	46842	52536	55689	49166	30234	37785	40510	47357	49996	55063
#排　灌	28822	29660	41439	33672	12969	16281	15530	17079	18115	17146
工业	420161	560719	494267	1096270	1918967	2259107	2460756	2529738	2474827	2543638
轻工业	51213	62219	64812	115283	220519	254005	261937	288374	279922	291491
重工业	368948	498500	429455	980987	1698448	2005102	2198819	2241364	2194905	2252147
建筑业	3087	3875	5401	9734	18841	20536	22302	28825	34484	36251
交通运输、仓储和邮政业	9292	10292	18183	19110	35385	48085	59893	62417	64474	66856
#交通运输业	8722	9234	10735	12925	28022	39704	51245	53157	54681	56484
邮电通信业	570	1058	2448	2915	2073	2110	2289	2399	2310	2311
商业、住宿和餐饮业	4128	7848	11280	31478	54311	63016	71992	78945	80579	84703
其他事业合计	9623	14049	17919	49269	102367	76122	87685	97821	103843	107663
#公共照明业	340	513	987	1587	6486	7300	8679	9389	10138	10520
城乡居民生活用电	16022	56230	72811	126991	284906	316387	379460	444750	432801	454345
乡村	7757	29393	38639	65654	133924	141061	161805	261800	262370	275558
城镇	8265	26837	34172	61337	150982	175326	217655	182950	170431	178787

7-10 市区主要年份全社会用电情况

单位:万千瓦时

指　　标	1990	1995	2000	2005	2010	2011	2012	2013	2014	2015
全社会用电量	**352732**	**435287**	**417022**	**487927**	**1499408**	**1726166**	**1700543**	**1014182**	**1079938**	**1143738**
全行业用电	347502	416201	386628	435880	1357449	1574753	1521165	883273	959256	1017440
农林牧渔水利业	1891	5122	4372	5065	9330	10428	11315	2744	3172	3652
#排　灌	492	1906	1375	465	1731	1741	2014	761	1202	1223
工业	329405	385287	349333	364398	1195500	1391151	1305919	702396	767986	815917
轻工业	26906	36310	37963	42118	83409	84414	81069	34994	34278	34499
重工业	302499	348977	311370	322280	1112091	1306737	1224850	667402	733708	781418
建筑业	937	1884	2342	3768	11073	11628	12373	9609	9774	9844
交通运输、仓储和邮政业	5944	8200	9309	11673	27369	36407	45727	38815	40274	41848
#交通运输业	5727	7635	7789	8038	24253	32762	41575	35934	37735	39289
邮电通信业	217	565	1520	1944	1388	1384	1470	965	889	871
商业、住宿和餐饮业	2106	4516	6927	18212	34289	39054	44116	40125	40503	41484
其他事业合计	7219	11192	14345	32764	72116	77092	59165	46753	47927	49827
#公共照明业	206	306	729	633	3040	3881	5008	3987	4036	4264
城乡居民生活用电	5230	19086	30394	52047	141959	151414	179378	130909	120682	126298
乡村	673	4127	5389	9894	53882	61377	102281	27467	25350	25491
城镇	4557	14959	25005	42153	88077	90037	77097	103442	95332	100807

7-11 全社会用电分行业、分地区情况

（2015 年）　　单位：万千瓦时

指标	全市合计	丰县	沛县	铜山区	睢宁县	新沂市	邳州市
全社会用电总计	**3441896**	**188556**	**325270**	**474533**	**226887**	**404673**	**270146**
全行业用电合计	**2987551**	**140690**	**275929**	**415261**	**177088**	**364716**	**208673**
第一产业	55063	7602	11323	9252	8995	4971	7302
农、林、牧、渔业	55063	7602	11323	9252	8995	4971	7302
第二产业	2579889	114080	244895	374816	145332	336969	168671
工业	2543638	111364	240447	371713	140738	333788	163234
轻工业	291491	22569	52945	33823	57975	44526	26740
重工业	2252147	88795	187502	337890	82763	289262	136494
采矿业	115136	3089	22804	16151	54	384	1391
煤炭开采和洗选业	95503	1850	22076	976			15
石油和天然气开采业	165	1	9	16	10		1
黑色金属矿采选业	5962		620	5308			7
有色金属矿采选业	6973			6963			
非金属矿采选业	5206	1238	99	2399	44	280	695
其他采矿业	1327			489		104	673
制造业	2094403	91477	194407	333479	128076	311897	137222
食品、饮料和烟草制造业	74394	8967	12586	14077	6152	10844	7839
纺织业	100016	8040	36065	2456	22506	15334	3510
服装鞋帽、皮革羽绒及其制品业	8787	315	526	155	3996	2112	479
木材加工及制品和家具制品业	44681	8504	3057	1976	5019	4314	17676
造纸及纸制品业	13463	196	270	4628	1319	1383	453
印刷业和记录媒介的复制	2513	70	156	624	86	31	138
文体用品制造业	684	18	84	11	14	92	277
石油加工、炼焦及核燃料加工业	106160	2154	7724	15665	140	30	53255
化学原料及化学制品制造业	254418	49215	24333	18931	759	131133	17705
医药制造业	5642	71	106	995	594	716	327
化学纤维制造业	3864	204	58	341	36	39	3124
橡胶和塑料制品业	48623	1056	22209	1675	5196	4466	4073
非金属矿物制品业	209293	2288	6172	67377	5338	24826	10122
黑色金属冶炼及压延加工业	399481		48741	166757	1111	92950	620
有色金属冶炼及压延加工业	16896	96	10267	708	147	3980	253
金属制品业	89204	1469	11400	5959	39352	12240	3254
通用及专用设备制造业	101005	3125	4229	24966	29958	653	2453
交通运输、电气、电子设备制造业	605717	5110	5309	5355	5909	5107	9613
工艺品及其他制造业	4653	497	205	586	112	1272	656
废弃资源和废旧材料回收加工业	4909	82	910	237	332	375	1395
电力、燃气及水的生产和供应业	334099	16798	23236	22083	12608	21507	24621
电力、热力的生产和供应业	296163	15228	21762	18744	11310	19185	22674
燃气生产和供应业	18886	43	55	92	135	82	485
水的生产和供应业	19050	1527	1419	3247	1163	2240	1462
建筑业	36251	2716	4448	3103	4594	3181	5437
第三产业	352599	19008	19711	31193	22761	22776	32700
交通运输、仓储和邮政业	66856	1112	1084	5814	2944	4618	6468
信息传输、计算机服务和软件业	27873	2640	2596	3423	2741	2733	2941
商业、住宿和餐饮业	84703	5753	6129	5505	7326	6066	9155
金融、房地产、商务及居民服务业	65504	2670	3267	3524	2114	3128	4269
公共事业及管理组织	107663	6833	6635	12927	7636	6231	9867
城乡居民生活用电合计	**454345**	**47866**	**49341**	**59272**	**49799**	**39957**	**61473**
城镇	178787	13230	13518	8744	13633	8483	16957
乡村	275558	34636	35823	50528	36166	31474	44516

主要统计指标解释

能源消费量　指能源使用单位在报告期内实际消费的一次能源或二次能源的数量。就每种能源的实物消耗而言，是其消费量；如果将实际消费的各种能源折标准量相加所得到的能源消费量合计数据是企业投入消费的全部能源，没有扣除能源品种加工转换的重复因素。

工业企业的能源消费量　包括工业企业在生产过程中作为燃料、动力、原料、辅助材料使用的能源以及工艺用能、非生产用能。

工业生产能源消费　指工业企业为进行工业生产活动所消费的能源。

用作原材料的能源消费　指能源产品不作能源使用，即不作燃料、动力使用，而作为生产另外一种产品(非能源产品)的原料或作为辅助材料使用，作原料使用时通常构成这种产品的实体。

工业企业非工业生产能源消费　指在工业企业能源消费中，除“工业生产能源消费”以外的能源消费。

能源库存量　能源库存量是指企业能源库存量，它是企业在报告期的某时间点所拥有的各种能源数量。根据企业的生产经营活动性质，企业库存量分为生产企业产成品库存、经销企业(批发、零售企业)用于经营销售的库存、使用企业用于消费的库存。

综合能源消费量　指报告期内工业企业在工业生产活动中实际消费的各种能源的总和净值。计算综合能源消费量时，需要先将使用的各种能源折算成标准燃料后再进行计算。

取水量　指企业从各种水源直接提取或者从市场购买的用于厂区、办公区内工业生产活动的水量，以实际获得的新水量为准。用于工业生产活动的水量，包括主要生产用水、辅助生产用水（如机修、运输、空压站等）和附属生产用水（如绿化、办公室、浴室、食堂、厕所、保健站等），不包括非工业生产单位的用水量（如基建用水、厂内居民家庭用水和企业附属幼儿园、学校、对外营业的浴室、游泳池等的用水量）和居民生活用水量。

外供水量　指企业外供给其他单位的水或水产品的量，以离厂水量为准。包括外供给其他企业或市场的原水、自来水、再生水（中水）、海水淡化水、矿泉水、纯净水等。不包括直流冷却水量、未利用直接排放的矿井水和雨水量、北方地区供暖企业供给城镇热力网内循环的热水量、进入城镇污水管网和直接排到自然环境中的水量。

陆地地表水　指河流、湖泊、水库等地表水源的水，不包括海水。地表水分为淡水和咸水。陆地咸水湖的水为咸水。一般的河流、湖泊、水库的水是淡水。

地表淡水　指陆地表面形成的径流及地表贮存的淡水。包括江、河、淡水湖、水库等。

地下淡水　指地下径流或埋藏于地下的，经过提取可被利用的淡水。包括井水、地热水等。

自来水　指自来水厂将地表淡水、地下淡水经过“混凝、沉淀、过滤、消毒”等净水工序，达到国家饮用水标准，通过城镇自来水管网供给工业生产、居民生活使用的水。

海水　指海洋的水。海水的取水量包括企业用来淡化、制盐、化工生产等海水资源利用所提取的海水量，以及用于海水循环冷却补充水、脱硫、洗涤、除尘、冲渣、印染等的海水直接利用量，不包括海水直流冷却水量。

其他水　指上述水资源品种没有涵盖的，或者界定不清的水及水的产品。包括软化水、除盐水、蒸汽（需折算成同等质量的水）、蒸汽冷凝水、管道供应的热水（不含北方地区城镇热力网内循环的热水）、瓶（桶）装纯净水、矿泉水、经过初步处理未达到自来水标准的水。不包括地热水、碳酸饮料、茶饮料、果汁饮料、酒类、污（废）水。

重复用水量　指在确定的用水单元或系统内，所有未经处理和处理后又重复使用的水量总和。

直流冷却水量　指企业取自河流、水库、湖泊、海洋，经一次使用后，直接排放回河流、水库、湖泊、海洋的冷却水量，多见于火（核）电企业。直流冷却水不填报取水量、外供水量、外排水量。企业从直流冷却水系统中取水用做其他用途，则该部分应计入取水量。

利用河、湖、水库等的淡水进行直流冷却填报直流冷却水量（河湖水），利用海水进行直流冷却填报直流冷却水量（海水）。

污水处理企业污水处理量　指污水处理企业取自企业外部并实际处理的污（废）水量。本指标仅限污水处理企业填报。

第8部分

财政、金融和保险

FINANCE, BANKING AND INSURANCE

版面负责人：卓卫华

编　　　辑：马　萍

江苏省统计条例

（2014年1月16日江苏省第十二届人民代表大会常务委员会第八次会议通过）

第十三条 国家机关、企业事业单位和其他组织，应当在依法设立或者变更后三十日内，到所在地县(市、区)人民政府统计机构建立或者变更统计调查关系。县(市、区)人民政府统计机构应当书面告知其统计权利和义务，并及时更新基本单位名录库。

县(市、区)人民政府统计机构应当根据基本单位名录库等有关信息，书面告知尚未建立统计调查关系的统计调查对象与政府统计机构建立统计调查关系。

【释义】 本条是关于统计调查关系建立的规定。

建立统计调查对象与行政机关之间的统计调查法律关系，是核实和完善专业统计信息，全面掌握统计调查对象情况的主要途径。本条作出规定：一是明确建立统计调查关系是有关统计调查对象的义务。即国家机关、企业事业单位和其他组织应当在设立或变更后的三十日内，主动到所在地县(市、区)政府统计机构建立统计调查关系。二是明确政府统计机构负有告知义务。即对未主动建立调查关系的，应告知其义务，督促其建立统计调查关系。三是对建立统计调查关系的，政府统计机构应当主动告知统计调查对象其依法享有的统计权利和应尽的统计义务。

同时，为严格规范政府行为，本条及本条例其他条款对“书面”行政行为作出规范。即政府统计机构依法建立统计调查关系、告知统计调查对象其权利和义务，补正、催报统计资料，以及进行统计检查查询时，应当作出“书面”行政行为。这是基于作出可能导致相对人承担法律责任的行政行为，必须确保相关记录等证据的完整、有效，以减少不必要的行政争议。依照《电子签名法》、《政府信息公开条例》等法律法规，“书面”，包括纸介质方式，也包括数据电文方式。

第十四条 国家机关、企业事业单位和其他组织，应当配备与统计任务相适应的统计信息技术设备，按照统计调查制度规定的使用计算机网络报送等方式报送统计资料。

【释义】 本条是关于有关统计调查对象通过计算机网络报送统计资料义务的规定。

当前，政府统计调查运用现代信息技术已经成为常态，统计数据的搜集、传输、加工、整理、存储、提供和发布等都离不开现代技术的支持。国家统计局已建立了统计联网直报制度，利用现代信息技术和计算机网络，极大地提高了统计数据质量和统计工作效率。但是，由于运用现代信息技术报送统计资料的法律规范尚存在缺失，监管上无法可依，造成少数统计调查对象以种种理由不配合、不通过联网直报报送统计调查表。本条作出规定：政府统计调查对象应当配备与统计任务相适应的统计信息技术设备，并按照统计调查制度规定的、通过计算机网络等方式报送统计资料，从而为开展统计联网直报提供了重要的法律依据。

编辑：王中彬

8-1 主要年份财政收入、支出情况

单位:万元

年份	全市			市区		
	财政收入	财政支出	财政收入占地区生产总值比重(%)	财政收入	财政支出	财政收入占地区生产总值比重(%)
1952	2770	1324	12.1	660	752	13.8
1957	6476	4202	17.5	3327	1573	23.8
1962	7564	3339	16.5	4720	687	26.3
1965	8638	4686	15.2	5327	1121	26.6
1970	15069	6026	17.3	10772	2293	31.6
1975	19456	9608	15.3	12721	3610	25.1
1978	32674	17690	15.3	22950	7887	29.8
1979	32484	18707	13.1	24081	6877	25.9
1980	35715	17982	12.5	26814	6714	23.5
1981	38273	17563	12.6	28497	6339	24.6
1982	43114	21655	12.2	30670	7981	23.1
1983	43887	25921	10.4	30492	9779	19.2
1984	47454	30779	9.6	32250	12009	18.0
1985	57538	33704	10.4	39448	13366	19.6
1986	65741	45505	10.4	45248	19051	20.0
1987	71134	49005	9.9	48746	20550	18.6
1988	82796	58865	9.8	55880	23409	19.3
1989	95384	74502	9.6	65610	30589	16.7
1990	102326	85640	9.1	70338	34593	15.1
1991	103467	98117	8.0	70215	41538	13.3
1992	109670	95599	6.8	73690	37513	10.7
1993	147114	122174	6.7	95765	50567	9.5
1994	197489	143559	6.3	128227	62329	9.1
1995	253020	180186	6.3	160606	78225	9.1
1996	302406	213530	6.2	188190	85349	9.0
1997	351388	250673	7.0	221624	103183	9.8
1998	395108	283443	7.4	254176	119325	10.4
1999	436074	130573	7.6	282311	130573	11.0
2000	476168	345246	7.7	311151	153038	10.7
2001	525924	400797	7.7	338498	172809	10.5
2002	655566	520174	8.7	438281	258477	12.2
2003	828226	624582	9.7	559422	301885	13.1
2004	1102216	717332	10.7	768436	318329	14.3
2005	1452629	1050786	12.0	1034482	511441	16.2
2006	1808512	1270099	12.7	1231212	576615	16.5
2007	2207263	1474369	13.1	1509317	623115	16.8
2008	2685991	1990464	13.4	1782700	842950	17.2
2009	3188865	2565349	13.3	1987842	1048541	19.2
2010	4138904	3257198	14.1	2887987	1621085	16.2
2011	5553294	4542420	15.6	3726172	2240383	17.6
2012	5976325	5300461	14.9	3864175	2513222	16.1
2013	6599518	5956105	14.6	4207502	2776771	15.9
2014	7325949	6609256	14.8	4571862	3012921	16.4
2015	8377539	7524638	15.7	5208045	3205677	17.9

8-2 财政收入

单位:万元

指标	全市			市区		
	2013	2014	2015	2013	2014	2015
财政总收入	**6599518**	**7325949**	**8377539**	**4207502**	**4571862**	**5208045**
上划中央收入	**2371078**	**2602670**	2884863	**1955624**	**2161284**	2369053
增值税(75%)	970990	1040173	1140048	703055	750034	822335
消费税	974277	1091976	1128293	953808	1069204	1098101
企业所得税(60%)	312107	329844	392428	222847	242862	303045
个人所得税(60%)	113704	140677	161778	75914	99184	102038
公共财政预算收入	**4228440**	**4723279**	5306763	**2251878**	**2410578**	**2708846**
税收收入	3411115	3864340	4291271	1722820	1891239	2068930
增值税(25%)	395202	460601	490907	273622	317557	339248
营业税	1346986	1551609	1873494	550161	600890	727774
企业所得税(40%)	208070	219900	261620	148564	161912	202031
个人所得税(款)(40%)	75804	93783	107851	50610	66122	68024
资源税	102190	103556	128561	29177	33946	38376
城市维护建设税	243124	273825	315314	174688	193097	218973
房产税	100704	113388	107023	57647	60916	54615
印花税	40068	43290	45679	23214	23539	25338
城镇土地使用税	126371	140129	154705	64909	77493	79709
土地增值税	397922	490263	487308	192672	195301	184831
车船税(款)	27487	30120	31722	11611	12972	15058
耕地占用税(款)	16449	24804	12252	4997	9912	3832
契税(款)	330746	319072	274835	140948	137582	111121
非税收入	817324	858939	1015492	529058	519340	639916
专项收入	136927	159410	302858	89736	105390	199629
行政事业性收费收入	334417	364423	308619	249732	225478	204821
罚没收入	115403	114525	121212	68871	66140	63054
国有资本经营收入	125362	38511		81949	2533	
国有资源(资产)有偿使用收入	92620	166745	258427	31493	113492	156981
其他收入(款)	12595	15325	24376	7277	6307	15431
政府性基金收入	**3759482**	**4919379**	**3278663**	**2031316**	**2413778**	**1761056**

8–3 财政支出

单位:万元

指标	全市			市区		
	2013	2014	2015	2013	2014	2015
公共财政预算支出	**5956105**	**6609256**	**7524638**	**2776771**	**3012921**	**3205677**
# 一般公共服务	569997	588122	602719	290565	304034	291728
国防	10854	13315	10081	6650	9251	6851
公共安全	302717	335044	359568	187952	213677	222190
教育	1217155	1323990	1523477	509327	517355	620087
科学技术	144855	162560	191873	84514	105360	110892
文化体育与传媒	60216	77348	81458	34802	37821	37002
社会保障和就业	576373	660167	704224	314533	355181	355297
医疗卫生	451648	530025	582398	169985	187114	205471
环境保护	134809	142542	207000	64417	79526	84004
城乡社区事务	800832	894465	1117994	322075	378750	452426
农林水事务	1012442	1094571	1241826	389367	425963	391278
交通运输	106214	113013	205531	55046	58687	70422
资源勘探电力信息等事务	212208	231554	239994	125443	84567	105111
商业服务业等事务	66086	78779	50914	38621	57852	32746
金融监管支出	2949	4222	3702	27473	3812	2091
国土资源气象等事务	49469	92015	83237	23444	44051	49843
住房保障支出	144832	154176	243208	94003	90158	124365
粮油物资管理事务	9542	7110	12371	5003	4110	7326
其他支出	46987	60209	37588	33838	47922	23046
政府性基金支出	**3835236**	**4983012**	**3241762**	**2082611**	**2403829**	**1665971**
# 一般公共服务						
教育	94848	53134		58913	23602	
文化体育与传媒	439	2325		431	1949	
社会保障和就业	8594	13103	5213	5117	6218	2718
城乡社区事务	3646117	4818734	3171743	1978026	2341248	1631244
农林水事务	53780	29279	16075	22856	8095	7886
交通运输	5774	19023	12967	2605	5208	4647
资源勘探电力信息等事务	5353	5879	7251	3020	3418	3390
其他支出	20211	25997	27916	11523	14091	15575

注:从 2015 年 1 月 1 日起,将政府性基金预算中用于提供基本公共服务以及主要用于人员和机构运转等方面的项目收支转列一般公共预算,具体包括地方教育附加、文化事业建设费、残疾人就业保障金、从地方土地出让收益计提的农田水利建设和教育资金、转让政府还贷道路收费权收入、育林基金、森林植被恢复费、水利建设基金、船舶港务费、长江口航道维护收入等 11 项基金。

8-4 历年金融机构(人民币)存贷款

(年底数)

单位:万元

年 份	全市			市区			人均储蓄(元/人)	
	金融机构各项存款余额	#居民储蓄	金融机构各项贷款余额	金融机构各项存款余额	#居民储蓄	金融机构各项贷款余额	全 市	市 区
1952		270			206		1	9
1957		968			647		2	17
1962		1222			686		3	15
1965		1974			1157		4	22
1970		2442			1449		4	27
1975		4839			2694		8	44
1978	60759	8921	105787	45019	4299	73384	14	64
1979	28597	13499	47821	11793	6018	17239	21	85
1980	123807	20596	108921	100870	8868	64142	31	122
1981	86748	27635	137656	44213	11249	62784	41	150
1982	96635	36462	156417	47298	14836	71216	53	192
1983	121321	52715	193450	59799	19645	87887	76	248
1984	160671	74664	266637	77453	26601	119256	107	330
1985	176808	97867	311936	89970	37810	162538	138	458
1986	251158	140701	391209	131915	51139	223965	197	608
1987	367499	191242	496401	217669	69314	290223	263	810
1988	495318	246993	596632	219746	88630	320346	332	1016
1989	559847	327806	671512	257604	125709	413739	430	1408
1990	724345	446418	804071	349864	174611	433478	553	1926
1991	891658	555370	963003	425565	213526	492026	677	2324
1992	1064281	668470	1089149	508880	258326	565390	809	2758
1993	1360184	857542	1346993	670666	319747	735634	1028	3360
1994	1758108	1110985	1618177	944480	477133	899760	1318	3340
1995	2329318	1400566	2046385	1282165	578274	1155867	1645	3984
1996	2950050	1828200	2388715	1624215	811756	1323614	2217	5510
1997	3484093	2163437	3005351	1905377	970956	1672573	2495	6502
1998	3768104	2438696	3226763	2053563	1110556	1752920	2785	7313
1999	4135005	2692128	3341758	2349069	1297842	1885371	3068	8515
2000	4614682	3058002	3249902	3124162	1860652	2230387	3411	11585
2001	5297006	3576909	3742657	3581695	2202744	2536851	3966	13552
2002	6180183	4167882	3982506	4195444	2592741	2678214	4608	15756
2003	7277202	4822259	4614147	4254019	3024793	2598658	5307	18077
2004	8414573	5563129	4751280	4768459	3445990	2640115	6068	20584
2005	10108940	6506064	4911786	5806876	3997284	2758306	7031	22223
2006	11937168	7228920	5650749	6865004	4377454	3133756	7734	24105
2007	14038244	7886337	6842230	8170216	3488669	4015157	8409	19140
2008	17191438	9745131	7965786	10066026	5850811	4749346	10292	31729
2009	21726238	11397620	11325649	15272845	6911095	7926396	11902	37112
2010	26321873	13243885	14364443	18281038	7908879	9901281	13613	25291
2011	29809912	14954211	17348392	20386726	8684472	11820976	15312	27511
2012	33644736	17947175	20472296	22500556	10292339	13785329	18119	32077
2013	38844633	20897714	23608014	25950180	11833905	15528718	24325	37356
2014	42864617	23774417	27247917	28455976	13066281	17965025	27554	40738
2015	47470104	27805980	30699020	30631822	15196592	20009860	32075	46906

注:1.因区划调整,2010 年及以后市区人均储蓄存款余额含铜山区,与往年不可比。
2.2015 年及以后居民储蓄调整为住户存款,与往年不可比。

8–5　金融机构(人民币)综合存贷款

（年底数）　　单位:万元

指　　标	2011	2012	2013	2014
金融机构综合存款余额	**29809912**	**33644736**	**38844633**	**42864617**
# 单位存款	14164769	14945580	16552677	17494391
# 活期	5773196	6244340	6673685	7355691
定期	2959156	3125577	4102170	3311470
通知存款	269304	266907	202542	286074
保证金存款	3235769	3483542	3322085	2952952
个人存款	15026698	18068666	21549845	24658403
# 储蓄存款	14954211	17947175	20897714	23774417
财政性存款	344933	395272	439596	481903
临时性存款	112162	153309	230912	112963
委托存款	95215	5030	52	38
其他存款	66135	76880	71551	116919
金融机构综合贷款余额	**17348392**	**20472296**	**23608014**	**27247917**
# 境内贷款	17347561	20471064	23606855	27246873
# 短期贷款	9690876	11658992	13038233	13978987
# 个人贷款及透支	2307267	2237878	2434476	2396867
# 个人消费贷款	139702	123742	214832	231495
单位普通贷款及透支	6364647	8359953	9519093	10601066
# 经营贷款	6246368	8223920	9245248	10329363
中长期贷款	6872802	7832488	9480629	11622666
# 个人贷款	3417032	4187147	5179181	6206421
# 个人消费贷款	2844302	3427429	4295733	5255813
单位普通贷款	2760690	2684676	3247886	4449368
# 经营贷款	471935	575330	661909	947907
融资租赁				2061
票据融资	772570	881273	1018095	1537915
各项垫款	11314	98311	69897	105244

注:自 2015 年起人民银行总行对存贷款口径有所调整,为便于使用,2014 年及以前资料留存,编入 8–5 部分。

8-6 金融机构(人民币)各项存贷款

单位:万元

指　　标	2015
金融机构各项存款余额	47470104
境内存款	47447128
住户存款	27805980
活期存款	9350215
定期及其他存款	18455766
非金融企业存款	11632161
活期存款	4564377
定期及其他存款	7067785
广义政府存款	7787598
财政性存款	724728
机关团体存款	7062870
非银行业金融机构存款	221388
境外存款	22976
金融机构各项贷款余额	30699020
境内贷款	30698045
住户贷款	9788674
短期贷款	2565435
消费贷款	428457
经营贷款	2136979
中长期贷款	7223239
消费贷款	6247605
经营贷款	975634
非金融企业及机关团体贷款	20909371
短期贷款	11899564
中长期贷款	6601069
票据融资	2252828
融资租赁	1062
各项垫款	154847
境外贷款	975

8–7 保险业务主要指标

单位：万元

指　　标	2010	2011	2012	2013	2014	2015
保险公司数　（个）	**40**	**46**	**50**	**53**	**55**	**56**
# 财产保险公司	20	20	21	21	23	23
人寿保险公司	20	26	29	32	32	33
保险收入	**820183**	**896097**	**858619**	**947545**	**1064593**	**1327536**
财产险	206331	256490	282776	324292	376973	427288
# 企业财产险	9998	13573	14647	14120	14493	13741
家庭财产险	795	608	897	739	516	722.504
机动车辆保险	174735	214627	233579	269845	310297	355280.37
运输及责任险	4868	5973	7642	7444	7849	9936.94
人寿险	613851	639607	575842	623253	687620	900248
# 人身意外伤害险	10206	11150	11440	13252	15160	16561.64
健康险	6662	7084	7669	8309	9279	11344.34
寿险	140316	171632	129785	153110	306308	557558.91
各项赔款和给付	**152305**	**220705**	**257408**	**351983**	**363711**	**422310**
财产险	76844	104182	145898	168709	199942	207201
# 企业财产险	1154	4482	4900	3203	7115	3716.52
家庭财产险	56	39	47	61	41	50.32
机动车辆保险	67692	90239	128801	148586	170071	175818.67
运输及责任险	1085	1546	2390	3118	3695	3027.98
人寿险	75461	116523	111510	183274	163769	215109
# 人身意外伤害险	3066	3180	2999	3199	3950	4379.04
健康险	4771	4856	5138	5527	6762	7417.97
寿险	21484	25079	31328	32178	41517	41836.44

主要统计指标解释

财政收入 是指政府为履行其职能、实施公共政策和提供公共物品与服务需要而筹集的一切资金的总和，是国家为了实现其职能,凭借政治权力,对一部分社会产品进行分配和再分配的经济活动。财政收入表现为政府部门在一定时期内(一般为一个财政年度)所取得的货币收入。主要包括:中央财政收入和地方财政收入。中央财政和地方财政是财政体制上划分中央政府和地方政府以及地方各级政府之间财政管理权限的一项分配制度。它具体规定了各级政府筹集资金、支配使用资金的权力、范围和责任,使各级政府在财政管理上有责有权。这对于正确处理中央和地方之间,以及地方各级之间的分配关系,充分发挥各级政府的积极性,更好地完成国家财政收支任务,促进社会主义建设的发展有着极其重要的意义。

中央财政收入 包括:关税、海关代征消费税和增值税,消费税,中央企业所得税,地方银行和外资银行及非银行金融企业所得税,铁道、银行总行、保险总公司等集中缴纳的营业税、所得税、利润和城市维护建设税,增值税的75%部分,证券交易税(印花税)50%部分和海洋石油资源税。

地方财政收入 又称为公共财政预算收入，包括:(1)税收收入——我国财政收最主要的来源。国内增值税的25%、营业税、企业所得税的40%、个人所得税的40%、资源税、城市维护建设税、房产税、印花税(证券印花税的3%+其余印花税的全部)、城镇土地使用税、土地增值税、车船税、耕地占用税、契税、烟叶税、其他税收收入。(2)非税收入。专项收入、行政事业性收费收入、罚没收入、国有资本经营收入、国有资源有偿使用收入、其他收入。

地方财政总收入 包括地方公共财政预算收入、上划中央收入和政府性基金收入(含缴库社会保险基金)。上划中央收入是指按现行分税制财政体制规定,在当地缴纳、与地方分享的税种的中央级收入，包括国内增值税的75%、国内消费税、纳入分享范围的企业所得税的60%和个人所得税的60%四项。政府性基金收入是国家通过向社会征收以及出让土地、发行彩票等方式取得收入。

财政支出 是国家政权为行使其职能，对筹集的财政资金进行有计划的分配使用的总称。体现政府的活动范围和方向,反映财政资金的分配关系。主要包括基本建设支出、增拨企业流动资金、企业挖潜改造资金、新产品试制费、地质勘探费、工交商部门事业费、支援农村生产支出和各项农业事业费、文教科学卫生事业费、抚恤和社会救济费、国防费、行政管理费及债务支出。在我国,由于存在预算外资金,所以财政支出的概念也就有狭义与广义之分：狭义的财政支出仅指公共财政预算支出；广义的财政支出则包括预算内支出和预算外支出。

物价指数
PRICE INDICES

版面负责人：王　莹

编　　　辑：高　杰

江苏省统计条例

（2014 年 1 月 16 日江苏省第十二届人民代表大会常务委员会第八次会议通过）

第十五条 有下列情形之一的，政府统计机构、有关部门应当告知政府统计调查对象在规定期限内补正：

（一）未按照统计调查制度规定的方式报送统计资料的；

（二）以纸介质方式报送统计调查表，没有填表人、统计调查对象单位负责人签字，或者未加盖单位公章的；

（三）以数据电文方式报送统计资料，没有电子签名等身份识别标志的；

（四）发现报送的统计数据有错误的；

（五）其他按照统计调查制度应当补正的情形。

【释义】 本条是关于统计资料上报管理及统计调查对象补正统计资料义务的规定。

为加强对统计调查对象报送统计资料的监管，保障源头数据的准确性和及时性，本条创制了补正的法律规范，规定在五种情形下，政府统计机构、有关部门应当告知政府统计调查对象在规定期限内补正，并规定补正统计资料是统计调查对象的法定义务。具体规定如下：

一是未按照统计调查制度规定的方式报送统计资料。依照本条例第三十条规定，统计调查制度是政府统计调查对象真实、准确、完整、及时地提供统计调查所需资料的重要法律依据，它规定了统计调查对象报送统计调查表等统计资料的方式。本条第一项规定：统计调查对象未按照规定方式报送统计资料的，政府统计机构、有关部门应当要求其补正。由此，较为妥善地解决了统计调查对象不配合联网直报工作所造成的统计管理难题。

二是以纸介质方式报送统计调查表，没有签字，或者未加盖单位公章。根据统计法律法规，统计调查对象报送统计资料，应当由本单位领导人或者统计负责人审核、签署或者盖章后上报，有关财务统计资料由财务会计机构或者会计人员提供，并经财务会计负责人审核、签署或者盖章。本条第二项规定：以纸介质方式报送统计调查表，填表人、统计调查对象单位负责人没有签字，或者未加盖单位公章的，政府统计机构、有关部门应当告知统计调查对象在规定期限内补正。

三是以数据电文方式报送统计资料，没有电子签名等身份识别标志。依据《电子签名法》等法律法规，数据电文是指以电子、光学、磁或者类似手段生成、发送、接收或者储存的信息；电子签名，是指数据电文中以电子形式所含、所附用于识别签名人身份并表明签名人认可其中内容的数据。本条第三项规定：以数据电文方式报送统计资料，没有电子签名等身份识别标志的，政府统计机构、有关部门应当告知政府统计调查对象补正。

四是发现报送的统计数据有错误。由于疏忽等原因，统计调查对象报送统计资料时有差错发生，如数据填报错行或者错列、计量单位使用错误等。本条第四项规定：发现统计调查对象报送的统计数据有错误的，政府统计机构、有关部门应当告知政府统计调查对象补正。

五是其他按照统计调查制度应当补正的情形。是指未执行统计调查制度的其他情况，包括报送的统计调查表的表式、报送渠道存在错误等。本条第五项规定，出现其他按照统计调查制度应当补正的情形时，政府统计机构、有关部门应当告知政府统计调查对象补正。

政府统计机构、有关部门应加强统计资料的日常管理，健全统计调查表的领用、报送等管理制度，完善统计调查表的审核程序，强化责任追究。

编辑：王中彬

9-1 城市(市区)物价总指数

(以上年价格为 100)

年　份	居民消费价格总指数	商品零售价格总指数
1978	100.0	100.1
1979	100.6	101.1
1980	102.4	102.6
1981	100.4	100.8
1982	101.0	101.4
1983	100.1	100.7
1984	103.3	102.4
1985	108.7	108.3
1986	106.2	105.9
1987	109.8	110.0
1988	122.6	122.8
1989	115.6	115.6
1990	104.5	103.9
1991	108.6	108.8
1992	109.2	108.0
1993	117.6	115.1
1994	125.3	123.3
1995	116.9	113.2
1996	110.0	107.4
1997	101.9	99.9
1998	100.0	98.3
1999	98.2	96.2
2000	100.0	98.2
2001	100.3	99.3
2002	99.2	98.6
2003	101.5	100.0
2004	103.7	102.8
2005	102.2	101.0
2006	101.5	100.7
2007	104.4	103.1
2008	104.9	105.3
2009	99.9	99.8
2010	103.6	102.1
2011	105.2	103.8
2012	102.6	102.4
2013	102.3	101.2
2014	102.1	101.6
2015	101.5	101.3

9–2 城市(市区)居民消费价格指数

(以上年价格为 100)

指 标	2015	指 标	2015
居民消费价格总指数	**101.5**	炒菜	100.7
食品	**103.2**	其它食品	100.0
粮食	98.9	**烟酒**	**102.8**
# 大米	98.4	烟草	104.6
面粉	97.3	酒	100.2
淀粉	102.9	**衣着**	**103.2**
干豆类及豆制品	103.8	服装	103.7
油脂	103.0	# 男式服装	104.4
肉禽及其制品	105.5	女式服装	103.1
食用畜肉及副产品	105.0	儿童服装	105.1
禽	107.0	衣着材料	103.2
加工肉禽	106.1	# 棉布	104.8
蛋	87.2	化纤布	100.7
水产品	105.1	毛线	103.9
菜	113.7	鞋袜帽	101.9
# 鲜菜	114.2	鞋	101.9
调味品	102.4	袜子	101.7
# 盐	100.1	帽子	100.3
糖	102.6	衣着加工服务	100.5
茶及饮料	104.0	**家庭设备用品及维修服务**	**102.2**
干鲜瓜果	100.8	耐用消费品	102.4
# 鲜瓜果	100.6	家具	101.9
糕点饼干	100.6	家庭设备	102.8
液体乳及乳制品	100.0	# 洗衣机	101.6
# 巴氏杀菌奶或消毒奶	102.1	电风扇	101.0
在外用膳食品	101.5		
# 主食	101.1		

9-2 续表　　（以上年价格为100）

指　　标	2015
电冰箱(柜)	113.0
空调器	98.2
热水器	103.1
微波炉	104.9
室内装饰品	98.5
床上用品	105.0
家庭日用杂品	101.6
家庭服务及加工维修服务	102.4
医疗保健和个人用品	**101.9**
医疗保健	102.8
医疗器具及用品	98.9
中药材及中成药	101.3
西药	96.8
保健器具及用品	101.0
医疗保健服务	110.4
个人用品及服务	100.3
化妆美容用品	102.6
清洁化妆用品	106.0
个人饰品	91.9
个人服务	99.7
交通和通信	**97.6**
交通	96.3
交通工具	97.6
车用燃料及零配件	83.7
车辆使用及维修费	100.0
市区公共交通费	100.0
城市间交通费	99.6
通信	101.0
通信工具	99.5
通信服务	101.3
娱乐教育文化用品及服务	**100.9**
文娱用耐用消费品及服务	103.1
#电视机	106.0
激光视盘机	99.6
电脑	100.1
修理服务	100.0
教育	102.6
#教材及参考书	102.3
文化娱乐类	99.9
文化娱乐用品	98.2
书报杂志	103.2
文娱费	100.2
旅游	96.2
居住	**100.1**
建房及装修材料	100.8
租房	100.4
自有住房	99.9
水、电、燃料	100.1
#水	100.0
电	100.0

9–3 城市(市区)商品零售价格指数

(以上年价格为100)

指　　标	2015	指　　标	2015
商品零售价格总指数	**101.3**	衣着材料	103.2
食品	**103.2**	床上用品	105.0
粮食	98.9	**家用电器类及音像器材**	**102.2**
# 大米	98.4	家庭设备	102.8
面粉	97.3	文娱用耐用消费品	105.7
淀粉	102.9	音像器材	97.8
干豆类及豆制品	103.8	**文化办公用品**	**99.5**
油脂	103.0	**日用品类**	**101.8**
肉禽及其制品	105.7	日用百货	100.3
食用畜肉及副产品	105.0	日用杂品	103.0
禽	107.0	洗涤用品	104.9
肉禽加工制品	106.1	其它日用品	98.4
蛋	87.2	**体育娱乐用品**	**97.1**
水产品	105.1	体育用品	98.9
菜	113.7	娱乐用品	96.4
# 鲜菜	114.2	**交通、通信用品**	**99.1**
调味品	102.4	交通运输机械	98.9
糖	102.6	通信器材	99.5
干鲜瓜果	100.8	**家具**	101.9
# 鲜瓜果	100.6	**化妆品**	105.7
糕点饼干面包	100.6	**金银珠宝**	91.9
液体乳及乳制品	100.0	**中、西药品及医疗保健用品**	**99.6**
在外用膳食品	101.5	医疗器具及用品	98.9
主食	101.1	中药材及中成药	101.4
炒菜	100.7	西药	97.2
地方小吃	105.4	保健品及器具	100.8
其它食品	100.0	**书报杂志及电子出版物**	**102.8**
饮料、烟酒	**103.1**	教材及参考书	102.3
茶及饮料	104.0	书报杂志	103.2
烟草	104.6	电子音像制品	99.2
酒	100.2	**燃料**	**95.6**
服装、鞋帽	**103.3**	煤炭及制品类	100.1
服装	103.7	石油及制品类	94.6
鞋袜帽	101.9	**建筑材料及五金电料**	**99.3**
其他	108.0	建筑装潢材料类	99.0
纺织品	**104.4**	五金电料类	100.6

9-4 城市（市区）居民消费价格指数和商品零售价格指数

（2015 年）

指　　标	以去年同月价格为 100					
	1 月	2 月	3 月	4 月	5 月	6 月
居民消费价格总指数	**101.3**	**102.0**	**102.0**	**102.0**	**101.4**	**101.3**
食品	105.3	107.7	106.4	106.0	102.5	102.1
# 粮食	102.4	101.6	100.5	99.8	98.4	98.1
油脂类	101.3	101.1	101.6	103.3	104.3	103.3
肉禽及其制品	102.5	104.9	105.2	107.9	105.6	104.4
蛋类	102.7	101.7	94.7	88.2	80.3	80.9
水产品类	105.5	106.7	108.2	109.1	108.2	104.7
菜类	120.0	131.2	122.8	122.9	109.5	116.1
# 鲜菜	121.2	133.4	124.4	124.5	109.7	116.4
烟酒	100.0	100.6	100.6	100.7	102.7	104.3
衣着类	101.6	100.9	101.0	103.5	105.0	105.6
# 服装	104.1	103.0	102.5	104.2	105.4	105.6
衣着材料	101.0	101.0	101.0	100.9	106.1	105.7
鞋袜帽	95.1	95.1	97.1	101.9	103.9	105.6
衣着加工服务费	100.0	100.0	100.0	100.0	100.0	100.0
家庭设备用品及维修服务	103.5	103.4	103.2	102.2	101.1	101.7
医疗保健和个人用品	98.2	98.0	99.4	99.4	100.4	100.4
交通和通信	96.1	96.2	97.5	97.5	98.0	98.0
娱乐教育文化用品及服务	99.1	100.1	100.7	100.5	101.7	101.2
居住	100.3	99.8	100.3	100.2	100.3	100.3
建房及装修材料	103.1	103.2	103.2	103.0	102.4	101.3
租房	99.8	98.8	100.0	100.0	100.4	100.7
自有住房	99.7	99.2	99.7	99.7	99.8	100.0
水、电、燃料	100.8	100.7	100.6	100.3	100.3	100.3
商品零售价格总指数	**102.0**	**102.5**	**102.4**	**102.3**	**101.5**	**101.4**

9-4 续表

（2015 年）

指标	以去年同月价格为 100					
	7 月	8 月	9 月	10 月	11 月	12 月
居民消费价格总指数	**101.3**	**101.4**	**100.7**	**100.4**	**101.4**	**102.5**
食品	102.1	102.7	102.3	100.6	100.4	101.4
# 粮食	98.6	98.0	97.7	97.1	97.0	97.6
油脂类	102.6	105.1	107.0	104.3	100.2	102.6
肉禽及其制品	105.6	106.7	106.9	106.9	105.4	104.5
蛋类	79.5	83.7	88.1	82.4	83.2	84.7
水产品类	104.2	102.2	103.3	103.3	102.8	103.7
菜类	113.2	115.3	111.3	98.6	100.9	107.1
# 鲜菜	112.9	115.6	111.5	97.9	100.7	107.7
烟酒	103.8	104.5	104.0	104.1	103.8	104.2
衣着类	105.6	105.0	102.5	102.4	101.6	104.4
# 服装	105.6	105.1	102.1	101.9	100.9	104.7
衣着材料	105.4	105.4	105.4	102.2	102.1	102.9
鞋袜帽	105.6	104.9	103.6	103.7	103.5	103.5
衣着加工服务费	100.0	100.0	100.0	101.1	102.2	102.2
家庭设备用品及维修服务	101.6	101.5	101.1	102.0	101.8	104.0
医疗保健和个人用品	100.5	100.3	100.1	100.4	112.8	113.0
交通和通信	97.6	97.4	97.4	97.8	97.8	99.9
娱乐教育文化用品及服务	101.3	101.3	100.1	100.3	101.8	102.3
居住	100.4	100.4	99.8	99.8	99.8	100.2
建房及装修材料	101.5	101.3	96.9	97.9	97.1	99.4
租房	101.0	100.8	100.8	100.8	100.8	100.8
自有住房	100.1	100.1	100.1	100.1	100.1	100.3
水、电、燃料	100.3	100.3	99.6	99.3	99.3	99.6
商品零售价格总指数	**101.2**	**101.3**	**100.3**	**100.0**	**99.7**	**101.1**

主要统计指标解释

物价指数 是说明两个时期商品价格水平变动趋势和程度的相对数指标。它是以报告期的价格水平与基期的价格水平进行直接对比计算的。当物价指数大于100时,说明价格水平上涨,反之则说明价格水平下跌。编制物价指数的目的,是为了反映市场物价水平的变化情况,分析和研究物价变动对城乡人民生活和国家财政支出的影响程度。

居民消费价格指数 是反映一定时期内城乡居民所购买的生活消费品价格和服务性项目支出价格变动趋势和程度的相对数。利用居民消费价格指数,可以观察和分析价格变动对城乡居民实际生活费用支出的影响程度。

城市居民消费价格指数 是反映城市居民家庭所购买的生活消费品的价格和服务项目支出价格变动趋势和程度的相对数。根据城市居民消费价格指数,可以观察和分析价格变动对城市居民消费支出的影响程度,作为研究居民生活和确定工资政策的依据。

商品零售价格总指数 是全面反映市场商品零售价格总水平变动趋势和程度的相对数。通过它,可以观察市场商品总体价格水平升降程度,以及物价变动对城乡人民生活支出的总影响。

第10部分

人民生活

PEOPLE´S LIVELIHOOD

版面负责人：徐　康

编　　　辑：高惠媛　柳　震

江苏省统计条例

（2014年1月16日江苏省第十二届人民代表大会常务委员会第八次会议通过）

第十六条 政府统计调查对象未按照统计调查制度规定时间报送统计资料的，政府统计机构和有关部门应当书面催报。政府统计调查对象应当在催报规定的期限内报送统计资料。

【释义】 本条是关于统计资料书面催报的规定。

确保统计资料的及时性是《统计法》及本条例的立法目的之一。本条规定：发现政府统计调查对象未按照统计调查制度规定时间报送统计资料时，政府统计机构、有关部门应当书面催报，统计调查对象应当在催报规定的期限内报送统计资料。

统计调查制度规定时间。统计调查制度是政府统计调查对象及时地提供统计调查所需资料的法律依据，它规定了统计调查对象报送统计资料的明确时间。统计调查对象未按照统计调查制度规定时间报送统计资料，即构成迟报统计资料违法行为，政府统计机构、有关部门应当书面催报。

催报规定的期限。政府统计机构、有关部门书面催报统计资料时，根据月报、季报、半年报、年报等统计调查表性质的不同，应当分别规定具体的催报期限，要求行为人在催报规定的期限内补报有关统计资料。统计调查对象在催报规定的期限内，仍未补报的，即构成拒报统计资料违法行为。

第十七条 地方各级人民政府、政府统计机构和有关部门、单位的主要负责人及其他负责人，应当支持和保障政府统计机构、统计人员独立行使法定职权，不得有下列行为：

（一）自行修改统计资料、编造虚假统计数据；

（二）要求政府统计机构、统计人员或者其他机构、人员拒报、虚报、瞒报或者伪造、篡改统计资料；

（三）对依法履行职责或者拒绝、抵制统计违法行为的统计人员打击报复；

（四）对揭发、检举统计违法行为的人员打击报复；

（五）对本地区、本部门、本单位发生的统计违法行为不履行监督管理职责。

【释义】 本条是关于地方各级人民政府、部门和单位主要负责人及其他负责人保障政府统计机构和统计人员独立行使法定职权的规定。

统计机构、统计人员独立行使法定职权，是保障统计资料客观真实的基础。只有保障政府统计机构和统计人员独立行使职权不受侵犯，才能保证其独立、客观地进行统计调查，提出统计报告，实行统计监督。本条作出如下规定：一是明确了“主要负责人”是“支持和保障政府统计机构、统计人员独立行使法定职权”的“第一责任人”。主要负责人等领导人是管统计、用统计的权力主体，能否保障统计数据真实性、能否保障政府统计机构和统计人员独立行使职权，关键在各级领导人。本条对《统计法》第六条提及的“负责人”，细化规定为“主要负责人及其他负责人”，强调了“一把手”的责任，对于依法保障统计数据真实性具有重要意义。二是明确了领导人对统计数据没有审定权，更没有调整权。政府统计机构和统计人员是政府统计活动的实施主体，独立调查、独立上报是《统计法》和本条例赋予统计机构、统计人员“独立行使的法定职权”。如果有关领导人审定统计数据，要求政府统计机构修改调整统计数据，就违反了法律规定，构成统计违法行为。三是明确了五种禁止性行为。即地方各级人民政府、政府统计机构和有关部门、单位的主要负责人及其他负责人不得有本条所列的禁止性行为。其中，自行修改统计资料，是指行为人没有按照规定的权限、程序和要求，擅自修改统计资料的行为；编造虚假统计数据，是指行为人没有事实根据，凭主观臆测捏造不真实的统计数据的行为；打击报复，是指行为人利用职权，对依法履职或拒绝、抵制统计违法行为的统计人员采取撤职、降级、调离岗位、经济处罚等方式进行打击、迫害的行为。

编辑：王中彬

10-1 居民家庭收支情况

单位:元

指标	人均可支配收入			人均消费支出		
	全体居民	城镇居民	农村居民	全体居民	城镇居民	农村居民
2014	18744.14	24079.56	12811.27	12166.83	15004.85	9011.03
2015	20424.60	26218.65	13981.74	13174.13	16143.08	9872.72

10-2 居民家庭基本情况与人均收入情况

（2015 年）　　单位:元

指标		全体居民	城镇居民	农村居民
调查户数	**（户）**	**1612.58**	**969.50**	**643.08**
平均每户家庭人口	（人）	3.17	3.07	3.31
平均每户就业人口	（人）	1.89	1.76	2.09
平均每一就业人口负担人数	（人）	1.67	1.74	1.59
平均每户就业面	（%）	59.71	57.36	62.99
平均每人现住房建筑面积	（平方米）	45.41	41.18	51.33
人均可支配收入		**20424.60**	**26218.65**	**13981.74**
工资性收入		11444.94	15753.89	6653.68
工资		10835.83	14927.03	6286.68
实物福利		21.48	29.71	12.33
其他		587.64	797.15	354.67
经营净收入		4732.47	4036.24	5506.37
第一产业经营净收入		2037.58	664.85	3563.96
第二产业经营净收入		616.27	421.34	832.74
第三产业经营净收入		2078.63	2950.05	1109.67
财产净收入		1018.36	1764.24	189.00
#利息净收入		12.32	4.31	21.24
红利收入		38.33	61.89	12.14
储蓄性保险净收益		1.98	3.14	0.69
转让承包土地经营权租金净收入		67.64	59.70	76.47
出租房屋财产性收入		170.30	315.84	8.48
出租机械、专利、版权等资产的收入		28.98	20.27	38.66
转移净收入		3228.83	4664.28	1632.69
#养老金或离退休金		2540.15	4440.68	426.88
社会救济和补助		40.42	35.23	46.20
报销医疗费		279.75	456.20	83.56
家庭外出从业人员寄回带回收入		650.87	285.38	1057.27
赡养收入		184.62	262.39	98.15
其他经常转移收入		149.10	215.58	75.17
人均非收入所得		**993.01**	**1379.69**	**563.05**
人均借贷性所得		**1585.73**	**1091.10**	**1091.10**

10-3 居民家庭人均支出情况

（2015 年）　　单位:元

指　　标	全体居民	城镇居民	农村居民
人均消费支出	**13174.13**	**16143.08**	**9872.72**
食品烟酒	4058.17	4872.14	3153.07
食品	2994.17	3565.25	2359.17
谷物	434.78	455.13	412.15
薯类	45.06	50.66	38.83
豆类	58.48	68.18	47.70
食用油	168.35	188.39	146.06
蔬菜和食用菌	348.14	448.67	236.35
肉类	632.35	739.41	513.32
禽类	166.01	199.99	128.22
水产品	153.32	207.97	92.55
蛋类	120.61	128.73	111.57
奶类	267.90	323.32	206.29
干鲜瓜果类	330.22	420.30	230.06
糖果糕点类	109.26	141.97	72.89
其他食品	159.69	192.54	123.16
烟酒	417.07	413.12	421.46
烟草	211.68	203.06	221.26
酒类	205.39	210.06	200.20
饮料	64.63	79.09	48.55
饮食服务	582.29	814.69	323.88
食堂用餐	16.65	19.88	13.05
其他在外饮食	563.18	793.07	307.56
食品加工服务费	2.46	1.74	3.27
衣着	1092.68	1369.05	785.35
衣类	802.73	1030.01	550.02
鞋类	289.94	339.05	235.34
居住	2599.94	3302.39	1818.82
# 租赁房房租	46.57	62.23	29.15
住房维修及管理	345.55	431.54	249.94
水电燃料及其他	585.03	657.06	504.95
生活用品及服务	996.40	1198.80	771.35
家具及室内装饰品	201.63	217.71	183.74
家用器具	238.87	288.10	184.14
家用纺织品	101.50	130.32	69.46
家庭日用杂品	278.78	327.27	224.87
个人用品	149.03	198.40	94.12
家庭服务	26.59	36.99	15.01
交通通信	1644.83	1925.45	1332.78
交通	1005.04	1164.91	827.29
交通工具	409.50	450.61	363.78
交通费	110.44	148.04	68.63
交通工具用燃料	242.12	263.85	217.97
交通工具使用及维修	242.98	302.41	176.90
# 车辆保险支出	70.72	119.73	16.22
通信	639.78	760.55	505.49
通信工具	163.66	203.42	119.46
通信服务	476.11	557.12	386.04

10-3 续表 （2015 年） 单位:元

指　　标	全体居民	城镇居民	农村居民
教育文化娱乐	1452.72	1809.71	1055.75
教育	775.05	876.26	671.75
学前教育	70.86	78.77	62.07
小学教育	99.13	99.64	98.56
初中教育	89.07	88.51	89.68
高中教育	126.74	130.25	122.84
中专职高教育	34.60	24.09	46.28
大专及以上教育	270.29	370.42	168.20
成人教育	84.36	84.56	84.13
文化娱乐	677.67	933.45	384.00
文娱耐用消费品	162.35	219.37	96.02
其他文娱用品	193.19	229.99	150.16
文化娱乐服务	322.13	484.09	137.81
医疗保健	1037.72	1257.11	793.76
医疗器具及药品	327.96	432.11	212.15
医疗服务	709.75	825.00	581.61
门诊总费用	216.66	222.40	210.27
住院总费用	493.10	602.60	371.33
其他用品和服务	291.67	408.43	161.85
其他用品	166.43	237.19	87.75
其他服务	125.24	171.24	74.10
人均生产经营费用支出	**2463.11**	**1350.34**	**3700.45**
第一产业经营费用支出	1250.20	518.84	2063.43
第二产业经营费用支出	898.15	475.15	1368.49
第三产业经营费用支出	314.77	356.35	268.52
人均财产性支出	**61.20**	**102.55**	**15.22**
生活贷款利息支出	60.60	102.38	14.15
其他财产性支出	0.59	0.16	1.07
人均转移性支出	**669.71**	**1049.57**	**247.33**
个人所得税	18.37	34.87	0.03
社会保障支出	563.05	893.99	195.07
个人缴纳的养老保险	377.50	607.94	121.26
个人缴纳的医疗保险	163.95	249.31	69.03
个人缴纳的失业保险	19.34	35.48	1.40
其他社会保障支出	2.26	1.26	3.38
外来从业人员寄给家人的支出	1.06	2.02	0.00
赡养支出	41.61	56.57	24.97
其他转移性支出	45.62	62.13	27.26
人均部分商业保险支出	**44.68**	**76.35**	**9.47**
人均购置资产及非经常性转移支出	**3715.86**	**4690.98**	**2631.58**
购置资产支出	1079.57	1404.15	718.67
非经常性转移支出	2636.28	3286.83	1912.91
人均借贷性支出	**1097.03**	**1254.83**	**921.58**

10-4 居民家庭年末平均每百户耐用消费品拥有量情况

（2015 年）　　单位：台

指　　标		全体居民	城镇居民	农村居民
家用汽车	（辆）	17.83	23.23	9.68
摩托车	（辆）	39.20	26.66	58.11
助力车	（辆）	116.63	111.31	124.66
洗衣机		98.54	99.22	97.52
电冰箱(柜)		90.36	94.59	83.98
微波炉		58.98	74.45	35.67
彩色电视机		121.45	127.03	113.02
# 接入有线电视		90.70	100.04	76.62
空调		109.81	140.46	63.61
热水器		93.60	99.69	84.42
# 太阳能热水器		76.31	74.49	79.06
消毒碗柜		2.78	3.89	1.09
洗碗机		0.62	0.93	0.16
排油烟机		54.57	75.03	23.71
固定电话	（部）	42.54	47.94	34.40
移动电话	（部）	242.30	241.63	243.31
# 接入互联网		111.01	115.13	104.81
计算机		75.62	90.40	53.34
# 接入互联网		64.04	76.29	45.56
摄像机		5.57	9.15	0.16
照相机		25.17	37.01	7.31
中高档乐器	（架）	4.77	6.91	1.56
健身器材	（套）	4.02	5.65	1.56
组合音响	（套）	10.35	10.62	9.95

10-5 居民家庭住房情况

（2015 年）

指　　标		全体居民	城镇居民	农村居民
调查户数	**（户）**	**1612.58**	**969.50**	**643.08**
人均期末拥有房屋面积	**（平方米）**	**48.12**	**44.89**	**52.65**
自有现住房面积		44.53	39.99	50.87
出租住房面积		1.07	1.76	0.09
出租商用建筑物面积		0.80	1.24	0.18
偶尔居住房面积		0.66	0.55	0.81
空宅或其他用途房面积		1.07	1.34	0.69
人均现住房建筑面积		**45.41**	**41.18**	**51.33**
人均期内新购住房建筑面积		**0.47**	**0.56**	**0.34**
人均期内新建住房竣工建筑面积		**0.67**	**0.22**	**1.29**

10-6 居民家庭人均全年购买主要消费品

（2015 年） 单位:公斤

指 标		全体居民	城镇居民	农村居民
谷物		77.03	85.78	64.80
食用油		13.27	14.02	12.22
蔬菜和食用菌		79.24	99.79	50.50
猪肉		10.68	11.76	9.16
牛肉		2.02	2.57	1.25
羊肉		2.46	2.83	1.94
禽类		8.48	9.51	7.04
水产品		8.45	10.17	6.04
蛋类		12.51	13.81	10.69
奶类		21.38	26.31	14.48
干鲜瓜果类		54.71	65.16	40.11
糖果糕点类		6.80	8.07	5.01
茶叶		0.13	0.16	0.08
卷烟	（盒）	18.80	15.95	22.79
酒类		8.76	7.84	10.06
水	（吨）	23.36	31.09	12.57
电	（度）	641.90	735.61	510.88
煤炭		11.94	11.60	12.41
管道天然气	（立方米）	12.87	21.99	0.12
罐装液化石油气		20.54	18.02	24.07

10–7　居民家庭平均每百户全年购买主要消费品

（2015 年）　　单位：台

指　　标	全体居民	城镇居民	农村居民
洗衣机	5.71	5.98	5.29
电冰箱（柜）	3.41	3.20	3.73
空调器	6.33	7.12	5.13
吸尘器	0.50	0.62	0.31
抽油烟机	2.60	2.89	2.18
微波炉	1.92	2.48	1.09
非太阳能热水器	1.18	1.65	0.47
太阳能热水器	1.89	1.55	2.41
燃气炉具　（套）	4.77	4.85	4.67
太阳能炉具　（套）	0.19	0.21	0.16
洗碗机	0.06	0.10	
汽车　（辆）	1.36	1.65	0.93
摩托车　（辆）	0.74	0.41	1.24
自行车　（辆）	4.77	4.64	4.98
电动自行车　（辆）	11.88	10.16	14.46
电话机　（部）	0.68	0.62	0.78
移动电话机　（部）	43.56	41.83	46.18
组合音响　（套）	0.37	0.31	0.47
彩色电视机	5.02	6.50	2.80
影碟机	0.19		0.47
摄像机	0.19	0.31	
照相机	0.81	1.13	0.31
家用台式电脑	2.42	2.06	2.95
家用笔记本电脑	3.10	3.20	2.95

10-8　市辖区居民家庭收支及住房情况

（2015 年）　　单位：元

指　　标	全体居民	城镇居民	农村居民
人均可支配收入（元）	**25480**	**29382**	**15894**
工资性收入	15058	17575	8874
经营净收入	4589	4468	4887
财产净收入	1642	2187	306
转移净收入	4191	5153	1828
人均生活消费支出（元）	**16956**	**19575**	**10522**
食品烟酒	4974	5708	3170
衣着	1264	1458	786
居住	2862	3301	1783
生活用品及服务	1289	1524	713
交通通信	2423	2775	1561
教育文化娱乐	1837	2123	1135
医疗保健	1832	2096	1185
其他用品和服务	474	590	190
人均期末拥有房屋面积（平方米）	**40.9**	**38.6**	**47.0**
人均现住房建筑面积（平方米）	**37.3**	**34.1**	**46.1**

10-8　续表　　（2015 年）　　单位：元

指　　标	主城区	贾汪区			铜山区		
	城镇居民	全体居民	城镇居民	农村居民	全体居民	城镇居民	农村居民
人均可支配收入（元）	**29841**	**19403**	**25778**	**14371**	**22930**	**29522**	**16459**
工资性收入	18098	13933	20694	8598	14498	19529	9559
经营净收入	3458	4041	3532	4441	5198	4717	5671
财产净收入	2078	357	444	289	835	1416	265
转移净收入	6207	1072	1109	1044	2399	3860	964
人均生活消费支出（元）	**19357**	**13885**	**16394**	**7594**	**14487**	**20150**	**8927**
食品烟酒	5672	4875	5706	2673	4811	6323	3327
衣着	1629	1392	1658	755	1482	2292	686
居住	3733	1712	1934	1174	1615	1800	1433
生活用品及服务	1424	1268	1481	696	894	1347	449
交通通信	2347	1556	1951	634	1898	2865	948
教育文化娱乐	2211	2091	2542	1038	2648	3912	1406
医疗保健	1840	544	552	487	931	1264	604
其他用品和服务	501	447	570	139	209	347	74
人均期末拥有房屋面积（平方米）	**36.1**	**39.2**	**37.8**	**40.6**	**52.0**	**42.2**	**62.2**
人均现住房建筑面积（平方米）	**33.8**	**38.4**	**36.7**	**39.8**	**45.2**	**31.2**	**59.8**

注：主城区包括鼓楼区、云龙区和泉山区。

主要统计指标解释

城乡住户调查一体化改革　从2012年开始,国家统计局在全国范围开展城乡一体化住户收支与生活状况调查，通过对调查指标、抽样方法、调查过程、数据处理、数据发布“五统一”等改革措施,整合原城镇住户调查和农村住户调查、优化完善住户调查制度,全面提升住户调查能力,不断提高居民收支数据质量，努力满足合理调整收入分配关系、统筹城乡发展、加快构建社会主义和谐社会的需要。

居民家庭常住人口　指住户成员中,经常在家居住、或者调查期内居住时间超过一半的人员,以及本住户供养的学生。

居民家庭就业人口　指16周岁及以上,从事一定的社会劳动或经营活动、并取得劳动报酬或经营收入的人口。包括在党政机关、社会团体、企业、事业单位、私营企业、个体工商经营户或家庭中工作的在岗职工、再就业的离退休人员、民办教师、兼职人员及家庭帮工、雇工或自由职业等各类从业人员；私营企业和个体工商经营户的自营就业者。

居民可支配收入　指调查户可用于最终消费支出和储蓄的总和,即调查户可以用来自由支配的收入。可支配收入既包括现金,也包括实物收入。按照收入的来源,可支配收入包含四项,分别为:工资性收入、经营净收入、财产净收入和转移净收入。

居民消费支出　指住户用于满足家庭日常生活消费需要的全部支出，包括用于消费品的支出和用于服务性消费的支出。根据用途不同,消费支出可划分为食品烟酒、衣着、居住、生活用品及服务、交通通信、教育文化娱乐、医疗保健、其他用品及服务八大类。

第11部分

自然资源、城市概况和环境保护

NATURAL RESOURCES, GENERAL SURVEY OF CITIES AND ENVIROMENTAL PROTECTION

版面负责人：卓卫华

编　　辑：马　萍

江苏省统计条例

（2014年1月16日江苏省第十二届人民代表大会常务委员会第八次会议通过）

第十八条 省人民政府统计机构应当建立健全统计数据质量监控制度，规范统计方法，统一指标口径，避免政府部门统计数据的重复、交叉和不一致，保障统计数据的客观真实。

【释义】 本条是关于省人民政府统计机构建立健全统计数据质量监控制度职责和基本要求的规定。

加强统计数据质量监控一直是社会各界关注的焦点。数据质量监控是一项系统工程，需要加强顶层设计，加强数据生产各道关口的监管，尤其要从统计调查制度科学设计开始，着力规范统计指标的涵义、口径、调查的范围、方法等。本条作出规定，授权省统计局建立健全统计数据监控制度，着力规范统计方法、统一指标口径，避免政府部门统计数据的重复、交叉和不一致。

统计方法即统计调查方法。是指统计资料的搜集方法，即确定或选取统计调查对象的方法。经常被采用的统计调查方法有：普查、抽样调查、定期全面统计报表、重点调查等。

指标口径。是指统计指标所采用的标准，包括统计调查的方式、范围等。

第十九条 地方各级人民政府、政府统计机构和有关部门可以按照政府采购的法律、法规规定，委托民间统计调查组织进行统计调查，实施数据搜集、核实、整理、分析和相关培训等活动。

民间统计调查组织应当在受委托的权限和范围内实施统计调查。未经委托，民间统计调查组织不得以政府或者政府部门的名义实施统计调查。

【释义】 本条是关于地方政府及政府部门委托民间统计调查组织代理统计调查事务的规定。

行政机关向中介机构等民间组织购买服务，是转变政府职能、降低行政成本的重要方式。本条作出规定，明确地方各级政府、政府统计机构和有关部门可以委托民间统计调查组织，代理相关政府统计活动，并从程序和实体上作出严格规范。具体规定如下：一是明确了委托的方式。即按照政府采购的法律、法规规定，以市场化的方式公开、公平、公正取得。二是明确了代理政府统计活动的业务范围。即包括进行统计调查，以及实施数据搜集、核实、整理、分析和相关培训等活动。三是明确了基本的禁止性要求。即有关民间统计调查组织应当在受委托的权限和范围内实施有关活动，不得超越委托范围，不得未经许可同意以行政机关的名义实施统计调查。超出受委托的权限和范围，擅自从事有关活动，属于统计违法行为。

编辑：王中彬

11-1 主要年份自然资源

指　　标		2006	2007	2009	2010	2012	2013	2014	2015
土地资源	**（千公顷）**								
耕地面积		596.21	594.78	611.94	610.73	609.48	608.69	609.06	609.03
园地		74.70	74.69	74.53	57.08	56.65	56.56	56.24	56.02
林业用地面积		41.78	41.75	41.68	25.31	25.15	25.12	25.05	24.96
牧草地面积		0.07	0.07	0.06	6.18	6.52	6.47	6.37	6.22
城镇及工矿用地面积		45.34	46.20	49.24	200.99	202.59	203.32	204.82	206.67
交通用地面积		15.07	15.08	15.45	46.97	47.38	47.52	48.18	48.42
水域面积		25.63	25.61	25.82	207.87	206.23	205.47	203.80	202.2
未利用土地面积		74.81	74.13	71.37					
其他		240.62	242.22	241.05	21.36	22.49	22.90	22.90	22.97
林木资源									
活立木总蓄积量	（万立方米）	1320.9	1380.2	2138.7	2472.6	2833.0	2973.0	3123.0	3053
森林面积	（千公顷）	196.7	201.2	322.9	330.7	358.6	360.9	363.69	338.39
森林蓄积量	（万立方米）	947.1	995.3	2036.3	2459.9	2818.0	2950.0	3097.0	3028
森林覆盖率	（%）	25.5	26.6	28.7	30.9	31.9	32.1	32.31	30.6
水利资源	**（亿立方米）**								
水资源总量		28.36	61.58	35.13	20.24	23.04	26.97	40.50	32.31
地表径流		14.72	40.16	18.49	8.30	9.00	11.73	20.20	12.68
地下（浅层）水量		17.51	23.82	17.29	14.70	14.51	15.79	21.30	20.35
矿产资源（基础储量）	**（万吨/矿石）**								
煤炭	（万吨）	176500	169257	137871	135101	107732	108817	106652	104933
铁	（万吨）	1290	1308	1484	1581	1804	2119	2036	1942
岩盐		22100	21990	13158	13091	12809	12607	12338	12237
石膏		45181	50681	35864	34395	34569	33669	33669	31926
制碳用灰岩		20091	20091	20091	20091	20091	20091	20091	20091
水泥用灰岩		22380	22364	28814	28755	27873	30495	29006	28201
白云岩		928	928	928	928	928	928	928	928

注：2006 年及以后水利资源计算方法与口径有变化，与往年数据不可比；2010 年及以后土地资源指标因国家土地利用现状分类标准有变化，部分数据与往年不可比。

11-2 主要年份气象、水文概况

指 标	1990	1995	2000	2005	2010	2012	2013	2014	2015
温度 （摄氏度）									
年平均气温	14.8	14.7	15.1	15.0	15.2	15.0	15.6	15.6	15.3
年极端最高气温	37.2	36.8	37.4	38.3	37.6	39.0	38.3	38.2	36.9
出现日期 （月、日）	7月9日	6月19日	5月21日	6月23日	7月6日	6月13日	8月11日 8月15日	7月22日	7月13日
年极端最低气温	-15.8	-8.9	-9.4	-9.3	-9.4	-9.0	-10.0	-9.0	-9.2
出现日期 （月、日）	2月1日	2月2日	2月1日	1月1日	1月13日	1月23日	1月5日	2月11日	11月27日
降水 （毫米）									
年降水量	1088.8	825.3	979.6	1162.9	612.0	640.4	672.0	826.6	928.2
年降水日 （天）	94	66	90	90	68	84	78	88	93
一日最大降水量	82.4	94.1	151.3	99.1	100.2	75.6	83.2	63.1	57.9
出现日期 （月、日）	7月17日	8月22日	7月12日	7月8日	9月7日	8月21日	5月26日	8月7日	6月24日
日照									
年日照时间 （小时）	2251.2	2452.4	2064.5	2204.6	2230.6	2233.3	2372.0	2222.6	2141
年蒸发量 （毫米）	1595	1797.3	1727.6	1062.5	1076.6	1046.7	1017.6	1102.9	999.3
年平均相对湿度 （%）	72	65	69	67	63	64	65	66	69
年平均风力 （米/秒）	2.3	2.0	2.2	2.1	2.1	1.9	1.9	1.7	1.6
年平均气压 （百帕）	1017.0	1017.3	1011.6	1012.0	1011.5	1011.1	1011.3	1012.1	1012.1
年无霜期 （天）	190	182	158	235	195	217	204	225	205
霜期 （月、日）									
初霜日期	10月17日	10月5日	11月1日	10月27日	11月2日	10月28日	11月12日	11月2日	11月3日
终霜日期	4月24日	4月4日	4月6日	3月25日	4月5日	3月24日	3月22日	3月23日	4月8日
雪期 （月、日）									
初雪日期	12月12日	12月19日	1月8日	11月25日	11月28日	12月14日	12月20日	1月29日	11月24日
终雪日期	2月23日	2月4日	2月5日	3月2日	3月8日	2月13日	2月19日	2月28日	1月31日
水文(蔺家坝) （米）									
最高水位	32.02	33.40	32.15	33.59	32.84	32.75	32.81	32.07	31.95
出现日期 （月、日）	8月6日	3月9日	7月29日	9月30日	10月13日	3月15日	8月2日	2月17日	6月30日
最低水位	28.35	31.86	28.77	31.47	31.33	30.96	31.47	30.74	30.90
出现日期 （月、日）	6月17日	6月16日	6月21日	6月20日	6月27日	7月2日	6月23日	7月29日	6月18日
年均水位	31.60	33.02	31.07	32.63	32.39	32.24	32.13	31.59	31.44

11–3　市区分月气象情况

（2014 年）

月　　份	平均气温（摄氏度）	降水量（毫米）	日照时数（小时）
全　年	**15.6**	**826.6**	**2222.6**
1 月	3.7	2.6	149.8
2 月	2.8	30.8	98.5
3 月	12.1	17.4	226.8
4 月	16.7	71.6	195.5
5 月	23.1	57.5	293.5
6 月	25.1	67.4	170.5
7 月	27.9	119.2	240.2
8 月	25.4	174.2	180.2
9 月	21.5	142.0	119.1
10 月	17.1	83.4	208.8
11 月	9.7	57.5	140.0
12 月	1.8	3.0	199.7

11–4　市区分月气象情况

（2015 年）

月　　份	平均气温（摄氏度）	降水量（毫米）	日照时数（小时）
全　年	**15.3**	**928.2**	**2141.0**
1 月	3.2	6.8	136.4
2 月	4.7	6.6	159.4
3 月	10.2	50.6	190.4
4 月	15	58.5	202.3
5 月	21.3	75.1	215.2
6 月	24.9	206.6	195.0
7 月	26.9	108.3	192.0
8 月	26.7	191.3	230.5
9 月	22.4	86.7	190.4
10 月	16.8	38.7	213.4
11 月	8	92.8	69.8
12 月	3.7	6.2	146.2

11-5 城市(市区)建设基本情况

年份	市区面积(平方公里)	#建成区面积	市区人口密度(人/平方公里)	年末实有房屋建筑面积(万平方米)	#住宅	公共交通	
						年底运营车辆数(辆)	年底运营线路网长度(公里)
1978	184.5	41.3	3636	884	351	140	
1979	184.5	42.7	3842	955	392	161	
1980	184.5	43.8	3950	1029	440	144	
1981	184.5	44.3	4063	1105	487	160	
1982	184.5	45.2	4189	1174	528	165	
1983	184.5	45.6	4297	1276	590	162	
1984	184.5	45.9	4371		641	168	
1985	184.5	46.5	4470	1467	691	174	
1986	184.5	47.0	4557	1863	920	182	
1987	184.5	47.3	4638	1964	967	185	
1988	184.5	48.1	4726	2030	1000	183	
1989	184.5	48.9	4838	2145	1030	196	
1990	184.5	61.8	4914	2245	1076	202	
1991	184.5	63.8	4979	2352	1127	211	
1992	184.5	67.0	5076	2465	1180	258	
1993	184.5	67.7	5158	2622	1253	308	313
1994	963.0	70.7	1483	2690	1293	838	329
1995	963.0	59.1	1507	2751	1325	1072	335
1996	963.0	60.3	1530	2870	1381	854	337
1997	963.0	61.5	1551	2980	1442	903	343
1998	963.0	64.7	1577	3104	1514	932	343
1999	963.0	67.6	1583	3337	1672	919	368
2000	1037.7	71.7	1547	3507	1787	946	541
2001	1037.7	77.9	1566	3650	1858	1119	595
2002	1037.7	81.9	1576	3781	1897	922	586
2003	1037.7	89.1	1612	3835	1914	1006	600
2004	1037.7	96.8	1613	3934	1964	1076	622
2005	1159.9	118.0	1551	5994	4196	1452	650
2006	1159.9	127.1	1566	6079	4199	1654	700
2007	1159.9	160.0	1577	6304	4392	1741	978
2008	1159.9	186.6	1590	6584	4615	1790	655
2009	1159.9	205.6	1605	6597	4307	1969	679
2010	3037.6	239.0	1029	8463	5404	1908	3997
2011	3037.6	249.0	1039	7581	5003	2685	3648
2012	3040.0	253.0	1055	7992	5211	2602	4719
2013	3040.0	253.0	1084	8668	5615	2429	3786
2014	3040.0	255.2	1055	9256	5906	2802	4946
2015	3040.0	255.2	1094	9843	6393	2338	4098

注:2010年年底运营线路网长度统计口径扩大到乡村线路网,与往年不可比。2011年年底运营线路网长度不包含农村客运班线。

11-5　续表 1

年　份	铺装道路长　度（公里）	铺装道路面　积（万平方米）	全社会供水			人工煤气供应总量（万立方米）	液化石油气供应总量（吨）	用气人口数（万人）
			生产能力（万立方米 / 日）	供水总量（万立方米）	#生活用水量			
1978	67	67	8.5	3052	1427			
1979	69	72	9.4	3425	1886			
1980	72	76	10.9	3970	2232			
1981	89	88	12.0	4377	2416			
1982	125	102	12.8	4806	2071			
1983	128	108	13.4	5097	2005			
1984	136	114	14.1	5619	2392		269	
1985	138	119	16.3	5963	2685	146	681	
1986	284	238	34.2	12207	2968	285	1947	
1987	296	243	34.0	12308	3303	358	3128	
1988	300	249	34.1	12658	3564	404	4108	
1989	345	265	37.2	12901	4677	446	4443	17.6
1990	297	263	37.9	10744	4328	464	7110	25.5
1991	301	269	42.0	10643	4669	474	5939	26.1
1992	355	464	56.0	12129	5203	509	7736	26.8
1993	367	496	56.0	14718	6076	522	13737	44.5
1994	372	747	63.0	15506	7498	939	15168	61.2
1995	579	802	86.9	14877	7010	2830	16064	68.8
1996	590	830	74.6	14067	7653	3967	18886	72.0
1997	592	846	72.0	13677	7627	4926	21400	74.4
1998	593	863	74.5	13498	7366	4888	24788	77.3
1999	593	908	75.5	12859	6958	4779	23753	80.0
2000	621	987	75.5	12464	6926	4585	26196	83.4
2001	690	1134	75.6	12397	7060	4638	24000	85.6
2002	760	1222	72.5	11748	7088	4192	22400	88.6
2003	822	1299	72.6	14354	7232	4580	24600	106.8
2004	865	1357	55.0	14008	7499	4057	29400	118.5
2005	1075	1434	55.4	15456	7962	4831	39300	126.8
2006	1168	1494	49.0	11931	6218	5699	33860	113.0
2007	1202	1623	49.8	11509	7605	5699	33750	125.4
2008	1307	1855	67.9	16155	7718	5125	32208	128.8
2009	1352	1956	87.4	19001	8926	4392	29937	137.6
2010	1600	2467	94.2	19957	8962	1662	29336	150.2
2011	1620	2604	117.9	21543	7963		28050	140.9
2012	2110	3239	95.5	22029	6906		31030	149.9
2013	2600	3750	93.0	23363	6579		28480	165.8
2014	2699	4310	113.2	23960	7880		28054	167.2
2015	2722	4484	111.9	24350	6420		26856	185.0

11-5 续表2

年份	排水管道长度（公里）	路灯数（盏）	园林绿地面积（公顷）	建成区绿化覆盖率（%）	公园数（个）	污水排放量（万吨）	垃圾粪便清运量（万吨）	公共厕所数（座）
1978	118	3243	219	10.4				
1979	124	3482	249	11.8				
1980	130	3750	249	11.8				
1981	138	3920	310	7.6				
1982	155	3594	320	7.7				
1983	162	4088	365	9.8				
1984	170	4225	367	11.8				
1985	182	4545	367	12.4				
1986	216	5546	735	14.9				
1987	223	6110	848	15.1				
1988	248	6950	1108	15.1				
1989	253	6989	1317	15.9	15		25	508
1990	257	7507	1214	27.4	15	9965	23	503
1991	262	7779	1432	30.7	12	9955	26	587
1992	281	8551	2358	30.8	13	7964	28	537
1993	281	13581	2822	31.0	10	7964	29	403
1994	326	11688	2822	31.6	14	9700	28	448
1995	432	15463	2844	33.1	12	8818	32	455
1996	395	16140	2881	33.2	15	7846	38	328
1997	399	16923	2947	33.6	13	7646	36	277
1998	403	20393	3048	33.7	13	7682	29	258
1999	483	26187	3392	34.3	13	7876	35	238
2000	643	30937	3662	34.4	13	5931	36	225
2001	728	32577	3625	24.5	29	5540	36	212
2002	825	36836	3889	26.6	31	5620	37	266
2003	896	45231	4226	29.5	33	6689	40	312
2004	926	46087	6455	36.6	33	7692	45	249
2005	918	52678	6455	36.3	36	10775	47	258
2006	930	53000	6659	37.6	30	11704	49	297
2007	970	60000	8125	38.8	34	12700	50	338
2008	1198	56798	9242	40.1	40	13924	45	482
2009	1046	19651	10422	40.4	41	14910	40	606
2010	1334	50723	12913	41.3	60	18106	48	592
2011	1362	46683	13400	41.9	70	19286	54	600
2012	1569	267204	14436	42.2	70	19690	52	488
2013	2016	188541	15269	42.9	70	19998	59	493
2014	2094	272114	15462	43.3	70	20190	79	711
2015	2129	294770	15727	43.7	73	21571	80	759

注:2009年路灯盏数统计口径改变,与其它年份不可比,后同;2010年起公园数统计口径改变,与往年不可比,后同。

11-6 城市(市区)设施水平

年　份	用　水 普及率 (%)	煤气液化气 普 及 率 (%)	每万人拥有 公共汽车辆 (标台)	人均拥有铺 装道路面积 (平方米)	人均公共 绿地面积 (平方米)	每万人拥有 公共厕所 (座)	排水管道 密　度 (公里/平方公里)
1978	85.7				2.7		2.9
1979	83.3				2.7		2.9
1980	82.6				2.7		3.0
1981	93.8				1.5		3.1
1982	94.2				1.5		3.4
1983	95.0				2.0		3.6
1984	95.0	2.4			2.0		3.7
1985	94.2	6.7			2.4		3.9
1986	92.0	8.4			2.9		4.6
1987	94.2	17.8			2.9		4.7
1988	96.0	19.5			2.9		5.2
1989	98.0	22.2	3.2	3.3	2.9	6.6	5.2
1990	98.0	31.7	3.5	3.9	3.5	6.4	5.2
1991	100.0	37.8	4.1	3.9	6.3	7.4	4.1
1992	100.0	37.8	4.5	6.6	6.3	6.7	4.2
1993	100.0	61.6	4.9	6.9	7.4	4.9	4.2
1994	100.0	75.2	9.0	9.2	7.5	3.6	4.6
1995	100.0	84.0	9.2	9.8	7.9	4.7	7.3
1996	100.0	85.1	6.5	9.8	7.9	3.3	6.6
1997	100.0	86.4	7.0	9.8	9.5	2.7	6.5
1998	100.0	87.9	7.1	9.8	9.9	2.9	6.2
1999	100.0	90.1	7.7	10.2	10.2	2.8	7.2
2000	100.0	90.8	8.1	10.7	10.5	2.4	9.0
2001	100.0	75.8	10.1	10.0	6.6	2.3	9.3
2002	100.0	76.9	8.6	10.6	6.9	2.3	10.1
2003	100.0	90.2	9.1	11.0	7.0	2.6	10.1
2004	100.0	99.7	10.8	11.4	7.4	2.1	9.6
2005	100.0	96.5	9.8	10.9	8.0	2.0	7.8
2006	100.0	96.6	12.9	12.8	9.4	2.2	7.9
2007	100.0	100.0	18.1	12.9	12.1	2.7	6.1
2008	99.9	96.4	17.2	13.9	13.0	3.6	6.4
2009	98.5	98.5	17.9	14.0	13.6	4.4	5.1
2010	99.4	99.0	19.2	16.3	14.7	1.9	5.6
2011	97.8	94.2	11.5	17.7	16.0	1.9	5.5
2012	98.1	99.3	13.7	21.5	16.1	1.6	6.2
2013	99.4	99.5	16.1	22.5	16.3	1.5	8.0
2014	97.5	98.2	11.3	25.3	16.2	2.2	8.2
2015	99.8	98.5	12.5	23.9	15.3	2.3	8.3

注:2007年及以后人均公共绿地面积统计口径改为人均公园绿地面积(后同)。

11-7 主要年份城市(市区)公用事业基本情况

指标	1990	1995	2000	2005	2010	2012	2013	2014	2015
城市用地及建筑物面积(平方公里)									
城市面积	184.5	963.0	1037.7	1159.9	3037.6	3040.0	3040.0	3040.0	3040.0
#建成区面积	61.8	59.1	71.7	118.0	239.0	253.0	253.0	255.2	255.2
城市建设用地面积	45.10	56.80	69.43	104.45	184.60	213.94	228.14	233.81	239.27
#居住用地	18.30	10.90	13.48	24.24	58.18	51.31	53.36	56.52	58.35
公共设施用地		4.70	8.75	16.43	31.79	28.63	28.89	29.34	21.61
工业用地	17.10	12.70	14.68	20.96	35.15	26.05	26.16	26.94	27.64
仓储用地	2.60	2.70	2.73	3.05	4.22	19.76	20.82	21.19	21.58
对外交通用地	4.00	6.80	7.13	7.13	10.20	7.89	13.24	13.24	13.99
道路广场用地		2.70	4.56	13.39	23.06		58.44	58.45	58.46
市政公用设施用地		1.10	2.54	3.00	5.44	21.46	21.52	21.59	21.61
绿地		3.60	3.75	4.36	14.38	58.40			
特殊用地		11.70	11.81	11.89	2.18	0.44			
供水、供气及供热									
全社会供水									
供水综合生产能力(万吨/日)	37.9	86.9	75.5	55.4	94.2	95.5	93.0	113.2	111.9
供水管道长度(公里)	506	569	724	1025	2760	2815	2975	3122	2433
供水总量(万立方米)	10744	14877	12464	15456	19957	20804	23363	23960	24350
#生产用水量	5684	7867	3574	3478	8036	8894	12050	11695	10102
生活用水量	4328	7010	6926	7962	8962	7845	6579	7880	6420
人均日生活用水量(升)	137	198	171	123	164	146	146	130	113
用水普及率(%)	98.0	100.0	100.0	100.0	99.4	98.1	99.4	97.5	99.79
水厂个数(个)	4	4	4	4	4	8	9	9	13
人工煤气									
储气能力(系统内)(万立方米)	2	12	12	12					
煤气管道长度(公里)	32	237	647	763	230				
供气总量(万立方米)	464	2830	4585	4831	1662				
#家庭用量	437	1899	3326	3562	1205				
家庭用气户数(户)	10343	61372	110758	148102	34000				
用气人口数(万人)	4.2	20.3	34.7	47.4	10.2				
液化石油气									
储气能力(吨)	275	450	420	2402	4394	4593	4593	4593	4983
供气总量(吨)	7110	16064	26169	39300	29336	31030	28480	28054	26856.26
#家庭用量	7074	15084	23158	35100	23466	23450	21297	20872	19714.26
家庭用气户数(户)	60706	146628	155723	289500	193243	195610	178746	143146	127966
用气人口数(万人)	21.3	48.5	48.8	79.4	59.7	56.3	54.84	44.03	45.02
煤气和液化石油气普及率(%)	31.7	84.0	90.8	96.5	99.0	99.3			
天然气									
储气能力(万立方米)					26	98	109	100	108
供气管道长度(公里)					1253	1787	2085	1844	1890
供气总量(万立方米)					13524	23270	13982	21255	26582
#家庭用量					2927	4620	5659	6184	7256
家庭用气户数(户)					270824	310161	362662	408036	446716
用气人口数(万人)					80	94	111	123	140
集中供热面积(万平方米)				910	1201				
#住宅					911				

11-7 续表

指　　标	1990	1995	2000	2005	2010	2012	2013	2014	2015
城市市政设施情况									
实有道路长度（公里）	297	579	621	1075	1600	2110	2600	2699	2722
道路面积（万平方米）	263	802	987	1434	2467	3239	3750	4310	4484
人行道面积（万平方米）	35	74	110	208	421	349	448	722	759
排水管道长度（公里）	257	432	643	918	1334	1569	2016	2094	2129
污水年排放量（万立方米）	9965	8818	5931	10775	18106	19690	19998	20190	21571
桥梁数（座）	51	68	102	132	118	168	240	265	305
路灯盏数（盏）	7507	15463	30937	52678	50723	267204	188541	272114	294770
防洪堤长度（公里）			34.1	44.6	67.0	92.0	96.0	96.0	185.2
公共交通									
公共汽车营运车数（辆）	202	1072	946	1452	1908	2602	2429	2802	2338
标准营运车数（标台）	238	752	739	1290	2286	2951	2937	3366	2917
客运总量（万人次）	8511	10740	17040	25750	33436	35152	32606	38325	36258
平均每日客运量（万人次）	23.3	29.4	46.7	70.5	91.6	96.3	89.3	105.0	99.3
出租汽车营运车数（辆）	259	955	2872	4230	3760	3710	3866	4284	4319
城市园林绿化									
绿化覆盖面积（公顷）	1324	2927	3823	7017	14726	14940	15773	15966	16231
# 建城区	891	1956	2463	4283	9680	10679	10846	11039	11160
园林绿地面积（公顷）	1214	2844	3662	6455	12913	14436	15269	15462	15727
# 公共绿地	235	647	961	1046	2234	2430	2720	2761	2865
公园个数（个）	15	12	13	36	60	70	70	70	73
公园面积（公顷）	104	521	650	358	198	450	2719	1700	1804
游人量（万人次）	1054	463	323	2340	210	320	522	679	807.2
人均公园绿地面积（平方米）	3.5	7.9	10.5	8.0	14.7	16.1	16.3	16.2	15.3
建成区绿化覆盖率（%）	27.4	33.1	34.4	36.3	41.3	42.2	42.9	43.3	43.7
城市房屋和住宅情况（万平方米）									
实有房屋建筑面积	2245	2751	3507	5994	13368	7992	8668	9256	9813
实有住宅建筑面积	1076	1325	1787	4196	8972	5211	5615	5906	6393
城市清洁卫生情况									
道路清扫保洁面积（万平方米）	148	350	418	780	2032	1609	1684	2307	2410
生活垃圾清运量（万吨）	21	30	35	47	44.4	51.6	59.2	78.6	79.8
粪便清运量（万吨）	2	2	1		0.2	2.8		0.8	1.2
垃圾粪便无害化处理量（万吨）		32	36	47	44.4	51.6	59.2	78.6	79.8
环卫机械总数（台）	113	167	172	156	362	372	457	570	651
公共厕所数（座）	503	455	225	258	592	488	493	711	759

注：2002 年及以后垃圾粪便无害化处理量仅指生活垃圾；2006 年及以后游人量统计口径为风景名胜区的游人量。

11–8　主要年份工业企业污染治理情况

单位:万元

指　　标	2001	2003	2005	2010	2012	2013	2014	2015
单位数　(个)	**65**	**81**	**74**	**22**	**623**	**589**	**572**	**574**
当年施工项目投资来源	**6272**	**18228**	**47263**	**12516**	**55271**	**38506**	**14174**	**55365**
排污费补助				40				
政府其他补助				375	2136		304	1000
企业自筹				12756	53135	50212	13870	54365
#银行贷款				1980	500	230	2756	7835
国家预算内资金	1	300	30					
环保专项资金	90	55	2912					
银行贷款	150	1396	2580					
其他资金	6031	16476	44321					
当年施工项目累计完成投资额	**6272**	**18228**	**47263**	**13171**	**56131**	**38006**	**14174**	**55445**
治理废水	4142	9640	7396	3907	7454	525	739	3135
治理废气	1818	8088	38555	8084	48677	48857	10035	51580
治理固体废物	292	500	330	1000				
治理噪声	15		622					
其他	5		361	180		830	3401	730
当年安排治理项目　(个)	**84**	**105**	**54**	**34**		**20**	**19**	**35**
治理废水	42	26	34	11		1	2	3
治理废气	36	78	38	21		17	14	27
治理固体废物	3	1	3	1				
治理噪声	2		3					
其他	1		6	1		2	3	5
当年竣工项目　(个)	**61**	**58**	**73**	**20**	**14**	**27**	**19**	**23**
治理废水	21	13	27	6	4	2	2	1
治理废气	35	44	35	14	10	22	14	19
治理固体废物	2	1	3					
治理噪声	2		3					
其他	1		5			3	3	3
当年竣工项目新增设计处理利用“三废”能力								
废水　(吨／日)	39453	31472	28122	215400	7000	5500	2000	2475
废气　(万标立方米／时)	84	130	234	129	184	381	128	12.3
固体废物　(吨／日)	358	180	305					
主要污染物减排情况								
化学需氧量(COD)　(万吨)			6.35	5.54	1.71	13.84	1.05	1.14
二氧化硫(SO_2)　(万吨)			20.01	8.96	13.64	13.61	9.85	10.22

注:2007年及以后施工项目投资来源指标有调整,2010年废气处理利用能力统计口径有调整,2011年工业企业污染治理汇总单位数口径变化,与往年不可比。

11–9 重点工业企业“三废”排放及处理情况

（2015 年）

指标	汇总工业企业数（个）	工业废水排放总量（万吨）	化学需氧量产生量（吨）	化学需氧量排放量（吨）	氨氮产生量（吨）
总计	**574**	**9618.14**	**84388.67**	**9998.39**	**4345.86**
农、林、牧、渔服务业	1				
煤炭开采和洗选业	20	2968.91	4491.53	2877.90	232.61
黑色金属矿采选业	2	2.20	3.23	0.60	0.10
农副食品加工业	72	835.80	7088.50	1672.40	378.04
食品制造业	24	761.53	2074.92	442.05	95.72
酒、饮料和精制茶制造业	22	919.36	20740.46	900.25	377.38
烟草制品业	1	4.92	29.56	9.47	3.60
纺织业	16	482.89	754.58	435.57	46.79
皮革、毛皮、羽毛及其制品和制鞋业	3	0.73	4.00	2.75	0.58
木材加工和木、竹、藤、棕、草制品业	5	159.89	3070.90	195.29	128.26
家具制造业	43	22.20	61.15	18.44	4.90
造纸和纸制品业	2	0.28	0.32	0.08	0.02
印刷和记录媒介复制业	14	686.95	18844.41	983.93	64.52
文教、工美、体育和娱乐用品制造业	2	5.73	12.16	1.73	1.60
石油加工、炼焦和核燃料加工业	13	111.93	399.43	106.53	71.68
化学原料和化学制品制造业	56	683.53	9494.23	848.41	1985.51
医药制造业	16	286.04	1333.92	359.09	69.28
化学纤维制造业	1				
橡胶和塑料制品业	6	36.57	23.95	19.77	5.04
非金属矿物制品业	104	365.78	4116.07	166.61	61.63
黑色金属冶炼和压延加工业	24	145.99	1583.25	141.06	30.47
有色金属冶炼和压延加工业	11	129.77	148.47	85.87	14.84
金属制品业	28	274.92	783.09	137.59	103.22
通用设备制造业	18	60.73	97.30	37.80	8.13
专用设备制造业	15	50.04	144.56	25.28	14.58
汽车制造业	2	3.76	10.94	5.95	0.87
铁路、船舶、航空航天和其他运输设备制造业	3	22.42	44.43	32.53	0.92
电气机械和器材制造业	15	59.74	32.53	16.15	1.07
计算机、通信和其他电子设备制造业	2	4.15	2.60	1.60	0.40
其他制造业	2	7.63	6.20	2.27	0.25
废弃资源综合利用业	4	8.66	18.96	9.14	2.07
电力、热力生产和供应业	27	515.10	8973.04	462.28	641.81

11-9 续表1 （2015年）

指标	氨氮排放量（吨）	工业废气排放总量（亿标立方米）	二氧化硫产生量（吨）	二氧化硫排放量（吨）	氮氧化物产生量（吨）	氮氧化物排放量（吨）
总 计	**647.64**	**6158.91**	**390974.14**	**89859.44**	**147459.76**	**79407.31**
农、林、牧、渔服务业		0.20	10.00	10.00	4.50	4.50
煤炭开采和洗选业	119.29	8.89	636.05	636.05	326.54	326.54
黑色金属矿采选业	0.05	0.03				
农副食品加工业	106.77	45.40	1296.02	1296.02	415.14	415.14
食品制造业	30.22	19.93	1121.74	1121.74	245.68	245.68
酒、饮料和精制茶制造业	49.96	17.29	355.57	323.61	175.20	175.20
烟草制品业	3.60	39.60				
纺织业	31.05	4.30	405.24	365.97	109.62	109.62
皮革、毛皮、羽毛及其制品和制鞋业	0.17	0.47	43.72	43.72	12.05	12.05
木材加工和木、竹、藤、棕、草制品业	24.44	13.08	158.35	158.35	64.50	64.50
家具制造业	0.39	23.47	3164.46	3164.46	630.66	630.66
造纸和纸制品业	0.01	0.03	3.61	3.61	0.74	0.74
印刷和记录媒介复制业	7.93	4.14	375.70	312.46	128.66	128.66
文教、工美、体育和娱乐用品制造业	0.14					
石油加工、炼焦和核燃料加工业	17.09	232.71	22222.64	18365.14	11623.81	11588.85
化学原料和化学制品制造业	105.48	69.17	4019.33	3434.09	1335.99	1235.99
医药制造业	42.24	5.18	483.30	483.29	106.48	106.48
化学纤维制造业		0.99				
橡胶和塑料制品业	2.35	8.20	372.00	134.00	171.38	171.38
非金属矿物制品业	5.94	793.35	9134.99	9134.99	16770.27	13192.56
黑色金属冶炼和压延加工业	9.47	1481.29	10095.82	6590.23	7306.78	7306.78
有色金属冶炼和压延加工业	11.04	114.26	873.85	873.85	198.97	198.97
金属制品业	13.49	29.89	315.09	315.09	245.91	245.91
通用设备制造业	2.26	2.69	51.90	51.90	19.57	19.57
专用设备制造业	1.91	16.37	8.40	8.40	3.92	3.92
汽车制造业	0.36	3.77				
铁路、船舶、航空航天和其他运输设备制造业	0.44	4.33	27.41	18.24	11.50	11.50
电气机械和器材制造业	0.97	49.29	203.31	167.80	78.60	78.60
计算机、通信和其他电子设备制造业	0.28	0.16	14.32	14.32	11.70	11.70
其他制造业	0.21	3.14	22.60	22.60	7.24	7.24
废弃资源综合利用业	1.19	3.98	32.41	32.41	8.76	8.76
电力、热力生产和供应业	58.92	3163.31	335526.32	42777.10	107445.60	43105.81

11-9 续表 2 （2015 年）

指 标	烟(粉)尘产生量（吨）	烟(粉)尘排放量（吨）	工业固体废物产生量（吨）	工业固体废物综合利用量(含往年贮存量)(吨)	工业固体废物贮存量（吨）	工业固体废物处置量（吨）
总 计	**7266651.22**	**55587.34**	**1343.40**	**1334.67**	**4.31**	**7.74**
农、林、牧、渔服务业	77.50	41.40	0.06	0.06		
煤炭开采和洗选业	3991.46	434.61	246.57	246.57		
黑色金属矿采选业	0.08	0.08	2.18	2.18		
农副食品加工业	2851.48	961.84	2.41	2.41		
食品制造业	1097.06	204.55	2.29	2.59		
酒、饮料和精制茶制造业	2394.20	370.54	4.30	4.30		
烟草制品业	9336.46	222.57	2.16	2.16		
纺织业	896.00	249.60	0.87	0.87		
皮革、毛皮、羽毛及其制品和制鞋业	100.00	20.00	0.16	0.16		
木材加工和木、竹、藤、棕、草制品业	552.27	246.44	1.06	0.52		0.54
家具制造业	29979.02	2810.32	3.53	3.53		
造纸和纸制品业	61.77	7.40	0.01	0.01		…
印刷和记录媒介复制业	1151.50	314.11	3.00	3.00		
文教、工美、体育和娱乐用品制造业						
石油加工、炼焦和核燃料加工业	79580.18	4956.18	0.41	0.41		
化学原料和化学制品制造业	35608.74	1106.21	13.43	13.43	…	…
医药制造业	1188.29	234.23	0.76	0.76		0.01
化学纤维制造业						
橡胶和塑料制品业	4567.76	252.41	1.15	1.15		
非金属矿物制品业	1986990.03	11974.48	17.59	17.87		2.72
黑色金属冶炼和压延加工业	315929.55	14147.03	189.27	189.27		
有色金属冶炼和压延加工业	9520.15	2855.96	0.35	0.35		
金属制品业	4223.97	780.10	12.05	12.05		
通用设备制造业	559.91	515.96	0.34	0.34		
专用设备制造业	5099.46	86.00	0.29	0.16		0.13
汽车制造业	110.01	11.10	0.09	0.08		0.01
铁路、船舶、航空航天和其他运输设备制造业	21.75	19.75				
电气机械和器材制造业	436.45	133.89	0.31	0.31		
计算机、通信和其他电子设备制造业	10.46	10.46	0.04	0.04		
其他制造业	76.50	26.80	0.02	0.02		
废弃资源综合利用业	80.00	46.00	0.09	0.09		
电力、热力生产和供应业	4770159.23	12547.35	838.61	829.99	4.31	4.31

主要统计指标解释

自来水综合生产能力 指年底城建部门管理的自来水厂和各单位自备水源的取水、净化、送水、出厂输水干管等环节的实际生产能力。

全年供水总量 指公用自来水厂和社会单位自备水源全年的供水总量,包括有效供水量及损失水量。

城市人口用水普及率 指城市市区用水的非农业人口数(不包括临时人口和流动人口)与市区非农业人口总数之比。

煤气供气总量 指城市煤气企业向城市生产用户、生活用户和其他用户供应全部煤气量。包括外购煤气量的损失量。

城市气化率 指使用煤气(包括人工煤气、液化石油气)的市区非农业人口数(不包括临时人口和流动人口)与市区非农业人口总数之比。

年末实有铺装道路长度 指除土路外，路面经过铺装宽度在3.5米以上的道路,包括高级、次高级道路和普通道路。

营运标准车台 是指营运车数按标台换算系数折合的标准车台总数。用以综合反映公交企业的运输能力。标准车台是以每辆车长度10米为一标准台，如营运车长8.7米，折合0.87标台,营运车长14米,折合1.4标台。计算方法:

$$\frac{\text{标准车台}}{\text{(标　台)}}=\frac{\text{各类营运车辆长度之和(米)}}{\text{标台换算系数(10米)}}$$

营运车数 是指经上级主管机关核准，可参加营运的全部车辆数。包括技术完好的、在修的、待修的、长期停驶的,以及拟报废尚未经上级主管机关批准的。但不包括非营运车辆，如架线车、货车、油灌车、工程车及其他专用车辆和借入的运客车辆。

营运线路长度 是指固定的营运线路长度，包括郊区营运线路长度,不包括临时行驾的线路长度。营运线路长度应以营运线路的起点站至终点站往返路程的二分之一长度计算。

公共绿地 指供游览休息的各种公园 (包括植物园、陵园、游乐园和风景名胜公园等)、动物园、广场绿地、河(湖)滨绿地和宽在八米以上设置有行人休息设施的林荫道绿地等。

建成区绿化覆盖率 反映建成区的绿化覆盖情况，其计算方法：

$$\text{建成区绿化覆盖率}(\%)=\frac{\text{建成区园林绿化面积}+\text{建成区道路绿化面积}}{\text{建成区面积}}\times 100\%$$

工业废水排放总量 指经过工业企业厂区所有排放口排到企业外部的工业废水量。包括外排的直接冷却水、超标排放的矿井地下水和与工业废水混排的厂区生活污水，不包括外排的间接冷却水(清污不分流的间接冷却水应计算在内)。

工业废气排放总量 指工业企业厂区内燃料燃烧和生产工艺过程中排放的各种废气总量。以标准状态下（0℃，101325Pa）每年万标立方米表示（每小时排放量的算术平均值×年排放小时数)。

工业烟尘排放量 指工业企业在厂区内的燃料燃烧过程中排入环境的烟尘量。

工业粉尘排放量 指工业企业在生产工艺过程中排放的固体微粒总重量。如钢铁企业的耐火材料粉尘,焦化企业的筛焦系统粉尘、烧结机的粉尘,石灰窑的粉尘、建材企业的水泥粉尘等。不包括电厂排入大气的烟尘。

第12部分

农林牧渔业

AGRICULTURE, FORESTRY, ANIMAL HUSBANDRY AND FISHERY

版面负责人：郭绍林　迟　伶

编　　　辑：顾元林　何　蕾　刘　畅

徐　勇

江苏省统计条例

（2014年1月16日江苏省第十二届人民代表大会常务委员会第八次会议通过）

第二十条 接受委托实施政府统计调查活动的民间统计调查组织，应当有三名以上具有统计从业资格或者统计专业技术职务资格的专职人员，主管统计业务的负责人应当具有中级以上统计专业技术职务资格或者与统计专业相关的中级以上职称。

【释义】 本条是关于民间统计调查组织接受委托实施政府统计调查活动基本要求的规定。

鉴于政府统计活动具有强制性、权威性等特点，本条对参与政府统计活动的民间统计调查组织的资质作出规范：接受委托实施政府统计调查活动的民间统计调查组织，应当有三名以上具有统计从业资格或者统计专业技术职务资格的专职人员，其负责人应当具有中级以上相关专业技术资格。

统计从业资格。国家实行统计从业资格考试制度。根据国家有关规定，统计从业资格考试是在国家统计局的领导下，由省级人民政府统计机构组织实施，由县级人民政府统计机构具体承办。考试于每年9月份的第三个星期日公开举行。考试的承办机关应当事先公布考试大纲、考试的报名条件、报考办法、考务规则、考试的具体时间及地点等。

统计专业技术职务资格。国家实行统计专业技术职务资格考试、评聘制度。根据国家有关规定，统计专业技术职务资格实行全国统一考试制度。统计专业技术职务资格考试由人力资源和社会保障部与国家统计局共同负责。统计专业技术职务资格考试设初级资格、中级资格和高级资格三个级别。统计专业技术职务包括高级统计师、统计师、助理统计师、统计员。助理统计师和统计员为初级资格，统计师为中级资格，高级统计师为高级资格。

第二十一条 民间统计调查组织者开展民间统计调查活动时，应当向调查对象表明身份，告知调查目的，不得以任何方式强迫调查对象接受调查，不得冒用政府统计调查的名义组织实施调查，不得欺骗、蒙蔽调查对象。

民间统计调查组织者对能够识别或者推断单个调查对象身份的信息和数据应当予以保密，未经调查对象同意，不得对外提供、泄露。

【释义】 本条是关于民间统计调查活动基本要求的规定。

从维护调查对象合法权益角度出发，本条对民间统计调查行为作出禁止性规定：明确民间统计调查是自愿性调查，不具有政府统计调查所特有的强制性，规定民间统计调查组织者负有尊重调查对象自主选择权、依法保密以及不得欺骗、蒙蔽调查对象的义务。即应当向调查对象表明身份，告知调查目的，不得以任何方式强迫调查对象接受调查，不得冒用政府统计调查的名义组织实施调查，不得欺骗、蒙蔽调查对象，不得对外提供、泄露能够识别或者推断单个调查对象身份的信息和数据。

民间统计调查组织者。包括民间统计调查组织，也包括公民个人。

能够识别或者推断单个调查对象身份的信息和数据。主要包括三种情况：一是直接标明了单个调查对象身份的资料；二是资料本身虽未直接标明单个调查对象的身份，但是通过地址、编码、有关公开资料等相关信息可以识别或者推断出单个调查对象的身份；三是尽管对外提供、泄露的不是单个调查对象的资料，而是汇总资料，但由于汇总资料的特殊性，他人能够从中推断出单个调查对象的身份。

编辑：王中彬

12-1 主要年份农村基层组织情况

指　　标	1985	1990	1995	2000	2005	2010	2012	2013	2014	2015
农村组织情况　（个）										
乡个数	173	147	128							
镇个数（含城关镇）	9	35	55	107	114	113	113	102	98	98
村委会个数	3543	3517	3511	3493	2364	2166	2081	2028	2047	2030
村民小组个数	26723	27041	27028	26793	22033	21716	20896	20155	20256	20873
乡村户数、人口										
乡村户数　（万户）	135.83	204.39	170.02	174.45	178.83	187.25	181.23	179.53	176.97	176.47
乡村人口　（万人）	595.82	656.06	674.08	680.81	690.39	703.90	685.59	679.99	677.02	675.28
乡村从业人员　（万人）	**271.99**	**321.78**	**330.58**	**335.71**	**348.00**	**366.23**	**356.67**	**361.44**	**358.77**	**358.48**
按性别分										
男性	143.32	169.35	170.48	173.80	182.87	196.59	191.70	192.60	191.98	191.56
女性	128.67	152.43	160.10	161.91	165.13	169.64	164.99	168.84	166.79	166.92
按行业分										
农林牧渔业	220.26	247.48	239.66	233.14	180.78	159.67	144.50	140.10	136.31	132.75
# 农业	203.74	227.10	213.35	207.14	163.24	140.59	119.12	113.15	109.21	107.10
工业	19.75	27.03	31.52	30.05	56.71	89.34	93.40	99.77	101.07	103.32
建筑业	13.04	19.38	24.65	27.32	35.32	46.21	48.73	50.74	51.62	51.66
交通运输、仓储业和邮电业	4.38	6.68	8.77	9.31	10.41	14.17	14.61	14.62	15.00	15.32
批发与零售业	4.41	6.89	7.65	11.90	13.72	18.80	21.16	21.59	21.73	22.20
金融、保险业		0.16	0.22	0.18	0.47	1.01	1.17	1.17	1.25	1.33
房地产、社会服务业	0.46	0.44	0.63	0.85	1.19	1.21	1.74	1.80	1.84	1.86
卫生、体育和社会福利业	1.06	1.09	1.18	1.32	1.41	1.74	1.86	1.90	2.00	2.06
教育、文化艺术和广播电视事业	2.43	2.61	2.39	2.50	2.11	2.74	2.95	2.96	2.95	3.00
科学研究和综合技术服务事业	0.12	0.20	0.17	0.15	0.24	0.42	0.49	0.46	0.52	0.53
乡经济组织管理业	0.46		1.49	1.47	1.27	0.84	0.84	0.89	0.96	0.97
其他非农业行业	5.62	9.82	12.25	17.52	44.37	30.08	25.22	14.19	12.14	11.77

12-2 主要年份耕地面积

单位:千公顷

年 份	年末实有耕地面积	水田	水浇地	年内减少	#国家基建占地	人均占有耕地(亩/人) 按乡村人口计算	按农林牧渔业劳动力计算
1949	836.89					3.68	
1952	859.85					3.56	
1957	834.76			25.09		3.12	
1962	701.87			23.06		2.56	
1965	678.81			5.90		2.34	
1970	672.84			5.95		1.99	
1975	651.79			21.05		1.78	
1978	642.93			9.24		1.69	
1979	640.61			1.87		1.68	
1980	637.80			2.88		1.66	
1981	635.89			1.65		1.63	
1982	634.57			2.33		1.60	
1983	633.74			0.34		1.58	4.41
1984	632.69			0.66		1.57	4.35
1985	630.46			2.82		1.56	4.29
1986	626.84	143.02	483.82	3.06	2.10	1.54	4.21
1987	625.33	150.71	474.62	1.50	1.08	1.52	4.19
1988	623.13	145.97	477.16	2.20	1.49	1.50	4.16
1989	621.90	153.86	468.04	1.23	1.13	1.48	3.99
1990	619.58	170.25	449.33	2.32	1.88	1.39	3.75
1991	617.73	184.04	433.69	1.88	1.10	1.37	3.69
1992	613.77	191.94	421.83	4.01	3.07	1.36	3.58
1993	611.15	161.03	450.12	2.62	1.24	1.35	3.73
1994	608.12	156.38	451.74	3.12	1.34	1.34	3.71
1995	604.63	161.10	442.23	4.79	1.31	1.33	3.78
1996	602.65	170.39	432.26	2.16	0.96	1.32	3.81
1997	615.40	186.44	428.96	1.17	0.85	1.35	3.87
1998	616.07	191.99	424.08	1.38	0.52	1.36	3.85
1999	615.52	213.85	401.67	1.54	1.03	1.36	3.95
2000	611.77	200.59	411.18	3.81	0.59	1.35	3.94
2001	609.69	195.31	414.38	2.72	1.63	1.33	4.01
2002	609.51	185.33	424.18	1.05	0.43	1.33	4.27
2003	609.00	205.05	403.95	3.35	0.63	1.33	4.70
2004	606.65	205.04	401.61	2.53	1.55	1.32	4.84
2005	599.64	207.82	124.97	1.87	1.39	1.30	4.98
2006	596.21	214.34	132.51	3.47	2.30	1.29	5.10
2007	594.78	210.18	135.90	2.62	1.78	1.28	5.40
2008	595.00	199.64	140.02	5.29	3.85	1.28	5.55
2009	611.94	197.55	157.75	2.17	1.03	1.31	5.77
2010	610.73	190.53	410.73	2.02		1.25	5.50
2011	610.65	190.07	411.00	2.01		1.30	6.12
2012	609.48	189.56	410.54			1.33	6.33
2013	608.69	189.11	410.22			1.34	6.52
2014	609.06					1.35	6.70
2015	609.03					1.35	6.88

注:"水浇地"在2004年及以前为"旱地"口径。

12–3　主要年份农林牧渔业总产值

（1990 年不变价格）　　单位：万元

年　份	农林牧渔业总产值	农　业	林　业	牧　业	渔　业	农林牧渔服务业
1949	80236	65097	2218	12040	881	
1952	95905	78558	3212	12971	1164	
1957	102414	78186	4835	18055	1338	
1962	96791	72700	3662	19008	1421	
1965	125348	92907	8997	21106	2338	
1970	158029	118837	4644	32891	1657	
1975	228677	178457	10942	37175	2103	
1978	248804	191076	14128	40533	3067	
1979	288101	223399	16178	45551	2973	
1980	308986	243256	13413	48123	4194	
1981	329627	262760	10473	51967	4427	
1982	373565	289122	12941	66584	4918	
1983	432382	344386	13184	69111	5701	
1984	503683	388672	14530	94357	6124	
1985	509617	366471	15818	119353	7975	
1986	539701	388306	14658	125615	11122	
1987	558965	395672	15192	135192	12909	
1988	575531	383071	14627	163882	13951	
1989	584300	388451	15261	165123	15465	
1990	617106	388974	14882	196316	16934	
1991	653321	407091	11738	215982	18510	
1992	714847	435995	13686	244515	20651	
1993	796478	453399	21894	295714	25471	
1994	871817	482183	22290	337104	30240	
1995	1027284	555518	29108	401517	41141	
1996	1137525	605564	28439	459140	44382	
1997	1034702	659292	28712	300797	45901	
1998	1102308	688264	29955	331947	52142	
1999	1173788	724032	32957	359148	57651	
2000	1231562	754514	33273	379129	64646	
2001	1314282	804945	35204	405637	68496	
2002	1394896	862345	36692	423099	72760	
2003	1355438	730532	39101	455613	72950	57242
2004	1480373	868038	40318	468235	76990	26792
2005	1539166	878862	42879	499465	84986	32974
2006	1610241	936506	44729	477791	115570	35645
2007	1698325	988077	46628	499172	120259	44189
2008	1864125	1045344	49540	588406	131358	49477
2009	2027368	1135354	46615	650514	150175	44709
2010	2281034	1286430	47923	737808	155040	53834
2011	2740180	1496852	51747	961918	161547	68117
2012	3157689	1745489	58632	1093536	179682	80350
2013	3558253	1976164	66061	1212637	203191	100200
2014	4020839	2270183	71294	1335872	222247	121243
2015	4329292	2436033	76860	1437091	236240	143069

12-4 农林牧渔业分项产值

（2015 年）　　单位:万元

指　　标	总产值（当年价格）	构　成（%）
农林牧渔业总产值	**9769328**	**100.00**
农业总产值	**6089117**	**62.33**
种植业产值	6089117	62.33
#粮食	1277921	13.08
油料	77277	0.79
棉花	93242	0.95
麻类	55	0.00
其他农作物	256	0.00
蔬菜园艺作物	4128940	42.26
茶、桑、水果	477760	4.89
药材	33666	0.34
林业产值	**164988**	**1.69**
林木培养和种植	98107	1.00
竹木采运	46267	0.47
#村及村以下竹木采伐	14832	0.15
林产品	20614	0.21
牧业产值	**2841446**	**29.09**
牲畜	1579565	16.17
#牛	53480	0.55
羊	371569	3.80
猪	1086972	11.13
家禽的饲养	1146946	11.74
其他动物产品	114935	1.18
渔业产值	**385147**	**3.94**
#淡水产品	385147	3.94
农林牧渔服务业产值	**288630**	**2.95**

12-5 主要年份农林牧渔业总产值、中间消耗及增加值

（当年价格）　　单位：万元

指　　标	1990	1995	2000	2005	2010	2012	2013	2014	2015
农林牧渔业总产值	**648481**	**1909331**	**2258028**	**3330682**	**5147300**	**7125529**	**8029428**	**9073282**	**9769328**
农业产值	421660	1133427	1483459	2087542	3224250	4382468	4956557	5671996	6089117
林业产值	14643	45823	58415	88590	102871	125860	141807	153040	164988
牧业产值	194679	669430	588828	905295	1458808	2162161	2397650	2641314	2841446
渔业产值	17499	60651	127326	181405	252765	292940	331267	362334	385147
农林牧渔服务业				67850	108606	162100	202147	244598	288630
农林牧渔业中间消耗	**265505**	**899941**	**1072317**	**1631111**	**2391135**	**3300972**	**3705600**	**4174550**	**4528360**
农业中间消耗	139355	408638	606074	869347	1301285	1752440	1977860	2277613	2470776
林业中间消耗	5703	15207	21485	35128	53493	49794	56040	60011	66586
牧业中间消耗	116534	443072	386418	609154	875858	1329944	1475334	1617549	1748368
渔业中间消耗	3913	33024	58340	90200	120315	114005	129207	138112	147415
农林牧渔服务业				27282	40184	53889	67159	81265	95215
农林牧渔业增加值	**372976**	**1009390**	**1185711**	**1699571**	**2756165**	**3824557**	**4323828**	**4898732**	**5240968**
农业增加值	271509	724789	877385	1218195	1922965	2630028	2978697	3394383	3618341
林业增加值	8939	30616	36930	53462	49378	76066	85767	93029	98402
牧业增加值	78145	226358	202410	296141	582950	832217	922316	1023765	1093078
渔业增加值	14383	27627	68986	91205	132450	178035	202060	224222	237732
农林牧渔服务业				40568	68422	108211	134988	163333	193415

注：2003 年及以后农林牧渔业总产值、中间消耗、增加值含农林牧渔服务业（后同）。

12-6 主要年份农林牧渔业总产值、中间消耗及增加值构成

（当年价格）　　单位：%

指　　标	1990	1995	2000	2005	2010	2012	2013	2014	2015
农林牧渔业总产值	**100.0**	**100.0**	**100.0**	**100.0**	**100.0**	**100.0**	**100.0**	**100.0**	**100.0**
农业产值	65.0	59.4	65.7	62.7	62.6	61.5	61.7	62.5	62.3
林业产值	2.3	2.4	2.6	2.7	2.0	1.8	1.7	1.7	1.7
牧业产值	30.0	35.0	26.1	27.2	28.3	30.3	30.0	29.1	29.1
渔业产值	2.7	3.2	5.6	5.4	5.0	4.1	4.1	4.0	3.9
农林牧渔服务业				2.0	2.1	2.3	2.5	2.7	3.0
农林牧渔业中间消耗	**100.0**	**100.0**	**100.0**	**100.0**	**100.0**	**100.0**	**100.0**	**100.0**	**100.0**
农业中间消耗	52.5	45.4	56.5	53.3	54.4	53.1	53.4	54.6	54.6
林业中间消耗	2.1	1.7	2.0	2.2	2.2	1.5	1.5	1.4	1.5
牧业中间消耗	43.9	49.2	36.0	37.3	36.6	40.3	39.8	38.7	38.6
渔业中间消耗	1.5	3.7	5.5	5.5	5.1	3.5	3.5	3.3	3.3
农林牧渔服务业				1.7	1.7	1.6	1.8	1.9	2.1
农林牧渔业增加值	**100.0**	**100.0**	**100.0**	**100.0**	**100.0**	**100.0**	**100.0**	**100.0**	**100.0**
农业增加值	72.8	71.8	74.0	71.7	69.8	68.8	68.9	69.3	69.0
林业增加值	2.4	3.0	3.1	3.1	1.8	2.0	2.0	1.9	1.9
牧业增加值	21.0	22.4	17.1	17.4	21.1	21.8	21.3	20.9	20.9
渔业增加值	3.8	2.8	5.8	5.4	4.8	4.7	4.7	4.6	4.5
农林牧渔服务业				2.4	2.5	2.8	3.1	3.3	3.7

12–7 主要年份农作物播种面积

单位：千公顷

年 份	总播种面 积	粮食作物		在粮食作物播种面积中				
		播种面积	占总播种面积(%)	小麦	稻谷	薯类	玉米	大豆
1957	1 177.89	908.19	77.1	430.05	16.85	102.38	73.84	262.07
1962	950.53	738.01	77.6	328.84	4.69	157.03	56.30	182.15
1965	948.59	678.22	71.5	259.94	22.67	139.35	46.67	146.59
1970	901.52	701.41	77.8	315.96	63.93	126.21	45.11	129.20
1975	947.18	713.49	75.3	309.46	58.41	119.87	39.87	130.48
1978	951.43	705.09	74.1	296.74	79.95	147.32	78.10	90.07
1979	968.45	729.18	75.3	318.46	125.48	113.87	47.08	71.39
1980	942.88	729.57	77.4	306.49	179.40	102.33	46.32	83.03
1981	979.52	814.85	83.2	298.89	168.43	92.35	41.24	76.57
1982	969.44	831.59	85.8	365.49	127.95	76.38	118.47	65.49
1983	984.09	852.18	86.6	388.61	133.06	89.93	137.95	86.32
1984	1014.64	872.44	86.0	417.20	150.06	77.11	136.81	74.39
1985	1029.63	855.12	83.1	412.26	141.52	62.80	157.29	68.23
1986	1037.58	873.57	84.2	417.35	137.65	60.62	172.19	72.44
1987	1045.15	874.63	83.7	419.93	132.73	58.12	186.04	66.87
1988	1023.02	845.62	82.7	414.33	134.01	56.93	163.01	56.63
1989	1023.21	867.63	84.8	423.58	141.54	51.87	186.99	52.18
1990	988.39	850.59	86.1	427.27	157.77	47.15	174.55	34.87
1991	1021.19	859.15	84.1	427.42	181.57	41.77	171.87	27.43
1992	1022.63	848.47	83.0	424.84	187.59	36.48	163.96	27.41
1993	1002.96	808.94	80.7	403.64	147.43	35.62	175.00	39.78
1994	988.14	768.44	77.8	378.34	141.85	30.96	168.50	39.72
1995	967.30	743.12	76.8	372.20	151.26	29.84	150.25	30.29
1996	967.11	744.03	77.0	370.00	164.40	31.91	139.52	29.53
1997	982.83	753.81	76.7	370.71	178.09	27.76	133.48	35.18
1998	1014.34	745.58	73.5	360.92	185.69	25.10	136.21	31.93
1999	990.28	686.62	69.3	326.16	203.25	21.95	105.35	21.74
2000	990.73	587.54	59.3	276.33	158.30	21.67	87.70	35.09
2001	999.24	536.91	53.7	256.38	140.67	18.51	83.51	30.91
2002	1001.78	512.26	51.1	240.85	134.71	18.36	82.19	28.91
2003	985.81	465.79	47.2	212.58	115.87	18.09	83.32	28.75
2004	1001.27	539.29	53.9	238.34	161.72	14.90	89.53	28.98
2005	1024.73	576.99	56.3	260.21	177.69	10.76	90.16	31.63
2006	1015.26	613.22	60.4	279.82	184.78	8.92	101.92	32.77
2007	1040.39	672.42	64.6	311.13	184.67	6.90	133.98	33.73
2008	1010.10	666.84	66.2	307.82	185.77	6.29	127.55	37.57
2009	1056.60	689.28	65.2	319.96	185.76	5.04	135.32	41.12
2010	1099.09	714.05	65.0	340.15	184.93	4.33	143.51	39.23
2011	1110.29	727.26	65.5	341.71	188.68	3.92	152.40	38.28
2012	1124.62	730.53	65.0	346.98	189.69	3.59	152.03	37.16
2013	1126.58	729.75	64.8	346.24	190.07	4.85	153.14	34.33
2014	1127.21	732.96	65.0	349.16	189.38	4.48	156.57	32.44
2015	1160.62	736.27	63.4	350.52	187.94	4.40	160.99	31.60

12-7 续表

单位:千公顷

年份	经济作物		在经济作物播种面积中				其它作物	
	播种面积	占总播种面积(%)	棉花	油菜籽	花生	甜菜		#蔬菜
1957	210.40	17.9	49.93	0.87	25.17		9.30	1.48
1962	200.32	21.3	29.04	0.29	14.23		10.20	3.94
1965	256.34	27.0	42.17		26.67		14.03	11.04
1970	182.27	20.2	52.05		8.75		17.84	13.45
1975	214.48	22.6	54.84	0.92	10.43		19.21	
1978	225.31	23.7	48.48	1.90	9.30		21.03	17.92
1979	217.95	22.5	54.65	2.01	10.57		20.87	14.80
1980	194.84	20.7	47.95	6.01	16.93		18.47	14.59
1981	165.47	16.9	59.48	7.81	13.62		23.59	17.25
1982	137.85	14.2	65.43	6.81	10.37		25.47	20.18
1983	104.08	10.6	69.17	14.59	14.31		27.83	18.02
1984	114.72	11.3	83.67	9.81	13.49		27.48	20.93
1985	137.25	13.3	77.32	23.02	24.26	0.33	37.26	28.17
1986	118.57	11.4	57.81	30.76	22.31		45.44	33.75
1987	123.99	11.9	68.53	30.92	18.62		46.53	35.01
1988	125.32	12.3	90.30	11.62	16.79		52.08	39.40
1989	100.59	9.8	64.83	9.37	16.08		54.99	43.78
1990	87.19	8.8	61.68	4.65	13.91		50.61	42.47
1991	114.15	11.2	77.80	9.83	15.55	0.40	47.89	39.99
1992	119.50	11.7	80.62	6.76	17.18		54.99	44.93
1993	90.45	9.0	57.68	5.46	21.14		103.57	73.81
1994	100.31	10.2	60.97	9.82	25.63	0.57	119.39	99.11
1995	95.85	9.9	62.15	7.10	23.81	0.17	128.33	113.38
1996	71.23	7.4	43.65	4.98	19.50	0.71	151.84	134.73
1997	67.17	6.8	37.54	3.35	21.64	0.08	161.85	138.68
1998	68.40	6.7	35.85	2.90	27.82	0.21	200.36	165.70
1999	68.55	6.9	23.48	2.90	38.33	0.05	235.11	215.05
2000	106.46	10.7	42.78	6.19	53.68	0.06	296.73	244.94
2001	131.18	13.1	61.51	7.54	57.26	0.20	331.15	299.16
2002	120.46	12.0	54.30	9.12	53.49	0.08	369.06	326.41
2003	141.16	14.3	72.23	9.96	50.83		370.85	338.12
2004	154.29	15.4	70.17	8.19	32.03	0.07	307.69	301.98
2005	133.26	13.0	53.33	8.83	43.75		314.48	310.97
2006	111.05	10.9	46.19	7.77	34.06		290.99	288.24
2007	74.30	7.1	40.89	5.43	27.98		293.67	270.63
2008	87.10	8.6	36.15	4.41	25.88		276.58	254.58
2009	84.72	8.0	30.45	5.41	27.76		282.08	280.08
2010	83.81	7.6	30.20	4.61	26.55		301.23	293.30
2011	81.00	7.3	29.40	3.62	25.22		302.03	297.20
2012	83.24	7.9	28.54	3.15	23.96		310.85	304.97
2013	80.45	7.1	25.68	2.52	22.92		316.38	310.67
2014	77.99	6.9	21.20	1.74	24.13		316.26	311.84
2015	79.95	6.9	16.18	1.47	24.25		344.40	339.12

12-8 农作物播种面积和产量

指　标	2013			2014			2015		
	播种面积（千公顷）	每公顷产量（公斤）	总产量（吨）	播种面积（千公顷）	每公顷产量（公斤）	总产量（吨）	播种面积（千公顷）	每公顷产量（公斤）	总产量（吨）
农作物总播种面积	1126.58			1127.21			1160.62		
粮食	729.75	6182	4511339	732.96	6401	4691800	736.27	6396	4709188
夏收粮食	347.09	5548	1925539	349.78	5851	2046457	350.86	5774	2025997
夏收谷物	346.73	5551	1924711	349.41	5854	2045602	350.58	5777	2025254
# 小麦	346.24	5552	1922409	349.16	5855	2044241	350.52	5777	2024959
# 稻谷	190.07	8280	1573722	189.38	8394	1589739	187.94	8454	1588910
# 籼稻	62.89	8305	522295	58.68	8136	477413	64.49	8116	523397
玉米	153.14	5841	894508	156.67	5975	935473	160.99	6048	973729
秋收豆类	34.6	2338	80897	32.66	2589	84560	31.91	2675	85355
# 大豆	34.33	2338	80266	32.44	2591	84037	31.6	2676	84564
秋收薯类	4.85	7561	36673	4.48	7838	35116	4.4	7941	34941
棉花	25.68	1413	36291	21.2	1530	32426	16.18	1605	25973
油料	25.47	3909	99557	25.89	4103	106232	25.75	4349	111997
# 花生	22.92	4111	94234	24.13	4246	102449	24.25	4484	108727
油菜籽	2.52	2102	5296	1.74	2162	3762	1.47	2206	3243
药材类									
蔬菜瓜类	339.76	36859	12523133	342.46	38051	13030864	376.74	37219	14021952
# 蔬菜（含菜用瓜）	310.67	36758	11419483	311.84	38102	11881654	339.12	37109	12584436
瓜类（果用瓜）	29.09	37939	1103650	30.62	37531	1149210	37.62	38211	1437516
其它农作物	5.71			4.42			5.28		

12-9 主要年份主要农产品产量

年 份	粮 食（万吨）	棉 花（万吨）	油 料（万吨）	蚕 茧（吨）	水 果（万吨）	大牲畜年末数（万头）	生猪存栏（万头）	猪牛羊肉（万吨）	水产品（万吨）
1949	74.66	0.20	1.95	70	1.01	32.71	22.19	0.51	0.29
1952	97.42	0.40	2.52	90	1.25	38.80	25.85	0.50	0.37
1957	84.23	0.75	1.62	245	1.01	39.63	46.65	1.60	0.34
1962	76.21	0.39	0.78	110	0.50	29.56	47.66	1.36	0.34
1965	90.95	0.95	1.82	320	0.75	32.12	68.92	2.17	0.49
1970	124.85	2.97	1.05	255	1.48	38.21	80.08	2.38	0.17
1975	174.66	3.41	1.21	485	2.37	35.28	129.15	4.77	0.52
1978	206.15	2.47	1.59	525	2.62	31.47	149.25	5.18	0.72
1979	235.53	2.00	2.07	705	3.93	30.09	148.45	6.15	1.03
1980	249.94	4.46	3.14	885	3.74	28.20	144.07	7.18	1.20
1981	275.10	4.32	5.04	915	4.67	27.52	144.07	7.80	1.18
1982	293.46	5.69	7.54	990	4.66	26.32	146.64	10.20	0.99
1983	367.85	7.32	5.68	1175	5.84	26.54	152.79	8.50	1.04
1984	405.71	9.32	5.09	1675	5.93	24.38	149.46	10.24	1.18
1985	379.70	7.05	10.48	2030	5.77	23.59	189.96	12.90	1.77
1986	410.34	6.24	10.63	2715	7.76	25.58	189.36	13.11	2.44
1987	403.42	7.48	10.60	3135	7.56	27.18	180.57	14.67	3.01
1988	370.10	8.84	4.81	3784	12.83	29.53	158.27	16.08	3.16
1989	404.40	4.69	4.99	5258	11.28	30.98	163.39	16.78	3.37
1990	399.00	5.57	4.77	6022	14.13	32.06	170.36	18.73	3.70
1991	411.83	7.96	6.32	7533	13.16	33.13	170.36	19.59	4.11
1992	418.87	5.45	5.52	11838	16.61	36.15	172.42	21.11	4.62
1993	407.30	4.79	7.12	14814	21.33	39.27	192.04	23.15	5.75
1994	378.99	4.23	9.33	22410	24.03	43.36	203.01	26.14	6.92
1995	406.13	5.91	8.35	22105	35.78	49.54	215.78	28.71	8.49
1996	423.01	4.94	6.38	14424	49.15	53.30	216.89	36.17	9.80
1997	436.51	4.27	7.87	14555	58.15	44.57	176.51	24.92	10.66
1998	386.00	3.92	9.55	14230	66.27	24.50	209.82	26.79	12.02
1999	418.96	2.50	14.35	14320	75.74	17.46	190.04	25.52	12.83
2000	319.50	5.08	20.28	15176	81.91	17.92	201.07	27.51	13.52
2001	309.43	6.79	23.10	16841	90.80	16.78	198.43	28.80	14.17
2002	297.55	6.34	22.23	16560	92.93	19.10	206.02	28.60	14.57
2003	210.44	4.43	10.29	15153	80.57	17.22	206.80	30.10	14.73
2004	319.02	8.37	19.91	14788	90.46	17.73	207.35	31.79	15.57
2005	314.13	4.17	16.26	13212	87.52	18.22	214.26	35.05	16.43
2006	357.87	4.92	14.63	14270	93.99	18.55	180.57	32.41	17.26
2007	374.74	4.19	11.19	13238	98.95	11.59	190.93	35.78	16.39
2008	389.34	4.17	10.70	9966	104.58	16.07	220.49	31.90	16.65
2009	427.67	3.84	12.56	10214	104.88	18.80	248.95	39.40	16.95
2010	440.20	3.23	12.11	6805	106.31	20.99	293.19	46.58	17.04
2011	455.30	3.39	11.45	7510	114.21	23.07	315.36	48.13	17.50
2012	471.73	3.67	10.63	6941	118.77	21.50	313.49	52.97	18.14
2013	451.13	3.63	9.96	6815	92.81	20.87	297.20	47.87	18.37
2014	469.18	3.24	10.62	7977	116.11	20.21	306.91	51.11	18.60
2015	470.92	2.60	11.20	6512	108.47	18.12	299.61	50.09	18.79

注：2006 年数据根据第二次农业普查资料进行了调整。

12-10 主要年份蚕桑、水果生产情况

单位：吨、公顷

指　　标	1978	1980	1985	1990	1995	2000	2005	2010	2012	2013	2014	2015
蚕茧产量	**525**	**885**	**2030**	**6022**	**22105**	**15176**	**13212**	**6805**	**6941**	**6815**	**7977**	**6512**
水果产量	**26210**	**37355**	**576545**	**141335**	**357761**	**819139**	**875179**	**1063147**	**1187667**	**928102**	**1161138**	**1084712**
# 苹果	8843	18874	33035	65638	236258	554403	465347	500570	528930	475800	532998	525887
梨	11339	10512	17441	21662	35992	131368	184550	229087	231911	130690	222207	172045
葡萄				4909	5682	13423	28527	48548	111261	87606	101305	95742
桃子	1318	1747	1841	36875	59713	92833	152802	213566	254580	184361	256846	245448
红枣				26	131	1360	5055	3476	5231	5175	5610	5555
桑园面积	**1307**	**1467**	**2700**	**11100**	**43333**	**13667**	**13307**	**7734**	**7733**	**7734**	**7333**	**7333**
果园面积	**9233**	**9246**	**12700**	**43026**	**68967**	**82139**	**82056**	**75990**	**79105**	**77811**	**75827**	**75435**
# 苹果园		5760	6993	24900	49819	35720	32528	30909	29743	29551	28874	28824
梨园					7416	20136	19733	13305	13116	12196	11649	11425
葡萄园					380	1363	2793	2489	5722	6632	6887	7038

12-11 主要年份林业生产情况

单位：公顷

指　　标	1978	1980	1985	1990	1995	2000	2005	2010	2012	2013	2014	2015
造林面积	4847	3747	7787	3353	5590	4300	7450	5999	4950	6001	5588	3408
# 用材林	3453	2006	4620	2240	2218	1893	2346	1459	326	177	152	307
经济林	993	313	2800	466	3354	2387	2538	1003	698	1920	1582	1172
防护林	401	1428	367	620		20	2566	3538	3924	3898	3831	1922
林产品产量　（吨）												
板栗	23	650	380	465	1678	2203	3096	2690	2090	1608	1656	1704
白果	19	27	47	47	72	910	1260	2333	4367	3448	4726	4641
迹地更新面积			133	106	546	1230	972	802	227	687	357	257
四旁植树　（万株）	4734	4208	3108	1776	1538	1493	1790	2202	1005	1317	1371	1195
林木种子采集量（吨）						80	80	350	955	510	510	4319
本年育苗面积	2800	1777	2180	940	921	931	2578	3818	6546	6193	6804	8331
中、幼龄林抚育面积											9258	
低产林改造面积					187		24		1556	1734	1526	36
木材采伐量(万立方米)	5.05	11.55	13.79	21.42	53.00	41.68			50.47	26.53	27.86	23.66
年末实有林地面积	57400	65386	76593	79413	87123	15445						

12-12　主要年份畜牧业生产情况

指　　标	1978	1985	1990	1995	2000	2005	2010	2012	2013	2014	2015
牲畜年末头数（万头）											
大牲畜	31.47	23.59	32.06	49.54	17.92	18.22	20.99	21.50	20.87	19.77	18.12
#役畜				26.60	7.43	2.59	3.84	3.43	3.18	2.70	2.46
#牛	21.00	11.27	17.17	33.70	8.82	15.34	17.54	18.69	18.28	17.37	16.12
马	3.88	3.03	1.70	1.68	0.63	0.21	0.20	0.15	0.13	0.12	0.11
驴	5.60	7.55	11.33	12.33	7.78	2.25	2.35	1.77	1.59	1.51	1.36
骡	0.99	1.74	1.86	1.83	0.69	0.42	0.90	0.90	0.87	0.77	0.65
猪	149.25	189.96	170.36	215.78	201.07	214.26	293.19	313.49	297.20	306.91	299.61
羊　　（万只）	82.79	80.71	206.01	353.98	175.48	263.68	208.14	219.75	227.54	232.90	228.85
#山羊	39.14	59.08	179.66	326.05	163.38	267.24	202.60	211.78	218.91	222.04	217.09
兔　　（万只）		89.01	109.12	444.22	655.83	667.16	1056.77	1068.06	1077.86	1065.07	1023.82
家禽　　（万只）	491.80	1613.08	2403.44	4298.00	3545.39	4735.11	9270.77	9711.07	9908.59	9762.65	9618.31
畜产品产量											
肉猪出栏头数（万头）	67.01	130.74	163.11	250.95	238.83	308.56	460.74	507.29	520.84	546.84	549.88
肉类总产量　　（吨）		142336	217108	403509	366391	501563	885070	1029838	984753	1014517	1014486
#猪肉	51847	123325	161363	248224	240487	293027	414173	470213	413211	441327	429977
牛肉		1715	9243	2747	10958	15656	8864	9801	10878	12270	11645
羊肉		3948	16685	36107	23665	41844	42736	49689	54642	57486	59302
禽肉		11421	25876	67770	67528	113626	340256	430435	436513	431098	444393
兔肉		1927	2635	18736	19739	24524	60603	62257	62980	64409	62528
其他畜产品产量（吨）											
牛奶产量	3814	6997	9889	20821	59035	183851	266981	267755	259218	230554	166594
羊奶产量											
绵羊毛产量	1520	1059	1479	1730	743	386	272500	261020	275500	302805	299840
蜂蜜	121	283	1035	335	120	289	556	312	320	379	390
禽蛋		71541	148806	325152	354001	422021	486249	563150	579238	564057	576481

12-13　主要年份水产品生产情况

指　　标	1978	1985	1990	1995	2000	2005	2010	2012	2013	2014	2015
水产品产量　　（吨）	**7160**	**17745**	**36897**	**84928**	**135168**	**164298**	**170395**	**181430**	**183651**	**186001**	**187919**
按生产性质分											
捕捞产量	1825	4523	9574	18409	19061	25140	16306	17280	17080	15940	15511
养殖产量	5335	13222	27323	66519	116107	139158	154089	164150	166571	170061	172408
按类别分											
鱼类	6427	14258	37847	76287	116203	116952	151286	161553	164469	167708	168703
虾蟹类	39	41	72	177	14967	19665	15240	15816	15173	14546	15604
贝类	746	926	1587	2972	2957	629	1974	2028	2010	1971	1936
其它	53	97	201	342	1046	1912	1895	2033	1999	1776	1676
水产养殖面积（公顷）	**9493**	**17309**	**16751**	**26787**	**31363**	**35879**	**25694**	**26519**	**26160**	**26425**	**26589**

12-14　主要年份农业现代化情况

单位：千公顷

指　　标	1980	1985	1990	1995	2000	2005	2010	2012	2013	2014	2015
农业机械化情况											
机耕面积	490.40	520.11	515.45	549.51	534.16	685.76	637.73	754.75	739.25	737.84	791.89
机播面种	100.00	212.00	325.98	277.65	253.76	401.28	413.29	560.57	624.32	652.98	644.57
# 机播小麦面积	161.38	198.74	325.55	254.22	231.76	282.30	275.05	303.21	309.33	317.96	319.49
机械植保面积			227.29	522.48	575.64	683.64	625.67	695.03	706.15	722.75	764.02
机械收获面积		160.67	286.39	367.64	419.90	516.46	505.42	634.99	662.53	682.08	685.38
农村电气化情况											
农村用电量　（万千瓦小时）	29675	75513	185943	163273	297446	462664	502295	595964	633787	648155	663065
农业化学化情况											
农用化肥施用量（折纯量）（吨）	250379	314738	440900	567001	671296	696985	703405	671312	649564	640757	621636
# 氮肥	163916	194643	259564	299171	311692	316672	328439	311703	298192	294470	284806
磷肥	60658	94386	98522	114582	122556	104933	104733	96300	92160	89233	86001
钾肥	7374	5536	21899	36576	71045	71824	70820	68572	65974	64254	62284
复合肥	18430	17502	60916	116672	166003	203556	199413	194737	193238	192800	188545
每公顷耕地施用量　（公斤）	397	507	728	927	1120	1182	1201				
农用塑料薄膜使用量　（吨）		7343	6948	8583	9057	12150	12934	13153	13256	13380	13418
农药使用量　（吨）		6268	15162	15047	14341	12556	12441	11273	10709	10567	10169
农田水利情况											
有效灌溉面积		443.28	444.67	461.12	495.45	480.08	491.98	512.44	517.79	525.82	511.47
旱涝保收面积			360.51	395.89	348.12	420.70	428.00	427.44	445.60	476.53	463.47
农村基础设施情况　（个）											
自来水受益村数			550	1270	1161	1813	1946	1941	1896	1963	1974
通电话村数			2228	3493	2364	2207	2166	2081			
通宽带村数										2025	2015

12-15 主要年份主要农业机械拥有量

（年底数）

指　　标		1980	1985	1990	1995	2000	2005	2010	2012	2013	2014	2015
农业机械总动力	**（万千瓦）**	**186.19**	**253.03**	**205.11**	**374.66**	**437.73**	**547.63**	**563.71**	**615.15**	**626.68**	**757.01**	**684.57**
# 柴油机		118.13	160.85	134.87	295.07	350.53	469.94	483.25	520.09	529.28	545.93	570.03
电动机		56.71	79.51	62.09	76.34	83.01	71.97	6.68	81.39	82.09	94.85	97.22
主要农业机械												
大中型拖拉机	（台）	6285	6439	4335	7574	7101	11332	13772	18953	21106	23792	27922
	（万千瓦）	22.57	23.97	16.43	25.43	25.39	44.51	57.28	83.13	96.30	113.66	137.95
小型拖拉机	（台）	86025	117000	86976	143011	156367	279005	274908	255309	239484	229508	203599
	（万千瓦）	76.21	106.80	77.22	129.96	143.47	250.64	250.64	240.88	227.56	220.35	203.13
农用排灌动力机械	（台）	35681	51300	51576	52506	60907	59669	61047	75028	78604	81336	86320
	（万千瓦）	42.77	54.37	53.79	60.91	70.15	66.23	67.61	77.84	80.69	84.03	88.6
# 柴油机	（台）	7460	10800	12154	12339	18720	21553	22276	24687	27005	33034	33538
	（万千瓦）	7.74	10.80	11.84	11.80	19.18	19.96	20.71	21.49	23.96	25.51	26.64
电动机	（台）	28221	40500	39422	40167	42116	38116	38771	44741	45995	48132	49386
	（万千瓦）	35.07	43.57	41.94	49.11	50.76	46.27	46.91	53.70	56.74	58.11	61.53
农用水泵	（台）	34062	48000	50561	77396	71639	79572	82443	104268	108730	109288	111310
喷灌机械	（套）	804	3512	7012	17841	21406	21560	21866	24817	26494	31484	35304
联合收割机	（台）	98	149	426	6039	9822	14046	15435	18418	17233	23369	26008
机动脱粒机	（台）	35307	57227	8794	68050	31345	21445	21005	17905	15170	13911	12771
机动喷雾(粉)机	（万部）	0.44	0.45	0.88	1.62	1.87	2.24	2.50	4.42	4.84	5.05	5.21
农产品加工机械动力	（万千瓦）	19.36	37.49	21.37	22.11	22.48	25.83	25.33	29.05	30.63	31.10	31.51
农用载重汽车	（辆）	2654	3425	3346	6536		17886	17897	18619	17836	16785	17109
	（万千瓦）	16.85	25.24	25.14	11.69		29.25	28.98	34.11	32.82	31.37	32.54

12-16 主要年份农林牧渔业主要经济效益指标

指　　标	1985	1990	1995	2000	2005	2010	2012	2013	2014	2015
每个农业劳动力创造的										
农林牧渔业总产值（元）	1446	2855	4815	9685	18424	32237	49312	57312	66563	73592
每个农业劳动力创造的										
农林牧渔业增加值（元）		1161	3053	5086	9401	17262	26468	30862	35938	39480
每公顷耕地创造的										
种植业产值（元）		5811	17876	22959	14498	52793	71905	81430	93127	99981
每公顷耕地创造的										
种植业增加值（元）		4380	12014	13927	20315	31486	43152	48936	55732	59412
每个农业劳动力生产的										
粮食产量（公斤）	1724	1757	1904	1370	1738	2757	3265	3220	3442	3547
每个农业劳动力生产的										
棉花产量（公斤）	32	25	28	22	23	20	25	26	24	20
每个农业劳动力生产的										
油料产量（公斤）	47	21	39	87	81	76	74	71	78	84
每个农业劳动力生产的										
肉类产量（公斤）	64	82	146	157	277	554	713	703	720	764
每个农业劳动力生产的										
水产品产量（公斤）	8	16	40	58	91	107	126	131	136	142
农民人均收入（元）	389	661	1800	3230	4443	7955	10762	12052	12811	13982

注:产值、增加值均为现行价格。

主要统计指标解释

乡村劳动力　是指乡村人口中经常参加合作经济组织（包括乡村办企业事业单位）和从事家庭经营生产劳动的整、半劳动力。凡是在农村由合作经济组织分配劳动任务或者承包各种生产任务，并从中直接取得实物、货币收入的劳动力，不管他们从事何种劳动，都统计为乡村劳动力。国家向乡村调用的建勤民工，由集体经费支付工资或补贴的乡村半脱产管理干部，乡村分配到全民所有制单位和城镇集体所有制单位工作而收入交合作经济组织，并从中取得实物、货币收入的合同工、临时工、亦工亦农人员；自行外出，但户口没有转出的劳动力，都包括在内。

16周岁以上的在校学生和由国家支付工资的职工都不统计为乡村劳动力。

农林牧渔业总产值　农林牧渔业总产值是以货币表现的农林牧渔业的全部产品总量和对农林牧渔业生产活动进行的各种支持性服务活动的价值。它反映一定时期内农林牧渔业生产总规模和总成果。

农林牧渔业的统计范围是：

（1）农业　包括谷物和其他作物种植业、蔬菜、园艺和水果、坚果、饮料、香料的生产经营，以及中药材种植业。

（2）林业　包括林木的培育和种植（不包括茶园、桑园和果园的栽培、管理和收获等活动）、林产品的采集和竹木采运。

（3）牧业　包括除渔业养殖以外的一切动物饲养和放牧以及野生动物的捕猎和饲养。

（4）渔业　包括水生动物和海藻类植物的养殖和捕捞。

从所有制看，包括国有经济的各种专业农（农、林、牧、渔）场以及国家各级机关团体学校、科研机构、部队经营的农业；集体所有制的乡镇村各级办农场；农村各种经济组织经营的农、林、牧、渔业以及工矿企业家属集体经营的农业；农民家庭自营的农林牧渔业及兼营商品性工业等。

农业总产值的计算方法通常是按农林牧渔业产品及其副产品的产量分别乘以各自单位产品价格求得，少数生产周期较长，当年没有产品或产品产量不易统计的，则采用间接方法匡算其产值，然后将四业产品产值相加即为农业总产值。

1957年以前的农业总产值中包括了厩肥和农民自给性手工业（如农民自制衣服、鞋、袜、自己从事粮食初步加工等）。1958年及以后的农业总产值，林业中增加了村及村以下竹木采伐产值；牧业中取消了厩肥产值；副业中取消了农民自给性手工业产值，增加了村及村以下办的工业产值；渔业中增加了海洋捕捞水产品产值。1980年及以后的农业总产值，在副业中增加了农民家庭兼营工业商品部分的产值。从1984年起村及村以下办工业产值划归工业。从1993年起，取消副业。将野生动物的捕猎划入牧业，野生植物采集和农民家庭兼营商品性工业划归农业。从2003年起，执行新的国民经济行业分类标准，农林牧渔业总产值中包括了农林牧渔服务业产值。林业中增加了森林采运业产值。农业中取消了家庭兼营商品性工业产值，将野生林产品的采集划归林业。

农林牧渔业增加值　指农、林、牧、渔及农林牧渔服务业在生产货物或提供服务活动的过程中而增加的价值，为农林牧渔业现价总产值扣除农林牧渔业现价中间投入后的余额，是指各单位生产经营的最终成果。

农林牧渔业中间消耗　是指当年在农林牧渔业生产过程中所投入或消耗的各种物质产品和劳务价值的总和。包括中间物质消耗和对非物质生产部门的劳务支出两部分。

农作物总产量　是指本年度内生产的各种农作物的总产量。不论计划内外，数量多少，耕地上还是非耕地〔包括荒山、坡及江、河、湖、海滩（涂）、十边隙地等〕上的农作物产量都统计在内。农作物产量是指全社会产量，不仅要把国营农场等全民所有制生产单位和乡、村集体所有制生产单位的农作物产量统计在内，农户自营地、工矿企业职工家属办的农场和其他经营单位的农作物产量也统计在内。不仅统计卖给国家的农作物产量，生产单位自产自用的农作物产量也统计在内。农作物产量只统计晒干入库的产量。

粮食产量　指全社会的产量。包括国有经济经营的、集体统一经营的和农民家庭经营的粮食产量，还包括工矿企业家属办的农场和其他生产单位的产量。粮食除包括稻谷、小麦、玉米、高粱、谷子及其他杂粮外，还包括薯类和大豆。其产量计算方法，豆类按去豆荚后的干豆计算；薯类（包括甘薯和马铃薯，不包括芋头和木薯）1963年以前按每4公斤鲜薯折1公斤粮食计算，从1964年开始及以后改为按5公斤鲜薯折1公斤粮食计算。城市郊区作为蔬菜的薯类（如马铃薯等）按鲜品计算，并且不作为粮食统计。其他粮食一律按脱粒后的原粮计算。

油料产量　指全部油料作物的生产量。包括花生、油菜籽、芝麻、向日葵籽、胡麻籽（亚麻籽）和其他油料。不包括大豆，也不包括木本油料和野生油料。花生以带壳干花生计算。

蚕茧产量　是指本年度内生产的全部蚕茧产量，不论自用的或出售的，都统计在内。在计算蚕茧产量时，把土茧、改良茧和种茧都包括在内。蚕茧产量均按鲜茧的重量计算。

猪、牛、羊肉产量　指当年出栏并已屠宰后除去头蹄下水后带骨肉（即胴体重）的重量。

水产品产量　是指人工养殖并捕捞的水产品和捕捞天然生产的水产品产量。不论自食的或出售的，都计算在内。用作继续扩大再生产的水产品（如鱼苗、苗种、亲鱼、鱼饵及转塘鱼、存塘鱼等）不作水产品产量统计。在渔业生产单位出售以前已经变质的水产品，不论是改作饲料、肥料还是其他用途，也不作水产品产量统计。

生猪出栏量 是指国营农场等全民所有制生产单位、乡(镇)、村各种合作经济组织和农户、机关、学校、工矿企业、部队以及城镇居民饲养的,可供屠宰并已出栏的全部肉猪数量。不仅包括卖给国家及其他购买者的肉猪,还包括集体和城乡居民自宰的肉猪。

期初(末)畜禽存栏头(只)数 指本期期初(末)农村各种合作经济组织和国营农场、农民个人、机关、团体、学校、工矿企业、部队等单位以及城镇居民饲养的大牲畜、猪、羊、家禽等畜禽的存栏头(只)数。

谷物 指籽实主要供作粮食的作物。这类作物包括稻谷、小麦、玉米、谷子、高粱和其他谷物,不包括豆类和薯类作物。

林产品产量 指不经砍伐竹木的根本而取得的各种林产品数量。包括生漆、棕片、五倍子、松脂、笋干、油桐籽、油茶籽、乌柏子、核桃、板栗、白果等各种林木籽实以及修剪竹木所获得的枝叶(如荆条、柳条、蒲葵叶)等。不包括桑叶、茶叶、水果。也不包括野生的林产品。

耕地面积 是指种植农作物,并经常进行耕锄的田地。统计范围包括熟地、当年新开荒地、连续撂荒未满三年的耕地和当年的休闲地(轮歇地)。以种植农作物为主并附带种植桑树、茶树、果树和其他林木的土地以及沿海、沿湖地区已围垦利用的"海涂"、"湖田"等也包括在内。但专业性的桑园、茶园、果园、果木苗圃、林地、芦苇地、天然草原等都不包括在内。

农作物播种面积 指实际播种或移植有农作物的面积。凡是实际种植有农作物的面积,不论种植在耕地上还是种植在非耕地上,均包括在农作物播种面积中,同时还包括因遭灾而重新改种和补种的农作物面积,种一公顷算一公顷。

有效灌溉面积 是指具有一定的水源,地块比较平整,灌溉工程或设备已经配套,在一般年景下当年能够进行正常灌溉的耕地面积。包括机灌、电灌和自流灌溉面积三部分。

造林面积 是指报告期内在荒山、荒地、沙丘等一切可以造林的土地上,采用人工播种、植苗、飞机播种等方法新植的成片乔木和灌木林面积,符合"造林技术规程"要求的株数,经过检查验收,成活率在85%以上的面积。四旁植树如一侧在四行以上,连续成片面积达一亩以上,也统计在造林面积内。在造林面积中,不包括补植面积、治沙种草面积、经济林复垦面积、迹地更新面积和低产林改造面积。

农用化肥施用量 指在本年度内实际用于农业生产的化肥数量。包括氮肥、磷肥、钾肥和复合肥。按折纯法计算化肥数量,即把氮肥、磷肥、钾肥分别按含氮、含五氧化二磷、含氧化钾100%折算。

农村用电量 是指在本年度内,扣除在农村中的全民所有制工业、交通、基建单位用电量以后农村生产和生活上的全年用电总量(按全年累计数统计)。从电的来源看,既包括国家电网的供电量,也包括农村自办电站的供电量。

农业机械总动力 是指主要用于农、林、牧、渔业生产和运输的所有动力机械的动力总和。包括耕作机械、排灌机械、收获机械、农产品加工机械、运输机械、植保机械、牧业机械、林业机械、渔业机械和其他机械[内燃机按引擎马力折成瓦(特)计算,电动机按功率折成瓦(特)计算]。不包括专门用于乡(镇)、村以及村以下办工业、基本建设、非农业运输、科学试验和教学等非农业生产方面用的动力机械和作业机械。但从事农副产品初级加工的村户工业的机械应统计在内。

农业机械年末拥有量 是指国有经济、集体经济农业生产单位和合作经济组织及农户在年末统计时实际拥有的各种农业机械设备数量。包括能用未用的、需要修复的(指中修、大修)、储存备用的。但已经损坏报废的、购买(或调进)而未提货的、从非农业生产单位调来临时支援的,均不包括在内。

第13部分

工业 INDUSTRY

版面负责人：李　燕

编　　　辑：殷溪晨

江苏省统计条例

（2014年1月16日江苏省第十二届人民代表大会常务委员会第八次会议通过）

第二十二条 除依法应当保密的以外，政府统计机构、有关部门开展地方统计调查取得的统计资料，应当及时向社会公布。

公布统计资料时，应当同时公布主要统计指标含义、调查范围、调查方法、计算方法、调查样本量等信息；引用其他机构或者部门资料的，应当注明资料来源。

【释义】 本条是关于政府统计机构、有关部门公布统计资料的规定。

政府统计资料的公布。是指特定主体按照一定的程序和方式向社会公开政府统计调查取得的有关资料。当前，政府统计机构定期公布统计资料已形成制度，如每年按时发表国民经济和社会发展统计公报，按时出版统计年鉴、统计月报，定期召开新闻发布会，及时公布年度、季度、月度经济社会发展情况等。

本条对政府统计资料的公布作出如下规定：一是明确政府统计资料的公布范围。鉴于政府统计资料是重要的公共产品，本条规定，除依法应当保密的以外，即除国家秘密、商业秘密以及“能够识别或者推断其身份”的统计调查对象的信息和数据等以外，其他政府统计资料应当及时向社会公公布。该规定顺应了“大数据”推动“大统计”的时代要求，规定了政府统计资料“以公开为原则、不公开为例外”的原则，有助于确立政府统计机构“数据”枢纽的地位。二是明确公布主体。根据“谁调查、谁发布、谁负责”的原则，本条规定政府统计机构、有关部门负有公布统计资料的责任，应当将开展地方统计调查所取得的统计资料，按照统计调查制度规定的内容，及时向社会公布。三是明确政府统计资料公布的规范要求。即应当同时公布主要统计指标含义、调查范围、调查方法、计算方法、调查样本量等信息；引用其他机构或者部门资料的，应当注明资料来源。

指标含义。是指对统计指标的内涵与外延所作出的解释和说明。内涵说明该指标的规定性和与其他指标的区别；外延说明该指标包涵的范围。

调查方法。是指统计资料的搜集方法，即确定或选取统计调查对象的方法。

计算方法。是指根据相关统计指标和相关基础资料，计算某一统计指标的方法，包括计算原则、计算公式和有关折算系数等。

第二十三条 地方各级人民政府编制国民经济和社会发展规划与计划、财政预算，以及制定重大经济社会发展政策等使用统计资料的，应当以政府统计机构提供的统计资料为准。

政府统计机构应当及时向本级人民政府及其有关部门提供统计资料。

【释义】 本条是关于地方政府使用统计资料以政府统计机构资料为准，以及政府统计机构向有关部门提供统计资料义务的规定。

为维护政府统计机构及其数据权威性，避免“数出多门”导致社会公众误解和不信任，本条第一款规定地方各级政府编制发展规划与计划、财政预算，制定重大政策等，应当使用统计资料，并以政府统计机构提供的资料为准。同时，为减少统计调查项目数量，避免重复调查，减轻基层和调查对象负担，提高统计效率，并促进统计资料共享机制形成，本条第二款规定了政府统计机构提供统计资料的义务，即应当及时向本级人民政府及其有关部门提供统计资料。

为此，政府统计机构、有关部门应当建立健全相关相关制度措施，促进统计资料共享机制的形成。

编辑：王中彬

13-1　规模以上工业企业主要经济指标

单位:万元

年　份	企业个数（个）	工业总产值（当年价）	工业销售产值（当年价）	两项资金占用	资产合计	负债合计	主营业务收入
1998	638	4074137	3935975	1005882	5070971	3649935	3478097
1999	634	4250673	4142091	1021559	5264533	3712439	3709849
2000	675	4664445	4559926	950855	5291391	3544562	4076443
2001	662	5143552	5006434	811298	5797488	3837366	4606718
2002	743	6004465	5881437	939259	5917323	3745659	5407551
2003	835	7261282	7096979	959127	6635734	4133204	6708392
2004	1223	9240199	9034730	1143367	8052514	5251043	9023167
2005	1253	12282690	12049881	1237961	9068114	5732485	12057772
2006	1586	16325467	15995354	1462580	10941023	6741424	15867073
2007	1941	21435726	20985525	1814542	13044678	7830995	20982419
2008	2289	28466782	27834669	2569139	18702529	10307054	27764584
2009	3108	35975051	35275524	2848331	23544459	12864401	35445466
2010	3412	51129660	50174214	4196654	30388366	15785192	51021414
2011	2788	69506533	68246607	8717219	39645649	21486793	69407633
2012	2859	88822852	87825341	11235951	47911439	25983600	88372620
2013	2874	105230955	104258179	8734485	53382687	28324566	105068789
2014	2861	113906442	112125760	9270151	60859209	30270409	113119359
2015	2875	122159067	120415314	9678459	64255591	31077601	120343280

13-1　续表

单位:万元

年　份	亏损企业亏损总额	亏损企业个数（个）	利润总额	利税总额	本年应付工资总额	本年应交增值税	全部职工年平均人数（人）
1998	55429	162	51295	295628	320243	164058	492401
1999	57131	147	62171	317247	317580	171032	518859
2000	39223	157	99135	379547	339630	187754	401158
2001	40063	138	124653	449361	336525	207127	368704
2002	33123	126	191770	601687	361629	251984	367149
2003	25870	113	289107	803670	415936	304318	354677
2004	58968	301	434646	1179748	540145	416170	380727
2005	25349	138	595317	1506893	674688	540559	383974
2006	21781	112	870389	2032883	832027	699112	424627
2007	17119	79	1256175	2810581	1018946	894886	462273
2008	180810	79	2156619	4515412	1506205	1547597	559395
2009	100017	62	2941696	5987619	1538026	2051026	602000
2010	55180	60	4578037	8244983	2448742	2549410	671931
2011	146411	62	6435392	11243062	3052689	3338761	718085
2012	275106	105	7433779	13199640	3247280	4054671	732913
2013	232757	81	8560785	15333700	3480102	4868456	764904
2014	206294	130	8997308	16398508	4221206	5320383	802715
2015	240095	134	9785252	17440548	4286483	5370823	795675

13-2 规模以上工业企业主要经济指标

（2015 年） 单位:万元

指标	企业个数（个）	# 亏损企业	工业总产值（当年价）	工业销售产值（当年价）	# 出口交货值
总 计	**2875**	**134**	**122159067**	**120415314**	**2493979**
按登记注册类型分					
内资企业	2698	106	110782644	109202639	1499358
国有企业	6	5	105032	98774	
中央企业	3	3	36174	34646	
地方企业	3	2	68858	64128	
集体企业	11		182360	177160	
股份合作企业	1		8986	8986	
联营企业					
国有联营企业					
集体联营企业					
国有与集体联营企业					
其他联营企业					
有限责任公司	371	38	21993078	21824250	433068
国有独资公司	9	2	6654219	6637727	279205
其他有限责任公司	362	36	15338859	15186523	153863
股份有限公司	63	9	6052548	5977598	127742
私营企业	2238	54	82352623	81029926	938548
私营独资企业	95	1	3770950	3710954	31
私营合伙企业	17		565817	552348	
私营有限责任公司	2055	48	75115777	73878576	733414
私营股份有限公司	71	5	2900079	2888048	205103
其他企业	8		88019	85945	
港、澳、台商投资企业	83	10	6847709	6631391	179586
合资经营企业(港或澳、台资)	38	4	4852552	4661483	97469
合作经营企业(港或澳、台资)	1		59684	56699	
港澳台商独资经营企业	40	6	1254609	1247558	82116
港澳台商投资股份有限公司	4		680864	665651	
外商投资企业	94	18	4528714	4581284	815035
中外合资经营企业	60	12	2642589	2566205	175339
中外合作经营企业	2		102574	99779	20816
外资企业	32	6	1783551	1915300	618881
外商投资股份有限公司					

13-2　续表 1　（2015 年）　单位:万元

指　标	企业个数（个）	# 亏损企业	工业总产值（当年价）	工业销售产值（当年价）	# 出口交货值
按经济组织类型分					
独资企业	184	18	7096501	7149746	701028
国有企业	6	5	105032	98774	
集体企业	11		182360	177160	
私营独资企业	95	1	3770950	3710954	31
港澳台商独资经营企业	40	6	1254609	1247558	82116
外资企业	32	6	1783551	1915300	618881
合作、合伙企业	29		825079	803758	20816
股份合作企业	1		8986	8986	
国有联营企业					
集体联营企业					
国有与集体联营企业					
其他联营企业					
私营合伙企业	17		565817	552348	
合作经营企业(港或澳、台资)	1		59684	56699	
中外合作经营企业	2		102574	99779	20816
其他企业(内资)	8		88019	85945	
股份有限公司	138	14	9633491	9531297	332845
股份有限公司(内资)	63	9	6052548	5977598	127742
私营股份有限公司	71	5	2900079	2888048	205103
港澳台商投资股份有限公司	4		680864	665651	
外商投资股份有限公司					
有限责任公司	2524	102	104603996	102930514	1439291
国有独资公司	9	2	6654219	6637727	279205
私营有限责任公司	2055	48	75115777	73878576	733414
合资经营企业(港或澳、台资)	38	4	4852552	4661483	97469
中外合资经营企业	60	12	2642589	2566205	175339
其他有限责任公司	362	36	15338859	15186523	153863
在总计中:亏损企业	134	134	3498607	3458119	121904
在总计中:国有控股企业	45	16	9512477	9457101	285552
按轻重工业分					
轻工业	1100	37	40038948	39503797	682188
重工业	1775	97	82120119	80911517	1811791
按企业规模分					
大型企业	52	3	25205293	24903786	870695
中型企业	518	27	45485962	44790365	1012929
小型企业	2220	96	49187333	48464844	610356
微型企业	85	8	2280479	2256319	

13-2 续表 2 （2015 年） 单位:万元

指　　标	企业个数（个）	#亏损企业	工　业总产值（当年价）	工业销售产　值（当年价）	#出　口交货值
按行业分	**2875**	**134**	**122159067**	**120415314**	**2493979**
煤炭开采和洗选业	12	3	2105954	2067346	
黑色金属矿采选业	5	1	91381	86013	
非金属矿采选业	27		781148	761228	
农副食品加工业	241	5	7854618	7715647	276626
食品制造业	53	2	1366778	1344894	54025
酒、饮料和精制茶制造业	31	4	3859333	3828906	33588
烟草制品业	1		2106029	2106029	
纺织业	296	7	6042193	5910956	49567
纺织服装、服饰业	91	3	1697280	1683396	59916
皮革、毛皮、羽毛及其制品和制鞋业	22		843482	840178	22975
木材加工和木、竹、藤、棕、草制品业	423	2	10646031	10550680	615000
家具制造业	41	1	748808	742188	
造纸和纸制品业	35	2	920724	907743	
印刷和记录媒介复制业	18	1	218675	223151	
文教、工美、体育和娱乐用品制造业	49	2	1327540	1311328	113684
石油加工、炼焦和核燃料加工业	11	4	2185135	2126931	
化学原料和化学制品制造业	221	10	17803412	17405171	161309
医药制造业	62	2	5408044	5339352	1529
化学纤维制造业	20	3	969397	953336	
橡胶和塑料制品业	113	2	2897887	2806061	21842
非金属矿物制品业	257	14	6454703	6375519	39036
黑色金属冶炼和压延加工业	93	7	7701618	7583785	25069
有色金属冶炼和压延加工业	48	2	3008456	2937072	
金属制品业	120	4	3588859	3500299	137024
通用设备制造业	100	17	5415054	5398474	309302
专用设备制造业	126	15	4392526	4423140	384670
汽车制造业	39	3	725254	713002	2606
铁路、船舶、航空航天和其他运输设备制造业	23	1	1425695	1428090	49287
电气机械和器材制造业	128	7	7860908	7745215	47818
计算机、通信和其他电子设备制造业	54	3	3606833	3551805	50450
仪器仪表制造业	62	4	5999459	5958453	38657
其他制造业	8		181434	177789	
废弃资源综合利用业	7		112655	112527	
金属制品、机械和设备修理业	3		35520	35155	
电力、热力生产和供应业	26	3	1666529	1658451	
燃气生产和供应业	3		69658	67663	
水的生产和供应业	6		40058	38344	

13-2　续表 3　（2015 年）　单位:万元

指　　标	资产合计	#流动资产合计	#固定资产合计	#固定资产原值	累计折旧	固定资产净　值	负债合计
总　计	**64255591**	**25381935**	**30334818**	**49306288**	**20025695**	**29280594**	**31077601**
按登记注册类型分							
内资企业	55930422	22385970	26018087	41969482	17049995	24919486	26875831
国有企业	343060	153416	148892	147330	45667	101663	250793
中央企业	105942	63806	25748	35481	10590	24890	63378
地方企业	237118	89611	123144	111849	35077	76772	187414
集体企业	66038	32135	30910	44289	13373	30916	36153
股份合作企业	6712	5091	1621	2661	926	1735	1985
联营企业							
国有联营企业							
集体联营企业							
国有与集体联营企业							
其他联营企业							
有限责任公司	27909512	13350821	9981730	14754501	5844615	8909886	16323330
国有独资公司	16827216	9122331	4687829	5949149	2243456	3705693	10069306
其他有限责任公司	11082296	4228489	5293901	8805353	3601160	5204193	6254024
股份有限公司	4645061	2271847	1240227	2160649	936319	1224331	1578910
私营企业	22840572	6544158	14524258	24748378	10187872	14560506	8635818
私营独资企业	1021347	294130	627146	1027085	399449	627636	414633
私营合伙企业	130431	18564	103765	183310	79545	103765	16899
私营有限责任公司	20259260	5943039	12960056	22285289	9289466	12995823	7805191
私营股份有限公司	1429534	288425	833291	1252693	419412	833281	399094
其他企业	119468	28504	90451	111673	21223	90451	48843
港、澳、台商投资企业	5672546	1924911	3041170	4925080	1829066	3096014	3066035
合资经营企业(港或澳、台资)	4733562	1547346	2560958	4214078	1596438	2617640	2700324
合作经营企业(港或澳、台资)	9133	1513	7620	18245	10626	7620	3920
港澳台商独资经营企业	793874	346823	370589	538912	170162	368749	302317
港澳台商投资股份有限公司	135978	29228	102005	153845	51841	102005	59474
外商投资企业	2652624	1071054	1275561	2411727	1146634	1265093	1135735
中外合资经营企业	1538212	532323	866178	1644307	788612	855695	568442
中外合作经营企业	24286	13881	10405	20654	10249	10405	12020
外资企业	1090126	524851	398977	746766	347773	398993	555273
外商投资股份有限公司							

13-2 续表 4 （2015 年） 单位:万元

指　　标	资产合计	# 流动资产合计	# 固定资产合计	# 固定资产原值	累计折旧	固定资产净值	负债合计
按经济组织类型分							
独资企业	3314445	1351354	1576513	2504382	976425	1527957	1559169
国有企业	343060	153416	148892	147330	45667	101663	250793
集体企业	66038	32135	30910	44289	13373	30916	36153
私营独资企业	1021347	294130	627146	1027085	399449	627636	414633
港澳台商独资经营企业	793874	346823	370589	538912	170162	368749	302317
外资企业	1090126	524851	398977	746766	347773	398993	555273
合作、合伙企业	290029	67552	213861	336544	122569	213975	83668
股份合作企业	6712	5091	1621	2661	926	1735	1985
国有联营企业							
集体联营企业							
国有与集体联营企业							
其他联营企业							
私营合伙企业	130431	18564	103765	183310	79545	103765	16899
合作经营企业(港或澳、台资)	9133	1513	7620	18245	10626	7620	3920
中外合作经营企业	24286	13881	10405	20654	10249	10405	12020
其他企业(内资)	119468	28504	90451	111673	21223	90451	48843
股份有限公司	6210573	2589500	2175522	3567187	1407571	2159617	2037477
股份有限公司(内资)	4645061	2271847	1240227	2160649	936319	1224331	1578910
私营股份有限公司	1429534	288425	833291	1252693	419412	833281	399094
港澳台商投资股份有限公司	135978	29228	102005	153845	51841	102005	59474
外商投资股份有限公司							
有限责任公司	54440545	21373528	26368922	42898176	17519131	25379045	27397287
国有独资公司	16827216	9122331	4687829	5949149	2243456	3705693	10069306
私营有限责任公司	20259260	5943039	12960056	22285289	9289466	12995823	7805191
合资经营企业(港或澳、台资)	4733562	1547346	2560958	4214078	1596438	2617640	2700324
中外合资经营企业	1538212	532323	866178	1644307	788612	855695	568442
其他有限责任公司	11082296	4228489	5293901	8805353	3601160	5204193	6254024
在总计中:亏损企业	9155597	3401960	3986171	5870724	2733084	3137640	6897004
在总计中:国有控股企业	21532706	10420931	7149142	10730785	4618687	6112098	12836822
按轻重工业分							
轻工业	15292727	6754663	6524805	11015257	4474924	6540334	5434380
重工业	48962864	18627272	23810013	38291031	15550771	22740260	25643220
按企业规模分							
大型企业	31400581	14642955	10893398	16100921	6231168	9869753	17109845
中型企业	15653898	4903093	9644513	17267008	7673992	9593016	7085265
小型企业	16322938	5579921	9682120	15801198	6098160	9703037	6509979
微型企业	878174	255966	114787	137162	22375	114787	372512

13-2　续表 5　　　　（2015 年）　　　　单位:万元

指　　标	资产合计	# 流动资产合计	# 固定资产合计	# 固定资产原值	累计折旧	固定资产净　值	负债合计
按行业分	**64255591**	**25381935**	**30334818**	**49306288**	**20025695**	**29280594**	**31077601**
煤炭开采和洗选业	7184545	2153166	3383582	4572348	1964077	2608271	4658336
黑色金属矿采选业	155002	67481	84506	60152	22036	38116	82747
非金属矿采选业	178128	66353	103118	231681	128561	103121	33670
农副食品加工业	2268923	712229	1397431	2192999	785018	1407982	847222
食品制造业	409984	131351	268711	426888	157557	269331	181189
酒、饮料和精制茶制造业	2346490	1220979	432495	815606	383349	432257	757200
烟草制品业	2172792	1753702	169019	400578	231558	169019	235395
纺织业	1765850	729615	966562	1588408	617112	971296	709533
纺织服装、服饰业	513679	204839	257744	409457	152368	257088	185036
皮革、毛皮、羽毛及其制品和制鞋业	320713	186132	125199	168021	42822	125199	130142
木材加工和木、竹、藤、棕、草制品业	2800789	789470	1821569	3212298	1380751	1831548	672418
家具制造业	229804	55690	169232	278672	109330	169342	66238
造纸和纸制品业	337286	119975	198778	387542	188197	199345	196822
印刷和记录媒介复制业	148789	86917	54514	104681	49830	54850	75275
文教、工美、体育和娱乐用品制造业	351952	127944	185186	328250	143327	184924	140057
石油加工、炼焦和核燃料加工业	2055931	1130763	592457	1320304	727846	592457	1443458
化学原料和化学制品制造业	7499007	2438705	4029820	6957517	2902297	4055219	3904727
医药制造业	2257917	623380	1115122	1918498	803281	1115218	941000
化学纤维制造业	315298	132753	168313	335140	166535	168605	136282
橡胶和塑料制品业	1006797	237146	736439	1432553	694733	737820	310277
非金属矿物制品业	3038791	1133304	1495545	2462483	971240	1491242	1453220
黑色金属冶炼和压延加工业	2976075	789995	1752410	3112956	1359513	1753443	1463862
有色金属冶炼和压延加工业	891801	281805	488919	715437	292001	423436	489335
金属制品业	1144343	380519	715798	1058275	337566	720709	506396
通用设备制造业	9377662	5830140	1972382	2546602	804990	1741612	5903528
专用设备制造业	2276852	993902	1164059	1829263	661587	1167676	1026035
汽车制造业	539754	208847	264133	371435	106702	264733	295236
铁路、船舶、航空航天和其他运输设备制造业	434831	171736	130201	294533	166094	128439	197021
电气机械和器材制造业	2765575	984480	1698533	2684421	988039	1696382	1045593
计算机、通信和其他电子设备制造业	1178409	361515	697754	1043829	345981	697848	386888
仪器仪表制造业	1922576	512235	1382527	2090651	711543	1379108	648281
其他制造业	47079	9299	35875	52154	16279	35875	13385
废弃资源综合利用业	52530	15436	30522	35627	5105	30522	22346
金属制品、机械和设备修理业	8176	6132	1276	1313	37	1276	1635
电力、热力生产和供应业	2924678	599739	2191066	3777621	1573815	2203806	1680185
燃气生产和供应业	113240	43155	45779	70617	24839	45779	68455
水的生产和供应业	243545	91106	8242	17479	9780	7700	169176

13-2 续表 6　　（2015 年）　　单位:万元

指　　标	主营业务收　　入	# 主营业务成本	# 主营业务税金及附加	营业费用	管理费用	财务费用	# 利息支出
总　计	**120343280**	**99653562**	**2279736**	**3336561**	**4262986**	**1366528**	**1176809**
按登记注册类型分							
内资企业	109264185	90551317	2202315	3074800	3849938	1187507	1087516
国有企业	102335	92137	641	2975	21307	4961	4590
中央企业	36572	32436	143	971	4959	683	768
地方企业	65763	59701	498	2003	16348	4278	3821
集体企业	178021	149876	1442	2500	6572	1910	1634
股份合作企业	8986	6847	86	285	892		
联营企业							
国有联营企业							
集体联营企业							
国有与集体联营企业							
其他联营企业							
有限责任公司	21941664	17169545	1456833	561889	1058006	479545	507054
国有独资公司	6714773	4043073	1334140	211390	539428	284344	316226
其他有限责任公司	15226890	13126472	122694	350499	518579	195201	190828
股份有限公司	6110247	4753520	74649	429207	328051	81089	82076
私营企业	80837589	68309938	668090	2074830	2430023	619825	491957
私营独资企业	3711309	3050623	32409	79694	79083	99443	87634
私营合伙企业	550405	454407	5327	16739	23482	8291	1659
私营有限责任公司	73693992	62302198	607253	1931821	2270126	489785	383095
私营股份有限公司	2881883	2502711	23101	46576	57332	22305	19569
其他企业	85343	69455	573	3115	5087	177	206
港、澳、台商投资企业	6493639	5243350	46340	106786	222339	151283	63091
合资经营企业(港或澳、台资)	4576379	3710840	32649	25516	97902	143309	57153
合作经营企业(港或澳、台资)	56699	52526	479	352	658	640	433
港澳台商独资经营企业	1194909	1030792	6588	21200	35425	6912	5050
港澳台商投资股份有限公司	665651	449192	6625	59719	88355	422	455
外商投资企业	4585456	3858895	31081	154975	190710	27738	26202
中外合资经营企业	2590502	2122398	19073	121140	128034	22134	15194
中外合作经营企业	99779	82370	680	3971	4856	119	97
外资企业	1895176	1654127	11327	29864	57820	5485	10911
外商投资股份有限公司							

13-2 续表 7 (2015 年) 单位:万元

指 标	主营业务收入	# 主营业务成本	# 主营业务税金及附加	营业费用	管理费用	财务费用	# 利息支出
按经济组织类型分							
独资企业	7081750	5977555	52407	136233	200206	118712	109819
国有企业	102335	92137	641	2975	21307	4961	4590
集体企业	178021	149876	1442	2500	6572	1910	1634
私营独资企业	3711309	3050623	32409	79694	79083	99443	87634
港澳台商独资经营企业	1194909	1030792	6588	21200	35425	6912	5050
外资企业	1895176	1654127	11327	29864	57820	5485	10911
合作、合伙企业	801213	665606	7145	24461	34974	9227	2394
股份合作企业	8986	6847	86	285	892		
国有联营企业							
集体联营企业							
国有与集体联营企业							
其他联营企业							
私营合伙企业	550405	454407	5327	16739	23482	8291	1659
合作经营企业(港或澳、台资)	56699	52526	479	352	658	640	433
中外合作经营企业	99779	82370	680	3971	4856	119	97
其他企业(内资)	85343	69455	573	3115	5087	177	206
股份有限公司	9657781	7705422	104375	535501	473738	103816	102100
股份有限公司(内资)	6110247	4753520	74649	429207	328051	81089	82076
私营股份有限公司	2881883	2502711	23101	46576	57332	22305	19569
港澳台商投资股份有限公司	665651	449192	6625	59719	88355	422	455
外商投资股份有限公司							
有限责任公司	102802537	85304980	2115808	2640366	3554068	1134773	962496
国有独资公司	6714773	4043073	1334140	211390	539428	284344	316226
私营有限责任公司	73693992	62302198	607253	1931821	2270126	489785	383095
合资经营企业(港或澳、台资)	4576379	3710840	32649	25516	97902	143309	57153
中外合资经营企业	2590502	2122398	19073	121140	128034	22134	15194
其他有限责任公司	15226890	13126472	122694	350499	518579	195201	190828
在总计中:亏损企业	3361514	3001193	50051	99736	350103	105202	101759
在总计中:国有控股企业	9322433	6115225	1370792	265311	692328	363516	391478
按轻重工业分							
轻工业	39382019	31820588	1590325	1138944	1174392	259092	224201
重工业	80961262	67832974	689411	2197618	3088594	1107436	952608
按企业规模分							
大型企业	25333908	19607420	1487669	903563	1239984	577740	532523
中型企业	44927920	37541614	354152	1312473	1633280	418359	395360
小型企业	47938297	40655661	420021	1087295	1344778	349440	239807
微型企业	2143156	1848866	17894	33230	44945	20989	9119

13-2 续表 8 （2015 年） 单位:万元

指 标	主营业务收入	# 主营业务成本	# 主营业务税金及附加	营业费用	管理费用	财务费用	# 利息支出
按行业分	**120343280**	**99653562**	**2279736**	**3336561**	**4262986**	**1366528**	**1176809**
煤炭开采和洗选业	2045137	1670328	54469	48034	298144	42176	50164
黑色金属矿采选业	88322	71583	830	1321	13638	1526	1390
非金属矿采选业	769096	636153	11635	14423	16997	12083	2848
农副食品加工业	7590012	6403886	64953	192332	198239	65954	49752
食品制造业	1307451	1118255	9714	39904	35022	6852	6119
酒、饮料和精制茶制造业	3819274	3189362	65800	156261	104661	65880	66581
烟草制品业	2089093	398965	1272530	27164	71235	-15495	
纺织业	5906085	5171507	36442	92169	133419	41604	31376
纺织服装、服饰业	1641531	1411435	14543	35490	38069	7131	6549
皮革、毛皮、羽毛及其制品和制鞋业	815915	719906	2251	4165	8410	1308	662
木材加工和木、竹、藤、棕、草制品业	10640215	9159990	96272	183844	217089	71268	42057
家具制造业	741356	658730	7342	9804	9011	4338	3286
造纸和纸制品业	910419	731527	6834	43605	45001	5032	3804
印刷和记录媒介复制业	217110	173721	1690	2798	8942	1200	715
文教、工美、体育和娱乐用品制造业	1314732	1126369	9375	19406	29771	6728	4030
石油加工、炼焦和核燃料加工业	2457530	2287872	8383	53028	54403	35928	45494
化学原料和化学制品制造业	17308611	14802759	136124	318769	457777	285384	188211
医药制造业	5477876	4492010	42779	251883	193593	33391	26762
化学纤维制造业	964204	844598	7046	14836	15148	11825	6980
橡胶和塑料制品业	2814921	2417897	24012	76103	77430	18905	12028
非金属矿物制品业	6283967	5326819	55682	139987	182277	54552	45106
黑色金属冶炼和压延加工业	7655058	6598061	53012	153371	215188	78027	68577
有色金属冶炼和压延加工业	2938824	2611005	20261	41416	66510	31701	31555
金属制品业	3513630	2969803	30921	93897	103892	19682	16632
通用设备制造业	5484335	4475048	41423	224398	322350	274872	274883
专用设备制造业	4412106	3424248	33730	253834	314457	23785	30368
汽车制造业	690586	577132	4429	16549	31440	17274	15802
铁路、船舶、航空航天和其他运输设备制造业	1423473	1175827	4569	25311	24322	4149	3774
电气机械和器材制造业	7496343	6185462	56613	223269	323242	37186	26026
计算机、通信和其他电子设备制造业	3548631	2967551	28783	94419	150068	16846	15132
仪器仪表制造业	5968470	4434220	55140	472537	437981	25896	22433
其他制造业	177652	149366	1775	5455	4171	1075	643
废弃资源综合利用业	93904	81196	1272	2781	2939	867	841
金属制品、机械和设备修理业	35155	29882	1055	10	10	8	
电力、热力生产和供应业	1591708	1071906	16644	492	45954	75016	74104
燃气生产和供应业	71975	58717	412	2750	5833	526	98
水的生产和供应业	38577	30466	991	748	6354	2049	2028

13-2　续表 9　　（2015 年）　　单位:万元

指　　标	营业利润	利润总额	亏损企业亏损总额	利税总额	营业外收　入	本年应交增 值 税	全部职工年 平 均人　数（人）
总　计	**9699124**	**9785252**	**240095**	**17440548**	**159102**	**5370823**	**795675**
按登记注册类型分							
内资企业	8613952	8689918	178711	15809691	140046	4913221	720063
国有企业	-21545	-21489	21543	-15963	204	4885	4968
中央企业	-2626	-2484	2484	-1087	168	1253	876
地方企业	-18919	-19005	19059	-14876	36	3632	4092
集体企业	15709	15780		26077	72	8855	1353
股份合作企业	1278	1275		2042		681	120
联营企业							
国有联营企业							
集体联营企业							
国有与集体联营企业							
其他联营企业							
有限责任公司	1394191	1454474	118379	4075076	109717	1159642	198802
国有独资公司	399087	417539	48349	2274520	46563	520289	72340
其他有限责任公司	995103	1036934	70030	1800556	63154	639353	126462
股份有限公司	471088	478371	4534	766791	10094	213750	43382
私营企业	6746296	6754554	34256	10943604	19939	3520869	470466
私营独资企业	371717	370914	269	564131	2466	160808	17888
私营合伙企业	42159	41959		72264		24977	3213
私营有限责任公司	6101935	6110471	32411	9931465	16662	3213650	431912
私营股份有限公司	230485	231210	1576	375745	811	121433	17453
其他企业	6936	6954		12065	20	4538	972
港、澳、台商投资企业	747094	756217	16075	1102991	15700	299933	41726
合资经营企业(港或澳、台资)	590163	593812	1739	844553	5258	217592	23465
合作经营企业(港或澳、台资)	2044	2044		3714		1191	300
港澳台商独资经营企业	93547	98035	14336	151772	9455	47150	16769
港澳台商投资股份有限公司	61340	62327		102952	988	34001	1192
外商投资企业	338078	339117	45309	527866	3355	157669	33886
中外合资经营企业	196322	197283	14739	327458	1878	111102	21659
中外合作经营企业	7783	7783		13946		5483	1029
外资企业	133973	134051	30570	186462	1478	41084	11198
外商投资股份有限公司							

13-2 续表 10 （2015 年） 单位:万元

指　　标	营业利润	利润总额	亏损企业亏损总额	利税总额	营业外收入	本年应交增值税	全部职工年平均人数（人）
按经济组织类型分							
独资企业	593401	597290	66717	912479	13675	262782	52176
国有企业	-21545	-21489	21543	-15963	204	4885	4968
集体企业	15709	15780		26077	72	8855	1353
私营独资企业	371717	370914	269	564131	2466	160808	17888
港澳台商独资经营企业	93547	98035	14336	151772	9455	47150	16769
外资企业	133973	134051	30570	186462	1478	41084	11198
合作、合伙企业	60200	60015		104031	20	36870	5634
股份合作企业	1278	1275		2042		681	120
国有联营企业							
集体联营企业							
国有与集体联营企业							
其他联营企业							
私营合伙企业	42159	41959		72264		24977	3213
合作经营企业(港或澳、台资)	2044	2044		3714		1191	300
中外合作经营企业	7783	7783		13946		5483	1029
其他企业(内资)	6936	6954		12065	20	4538	972
股份有限公司	762913	771908	6109	1245488	11893	369184	62027
股份有限公司(内资)	471088	478371	4534	766791	10094	213750	43382
私营股份有限公司	230485	231210	1576	375745	811	121433	17453
港澳台商投资股份有限公司	61340	62327		102952	988	34001	1192
外商投资股份有限公司							
有限责任公司	8282610	8356040	167268	15178551	133514	4701987	675838
国有独资公司	399087	417539	48349	2274520	46563	520289	72340
私营有限责任公司	6101935	6110471	32411	9931465	16662	3213650	431912
合资经营企业(港或澳、台资)	590163	593812	1739	844553	5258	217592	23465
中外合资经营企业	196322	197283	14739	327458	1878	111102	21659
其他有限责任公司	995103	1036934	70030	1800556	63154	639353	126462
在总计中:亏损企业	-260120	-240095	240095	-51474	34360	136110	78516
在总计中:国有控股企业	691872	727552	113378	2815101	77539	712668	116846
按轻重工业分							
轻工业	3470001	3479085	22265	6908674	17259	1839055	273469
重工业	6229123	6306167	217830	10531874	141843	3531767	522206
按企业规模分							
大型企业	1678774	1737836	73904	4384236	102216	1154264	207215
中型企业	3721974	3730425	115180	6074173	22434	1989499	255401
小型企业	4121124	4140174	49609	6683344	34406	2122974	319522
微型企业	177252	176816	1402	298795	46	104085	13537

13-2　续表 11　　（2015 年）　　单位:万元

指　　标	营业利润	利润总额	亏损企业亏损总额	利税总额	营业外收　入	本年应交增值税	全部职工年平均人数（人）
按行业分	**9699124**	**9785252**	**240095**	**17440548**	**159102**	**5370823**	**795675**
煤炭开采和洗选业	−59182	−46394	78777	186541	27237	174522	70579
黑色金属矿采选业	−2090	−2148	7688	4442	9	5759	2835
非金属矿采选业	77805	77806		132348		42908	7191
农副食品加工业	664399	663680	1043	1056010	1113	327363	45746
食品制造业	96563	96788	2331	155457	611	48955	13364
酒、饮料和精制茶制造业	255278	256392	4883	424119	3435	101921	27113
烟草制品业	349450	352086		1897992	3146	273377	2141
纺织业	432393	432724	1342	759261	784	290026	62913
纺织服装、服饰业	135012	135203	3166	228482	542	78727	21210
皮革、毛皮、羽毛及其制品和制鞋业	79875	79924		116608	49	34433	10300
木材加工和木、竹、藤、棕、草制品业	913379	912172	208	1502901	57	494456	85212
家具制造业	52133	52137	456	91263	5	31785	5259
造纸和纸制品业	78507	78673	2249	127119	397	41611	5950
印刷和记录媒介复制业	29652	29789	561	42727	210	11248	2101
文教、工美、体育和娱乐用品制造业	123190	123521	137	196137	350	63242	10921
石油加工、炼焦和核燃料加工业	24026	26947	29852	88634	6385	53305	9327
化学原料和化学制品制造业	1306775	1318870	16180	2141829	15549	686336	60864
医药制造业	463786	467095	4274	757358	3898	247484	21566
化学纤维制造业	70652	71290	1231	120885	654	42545	5685
橡胶和塑料制品业	200574	200575	344	361442	248	136855	29803
非金属矿物制品业	528161	556113	2809	903260	30319	291464	45606
黑色金属冶炼和压延加工业	558538	565535	27606	873855	7447	255309	42466
有色金属冶炼和压延加工业	166052	178168	880	334475	12316	136046	11444
金属制品业	298999	298713	496	486894	875	157233	23795
通用设备制造业	235526	238326	8678	503624	22330	223875	46058
专用设备制造业	360783	360744	23866	566517	2842	172044	28996
汽车制造业	44863	45101	1644	79970	1619	30440	7485
铁路、船舶、航空航天和其他运输设备制造业	215192	215164	1789	250331	104	30598	8524
电气机械和器材制造业	673649	675393	3513	1058298	2039	326279	34993
计算机、通信和其他电子设备制造业	291499	288847	9984	470064	2085	152434	16730
仪器仪表制造业	543280	544309	1130	848276	1241	248826	17624
其他制造业	15810	15810		28319		10734	1530
废弃资源综合利用业	4811	7287		15000	2481	6404	1007
金属制品、机械和设备修理业	4190	4190		7002		1758	219
电力、热力生产和供应业	446340	445115	2979	599738	7559	137980	7133
燃气生产和供应业	11599	11405		13255	23	1439	700
水的生产和供应业	7657	7906		10117	1145	1103	1285

13–3 国有控股工业企业主要经济指标

（2015 年） 单位:万元

指标	企业个数（个）	# 亏损企业	工业总产值（当年价）	工业销售产值（当年价）	# 出口交货值
总计	**45**	**16**	**9512477**	**9457101**	**285552**
在总计中：亏损企业	16	16	1514551	1478798	6347
按隶属关系分					
中央企业	11	5	1427169	1430802	
地方企业	34	11	8085308	8026299	285552
按轻重工业分					
轻工业	10	3	2334513	2332224	
重工业	35	13	7177963	7124877	285552
按企业规模分					
大型企业	7	1	7308534	7298282	279205
中型企业	17	9	1346791	1325563	6347
小型企业	19	5	849765	825870	
微型企业	2	1	7387	7387	
按行业分	**45**	**16**	**9512477**	**9457101**	**285552**
煤炭开采和洗选业	4	3	1772100	1738891	
黑色金属矿采选业	1	1	29890	26051	
农副食品加工业	1		64466	64466	
食品制造业	2		92707	91631	
酒、饮料和精制茶制造业	2	2	43708	43573	
烟草制品业	1		2106029	2106029	
印刷和记录媒介复制业	1	1	3272	3272	
化学原料和化学制品制造业	4	2	59548	58282	
非金属矿物制品业	3		296953	314545	
黑色金属冶炼和压延加工业	1		34829	33088	
有色金属冶炼和压延加工业	1	1	4244	4244	
金属制品业	1		54764	57913	
通用设备制造业	2		2918002	2921962	279205
专用设备制造业	5	4	243379	229109	6347
电气机械和器材制造业	1		306861	287909	
电力、热力生产和供应业	11	2	1453752	1449244	
水的生产和供应业	4		27973	26894	

13-3　续表 1　　　　（2015 年）　　　　单位:万元

指　标	资产合计	#流动资产合计	#固定资产合计	#固定资产原值	累计折旧	固定资产净值	负债合计
总　计	**21532706**	**10420931**	**7149142**	**10730785**	**4618687**	**6112098**	**12836822**
在总计中:亏损企业	6192534	2103791	2949241	3442688	1315988	2126700	4491754
按隶属关系分							
中央企业	3092855	746887	1544802	2854713	1298959	1555754	1673691
地方企业	18439851	9674044	5604340	7876072	3319728	4556343	11163131
按轻重工业分							
轻工业	2473363	1897695	239126	520097	281271	238826	431291
重工业	19059343	8523235	6910016	10210688	4337416	5873272	12405531
按企业规模分							
大型企业	18038139	9259751	5227712	6931003	2684643	4246361	10504635
中型企业	2524504	762751	1454221	2614995	1216136	1398859	1783849
小型企业	901643	395149	402068	1116205	714469	401736	497988
微型企业	68421	3280	65141	68582	3441	65141	50351
按行业分	**21532706**	**10420931**	**7149142**	**10730785**	**4618687**	**6112098**	**12836822**
煤炭开采和洗选业	6952935	2020451	3301348	4448973	1922937	2526037	4552279
黑色金属矿采选业	136444	63057	73387	46813	19816	26997	76484
农副食品加工业	37433	32430	4804	6207	1403	4804	21980
食品制造业	48791	15070	33721	49568	15605	33963	29653
酒、饮料和精制茶制造业	39817	16378	20363	42265	21902	20363	19491
烟草制品业	2172792	1753702	169019	400578	231558	169019	235395
印刷和记录媒介复制业	6406	2052	4109	7627	3519	4109	6265
化学原料和化学制品制造业	49908	16409	31106	46185	15079	31106	53694
非金属矿物制品业	699612	242605	176407	443734	267327	176407	396196
黑色金属冶炼和压延加工业	10709	785	9925	10079	154	9925	1559
有色金属冶炼和压延加工业	10535	2357	245	747	502	245	4995
金属制品业	69144	57498	6573	11635	4851	6784	53358
通用设备制造业	8083314	5325694	1239227	1415032	401800	1013232	5360339
专用设备制造业	400841	250691	108150	135891	28810	107081	335835
电气机械和器材制造业	87934	55623	32310	198187	165876	32310	51643
电力、热力生产和供应业	2514855	484496	1931152	3452954	1509992	1942962	1495781
水的生产和供应业	211236	81633	7298	14311	7556	6756	141876

13-3 续表 2 （2015 年） 单位:万元

指 标	主营业务收入	# 主营业务成本	# 主营业务税金及附加	营业费用	管理费用	财务费用	# 利息支出
总 计	**9322433**	**6115225**	**1370792**	**265311**	**692328**	**363516**	**391478**
在总计中:亏损企业	1443776	1188801	44571	31381	250432	46858	54312
按隶属关系分							
中央企业	1327928	1075291	21058	24563	111542	41792	41432
地方企业	7994505	5039934	1349735	240749	580787	321723	350046
按轻重工业分							
轻工业	2304687	576879	1278976	41069	85362	-13783	3356
重工业	7017746	5538346	91817	224242	606966	377298	388122
按企业规模分							
大型企业	7295705	4542585	1346353	231050	600663	285859	317406
中型企业	1215911	934173	16182	20243	66440	59207	58501
小型企业	803402	634235	8234	13962	25138	15324	15570
微型企业	7416	4232	23	57	87	3126	
按行业分	**9322433**	**6115225**	**1370792**	**265311**	**692328**	**363516**	**391478**
煤炭开采和洗选业	1717632	1401154	51273	37197	287067	39244	49217
黑色金属矿采选业	28271	23971	350	120	9732	229	94
农副食品加工业	64466	58106	21	2448	1458	392	1445
食品制造业	88656	66423	679	10399	4521	426	459
酒、饮料和精制茶制造业	35965	31328	4801	267	2425	39	51
烟草制品业	2089093	398965	1272530	27164	71235	-15495	
印刷和记录媒介复制业	3359	3226	28	181	543		1
化学原料和化学制品制造业	55839	51461	261	1261	1917	784	821
非金属矿物制品业	288013	215717	1936	14601	21467	14336	14021
黑色金属冶炼和压延加工业	34829	30875	241	168	276	61	61
有色金属冶炼和压延加工业	4161	4345	1	43	193	-4	
金属制品业	48174	41971	169	1813	2232	1637	1630
通用设备制造业	2985719	2415789	18187	155035	229924	240471	245672
专用设备制造业	164869	152175	784	6953	14649	6734	7295
电气机械和器材制造业	281306	234341	3797	7045	7950	7808	3870
电力、热力生产和供应业	1405304	963831	14819	6	31039	65524	65441
水的生产和供应业	26776	21548	917	611	5701	1330	1401

13-3 续表 3 （2015 年） 单位:万元

指 标	营业利润	利润总额	亏损企业亏损总额	利税总额	营业外收入	本年应交增值税	全部职工年平均人数（人）
总 计	**691872**	**727552**	**113378**	**2815101**	**77539**	**712668**	**116846**
在总计中:亏损企业	-133147	-113378	113378	47781	26628	114132	50751
按隶属关系分							
中央企业	98451	115512	36147	253687	27780	115630	34950
地方企业	593421	612040	77231	2561413	49759	597038	81896
按轻重工业分							
轻工业	360321	361773	3040	1921682	4274	280837	6559
重工业	331551	365779	110338	893419	73265	431831	110287
按企业规模分							
大型企业	396615	427096	47101	2353281	65595	575887	97784
中型企业	156466	159815	61631	268348	8610	92255	16114
小型企业	138989	140812	4235	193619	3306	44526	2919
微型企业	-199	-170	412	-147	29		29
按行业分	**691872**	**727552**	**113378**	**2815101**	**77539**	**712668**	**116846**
煤炭开采和洗选业	-89470	-76682	78777	132424	27237	153889	67747
黑色金属矿采选业	-7631	-7688	7688	-4839	9	2499	2322
农副食品加工业	1496	306		327	49		265
食品制造业	6311	6237		10637	15	3722	2212
酒、饮料和精制茶制造业	-2835	-2479	2479	5228	430	2906	796
烟草制品业	349450	352086		1897992	3146	273377	2141
印刷和记录媒介复制业	-565	-561	561	-295	15	238	126
化学原料和化学制品制造业	-792	-718	2449	675	89	1132	796
非金属矿物制品业	20099	41781		60608	21734	16892	2363
黑色金属冶炼和压延加工业	3208	3208		4188		739	153
有色金属冶炼和压延加工业	-423	-397	397	-395	26		56
金属制品业	1606	1611		3436	6	1630	409
通用设备制造业	10381	11180		135971	19792	106605	27163
专用设备制造业	-18707	-18540	18608	-11109	306	6648	3574
电气机械和器材制造业	20366	20366		36817		12655	293
电力、热力生产和供应业	393007	391633	2419	535595	3946	129143	5288
水的生产和供应业	6369	6211		7839	739	595	1142

13-4 规模以上集体工业企业主要经济指标

（2015 年） 单位:万元

指 标	企业个数（个）	工 业 总产值（当年价）	工业销售 产 值（当年价）
总 计	**11**	**182360**	**177160**
在总计中:亏损企业			
在总计中:农村工业	2	14140	13433
按登记注册类型分			
内资企业	11	182360	177160
集体企业	11	182360	177160
按经济组织类型分			
独资企业	11	182360	177160
集体企业	11	182360	177160
按轻重工业分			
轻工业			
重工业	11	182360	177160
按企业规模分			
大型企业			
中型企业	1	61266	60356
小型企业	8	106954	103371
微型企业	2	14140	13433
按行业分	**11**	**182360**	**177160**
黑色金属矿采选业	2	14140	13433
非金属矿采选业	2	45267	44023
通用设备制造业	2	6554	6469
木材加工和木、竹、藤、棕、草制品业	1	17366	16757
非金属矿物制品业	1	2141	2077
金属制品业	1	15076	14806
汽车制造业	1	20549	19239
仪器仪表制造业	1	61266	60356

13-4　续表 1　（2015 年）　单位:万元

指　　标	资产合计	# 流动资产合计	# 固定资产合计	# 固定资产原值	累计折旧	固定资产净　值	负债合计
总　计	**66038**	**32135**	**30910**	**44289**	**13373**	**30916**	**36153**
在总计中:亏损企业							
在总计中:农村工业	6005	3095					2647
按登记注册类型分							
内资企业	66038	32135	30910	44289	13373	30916	36153
集体企业	66038	32135	30910	44289	13373	30916	36153
按经济组织类型分							
独资企业	66038	32135	30910	44289	13373	30916	36153
集体企业	66038	32135	30910	44289	13373	30916	36153
按轻重工业分							
轻工业							
重工业	66038	32135	30910	44289	13373	30916	36153
按企业规模分							
大型企业							
中型企业	26047	16117	9930	14889	4958	9930	13801
小型企业	33986	12923	20979	29400	8415	20985	19704
微型企业	6005	3095					2647
按行业分	**66038**	**32135**	**30910**	**44289**	**13373**	**30916**	**36153**
黑色金属矿采选业	6005	3095					2647
非金属矿采选业	7795	3636	4159	6884	2725	4159	1728
通用设备制造业	6418	3583	2795	4378	1583	2795	5165
木材加工和木、竹、藤、棕、草制品业	3343	1389	1954	1993	36	1957	1852
非金属矿物制品业	2056	1501	511	1044	533	511	998
金属制品业	3179	1976	1203	1339	133	1206	2031
汽车制造业	11196	838	10358	13764	3406	10358	7930
仪器仪表制造业	26047	16117	9930	14889	4958	9930	13801

13-4 续表 2 （2015 年） 单位:万元

指　　标	主营业务收　入	# 主营业务成本	# 主营业务税金及附加	营业费用	管理费用	财务费用	# 利息支出
总　计	**178021**	**149876**	1442	**2500**	**6572**	**1910**	**1634**
在总计中:亏损企业							
在总计中:农村工业	13551	10497	133	219	608	518	518
按登记注册类型分							
内资企业	178021	149876	1442	2500	6572	1910	1634
集体企业	178021	149876	1442	2500	6572	1910	1634
按经济组织类型分							
独资企业	178021	149876	1442	2500	6572	1910	1634
集体企业	178021	149876	1442	2500	6572	1910	1634
按轻重工业分							
轻工业							
重工业	178021	149876	1442	2500	6572	1910	1634
按企业规模分							
大型企业							
中型企业	60356	47533	603	805	3936	830	830
小型企业	104114	91847	707	1477	2027	562	285
微型企业	13551	10497	133	219	608	518	518
按行业分	**178021**	**149876**	**1442**	**2500**	**6572**	**1910**	**1634**
黑色金属矿采选业	13551	10497	133	219	608	518	518
非金属矿采选业	43723	39348	278	393	653	320	50
通用设备制造业	6508	5542	48	168	223	68	63
木材加工和木、竹、藤、棕、草制品业	16757	15104	81	102	174	17	17
非金属矿物制品业	2077	1855	7	94	96		
金属制品业	14806	13253	93	92	172	35	35
汽车制造业	20244	16744	199	628	709	122	122
仪器仪表制造业	60356	47533	603	805	3936	830	830

13-4　续表 3　（2015 年）　单位:万元

指　标	营业利润	利润总额	利税总额	本年应交增值税	全部职工年平均人数（人）
总　计	**15709**	**15780**	**26077**	**8855**	**1353**
在总计中:亏损企业					
在总计中:农村工业	1563	1563	2697	1001	255
按登记注册类型分					
内资企业	15709	15780	26077	8855	1353
集体企业	15709	15780	26077	8855	1353
按经济组织类型分					
独资企业	15709	15780	26077	8855	1353
集体企业	15709	15780	26077	8855	1353
按轻重工业分					
轻工业					
重工业	15709	15780	26077	8855	1353
按企业规模分					
大型企业					
中型企业	6650	6650	10268	3015	300
小型企业	7496	7567	13112	4839	798
微型企业	1563	1563	2697	1001	255
按行业分	**15709**	**15780**	**26077**	**8855**	**1353**
黑色金属矿采选业	1563	1563	2697	1001	255
非金属矿采选业	2731	2731	4637	1629	221
通用设备制造业	459	458	753	247	116
木材加工和木、竹、藤、棕、草制品业	1279	1279	2261	901	196
非金属矿物制品业	24	96	176	74	74
金属制品业	1162	1162	2290	1035	70
汽车制造业	1842	1842	2995	954	121
仪器仪表制造业	6650	6650	10268	3015	300

13–5 规模以上“三资”工业企业主要经济指标

（2015 年）　　单位:万元

指标	企业个数（个）	# 亏损企业	工业总产值（当年价）	工业销售产值（当年价）	# 出口交货值
总　计	**177**	**28**	**11376422**	**11212675**	**994621**
在总计中:亏损企业	28	28	678673	695847	111499
在总计中:国有控股企业	3		539198	539198	
在总计中:农村工业	1		45368	45327	22615
按登记注册类型分					
港、澳、台商投资企业	83	10	6847709	6631391	179586
合资经营企业(港或澳、台资)	38	4	4852552	4661483	97469
合作经营企业(港或澳、台资)	1		59684	56699	
港澳台商独资经营企业	40	6	1254609	1247558	82116
港澳台商投资股份有限公司	4		680864	665651	
外商投资企业	94	18	4528714	4581284	815035
中外合资经营企业	60	12	2642589	2566205	175339
中外合作经营企业	2		102574	99779	20816
外资企业	32	6	1783551	1915300	618881
按轻重工业分					
轻工业	82	9	3796085	3768045	328338
重工业	95	19	7580338	7444631	666283
按企业规模分					
大型企业	14	1	5199836	5085040	406487
中型企业	46	5	3440877	3434383	271497
小型企业	112	22	2607535	2565408	316637
微型企业	5		128176	127845	
按行业分	**177**	**28**	**11376422**	**11212675**	**994621**
农副食品加工业	13	3	453388	449274	182091
食品制造业	6	1	134774	130218	
酒、饮料和精制茶制造业	6	1	139344	123929	25877
纺织业	7		383381	383592	40787
纺织服装、服饰业	8	3	228963	227338	1999
皮革、毛皮、羽毛及其制品和制鞋业	8		518766	519314	22944
木材加工和木、竹、藤、棕、草制品业	16	1	712061	706834	135220
家具制造业	3		26964	26337	
造纸和纸制品业	1		220883	220904	
印刷和记录媒介复制业	3		92703	99036	
文教、工美、体育和娱乐用品制造业	12	1	237052	234270	45569
石油加工、炼焦和核燃料加工业	2	1	577523	548964	
化学原料和化学制品制造业	7		2391780	2184293	42773
医药制造业	5		286723	286261	
化学纤维制造业	1		51200	50052	
橡胶和塑料制品业	8		715281	682209	
非金属矿物制品业	6		190048	189828	6639
黑色金属冶炼和压延加工业	5	2	345463	399155	21874
有色金属冶炼和压延加工业	2		343106	334608	
金属制品业	3	1	65094	65094	6984
通用设备制造业	8	4	175529	187766	18373
专用设备制造业	14	5	620379	711652	354380
汽车制造业	2	1	4978	4854	2606
铁路、船舶、航空航天和其他运输设备制造业	2	1	791115	797331	46631
电气机械和器材制造业	7		297826	302991	9271
计算机、通信和其他电子设备制造业	7	1	440520	423029	30605
仪器仪表制造业	7	2	283541	277503	
其他制造业	1	0	33942	33942	
电力、热力生产和供应业	4	0	544437	544437	
燃气生产和供应业	3	0	69658	67663	

13-5 续表 1 （2015 年） 单位:万元

指标	资产合计	# 流动资产合计	# 固定资产合计	# 固定资产原值	累计折旧	固定资产净值	负债合计
总计	**8325170**	**2995965**	**4316731**	**7336807**	**2975699**	**4361107**	**4201770**
在总计中:亏损企业	822325	359024	248696	480261	235799	244462	611709
在总计中:国有控股企业	749330	139916	576121	1118587	542466	576121	327477
在总计中:农村工业	8432	3262	5170	7238	2068	5170	1138
按登记注册类型分							
港、澳、台商投资企业	5672546	1924911	3041170	4925080	1829066	3096014	3066035
合资经营企业(港或澳、台资)	4733562	1547346	2560958	4214078	1596438	2617640	2700324
合作经营企业(港或澳、台资)	9133	1513	7620	18245	10626	7620	3920
港澳台商独资经营企业	793874	346823	370589	538912	170162	368749	302317
港澳台商投资股份有限公司	135978	29228	102005	153845	51841	102005	59474
外商投资企业	2652624	1071054	1275561	2411727	1146634	1265093	1135735
中外合资经营企业	1538212	532323	866178	1644307	788612	855695	568442
中外合作经营企业	24286	13881	10405	20654	10249	10405	12020
外资企业	1090126	524851	398977	746766	347773	398993	555273
按轻重工业分							
轻工业	1420197	680409	601671	1041772	440807	600964	502260
重工业	6904972	2315555	3715060	6295035	2534892	3760143	3699509
按企业规模分							
大型企业	4875049	1758584	2493003	4230082	1684906	2545176	2749393
中型企业	1740216	566274	1061836	1682512	626552	1055960	762550
小型企业	1649780	662662	761631	1423260	663564	759696	678244
微型企业	60125	8444	261	953	677	276	11583
按行业分	**8325170**	**2995965**	**4316731**	**7336807**	**2975699**	**4361107**	**4201770**
农副食品加工业	107108	47368	57415	97827	41118	56709	59818
食品制造业	49612	28858	19103	41751	22649	19103	20119
酒、饮料和精制茶制造业	130923	37869	73997	99001	25004	73997	50443
纺织业	280772	155267	112030	180052	68021	112030	86900
纺织服装、服饰业	143045	79647	40229	57648	17419	40229	35280
皮革、毛皮、羽毛及其制品和制鞋业	176122	123902	50955	68028	17073	50955	63886
木材加工和木、竹、藤、棕、草制品业	160301	31347	127862	233358	104118	129239	26036
家具制造业	44254	12999	31089	36623	5533	31089	3951
造纸和纸制品业	54695	28023	26672	38545	11873	26672	26458
印刷和记录媒介复制业	66196	46614	17931	46728	28797	17931	23579
文教、工美、体育和娱乐用品制造业	73938	25075	48864	74913	26049	48864	22991
石油加工、炼焦和核燃料加工业	101586	18541	81125	113515	32390	81125	66082
化学原料和化学制品制造业	3478900	1153933	1745271	2596766	796189	1800577	2211273
医药制造业	95410	20623	21711	33347	11636	21711	17871
化学纤维制造业	10085	1592	8493	11891	3397	8493	1416
橡胶和塑料制品业	441932	57033	379992	861609	481617	379992	68684
非金属矿物制品业	28013	11879	15604	22828	7224	15604	6351
黑色金属冶炼和压延加工业	339834	168940	113920	277013	163093	113920	328832
有色金属冶炼和压延加工业	69448	6061	54103	113643	59140	54503	14672
金属制品业	44522	28613	14924	31813	16890	14924	10698
通用设备制造业	256624	148546	95300	160948	71099	89849	92902
专用设备制造业	545535	309744	216673	337757	121083	216674	189413
汽车制造业	13138	4305	5511	7814	2303	5511	1909
铁路、船舶、航空航天和其他运输设备制造业	167328	18573	56691	198082	141391	56691	65471
电气机械和器材制造业	139462	75775	55504	97221	44850	52371	46522
计算机、通信和其他电子设备制造业	248641	98325	107112	155401	48289	107112	166973
仪器仪表制造业	118198	69188	46730	71058	27744	43314	67622
其他制造业	17979	2779	15201	25116	9915	15201	1193
电力、热力生产和供应业	808328	141394	630941	1175897	544955	630941	355972
燃气生产和供应业	113240	43155	45779	70617	24839	45779	68455

13-5 续表 2 （2015 年） 单位:万元

指　　标	主营业务收入	# 主营业务成本	# 主营业务税金及附加	营业费用	管理费用	财务费用	# 利息支出
总　计	**11079095**	**9102245**	**77421**	**261761**	**413048**	**179021**	**89293**
在总计中:亏损企业	631910	595251	1859	33127	38770	18018	13346
在总计中:国有控股企业	539137	344102	5088	217	10344	10730	12622
在总计中:农村工业	45327	40199	399	226	335	135	88
按登记注册类型分							
港、澳、台商投资企业	6493639	5243350	46340	106786	222339	151283	63091
合资经营企业(港或澳、台资)	4576379	3710840	32649	25516	97902	143309	57153
合作经营企业(港或澳、台资)	56699	52526	479	352	658	640	433
港澳台商独资经营企业	1194909	1030792	6588	21200	35425	6912	5050
港澳台商投资股份有限公司	665651	449192	6625	59719	88355	422	455
外商投资企业	4585456	3858895	31081	154975	190710	27738	26202
中外合资经营企业	2590502	2122398	19073	121140	128034	22134	15194
中外合作经营企业	99779	82370	680	3971	4856	119	97
外资企业	1895176	1654127	11327	29864	57820	5485	10911
按轻重工业分							
轻工业	3713737	3102081	20540	77698	101150	16452	12599
重工业	7365358	6000163	56881	184063	311898	162569	76694
按企业规模分							
大型企业	5014344	4160979	29405	86858	152618	142025	51714
中型企业	3386844	2704885	29198	112361	153148	20630	22611
小型企业	2550029	2122751	17636	61867	106766	16189	14782
微型企业	127879	113629	1183	674	517	178	186
按行业分	**11079095**	**9102245**	**77421**	**261761**	**413048**	**179021**	**89293**
农副食品加工业	450907	397754	3165	8403	7159	3440	1801
食品制造业	130563	107977	771	5064	8118	197	328
酒、饮料和精制茶制造业	122420	101550	764	3764	3893	3778	3489
纺织业	378587	319275	2770	8445	7555	2625	1634
纺织服装、服饰业	200718	165174	1478	7655	9895	1502	1772
皮革、毛皮、羽毛及其制品和制鞋业	500777	439357	1253	2653	6066	226	129
木材加工和木、竹、藤、棕、草制品业	689079	617178	7247	3637	4614	2479	1980
家具制造业	26337	23345	236	218	307	63	57
造纸和纸制品业	220904	154484	1097	22032	22836	365	373
印刷和记录媒介复制业	96255	74173	971	777	5096	362	371
文教、工美、体育和娱乐用品制造业	233948	202437	2125	4025	4137	1866	1298
石油加工、炼焦和核燃料加工业	575506	500695	4570	17876	14178	5589	5572
化学原料和化学制品制造业	2121810	1757347	13951	7513	62634	125965	39263
医药制造业	282388	246589	1873	626	1960	348	340
化学纤维制造业	50052	44877	471	249	361	73	67
橡胶和塑料制品业	684083	555848	8292	41667	27127	8690	3118
非金属矿物制品业	188778	165492	2160	2825	2649	192	98
黑色金属冶炼和压延加工业	351302	322126	1607	16254	16815	10712	8173
有色金属冶炼和压延加工业	338990	305124	2898	4207	5834	430	430
金属制品业	64772	51709	496	1795	1627	362	345
通用设备制造业	195666	152362	1176	10686	12095	2008	1399
专用设备制造业	716759	602075	3151	9059	36251	-7267	670
汽车制造业	6065	4614	66	353	846	37	53
铁路、船舶、航空航天和其他运输设备制造业	793713	642268	1424	5764	5824	547	327
电气机械和器材制造业	304686	252482	1545	7273	12837	181	509
计算机、通信和其他电子设备制造业	420959	263754	3294	42940	76972	932	788
仪器仪表制造业	279057	200923	2628	22912	36438	200	614
其他制造业	33942	28579	326	339	333	339	339
电力、热力生产和供应业	548098	343961	5206		12759	12256	13855
燃气生产和供应业	71975	58717	412	2750	5833	526	98

13-5　续表 3　　　　（2015 年）　　　　单位:万元

指　　标	营业利润	利润总额	亏损企业亏损总额	利税总额	营业外收入	本年应交增值税	全部职工年平均人数（人）
总　计	**1085172**	**1095334**	**61384**	**1630857**	**19056**	**457602**	**75612**
在总计中:亏损企业	-58013	-61384	61384	-54351	1670	5173	9808
在总计中:国有控股企业	193652	194617		248541	1054	48836	589
在总计中:农村工业	4033	4033		6569		2138	777
按登记注册类型分							
港、澳、台商投资企业	747094	756217	16075	1102991	15700	299933	41726
合资经营企业(港或澳、台资)	590163	593812	1739	844553	5258	217592	23465
合作经营企业(港或澳、台资)	2044	2044		3714		1191	300
港澳台商独资经营企业	93547	98035	14336	151772	9455	47150	16769
港澳台商投资股份有限公司	61340	62327		102952	988	34001	1192
外商投资企业	338078	339117	45309	527866	3355	157669	33886
中外合资经营企业	196322	197283	14739	327458	1878	111102	21659
中外合作经营企业	7783	7783		13946		5483	1029
外资企业	133973	134051	30570	186462	1478	41084	11198
按轻重工业分							
轻工业	400045	400201	8082	561409	1146	140669	33604
重工业	685126	695133	53302	1069448	17909	316934	42008
按企业规模分							
大型企业	443850	446999	22586	649043	4883	172139	31691
中型企业	380679	377700	12936	582767	2082	175869	25431
小型企业	248962	258951	25862	380014	12088	103428	18155
微型企业	11681	11684		19032	3	6166	335
按行业分	**1085172**	**1095334**	**61384**	**1630857**	**19056**	**457602**	**75612**
农副食品加工业	31049	31089	1030	52354	47	18100	2122
食品制造业	8570	8704	1592	16761	139	7286	1905
酒、饮料和精制茶制造业	9141	8808	2232	13925	54	4354	1154
纺织业	38519	38480		56369	340	15119	7337
纺织服装、服饰业	15171	15509	3166	26348	430	9362	3102
皮革、毛皮、羽毛及其制品和制鞋业	51222	51271		73266	49	20742	6733
木材加工和木、竹、藤、棕、草制品业	53923	53918	200	95456		34291	6227
家具制造业	2168	2168		3637		1233	593
造纸和纸制品业	20090	20090		32136		10949	678
印刷和记录媒介复制业	15452	15470		20439	64	3998	565
文教、工美、体育和娱乐用品制造业	19357	19355	62	35119		13639	2860
石油加工、炼焦和核燃料加工业	33241	33256	9385	60173	16	22346	1911
化学原料和化学制品制造业	152656	162434		283453	10719	106568	7884
医药制造业	30993	31007		44995	15	12115	1005
化学纤维制造业	4021	4021		6852		2360	687
橡胶和塑料制品业	42460	42460		80415		29664	7429
非金属矿物制品业	15460	14807		24897	105	7930	899
黑色金属冶炼和压延加工业	-19248	-18660	23856	-14615	806	2439	4077
有色金属冶炼和压延加工业	20498	20499		41651		18255	989
金属制品业	8960	8920	259	9804	27	388	268
通用设备制造业	22060	22757	3178	32619	848	8685	1649
专用设备制造业	73625	73387	4717	80393	264	3855	4077
汽车制造业	153	155	108	233	8	12	137
铁路、船舶、航空航天和其他运输设备制造业	137886	137922	1789	151421	50	12074	1976
电气机械和器材制造业	33453	33687		48605	256	13373	2910
计算机、通信和其他电子设备制造业	34035	30961	9143	48220	1357	13966	3235
仪器仪表制造业	15809	16746	667	29796	1139	10422	1551
其他制造业	4025	4025		6664		2314	271
电力、热力生产和供应业	198825	200685		256216	2302	50325	681
燃气生产和供应业	11599	11405		13255	23	1439	700

13-6 主要年份主要工业产品产量

单位:万吨

年 份	铁矿石（成品矿）	生 铁	原 煤	发电量（亿千瓦小时）	铝 锭（吨）	硫 酸（吨）	合成氨	农用化肥（折 100%）	水 泥
1949			81	0.07					
1952	21.93		112	0.20					
1957	38.57	0.13	180	0.90					
1962	39.39	1.66	447	3.76	672			0.01	1.06
1965	45.98	1.63	472	4.43	930	5594	0.05	0.32	14.52
1970	31.69	4.61	633	7.24	1453	7746	1.03	0.89	23.09
1975	25.12	11.08	899	15.99	2103	10840	3.41	2.68	33.29
1978	40.95	15.19	1445	27.08	3135	22162	7.07	4.91	66.68
1979	44.49	18.16	1510	38.65	3616	21559	9.72	6.96	79.77
1980	29.55	16.36	1506	47.78	2721	31856	12.40	9.96	93.68
1981	23.36	12.18	1451	50.48	3686	21690	12.64	10.14	109.32
1982	24.74	11.71	1492	52.37	3614	34902	12.98	10.67	133.52
1983	30.02	14.73	1580	53.70	3378	50119	14.12	11.99	152.45
1984	30.80	15.74	1682	54.84	3210	44138	15.07	12.45	169.47
1985	30.48	16.52	1803	58.35	3062	35469	14.33	11.59	203.03
1986	30.75	19.90	1770	74.67	5629	34370	14.03	12.65	249.8
1987	33.59	22.82	1866	89.98	5649	46067	15.05	14.03	293.35
1988	47.35	24.80	1931	102.97	5574	51157	14.11	13.38	344.49
1989	51.57	23.39	2042	105.64	5929	56695	13.50	13.22	291.01
1990	27.62	29.22	2032	104.40	7568	62041	13.40	12.52	297.67
1991	26.25	28.60	2118	106.75	8096	83813	11.32	13.17	348.87
1992	32.33	31.84	2115	103.74	11241	77784	9.42	10.89	437.21
1993	98.53	35.63	2138	111.92	12081	60200	11.68	10.68	542.69
1994	113.60	41.34	1967	114.37	12347	65275	14.75	16.73	590.36
1995	95.00	52.00	2344	119.38	19385	85610	14.86	19.76	1031.48
1996	110.91	48.96	2301	118.91	11735	67841	14.28	24.60	1040.45
1997	49.62	55.78	2243	139.17	11294	87388	16.98	24.01	975.83
1998	17.82	49.89	2134	134.55	10321	81131	19.22	20.13	864.35
1999	17.82	40.36	2089	136.65	11828	3746	16.69	16.68	937.84
2000	43.30	37.10	2271	146.87	5002		19.16	15.42	983.36
2001	15.34	51.05	2261	155.29	12055		19.08	16.49	892.69
2002	14.63	48.75	2404	170.31	12354	45100	22.66	19.96	1008.34
2003	15.54	95.10	2572	198.95	12566	50000	21.55	17.89	1134.82
2004	24.77	136.69	2528	235.10	12866	72000	17.75	21.89	1285.58
2005	14.45	152.53	2597	309.97	10764	66600	36.96	29.58	1295.66
2006	19.69	230.72	2827	363.02	69741	116000	52.11	38.00	1538.60
2007	21.74	245.76	2363	316.56	98474	249105	55.97	38.15	1812.31
2008	23.86	194.85	2314	342.44	100007	181950	62.36	41.88	1867.36
2009	50.31	246.60	2236	330.77	106997	64400	61.11	43.93	2654.32
2010	65.64	304.92	2072	399.57	108668	37100	66.40	48.05	3205.35
2011	75.18	337.63	2025	453.66	109980	77200	82.35	52.73	2850.29
2012	74.44	375.37	2016	527.69	112506	95886	74.82	53.36	2778.85
2013	75.99	522.43	1972	574.70	57076	143983	98.61	53.98	2488.69
2014	78.72	437.80	1980	517.28	12194	180019	93.00	54.23	2749.01
2015	90.63	475.96	1885	497.22		99295	93.21	45.76	2681.63

13-6 续表 单位:万吨

年 份	纱	布（万米）	机制纸及纸板	卷 烟（万箱）	饮料酒（万千升）	多晶硅（吨）	锻压机械（吨）	汽 车 起重机（吨）	装载机（辆）	压路机（台）
1949	…			0.86	0.02					
1952	0.03	129	…	2.73	0.15					
1957	0.04	291	0.23	2.47	0.30					
1962	0.10	493	0.40	2.60	0.35					
1965	0.41	796	0.36	6.89	0.31					
1970	0.84	1811	0.91	10.93	0.49					
1975	1.12	3474	1.12	12.00	0.90					
1978	1.68	5474	2.47	14.74	1.35					
1979	1.87	5873	2.56	16.72	1.64					
1980	2.11	7487	3.15	19.45	2.02					
1981	2.26	8604	3.35	22.26	2.51			321		362
1982	2.45	8860	4.19	26.23	2.67			245		485
1983	2.28	7979	4.85	23.03	2.82			256		413
1984	2.29	7307	5.69	26.04	2.54			244		520
1985	2.43	7350	6.48	26.10	2.84			325		730
1986	2.67	7954	8.61	30.12	3.23			414		957
1987	3.07	8981	11.62	31.02	3.88			382		1247
1988	3.54	11032	13.87	32.22	4.38			438		1224
1989	4.36	13504	15.31	33.00	4.96			428		858
1990	3.63	12112	16.44	33.50	4.99			419		802
1991	3.25	10769	17.66	34.00	5.66			496		993
1992	3.93	11938	18.83	34.00	6.85			696	723	1392
1993	3.65	12790	22.36	35.06	7.66			1067	1026	2281
1994	4.20	11673	32.13	33.09	9.80			1005	929	2183
1995	4.64	13883	71.60	34.00	11.42			683	1298	1897
1996	5.16	12807	69.65	34.02	13.85		14977	414	1358	1979
1997	5.48	9077	79.33	34.00	13.31		12329	480	1739	2066
1998	4.49	7361	44.67	34.50	13.18		9451	516	1706	2478
1999	5.70	7721	23.53	34.50	9.00		7392	710	1890	3110
2000	7.16	8196	32.65	34.40	8.50		11942	1087	1777	2466
2001	7.36	6954	28.41	36.50	14.47		12669	1586	2791	2832
2002	8.89	6315	43.52	37.80	14.43		13430	2961	3997	3816
2003	11.30	6884	48.88	40.00	16.69		16297	4664	8098	5825
2004	47.38	7231	58.74	55.20	42.16		12653	5264	10146	4724
2005	23.01	10551	48.91	57.57	20.28		19847	5368	9442	2434
2006	33.64	7800	69.62	57.45	21.50		24119	7298	8799	2697
2007	44.14	14832	129.81	60.48	27.26		30218	10349	11010	2025
2008	48.84	13016	99.11	56.68	27.99	1849	22668	12932	11623	2721
2009	61.75	16591	122.40	59.00	30.11	7318	16353	16053	9494	4675
2010	81.58	16056	105.54	60.94	45.73	17799		18623	15212	6874
2011	77.76	11064	79.13	64.01	52.37	29414		18695	23895	5070
2012	83.89	16966	123.11	64.41	66.23	37097		390261	19199	3604
2013	103.88	18059	38.34	68.46	68.02	50440		319676	18967	4460
2014	152.92	27015	44.40	71.73	64.00	66876		342894	11945	4048
2015	141.21	31490	27.58	66.5	58.85	74358		194941	7142	2721

注:自 2012 年起,汽车起重机计量单位由台改为吨。

13–7 主要工业产品产量

（2015 年）

产品名称		产量	产品名称		产量
原煤	（万吨）	1885.17	# 氮肥	（万吨）	44.53
洗煤	（万吨）	1128.63	磷肥	（万吨）	0.63
铁矿石成品矿	（万吨）	90.62	化学农药	（万吨）	28.72
发电量	（亿千瓦 / 时）	497.22	塑料树脂及共聚物	（万吨）	29.93
配合饲料	（万吨）	83.84	轮胎外胎	（万条）	74.87
发酵酒精（商品量）	（万吨）	35.45	塑料制品	（万吨）	54.97
饮料酒（商品量）	（万千升）	58.85	# 农业用薄膜	（万吨）	4.24
卷烟	（万箱）	66.51	水泥	（万吨）	2681.63
纱	（万吨）	141.21	生铁	（万吨）	475.96
布	（万米）	31490.00	软饮料	（万吨）	239.32
# 棉布	（万米）	25858.00	成品钢材	（万吨）	617.53
家用电冰箱	（万台）	138.28	# 焊接钢管	（万吨）	7.58
丝	（吨）	4484.95	铝材	（万吨）	62.28
多晶硅	（吨）	74358.00	汽车起重机	（吨）	194941.00
服装	（万件）	16891.00	矿山设备	（吨）	3728.00
液体乳	（吨）	767618.41	人造板	（万立方米）	2916.63
机制纸及纸板	（万吨）	27.58	装载机	（辆）	7142.00
焦炭	（万吨）	1250.72	压路机	（台）	2721.00
氢氧化钠（折 100%）	（吨）	8.22	组合音响	（万台）	236.20
合成氨	（万吨）	93.21	摩托车	（万辆）	96.17
农用化学肥料	（万吨）	45.76			

主要统计指标解释

工业　指从事自然资源的开采，对采掘品和农产品进行加工和再加工的物质生产部门。具体包括：(1)对自然资源的开采，如采矿、晒盐、森林采伐等(但不包括禽兽捕猎和水产捕捞)；(2)对农副产品的加工、再加工，如粮油加工、食品加工、轧花、缫丝、纺织、制革等；(3)对采掘品的加工、再加工，如炼铁、炼钢、化工生产、石油加工、机器制造、木材加工等，以及电力、自来水、煤气的生产和供应等；(4)对工业品的修理、翻新，如机器设备的修理、交通运输工具(包括小卧车)的修理等。

1984年以前农村的村及村以下办工业归属农业，1984年以后划归工业。

国有企业　指企业全部资产归国家所有，并按《中华人民共和国企业法人登记管理条例》规定登记注册的非公司制的经济组织。不包括有限责任公司中的国有独资公司。

国有控股企业　包括：(1) 在企业的全部实收资本中，国有经济成分的出资人拥有的实收资本(股本)所占企业全部实收资本(股本)的比例大于50%的国有绝对控股。(2)在企业的全部实收资本中，国有经济成分的出资人拥有的实收资本(股本)所占比例虽未大于50%，但相对大于其他任何一方经济成分的出资人所占比例的国有相对控股；或者虽不大于其他经济成分，但根据协议规定拥有企业实际控制权的国有协议控股。(3)投资双方各占50%，且未明确由谁绝对控股的企业，若其中一方为国有经济成分的，一律按国有控股处理。

集体企业　指企业资产归集体所有，并按《中华人民共和国企业法人登记管理条例》规定登记注册的经济组织。

股份合作企业　指以合作制为基础，由企业职工共同出资入股，吸收一定比例的社会资产投资组建，实行自主经营，自负盈亏，共同劳动，民主管理，按劳分配与按股分红相结合的一种集体经济组织。

联营企业　指两个及两个以上相同或不同所有制性质的企业法人或事业单位法人，按自愿、平等、互利的原则，共同投资组成的经济组织。联营企业包括国有联营企业、集体联营企业、国有与集体联营企业和其他联营企业。

有限责任公司　指根据《中华人民共和国公司登记管理条例》规定登记注册，由两个以上，五十个以下的股东共同出资，每个股东以其所认缴的出资额对公司承担有限责任，公司以其全部资产对其债务承担责任的经济组织。有限责任公司包括国有独资公司以及其他有限责任公司。

股份有限公司　指根据《中华人民共和国公司登记管理条例》规定登记注册，其全部注册资本由等额股份构成并通过发行股票筹集资本，股东以其认购的股份对公司承担有限责任，公司以其全部资产对其债务承担责任的经济组织。

私营企业　指由自然人投资设立或由自然人控股，以雇佣劳动为基础的营利性经济组织。包括按照《公司法》、《合伙企业法》、《私营企业暂行条例》以及《个人独资企业法》规定登记注册的私营独资企业、私营合伙企业、私营有限责任公司、私营股份有限公司和个人独资企业。

与港澳台商合资经营企业　指港澳台地区投资者与内地的企业依照《中华人民共和国中外合资经营企业法》及有关法律的规定，按合同规定的比例投资设立，分享利润和分担风险的企业。

与港澳台商合作经营企业　指港澳台地区投资者与内地企业依照《中华人民共和国中外合作经营企业法》及有关法律的规定，依照合作合同的约定进行投资或提供条件设立，分配利润、分担风险和亏损的企业。

港澳台商独资经营企业　指依照《中华人民共和国外资企业法》及有关法律的规定，在内地由港澳台地区投资者全额投资设立的企业。

港澳台商投资股份有限公司　指根据国家有关规定，经商务部(原外经贸部)批准设立，并且其中港、澳、台商的股本占公司注册资本的比例达25%以上的股份有限公司。凡其中港、澳、台商的股本占公司注册资本的比例小于25%的，属于内资中的股份有限公司。

中外合资经营企业　指外国企业或外国人与中国内地企业依照《中华人民共和国中外合资经营企业法》及有关法律的规定，按合同规定的比例投资设立，分享利润和分担风险的企业。

中外合作经营企业　指外国企业或外国人与中国内地企业依照《中华人民共和国中外合作经营企业法》及有关法律的规定，依照合作合同的约定进行投资或提供条件设立，分配利润、分担风险和亏损的企业。

外资企业　指依照《中华人民共和国外资企业法》及有关法律的规定，在中国内地由外国投资者全额投资设立的企业。

外商投资股份有限公司　指根据国家有关规定，经商务部(原外经贸部)批准设立，并且其中外资的股本占公司注册资本的比例达25%以上的股份有限公司。凡其中外资股本占公司注册资本的比例小于25%的，属于内资中的股份有限公司。

轻工业　指主要提供生活消费品和制作手工工具的工业。按其所使用的原料不同，可分为两大类：(1)以农产品为原料的轻工业是指直接或间接以农产品为基本原料的轻工业。主要包括食品制造、饮料制造、烟草加工、纺织、缝纫、皮革和毛皮制作，造纸以及印刷等工业；(2)以非农产品为原料的轻工业，是指以工业品为原料的轻工业。主要包括文教体育用品、化学药品制造、合成纤维制造、日用化学制品、日用玻璃制品、日用金属制品、手工工具制造、医疗器械制造、文化和办公用机械制造等工业。

重工业　是指为国民经济各部门提供物质技术基础的主要生产资料的工业。按其生产性质和产品用途，可以分为下列三类：(1)采掘(伐)工业，是指对自然资源的开采，包括石油开采、煤炭开采、金属矿开采、非金属矿开采和木材采伐等工业；(2)原材料工业，指向国民经济各部门提供基本材料、动力和燃料的工业。包括金属冶炼及加工、炼焦及焦炭化学、化工原料、水泥、人造板以及电力、石油和煤炭加工等工业；(3)加工工业，是指对工业原材料进行再加工制造的工业。包括装备国民经济各部门的机械设备制造工业、金属结构、水泥制品等工业，以及为农业提供的生产资料如化肥、农药等工业。

根据上述划分原则，修理业中以重工业产品为修理作业对象的划为重工业,反之划为轻工业。

工业总产值(当年价格) 指工业企业在报告期内生产的以货币形式表现的工业最终产品和提供工业劳务活动的总价值量。包括三部分:生产的成品价值、对外加工费收入、自制半成品在制品期末期初差额价值。

新产品产值 新产品是指采用新技术原理、新设计构思研制、生产的全新产品,或在结构、材质、工艺等某一方面比原有产品有明显改进，从而显著提高了产品性能或扩大了使用功能的产品。本报表中的新产品产值既包括经政府有关部门认定并在有效期内的新产品,也包括企业自行研制开发,未经政府有关部门认定,从投产之日起一年之内的新产品。

工业销售产值(当年价格) 指以货币形式表现的,工业企业在报告期内销售的本企业生产的工业产品或提供工业性劳务价值的总价值量。工业销售产值包括销售成品价值和对外加工费收入

工业增加值 是以货币形式表现的，工业企业在报告期内工业生产活动的最终成果，是企业生产过程中新增加的价值。

固定资产原值 固定资产原值指企业在建造、购置、安装、改建、扩建、技术改造某项固定资产时所支出的全部货币总额。它一般包括买价、包装费、运杂费和安装费等。

固定资产净值 是指固定资产原价减去历年已提折旧额后的净额。

流动资产 流动资产是指可以在一年或者超过一年的一个营业周期内变现或者耗用的资产,包括现金及各种存款、短期投资、应收及预付货款、存货等。

利税总额 指产品销售税金及附加和利润总额之和。

资金利税率 指在一定时期内已实现的利润、税金总额与同期的资产(固定资产净值和流动资产)之比。计算公式:

$$\text{资金利税率}(\%)=\frac{\text{报告期累计实现利税总额}}{\text{固定资产净值平均余额}+\text{流动资产平均余额}}\times 100\%$$

税率反映每单位(通常是每万元)资金所提供的利润税金额。它是考察和评价部门或企业资金运用的经济效益、分析资金投入效果的主要分析指标。

工业成本利润率 指在一定时期内实现的利润与成本费用之比,是反映工业生产成本及费用投入的经济效益指标,同时也是反映降低成本的经济效益的指标。计算公式:

$$\text{工业成本费用利润率}(\%)=\frac{\text{利润总额}}{\text{成本费用总额}}\times 100\%$$

工业增加值率 指在一定时期内工业增加值占工业总产值的比重,反映工业生产附加价值的高低。计算公式:

$$\text{工业增加值率}(\%)=\frac{\text{工业增加值}}{\text{工业总产值}}\times 100\%$$

流动资产周转次数 指在一定时期内流动资产的周转次数,反映流动资产的周转速度。计算公式:

$$\text{流动资金周转次数}=\frac{\text{产品销售收入}}{\text{全部流动资产平均余额}}\times 100\%$$

产品销售率 指一定时期内销售产值与同期全部工业总产值之比,反映工业产品生产已实现销售的程度。计算公式:

$$\text{工业产品销售率}(\%)=\frac{\text{报告期现价工业销售产值}}{\text{报告期现价工业总产值}}\times 100\%$$

产品销售收入 指企业销售产品的销售收入和提供劳务等主要经营业务取得的业务总额。

产品销售工厂成本 指企业销售产品和提供劳务等主要经营业务的实际成本。

全员劳动生产率 指根据产品的价值量指标计算的平均每一个职工在单位时间内的产品生产量。是考核企业经济活动的重要指标,是企业生产技术水平、经营管理水平、职工技术熟练程度和劳动积极性的综合表现。目前我国的全员劳动生产率是将工业企业的工业增加值除以同一时期全部职工的平均人数来计算的。计算公式:

$$\text{全员劳动生产率}=\frac{\text{工业增加值}}{\text{全部职工平均人数}}$$

资本金 指企业在工商行政管理部门登记的注册资金合计。企业资本金按投资主体可分为国家资本金、法人资本金、个人资本金和外商资本金等。资本金合计包括企业各种投资主体注册的全部资本金。

总资产 指企业拥有或控制的全部资产。包括流动资产、长期投资、固定资产、无形及递延资产、其他长期资产等,即为企业资产负债表的资产总计项。

(1)流动资产 指企业可以在一年内或者超过一年的一个生产周期内变现或耗用的资产合计。包括现金及各种存款、短期投资、应收及预付款项、存货等。

(2)固定资产 指企业固定资产净值、固定资产清理、在建工程、待处理固定资产损失所占用的资金合计。

(3)无形资产指企业长期使用而没有实物形态的资产。包括专利权、非专利技术、商标权、著作权、土地使用权、商誉等。

总负债 指企业承担并需要偿还的全部债务。包括流动负债和长期负债等,即为企业资产负债表的负债合计项。

(1)流动负债指企业在一年内或者超过一年的一个营业周期内需要偿还的债务合计,其中包括短期借款,应付及预收款项、应付工资、应交税金和应交利润等。

(2)长期负债指企业在一年以上或者超过一年的一个生产周期以上需要偿还的债务合计,其中包括长期借款、应付债务、长期应付款项等。

所有者权益 指企业投资人对企业净资产的所有权。企业净资产等于企业全部资产减去全部负债后的余额，其中包括投资者对企业的最初投入,以及资本公积金、盈余公积金和未分配利润,对股份制企业即为股东权益。

第14部分

建筑业 CONSTRUCTION

版面负责人：许　清

编　　　辑：刘云祥

江苏省统计条例

（2014年1月16日江苏省第十二届人民代表大会常务委员会第八次会议通过）

第二十四条 民间统计调查组织者发布民间统计调查资料应当客观真实，不得伪造、篡改，同时应当说明调查目的以及主要统计指标含义、调查范围、调查方法、计算方法、调查样本量等内容；引用其他组织、个人或者机构资料的，应当注明资料来源。

新闻媒体和其他单位、组织对外发布信息引用民间统计调查资料的，应当准确引用，并注明民间统计调查组织者名称，不得伪造、篡改民间统计调查资料。

【释义】 本条是关于民间统计调查资料发布和引用的规定。

对于发布和使用民间统计调查资料，本条作出如下规范：一是规定发布和引用民间统计调查资料应当客观真实的基本要求。即民间统计调查组织者、新闻媒体和其他单位、组织发布或者引用民间统计调查资料，应当客观真实、准确引用，并要注明资料来源或者民间统计调查组织者名称，不得伪造、篡改调查资料。二是规定发布民间统计调查资料的技术规范。即与本条例对政府统计资料公布方式所作规范一致，规定发布民间统计调查资料应当说明调查目的以及主要统计指标含义、调查范围、调查方法、计算方法、调查样本量等内容；引用其他组织、个人或者机构资料的，应当注明资料来源。

第二十五条 政府统计调查对象依法独立填报统计资料。任何单位和个人干涉独立填报的，统计调查对象有权抵制，并可以向地方各级人民政府、政府统计机构或者监察机关等有关部门举报。

【释义】 本条是关于政府统计调查对象独立填报统计资料，以及抵制、举报干涉其独立填报权行为的规定。

独立填报统计数据是政府统计调查对象的最基本权利。为及时取得国家管理所必需的真实、准确的统计资料，《统计法》第七条从统计调查对象履行义务的角度，规定统计调查对象必须真实、准确、完整、及时地提供统计资料。从维护统计调查对象权利的角度，本条作出规定：政府统计调查对象具有依法独立填报统计资料的权利；对任何单位和个人干涉其独立填报权利的行为，统计调查对象有权进行抵制，并可以向地方各级人民政府、政府统计机构或者监察机关等有关部门举报。

编辑：王中彬

14-1　建筑业企业主要经济指标

项　　目	2007	2008	2009	2010	2011	2012	2013	2014	2015
企业个数　（个）	349	449	425	364	347	389	443	413	430
# 国有及国有控股企业	63	53	54	45	48	36	41	39	35
# 内资企业	342	446	424	363	345	385	437	409	426
港、澳、台商投资企业	2	3	1	1	1	3	5	3	3
外商投资企业	1				1	1	1	1	1
期末从业人数　（人）	315712	277214	314073	337490	403721	469181	476577	519304	496929
建筑业总产值　（亿元）	310.26	376.89	431.58	535.72	648.07	881.66	1089.66	1321.04	1361.22
# 建筑工程	298.17	342.16	400.52	510.88	631.59	829.68	1020.97	1254.94	1299
安装工程	10.14	28.03	28.38	22.55	11.85	30.46	59.68	48.247	41.93
竣工产值　（亿元）	267.95	313.18	358.54	419.39	497.72	661.74	801.89	1069.93	1118.16
利润总额　（亿元）	19.08	17.49	19.53	24.50	28.33	36.32	58.61	58.55	51.92
税金总额　（亿元）	3.82	11.16	11.99	15.13	20.70	25.96	29.47	38.47	38.9
房屋建筑施工面积　（万平方米）	3401.18	3933.17	4381.23	4872.40	5517.02	7702.88	9578.95	11606.8	11718.4
# 本年新开工面积	2274.18	2280.08	2795.05	3120.05	3145.48	4707.61	5115.57	4180.3	5373.14
房屋建筑竣工面积　（万平方米）		2365.29	2414.14	2530.61	2584.80	3247.33	3853.46	5274.97	4970.8
房屋建筑面积竣工率　（%）		60.10	55.10	51.90	46.90	42.20	40.02	45.45	42.42

注:本表资料包括有工作量的施工总承包和专业承包企业,不含劳务分包企业。

14–2 建筑业总承包和专业承包生产经营情况

（2015 年） 单位：千元

项目	单位个数	签订的建筑合同额	上年结转建筑合同额	本年新签建筑合同额	直接从建设单位承揽工程完成的产值	自行完成施工产值	分包出去工程的产值
总　计	**411**	**179597592**	**56087906**	**123509686**	**132695768**	**132395961**	**299807**
按行业分							
房屋建筑业	241	148331480	47038036	101293444	107085410	106935017	150393
土木工程建筑业	87	22749212	7307826	15441386	18771372	18625632	145740
建筑安装业	25	3914069	1028116	2885953	2994245	2991785	2460
建筑装饰和其他建筑业	58	4602831	713928	3888903	3844741	3843527	1214
按登记注册类型分							
内资企业	407	179439217	56059643	123379574	134004487	133704680	299807
国有企业	35	14471708	6949309	7522399	9421083	9419283	1800
集体企业	17	3865647	422627	3443020	3168459	3159639	8820
股份合作企业	3	958297	103929	854368	640888	640888	
有限责任公司	136	81204360	30286993	50917367	60626471	60454885	171586
股份有限公司	36	9571129	1869909	7701220	7253031	7231015	22016
私营企业	179	69368076	16426876	52941200	51394555	51298970	95585
其他企业	1						
港、澳、台商投资企业	3	45589	22040	23549	45589	45589	
与港澳台商合资经营企业	1						
与港澳台商合作经营企业	2	45589	22040	23549	45589	45589	
外商投资企业	1	112786	6223	106563	145692	145692	
中外合资经营企业	1	112786	6223	106563	145692	145692	
按企业控股情况分							
国有控股	53	30048854	11950219	18098635	23584907	23563056	21851
集体控股	31	8317783	1558997	6758786	7075291	7063121	12170
私人控股	312	138883791	41099701	97784090	101491570	101225784	265786
港澳台商控股	1						
其他	14	2347164	1478989	868175	1544000	1544000	
按资质等级分							
施工总承包序列	293	171431392	54571213	116860179	127952199	127692859	259340
施工总承包序列特级工程	2	12644495	3753671	8890824	12179284	12179284	
施工总承包序列一级工程	35	83194974	29479598	53715376	59128415	59020047	108368
施工总承包序列二级工程	111	43846338	12942588	30903750	32636943	32612017	24926
施工总承包序列三级工程	145	31745585	8395356	23350229	22507557	22381511	126046
专业承包序列	118	8166200	1516693	6649507	6243569	6203102	40467
专业承包序列一级工程	22	3388937	1159365	2229572	2417626	2397975	19651
专业承包序列二级工程	38	2966758	151083	2815675	2306779	2288573	18206
专业承包序列三级工程	55	1742650	181355	1561295	1487898	1485288	2610
专业承包序列不分等级工程	3	67855	24890	42965	31266	31266	

14-2 续表 1 （2015 年） 单位：千元

项　　目	从建设单位以外承揽工程完成的产值	建筑业总产值	#装饰装修产值	建筑工程产值	安装工程产值	其他建筑业产值	在外省完成的产值
总　计	**3725959**	**136121920**	**2282046**	**129900260**	**4193017**	**2028643**	**60606765**
按行业分							
房屋建筑业	238230	107173247	555123	104862315	918030	1392902	45734208
土木工程建筑业	2905615	21531247	32723	19837589	1145162	548496	11519367
建筑安装业	127174	3118959		1070495	2048464		1587905
建筑装饰和其他建筑业	454940	4298467	1694200	4129861	81361	87245	1765285
按登记注册类型分							
内资企业	4225959	137930639	2237326	131708979	4193017	2028643	60562045
国有企业	1454318	10873601	415	10179178	686402	8021	4400657
集体企业	20605	3180244	14635	3099102	71032	10110	965877
股份合作企业		640888	12690	633741	7147		
有限责任公司	506907	60961792	629519	59991904	250904	718984	33134210
股份有限公司	305837	7536852	116324	5606205	1786677	143970	3151424
私营企业	1127493	52426463	1463743	49888050	1390855	1147558	18722314
其他企业	310799	310799		310799			187563
港、澳、台商投资企业		45589	44720	45589			44720
与港澳台商合资经营企业							
与港澳台商合作经营企业		45589	44720	45589			44720
外商投资企业		145692		145692			
中外合资经营企业		145692		145692			
按企业控股情况分							
国有控股	1560301	25123357	45835	24013222	701565	408570	14580877
集体控股	20605	7083726	152093	5613235	1442681	27810	2167778
私人控股	2145053	102370837	2065867	98753063	2026071	1591703	43747667
港澳台商控股							
其他		1544000	18251	1520740	22700	560	110443
按资质等级分							
施工总承包序列	2157560	129850419	621080	124746929	3228683	1874807	56757166
施工总承包序列特级工程		12179284	700	10435192	747093	996999	9196102
施工总承包序列一级工程	231297	58751344	337555	57657558	711694	382092	36068322
施工总承包序列二级工程	1119610	33731627	157074	31776187	1538458	416982	8437246
施工总承包序列三级工程	806653	23188164	125751	22877992	231438	78734	3055496
专业承包序列	1568399	8271501	1660966	7153331	964334	153836	3849599
专业承包序列一级工程	1568866	3966841	1091050	3457320	412536	96985	2716433
专业承包序列二级工程	89568	2378141	485670	2137320	184230	56591	744195
专业承包序列三级工程	384947	1870235	84246	1553706	316269	260	388971
专业承包序列不分等级工程	25018	56284		4985	51299		

14-2 续表 2 （2015 年） 单位:千元

项 目	竣工产值	房屋新开工面积（平方米）	房屋施工面积	实行投标承包面积
总 计	**111815819**	**53731352**	**117184271**	**105440352**
按行业分				
房屋建筑业	89673817	52924277	115076653	103690466
土木工程建筑业	13668870	367096	1142018	876999
建筑安装业	4267665	379879	905487	812787
建筑装饰和其他建筑业	4205467	60100	60113	60100
按登记注册类型分				
内资企业	111703124	53611438	117051575	105307656
国有企业	6924096	2926996	6256605	4937387
集体企业	2545536	1483615	2737524	2170561
股份合作企业	497130	673126	839817	807126
有限责任公司	49900990	24040868	60239712	57679545
股份有限公司	6649559	3099281	4844322	4169767
私营企业	44874602	21387552	42133595	35543270
其他企业	311211			
港、澳、台商投资企业	57072			
与港澳台商合资经营企业				
与港澳台商合作经营企业	57072			
外商投资企业	55623	119914	132696	132696
中外合资经营企业	55623	119914	132696	132696
按企业控股情况分				
国有控股	14424961	6422672	10744401	9425183
集体控股	5278824	1699793	3147862	2508313
私人控股	90465813	45244875	102167005	92846622
港澳台商控股				
其他	1646221	364012	1125003	660234
按资质等级分				
施工总承包序列	103593493	53278224	116641899	105016606
施工总承包序列特级工程	3636255	11450	1203624	395098
施工总承包序列一级工程	52673712	25741715	62242341	61052503
施工总承包序列二级工程	27626533	14137725	27935867	24738553
施工总承包序列三级工程	19656993	13387334	25260067	18830452
专业承包序列	8222326	453128	542372	423746
专业承包序列一级工程	4595398	50000	80000	30000
专业承包序列二级工程	1924570	22096	31178	22096
专业承包序列三级工程	1665185	381032	429052	371650
专业承包序列不分等级工程	37173		2142	

14-3 建筑业总承包和专业承包从业人员情况

（2015 年）

项目	单位个数（个）	从业人员平均数	工程技术人员	一级建造师
总计	411	608697	47293	2416
按登记注册类型分				
内资企业	407	607901	47225	2398
国有企业	35	54287	3975	283
集体企业	17	12933	1521	85
股份合作企业	3	2506	539	13
有限责任公司	136	248905	19208	952
股份有限公司	36	69260	3359	129
私营企业	179	219198	18602	936
其他企业	1	812	21	
港、澳、台商投资企业	3	214	43	17
与港澳台商合资经营企业	1	32	15	5
与港澳台商合作经营企业	2	182	28	12
外商投资企业	1	582	25	1
中外合资经营企业	1	582	25	1
按行业分				
房屋建筑业	241	508812	34131	1390
土木工程建筑业	87	68748	8879	638
建筑安装业	25	14214	1820	138
建筑装饰和其他建筑业	58	16923	2463	250

注：本表中"建筑业从业人员"数据为总承包和专业承包从业人员，不含劳务分包从业人数。

14-4 建筑业总承包和专业承包财务状况

（2015 年） 单位:千元

项目	单位数（个）	年初存货	流动资产	应收工程款	存货	资产	负债
总计	**411**	**17835346**	**56918781**	**17373107**	**19925976**	**72310559**	**30855642**
按所有制类型分							
国有控股	53	5387708	15560423	4921818	5959720	20014230	11629651
集体控股	29	618355	2898021	1018217	656969	3706276	1833835
私人控股	317	11666187	37890505	11236198	13076074	47333742	17203583
港澳台商控股	1	2044	14056	6500	1763	14521	7016
其他	11	161052	555776	190374	231450	1241790	181557
按企业资质等级分							
施工总承包序列	295	17096515	52906294	15577793	19072367	66179633	27921370
施工总承包序列特级工程	2	2579126	7443704	3162560	2820248	8802304	5974966
施工总承包序列一级工程	43	8693971	25392503	6100423	9652163	29993304	10947721
施工总承包序列二级工程	109	3684490	13703975	3657398	4551534	18724929	7887882
施工总承包序列三级工程	141	2138928	6366112	2657412	2048422	8659096	3110801
专业承包序列	116	738831	4012487	1795314	853609	6130926	2934272
专业承包序列一级工程	23	306714	1742417	872622	328322	2338073	1238430
专业承包序列二级工程	37	257118	1040012	430222	334123	2189448	1071997
专业承包序列三级工程	53	159151	1200075	481899	177122	1566795	615079
专业承包序列不分等级工程	3	15848	29983	10571	14042	36610	8766
按行业分							
房屋建筑业	241	12297486	38416470	10621473	14396734	47303441	16851279
土木工程建筑业	87	4837440	14567036	5383458	4743874	20062958	11972710
建筑安装业	25	298840	1459830	597887	318445	1705973	601429
建筑装饰和其他建筑业	58	401580	2475445	770289	466923	3238187	1430224
按登记注册类型分							
内资企业	407	17808417	56790792	17334949	19898183	72118489	30754152
国有企业	35	2910680	7263296	1332347	3003506	9454358	4985040
集体企业	17	278267	1457631	597668	285692	1810497	962429
股份合作企业	2	54858	151097	44505	15108	188362	23149
有限责任公司	139	8603500	30386824	9009161	10444476	37001924	15599764
股份有限公司	34	736210	2433491	605985	877355	3814783	1634763
私营企业	179	5219360	15083719	5736887	5266199	19829200	7544939
其他企业	1	5542	14734	8396	5847	19365	4068
港、澳、台商投资企业	3	4058	43974	17444	3777	81173	45862
与港澳台商合资经营企业	2	4058	18369	7253	3777	21468	8939
与港澳台商合作经营企业	1		25605	10191		59705	36923
港澳台商独资经营企业	1	22871	84015	20714	24016	110897	55628
外商投资企业	1	22871	84015	20714	24016	110897	55628

14-4 续表 1 （2015 年） 单位：千元

项　　目	营业收入	主　　营 业务收入	营业成本	主　　营 业务成本	营业税金 及 附 加	主营业 务税金 及附加	其　　他 业务利润
总　计	**114534837**	**114304605**	**99910363**	**98784393**	**3890168**	**3831356**	**24816**
按所有制类型分							
国有控股	21845247	21702545	19110168	18944442	747699	746020	11799
集体控股	4901356	4847798	4010380	3944981	149543	145604	3945
私人控股	85819819	85785847	74981847	74087002	2912538	2879457	9072
港澳台商控股	5818	5818	4936	4936	203	203	
其他	1962597	1962597	1803032	1803032	80185	60072	
按企业资质等级分							
施工总承包序列	107340950	107166158	94009902	93037046	3638604	3583887	23418
施工总承包序列特级工程	11796125	11702873	10662062	10549304	394745	394094	
施工总承包序列一级工程	53958560	53929928	47432329	46655079	1775829	1727949	9532
施工总承包序列二级工程	24017646	23990250	20806115	20728837	828937	828150	7066
施工总承包序列三级工程	17568619	17543107	15109396	15103826	639093	633694	6820
专业承包序列	7193887	7138447	5900461	5747347	251564	247469	1398
专业承包序列一级工程	3513037	3496860	2935948	2843599	120188	119030	1294
专业承包序列二级工程	1733594	1694544	1450343	1412228	64900	62787	
专业承包序列三级工程	1892050	1891837	1465695	1443078	64594	63770	104
专业承包序列不分等级工程	55206	55206	48475	48442	1882	1882	
按行业分							
房屋建筑业	86675839	86647699	75881249	75067640	2947194	2893514	6745
土木工程建筑业	20720654	20537205	17959618	17768734	708066	705230	16550
建筑安装业	3098272	3098020	2737755	2715158	97991	97282	
建筑装饰和其他建筑业	4040072	4021681	3331741	3232861	136917	135330	1521
按登记注册类型分							
内资企业	114314038	114093754	99733998	98614064	3882491	3824698	24816
国有企业	8440391	8409607	7306521	7259742	289561	289560	10198
集体企业	2084525	2034512	1823882	1789690	70162	67294	4489
股份合作企业	336750	335741	308255	302685	11076	10754	
有限责任公司	51308935	51203204	44879809	44620202	1725367	1698770	1058
股份有限公司	7039485	7033182	6181115	6181095	241258	241256	
私营企业	44925328	44898884	39096071	38322305	1535600	1507597	9071
其他企业	178624	178624	138345	138345	9467	9467	
港、澳、台商投资企业	75107	65159	60057	54021	2577	1558	
与港澳台商合资经营企业	6687	6687	5448	5448	233	233	
与港澳台商合作经营企业	68420	58472	54609	48573	2344	1325	
外商投资企业	145692	145692	116308	116308	5100	5100	

14-4 续表 2　　（2015 年）　　单位：千元

项　　目	销售费用	管理费用	管理费用中的税金	财务费用	利润总额	营业利润
总　计	**597905**	**4308013**	**105109**	**401438**	**5191941**	**5197827**
按所有制类型分						
国有控股	58798	833963	11890	129285	894726	903471
集体控股	10830	486057	11046	13331	254290	252112
私人控股	524447	2967746	77398	254848	3988677	3990236
港澳台商控股		1122	1	5	–448	–448
其他	3830	19125	4774	3969	54696	52456
按企业资质等级分						
施工总承包序列	502853	3693526	89445	372891	4867217	4874442
施工总承包序列特级工程	1605	371006	3500	11782	295548	295196
施工总承包序列一级工程	202343	1885213	29705	132819	2343076	2358654
施工总承包序列二级工程	148092	824225	36864	168329	1236349	1228775
施工总承包序列三级工程	150813	613082	19376	59961	992244	991817
专业承包序列	95052	614487	15664	28547	324724	323385
专业承包序列一级工程	46444	288587	3600	10206	110593	109432
专业承包序列二级工程	25946	108823	7771	9520	74344	74062
专业承包序列三级工程	21793	214712	4275	8621	138372	138476
专业承包序列不分等级工程	869	2365	18	200	1415	1415
按行业分						
房屋建筑业	472519	2774845	71356	305350	4122515	4117597
土木工程建筑业	32657	1170996	22682	66987	695602	708520
建筑安装业	16027	98300	2978	3623	166865	167427
建筑装饰和其他建筑业	76702	263872	8093	25478	206959	204283
按登记注册类型分						
内资企业	595791	4301142	103946	399188	5166420	5172305
国有企业	13542	449933	7277	116408	254382	264425
集体企业	10720	92405	6235	7380	80922	79976
股份合作企业	5831	8359	1386	1353	1876	1876
有限责任公司	222010	1725627	31715	147630	2400135	2396876
股份有限公司	4835	235580	6329	12227	351542	352276
私营企业	328991	1781099	50543	108001	2070941	2070254
其他企业	9862	8139	461	6189	6622	6622
港、澳、台商投资企业	1320	5575	329	1158	4419	4420
与港澳台商合资经营企业		1610	2	5	–610	–609
与港澳台商合作经营企业	1320	3965	327	1153	5029	5029
外商投资企业	794	1296	834	1092	21102	21102

主要统计指标解释

建筑业总产值(即自行完成施工产值) 指建筑业企业或附属施工单位自行完成的按工程进度计算的建筑安装生产总值。施工产值包括:

①建筑工程产值:指列入建筑工程预算内的各种工程价值。

②设备安装工程产值:指设备安装工程价值。

③房屋、构筑物修理产值:指房屋、构筑物修理所完成的价值,但不包括被修理房屋、构筑物本身的价值和生产设备的修理价值。

④非标准设备制造产值:指加工制造没有定型的、非标准的生产设备的加工费和原材料价值,不论是现场还是附属加工厂为本单位承建工程制造的非标准设备的价值,都应计算产值。

竣工产值 指在报告期内,按照设计所规定的工程内容全部完成,达到了设计规定的交工条件,经有关部门检查验收鉴定合格的单位工程价值之和。

房屋建筑施工面积 指在报告期内施工的全部房屋建筑面积。包括本期内新开工的、上期施工跨入本期继续施工、上期停建本期复工的房屋建筑面积;不包括上期开工后又停工,本期未施工的房屋建筑面积。

房屋建筑竣工面积 指在报告期内,按照设计所规定的工程内容全部完成,达到了设计规定的交工条件,经有关部门检查验收鉴定合格的房屋建筑面积。

住宅竣工面积 指房屋建筑竣工面积中供居住用的房屋建筑竣工面积。

自有机械设备年末总台数 指归本企业(或单位)所有,属于本企业固定资产的生产性机械设备年末总台数。包括施工机械、生产设备、运输设备以及其他设备。

自有机械设备年末总功率 指本企业(或单位)自有施工机械、生产设备、运输设备以及其他设备等列为在册固定资产的生产性机械设备年末总功率,按设定能力或查定能力计算。包括机械本身的动力和为该机械服务的单独动力设备,如电动机等。计算单位用千瓦,动力换算可按 1 马力 =0.735 千瓦折合成千瓦数。电焊机、变压器、锅炉不计算动力。

工程结算收入 指企业(或单位)按工程的分部分项自行完成的建筑产品价值并已与甲方在报告期内办理结算手续的工程价款收入,以及向甲方收取的除工程价款以外的按规定列作营业收入的各种款项,如临时设施费、劳动保险费、施工机械调迁费等以及向甲方收取的各种索赔款。

工程结算利润 指已结算工程实现的利润,如为亏损以"–"号表示。其计算公式为:

工程结算利润 = 工程结算收入
– 工程结算成本
– 工程结算税金及附加

企业总收入 指与企业生产经营直接有关的各项收入,包括工程结算收入和其他业务收入,即:

企业总收入 = 工程结算收入
+ 其他业务收入

第15部分

交通运输和邮电

TRANSPORTATION, POSTAL AND TELECOMMUNICATIONS SERVICES

版面负责人：卓卫华

编　　辑：马　萍

江苏省统计条例

（2014年1月16日江苏省第十二届人民代表大会常务委员会第八次会议通过）

第二十六条 有下列情形之一的，政府统计调查对象有权拒绝政府统计调查：

(一)未书面告知统计权利和义务的；

(二)统计调查项目及其统计调查制度未经批准或者虽经批准但未依法公布的；

(三)统计调查表未标明法定标志或者法定标志不完整的；

(四)统计调查表超过有效期限的；

(五)现场调查时，统计人员未出示政府统计机构或者有关部门颁发的工作证件的。

【释义】 本条是关于政府统计调查对象拒绝非法调查的规定。

遏制非法统计调查，减轻被调查者的负担，是政府统计调查对象和社会各界的一致诉求。《统计法》从统汁调查表管理的角度，规定统计调查对象对非法统计调查表或者过期统计调查表有拒绝调查权。从促进依法行政、保护统计调查对象的角度，本条规定了五种违法行为，统计行政行为不具有法律效力，政府统计调查对象有权拒绝调查。具体规定如下：

一是未书面告知统计权利和义务。依照本条例第十三规定，建立统计调查法律关系时，政府统计机构负有告知责任，应当主动书面告知统计调查对象统计权利和统计义务，促使统计调查对象支持和配合政府统计工作，真实、准确、完整、及时地提供统计资料。从维护统计调查对象权利的角度，本条规定政府统计机构不依法履行告知责任，即未被书面告知统计权利和统计义务的，统计调查对象有权拒绝政府统计调查。

二是统计调查项目及其统计调查制度未经批准或者虽经批准但未依法公布。为严格规范统计行政行为，减轻基层部门和统计调查对象负担，本条例第八条至十一条作出规定，地方统计调查按照统计调查项目组织实施，统计调查项目及其统计调查制度按照规定权限和程序依法审批；依法公布是其生效的前置条件，未经批准或者虽经批准但未依法公布，属于违法行为。本条则从维护统计调查对象合法权益的

角度，规定统计调查项目及其统计调查制度未经批准或者虽经批准但未依法公布的，统计调查对象有权拒绝政府统计调查。

三是统计调查表未标明法定标志或者法定标志不完整，或者统计调查表超过有效期限。根据《统计法》第十五条规定，统计调查表应当标明表号、制定机关、批准或者备案文号、有效期限等标志；未标明上述法定标志或者超过有效期限的统计调查表，不产生法律效力。从保护统计调查对象的角度，本条规定，统计调查表未标明法定标志或者法定标志不完整，或者超过有效期限的，统计调查对象有权拒绝政府统计调查。

四是现场调查时，统计人员未出示政府统计机构或者有关部门颁发的工作证件。《统计法》第三十条规定，统计人员进行统计调查时，应当出示工作证件，向统计调查对象表明身份。从维护统计调查对象的合法权益，防止统计人员以外的其他人员假冒政府统计调查名义，非法开展统计调查，本条规定，现场调查时，统计人员未出示政府统计机构或者有关部门颁发的工作证件的，统计调查对象有权拒绝政府统计调查。

编辑：王中彬

15-1 全社会客、货运量

年 份	全社会客运量（万人）	#铁路	公路	全社会货运量（万吨）	#铁路	公路	水运
1978	2030	636	1394	2608	1480	652	.93
1979	2305	671	1634	3154	1555	681	89
1980	2724	712	2012	3252	1588	724	75
1981	2958	741	2217	3026	1468	703	59
1982	3174	806	2368	3230	1561	825	72
1983	3133	859	2274	3605	1642	894	71
1984	3358	943	2415	5428	1727	2314	100
1985	3590	967	2617	6280	1814	2643	326
1986	3570	964	2600	7866	1850	4264	335
1987	3602	1073	2528	6962	1944	2966	649
1988	3790	1166	2624	7022	2007	2996	550
1989	3471	985	2486	6394	2078	2673	330
1990	3156	800	2356	6073	2021	2115	350
1991	2962	809	2153	6189	2040	2789	351
1992	3766	846	2920	11069	2041	7289	611
1993	4288	852	3435	8832	2127	4475	780
1994	4652	839	3811	10350	2051	6760	564
1995	6071	852	5216	10859	2022	6717	1182
1996	8396	703	7691	8792	1981	5184	1170
1997	7552	764	6786	7851	1736	4396	754
1998	6863	807	6048	8573	1558	4608	514
1999	6647	827	5812	8884	1663	4367	655
2000	7255	802	6443	9669	1700	4788	565
2001	7411	793	6610	9785	1613	4906	605
2002	7544	758	6775	9907	1561	5004	611
2003	7056	755	6292	10066	1543	5052	620
2004	7391	775	6601	11348	1535	5225	662
2005	8099	878	7202	14022	1487	6114	889
2006	8688	946	7712	16459	1635	7494	1006
2007	10007	1074	8892	18480	1924	8678	1211
2008	21787	1218	20529	23852	2264	11508	1982
2009	24042	1263	22728	25708	2191	12577	2133
2010	27761	1770	25926	37227	9944	14758	2548
2011	23238	1879	21275	35772	5582	16829	2870
2012	24892	1627	23168	34851	1300	18697	3268
2013	16758	1832	14814	33926	1054	15455	4799
2014	17282	2093	15063	35659	944	16967	5015
2015	15660	2182	13347	36408	979	16909	5656

注：铁路货运量统计口径为发货量;2008 年及以后公路客货运量统计口径变化，与往年不可比(后同)。2013 年及以后客货运为公路和水路交通部门专项调查数据，与往年不可比。

15-2　全社会客、货运周转量

年　份	全社会旅客周转量（万人公里）	# 铁路	公路	全社会货物周转量（万吨公里）	# 铁路	公路	水运
1978	249885	209321	40564	1461029	1211408	8148	4175
1979	280183	232768	47415	1945564	1257756	7108	4254
1980	328530	271097	27433	2035244	1306257	8292	5341
1981	354602	291774	62828	2014909	1313585	8012	6048
1982	396156	324347	71089	2153718	1427133	27578	27401
1983	446877	370740	76137	2443326	1550139	30261	29023
1984	524323	435110	89213	2769988	1659775	31759	39641
1985	636545	519962	116583	3972158	1885098	86866	60720
1986	700973	566359	134614	3357828	2028709	117208	64142
1987	761646	622238	139408	3513177	2166558	107961	159184
1988	863036	698324	164712	3757313	2292214	120665	157360
1989	811599	655742	155857	3692471	2411734	118930	75266
1990	731765	594649	137116	3646275	2440213	100950	85224
1991	765362	641282	124080	3640834	2448681	105308	129739
1992	876627	690096	186531	4104274	2616319	335316	247925
1993	952195	703043	249152	3982741	2585799	289800	294285
1994	975802	733088	241388	4387480	2751855	510032	357622
1995	1133265	722493	410772	4532499	2913515	418798	482039
1996	1255579	649085	606494	4351716	2881365	453610	303121
1997	1169395	672572	492123	4217829	2738316	374707	424301
1998	1124114	682681	433247	4347608	2616333	379284	262986
1999	1085420	750026	326643	4545083	2596163	315891	339687
2000	1245191	798664	436691	5144815	2932469	360929	290348
2001	1275512	798041	468827	5328880	2986021	380641	284023
2002	1320343	827071	482892	5442417	3133544	388254	288283
2003	1226127	777297	440100	5665478	3291712	380600	292100
2004	1433951	952020	466991	6287747	3387300	393350	313013
2005	910143	390075	500744	5472847	2043649	415973	322130
2006	983361	420286	533069	7882829	3247052	494458	370967
2007	1134788	477154	616228	9197322	3820996	576538	438112
2008	1894734	541130	1313499	10979772	4496224	1310599	595947
2009	2071224	560914	1459164	11297204	4351249	1435633	642617
2010	2525059	786149	1673070	27608783	19747916	1787616	781570
2011	2141370	891641	1165102	32106411	23393492	2173726	914555
2012	2153325	780924	1274989	15071042	5820209	2464381	1055362
2013	1796552	929866	805737	16143302	4717912	3686573	1545684
2014	3081596	1004496	809600	16141672	4225227	4057467	1695912
2015	1975600	1047125	796627	13037518	4381882	477870	1944553

注：铁路客、货运周转量 2005 年以前为徐州铁路分局辖区数，2005 年及以后为徐州铁路段辖区数。自 2011 年起公路水路运输量数据为营业性数据。

15-3 主要年份运输线路长度

单位:公里

指　　标	1990	1995	2000	2005	2010	2013	2014	2015
民用航空								
民用航空线条数　（条）	4	2	13	13	22	25	25	25
民用航空线里程　（万公里）	0.2	0.13	1.3	1.3	2.2	2.5	2.5	2.5
铁路								
铁路正线延展里程	465	465	711	736		781	672	672
铁路营业里程	258	258	359	381		386	349	349
公路线路里程								
按技术级别分类								
等级公路里程	2964	2930	2658	10167	14965	15207	15314	15396
高速				299	412	441	459	459
一级		435	634	732	1039	1136	1164	1195
二级	616	378	581	1273	1527	1522	1542	1539
三级	214	344	572	996	1195	1241	1313	1324
四级	1781	1507	871	6867	10792	10866	10837	10860
等外公路	353	266		739	1210	1125	1114	1116
按行政级别分类								
国道	307	306	362	589	730	730	730	730
省道	515	518	466	703	735	760	824	862
县道	892	872	842	693	2309	2311	2311	2307
乡道	1049	1073	988	8921	5888	5887	5887	5885
内河航道通航里程	**534**	**540**	**639**	**1039**	**1039**	**1033**	**1058**	**1058**
输油管道里程								
管道条数　（条）	3	3	8	14	28	30	30	35
延展长度	1252	1252	2375	4652	5891	6291	6326	6573

注:1.公路线路里程 2000 年以前为交通部门养管里程,2001 年及以后为全社会口径;2007 年开展县道网规划,将低级公路升级为县道。
2.铁路里程为徐州市境内铁路线里程。3.铁路里程为徐州市界内铁路线里程。

15-4 全社会交通运输量

（2015年）

指 标	客运量（万人）	旅客周转量（万人公里）	货运量（万吨）	货物周转量（万吨公里）
全市合计	**15660**	**1975600**	**36408**	**13037518**
航空	132	131848	1	704
铁路	2182	1047125	979	4381882
公路	13347	796627	16909	477870
水运			5656	1944553
管道			12863	6232509
内河港口吞吐量			**9030.26**	

15-5 市区全社会交通运输量

（2015年）

指 标	客运量（万人）	旅客周转量（万人公里）	货运量（万吨）	货物周转量（万吨公里）
合计	**11464**	**1671680**	**11703**	**6600371**
航空	132	131848	1	704
铁路	2182	1047125	979	4381882
公路	9151	492707	9306	2089516
水运			250	69919
管道			1167	58350
内河港口吞吐量			**4271**	

注:铁路客、货运周转量是指徐州铁路段辖区数,管道运量及周转量为中石化储运公司全辖数;2010年起根据区划调整市区范围包括贾汪区和铜山区。

15-6 主要年份全社会民用车辆船舶数

指 标	1990	1995	2000	2005	2010
机动车总计 （辆）	**105958**	**194285**	**497359**	**752002**	**1136878**
#私人车辆拥有量	78370	139813	433885	701767	1050715
汽车	39949	78185	214713	308628	432612
#私人车辆拥有量	2872	7446	19412	262656	356532
#载客汽车	7674	17748	29031	78349	160323
#大(中)型	1390	1940	2574	8023	293120
小(微)型	6282	15808	26457	70326	11865
载货汽车	21773	39651	35666	36177	281255
#重(中)型	16109	27592	24086	20319	87464
轻(微)型	5664	12059	11580	15858	53111
其他汽车	10502	20786	150016	194102	34353
摩托车	14361	48131	253357	438479	687361
全挂车	5655	7446	2955	658	545
半挂车			4465	4234	16357
运输船舶总计 （艘）		**5751**	**6740**	**5428**	**4374**
机动船数		3045	2176	655	806
#货船		2705	1679	351	518
拖船		340	441	304	288
货船载重量 （吨位）		146701	177780	54583	311516
驳船数		2706	4564	4773	3568
载重量 （吨位）		223321	645466	1625614	1591410

15-6 续表

指 标	2011	2012	2013	2014	2015
机动车总计 （辆）	**1128630**	**1263934**	**1339294**	**1402414**	**1402085**
#私人车辆拥有量	1031943	1161686	1232192	1298413	1301094
汽车	526776	624472	684546	756003	851541
#私人车辆拥有量	441700	501796	591203	664639	763005
#载客汽车	220992	478173	532586	615452	722443
#大(中)型	383701	12768	12175	10614	9837
小(微)型	12606	465405	520411	604838	712606
载货汽车	371095	112214	121542	117598	109264
#重(中)型	101461	66632	73083	70304	64987
轻(微)型	61868	45582	48459	47294	44277
其他汽车	39593	34085	30418	22953	19834
摩托车	581717	617291	630345	623305	526981
全挂车	457	438	406		
半挂车	19677	21730	23996	23105	23562
运输船舶总计 （艘）	**4356**	**4310**	**4272**	**4084**	**4100**
机动船数	931	1019	1146	1186	1297
#货船	618	711	843	857	958
拖船	313	430	303	329	339
货船载重量 （吨位）	524603	681650	873700	988815	1203100
驳船数	3425	3291	3126	2898	2803
载重量 （吨位）	1631804	1621674	1593750	1552199	1747641

注:2004 年以前载客汽车和载货汽车均未含专用(特种)车。2007 年运输船舶按现有检验次数统计。

15-7 主要年份邮政电信情况

指　　标	1990	1995	2000	2005	2010	2012	2013	2014	2015
邮电局总数（处）	262	316	372	812		241	246	235	235
邮路总长度（公里）	4002	5047	5368	5900	5753	5980	6276	8193	10675
农村投递线路长度（公里）	20477	21706	21961	21666	25495	25725	26479	26731	26902
电话局用交换机总容量（万门）	5.04	45.35	136.25	348.78	1131.70	362.27	328.10		
固定电话年末用户（万户）	7.23	29.45	77.51	278.53	177.21	176.47	161.01	145.91	153.80
# 城市	5.61	23.19	39.05	165.65	86.09	108.39	95.52	89.32	110.50
移动电话年末用户（万户）		1.36	32.27	154.97	600.72	760.87	761.20	751.01	830.34
互联网宽带接入用户数（万户）				21.41	70.10	95.82	102.92	107.65	188.29
邮电业务总量（亿元）	0.62	3.88	17.73	36.26	73.39	61.69	78.46	82.91	95.34
邮电业务收入（亿元）			13.06	27.05	48.14	61.58	69.40	70.30	74.11
计费函件(不含广告)（万件）	2463	2579	2289	2041	4728	4526.58	2303.70	1567.58	1488.17
包　件（万件）	26	71	39	49	26	17.43	16.87	13.12	13.21
汇　票（万张）	97	108	96	71	1267	225.98	132.91	98.46	70.99
订销报刊累计（万份）	10291	17075	16451	9116	10845	10116.87	10524.96	8467.16	11014.99
集　邮（万枚）	301	1257	4525	533			40.32	432.19	480.99
特快专递（万件）	…	44	34	78	306	231.01	52.03	38.24	955.02

注：1.1995年以前本地电话年末用户为年末电话机数(后同)；2.2005年前电话局用交换机总容量为电信局一家数据，2006年及以后为所有电信部门的数据(后同)；3.2006年及以前邮电业务总量中电信业务总量为电信业务收入；邮电业务总量按2010年价格计算。2011年及以后邮电业务总量按2010年价格计算(后同)；4.2013年及以后邮政方面数据为市邮政管理局全辖数(后同)。

主要统计指标解释

铁路营业里程 又称营业长度，指办理客货运输业务的铁路正线总长度。凡是全线或部分建成双线及以上的线路，以第一线的实际长度计算；复线、站线、段管线、岔线和特殊用途线以及不计算运费的联络线都不计算营业里程。铁路营业里程是反映铁路运输业基础设施发展水平的重要指标，也是计算客货周转量、运输密度和机车车辆运用效率等指标的基础资料。

公路里程 指在一定时期内实际达到《公路工程技术标准 JTJO1-88》规定的等级公路，并经公路主管部门正式验收交付使用的公路里程数。它包括大中城市的郊区公路以及通过小城镇街道部分的公路里程，也包括桥梁、渡口的长度，但不包括大中城市的街道、厂矿、林区生产用道和农业生产用道的里程。两条或多条公路共同经由同一路段，只计算一次，不得重复计算里程长度。公路里程是反映公路建设发展规模的重要指标，也是计算运输网密度等指标的基础资料。

内河航道里程 也称"内河通航里程"，是反映内河水运网规模、水平和发展情况的主要指标，是指在一定时期内，能通航运输船舶及排筏的天然河流、湖泊水库、运河及通航渠道的长度。包括全年季节性通航累计三个月以上的航道，但不包括仅供零散流放竹、木排的河道。

输油(气)管道长度 也称"输油(气)里程"，是反映管道运输发展规模和水平的主要指标，是指油品(或天然气)的实际输送距离，一般按输油(气)管道的单线长度计算。若包括复线和备用线长度则称为输油(气)管道延展长度，是指管道铺设的实际长度。我们通常使用的是不包括复线的"输油(气)管道里程"。

货(客)运量 指在一定时期内，各运输部门实际运送的货(旅客)数量。是反映运输业为国民经济和人民生活服务的数量指标，也是制定和检查运输生产计划，研究运输发展规模和速度的重要指标。货运按吨计算，客运按人计算。货物不论运输距离长短、货物类别，均按实际重量统计；旅客不论行程远近或票价多少，均按一人一次作为客运量统计。半价票、小孩票也按一人统计。

货物(旅客)周转量 指在一定时期内，由各种运输工具运送的货物(旅客)数量与其相应运输距离的乘积之总和，是反映运输业生产总成果的重要指标，也是编制和检查运输生产计划，计算运输效率、劳动生产率以及核算运输单位成本的主要基础资料。通常以吨公里和人公里为计算单位。计算货物周转量通常按发出站与到达站之间的最短距离，也就是计费距离计算。

内河主要港口货物吞吐量 指由水运进出内河主要港区范围，并经过装卸的货物数量。吞吐量可以分为进口、出口，又可以分为国内贸易和对外贸易。货物吞吐量的货种分类及其主要流向流量，反映了港口在国内外物资交流和对外贸易运输中的地位和作用。

邮电业务总量 指以价值量形式表现的邮电通信企业为社会提供各类邮电通信服务的总数量。邮电业务量按专业分类包括函件、包件、汇票、报刊发行、邮政快件、特快专递，邮政储蓄、集邮、公众电报、用户电报、传真、长途电话、出租电路、无线寻呼、移动电话、分组交换数据通信、出租代维等。计算方法为各类产品乘以相应的平均单价(不变价)之和，再加上出租电路和设备、代用户维护电话交换机和线路等的服务收入。它综合反映了一定时期邮电业务发展的总成果，是研究邮电业务量构成和发展趋势的重要指标。计算公式为：

$$
\begin{aligned}
\text{邮电业务总量} &= \sum(\text{各类邮电业务量}\times\text{不变单价}) \\
&\quad + \text{出租代维及其他业务收入} \\
&= \text{邮政业务总量} + \text{电信业务总量}
\end{aligned}
$$

移动电话用户 是指通过移动电话交换机进入移动电话网、占用移动电话号码的电话用户。用户数量以报告期末在移动电话营业部门实际办理登记手续进入移动电话网的户数进行计算，一部移动电话统计为一户。

电话用户 指接入国家公众固定电话网，并按固定电话业务进行经营管理的电话用户。1997 年以前，电话用户分为市内电话用户和农村电话用户。从 1997 年起，电话用户数分组调整为以用户所在区域划分为"城市电话用户"和"乡村电话用户"，与过去的按市内电话和农村电话划分方法不同，而电话用户总数、电话机总部数统计范围不变。

城市电话用户 指直辖市、省辖市、地级市、县级市的市区、市郊区及县城(包括县人民政府所在地的县城关区或行政建制相当于县人民政府所在地的镇)范围内接入局用交换机的电话用户数，包括分布在农村地区的独立工矿区、林区、驻军等接入局用交换机的电话用户数。

第16部分

WHOLESALE, RETAIL AND ACCOMMDATIONS CATERING INDUSTRY

批发零售和住宿餐饮业

版面负责人：王廷宝

编　　　辑：吕延婷　柏　慧

江苏省统计条例

（2014年1月16日江苏省第十二届人民代表大会常务委员会第八次会议通过）

第二十七条 政府统计调查对象发现他人对外提供、泄露能够识别或者推断其身份的资料，或者将上述资料用于统计以外目的的，有权举报。

【释义】 本条是关于政府统计调查对象资料保密的规定。

保护政府统计调查对象的商业秘密和个人隐私是《统计法》及本条例的重要立法原则。本条从维护统计调查对象权利角度，对限制使用统计调查对象资料作出规范，即发现他人对外提供、泄露能够识别或者推断其身份的资料，或者将上述资料用于统计以外目的时，政府统计调查对象有权举报。

能够识别或者推断其身份的资料。即能够识别或者推断单个调查对象身份的信息和数据。

用于统计以外的目的。主要是指未经统计调查对象同意，利用其资料进行评比、排序，甚至编制资料出售等行为。

第二十八条 除依法应当保密的以外，社会公众有权查询统计资料。

在统计资料法定保存期限内，政府统计调查对象可以查询其报送的统计资料以及相关信息。对查询结果有疑问的，政府统计机构、有关部门应当给予解答和说明；确属错误的，应当予以订正。

【释义】 本条是关于政府统计调查对象查询政府统计资料、订正错误统计数据的规定。

政府统计调查资料来源于统计调查对象，对本单位报送的统计资料，应当享有查询和订正的权利。本条作出如下规定：一是政府统计调查对象在统计资料法定保存期限内，可以查询本单位已经报送的统计资料等相关信息；二是统计调查对象对查询结果有疑问时，政府统计机构、有关部门应当给予解答和说明；三是如发现错误并经核实，政府统计机构、有关部门应当同意统计调查对象订正，以确保统计资料的真实、准确。

统计资料法定保存期限。依照《档案法》等相关法律法规的规定执行。

第二十九条 政府统计调查对象可以通过签订合同，委托民间统计调查组织代理统计调查活动。委托合同应当自签订之日起十个工作日内，由委托方报所在地县(市、区)人民政府统计机构备案。

【释义】 本条是关于政府统计调查对象委托民间统计调查组织代理统计事务的规定。

实际工作中，企事业单位委托社会中介机构等民间统计调查组织代理统计事务已是常见的民事行为。本条规定：政府统计调查对象可以通过签订合同的形式，委托民间统计调查组织代理统计调查活动；统计调查对象应当自合同签订之日起十个工作日内，向其所在地县级(市、区)政府统计机构备案合同，以保障统计调查工作顺利开展。

编辑：王中彬

16-1　主要年份社会消费品零售总额

单位:万元

年 份	社会消费品零售总额	按地区分			按行业分				
		市的零售额	县的零售额	县以下的零售额	批发零售贸易业	餐饮业	住宿业	制造业	其他行业
1949	9756		6521						
1952	11421		5531						
1957	22284		9574						
1962	28486		14124						
1965	29808		12426						
1970	34332		13706						
1975	57492		23318						
1978	77058		31480		64672	2955		6196	3235
1979	92351		37555		72497	4201		10787	4866
1980	109523		46069		85005	4626		14022	5870
1981	123791		52831		91751	5244		17841	8955
1982	138439		59336		105869	5455		15607	11508
1983	150638	64850	27128	58660	114633	6005		18157	11843
1984	176386	77927	31616	66843	130149	7393		25637	13207
1985	233620	106745	43967	82908	166598	12733		33341	20948
1986	266086	119792	52153	94141	188243	14597		36897	26349
1987	304226	137513	51646	115067	211763	17205		44859	30399
1988	370405	173147	66514	130744	255523	19743		56087	39052
1989	410589	202384	71509	136696	282528	20163		60085	47813
1990	422271	227011	59028	136232	285048	19888		58860	58475
1991	458294	255898	62850	139546	308487	22575		60204	67028
1992	511243	320843	48975	141425	330716	26823		71835	81869
1993	657693	413770	64829	179094	440102	32992		78998	105601
1994	879531	597230	74582	207719	570080	66236		85336	157879
1995	1150671	773854	104733	272084	728544	97733		110399	213995
1996	1379729	918002	119829	341898	870375	116992		136101	256261
1997	1526381	999463	134445	392473	958246	132721		152337	283077
1998	1606304	1047323	153199	405782	1048472	145036		135393	277403
1999	1714930	1109165	168614	437151	1152717	173997		116007	272209
2000	1852142	1180955	177242	493945	1273493	209461		101421	267767
2001	2020066	1260580	205746	553740	1423869	223782		99677	272738
2002	2239285	1370267	236261	632756	1574478	258964		110753	295088
2003	2354214	1478128	230347	645739	2022477	298711			33026
2004	3424611	2131470	381456	911685	2979537	407099	12733		25242
2005	3960400	2472673	462407	1025320	3449516	452634	29385		28865
2006	4600776	2883889	537190	1179697	3938344	590342	40767		31323
2007	5430057	3421347	621082	1387628	4646839	683272	61987		37959
2008	7005000	4414184	811491	1779325	5865763	974335	110408		54494
2009	8059883	5085736	936828	2037319	6799143	1135550	125189		
2010	9569888	7648059	1921829		8516095	987888	65905		
2011	11418882	9106061	2312821		10161072	1152907	104903		
2012	13124990	10527281	2597709		11733102	1287490	104398		
2013	14959079	11995093	2963986		13358896	1481901	118282		
2014	20991974	13157745	7834228		19258892	1379422	353659		
2015	23584483	14720569	8863914		21664954	1532418	387111		

注:2003 年及以后按行业划分的批发零售贸易业中包括原制造业和其它行业中原农民对非农业居民的零售额。2004 年、2008 年及 2014 年为经济普查后调整数据。

16-2 市区社会消费品零售总额

单位:万元

年 份	社会消费品零售总额	按行业分				
		批发零售贸易业	餐饮业	住宿业	制造业	其他行业
1978	31480	25956	1373		2327	1824
1979	37555	30176	1786		3214	2379
1980	46069	34685	2398		5835	3151
1981	52831	39758	2683		6501	3889
1982	59336	46294	2709		5775	4558
1983	63751	50417	2741		5989	4604
1984	76175	57009	3099		10318	5749
1985	104827	73051	6071		14954	10751
1986	117965	82599	6462		15130	13774
1987	135320	97190	7038		14772	16320
1988	169583	120988	8250		19756	20589
1989	198822	141665	8326		19760	29071
1990	210156	148845	9103		16750	35458
1991	236824	165088	10795		17056	43885
1992	274203	186380	14520		19042	54261
1993	361783	245956	16727		23007	76093
1994	520845	345014	41842		18521	115468
1995	677103	428043	57854		36106	155100
1996	799102	499385	71500		39889	188328
1997	866994	521321	81664		53319	210690
1998	909671	553957	94665		53159	207890
1999	959836	621498	109058		31686	197594
2000	1019913	696416	133386		13576	176535
2001	1081720	766967	130272		8001	176480
2002	1168355	826551	144899		7023	189882
2003	1252978	1068575	165293			19110
2004	1832812	1625315	177740	9229		20528
2005	2144371	1875688	217815	28477		22391
2006	2492194	2169774	268415	27827		26178
2007	2965333	2597729	298245	43780		25579
2008	3821000	3249861	457822	65386		47931
2009	4392408	3784107	534994	73307		
2010	6052895	5533213	483775	35907		
2011	7210901	6579220	589311	42370		
2012	8371586	7558073	761086	52427		
2013	9532600	8458043	990800	83757		
2014	13157745	12072129	876584	209032		
2015	14720569	13561389	933938	225242		

16-3 限额以上批发和零售业、住宿和餐饮业基本情况

（2015 年）

指　　标	法人企业数（个）	产业活动单位数（个）	其他行业及外省法人所属限额以上批零住餐产业活动单位(个)	餐饮或零售营业面积（平方米）	年末从业人员（人）
总　计	**2374**	**2801**	**31**	**2937884**	**93844**
批发和零售业小计	**2136**	**2559**	**23**	**2568397**	**80795**
批发业	**739**	**915**	**5**	**467880**	**25465**
# 国有控股	37	205		25237	3742
按登记注册类型分					
内资企业	732	908	5	464705	25218
国有企业	20	27		11592	2531
集体企业	3	3		8950	131
有限责任公司	105	108	4	76654	4122
股份有限公司	15	181		18675	2158
联营企业					
私营企业	573	573	1	337896	15298
# 私营有限责任公司	15	15		10938	957
其他企业	3	3		520	119
港、澳、台商投资企业	4	4		2655	128
外商投资企业					
按国民经济行业分					
农畜产品批发	43	43		24492	1738
食品、饮料及烟草制品批发	95	102	1	84580	5005
# 米、面制品及食用油批发	20	20	1	16392	934
烟草制品批发	1	8			1262
纺织、服装及日用品批发	24	24		9057	494
# 纺织品、针织品及原料批发	11	11		6457	222
文化、体育用品及器材批发	11	11		2670	217
医药及医疗器材批发	20	20		11343	2897
矿产品、建材及化工产品批发	397	566		245839	10708
# 煤炭及制品批发	120	122		96069	3282
石油及制品批发	10	176		12235	785
金属及金属矿批发	115	116		18918	2398
机械设备、五金交电及电子产品批发	107	107	4	69439	2872
# 农业机械批发	24	24		32669	500
汽车、摩托车及零配件批发	6	6		17433	107
其他批发	40	40		19960	1520
零售业	**1397**	**1644**	**18**	**2100517**	**55330**
# 国有控股	18	50	8	121800	4872
按经济注册类型分					
内资企业	1386	1633	17	2029890	53708
国有企业	8	8	8	48605	3228

16-3 续表1 （2015年）

指标	法人企业数（个）	产业活动单位数（个）	其他行业及外省法人所属限额以上批零住餐产业活动单位(个)	餐饮或零售营业面积（平方米）	年末从业人员（人）
集体企业	27	76	2	38173	1206
股份合作企业	1	1		5000	55
有限责任公司	155	274	2	431672	12839
股份有限公司	32	39		91065	2225
私营企业	1146	1215	4	1402080	33396
其他企业	15	15	1	10925	640
港、澳、台商投资企业	5	5		39080	621
外商投资企业	6	6	1	31547	1001
按国民经济行业分					
综合零售	164	311	4	649343	15338
# 百货零售	104	156	1	359037	6577
超级市场零售	56	151	3	278681	8508
其他综合零售	4	4		11625	253
食品、饮料及烟草制品专门零售	149	155		125960	5079
纺织、服装及日用品专门零售	165	166	1	145755	4561
文化、体育用品及器材专门零售	66	66	3	124701	2153
# 图书零售	9	9	3	29130	769
医药及医疗器材专门零售	47	110	1	48884	3083
汽车、摩托车、燃料及零配件专门零售	328	329		484829	10558
# 汽车零售	247	248		427543	8878
家用电器及电子产品专门零售	204	233	1	189433	6379
# 家用电器零售	117	141		135842	4144
计算机、软件及辅助设备零售	63	63		28812	1287
五金、家具及室内装修材料专门零售	223	223	1	269302	4998
# 五金零售	108	108		56107	2018
家具零售	48	48		123058	1338
无店铺及其他零售	51	51	7	62310	3181
按经营方式分					
独立门店	1175	1320	9	1741201	41123
连锁总店(总部)	8	55		18079	1044
连锁门店	12	53	5	137363	5055
其他	202	216	4	203874	8108
按零售业态分					
百货商店	114	168	1	334784	6727
超级市场	63	120	2	149194	4815
大型超市	19	39	1	205826	4576
仓储会员店	2	2		780	44
专业店	754	819	10	846214	23631
专卖店	303	315	2	343973	10824
住宿和餐饮业小计	238	242	8	369487	13049
住宿业	71	71	2	107131	4750
# 国有控股	10	10	1	24428	1149

16-3 续表 2 （2015 年）

指 标	法人企业数（个）	产业活动单位数（个）	其他行业及外省法人所属限额以上批零住餐产业活动单位（个）	餐饮或零售营业面积（平方米）	年末从业人员（人）
按登记注册类型分					
内资企业	70	70	2	104531	4725
国有企业	8	8	1	22355	803
集体企业	3	3		1510	121
有限责任公司	14	14		28363	1466
私营企业	43	43	1	52303	2263
其他企业					
按国民经济行业分					
旅游饭店	38	38	2	84141	3763
一般旅馆	33	33		22990	987
按星级等级分					
一星	1	1		1200	33
二星	4	4		9170	162
三星	18	18		29441	1288
四星	5	5		12685	699
五星	2	2		4938	806
其他	41	41	2	49697	1762
按经营方式分					
# 独立门店	63	63	1	96111	4146
餐饮业	167	171	6	262356	8299
# 国有控股	6	6		7850	524
按登记注册类型分					
内资企业	167	171	4	261720	8259
国有企业	5	5		5850	338
集体企业	3	3	1	6337	197
有限责任公司	19	19		40060	1647
股份有限公司	4	4		4805	221
私营企业	135	139	3	202968	5787
# 私营独资企业	13	13	2	17143	512
私营有限责任公司	117	117	1	180155	5058
其他企业					
外商投资企业			2	636	40
按国民经济行业分					
正餐服务	152	156	3	245405	7747
快餐服务	10	10	1	7710	291
饮料及冷饮服务	2	2	2	4241	81
其他餐饮服务	3	3		5000	180
按经营方式分					
独立经营	163	167	6	258106	8061
连锁店总店（总部）					
连锁门店	2	2		3310	196
其他	2	2		940	42

16-4 限额以上批发和零售业商品销售、库存总额

（2015 年）　　单位：万元

指　　标	销售总额	批　发	零　售	年末库存总　额
总　计	**28764854**	**14429041**	**14335813**	**1053106**
批发业	**16782196**	**13922357**	**2859839**	**550997**
# 国有控股	6240741	5453926	786815	218991
按登记注册类型分				
内资企业	16570408	13771675	2798733	545319
国有企业	911092	858088	53005	66824
集体企业	39681	24212	15468	447
股份合作企业	2008	2008		31
有限责任公司	6661100	5818890	842210	215064
# 其他有限责任公司	5828322	5166911	661411	122051
股份有限公司	2232941	1522156	710785	65895
私营企业	6490308	5371625	1118683	184881
# 私营有限责任公司	6024774	5048317	976457	176659
港、澳、台商投资企业	167833	112675	55159	1362
外商投资企业	43954	38007	5947	4317
按国民经济行业分				
农畜产品批发	363844	266863	96982	16658
食品、饮料及烟草制品批发	2543292	2080127	463165	159906
# 米、面制品及食用油批发	586660	394142	192517	91800
烟草制品批发	677412	677412		31730
纺织、服装及日用品批发	207333	144490	62843	7939
# 纺织品、针织品及原料批发	135401	86082	49319	5844
医药及医疗器材批发	1463071	1200480	262591	49193
矿产品、建材及化工产品批发	9201121	7620000	1581121	178586
# 煤炭及制品批发	3429223	3117546	311677	84160
石油及制品批发	828425	151540	676886	4051
机械设备、五金交电及电子产品批发	2405882	2152081	253801	117929
其他批发	424599	347065	77534	10788
零售业	**11982658**	**506684**	**11475974**	**502108**
# 国有控股	532509	59173	473335	30734
按登记注册类型分				
内资企业	11698113	506684	11191429	492049
国有企业	240883	2573	238310	7380
集体企业	215474	36836	178638	6461

16-4 续表 (2015 年) 单位:万元

指 标	销售总额	批 发	零 售	年末库存总 额
股份合作企业	2564		2564	262
有限责任公司	2529805	228550	2301256	140273
# 其他有限责任公司	2518753	228550	2290204	140186
股份有限公司	753540	56867	696672	65902
私营企业	7899363	176501	7722862	270260
# 私营有限责任公司	7552163	172525	7379638	258499
其他企业	50997	5017	45981	1253
港、澳、台商投资企业	109874	…	109873	5599
外商投资企业	174672		174672	4460
按国民经济行业分				
综合零售	2063770	55970	2007800	150109
# 百货零售	1320168	47708	1272461	68279
超级市场零售	727802	8262	719540	80927
食品、饮料及烟草制品专门零售	763674	32711	730963	24292
纺织、服装及日用品专门零售	1290267	71737	1218530	24360
文化、体育用品及器材专门零售	237636	3443	234193	24615
# 图书零售	65119	…	65119	13042
医药及医疗器材专门零售	391467	54886	336581	21956
汽车、摩托车、燃料及零配件专门零售	3747704	12305	3735399	168429
# 汽车零售	3334735	8378	3326357	158715
家用电器及电子产品专门零售	1340358	22814	1317544	47141
# 家用电器零售	926046	11501	914545	33967
五金、家具及室内装修材料专门零售	1790228	240313	1549914	26306
无店铺及其他零售	357555	12506	345050	14900
按经营方式分				
独立门店	9293764	374155	8919609	393714
连锁总店(总部)	75107		75107	5556
连锁门店	1067335	58967	1008368	55729
其他	1546453	73562	1472891	47109
按零售业态分				
百货商店	1548094	41636	1506458	106704
超市	320973	7128	313845	27813
大型超市	352611	4187	348424	21067
专业店	5630739	72816	5557923	205058
专卖店	2220558	77072	2143486	112256

16-5 限额以上住宿餐饮业经营情况

（2015 年）

单位:万元

指　　标	营业额	客房收入	餐费收入	商品销售收入	其他收入	年末拥有客房数（间）	年末拥有床位数（个）	年末拥有餐位数（个）
总　计	**393155**	**94611**	**263412**	**28765**	**6367**	**11244**	**18928**	**84817**
住宿业	**119086**	**58588**	**45063**	**11631**	**3805**	**6785**	**11571**	**17371**
# 国有控股	24838	12163	10391	1383	902	1510	2596	4341
按登记注册类型分								
内资企业	118726	58290	45001	11631	3805	6728	11499	17239
国有企业	18982	9216	7907	1367	492	1091	1942	3148
集体企业	1573	589	952	23	8	108	218	452
有限责任公司	27321	12632	12180	1033	1476	2091	3472	6139
其他有限责任公司	27321	12632	12180	1033	1476	2091	3472	6139
股份有限公司	450	325		5	120	103	195	
私营企业	70400	35527	23961	9203	1709	3335	5672	7500
# 私营有限责任公司	42581	22151	12811	6295	1324	2487	4210	5810
其他企业								
按国民经济行业分								
旅游饭店	96474	42490	40150	10281	3553	4535	7704	14117
一般旅馆	22611	16098	4913	1350	252	2250	3867	3254
按星级登记分								
一星	1493	705	788			40	80	340
二星	3134	1370	1717	46		243	452	868
三星	24316	12247	9847	1399	822	1481	2642	4474
四星	17068	8424	6921	619	1105	921	1637	2148
五星	17400	8736	7207	976	481	620	937	1414
其他	55675	27105	18582	8590	1397	3480	5823	8127
餐饮业	**274069**	**36024**	**218349**	**17134**	**2562**	**4459**	**7357**	**67446**
# 国有控股	10044	3085	6609	223	128	399	703	2700
按登记注册类型分								
内资企业	270250	36024	214530	17134	2562	4459	7357	67221
国有企业	9284	3085	6024	47	128	399	703	1500
集体企业	4639	161	2610	160	1709	46	63	1000
有限责任公司	31239	7512	22575	981	170	908	1417	8787
# 其他有限责任公司	30479	7512	21991	805	170	908	1417	7587
股份有限公司	7402		7302	101				880
私营企业	217087	25147	175564	15820	556	3056	5094	54754
# 私营独资企业	22404	3642	17770	879	113	308	610	5843
私营有限责任公司	184304	19520	149595	14747	443	2493	4081	46266
其他企业								
外商投资企业	3819		3819					225
按国民经济行业分								
正餐服务	251507	33790	199201	15954	2562	4052	6665	62275
快餐服务	11375	722	10523	130		137	274	1883
其他餐饮服务	8423	1512	5886	1024		270	418	2830
按经营方式分								
独立经营	267296	35477	212225	17032	2562	4398	7265	66751
连锁总店(总部)								
连锁门店	5177		5119	58				450
其他	1595	546	1005	45		61	92	245

16-6　亿元以上商品交易市场基本情况

（2015年）

指　　标	市场个数（个）	营业面积（平方米）	摊位总量（个）	已出租摊位	出租率（%）
合　计	**27**	**2369184**	**39232**	**32984**	**84.1**
按经营环境分					
露天式	6	654598	8903	7703	86.5
封闭式	19	1329086	29144	24328	83.5
其他	2	385500	1185	953	80.4
按经营方式分					
批发	18	1813784	30190	26456	87.6
零售	9	555400	9042	6528	72.2
按市场类别分					
综合市场	2	245000	8599	5214	60.6
生产资料综合市场	1	75000	6799	5000	73.5
农产品综合市场					
专业市场	25	2124184	30633	27770	90.7
生产资料市场	8	687484	5742	5162	89.9
农用生产资料市场	2	110500	253	228	90.1
木材市场	2	130000	502	151	30.1
建材市场	1	160000	932	841	90.2
金属材料市场	2	186984	1955	1842	94.2
农产品市场	6	763800	11275	10066	89.3
蔬菜市场	1	137200	2700	2690	99.6
干鲜果品市场	1	190000	4100	3369	82.2
其他农产品市场	2	410000	3245	2842	87.6
食品、饮料及烟酒市场					
其他食品、饮料及烟酒市场					
纺织、服装、鞋帽市场	3	202600	10307	9544	92.6
鞋帽市场	1	19700	484	328	67.8
其他纺织服装鞋帽市场	2	182900	9823	9216	93.8
电器、通讯器材、电子设备市场	1	2610	275	275	100.0
计算机及辅助设备市场	1	2610	275	275	100.0
家具、五金及装饰材料市场	4	290292	1638	1544	94.3
家具市场	2	84792	353	294	83.3
装饰材料市场	1	200000	1100	1080	98.2
五金材料市场	1	5500	185	170	91.9
汽车、摩托车及零配件市场	2	117398	1196	1017	85.0
汽车市场	1	17398	36	35	97.2
机动车零配件市场	1	100000	1160	982	84.7
其他专业市场	1	60000	200	162	81.0

16–7 亿元以上商品交易市场成交情况

（2015 年） 单位:万元

指　　标	商品成交额	# 全年消费品零售额	市场交易业主缴纳税金总额	年末交易市场业主从业人员（人）
合　计	**8547459**	**2339781**	**18236**	**96833**
按经营环境分				
露天式	2746773	141690	3884	16390
封闭式	5513840	2165591	13989	78179
其他	286846	32500	363	2264
按经营方式分				
批发	7973267	1965079	14996	80500
零售	574192	374702	3240	16333
按市场类别分				
综合市场	152937	12634	170	4732
生产资料综合市场	142753	12011	158	4460
农产品综合市场				
专业市场	8394522	2327147	18066	92101
生产资料市场	4674802	132652	11986	28853
农用生产资料市场	224799	25010	240	1636
木材市场	103730	88500	441	166
建材市场	195510	19142	1005	11874
金属材料市场	2727913		3810	4177
农产品市场	1043849	96612	1938	27525
蔬菜市场	390700		12	9120
干鲜果品市场	316870	50680	583	4920
其他农产品市场	245749	34732	928	10485
食品、饮料及烟酒市场				
其他食品、饮料及烟酒市场				
纺织、服装、鞋帽市场	1835231	1760893	2267	27194
鞋帽市场	25810	3670	48	1023
其他纺织服装鞋帽市场	1809421	1757223	2219	26171
电器、通讯器材、电子设备市场	64700	42800	28	540
计算机及辅助设备市场	64700	42800	28	540
家具、五金及装饰材料市场	393580	263800	787	1533
家具市场	41700	38400	94	1128
装饰材料市场	271800	192900	338	390
五金材料市场	80080	32500	355	15
汽车、摩托车及零配件市场	244360	22390	640	5586
汽车市场	27560	2510	3	196
机动车零配件市场	216800	19880	637	5390
其他专业市场	138000	8000	420	870

16-8 限额以上批发零售业企业财务状况

（2015 年）　　　　单位：万元

指　　标	年末资产负债						
	流动资产合计	# 存货	固定资产原价	累计折旧	# 本年折旧	资产总计	负债合计
总　计	**5238115**	**942645**	**1797515**	**464204**	**137126**	**7239992**	**4406893**
批发业	**3382294**	**491025**	**819412**	**217369**	**59621**	**4369943**	**2724071**
# 国有控股	1656823	240324	234523	72957	6221	1975975	1198690
按登记注册类型分							
内资企业	3361660	485690	807427	214306	57439	4335927	2719303
国有企业	338791	68216	95469	40056	4487	421129	127954
集体企业	2326	479	7749	595	258	9480	3266
股份合作企业	201	31	74	15	3	260	56
联营企业							
有限责任公司	1370308	204581	156668	36978	9088	1633395	1240127
股份有限公司	627886	52418	123019	45523	10571	786167	507324
私营企业	995342	159216	396195	79782	23094	1426921	818459
# 私营有限责任公司	973236	156366	368369	73738	21230	1382425	797700
其他企业	26806	751	28253	11357	9938	58576	22117
港、澳、台商投资企业	1428	1411	10900	2388	2166	14376	-4903
外商投资企业	19206	3924	1085	675	16	19639	9670
按国民经济行业分							
农畜产品批发	48595	13508	47853	7234	2433	109362	62630
食品、饮料及烟草制品批发	525521	146735	176024	66887	22814	695549	267677
# 米、面制品及食用油批发	158390	95443	26735	4709	730	190445	101754
烟草制品批发	268296	31817	62812	32696	3347	302494	40086
纺织、服装及日用品批发	29547	3240	9209	3319	2604	37353	15926
# 纺织品、针织品及原料批发	17318	1678	5090	2613	2367	20651	9060
医药及医疗器材批发	290181	48566	16886	4710	1087	332031	300947
矿产品、建材及化工产品批发	1509810	180453	468287	112017	23827	2027905	1196087
# 煤炭及制品批发	525971	84355	97692	21957	7746	619082	417035
金属及金属矿批发	471007	37822	139064	20550	6421	640767	428156
机械设备、五金交电及电子产品批发	876818	86308	53985	12877	3702	1005730	804383
# 农业机械批发	18660	3542	14763	2227	866	32478	19028
汽车、摩托车及零配件批发	11478	3508	3718	493	208	16254	8956
其他机械设备及电子产品批发	787005	53858	17003	5277	1196	878301	737248
其他批发	85151	9992	37183	7330	1533	127989	62209
按经营方式分							
独立门店	1695596	240148	616597	153512	49786	2353574	1380856
连锁总店(总部)	10016		1	1	…	10017	5679
连锁门店	12881	1047	9110	1534	316	22925	3520
其他	1663801	249830	193704	62323	9519	1983428	1334016

16-8 续表 1 （2015 年） 单位：万元

指标	年末资产负债						
	流动资产合计	#存货	固定资产原价	累计折旧	#本年折旧	资产总计	负债合计
零售业	**1855822**	**451620**	**978103**	**246835**	**77505**	**2870049**	**1682822**
#国有控股	140170	25260	54626	17710	1932	192177	179311
按登记注册类型分							
内资企业	1822475	442561	929004	234363	70245	2790861	1637356
国有企业	14988	4820	11109	3102	326	25193	36018
集体企业	21323	8820	22120	6359	1447	39466	15153
股份合作企业	135		792	579	6	763	463
联营企业	789	258	729	174	36	1779	834
有限责任公司	450793	92846	192059	65488	21218	646819	422765
股份有限公司	310100	111803	101666	34249	10360	438183	310575
私营企业	1018700	223074	595427	123537	36558	1624682	846889
#私营有限责任公司	972816	210199	551444	115091	34503	1534636	806125
其他企业	5647	941	5103	874	295	13976	4659
港、澳、台商投资企业	17475	6401	25596	3917	1733	41438	17107
外商投资企业	15872	2658	23503	8555	5527	37750	28359
按国民经济行业分							
综合零售	423078	174625	221128	76547	28453	671166	502389
#百货零售	209815	34794	117784	37295	14748	337227	249956
超级市场零售	208005	138223	97444	37637	13464	323206	249353
食品、饮料及烟草制品专门零售	98591	17822	89032	27750	7068	181630	76197
纺织、服装及日用品专门零售	90182	20357	86559	15584	5404	174190	80326
文化、体育用品及器材专门零售	78546	20864	41030	11879	2432	118159	53246
#图书零售	36000	9264	12896	5507	447	49689	27463
医药及医疗器材专门零售	108387	17109	53265	12277	2514	153663	117509
汽车、摩托车、燃料及零配件专门零售	607844	145160	224863	47586	15602	853590	533413
#汽车零售	574067	134952	190577	41300	13787	787188	508112
家用电器及电子产品专门零售	236353	25342	87178	18179	5690	337726	177394
#家用电器零售	162692	16564	53352	10620	2864	230799	113021
计算机、软件及辅助设备零售	45027	6816	24126	4939	1326	67528	39826
五金、家具及室内装修材料专门零售	185804	25730	141283	31237	7743	304827	110149
#五金零售	91589	8825	38862	7004	2170	127762	59563
家具零售	18616	5958	36154	6903	2118	50363	15578
无店铺及其他零售	27036	4611	33764	5795	2599	75099	32199
按经营方式分							
独立门店	1427924	310852	782535	182657	63142	2243778	1282012
连锁总店（总部）	33556	5335	3839	994	197	42379	24350
连锁门店	164879	99982	37820	15968	5264	225210	172216
其他	229463	35451	153909	47216	8902	358683	204244
按零售业态分							
超市	56092	33211	57035	17359	3763	110988	54730
大型超市	57173	18523	44750	16301	8150	116014	97631
仓储会员店	1285	315	246	14	3	1997	819
百货店	325312	123272	152720	49873	20591	489968	359482
专业店	668639	153997	437984	87911	27360	1121549	564625
专卖店	583939	103214	206556	53060	12730	784834	513219

16-8　续表 2　　　　（2015 年）　　　　单位:万元

指　　标	年末资产负债							
	所有者权益合计	实收资本						
			国家资本	集体资本	法人资本	个人资本	港澳台资本	外商资本
总　计	**2833099**	**1255521**	**140072**	**21617**	**280266**	**771042**	**30861**	**11663**
批发业	**1645872**	**661126**	**131834**	**5717**	**140672**	**372016**	**7388**	**3500**
# 国有控股	777285	149505	131794	607	16185	919		
按登记注册类型分								
内资企业	1616624	638999	131834	5717	129465	371983		
国有企业	293175	15191	14975		10	206		
集体企业	6214	2810		2810				
股份合作企业	204	200				200		
联营企业								
有限责任公司	393268	257532	116859	2907	97209	40557		
股份有限公司	278842	15307			13407	1900		
私营企业	608462	338960			16089	322871		
# 私营有限责任公司	584725	329471			15699	313772		
其他企业	36459	8999			2751	6248		
港、澳、台商投资企业	19279	18595			11206		7388	
外商投资企业	9969	3533				33		3500
按国民经济行业分								
农畜产品批发	46732	23752	6470	2500	113	14669		
食品、饮料及烟草制品批发	427872	71887	8647	300	35682	24802		2456
# 米、面制品及食用油批发	88691	33049	6206		24000	2843		
烟草制品批发	262409	2441	2441					
纺织、服装及日用品批发	21427	7542			752	6791		
# 纺织品、针织品及原料批发	11591	2419			752	1667		
医药及医疗器材批发	31084	18391	397		8925	9069		
矿产品、建材及化工产品批发	831818	368897	45819	2907	69446	242293	7388	1044
# 煤炭及制品批发	202047	105746	5943	1500	14972	83331		
金属及金属矿批发	212611	179009	37071	607	34372	98649	7288	1022
机械设备、五金交电及电子产品批发	201347	119830	70500		14990	34340		
# 农业机械批发	13450	7446				7446		
汽车、摩托车及零配件批发	7297	3800			3240	560		
其他机械设备及电子产品批发	141053	95920	70500		10100	15320		
其他批发	65780	36431		10	80	36341		
按经营方式分								
独立门店	972718	388892	48048	5417	72840	256626	3483	2478
连锁总店(总部)	4338	4000				4000		
连锁门店	19405	8365	1300		6800	265		
其他	649412	259869	82486	300	61031	111125	3905	1022

16-8 续表 3　　　　(2015 年)　　　　单位:万元

指　　标	年末资产负债							
	所有者权益合计	实收资本	国家资本	集体资本	法人资本	个人资本	港澳台资本	外商资本
零售业	**1187227**	**594395**	**8239**	**15900**	**139595**	**399026**	**23473**	**8163**
# 国有控股	12865	18105	8239		9866			
按登记注册类型分								
内资企业	1153505	561836	8239	15900	139426	398266	5	
国有企业	-10825	2705	2639		66			
集体企业	24314	10538		9638	388	511		
股份合作企业	300	300		170		130		
联营企业	944	655		395		260		
有限责任公司	224054	140574	4400	4650	84042	47481		
股份有限公司	127608	28986	1200	487	23427	3872		
私营企业	777793	374159		560	29913	343681	5	
# 私营有限责任公司	728511	353020		560	28474	323981	5	
其他企业	9317	3920			1590	2330		
港、澳、台商投资企业	24330	23518				50	23468	
外商投资企业	9392	9042			169	710		8163
按国民经济行业分								
综合零售	168777	98977	4101	14337	33007	40452	1356	5724
# 百货零售	87272	67546	4101	12825	29690	20930		
超级市场零售	73852	30817		1408	3317	19012	1356	5724
食品、饮料及烟草制品专门零售	105433	39735	169	215	9376	29975		
纺织、服装及日用品专门零售	93865	30873			2397	28471	5	
文化、体育用品及器材专门零售	64913	22414	2600	524	1311	17979		
# 图书零售	22226	4270	2600		591	1079		
医药及医疗器材专门零售	36154	14770	1281		6632	6276	581	
汽车、摩托车、燃料及零配件专门零售	320176	212614		814	42439	147830	21531	
# 汽车零售	279077	191115		60	38681	130843	21531	
家用电器及电子产品专门零售	160332	61108		10	23584	37514		
# 家用电器零售	117778	39538		10	16530	22997		
计算机、软件及辅助设备零售	27702	13530			4590	8940		
五金、家具及室内装修材料专门零售	194678	90055	87		19779	70060		129
# 五金零售	68199	38800	87		12200	26513		
家具零售	34785	11364			529	10706		129
无店铺及其他零售	42900	23850			1070	20471		2309
按经营方式分								
独立门店	961766	504807	7039	15015	111255	342301	23473	5724
连锁总店(总部)	18029	3702	1000		400	2302		
连锁门店	52994	18756		400	16296	2060		
其他	154438	67130	200	485	11644	52363		2438
按零售业态分								
超　市	56258	25271	20	1308	2952	20992		
大型超市	18383	16466		200	2220	6966	1356	5724
仓储会员店	1177	550				550		
百货店	130486	58195	4081	8961	28361	16791		
专业店	556924	275366	3630	943	42830	210041	15612	2309
专卖店	271616	135337	251	560	34166	93726	6505	129

16-8　续表 4　　（2015 年）　　单位:万元

指　　标	损益及分配						
	主营业务收　入	主营业务成　本	主营业务税金及附加	其他业务利润	销售费用	管理费用	# 税金
总　计	**24822355**	**21771999**	**227606**	**26522**	**842568**	**505037**	**17334**
批发业	**14939693**	**13325870**	**145481**	**3709**	**401113**	**229493**	**7574**
# 国有控股	5610693	5286203	69452	554	75030	44760	2342
按登记注册类型分							
内资企业	14760667	13179156	142615	2840	397412	224220	7304
国有企业	801248	608230	64620	288	19329	30109	865
集体企业	33845	26284	984		952	683	
股份合作企业	2000	1720	31		38	29	1
联营企业							
有限责任公司	5920038	5593513	12925	419	96287	26820	1704
股份有限公司	1999257	1844956	3377	2008	116492	11426	775
私营企业	5865571	4990031	59765	125	159712	150729	3920
# 私营有限责任公司	5440740	4629999	56451	125	153801	138055	3541
其他企业	138709	114423	913		4603	4424	39
港、澳、台商投资企业	134940	110774	2557	869	3221	4578	267
外商投资企业	44087	35940	309		481	695	4
按国民经济行业分							
农畜产品批发	337860	278363	4502		11671	10474	493
食品、饮料及烟草制品批发	2238890	1911738	73612	206	49443	46114	1285
# 米、面制品及食用油批发	569634	537699	3968		3893	4462	307
烟草制品批发	578985	419791	62259	206	10692	21336	524
纺织、服装及日用品批发	197084	154421	2995		4578	7798	77
# 纺织品、针织品及原料批发	129045	102881	1544		2995	5085	41
医药及医疗器材批发	1260704	1098745	4302	1566	101934	9519	533
矿产品、建材及化工产品批发	8158186	7372990	44519	1138	174230	105250	4264
# 煤炭及制品批发	3017808	2744676	13893	3	56519	30622	1024
金属及金属矿批发	2522885	2327431	16393	869	37248	37869	1525
机械设备、五金交电及电子产品批发	2163784	2003612	8537	799	47772	36958	755
# 农业机械批发	197858	160963	1442		13762	13041	142
汽车、摩托车及零配件批发	48796	45450	26		1151	709	25
其他机械设备及电子产品批发	1567147	1505341	2499	392	21946	12740	286
其他批发	419483	361781	5481		8688	9213	100
按经营方式分							
独立门店	8993807	7879759	127166	2240	214956	185638	5501
连锁总店(总部)	14843	14411	3		29	59	2
连锁门店	73506	57445	1494	9	1088	1420	21
其他	5857537	5374256	16817	1461	185041	42376	2050

16-8 续表 5 （2015 年） 单位:万元

指标	损益及分配						
	主营业务收入	主营业务成本	主营业务税金及附加	其他业务利润	销售费用	管理费用	#税金
零售业	**9882662**	**8446129**	**82125**	**22813**	**441455**	**275543**	**9760**
#国有控股	330358	291923	1400	3799	17072	13624	220
按登记注册类型分							
内资企业	9637135	8222750	81043	19722	424501	268540	9704
国有企业	75155	62471	679	1789	2773	4063	34
集体企业	195928	162329	2447		5514	5071	213
股份合作企业	1652	1390	18		89	103	
联营企业	5090	3714	58		276	167	62
有限责任公司	2178844	1939787	10076	6366	101692	48602	1993
股份有限公司	610223	530563	5302	5919	34609	17930	915
私营企业	6525741	5484866	62161	5649	277538	191232	6469
#私营有限责任公司	6198573	5207105	58213	5446	269268	183464	6267
其他企业	44502	37630	302		2009	1372	18
港、澳、台商投资企业	98059	90944	317	860	8935	720	9
外商投资企业	147468	132435	765	2230	8019	6284	47
按国民经济行业分							
综合零售	1709132	1475448	14469	17177	96193	49957	1859
#百货零售	1059626	915979	11157	5042	31765	29203	686
超级市场零售	635057	546540	3258	12135	63790	19813	1173
食品、饮料及烟草制品专门零售	675659	540496	6675	41	29474	21131	731
纺织、服装及日用品专门零售	675453	547230	9427		22654	19385	1134
文化、体育用品及器材专门零售	205784	166158	1918	316	9647	8980	498
#图书零售	56725	45672	189	316	4061	3406	171
医药及医疗器材专门零售	327298	282807	2025	…	11579	12004	118
汽车、摩托车、燃料及零配件专门零售	3307304	2979849	17816	4127	95708	72675	2905
#汽车零售	2933574	2654008	14909	4127	85942	63992	2199
家用电器及电子产品专门零售	1177552	903009	11483	681	115853	54083	1244
#家用电器零售	835099	624046	6216	681	99622	41987	852
计算机、软件及辅助设备零售	254699	207728	4026		10676	8462	281
五金、家具及室内装修材料专门零售	1610492	1393446	15389	400	56084	32589	1108
#五金零售	563352	480949	4595	310	17971	12814	447
家具零售	179279	146245	2097		6569	5816	259
无店铺及其他零售	193988	157685	2923	69	4264	4740	164
按经营方式分							
独立门店	8178715	6998873	68013	13291	354136	232075	7353
连锁总店(总部)	62349	49557	377		4665	2405	118
连锁门店	307186	266761	1274	8055	33125	7289	785
其他	1334412	1130938	12463	1466	49528	33775	1503
按零售业态分							
超　市	307567	254883	2065	396	18941	11552	526
大型超市	297097	259160	1653	5325	27770	11403	156
仓储会员店	6871	4782	231		231	118	99
百货店	1244032	1073363	12385	11048	50734	32042	1330
专业店	4733040	4059061	43466	3136	162342	126573	5664
专卖店	2065080	1728747	12591	1778	128683	71476	1386

16-8 续表 6 （2015 年） 单位:万元

指　　标	损益及分配				
	财务费用	# 利息支出	营业利润	利润总额	应交所得税
总　计	**142614**	**71055**	**1383197**	**1390935**	**265034**
批发业	**72222**	**42235**	**777447**	**785481**	**144412**
# 国有控股	6964	22970	121518	127647	27672
按登记注册类型分					
内资企业	67772	42176	760487	768636	141151
国有企业	-3349	1437	85086	90331	22300
集体企业	484		4458	4458	1345
股份合作企业	18	18	164	164	33
联营企业					
有限责任公司	15910	20377	167940	169746	30984
股份有限公司	5467	4609	15448	16002	2888
私营企业	47001	15694	475245	475789	81753
# 私营有限责任公司	45107	15625	434219	434762	73053
其他企业	2242	41	12146	12146	1848
港、澳、台商投资企业	2529		12150	12034	2991
外商投资企业	1921	59	4810	4812	270
按国民经济行业分					
农畜产品批发	5216	1785	29807	31967	6651
食品、饮料及烟草制品批发	5937	1601	153442	156999	33375
# 米、面制品及食用油批发	1580	998	18508	22087	2340
烟草制品批发	-6600		71690	71633	18116
纺织、服装及日用品批发	913	74	26464	26464	4554
# 纺织品、针织品及原料批发	599	22	15897	15897	2627
医药及医疗器材批发	3339	2961	43394	44128	11550
矿产品、建材及化工产品批发	45207	20686	418226	419466	71545
# 煤炭及制品批发	15557	5200	156312	156387	31227
金属及金属矿批发	18879	10725	85943	86893	19620
机械设备、五金交电及电子产品批发	6000	12419	63538	63908	9791
# 农业机械批发	1523	37	17064	17065	1627
汽车、摩托车及零配件批发	160	153	1299	1364	371
其他机械设备及电子产品批发	898	11303	15234	15110	2689
其他批发	5126	2662	29364	29327	5945
按经营方式分					
独立门店	55283	23464	548427	552489	107167
连锁总店(总部)	17		323	323	44
连锁门店	421	155	11638	11625	430
其他	16502	18616	217057	221044	36770

16-8 续表 7 （2015 年） 单位：万元

指 标	损益及分配				
	财务费用	# 利息支出	营业利润	利润总额	应 交所得税
零售业	**70391**	**28820**	**605751**	**605454**	**120623**
# 国有控股	1333	147	10096	10062	2756
按登记注册类型分					
内资企业	69666	27994	608852	608336	120693
国有企业	93		6865	6872	1753
集体企业	2232	1295	20985	21003	4202
股份合作企业	16		37	37	3
联营企业	25		988	988	237
有限责任公司	9890	6076	79932	80492	17044
股份有限公司	3872	1586	26304	26264	5593
私营企业	52920	19003	471170	470108	91535
# 私营有限责任公司	50867	18487	442584	441513	87109
其他企业	618	34	2572	2572	326
港、澳、台商投资企业	976	824	–1480	–1599	337
外商投资企业	–251	2	–1622	–1283	–407
按国民经济行业分					
综合零售	8106	6326	87621	87368	20016
# 百货零售	1895	4999	81241	81329	18539
超级市场零售	5873	996	5801	5460	1338
食品、饮料及烟草制品专门零售	4884	1128	73285	73344	13433
纺织、服装及日用品专门零售	7254	2369	72583	72646	14247
文化、体育用品及器材专门零售	912	195	19004	19076	3226
# 图书零售	–231	31	4107	4150	90
医药及医疗器材专门零售	2421	356	17985	17932	4042
汽车、摩托车、燃料及零配件专门零售	26937	11924	116907	116526	23151
# 汽车零售	24551	11268	92727	92353	18337
家用电器及电子产品专门零售	9009	3161	86371	86525	16240
# 家用电器零售	5418	1883	59472	59558	11229
计算机、软件及辅助设备零售	1489	537	22430	22497	4229
五金、家具及室内装修材料专门零售	8245	2704	110174	110216	21044
# 五金零售	2552	1068	46328	46332	9048
家具零售	2147	1229	16476	16458	2676
无店铺及其他零售	2624	657	21821	21821	5225
按经营方式分					
独立门店	59015	27180	494247	493900	97547
连锁总店（总部）	227	118	5273	5268	417
连锁门店	2943	368	3570	3615	477
其他	8206	1155	102661	102670	22182
按零售业态分					
超 市	3952	1168	17797	17009	3141
大型超市	2152	1440	–2978	–2537	–338
仓储会员店	…		1629	1629	103
百货店	3908	4759	90399	90488	19680
专业店	40404	15471	308090	308278	60573
专卖店	15768	4208	110579	110310	20405

16-8 续表 8 （2015 年） 单位：万元

指　　标	工资、增值税		亏损企业数（个）	亏损总额
	本年应付工　资	本年应交增值税		
总　计	**303310**	**425838**	**112**	**70021**
批发业	**113635**	**235345**	**45**	**31381**
# 国有控股	27221	54391	7	7877
按登记注册类型分				
内资企业	112650	229848	45	31381
国有企业	15121	29475	2	269
集体企业	757	725		
股份合作企业	66	7		
联营企业				
有限责任公司	18851	45161	16	20306
股份有限公司	14787	24232	6	6350
私营企业	59732	121950	21	4455
# 私营有限责任公司	55081	115663	21	4455
其他企业	3336	8299		
港、澳、台商投资企业	436	5222		
外商投资企业	548	275		
按国民经济行业分				
农畜产品批发	6222	7737	1	27
食品、饮料及烟草制品批发	26421	51242	2	10928
# 米、面制品及食用油批发	3740	1841	1	228
烟草制品批发	10746	27557		
纺织、服装及日用品批发	1717	3885		
# 纺织品、针织品及原料批发	845	1025		
医药及医疗器材批发	10791	16341	5	1308
矿产品、建材及化工产品批发	48034	122370	25	15023
# 煤炭及制品批发	14376	38684	11	2092
金属及金属矿批发	10458	40059	8	7664
机械设备、五金交电及电子产品批发	12524	24263	9	3094
# 农业机械批发	1688	1569		
汽车、摩托车及零配件批发	421	185	1	44
其他机械设备及电子产品批发	7672	15924	6	2963
其他批发	7063	7152	1	944
按经营方式分				
独立门店	77224	172055	31	26019
连锁总店（总部）	11	42		
连锁门店	843	547	1	227
其他	35557	62701	13	5134

16-8 续表 9 （2015 年） 单位:万元

指标	工资、增值税		亏损企业数（个）	亏损总额
	本年应付工资	本年应交增值税		
零售业	**189675**	**190493**	**67**	**38641**
# 国有控股	12234	3670	2	5511
按登记注册类型分				
内资企业	183068	188578	64	29894
国有企业	2038	1798	1	529
集体企业	3942	5597		
股份合作企业	121	5		
联营企业	553	173		
有限责任公司	44392	33671	26	15288
股份有限公司	8782	10290		
私营企业	120923	136005	37	14077
# 私营有限责任公司	112912	130307	35	13539
其他企业	2316	1038		
港、澳、台商投资企业	4064	182	2	2958
外商投资企业	2544	1733	1	5789
按国民经济行业分				
综合零售	44544	27556	17	24458
# 百货零售	20667	17792	5	9469
超级市场零售	22907	9235	12	14988
食品、饮料及烟草制品专门零售	18802	21083	7	487
纺织、服装及日用品专门零售	14968	16015	5	340
文化、体育用品及器材专门零售	9155	6677		
# 图书零售	4136	328		
医药及医疗器材专门零售	10476	5524	1	23
汽车、摩托车、燃料及零配件专门零售	44641	63838	34	12964
# 汽车零售	37791	52693	33	12960
家用电器及电子产品专门零售	24533	24752	2	370
# 家用电器零售	16578	14957	1	181
计算机、软件及辅助设备零售	5054	5609		
五金、家具及室内装修材料专门零售	18367	21921	1	1
# 五金零售	7278	8190	1	1
家具零售	4841	5094		
无店铺及其他零售	4189	3126		
按经营方式分				
独立门店	146006	147970	57	35299
连锁总店(总部)	4801	1069	1	0
连锁门店	11602	4599	3	1916
其他	27267	36854	6	1426
按零售业态分				
超　市	12821	6058	6	3841
大型超市	10922	4954	6	11964
仓储会员店	137	130		
百货店	23864	20580	4	6720
专业店	84582	108098	25	7899
专卖店	39594	35365	22	5993

16-9 限额以上住宿餐饮业企业财务状况

（2015 年）　　单位：万元

指　　标	年末资产负债					资产总计	负债合计
	流动资产合　计	# 存货	固定资产原　价	累计折旧	# 本年折旧		
总　计	**163286**	**7528**	**250254**	**82329**	**13859**	**407666**	**243480**
住宿业	**61400**	**2386**	**121146**	**46921**	**5810**	**184517**	**105081**
# 国有控股	12875	650	52738	16870	1980	66205	38128
按登记注册类型分							
内资企业	60738	2367	120952	46760	5808	183822	104826
国有企业	11385	578	48181	13937	1705	62297	33453
集体企业	244	23	709	152	22	2101	2074
有限责任公司	18299	688	21100	8924	1223	33850	19479
股份有限公司	213	2	1670	959	5	924	918
私营企业	30597	1076	49293	22788	2853	84650	48903
其他企业							
按国民经济行业分							
旅游饭店	52115	1524	113793	44903	5461	165441	93612
一般旅馆	9285	863	7353	2018	349	19077	11469
按星级等级分							
一星	316	15	71	25	25	471	262
二星	1006	69	3903	1203	416	4904	2526
三星	27542	334	30116	16101	1123	49841	30054
四星	8266	491	36651	8201	1351	53034	25187
五星	2605	200	30162	16392	1979	36442	20930
其他	21665	1277	20245	4999	916	39826	26123
餐饮业	**101886**	**5142**	**129108**	**35408**	**8049**	**223149**	**138400**
# 国有控股	3265	573	18852	10062	1239	14012	11371
按登记注册类型分							
内资企业	101886	5142	129108	35408	8049	223149	138400
国有企业	3237	573	18807	10057	1237	13944	11353
集体企业	822	72	442	373	25	1082	437
有限责任公司	50483	518	4370	2059	452	64679	52198
股份有限公司	4162	116	2886	1547	178	6310	2670
私营企业	42965	3841	102034	21321	6144	136344	71369
私营独资企业	1430	177	4604	2225	411	4298	1627
私营有限责任公司	40868	3524	96126	18846	5683	130083	67827
其他							
按国民经济行业分							
正餐服务	97010	4688	121859	32581	6830	213444	134194
快餐服务	3087	214	3161	372	125	6072	1570
其他餐饮服务	722	155	471	153	32	1249	1835
按经营方式							
独立门店	97546	5075	124825	33872	7876	215252	135262
连锁总店(总部)							
连锁门店	4067	61	2819	1513	167	6178	2739
其他	274	6	1463	23	7	1719	398

16-9 续表 1　　(2015 年)　　单位:万元

指　　标	年末资产负债						港澳台资本	主营业务收入
	所有者权益合计	实收资本	国家资本	集体资本	法人资本	个人资本		
总　计	**164186**	**116365**	**34917**	**2100**	**18470**	**60850**	**29**	**355738**
住宿业	**79437**	**66067**	**31107**	**1340**	**8799**	**24793**	**29**	**109287**
# 国有控股	28077	31207	31107		100			24517
按登记注册类型分								
内资企业	78996	65952	31107	1340	8712	24793		108927
国有企业	28844	30719	30719					18661
集体企业	27	347		347				1540
有限责任公司	14372	19969	388	863	7767	10951		26562
股份有限公司	6	130		130				446
私营企业	35747	14787			945	13842		61719
其他企业								
按国民经济行业分								
旅游饭店	71829	61071	31007	1290	8257	20517		87302
一般旅馆	7608	4997	100	50	542	4276	29	21985
按星级等级分								
一星	209	120				120		1276
二星	2378	1430		680		750		3130
三星	19787	15622	1857	250	7117	6398		24046
四星	27847	29333	29150	183				16731
五星	15512	600			590	10		15863
其他	13703	18963	100	227	1092	17515	29	48241
餐饮业	**84749**	**50298**	**3810**	**760**	**9672**	**36057**		**246451**
# 国有控股	2641	2472	1810		662			9104
按登记注册类型分								
内资企业	84749	50298	3810	760	9672	36057		246451
国有企业	2591	2469	1807		662			8344
集体企业	645	550		550				3437
有限责任公司	12481	8511	3		5993	2515		29586
股份有限公司	3640	1272			1206	66		7013
私营企业	64974	37087	2000		1661	33426		197504
私营独资企业	2672	1725				1725		19780
私营有限责任公司	62255	34856	2000		1661	31195		167432
其他								
按国民经济行业分								
正餐服务	79250	46455	3810	760	8672	33214		229817
快餐服务	4502	1893			1000	893		7568
其他餐饮服务	-587	400				400		7940
按经营方式								
独立门店	79989	47742	3810	760	8466	34707		239773
连锁总店(总部)								
连锁门店	3439	1306			1206	100		5131
其他	1321	1250				1250		1548

16-9 续表 2 （2015 年） 单位:万元

指标	损益及分配						
	主营业务成本	主营业务税金及附加	其他业务利润	销售费用	管理费用	# 税金	财务费用
总计	**233026**	**14042**	**2851**	**35160**	**40128**	**1165**	**5214**
住宿业	**64265**	**3909**	**136**	**15162**	**17745**	**567**	**1827**
# 国有控股	10004	1187	136	6885	7435	109	1094
按登记注册类型分							
内资企业	64073	3889	136	15162	17674	567	1807
国有企业	8780	856	136	5537	4351	55	971
集体企业	964	72		272	299	7	1
有限责任公司	15615	944		3868	5351	54	247
股份有限公司	3	25		299	96	4	2
私营企业	38712	1991		5186	7577	446	587
其他企业							
按国民经济行业分							
旅游饭店	50804	2927	136	12937	15564	255	1630
一般旅馆	13461	982		2226	2181	311	198
按星级等级分							
一星	831	9		158	76	8	1
二星	2062	49		142	179	2	13
三星	13278	1031		4090	3873	168	301
四星	8362	777	136	4205	3872	44	993
五星	8789	557		1341	4817	28	71
其他	30943	1486		5226	4929	317	448
餐饮业	**168762**	**10133**	**2714**	**19997**	**22383**	**599**	**3387**
# 国有控股	7482	405	139	564	1337	88	140
按登记注册类型分							
内资企业	168762	10133	2714	19997	22383	599	3387
国有企业	6869	396	139	564	1309	88	125
集体企业	1857	193		866	419		10
有限责任公司	17130	1327		3755	4643	73	901
股份有限公司	3279	361	299	1833	1261	3	19
私营企业	139338	7825	2259	12806	14673	433	2332
私营独资企业	14544	665		644	1457	30	339
私营有限责任公司	118028	6828	2259	10811	12569	397	1961
其他							
按国民经济行业分							
正餐服务	157775	9582	2714	18196	21082	536	3198
快餐服务	5259	313		212	432	27	167
其他餐饮服务	5045	187		1522	657	8	21
按经营方式							
独立门店	165679	9770	2416	18277	21102	550	3378
连锁总店(总部)							
连锁门店	1924	315	299	1695	1066	3	8
其他	1159	49		26	215	46	

16-9 续表 3 （2015 年） 单位：万元

指 标	损益及分配				本年应付工资	亏损企业数（个）	亏损总额
	# 利息支出	营业利润	利润总额	应交所得税			
总 计	**1035**	**30857**	**31288**	**5362**	**41859**	**32**	**6570**
住宿业	**134**	**6397**	**6486**	**1947**	**14726**	**18**	**3874**
# 国有控股	85	−2079	−1993	190	3982	4	2667
按登记注册类型分							
内资企业	114	6339	6429	1932	14655	18	3874
国有企业		−1826	−1492	140	2655	3	2147
集体企业		−68	−52	6	466	1	243
有限责任公司	91	369	109	117	4089	6	1025
股份有限公司		22	22	8	146	1	8
私营企业	23	7842	7841	1661	7298	7	453
其他企业							
按国民经济行业分							
旅游饭店	113	3381	3471	1320	12329	11	3433
一般旅馆	21	3016	3015	627	2397	7	441
按星级等级分							
一星		201	201	34	106		
二星	13	683	683	173	457		
三星	89	1553	1313	391	3113	7	1178
四星		−1479	−1154	116	2798	1	1710
五星		288	288	117	3409		
其他	32	5151	5155	1116	4842	10	987
餐饮业	**901**	**24461**	**24802**	**3415**	**27133**	**14**	**2696**
# 国有控股	108	−825	−824	70	1350	2	1294
按登记注册类型分							
内资企业	901	24461	24802	3415	27133	14	2696
国有企业	108	−922	−920	70	947	2	1294
集体企业		93	97	6	543		
有限责任公司	305	1853	2144	206	5514	3	576
股份有限公司		559	559	43	1508		
私营企业	489	22865	22910	3087	18449	9	826
私营独资企业	25	2126	2126	151	1596	1	32
私营有限责任公司	464	19574	19616	2844	16244	7	748
其他							
按国民经济行业分							
正餐服务	813	22654	22991	3149	25539	13	2649
快餐服务	88	1186	1186	237	733		
其他餐饮服务		509	513	6	660	1	46
按经营方式							
独立门店	890	23940	24282	3404	25305	14	2696
连锁总店（总部）							
连锁门店	11	422	422	9	1563		
其他		99	99	2	264		

主要统计指标解释

社会消费品零售额 是指各种经济类型的批发零售贸易业、餐饮业、制造业和其他行业对城乡居民和社会集团的消费品零售额和农民对非农业居民的零售额总和。这个指标反映通过各种商品流通渠道向居民和社会集团供应生活消费品来满足他们生活需要的情况,是研究人民生活、社会消费品购买力、货币流通等问题的重要指标。

批发零售贸易业 是指专门从事批发和零售贸易活动的经济部门。

批发零售贸易业商品购销存总额 是指除个体经济以外的各种经济类型的独立核算批发零售贸易业法人企业以及其他独立核算法人企业和单位附营的各类批发零售贸易单位的商品购销存总额。

商品购进总额 指批发零售贸易业各企业(附营单位)从本企业(单位)以外的单位和个人购进(包括从国外直接进口)作为转卖或加工后转卖的商品。本指标由从生产者购进额、从批发零售贸易业购进额、进口额和其他购进额项目组成。这个指标反映批发零售贸易业从国内、国外市场上购进商品总量。

商品销售总额 指批发零售贸易业各企业(附营单位)对本企业(单位)以外的单位和个人出售(包括对国(境)外直接出口)的商品(包括售给本单位消费用的商品)。本指标由对生产经营单位批发额、对批发零售贸易业批发额、出口额和对居民和社会集团商品零售额项目组成。这个指标反映批发零售贸易业在国内市场上销售商品以及出口商品的总量。

期末库存 指批发零售贸易企业(附营单位)已取得所有权的全部商品。这个指标反映批发零售贸易企业的商品库存情况,对市场商品供应的保证程度。

资本金总额 是指批发零售贸易业、餐饮业企业在工商行政管理部门登记的注册资金。资本金按投资主体分为国家资本金、法人资本金、个人资本金和外商资本金等。

流动资产 指可以在一年内或者超过一年的一个营业周期内变现或者耗用的资产。包括货币资产、短期投资、应收票据、应收帐款、坏帐准备、应收帐款净额、预付帐款、其他应收款、存货、待转其他业务支出、待摊费用、待处理流动资产净损失、一年内到期的长期债券投资、其他流动资产等项。

商品销售收入 指批发零售贸易企业商品销售收入、接受其他单位委托代销商品的收入和餐饮企业的营业收入(包括餐费收入、冷热饮收入、服务收入和其他收入)。

商品销售成本 指批发零售贸易企业已销商品应负担的进货原价和餐饮企业的原材料成本,商品进价成本。

利润总额 指企业全年实现的利润。包括营业利润、投资净收益以及营业外收支净额。

第17部分

科技和教育

SCIENCE AND TECHNOLOGY, EDUCATION

版面负责人：李跃东　卓卫华　李　燕

编　　　辑：董志娟　马　萍　般溪晨

江苏省统计条例

（2014年1月16日江苏省第十二届人民代表大会常务委员会第八次会议通过）

第三十条 政府统计调查对象应当按照法律、行政法规和本条例以及统计调查制度的规定，真实、准确、完整、及时地提供统计调查所需的资料，不得提供不真实或者不完整的统计资料，不得迟报、拒报统计资料。

【释义】 本条是关于政府统计调查对象履行报送统计资料义务的规定。

政府统计调查对象是提供统计资料的义务主体，只有其依法履行义务，才能保障源头数据质量以及宏观数据客观真实。本条规定了政府统计调查对象的基本义务，即按照法律、行政法规和本条例以及统计调查制度的规定，真实、准确、完整、及时地提供统讨。调查所需的资料，并规定其不得提供不真实或者不完整的统计资料，不得迟报、拒报统计资料。

同时，本条赋予了统计调查制度以重要的法律地位。本条规定统计调查制度是统计调查对象真实、准确、完整、及时提供统计资料的依据之一，即统计调查制度设定的义务是统计调查对象的法定义务，违反统计调查制度的规定构成统计违法行为，应当承担法律责任。

第三十一条 国家机关、企业事业单位和其他组织，应当以业务活动或者生产经营中形成的原始记录和凭证为依据，记录统计台账、编制统计调查表，并按照统计调查制度的规定报送统计资料。

原始记录、凭证、统计台账、统计调查表等统计资料应当留存归档。

【释义】 本条是关于政府统计调查对象加强统计基础工作，以及源头数据来源的规定。

为了加强统计基础工作，保障统计资料的真实、准确、完整和及时，本条规定国家机关、企业事业单位和其他组织，应当建立健全原始记录和凭证、统计台账，即以业务活动或者生产经营中形成的原始记录和凭证为依据，记录统计台账、编制统计调查表，并确保原始记录、凭证、统计台账、统计调查表等统计资料留存归档。

原始记录、凭证。是指政府统计调查对象对其生产、经营、管理活动的过程和成果所作的第一手的数字和文字记录，是未经任何加工整理的初级材料，是统计调查表的来源。

统计台账。是指政府统计调查对象根据填报统计调查表要求，结合本单位管理活动的需要而设置的一种系统积累统计资料的表册，即对原始记录和凭证进行整理汇总后形成的表册。

留存归档。是指为了确保统计资料搜集、整理，而规定的一项管理制度。具体留存期限，依照有关法律法规的规定执行。

编辑：王中彬

17-1 主要年份科学技术事业情况

指标	1985	1990	1995	2000	2005	2006	2007
科学研究机构　（个）							
国有独立科研机构	21	28	26	30	25	26	22
民办科技型企业	3	76	139	460	896	890	986
各类专业技术人员　（人）	**60726**	**125300**	**184010**	**228441**	**217572**	**265268**	**265856**
# 中级职称以上人员	5992	32568	55036	87954	76264	96523	100951
科学研究成果　（项）							
通过鉴定成果	48	61	55	192	131	116	128
# 达到国际水平	1	1	1	15	12	10	18
填补国内空白	3	12	18	37	96	13	49
达到省内先进水平	8	32	51	76	20	86	52
填补省内空白	10	2	47	17	3	7	9
专利申请受理量	38	143	456	474	2205	3389	6174

17-1　续表

指标	2008	2009	2010	2011	2012	2013	2014	2015
科学研究机构(个)								
国有独立科研机构	24	23	20	19	19	19	19	29
民办科技型企业	1196	1498	1470	2534	4846	6546	7307	7912
各类专业技术人员　（人）	**248283**	**248915**	**271799**	**396344**	**419953**	**436000**	**454900**	**441000**
# 中级职称以上人员	102022	102682	113977	134448	149644			
科学研究成果(项)								
通过鉴定成果	152	186	203	179	172	297	199	179
完成科技成果	218	264						
# 达到国际水平	12	75	66	39	43	65	46	34
填补国内空白	54	32	52	51	62	90	60	75
达到省内先进水平	82	78	81		4	5	5	8
填补省内空白	4	1	4				4	
专利申请受理量	6839	6898	9927	14729	18014	23472	14014	12481

注:2013 年及以后各类专业技术人员数统计口径由全社会改为国有、集体单位(下同)。

17–2　规模以上工业企业科技机构情况

（2015 年）

指　　标	机构数（个）	机构人员合计（人）	#博士毕业	硕士毕业	本科毕业	机构经费支出（万元）	仪器和设备原价（万元）	#进口
总　计	**1345**	**26194**	**466**	**3462**	**14138**	**684428**	**580869**	**68361**
按企业规模分								
大型	75	7304	147	2000	3745	249826	382284	56131
中型	392	9353	140	656	5039	239106	102155	6141
小型	875	9527	178	805	5348	195425	96399	6074
微型	3	10	1	1	6	71	31	12
按隶属关系分								
中央	8	644	10	84	402	10572	15914	60
省（自治区、直辖市）	3	120	9	42	62	1631	2694	1510
地（区、市、州、盟）	44	4795	80	1676	2380	170031	236416	44941
县（区、市、旗）	22	611	20	70	386	13015	10460	500
街道								
镇	7	90	1	4	59	1236	306	
乡								
社区（居委会）								
村委会	4	87			15	858	76	
其他	1257	19847	346	1586	10834	487084	315003	21351
按登记注册类型分								
内资企业	1245	22691	408	3177	12252	582910	501959	59681
国有企业	1	7			7	100	3200	
集体企业	2	12			10	61	42	
股份合作企业								
联营企业								
国有联营企业								
集体联营企业								
国有与集体联营企业								
其他联营企业								
有限责任公司	172	6599	128	1729	3499	179530	199093	38150
国有独资公司	14	2937	49	1376	1321	102294	153410	35553
其他有限责任公司	158	3662	79	353	2178	77236	45683	2597
股份有限公司	42	1825	42	320	1146	57751	152937	9919
私营企业	1025	14214	238	1125	7568	344887	146522	11612
私营独资企业	41	410	9	35	274	10958	5738	360
私营合伙企业	3	101		2	68	1041	255	
私营有限责任公司	956	13175	223	1049	6934	323405	136419	11013
私营股份有限公司	25	528	6	39	292	9484	4110	239
其他企业	3	34		3	22	582	165	
港、澳、台商投资企业	45	1875	37	204	1147	73371	63462	5291
与港澳台商合资经营企业	28	1114	31	175	731	53786	53571	5104
与港澳台商合作经营企业								
港澳台商独资经营企业	15	630	5	24	328	10174	7189	187
港澳台商投资股份有限公司	2	131	1	5	88	9411	2703	
其他港澳台投资企业								
外商投资企业	55	1628	21	81	739	28147	15448	3389
中外合资经营企业	39	1412	14	59	600	23501	13607	3356
中外合作经营企业	2	46		3	19	1303	129	
外资企业	14	170	7	19	120	3343	1712	33
外商投资股份有限公司								
其他外商投资企业								
其他								

17-2　续表　　　　　　　　　　　　　　（2015 年）

指　　　标	机构数（个）	机构人员合计（人）	# 博士毕业	硕士毕业	本科毕业	机构经费支出（万元）	仪器和设备原价（万元）	# 进口
按国民经济行业大类分								
采矿业	10	552	16	96	327	6059	16266	360
煤炭开采和洗选业	6	521	16	96	300	5804	11490	
黑色金属矿采选业	1	7			7	100	3200	
非金属矿采选业	3	24			20	155	1576	360
制造业	1328	25426	450	3361	13650	672701	562739	67986
农副食品加工业	119	1294	28	115	815	34258	14081	1036
食品制造业	28	448	11	36	239	10720	7797	158
酒、饮料和精制茶制造业	20	604	9	54	443	24399	108904	5049
烟草制品业	1	34		7	22	932	2287	1510
纺织业	176	1844	19	132	983	30374	11867	6
纺织服装、服饰业	37	317	2	16	222	4223	2071	7
皮革、毛皮、羽毛及其制品和制鞋业	12	179	2	29	96	4003	1928	
木材加工和木、竹、藤、棕、草制品业	151	2376	21	112	963	38122	11416	867
家具制造业	8	57	2	7	38	323	597	
造纸和纸制品业	6	163	2	6	106	3534	1069	
印刷和记录媒介复制业	8	78		5	32	834	648	
文教、工美、体育和娱乐用品制造业	35	354	5	28	187	7042	4586	
石油加工、炼焦和核燃料加工业	7	143	2	10	105	6243	3213	850
化学原料和化学制品制造业	102	2224	49	272	1328	94086	73948	6697
医药制造业	44	1463	45	268	691	40111	36803	4625
化学纤维制造业	15	268	3	8	181	3071	2012	
橡胶和塑料制品业	67	1005	6	60	458	21412	7757	176
非金属矿物制品业	79	1274	24	102	708	15785	14206	1116
黑色金属冶炼和压延加工业	63	878	16	103	415	22418	8709	150
有色金属冶炼和压延加工业	17	472	16	46	271	10623	8292	719
金属制品业	32	423	3	28	259	6592	3187	
通用设备制造业	61	3656	53	1383	1806	114859	158664	35781
专用设备制造业	52	1004	16	77	600	33118	10095	132
汽车制造业	25	365	7	42	175	7983	4894	35
铁路、船舶、航空航天和其他运输设备制造业	15	589	29	100	349	7482	6990	865
电气机械和器材制造业	80	2152	38	168	1075	58603	33503	5670
计算机、通信和其他电子设备制造业	27	661	15	62	399	16156	8022	2538
仪器仪表制造业	36	1071	27	85	664	55204	15116	
其他制造业	3	18			9	102	47	
废弃资源综合利用业	1	6			5	42	17	
金属制品、机械和设备修理业	1	6			6	47	15	
电力、热力、燃气及水生产和供应业	7	216		5	161	5669	1864	15
电力、热力生产和供应业	5	202		3	156	5623	1687	
燃气生产和供应业	1	7		1	2	10	15	15
水的生产和供应业	1	7		1	3	35	161	
按经济成分分								
公有经济	38	4403	71	1538	2263	140673	283776	40770
非公有经济	1307	21791	395	1924	11875	543755	297093	27591
按企业控股情况分								
国有控股	27	3898	65	1482	1836	118158	174383	35786
集体控股	11	505	6	56	427	22515	109393	4984
私人控股	1207	18539	350	1691	10135	444272	219292	17795
港澳台商控股	33	1352	19	130	820	65247	57427	4993
外商控股	29	923	14	46	409	12866	10017	3198
其他	38	977	12	57	511	21371	10357	1605

17–3 规模以上工业企业科技活动人员情况

（2015 年）　　单位：人

指　　标	科技活动人员	# 大学本科及以上学历
总　计	**31925**	**14138**
按企业规模分		
大型	12598	3745
中型	10793	5039
小型	8527	5348
微型	7	6
按隶属关系分		
中央	2364	402
省（自治区、直辖市）	2210	62
地（区、市、州、盟）	5267	2380
县（区、市、旗）	1287	386
街道		
镇	98	59
乡		
社区（居委会）		
村委会	82	15
其他	20617	10834
按登记注册类型分		
内资企业	28007	12252
国有企业	68	7
集体企业		10
股份合作企业		
联营企业		
国有联营企业		
集体联营企业		
国有与集体联营企业		
其他联营企业		
有限责任公司	11003	3499
国有独资公司	4876	1321
其他有限责任公司	6127	2178
股份有限公司	3443	1146
私营企业	13475	7568
私营独资企业	309	274
私营合伙企业	126	68
私营有限责任公司	12296	6934
私营股份有限公司	744	292
其他企业	18	22
港、澳、台商投资企业	2204	1147
与港澳台商合资经营企业	1402	731
与港澳台商合作经营企业		
港澳台商独资经营企业	595	328
港澳台商投资股份有限公司	207	88
其他港澳台投资企业		
外商投资企业	1714	739
中外合资经营企业	1459	600
中外合作经营企业	46	19
外资企业	209	120
外商投资股份有限公司		
其他外商投资企业		
其他		

17-3 续表　　（2015 年）　　单位：人

指　　标	科技活动人员	# 大学本科及以上学历
按国民经济行业大类分		
采矿业	4297	327
煤炭开采和洗选业	4213	300
黑色金属矿采选业		7
非金属矿采选业	84	20
制造业	27444	13650
农副食品加工业	1257	815
食品制造业	775	239
酒、饮料和精制茶制造业	1261	443
烟草制品业	36	22
纺织业	1159	983
纺织服装、服饰业	255	222
皮革、毛皮、羽毛及其制品和制鞋业	149	96
木材加工和木、竹、藤、棕、草制品业	2899	963
家具制造业	18	38
造纸和纸制品业	111	106
印刷和记录媒介复制业	12	32
文教、工美、体育和娱乐用品制造业	407	187
石油加工、炼焦和核燃料加工业	116	105
化学原料和化学制品制造业	2821	1328
医药制造业	1762	691
化学纤维制造业	259	181
橡胶和塑料制品业	689	458
非金属矿物制品业	1231	708
黑色金属冶炼和压延加工业	752	415
有色金属冶炼和压延加工业	504	271
金属制品业	436	259
通用设备制造业	3681	1806
专用设备制造业	1351	600
汽车制造业	383	175
铁路、船舶、航空航天和其他运输设备制造业	731	349
电气机械和器材制造业	1796	1075
计算机、通信和其他电子设备制造业	1166	399
仪器仪表制造业	1382	664
其他制造业	35	9
废弃资源综合利用业	10	5
金属制品、机械和设备修理业		6
电力、热力、燃气及水生产和供应业	184	161
电力、热力生产和供应业	184	156
燃气生产和供应业		2
水的生产和供应业		3
按经济成分分		
公有经济	9481	2263
非公有经济	22444	11875
按企业控股情况分		
国有控股	7898	1836
集体控股	1583	427
私人控股	18732	10135
港澳台商控股	1602	820
外商控股	959	409
其他	1151	511

17-4 规模以上工业企业 R&D 经费情况

（2015 年） 单位:万元

指标	R&D 经费内部支出合计	按活动类型分组			按资金来源分组			
		基础研究支出	应用研究支出	试验发展支出	政府资金	企业资金	境外资金	其他资金
总计	**928532**	**590**	**10919**	**917023**	**12297**	**887314**	**345**	**28576**
按企业规模分								
大型	347307		2116	345192	1728	340505		5075
中型	313329	590	5619	307119	8055	289308	345	15620
小型	267719		3185	264535	2515	257325		7880
微型	177			177		177		
按隶属关系分								
中央	27461		394	27067		27461		
省（自治区、直辖市）	37982		1089	36893	27	37955		
地（区、市、州、盟）	189651		1285	188366	1488	187875		288
县（区、市、旗）	39307			39307	6581	32726		
街道								
镇	1359			1359	58	1246		55
乡								
社区（居委会）								
村委会	855			855		855		
其他	631918	590	8152	623176	4143	599197	345	28233
按登记注册类型分								
内资企业	775499	590	7792	767117	6046	743033	345	26075
国有企业	937		126	811		937		
集体企业								
股份合作企业								
联营企业								
国有联营企业								
集体联营企业								
国有与集体联营企业								
其他联营企业								
有限责任公司	259884		2813	257070	1888	254946		3050
国有独资公司	127773		1627	126146	1060	126714		
其他有限责任公司	132111		1186	130925	829	128232		3050
股份有限公司	77335		494	76841	1318	74482		1535
私营企业	436862	590	4358	431913	2839	412243	345	21435
私营独资企业	12234			12234	36	11601	345	251
私营合伙企业	2764			2764		2479		285
私营有限责任公司	401773	590	1926	399258	2739	378906		20128
私营股份有限公司	20090		2433	17657	63	19256		770
其他企业	483			483		426		56
港、澳、台商投资企业	110692			110692	6104	102767		1822
与港澳台商合资经营企业	88385			88385	6052	82333		
与港澳台商合作经营企业								
港澳台商独资经营企业	12791			12791	52	12739		
港澳台商投资股份有限公司	9517			9517		7695		1822
其他港澳台投资企业								
外商投资企业	42341		3128	39213	147	41515		679
中外合资经营企业	34665		3128	31537	87	34104		474
中外合作经营企业	1505			1505		1505		
外资企业	6171			6171	60	5906		205
外商投资股份有限公司								
其他外商投资企业								

17-4 续表　　　　（2015年）　　　　单位：万元

指标	R&D经费内部支出合计	按活动类型分组			按资金来源分组			
		基础研究支出	应用研究支出	试验发展支出	政府资金	企业资金	境外资金	其他资金
按国民经济行业大类分								
采矿业	58518		1356	57162		58150		369
煤炭开采和洗选业	55822		1356	54465		55453		369
黑色金属矿采选业								
非金属矿采选业	2697			2697		2697		
制造业	855622	590	9563	845469	6400	820670	345	28207
农副食品加工业	35502		488	35014	100	32738		2664
食品制造业	17800	290	641	16869	1139	16661		
酒、饮料和精制茶制造业	32631			32631	233	32270		129
烟草制品业	1026			1026		1026		
纺织业	33831			33831	230	33601		
纺织服装、服饰业	4759			4759	60	4699		
皮革、毛皮、羽毛及其制品和制鞋业	5920			5920		5920		
木材加工和木、竹、藤、棕、草制品业	58291	300		57991	268	54797		3226
家具制造业	428			428	50	378		
造纸和纸制品业	3665			3665		3563		102
印刷和记录媒介复制业	540			540		540		
文教、工美、体育和娱乐用品制造业	11267			11267	198	11069		
石油加工、炼焦和核燃料加工业	6851			6851		6851		
化学原料和化学制品制造业	133985			133985	564	133422		
医药制造业	50118		15	50103	190	46824		3105
化学纤维制造业	3858			3858		3513	345	
橡胶和塑料制品业	23597			23597	9	23440		148
非金属矿物制品业	30331			30331	48	29389		893
黑色金属冶炼和压延加工业	25272			25272	21	25251		
有色金属冶炼和压延加工业	18317		4060	14257	10	18050		257
金属制品业	11182		1792	9391	60	10641		481
通用设备制造业	110863		1279	109583	1229	108470		1164
专用设备制造业	46690		195	46495	303	42983		3404
汽车制造业	8556		591	7966	126	8374		56
铁路、船舶、航空航天和其他运输设备制造业	13852			13852	20	13832		
电气机械和器材制造业	72209		337	71873	281	69061		2868
计算机、通信和其他电子设备制造业	32492			32492	175	30839		1478
仪器仪表制造业	60436		165	60271	1034	51171		8231
其他制造业	1097			1097	52	1045		
废弃资源综合利用业	256			256		256		
金属制品、机械和设备修理业								
电力、热力、燃气及水生产和供应业	14391			14391	5897	8494		
电力、热力生产和供应业	14391			14391	5897	8494		
燃气生产和供应业								
水的生产和供应业								
按经济成分分								
公有经济	208052		2147	205905	7260	200202		590
非公有经济	720481	590	8772	711118	5037	687113	345	27986
按企业控股情况分								
国有控股	175597		2147	173450	7034	168057		506
集体控股	32455			32455	226	32145		84
私人控股	578444	590	5645	572209	4381	548073	345	25645
港澳台商控股	88583			88583	72	86689		1822
外商控股	21157		2513	18644	60	20891		205
其他	32298		615	31683	524	31460		314

17-5 规模以上工业企业新产品产出情况

（2015 年）

单位:万元

指标	新产品开发项目数（项）	新产品开发经费支出	新产品产值	新产品销售收入	#出口
总计	**1972**	**877591**	**7217561**	**7351823**	**352918**
按企业规模分					
大型	686	341113	4662315	4837325	302911
中型	586	291878	1509824	1468983	36646
小型	699	244573	1045322	1045416	13361
微型	1	27	100	100	
按隶属关系分					
中央	30	11819	9755	9755	
省(自治区、直辖市)	72	28921	5149	5149	2043
地(区、市、州、盟)	533	212301	3358810	3532591	224955
县(区、市、旗)	49	49265	334755	331865	64461
街道					
镇	7	1359	7252	7252	
乡					
社区(居委会)					
村委会	2	855			
其他	1279	573072	3501840	3465210	61459
按登记注册类型分					
内资企业	1695	732437	4636772	4868120	284514
国有企业	6	943	230	230	
集体企业					
股份合作企业					
联营企业					
国有联营企业					
集体联营企业					
国有与集体联营企业					
其他联营企业					
有限责任公司	675	263239	1680443	1922428	182937
国有独资公司	393	135297	992067	1234577	180108
其他有限责任公司	282	127942	688376	687851	2830
股份有限公司	200	80883	1003118	984751	67654
私营企业	810	386974	1950640	1958369	33922
私营独资企业	20	11108	33114	40972	
私营合伙企业	7	2764	6285	6301	
私营有限责任公司	741	357134	1801252	1786937	26653
私营股份有限公司	42	15968	109988	124159	7270
其他企业	4	399	2342	2342	
港、澳、台商投资企业	150	110196	2104057	2055735	56920
与港澳台商合资经营企业	88	85657	1951825	1890189	42924
与港澳台商合作经营企业	1	1600	5670	5386	
港澳台商独资经营企业	40	12840	77546	75902	13996
港澳台商投资股份有限公司	21	10099	69015	84258	
其他港澳台投资企业					
外商投资企业	127	34959	476732	427968	11484
中外合资经营企业	114	28254	453918	405725	11437
中外合作经营企业	2	1505			
外资企业	11	5200	22814	22243	47
外商投资股份有限公司					
其他外商投资企业					

17-5 续表 （2015 年） 单位：万元

指标	新产品开发项目数（项）	新产品开发经费支出	新产品产值	新产品销售收入	#出口
按国民经济行业大类分					
采矿业	77	30875	3245	3245	
煤炭开采和洗选业	70	28577	3245	3245	
黑色金属矿采选业					
非金属矿采选业	7	2298			
制造业	1890	832037	7214316	7348578	352918
农副食品加工业	65	34112	202877	196462	6852
食品制造业	27	15107	49626	50932	
酒、饮料和精制茶制造业	48	32048	427488	425761	2591
烟草制品业	7	1959	1303	1303	
纺织业	61	28845	89036	85013	3922
纺织服装、服饰业	23	4630	36790	35895	
皮革、毛皮、羽毛及其制品和制鞋业	7	4008	9577	9163	
木材加工和木、竹、藤、棕、草制品业	90	48340	66901	65576	
家具制造业	1	428			
造纸和纸制品业	4	1587	21099	21011	
印刷和记录媒介复制业	4	813			
文教、工美、体育和娱乐用品制造业	24	9641	32698	30703	
石油加工、炼焦和核燃料加工业	6	6761			
化学原料和化学制品制造业	132	146233	2544685	2559184	119934
医药制造业	133	50097	561877	546370	294
化学纤维制造业	12	4901	25052	22634	120
橡胶和塑料制品业	31	16558	169641	103326	10025
非金属矿物制品业	63	26234	76940	63072	1013
黑色金属冶炼和压延加工业	44	18317	299510	282895	913
有色金属冶炼和压延加工业	21	13997	94246	102312	
金属制品业	38	9115	58846	58643	2043
通用设备制造业	451	129145	1222180	1488271	190016
专用设备制造业	96	39912	197340	194501	151
汽车制造业	42	7648	51153	50990	
铁路、船舶、航空航天和其他运输设备制造业	82	17897	136564	135899	427
电气机械和器材制造业	141	65055	297476	267934	1578
计算机、通信和其他电子设备制造业	90	34471	194451	208024	10213
仪器仪表制造业	146	63083	346938	342694	2825
其他制造业	1	1097	26	10	
废弃资源综合利用业					
金属制品、机械和设备修理业					
电力、热力、燃气及水生产和供应业	5	14679			
电力、热力生产和供应业	4	14479			
燃气生产和供应业	1	200			
水的生产和供应业					
按经济成分分					
公有经济	515	201734	1530256	1766358	239675
非公有经济	1457	675857	5687305	5585464	113243
按企业控股情况分					
国有控股	460	167353	1038622	1280912	180108
集体控股	55	34381	491635	485446	59568
私人控股	1193	538258	3145655	3138729	44771
港澳台商控股	87	89154	1989032	1941435	56769
外商控股	82	19096	253299	271855	1439
其他	95	29350	299319	233445	10264

17-6　规模以上工业企业自主知识产权保护情况

（2015 年）

指　　标	专利申请数(件)	# 发明专利	有效发明专利数（件）	# 境外授权
总　计	**3505**	**1120**	**2369**	**32**
按企业规模分				
大型	1889	608	987	20
中型	620	210	457	6
小型	996	302	923	6
微型			2	
按隶属关系分				
中央	54	15	32	5
省(自治区、直辖市)	68	15	85	
地(区、市、州、盟)	1838	639	1162	19
县(区、市、旗)	68	23	158	
街道				
镇	8	3	1	
乡				
社区(居委会)				
村委会				
其他	1469	425	931	8
按登记注册类型分				
内资企业	3160	1068	1982	32
国有企业	9	6	8	
集体企业				
股份合作企业				
联营企业				
国有联营企业				
集体联营企业				
国有与集体联营企业				
其他联营企业				
有限责任公司	2079	682	1212	11
国有独资公司	1578	509	673	9
其他有限责任公司	501	173	539	2
股份有限公司	229	91	335	13
私营企业	843	289	427	8
私营独资企业	64	10	9	
私营合伙企业	3	1	4	
私营有限责任公司	738	266	385	8
私营股份有限公司	38	12	29	
其他企业				
港、澳、台商投资企业	196	28	151	
与港澳台商合资经营企业	151	20	145	
与港澳台商合作经营企业	6	2		
港澳台商独资经营企业	33	6	6	
港澳台商投资股份有限公司	6			
其他港澳台投资企业				
外商投资企业	149	24	236	
中外合资经营企业	127	14	216	
中外合作经营企业				
外资企业	22	10	20	
外商投资股份有限公司				
其他外商投资企业				

17-6 续表 （2015 年）

指　　标	专利申请数(件)	#发明专利	有效发明专利数（件）	#境外授权
按国民经济行业大类分				
采矿业	55	12	14	
煤炭开采和洗选业	55	12	14	
黑色金属矿采选业				
非金属矿采选业				
制造业	3444	1106	2350	27
农副食品加工业	67	26	35	
食品制造业	41	8	11	
酒、饮料和精制茶制造业	53	9	20	
烟草制品业	29	2	79	
纺织业	48	13	22	
纺织服装、服饰业	19	5	4	
皮革、毛皮、羽毛及其制品和制鞋业	11	2		
木材加工和木、竹、藤、棕、草制品业	55	24	3	
家具制造业	3	1	2	
造纸和纸制品业	1			
印刷和记录媒介复制业				
文教、工美、体育和娱乐用品制造业	150	11	75	
石油加工、炼焦和核燃料加工业	3	2	11	
化学原料和化学制品制造业	145	68	178	
医药制造业	125	76	139	11
化学纤维制造业	43	14	67	
橡胶和塑料制品业	14	3	75	
非金属矿物制品业	80	45	95	6
黑色金属冶炼和压延加工业	58	17	34	2
有色金属冶炼和压延加工业	52	11	17	
金属制品业	36	16	24	
通用设备制造业	1643	538	712	4
专用设备制造业	271	99	309	2
汽车制造业	59	18	29	
铁路、船舶、航空航天和其他运输设备制造业	119	2	59	
电气机械和器材制造业	136	40	63	2
计算机、通信和其他电子设备制造业	61	21	76	
仪器仪表制造业	112	31	211	
其他制造业	10	4		
废弃资源综合利用业				
金属制品、机械和设备修理业				
电力、热力、燃气及水生产和供应业	6	2	5	5
电力、热力生产和供应业	6	2	5	5
燃气生产和供应业				
水的生产和供应业				
按经济成分分				
公有经济	1848	618	979	9
非公有经济	1657	502	1390	23
按企业控股情况分				
国有控股	1820	611	951	9
集体控股	28	7	28	
私人控股	1444	437	1026	21
港澳台商控股	61	16	42	
外商控股	53	14	53	
其他	99	35	269	2

17-7 规模以上工业企业技术改造、技术获取情况

（2015 年）　　　　单位：万元

指　　标	引进技术经费支出	消化吸收经费支出	购买国内技术经费支出	技术改造经费支出
总　计	**5942**	**4126**	**6494**	**98845**
按企业规模分				
大型	5231	2267	5145	80023
中型	228	1837	424	13172
小型	483	22	925	5650
微型				
按隶属关系分				
中央		302	138	10805
省（自治区、直辖市）				11857
地（区、市、州、盟）	5231	3322	730	47510
县（区、市、旗）		145	4415	13698
街道				
镇				19
乡				
社区（居委会）				
村委会				
其他	711	357	1211	14956
按登记注册类型分				
内资企业	770	2854	6144	66778
国有企业				25
集体企业				
股份合作企业				
联营企业				
国有联营企业				
集体联营企业				
国有与集体联营企业				
其他联营企业				
有限责任公司		436	4609	43993
国有独资公司			55	19286
其他有限责任公司		436	4554	24707
股份有限公司	119	2082	353	13634
私营企业	651	336	1182	9126
私营独资企业				39
私营合伙企业				43
私营有限责任公司	431	336	1182	8452
私营股份有限公司	220			593
其他企业				
港、澳、台商投资企业	5112	1251	350	31736
与港澳台商合资经营企业	5112	1251	350	30473
与港澳台商合作经营企业				
港澳台商独资经营企业				798
港澳台商投资股份有限公司				465
其他港澳台投资企业				
外商投资企业	60	21		331
中外合资经营企业				256
中外合作经营企业				
外资企业	60	21		75
外商投资股份有限公司				
其他外商投资企业				

17-7 续表 （2015 年） 单位：万元

指 标	引进技术经费支出	消化吸收经费支出	购买国内技术经费支出	技术改造经费支出
按国民经济行业大类分				
采矿业		302	138	20848
煤炭开采和洗选业		302	138	20848
黑色金属矿采选业				
非金属矿采选业				
制造业	5942	3824	6356	75775
农副食品加工业				478
食品制造业		134	66	876
酒、饮料和精制茶制造业				159
烟草制品业				
纺织业		235	50	1843
纺织服装、服饰业				16
皮革、毛皮、羽毛及其制品和制鞋业				
木材加工和木、竹、藤、棕、草制品业	3	2	2	599
家具制造业				
造纸和纸制品业				28
印刷和记录媒介复制业				
文教、工美、体育和娱乐用品制造业				
石油加工、炼焦和核燃料加工业		100	20	200
化学原料和化学制品制造业	5331	1396	4782	43471
医药制造业	212	737	317	5286
化学纤维制造业			29	724
橡胶和塑料制品业				101
非金属矿物制品业	135		196	1302
黑色金属冶炼和压延加工业			20	374
有色金属冶炼和压延加工业				1439
金属制品业			620	357
通用设备制造业			55	7077
专用设备制造业	60	21		1174
汽车制造业				152
铁路、船舶、航空航天和其他运输设备制造业				1108
电气机械和器材制造业	200	1200	200	5664
计算机、通信和其他电子设备制造业				955
仪器仪表制造业				2393
其他制造业				
废弃资源综合利用业				
金属制品、机械和设备修理业				
电力、热力、燃气及水生产和供应业				2221
电力、热力生产和供应业				2221
燃气生产和供应业				
水的生产和供应业				
按经济成分分				
公有经济		436	324	31342
非公有经济	5942	3690	6170	67503
按企业控股情况分				
国有控股		436	259	30770
集体控股			65	572
私人控股	770	2418	5791	36059
港澳台商控股	5112	1251	350	30026
外商控股	60	21		247
其他			29	1172

17-8 规模以上工业企业 R&D 项目情况

（2015 年）

指标	项目数（项）	参加项目人员（人）	项目经费内部支出（万元）
总计	**1999**	**28988**	**866812**
按项目来源分			
国家科技项目	10	181	5929
地方科技项目	43	521	16525
其他企业委托科技项目	42	458	16213
本企业自选科技项目	1778	26779	775606
来自境外的科技项目	1	13	431
其他科技项目	125	1036	52107
按项目合作形式分			
与境外机构合作	13	99	6018
与境内高校合作	287	4064	117188
与境内独立研究院所合作	80	1361	46054
与境内注册的外商独资企业合作	6	167	4170
与境内注册的其他企业合作	31	594	23776
独立研究	1563	22467	662937
其他	19	236	6669
按项目活动类型分			
1.基础研究	2	88	590
2.应用研究	31	514	10232
3.试验发展	1966	28386	855990
按项目成果形式分			
论文或专著	33	649	15287
自主研制的新产品原型或样机、样件、样品、配方、新装置	910	9782	310025
自主开发的新技术或新工艺、新工法	936	16974	489213
发明专利	108	1463	44333
实用新型专利			
外观设计专利			
带有技术、工艺参数的图纸、技术标准、操作规范			
基础软件	12	120	7954
应用软件			
其他			
按项目技术经济目标分			
科学原理的探索、发现	8	251	7440
技术原理的研究	46	799	12116
开发全新产品	1057	13334	443539
增加产品功能或提高性能	581	9925	286207
提高劳动生产率	41	695	16527
减少能源消耗或提高能源使用效率	139	2001	60454
节约原材料	34	428	13012
减少环境污染	39	429	11713
其他	54	1126	15804
按企业规模分			
大型	667	11245	334208
中型	615	9867	291124
小型	714	7869	241310
微型	3	7	170

17-8　续表 1　　　（2015 年）

指　　标	项　目　数 （项）	参加项目人员 （人）	项目经费 内部支出 （万元）
按隶属关系分			
中央	86	1937	26452
省（自治区、直辖市）	80	2203	35788
地（区、市、州、盟）	456	5040	184499
县（区、市、旗）	46	900	38349
街道			
镇	7	91	1308
乡			
社区（居委会）			
村委会	2	82	850
其他	1322	18735	579565
按登记注册类型分			
内资企业	1750	25521	726015
国有企业	7	66	849
集体企业			
股份合作企业			
联营企业			
国有联营企业			
集体联营企业			
国有与集体联营企业			
其他联营企业			
有限责任公司	675	10119	250590
国有独资公司	354	4869	125425
其他有限责任公司	321	5250	125165
股份有限公司	205	2967	74416
私营企业	858	12353	399738
私营独资企业	28	299	11487
私营合伙企业	7	100	2294
私营有限责任公司	778	11291	366936
私营股份有限公司	45	663	19021
其他企业	5	16	422
港、澳、台商投资企业	129	1973	105041
与港澳台商合资经营企业	79	1255	83883
与港澳台商合作经营企业			
港澳台商独资经营企业	34	526	12223
港澳台商投资股份有限公司	16	192	8935
其他港澳台投资企业			
外商投资企业	120	1494	35756
中外合资经营企业	105	1244	28911
中外合作经营企业	2	46	1500
外资企业	13	204	5345
外商投资股份有限公司			
其他外商投资企业			

17-8　续表 2　　　　（2015 年）

指　　标	项目数（项）	参加项目人员（人）	项目经费内部支出（万元）
按国民经济行业大类分			
采矿业	150	3876	56578
煤炭开采和洗选业	146	3792	54517
非金属矿采选业	4	84	2061
制造业	1847	24928	795842
农副食品加工业	72	1156	31730
食品制造业	32	716	16127
酒、饮料和精制茶制造业	51	1247	31847
烟草制品业	2	29	318
纺织业	75	1038	30039
纺织服装、服饰业	23	242	4532
皮革、毛皮、羽毛及其制品和制鞋业	9	140	5848
木材加工和木、竹、藤、棕、草制品业	103	2806	55948
家具制造业	1	18	420
造纸和纸制品业	8	70	3179
印刷和记录媒介复制业	1	12	352
文教、工美、体育和娱乐用品制造业	26	396	10259
石油加工、炼焦和核燃料加工业	6	114	5974
化学原料和化学制品制造业	119	2312	126277
医药制造业	129	1728	48168
化学纤维制造业	10	259	3764
橡胶和塑料制品业	45	597	19737
非金属矿物制品业	79	1105	27621
黑色金属冶炼和压延加工业	49	678	22579
有色金属冶炼和压延加工业	27	466	16811
金属制品业	32	374	9683
通用设备制造业	387	3531	108660
专用设备制造业	109	1176	42371
汽车制造业	44	365	7884
铁路、船舶、航空航天和其他运输设备制造业	72	675	12107
电气机械和器材制造业	136	1563	66077
计算机、通信和其他电子设备制造业	78	1003	29495
仪器仪表制造业	120	1069	56690
其他制造业	1	35	1096
废弃资源综合利用业	1	8	252
电力、热力、燃气及水生产和供应业	2	184	14391
电力、热力生产和供应业	2	184	14391
按经济成分分			
公有经济	529	8750	203159
非公有经济	1470	20238	663653
按企业控股情况分			
国有控股	473	7422	171735
集体控股	56	1328	31424
私人控股	1238	16840	533331
港澳台商控股	74	1451	84614
外商控股	63	886	18193
其他	95	1061	27514

17-9　规模以上工业企业政府相关政策落实情况

（2015年）　　单位:万元

指　　标	来自政府部门的科技活动资金	研究开发费用加计扣除减免税	高新技术企业减免税
总　计	**14965**	**25284**	**48760**
按企业规模分			
大型	2578	13954	24820
中型	9278	6887	13149
小型	3109	4442	10791
微型			
按隶属关系分			
中央		617	
省(自治区、直辖市)	36	7412	255
地(区、市、州、盟)	2286	6123	24339
县(区、市、旗)	7304	490	772
街道			
镇	58	42	524
乡			
社区(居委会)			
村委会			
其他	5282	10600	22870
按登记注册类型分			
内资企业	7880	22959	32171
国有企业			
集体企业			
股份合作企业			
联营企业			
国有联营企业			
集体联营企业			
国有与集体联营企业			
其他联营企业			
有限责任公司	2061	13288	14818
国有独资公司	1060	10938	4494
其他有限责任公司	1002	2351	10324
股份有限公司	2156	2832	7345
私营企业	3662	6818	10008
私营独资企业	36	59	
私营合伙企业		49	329
私营有限责任公司	3388	6339	8950
私营股份有限公司	238	371	728
其他企业		21	
港、澳、台商投资企业	6928	1278	12336
与港澳台商合资经营企业	6771	943	10826
与港澳台商合作经营企业	100		
港澳台商独资经营企业	57		
港澳台商投资股份有限公司		335	1510
其他港澳台投资企业			
外商投资企业	157	1047	4254
中外合资经营企业	97	486	3966
中外合作经营企业			
外资企业	60	561	288
外商投资股份有限公司			
其他外商投资企业			

17-9 续表 （2015年） 单位：万元

指　　标	来自政府部门的科技活动资金	研究开发费用加计扣除减免税	高新技术企业减免税
按国民经济行业大类分			
采矿业		7991	
煤炭开采和洗选业		7991	
黑色金属矿采选业			
非金属矿采选业			
制造业	9068	17292	48760
农副食品加工业	425	427	
食品制造业	1208	78	
酒、饮料和精制茶制造业	339	19	
烟草制品业			
纺织业	230		
纺织服装、服饰业	65	8	
皮革、毛皮、羽毛及其制品和制鞋业			
木材加工和木、竹、藤、棕、草制品业	268	155	
家具制造业	50		
造纸和纸制品业		134	2009
印刷和记录媒介复制业			
文教、工美、体育和娱乐用品制造业	218		
石油加工、炼焦和核燃料加工业			
化学原料和化学制品制造业	2111	2141	12046
医药制造业	193	1552	3296
化学纤维制造业			
橡胶和塑料制品业	9	94	1132
非金属矿物制品业	109	953	2254
黑色金属冶炼和压延加工业	32	206	300
有色金属冶炼和压延加工业	130	56	
金属制品业	62	97	255
通用设备制造业	1411	4330	5717
专用设备制造业	313	1466	4173
汽车制造业	126	173	105
铁路、船舶、航空航天和其他运输设备制造业	20	1334	4002
电气机械和器材制造业	386	1376	5809
计算机、通信和其他电子设备制造业	239	702	40
仪器仪表制造业	1071	1993	7622
其他制造业	52		
废弃资源综合利用业			
金属制品、机械和设备修理业			
电力、热力、燃气及水生产和供应业	5897		
电力、热力生产和供应业	5897		
燃气生产和供应业			
水的生产和供应业			
按经济成分分			
公有经济	7406	11962	4503
非公有经济	7558	13322	44257
按企业控股情况分			
国有控股	7064	11633	4494
集体控股	342	329	9
私人控股	5424	11087	27683
港澳台商控股	796	945	12292
外商控股	60	746	895
其他	1279	545	3388

17-10　高新技术产业情况

（2014 年）　　单位：万元

指　　标	从业人员年平均人数（人）	工业总产值	产品销售收入	出口交货值	利税总额
全市总计	**203952**	**40477400**	**40100287**	**1029237**	**5771801**
计算机及办公设备制造业	54	2272	2222	30	-1
电子及通信设备制造业	15484	3026662	2951348	60354	455238
医药制造业	21234	4846467	4843515	50798	795369
专用科学仪器设备制造业	8504	2147584	2125613	4993	293287
电子机械及设备制造业	89454	14962528	15004277	730688	1968490
新材料制造业	68552	15540576	15124279	182373	2248196
新能源	670	51311	49035		11222

17-11　高新技术产业情况

（2015 年）　　单位：万元

指　　标	从业人员年平均人数（人）	工业总产值	产品销售收入	出口交货值	利税总额
全市总计	**195645**	**45052600**	**46121389**	**955371**	**5949008**
电子计算机及办公设备制造业	30	2012	2110		37
电子及通讯设备制造业	15265	3426676	3516735	39992	468710
生物医药制造业	22204	5970503	6258490	1529	839870
仪器仪表制造业	8198	2454528	2551790	875	333467
高端装备制造业	84210	15730615	16090754	756976	2008430
新材料制造业	65031	17319621	17552802	155999	2274365
新能源制造业	707	148645	148709		24128

17-12　主要年份各类学校数

单位:所

年　份	普通高等学　校	中等专业学　校	技　工学　校	职业高中	普　通中　学	小　学
1949		4			16	1803
1952		8			21	2641
1957		5			62	3109
1962	3	7			140	3773
1965	2	11			142	4390
1970	2	2			179	5183
1975	2	9			228	5113
1978	2	14	9		234	4260
1979	2	14	9		236	4115
1980	2	13	10		274	3446
1981	3	13	10		395	4316
1982	3	14	10		478	3964
1983	4	14	10		494	3822
1984	5	15	11	18	512	3674
1985	5	17	11	36	551	3618
1986	5	16	11	28	612	3490
1987	5	17	11	29	643	3413
1988	5	17	11	31	648	3472
1989	4	17	12	41	654	3441
1990	4	16	12	43	640	3409
1991	4	15	11	45	639	3408
1992	4	15	14	55	621	3391
1993	4	15	14	49	610	3390
1994	4	16	14	51	581	3347
1995	4	16	14	52	553	3338
1996	4	16	14	50	546	3305
1997	4	16	14	52	525	3288
1998	4	16	13	48	523	3250
1999	5	14	14	47	513	3147
2000	5	13	13	42	492	2902
2001	5	12	10	41	498	2710
2002	6	11	10	35	476	2333
2003	6	11	11	31	371	945
2004	7	11	11	28	366	908
2005	7	11	11	21	367	902
2006	7	12	8	25	369	907
2007	7	12	8	26	367	917
2008	7	12	8	25	357	899
2009	7	12	8	25	350	879
2010	7	11	8	21	331	871
2011	8	11	8	18	326	856
2012	9	10	8	9	321	860
2013	9	10	6	14	321	870
2014	9	14	8	14	319	906
2015	9	13	8	12	328	924

注:2006 年及以前职业高中为农职业中学口径,后同。

17-13 主要年份各类学校在校学生数

单位：人

年份	普通高等学校	中等专业学校	技工学校	职业高中	普通中学	小学（万人）
1949		737			6679	14.31
1952		1645			13117	27.25
1957		2312			37302	40.85
1962	2797	2402			59064	44.14
1965	1027	1913			59971	67.94
1970					175039	61.87
1975	1455	2903			224829	103.54
1978	2080	2869	1826		459841	95.62
1979	2704	5063	2070		408046	98.81
1980	2585	6382	3510		362789	96.94
1981	5634	4573	2919		298335	95.27
1982	4260	4810	2859		289862	91.28
1983	6109	5606	2580		290956	91.98
1984	7173	6884	2716	6913	292253	90.41
1985	9955	8708	2915	10369	311015	88.01
1986	10486	8880	3659	13577	328873	85.69
1987	11410	9711	3454	14355	327280	83.44
1988	11886	10339	3609	11882	314401	81.65
1989	11783	11101	4151	12344	317647	81.92
1990	11586	11091	4898	14440	313758	84.77
1991	12507	11670	5086	17497	309649	89.90
1992	12962	12176	5918	20398	313487	93.66
1993	14238	12918	7639	20098	327372	97.07
1994	16354	16127	10211	20401	374698	103.31
1995	18590	24480	10971	22459	424685	110.34
1996	19720	36831	11181	24848	463226	118.08
1997	21162	43831	11793	24969	481154	127.42
1998	24763	45113	11970	22549	512475	130.99
1999	32236	42072	10133	19832	543390	129.32
2000	46091	34072	10317	19334	584255	126.06
2001	58730	29616	11362	21425	638488	119.84
2002	67863	31610	14175	21222	718597	109.43
2003	71811	33368	18500	21821	802270	96.28
2004	86858	40989	23117	27028	831882	83.06
2005	92666	51166	23000	40492	815113	72.24
2006	104140	59648	26900	65365	777895	64.62
2007	113774	59787	26086	72768	733413	58.75
2008	120094	62043	27421	56712	670459	53.72
2009	125676	57091	26922	57385	593875	51.79
2010	118828	57543	24553	60233	520662	53.02
2011	131747	39331	23936	53811	463610	57.10
2012	133631	47217	22005	45498	426055	62.85
2013	136313	48143	22707	47906	375213	66.18
2014	137239	47125	22221	46227	359258	75.40
2015	137631	43627	19540	45734	347417	84.13

注：普通高等学校在校学生数为本专科学生数（不含成人本科）。

17-14 各类学校专任教师数

单位：人

年 份	普通高等学校	中等专业学校	技工学校	职业高中	普通中学	小学
1978	423		83			
1979	444		184		16932	37511
1980	451		336			
1981	1178	591	364		15910	38804
1982	1441	686	398		15341	38004
1983	1512	813	419		14643	32669
1984	1740	843	444	270	14568	32295
1985	1803	984	444	528	15785	31831
1986	2073	1053	476	661	16859	33445
1987	2210	1173	441	759	17162	32519
1988	2135	1142	596	862	17668	32948
1989	2170	1114	659	890	18380	33787
1990	2086	1087	642	1047	19097	34520
1991	2065	1112	661	1144	19371	35723
1992	2020	1110	725	1377	19502	36367
1993	2037	1083	677	1348	19741	36499
1994	2028	1074	848	1440	20416	37915
1995	2160	1102	845	1575	21642	38649
1996	2045	1165	843	1688	22987	39911
1997	2117	1204	762	1983	24222	40670
1998	2244	1270	951	2053	24944	42305
1999	2681	1242	820	1965	26165	44577
2000	2883	1236	801	1816	27658	45798
2001	3198	1357	807	1586	29200	46575
2002	3635	1133	587	1461	32131	44837
2003	4061	1041	680	1575	34232	41806
2004	4686	1114	789	1431	35744	39864
2005	5298	1251	785	1718	37644	39156
2006	5586	1456	711	2185	38821	38719
2007	6203	1693	966	2375	39686	38350
2008	6433	1766	957	2556	39514	36999
2009	6670	1959	1005	2489	39112	36553
2010	6257	1926	987	2524	38379	33991
2011	7015	1808	1047	2279	37714	33517
2012	7418	1642	1147	2557	37179	35419
2013	7596	1704	1161	2487	34591	36511
2014	7734	1834	1187	2395	34013	38210
2015	7879	2537	1074	1856	33673	40445

17-15 每一专任教师平均负担在校学生数

单位：人

年份	普通高等学校	中等专业学校	技工学校	职业高中	普通中学	小学
1978	4.9		22.0			
1979	6.1		11.3			
1980	5.7		10.4		21.4	25.8
1981	4.8	7.7	8.0		18.8	24.6
1982	3.0	7.0	7.2		18.9	24.0
1983	4.0	6.9	6.2		19.9	28.2
1984	4.1	8.2	6.1	25.6	20.1	28.0
1985	5.5	8.8	6.6	19.6	19.7	27.6
1986	5.1	8.4	7.7	20.5	19.5	25.6
1987	5.2	8.3	7.8	18.9	19.1	25.7
1988	5.6	9.1	16.1	13.8	17.8	24.8
1989	5.4	10.0	6.3	13.9	17.3	24.2
1990	5.6	10.2	7.6	13.8	16.4	24.6
1991	6.1	10.5	7.7	15.3	16.0	25.2
1992	6.4	11.0	8.2	14.8	16.1	25.8
1993	7.0	11.9	11.3	15.0	16.6	26.6
1994	8.1	15.0	12.0	14.2	18.4	27.2
1995	8.6	22.2	13.0	14.3	19.6	28.5
1996	9.6	31.6	13.3	14.7	20.2	29.6
1997	10.0	36.4	15.5	12.6	19.9	31.3
1998	11.0	35.5	12.6	11.0	20.5	31.0
1999	12.1	33.9	12.4	10.1	20.8	29.0
2000	16.0	27.6	12.9	10.6	21.1	27.5
2001	18.4	21.8	14.1	13.5	21.9	25.7
2002	18.7	27.9	24.1	14.5	22.4	24.4
2003	17.7	32.1	27.2	13.9	23.4	23.0
2004	18.5	36.8	29.3	18.9	23.3	20.8
2005	17.5	40.9	29.3	23.6	21.7	18.4
2006	18.6	41.0	37.8	26.6	20.0	16.7
2007	18.3	35.3	27.0	30.6	18.5	15.3
2008	18.7	35.1	28.7	22.2	17.0	14.5
2009	18.8	29.1	26.8	23.1	15.2	14.2
2010	19.0	29.9	24.9	23.9	13.6	15.6
2011	18.8	21.8	22.9	23.6	12.3	17.0
2012	18.0	28.8	19.2	17.8	11.5	17.7
2013	17.9	28.3	14.9	19.3	10.8	18.1
2014	17.6	25.7	18.7	19.3	10.6	19.7
2015	17.5	17.2	18.2	24.6	10.3	20.8

17-16 各级各类教育事业

（2015 年）　　单位：人

指　　标	学校数（所）	毕业生数	招生数	在校学生数	教职工数	# 专任教师
基础教育合计	**2093**	**353063**	**410163**	**1587744**	**108201**	**89470**
学前教育	841	147712	125092	399072	26824	15352
小学	924	79670	168772	841255	39288	40445
普通中学	328	125681	116299	347417	42089	33673
初中	242	74735	77342	219815	24297	21090
高中	86	50946	38957	127602	17792	12583
中等职业教育	**25**	**30144**	**29959**	**89361**	**5487**	**4393**
调整后中职业学校	4	6517	6587	17374	1251	961
普通中专学校	6	7686	6924	22424	1432	1142
成人中专学校	3	1489	803	3829	306	192
职业高中学校	12	14452	15645	45734	2142	1856
中等技工学校	**8**	**4282**	**6876**	**19540**	**1362**	**1002**
普通高等学校	**9**	**53513**	**54844**	**137631**	**11589**	**7879**
职业技术培训机构	**186**	**104252**	**107074**		**1319**	**1058**

17-17 普通高等学校和中等专业学校基本情况

（2015 年）

单位：人

指标	毕业生数	招生数	在校学生数	教职工数	# 专任教师
普通高等学校					
中国矿业大学	9756	9117	34847	3126	1845
徐州医学院	4043	5303	15996	1333	801
江苏师范大学	7379	7737	25577	2233	1463
江苏建筑职业技术学院	5918	5985	16282	750	575
徐州工程学院	9284	7639	32121	1429	1174
九州职业技术学院	1193	1571	3412	231	154
徐州工业职业技术学院	3792	3398	10505	653	517
中国矿业大学徐海学院	1890	1941	7638	533	401
江苏师范大学科文学院	2163	2443	8828	632	480
徐州医学院华方学院	505		1007		
徐州幼儿师范高等专科学校	1656	1360	3875	341	233
徐州生物工程职业技术学院	246	1422	2437	328	236
中等专业学校					
徐州生物工程职业技术学院	895	507	1744		
徐州机电工程高等职业学校	1818	1918	4293	519	341
江苏省徐州医药高等职业学校	1105	1136	3308	272	228
江苏省徐州财经高等职业技术学校	1417	1413	3510	231	202
徐州经贸高等职业学校	1282	1613	4519	229	190
江苏省徐州市中等专业学校	162	378	1104	211	184
徐州体育运动学校	122	94	377	49	27
江苏模特艺术学校	417	639	1389	241	207
运河高等师范学校	535	257	1117	183	125
徐州高等师范学校	567	335	1320	215	191
徐州幼儿高等专科学校	306	316	787	341	233

主要统计指标解释

独立研究与开发机构 指有明确的任务和研究方向,有一定学术水平的业务骨干和一定数量的研究人员,具有研究、开发、开展学术工作的基本条件,主要进行科学研究与技术开发活动,并且在行政上有独立的组织形式,财务上独立核算盈亏,有权与其他单位签订合同,在银行有单独户头的单位。包括国务院各部门、中国科学院、中国社会科学院和各省、自治区、直辖市以及地(市)以上[含地(市)]各部门所属的国有独立的科学研究与技术开发机构。

独立研究与开发机构职工 指在科学研究与技术开发机构工作,并由其支付工资的各种人员。包括长期职工和临时职工,不包括编制以外的离休、退休人员和停薪留职人员,但包括招聘人员。

研究与发展经费支出 指报告期内用于研究与试验发展课题活动(基础研究、应用研究、试验发展)的全部实支出。包括用于研究与发展课题活动的直接支出,还包括间接用于研究与发展活动的一切支出(院、所管理费及维持院、所正常运转的必需费用和与研究发展有关的基本建设支出)。

其他科技人员 指大专、中专毕业和具有初级职称的从事科技活动人员。

自然科学技术人员 指已取得科学技术职称,或大学、中专的理、工、农、医科系毕业,以及国民经济各部门从工作实践中提拔,从事理、工、农、医等自然科学技术的研究、教学、生产的专业人员和在机关、企业、事业中从事科学技术业务管理工作的专业人员。

工程技术人员 指在国民经济各行业从事工程技术工作的自然科学技术专业人员,包括:高级工程师、工程师、助理工程师、技术员和未评定职称的技术人员。

农业技术人员 指在国民经济各行业从事农业技术工作的自然科学技术专业人员,包括:高级农艺师、农艺师、助理农艺师、技术员和未评定职称的技术人员。

科学研究人员 指在国民经济各行业从事科学技术活动的自然科学技术专业人员,包括:正副研究员、助理研究员、研究实习员、技术员和未评定职称的技术人员。

教学人员 指在国民经济各行业从事自然科学技术方面教学活动的专业人员,包括:正副教授、讲师、助教、教师和在中学从事自然科学技术方面教学活动的人员。

发明 专利法及其实施细则所称的发明是指对有关产品、方法或其改进所提出的新的技术方案。

普通高等学校 指按照国家规定的设置标准和审批程序批准举办,通过国家统一招生考试,招收高中毕业生为主要培养对象,实施高等教育的全日制大学、独立设置的学院和高等专科学校、短期职业大学。

成人高等学校 指按照国家有关规定审批,招收通过全国成人高教统一招生考试的具有高中毕业或同等学历的在职从业人员利用脱产、半脱产、业余或函授等多种形式对其实施高等学历教育,培养高等教育专科或本科毕业水平的专门人才,修业年限、课程设置和总学时数均按高等学历教育要求付诸实施的学校。包括广播电视大学、职工高等学校、农民高等学校、管理干部学院、教育学院、独立设置的函授学院等。

招生数 指新学年开学时,一年级实际招收入学的新生数。不包括留级生和复学生数。

在校学生数 指学年初具有学籍的在校学生总数。

专任教师数 指主要从事教育工作的人员数。包括临时(一年以内)调去帮助做其他工作的教学人员。高等学校函授部、夜大学的专任教师和承招科研任务、未担任教学工作仍属教师编制的人员,也计入专任教师中。专任教师不包括调离教学岗位,担任行政领导工作或其他工作的原教学人员。

第18部分

卫生和社会服务

PUBLIC HEALTH AND SOCIAL SERVICES

版面负责人：卓卫华

编　　辑：马　萍

江苏省统计条例

（2014年1月16日江苏省第十二届人民代表大会常务委员会第八次会议通过）

第三十二条 承担经常性政府统计调查任务的国家机关、企业事业单位和其他组织，应当任用、聘用具有统计从业资格或者统计专业技术职务资格的人员从事统计工作。

【释义】 本条是关于承担经常性统计调查任务的政府统计调查对象任用、聘用有资格的人员从事统计工作的规定。

鉴于政府统计调查的强制性，为确保统计工作顺利开展，本条规定：承担经常性政府统计调查任务的国家机关、企业事业单位和其他组织，应当任用、聘用具有统计从业资格的人员，或者是具有统计专业技术职务资格的人员，从事本单位的具体统计工作。

经常性政府统计调查。是指随着统计调查对象在时间上的发展变化，而随时对变化的情况进行连续不断登记的统计调查，其主要目的是获得事物全部发展过程及其结果的统计资料。主要指大型普查、专项调查以外政府统计调查。

第三十三条 县级以上地方人民政府有关部门根据各自职责和统计任务的需要，设立从事统计工作的机构或者明确承担综合统计工作职责的机构，配备相适应的统计人员，并指定统计负责人，在本级人民政府统计机构的指导下负责本部门、本行业的统计工作。

国家级和省级开发园区根据经济和人口规模，明确承担统计工作职责的机构，配备相适应的统计人员，负责统计资料的搜集、整理、汇总、上报以及催报、查询和数据核查工作。

【释义】 本条是关于部门统计机构、开发园区统计机构设置及其职责的规定。

政府有关部门的统计工作是政府统计的重要组成部分。为加强部门统计工作，本条第一款从机构设置、管理范围、职能作出规定：县级以上地方人民政府有关部门设立从事统计工作的机构，或者明确承担综合统计工作职责的机构，履行全行业的统计管理职能。具体的机构、人员设置由政府根据统计任务的需要来确定。但无论是设立统计机构，还是明确承担综合统计工作职责的机构，都需要指定统计负责人。同时，为了保证统计工作整体协调，本款同时规定，县级以上地方人民政府有关部门应当在本级人民政府统计机构指导下开展统计工作。

鉴于我省开发园区的经济总量和人口规模相对较大，统计工作任务较为繁重，确需相适应的机构和人员承担，本条第二款对开发园区统计机构设置及其职责作出如下规定：一是明确国家级和省级开发园区统计机构的法律地位；二是规定根据经济和人口规模，明确承担统计工作职责的机构，配备相适应的统计人员；三是规定其职责，即负责统计资料的搜集、整理、汇总、上报以及催报、查询和数据核查工作。

编辑：王中彬

18-1 卫生机构数

单位:个

年份	总计	医院卫生院	#医院	疗养院、所	门诊部、所
1978	652				
1979	683				
1980	858				
1981	952				
1982	969	231	35	1	678
1983	1004	232	42	1	712
1984	1027	233	43	1	734
1985	1053	237	48	1	753
1986	1030	236	47	1	731
1987	1024	234	47	1	727
1988	1023	228	47	1	732
1989	1042	229	47	1	751
1990	1058	228	46	1	767
1991	1088	228	46	1	798
1992	1049	228	46	1	759
1993	1051	228	46	1	761
1994	1051	231	46	1	758
1995	1052	231	46	1	758
1996	1052	231	45	1	757
1997	1053	232	42	1	757
1998	1261	233	43	1	966
1999	954	275	43	1	456
2000	993	274	42	1	473
2001	1071	211	43	1	449
2002	1047	226	113		778
2003	1120	229	116	1	847
2004	1344	232	119	1	926
2005	1384	230	119	1	1105
2006	1327	227	116	1	917
2007	1483	238	117	1	921
2008	1116	251	108	1	732
2009	1169	268	102	1	828
2010	1213	256	99	1	864
2011	1365	266	108	1	1009
2012	1311	274	114	1	948
2013	4454	277	118	1	815
2014	4620	281	122	1	835
2015	4601	283	124	1	983

18-1 续表 单位:个

年 份	专科防治所、站	卫生防疫站	妇幼保健院、所、站	药品检验所、站	医学研究机构	其他卫生机构
1978						
1979						
1980						
1981						
1982		14				
1983	4	15	10	7	2	17
1984	4	15	10	7	2	17
1985	9	15	12	7	2	13
1986	10	15	12	7	2	12
1987	10	14	12	7	2	13
1988	10	14	12	7	2	13
1989	9	14	12	7	2	13
1990	10	14	12	7	2	13
1991	10	15	12	7	2	12
1992	10	14	12	7	2	13
1993	9	14	13	7	2	7
1994	8	14	14	7	2	7
1995	8	14	14	7	2	8
1996	9	14	13	7	3	8
1997	9	14	13	7	3	8
1998	8	14	13	7	3	8
1999	8	14	14	7	3	9
2000	8	14	14	7	3	9
2001	8	14	14		3	9
2002	8	14	13		3	5
2003	6	14	14		3	6
2004		14	14		3	154
2005		14	14		3	17
2006		14	14		3	151
2007		14	13		3	293
2008		14	13		3	102
2009		14	13		3	42
2010		13	12		3	64
2011		13	12		3	61
2012	1	13	12		3	925
2013	1	13	12		3	5
2014	1	13	12		3	7
2015	1	12	12		3	6

注:1998 年以后门诊部所中包括个体开业,2009 年包括卫生所、医务室、社区卫生服务站等;2001 年以前医院为县及县以上医院数;2008 年及以后村卫生室不再作为卫生机构统计。

18-2 卫生机构人员数

单位:人

年份	总计	卫生技术人员	#医生	中医	中医师	西医士	#护师护士	每千人口医生数
1978		15690	4857					0.9
1979		16477	4982					0.8
1980		17095	5765					0.8
1981	22581	17696	6542		3117		2888	1.0
1982	23956	18539	7203	574	3310		3496	1.1
1983	25237	19267	7635	1079	3639	2917	4298	1.1
1984	25885	19694	7671	1085	3668	2918	4366	1.1
1985	27354	20602	7881	1080	3679	3122	4603	1.1
1986	28234	21295	8097	1094	3747	3256	4799	1.1
1987	28710	21337	8023	1017	3677	3329	4917	1.1
1988	29477	22381	8804	1176	5174	2454	5438	1.2
1989	30960	23615	9598	1158	6715	1725	6430	1.3
1990	32029	24427	9888	1169	6965	1754	6914	1.2
1991	33771	25818	10298	1108	7205	1985	7289	1.3
1992	35051	26825	10216	1062	7101	2053	7351	1.2
1993	36383	27895	10488	1101	7211	2176	7617	1.3
1994	37741	28928	10891	1074	7474	2343	7881	1.3
1995	38533	29380	11204	1082	7605	2517	8167	1.3
1996	39027	29771	11525	1046	7762	2717	8277	1.3
1997	40472	31125	12025	1044	7998	2938	8424	1.4
1998	40454	31188	11756	986	7897	2810	8350	1.3
1999	39411	30394	11349	933	7843	2515	8421	1.3
2000	39366	30481	11622	925	8077	2529	8720	1.3
2001	39099	30275	11635	963	8041	2536	8863	1.3
2002	36997	29282	11396					1.3
2003	35369	28030	10692		725		8421	1.2
2004	36163	28297	10480		705		8479	1.1
2005	35809	28284	10494	721	597	124	8574	1.1
2006	36174	28922	10532	723	604		8677	1.2
2007	38048	29668	11137				9329	1.2
2008	38746	30396	11557				9985	1.2
2009	39408	30821	11613				10801	1.0
2010	41238	32368	12165				11961	1.0
2011	43623	34543	12273	80			13411	1.4
2012	47429	38091	13167	1250			15909	1.5
2013	51601	43573	14578	1448	348	1203	17859	1.9
2014	67552	47007	17518	1558	809	1205	19687	2.3
2015	71316	51567	20172	1863	884	1260	21355	2.3

18-3 卫生机构床位数

单位:张

年份	总计	医院卫生院	#医院	疗养院	门诊部、所	其他卫生机构	每千人口医院病床位数
1978	11325						
1979	11971						
1980	12299						
1981	13392						
1982	13644						
1983	14067	12167	7185	200	1550	150	1.8
1984	15046	13133	8109	200	1473	240	1.9
1985	15432	13269	8608	200	1762	200	1.9
1986	15771	13653	8925	200	1718	200	1.9
1987	16147	13845	9107	200	1802	300	1.9
1988	16809	14390	9549	200	1919	300	1.9
1989	17004	14483	9609	200	1921	400	1.9
1990	17303	14660	9630	200	2043	400	1.8
1991	17557	15059	10186	200	1898	400	1.8
1992	18100	15490	10459	200	1987	400	1.9
1993	18747	15813	10668	200	2310	400	1.9
1994	18650	15686	10791	200	2310	400	1.9
1995	18596	15647	10783	200	2310	400	1.8
1996	18733	15814	10883	200	2310	370	1.8
1997	18700	15751	10713	200	2310	400	1.8
1998	18637	15703	10645	200	2310	400	1.8
1999	17992	17368	10621	200		400	2.0
2000	17736	17091	10562	200		400	1.9
2001	17505	16964	10417	200		317	1.9
2002	18210	18210	13944				2.0
2003	18487	17961	13650	200		326	2.0
2004	18792	18252	13905	200		340	2.1
2005	19888	19287	14647	200	5	104	2.2
2006	20264	19749	14975	40		475	2.2
2007	21488	20238	15737	40		1210	2.3
2008	24430	23248	17614	40		1142	2.6
2009	26600	25081	18852	40	28	1451	2.8
2010	30500	27783	21496	40	130	2547	2.9
2011	32960	30283	23119	40	148	2601	2.7
2012	38489	35703	27091	40	60	2686	3.2
2013	43138	40179	30829	40	57	40	3.3
2014	46213	43175	33532	40	21	40	3.9
2015	47949	44550	34552	40	20	40	4.0

18–4 卫生机构、床位、人员数

（2015 年）

机构类别	机构数（个）	床位数（张）	诊疗人数（万人）	入院人数（万人）	工作人员数（人）	#卫生技术人员	执业医师数
总计	**4601**	**47949**	**6099.58**	**158.73**	**71316**	**51567**	**14534**
医院合计	124	34552	2082.88	118.41	35686	29736	8624
综合医院	81	23972	1408.59	88.78	24405	20495	5769
中医医院	8	4268	325.52	15.65	5251	4429	1342
中西医结合医院	2	118	1.44	0.16	88	80	19
专科医院	31	5994	347.17	13.81	5889	4685	1481
#口腔医院	5	80	24.51	0.06	414	308	159
耳鼻喉科医院							
肿瘤医院	1	1085	102.25	3.5	1282	1057	320
儿童医院	2	1047	151.84	5.12	1473	1172	367
精神病医院	6	1530	20.92	1.4	924	720	198
传染病医院	2	499	10.1	0.96	358	306	74
皮肤病医院	1	80	6.77	0.06	107	82	18
职业病医院	2	438	5.97	0.34	87	75	33
康复医院	2	100	4.28	0.04	74	62	19
美容医院	2	40	0.59	0.03	77	65	20
其他专科医院	3	804	9.41	1.71	730	548	199
疗养院	1	40	2.1	0.05	50	15	4
社区卫生服务中心	51	2572	417.13	5.13	3835	3036	859
卫生院	159	9998	1233.14	32.09	13540	10763	2625
门诊部、所	983	20	387.29	0.004	2558	2422	1255
#私营门诊部、所	749	20	387.29	0.004	219	187	78
急救中心(站)	4	5	4.53		119	53	28
采供血机构	1				79	50	2
妇幼保健院(所、站)	12	701	116.39	3.02	1128	891	276
妇幼保健院	2	675	86.19	2.94	871	695	177
妇幼保健所	10	26	30.2	0.08	257	196	99
疾病预防控制中心(防疫站)	12		0.11		641	464	235
卫生监督所	11				292	266	
医学科学研究机构	3				122	81	46
其他卫生机构	6	40	2.05	0.05	235	105	53

18-4 续表

（2015 年）

机构类别	执业助理医师数	注册护士	药剂人员	技师	其他	其他技术人员	管理人员	工勤人员
总计	**5638**	**21355**	**2485**	**2172**	**5383**	**2493**	**4061**	**5972**
医院合计	434	15038	1477	1286	2877	1128	1991	2831
综合医院	293	10514	955	955	2009	637	1460	1813
中医医院	77	2068	314	152	476	202	180	440
中西医结合医院	2	42	3	2	12		8	
专科医院	62	2384	202	176	380	289	339	576
# 口腔医院	12	108	8	6	15	39	16	51
耳鼻喉科医院								
肿瘤医院	4	582	36	53	62	40	42	143
儿童医院	2	574	54	21	154	121	57	123
精神病医院	15	366	41	24	76	37	53	114
传染病医院	2	188	21	19	2	1	36	15
皮肤病医院	4	45	5	4	6	10	10	5
职业病医院		32	4	4	2	6	3	3
康复医院	4	30	2	4	3	3	6	3
美容医院		39	2	2	2	6	4	2
其他专科医院	6	255	18	22	48	12	91	79
疗养院	1	8	1	1		4	8	23
社区卫生服务中心	355	1150	225	175	272	182	167	450
卫生院	2396	3141	607	474	1520	684	463	1630
门诊部、所	121	899	65	20	62	1	7	128
# 私营门诊部、所	12	75	12	5	5		4	28
急救中心（站）	3	20		2		13	16	37
采供血机构	1	15	1	31		14	3	12
妇幼保健院（所、站）	17	426	45	65	62	30	135	72
妇幼保健院	5	384	39	50	40	17	104	55
妇幼保健所	12	42	6	15	22	13	31	17
疾病预防控制中心（防疫站）	11	28	9	72	109	59	44	74
卫生监督所					266	2	18	6
医学科学研究机构	1	10	2	16	6	14	17	10
其他卫生机构	3	22	4	17	6	31	57	42

18–5 市区卫生机构、床位、人员数

指　　标	2014	2015	指　　标	2014	2015
卫生机构数　（个）	**1587**	**2827**	#疗养院、所	40	40
医院	73	98	卫生院	2218	4968
#疗养院、所	1	1	**卫生机构人员　（人）**	**32128**	**50941**
卫生院	33	84	卫生技术人员	24763	37795
门诊部、所	39	746	执业医师	7831	11065
专科防治所、站	1	1	执业助理医师	910	3049
疾病预防控制中心	8	9	注册护士	11436	16119
妇幼保健院(所、站)	7	9	药剂人员	1276	1792
卫生监督所	6	8	技师	1130	1573
医学科学研究机构	3	3	其他卫生技术人员	2180	4197
急救站和采供血机构	2	3	其他技术人员	1150	1643
病床数　（张）	**26218**	**35613**	管理人员	1827	2849
医院	21654	21661	工勤人员	2796	4390

18–6 医院诊疗基本情况

（2015 年）

指　　标	县及县以上医院合计	非营利性	营利性	乡(镇)卫生院合计
诊疗人次　（万人次）	2082.87	1969.78	113.09	1233.10
#门、急诊	2005.89	1899.97	106.02	1210.80
入院人数　（人）	1180475	1120448	63627	320895
每百门急诊的入院人数　（人）	5.89	5.89	5.99	2.65
病床周转次数　（次）	35.10	35.70	27.1	33.80
病床工作日　（日）	364.10	373.80	232.6	370.50
病床使用率　（%）	99.74	102.40	63.73	74.11
出院者平均住院日　（日）	10.20	10.30	7.9	7.60

18-7 城市(市区)前十位疾病死亡原因和构成

(2014 年)

顺位	合计		男性		女性	
	死因	占死亡总数(%)	死因	占死亡总数(%)	死因	占死亡总数(%)
	十种死因合计	**97.50**	**十种死因合计**	**97.58**	**十种死因合计**	**97.41**
1	心脏病	24.77	恶性肿瘤	23.32	心脏病	27.88
2	脑血管病	22.66	心脏病	22.4	脑血管病	24.44
3	恶性肿瘤	20.38	脑血管病	21.31	恶性肿瘤	16.52
4	呼吸系统疾病	14.89	呼吸系统疾病	14.17	呼吸系统疾病	15.85
5	损伤和中毒	7.97	损伤与中毒	9.58	损伤与中毒	5.85
6	消化系统疾病	1.99	消化系统疾病	2.34	内分泌,营养和代谢疾病	2.22
7	内分泌营养代谢性疾病	1.75	内分泌,营养和代谢疾病	1.39	神经系统疾病	1.64
8	神经系统疾病	1.40	神经系统疾病	1.21	消化系统疾病	1.53
9	泌尿生殖系统疾病	0.92	传染病和寄生虫病	0.93	泌尿生殖系统疾病	0.92
10	传染病和寄生虫病	0.77	泌尿生殖系统疾病	0.93	传染病和寄生虫病	0.56

18-8 城市(市区)前十位疾病死亡原因和构成

(2015 年)

顺位	合计		男性		女性	
	死因	占死亡总数(%)	死因	占死亡总数(%)	死因	占死亡总数(%)
	十种死因合计	**96.77**	**十种死因合计**	**96.83**	**十种死因合计**	**96.68**
1	心脏病	24.26	肿瘤	26.11	心脏病	27.42
2	脑血管病	23.19	心脏病	21.89	脑血管病	25.35
3	肿瘤	22.92	脑血管病	21.58	肿瘤	18.65
4	呼吸系统疾病	11.57	呼吸系统疾病	11.62	呼吸系统疾病	11.49
5	损伤和中毒	5.99	损伤和中毒	7.39	内分泌、营养和代谢疾病	4.59
6	内分泌、营养和代谢疾病	3.43	内分泌、营养和代谢疾病	2.56	损伤和中毒	4.12
7	消化系统疾病	2.02	消化系统疾病	2.20	消化系统疾病	1.77
8	泌尿生殖系统疾病	1.37	泌尿生殖系统疾病	1.47	神经系统疾病	1.25
9	神经系统疾病	1.11	传染病和寄生虫病	1.01	泌尿生殖系统疾病	1.23
10	传染病和寄生虫病	0.92	神经系统疾病	1.00	传染病和寄生虫病	0.80

18-9 主要年份民政事业发展情况

指　　标		2000	2005	2010	2011	2012	2013	2014	2015
民政事业、企业情况									
收养类单位数	(个)	368	230	250	284	303	244	300	260
职工人数	(人)	1812	1416	2458	2879	3153	3189	3702	3473
社会福利企业单位数	(个)	297	196	117	118	94	92	87	84
职工人数	(人)	14824	7430	10952	7626	7290	7068	6389	6246
优抚安置单位数	(个)	18	20	22	22	22	23	23	22
职工人数	(人)	280	199	314	294	294	288	261	257
救助类单位数	(个)	2	2	3	2	4	5	11	10
职工人数	(人)	76	65	72	71	72	76	105	110
殡仪服务事业单位数	(个)	11	19	20	20	21	22	28	27
职工人数	(人)	335	405	486	485	511	511	514	501
彩票募捐单位数	(个)	8	10	8	8	8	8	8	8
职工人数	(人)	45	67	76	76	77	80	81	81
社区服务单位数	(个)	30	40	84	875	1594	2949	3420	4169
职工人数	(人)	655	321	519	4767	7359	11942	22195	30408
老龄事业单位数	(个)			11	11	11	10	11	9
职工人数	(人)			62	61	62	61	66	60
婚姻登记服务单位	(个)			4	4	4	4	17	6
职工人数	(人)			67	72	73	75	131	96
优抚对象优待抚恤情况									
享受定期抚恤金人数	(人)	3506	2873	2143	1892	1633	1116	1137	977
# 城镇			377	272	272	217	266	162	177
# 烈属		2271	2065	1349	1150	897	850	566	424
享受定期补助人数		16491	14027	21550	47174	45445	42801	45220	47757
# 在乡复员军人		12937	9301	8784	8317	7065	3950	3956	3130
优待优抚对象户数	(户)	34696	31597	21404	23288	52167	48788	25142	63633
社会救济情况									
城镇居民最低生活保障人数	(人)	7496	49437	43193	43193	43352	35320	30915	27327
# 失业人员		1154	9959	9573	18710	19456	14091	12607	10412
城镇居民最低生活保障家庭数	(户)		18460	18729	18710	19156	16548	15277	13905
农村居民最低生活保障人数	(人)	30136	122710	231938	232562	244538	220045	166252	155694
农村居民最低生活保障家庭数	(户)		65051	116162	109498	109499	109240	85744	82112
城镇临时救济人次数	(人次)	19578	7206	199	314	363	1340	1874	1224
农村临时救济人次数		187629	152990	796	1769	3044	3302	5890	6569
农村定期救济人数	(人)	4227	33413	4524	33288	33168			
农村五保供养户数	(户)		25289	42580	42304	37101	35517	34018	33656
城镇社区服务情况									
城镇社区服务设施数	(个)	1033	2872	3462	950	2558	7949	3420	4169
城镇社区服务从业人员	(人)	7767	45409	5561	7279	7418	11942	22195	30408
城镇便民、利民服务网点数	(个)	4809	7255	11756	25836	26135	19344	14809	7658
社会团体机构情况									
年末实有社团数	(个)	721	1061	1727	3179	1575	1834	7351	7122
# 地级社团机构数		274	333	400	732	412	439	481	512

注:2007 年及以后社会救济城镇低保失业人员为登记失业人员、彩票募捐单位数为福利彩票发行单位数。

18-10　社会福利事业基本情况

（2015 年）

指　　标	机构数（个）	年末职工人数（人）	年末床位（张）	年末在院人员（人）
总　计	**262**	**3733**	**42134**	**32800**
社会福利院	5	125	1204	684
光荣院	3	48	202	156
社会福利医院	2	260	650	647
城镇收养性老年福利机构	64	1203	7744	3648
农村五保供养服务机构	188	2097	32334	27665

18-11　社会福利企业基本情况

（2015 年）

指　　标	单位数（个）	年末职工人数（人）	# 残疾职工	年销售（营业）收入（万元）
总　计	**79**	**6241**	**3043**	**280303**
国有社会福利企业	2	127	53	3400
其他福利企业	77	6114	2990	276903

18-12　主要年份自然灾害情况

指　　标	1990	1995	2000	2005	2011	2012	2013	2014	2015
受灾面积　（千公顷）	**383.43**	**303.98**	**463.18**	**48.19**	**314.78**	**225.86**	**74.51**	**267.40**	**65.74**
# 旱灾	88.93	54.88	359.45		251.28	208.01	0.20	230.00	
水灾	249.43	22.52	26.50	19.42	55.63	14.37	21.26		
风雹灾	27.13	133.67	54.57	4.67	7.87		26.60	12.4	40.86
霜冻	7.47	34.33	22.66				26.44	25	24.88
病虫	60.43	28.49				3.49			
成灾面积　（千公顷）	**317.05**	**235.20**	**256.01**	**31.13**	**154.12**	**95.72**	**55.30**	**112.70**	**33.15**
# 旱灾	32.39	45.87	188.57		123.92	87.50	0.05	104.60	
水灾	205.88	17.54	19.67	12.93	25.18	7.23	14.24		
风雹灾	21.69	103.36	33.77	2.64	5.03		19.26	8.00	22.21
霜冻	5.53	25.67	14.00				21.76		10.94
病虫	54.54	19.06				0.99			
因灾损失情况									
经济损失总值　（万元）		86146	18448	155890	98342	70960	73778	88952	82976
死亡人口　（人）	22	8	7		1		1		
减产粮食　（万吨）	39.03	35.95	52.07	22.65					
死亡大牲畜　（头）	893	424	4	15					
倒塌房屋　（间）	45814	5289	2841	6972	270	116	249	3	174
损坏房屋　（间）	52870	15521	6498	24183	633	291	3517	62	724
成灾人口　（万人）	**353.58**	**238.83**	**370.96**	**139.66**	**455.81**	**320.15**		**369.20**	**72.93**
因灾缺粮人口　（万人）	123.33	123.64	119.82	65.12	55.02	18.89	48.70		
因灾缺粮数量　（吨）	67360	81778	51168	13681	26780	377.80	20000		
得到国家救济人次数　（人次）	**1087266**	**764550**	**328076**	**96080**	**352359**	**194456**		**400000**	**102678**

18-13 职工基本养老保险情况

单位：人

年 份	在职职工人数	企业	事业、机关	其他	离休、退休退职人员数	企业	事业、机关	其他
1987	377943	377943			65317	65317		
1988	500278	500278			82466	82466		
1989	576379	572999		3380	93430	93430		
1990	580996	574437		6559	95435	95435		
1991	635907	626848		9059	100668	100668		
1992	593063	592998		65	105992	105992		
1993	464939	464939			97979	97979		
1994	606073	605999		74	119593	119593		
1995	601093	601020		73	121249	121249		
1996	588555	588482		73	128265	128265		
1997	779430	589567	189790	73	168099	135144	32955	
1998	759978	567398	191890	690	180354	143652	36702	
1999	745830	573526	168664	3640	184275	151910	32307	58
2000	691112	558247	121154	11711	188876	161900	26733	243
2001	692144	535201	112134	44809	193605	170241	23195	169
2002	673307	498608	87419	87280	200480	181011	19217	252
2003	661950	471888	64099	125963	207514	190284	16455	775
2004	633583	410727	55236	167620	217615	199374	15991	2250
2005	654863	602574	52289		227905	211607	16298	
2006	713907	661822	52085		237805	221466	16339	
2007	769214	714570	54644		259488	240812	18676	
2008	824778	770052	54726		273659	254314	19345	
2009	886247	832302	53945		287908	268259	19649	
2010	928684	875018	53666		300249	280125	20124	
2011	1005339	951248	54091		313181	292477	20704	
2012	1015065	539611	64686	475454	312400	268869	31891	43531
2013	1081964	560531	64696	521433	521433	322510	28224	50068
2014	1142559	578912	54253	563647	348609	288718	21682	59891
2015	1164834	594646	63441	570188	364916	294873	33215	70034

18–14 农村养老保险基本情况

年 份	基金积累（万元）	当年保费收入（万元）	当年参保人数（万人）	总参保人数（万人）	当年领取人数（万人）
1992	610	570	3.24	3.24	0.01
1993	1668	1090	8.52	11.76	0.04
1994	4014	2163	14.32	26.08	0.10
1995	9051	3556	18.16	44.24	0.11
1996	11660	1558	16.89	61.13	0.13
1997	13238	1327	7.47	68.60	0.14
1998	14367	670	1.35	69.95	0.15
1999	14899	322	0.60	70.55	0.18
2000	14960	180	0.20	70.75	0.20
2001	14963	165	0.16	70.91	0.23
2002	15160	162	0.56	71.47	0.36
2003	15375	149	0.14	71.61	0.56
2004	15625	236	0.25	71.86	0.70
2005	15887	385	0.18	72.04	0.86
2006	17041	1290	0.38	72.03	1.03
2007	20155	3154	0.18	73.22	1.25
2008	22517	3012	4.68	77.33	1.40
2009	30314	8646	28.80	95.69	1.92
2010	80886	52488	119.67	215.37	88.21
2011	123331	35626	5.31	220.69	97.32
2012	161707	35415		203.38	107.29
2013	196674	33621	208.52	327.03	118.51
2014	229825	33342	198.87	317.31	118.44
2015	279490	49155	193.86	318.03	124.17

18–15 婚姻登记和离婚情况

年 份	登记结婚（对）	初 婚（人）	再 婚（人）	离婚数（对）	结婚离婚比（%）
1985	52770	104502	1038	669	1.27
1986	49855	98120	1590	419	0.84
1987	61529	121365	1653	571	0.93
1988	55849	110225	1473	652	1.17
1989	54392	106673	2111	665	1.22
1990	68904	135874	1934	442	0.64
1991	64793	127810	1777	495	0.76
1992	64821	127488	2154	646	1.00
1993	58176	114149	2203	907	1.56
1994	66369	130332	2406	877	1.32
1995	65505	127837	2173	1056	1.61
1996	57001	111626	2376	862	1.51
1997	54954	107133	2775	1196	2.18
1998	56604	109832	3376	1699	3.00
1999	55743	108213	3273	1424	2.55
2000	55664	106774	4438	1514	2.72
2001	48820	93764	3708	1729	3.54
2002	45622	87011	4113	3459	7.58
2003	46016	88199	3695	2342	5.09
2004	51629	96765	6493	5051	9.80
2005	53419	98829	8009	6085	11.40
2006	62626	118172	7080	7131	11.39
2007	68003	127551	8455	8658	12.73
2008	78814	149336	8292	9614	12.20
2009	93612	172923	14301	10261	10.96
2010	101907	193626	10188	11101	10.89
2011	117345	214029	20661	12820	10.93
2012	127280	240760	13800	14269	8.92
2013	119843	221051	18635	17802	6.70
2014	107098	190617	23579	18952	5.70
2015	98203	167832	28582	21889	4.50

主要统计指标解释

医院　指名称为医院，设有固定床位、能收容病人住院并能为病人提供医疗、护理服务的医疗机构。包括县及县以上医院、农村乡卫生院、其他医院三部分。按所属性质分为卫生部门、工业及其他部门，集体经济单位三类。其中县及县以上医院按业务性质分为综合医院和专科医院。

卫生技术人员　指卫生事业机构支付工资的全部固定职工和合同制职工中现任职务为卫生技术工作的专业人员。包括中医师、西医师、中西医结合高级医师、护师、中药师、西药师、检验师、其他技师、中医士、西医士、助产士、中药剂士、西药剂士、检验士、其他技士、其他中医、护理员、中药剂员、西药剂员、检验员，其他初级卫生技术人员。

医生　指经卫生部门审查合格，从事医疗工作的专业人员。分为中医医生和西医医生。包括卫生技术人员中的中医师、西医师、中西医结合高级医师、中医士、西医士和其他中医。

卫生机构床位　指年末卫生机构实有固定床位数，包括正规、简易和正在消毒、修理的床位以及因扩建或大修而停用的床位，不包括产科的新生儿床、库存床、观察床、临时增设的床位、病人家属的陪侍床、接产室的待产床。

社会福利事业单位　指集中收养社会孤、老、残、幼的机构。包括由民政部门管理的社会福利院、儿童福利院、精神病人福利院和城镇集体办的福利院，以及农村集体举办的敬老院。

社会福利事业单位收养人数　包括民政部门管理的和城镇及农村集体举办的社会福利事业单位中收养的老人、少年儿童、缺乏生活自理能力的残疾人员和精神病人。

社会福利企业单位　指以安置城镇有一定劳动能力的盲、聋、哑和肢体残疾人员就业为目的，享受国家减免税待遇的国有或集体经济性质的企业。包括福利工厂、福利商业服务业、假肢厂和安置农场等单位。

第19部分

文化和体育

CULTURE AND SPORTS

版面负责人：卓卫华

编　　辑：马　萍

江苏省统计条例

（2014 年 1 月 16 日江苏省第十二届人民代表大会常务委员会第八次会议通过）

第三十四条 乡镇人民政府和街道办事处根据经济和人口规模，明确承担统计工作职责的机构，配备相适应的统计人员，负责本区域统计工作的组织实施、管理、协调，履行政府综合统计的职能。

基层群众性自治组织应当指定专人负责统计工作。

【释义】 本条是关于乡镇、街道统计机构及其职责，以及村(居)统计岗位的规定。

统计数据来源于基层，乡镇、街道统计及村(居)委的统计工作是政府统计工作的基石。本条作出规定：乡镇人民政府和街道办事处根据其经济和人口的实际情况，确定承担统计工作职责的机构，履行政府综合统计的职能；村(居)委作为基层性群众组织应当指定专人负责统计工作。

乡镇、街道综合统计职能。主要包括：一是完成国家和地方统计调查任务，执行国家统计标准，监督检查统计法律、法规、规章和统计调查制度的实施；二是组织和协调本乡镇、街道的统计工作，组织指导本乡镇、街道的各有关单位、人员加强统计基础工作建设，组织乡镇、街道及以下的统计业务工作；三是搜集、整理、分析、提供和管理本乡镇、街道的基本统计资料。

第三十五条 政府统计机构、统计人员应当依法履行职责，如实搜集、报送统计资料，不得伪造、篡改统计资料，不得以任何方式要求任何单位和个人提供不真实的统计资料，不得有其他违反法律、行政法规和本条例规定的行为。

政府统计机构、统计人员对其负责搜集、审核、录入的统计资料与统计调查对象报送的统计资料的一致性负责。

【释义】 本条是关于政府统计机构、统计人员依法履行职责的规定。

政府统计机构、统计人员是生产、加工统计资料的责任主体。根据《统计法》第二十九条，本条对政府统计机构和统计人员的职责作出规范：一是规定如实搜集、报送统计资料是其职业底线。即不得伪造、篡改统计资料，不得以任何方式要求任何单位和个人提供不真实的统计资料。二是规定对经手的统计资料与统计调查对象报送统计资料的“一致性”负责，是其基本责任。即统计调查对象报送的统计资料，应当与政府统计机构、统计人员上报上级机关的数据一致，如果不一致，无论是何原因，应当由政府统计机构、统计人员承担相应责任，未经统计调查对象同意确认，任何违背统计调查对象意愿自行修改统计资料的行为都构成违法行为。三是不得有其他违反法律、行政法规和本条例规定的行为。这是对政府统计机构、统计人员其他法定职责的概括，如不得泄露统计调查对象的商业秘密和个人信息，不得违反法定程序公布统计资料等。

编辑：王中彬

19-1　文化事业情况

单位:个

年　份	公办文化馆　站	公　共图书馆	公共图书馆藏　书（千册）	博物馆	新华书店	电影放映单　位	#电影院影剧院	电影观众人　数（万人次）
1982	105	7		1	9	640	57	20436
1983	105	7		2	7	690		22886
1984	112	7	1022	2	7	877	62	25755
1985	112	7	1085	4	7	919	58	20157
1986	101	7	1036	4	7	903	56	21078
1987	101	7	1079	5	7	892	55	22545
1988	101	7	1097	6	7	777	54	
1989	101	7	1128	8	7	781	54	17437
1990	101	7	1182	8	10	767	62	17802
1991	118	7	1240	9	7	641	75	16496
1992	113	7	1375	9	7	579	80	10317
1993	113	7	1398	9	14	567	77	2251
1994	125	7	1432	9	14	553	70	382
1995	113	7	1464	10	7	408	76	1092
1996	113	7	1476	10	7	433	94	1243
1997	113	7	1473	10	7	445	126	1296
1998	113	7	1509	10	7	324	132	1676
1999	113	7	1520	10	7	327	132	832
2000	85	7	1565	10	7	310	103	608
2001	86	7	1587	10	7	196	95	438
2002	86	7	1639	10	7	196	94	366
2003	114	7	1501	10	7	192	90	324
2004	127	7	1533	11	7	96	96	382
2005	127	7	1533	11	7	57	57	425
2006	125	7	1518	13	7	21	8	50
2007	125	7	1542	11	7	24	9	34
2008	126	7	1626	14	7	22	6	30
2009	130	7	1691	16	68	6	4	77
2010	157	7	2698	17	68	6		79
2011	157	8	2416	21	68	6	6	81
2012	157	8	6935	21	68	6	6	81
2013	158	8	8186	21	68	18	6	89
2014	158	8	5304	21	68	22	6	91
2015	158	8	5544	21	68	29	6	311

注:2009 年及以后新华书店为全社会口径,与往年不可比;2009 年及以后电影放映单位为市文化局备案单位数。

19–2 主要年份广播、电视事业情况

指 标	1990	1995	2000	2005	2010	2011	2012	2013	2014	2015
广播电视台 （座）	**1**	**8**	**1**	**7**	**8**	**8**	**8**	**8**	**8**	**8**
广播事业										
发射台及转播台(中波) （座）	1	2	2	2	2	2	2	2	2	2
发射机功率(中波) （部/千瓦）	3/21	4/22	4/31	2/31	5/65	5/66	5/65	2/36	2/36	2/36
节目 （套）	2	10	9	9	10	10	11	11	11	11
平均每日播音时间 （小时）	18	92	97	139	189	191	186	206	207	189
广播人口覆盖率 （%）	93.0	88.3	100	100	100	100	100	100	100	100
制作节目时间 （小时）	1323	8235	20754	32913	50415	56750	45566	47159	50114	45847
# 新闻节目	193	1249	1317	4125	7075	7550	8181	7191	7280	4903
文艺节目	379	3869	9595	5427	28159	29031	22229	20901	24298	29816
教育节目	183	26	96		1126	1328	1682	1689	1806	1092
电视事业										
发射台及转播台 （座）	6	1	8		8	8	8	8	8	8
发射机功率(全部) （部/千瓦）	20/19.55	28/50.20	30/53.25		33/60.55	33/60.56	33/55.25	33/60.56	33/60.56	33/60.56
节目 （套）	1	8	8	10	11	11	11	11	11	11
平均每周播出时间 （小时）	83	444	572	1019	1134	1155	1134	201	202	189
电视人口覆盖率 （%）	77.0	99.3	98.7	100.0	100.0	100.0	100.0	100.0	100.0	100.0
制作节目时间 （小时）	307	3509	3694	13696	11160	12715	17182	19622	19767	19605
# 新闻节目	75	387	555	2827	3196	3268	2057	2862	2359	2720
文艺节目	62	485	518	2242	2051	2248	3422	2909	2301	2383
教育节目		13	9		639	165	1365	1533	1596	1501
有线电视用户 （万户）		12.66	25.52	80.70	218.11	241.19	265.31	269.76	271.36	264.79
有线电视入户率 （%）					78.3	87.0	97.1	98.4	98.5	95.3
县级广播电视台 （座）			6	6	7	7	7	7	7	7
数字电视用户 （万户）					43.80	73.20	117.53	147.43	163.25	156.42

注:1998 年及以后广播电台、电视台数根据省广播电视厅要求只统计地市级,县级电台、电视台合并统计为广播电视台。

19-3 主要年份体育事业基本情况

指　　标	1990	1995	2000	2005	2010	2011	2012	2013	2014	2015
体育设施（所）										
体育场	1	1	7	2	13	16	16	40	41	41
体育馆	1	1		1	12	15	15	14	15	15
游泳馆		1	3	2	9	30	27	28	27	27
体育教育										
体育运动学校（所）	1	1	1	1	1	1	1	1	1	1
普通业余体校（所）	6	6	12	14	1	11	11	4	10	12
在校学生数（人）	350	680	1506	2603	1617	2015	2374	2705	2437	1709
体委系统职工人数（人）	**289**	**295**	**411**		**352**	**427**	**419**	**520**	**509**	**575**
注册运动员			1556	2612	3555	2308	3179	2705	2053	2431
专职教练员	82	79	130	206	49	36	36	114	128	109
专职文化教师	31	42	46	204	89	68	68	46	74	65
科技人员	2	2	6	8	2	5	5	1	4	10
医务人员	4	4	2	8	1	4	3	2	3	3
管理人员	83	79	141	264	123	176	173	167	150	142
其他	87	89	86	216	88	138	134	211	150	246
等级运动员（人）	**135**	**200**	**1120**		**110**	**119**	**139**	**283**	**264**	**159**
# 一级	5	50	65		6	12	15	24	25	47
二级	130	150	320	329	104	107	124	259	239	112
等级裁判员（人）	**44**	**72**	**1106**		**448**	**2048**	**2461**	**2378**	**2639**	**1966**
# 一级	6	17	162		54	729	647	721	756	714
二级	38	25	295	190	394	1319	1452	1325	1486	1246
三级		30	638				362	332	397	6
各级体委举办运动会情况										
运动会次数（次）	65	85	110			38	40	29	30	15
参加运动会的运动员人数（万人）	0.60	0.96	12.00			1.10	1.20	0.7	1.5	3932
获国内外奖章（牌）										
金质奖章（牌）（枚）	5	7		11	104	132	195	202	235	21
银质奖章（牌）（枚）	2	5			66	112	133	130	122	8
铜质奖章（牌）（枚）	6	4			98.5		125	110	131	10
体彩情况										
体育彩票销售点个数（个）					1000	1005	1082	988	1043	1118
年从业人员数（人）					2000	2240	2300	1976	1565	2200
体育彩票发行额（万元）					1149	1149	1455	1970	1352	
体彩全年销售额（亿元）					5.36	5.33	8.99	10.01	10.30	9.02
百万以上大奖个数（个）					6	6	10	6	4	

注：一、二级运动员 2001 年以后为当年新晋升数；2007、2008 年奖章数为省级以上比赛奖牌数（含国际性比赛）；2008 年部分指标由于统计口径变化，数据相应调整。等级裁判员为当年新增数；2013 年数据依照全国第六次体育场地普查数据调整。

主要统计指标解释

文化事业机构 指从事专业文化工作和为专业文化工作服务的独立建制的单独核算的单位。不包括这些单位另外举办独立核算的其他机构和各部门的业余文化组织。

艺术表演团体 指从事戏曲、音乐、舞蹈、杂费等专业艺术表演,有独立帐户,实行单独核算的团体。不包括半工半艺、半农半艺的业余剧团。

电影放映单位 指具有放映机器设备、固定或不固定的放映场所与专职或兼职的放映技术人员，经有关部门登记批准,经常为一定的观众对象放映电影的机构。包括经批准对外开放进行营业，并与电影发行放映管理机构分帐的专用放映单位和军委系统租片单位。

电影观众人数(人次) 指各类型放映单位及军委系统租片单位映出的观众人次数。一个观众连续看了一部长片或短片专场规定的短片,为二人次。

艺术表演观众人数(人次) 指售票、包场演出或民族地区免费演出的艺术表演观众人次数。不包括彩排审查和内部观摩演出的观看人次数。

公共图书馆 文化部门举办的面向社会服务的独立的图书馆。不包括文化馆的图书室。

电视人口覆盖率 指电视覆盖人口与总人口的比率。电视覆盖人口是指能够用普通电视接收机、室外天线在离地面四米高处,在晚上收看电视,并且收视效果能达到图像基本稳定、清晰,能看清人物的形象、动作的地区内的人口数。计算公式为:

$$\text{电视人口覆盖率}(\%)=\frac{\text{年末电视覆盖人口数}}{\text{年末总人口数}}\times 100\%$$

广播人口覆盖率 指广播覆盖人口与总人口的比率。广播覆盖(或中波覆盖)人口是指能够用普通收音机在中午收听中波广播节目，并且收听效果能达到听清完整的节目内容的地区的人口数,包括只能收听外省中波广播的人口数在内。计算公式为:

$$\text{广播人口覆盖率}(\%)=\frac{\text{年末广播覆盖人口数}}{\text{年末总人口数}}\times 100\%$$

等级运动员人数 指经考核正式批准授予等级运动员称号的人数。运动员等级分为国际级运动健将、运动健将、一级运动员、二级运动员、三级运动员、少年级运动员。

等级裁判员人数 指经考核正式批准授予等级裁判员称号的人数。裁判员等级分为国际裁判、国家级裁判、一级裁判、二级裁判、三级裁判。

体育场 指有 400 米跑道(中心含足球场),有固定道牙,跑道 6 条以上,并有固定看台的室外田径场地。以看台容纳观众人数分：甲级 25000 人以上，乙级 15000–25000 人，丙级 5000–15000 人,丁级 5000 人以下。

体育馆 指有固定看台,可供篮球、排球、羽毛球、乒乓球、体操等项目比赛活动用的室内运动场地。以看台容纳观众人数分：甲级 6000 人以上，乙级 4000–6000 人，丙级 2000–4000 人,丁级 2000 人以下。

第20部分

公共管理及其他

PUBLIC MANAGEMENT AND OTHERS

版面负责人：卓卫华

编　　辑：马　萍

江苏省统计条例

（2014年1月16日江苏省第十二届人民代表大会常务委员会第八次会议通过）

第三十六条 政府统计机构、有关部门应当对统计人员开展统计专业培训和职业道德教育，提高其综合素质。

统计人员应当接受统计继续教育，提高业务素质和职业道德水平。

统计人员所在单位应当支持和保障统计人员接受统计继续教育，参加统计专业培训。

【释义】 本条是关于统计人员继续教育的规定。

统计人员作为统计资料的搜集者、整理者、填报者，他们的专业素质、业务能力、职业道德水平直接关系到统计数据的真实、准确、完整、及时。本条对统计人员继续教育作出如下规范：一是规定政府统计机构、有关部门的责任。即政府统计机构、有关部门负有加强统计人员继续教育的责任，应当对统计人员开展统计专业培训和职业道德教育，提高其综合素质。二是规定统计调查对象的责任。即统计人员接受继续教育，参加统计专业培训，所在单位应当予以支持和保障。三是统计人员有接受继续教育、参加统计专业培训的权利和义务。即统计人员应当接受统计继续教育，参加统计专业培训，提高业务素质和职业道德水平。

统计人员的综合素质。包括设计统计调查制度的能力、组织开展统计调查的能力、整理和分析统计资料的能力、提出统计咨询意见的能力、查处统计违法行为的能力等。

统计专业培训。涉及经济、统计、计算机、法律等多个方面的培训。

统计职业道德。是指在统计工作各个环节都要坚持实事求是，以真实情况和原始资料为依据；要爱岗敬业，以严格的道德标准要求自己，认真做好本职工作；要坚持原则，坚决抵制弄虚作假等统计违法行为；要保守国家秘密，对统计调查对象商业秘密和个人隐私严格保密。

第三十七条 县级以上地方人民政府及其监察机关，应当对下级人民政府、本级人民政府统计机构和有关部门执行统计法律、行政法规及本条例的情况实施监督。

【释义】 本条是关于地方人民政府及其监察机关统计监督权限的规定。

依照《统计法》及本条例，县级以上地方人民政府统计机构和有关部门在统计工作中具有独立进行统计调查、统计报告、统计监督的职权，在统计监督检查中可以采取法定的监督检查措施。为了督促和保证上述行政机关依法履行职责，完成统计调查、统计报告、统计监督任务，在赋予其必要职权的同时，应当加强对其执行法律法规情况的监督。本条作出规定，规定对执行本条例情况加强监督，即县级以上地方人民政府及其监察机关对下级人民政府、本级人民政府统计机构和有关部门执行统计法律、行政法规及本条例情况应当加强监督。

县级以上地方人民政府及其监察机关对下级人民政府、本级人民政府统计机构和有关部门进行监督，主要包括：是否在法定的职权范围内履行职责，是否有超越职权、滥用职权或者怠于履行职权的行为；是否按照法定的程序进行统计调查、统计报告和统计监督，是否按照法定程序报送、公布统计资料；搜集、整理、报送的统计资料是否真实、准确、完整、及时等。

编辑：王中彬

20-1 主要年份律师、公证、调解工作情况

单位:件

项　　目	1990	1995	2000	2005	2010	2012	2013	2014	2015
律师工作									
律师事务所 (个)	14	36	44	59	86	99	101	108	116
律师 (人)	151	224	543	736	999	1200	1247	1392	1462
# 专职律师	123	143	247	650	976	1176	1194	1333	1381
# 女性	27	31	31	93	164	614	298	362	362
兼职律师	7	52	25	15	23	24	23	24	30
聘任担任常年法律顾问的单位(处)	507	1659	1494	1347	1664	3506	3586	4631	4668
民事诉讼代理	784	1755	4026	6045	9483	16621	20776	29925	38432
经济诉讼代理	348	1157	2065	1712	4306	6144	1140	13822	16545
刑事辩护	1281	1145	1850	1662	2320	1474	3257	4304	3569
行政诉讼代理	22	103	242	102	518	87	31	35	40
非诉讼法律事务	159	1269	1107	1154	2232	6400	16958	22071	24589
涉外法律事务	29	3	5	11		8			
解答法律咨询	7748	15459	32156	45350	25210	33582	11544	99860	99989
代写法律事务文书	1192	2577	3132	5195	2930	4480	1695	2253	2451
公证工作									
公证处 (个)	8	10	12	12	13	12	11	11	15
公证人员 (人)	59	56	76	87	111	126	130	121	132
# 公证员	30	38	52	50	56	54	66	62	60
公证员助理	13	7	24	30	28	35	24	40	40
办理公证文书	20702	23006	44501	60805	58572	37186	34161	31593	30912
人民调解工作									
专职司法助理人员 (人)	215	183	182	388					
人民调解委员会 (个)	4648	4595	4800	3212	3185	3168	3388	3268	3211
调解人员 (人)	94920	116844	98456	73216	35494	29898	19439	13472	10224
调解民事纠纷	32719	31160	25562	16449	32621	43811	45558	49206	30809

注:调解人员 2008 年及以后不包括调解信息员。

20-2 主要年份国内公证文书分类

分类	办证件数(件)						
	1995	2000	2010	2012	2013	2014	2015
经济公证	**13727**	**27696**	**27445**	**20654**	**12610**	**9712**	**10250**
购　销	185	223	16876				
联　营			3	4			
拍　卖	3	519		22			
贷　款	3299	7196	6779	9602	2903	3393	2714
担　保	42	560	147	1240	513	81	71
招标、投标	6	606	553	479	103	109	169
科技合同	18	23			8		
供用电	66	43					
劳务合同	4058	1210	224	150	131		
建筑工程承包	106	302	543	8	272		36
工商服务业承包	272	594					
农林牧渔业承包	1443	1489	1				
企业承包	96	136			136		
财产租赁	1098	4716	1	167	229		
企业租赁	34	643					5
资产经营协议	16	20		9	2		
其他经济合同	1265	2426	330	2019	654	1247	358
法人(代表人)资格	249	119	1	77	13	30	82
法人委托书	83	118	234	433	5744		
公司章程	5	51	164	129			15
执行许可证明	3	12			320		
提　存	5	12	3	9	1		
其　他	1267	6543	1586	6306	1581	4850	6800
民事法律关系公证	**7262**	**13811**	**23087**	**16532**	**18104**	**21881**	**20662**
收　养	151	100	93	38	79		
解除收养	18	6		1653			
继承权	121	313	1353		3425	3454	3121
遗　嘱	96	227	381	121	390	318	333
产　权	78	152	130				
亲属关系	39	114	163	405	221	204	271
死　亡	4	12	4	8	11		
房屋买卖	187	367	887	108	421		
房屋租赁	326	142	12	8			
留学协议	9	32	43	56		57	31
遗赠扶养协议	87	162	25	113			
其他民事协议	1241	1221			1382	490	294
委托书	299	201	6985	3005	3463	6469	5385
赠与书	328	533	480	207	211	120	56
声明书	800	203	4285	1446	3219	3992	2719
现场监督	94	82	385	140	127	158	223
副本等与原本相符	31	90	528	398	4432		
宅基地使用权	126	47	15		12		
证据保全	20	96	207	100	284	460	443
其　他	3205	9711	7111	8726	3874	6159	7790

20-3 主要年份涉外(含港澳台)公证文书分类

分类	办证件数(件)						
	1995	2000	2010	2012	2013	2014	2015
合计	**2007**	**2994**	**8037**	**8947**	**7615**	**11429**	**12457**
收养	3	3			1		
遗嘱			12				
出生	193	347	1682	961	1001	1498	602
死亡	30	15	18	23	19	10	3
生存、居住	60	76	84	36	54	7	1
学历	162	312	1306	1909	641	246	1523
经历	116	123	68	173	374	32	5
国籍	5	10	3	2			
婚姻状况	124	201	928	323	288	77	321
亲属关系	316	337	1321	1359	996	1041	561
继承权		2	31	10		2	
受、未受刑事处分	678	284	1352	2033	1104	1426	1533
声明书	8	17	330	5	296	100	185
委托书	58	54	180	17	185	103	296
营业证书	2	5	47	58			
公司章程	1		2	23		4	273
其他法律文书		4	16	346	791		
职称	10	9		321	111	13	5
法人资格	2	2	15	126	4	27	270
商标注册		1					
贷款				1			
担保	1	6	2	2			
其他经济合同	10	25		3	20	352	15
副本等与原本相等	38	199	201	524	868	1703	1937
其他	190	962	439	692	862	4788	4927

20-4　主要年份调解民间纠纷分类

分　类	调解纠纷(件)						
	1995	2000	2010	2012	2013	2014	2015
合　计	**31160**	**25562**	**32621**	**43811**	**45558**	**39383**	**35898**
婚姻家庭	10805	10143	8860	13473	11352	11323	10072
婚　姻	4136	3870		12897	10802		10072
继　承	1179	1327		576	550		
赡养扶养	2892	2466					
其　他	2598	2480					
房屋、宅基地	4815	2706	3703	5069	4824	3981	3232
合　同	2848	3039	2003	2732	2498	2169	1548
工地承包			2696	447	2492	1965	1360
邻　里	6169	3548	8877	13892	12475	11164	12313
损害赔偿	1832	2225	3562	3865	3677	4142	3485
其　他	4691	3901	2920	4333	8240	4639	3888

20-5　政治协商会议徐州市委员会历届委员人数

届　次	委员总数(人)	中国共产党代表(人)	占代表总数比重(%)	少数民族代表(人)	占代表总数比重(%)
一届(1955年7月)	83	6	7.2	1	1.2
二届(1957年5月)	130	10	7.7	2	1.5
三届(1959年12月)	170	12	7.1	5	2.9
四届(1961年5月)	190	12	6.3	5	2.6
五届(1963年11月)	190	12	6.3	4	2.1
六届(1966年2月)	210	12	5.7	5	2.4
七届(1981年4月)	357	18	5	10	2.8
八届(1983年12月)	456	21	4.6	11	2.4
九届(1988年1月)	461	20	4.3	11	2.4
十届(1993年3月)	459	22	4.8	13	2.8
十一届(1998年1月)	460	26	5.7	13	2.8
十二届(2003年1月)	480	21	4.4	8	1.7
十三届(2008年1月)	558	24	4.3	8	1.4
十四届(2012年6月)	576	23	4	11	1.9

20–6 妇联组织情况

单位:个

年 份	各级妇联总计	#镇、街道级	基层妇代会总计	#农村	机关及事业单位妇委会数	各类妇女联谊组织数
1988	229	218				
1989	236	218			7	
1990	236	218			7	
1991	236	218			7	1
1992	236	218			7	1
1993	236	218	3775	3429	7	1
1994	236	217	3775	3429	7	1
1995	238	217	3778	3429	10	2
1996	233	221	3820	3440	10	2
1997	230	218	3754	3430	11	2
1998	231	219	4101	3430	71	6
1999	235	223	4097	3430	71	6
2000	169	157	3527	3062	71	6
2001	176	164	2727	2255	72	6
2002	176	164	2727	2255	76	6
2003	181	169	2616	2264	92	6
2004	174	162	2617	2295	92	6
2005	166	154	2842	2295	393	322
2006	164	152	2980	2294	396	216
2007	167	155	2853	2262	290	234
2008	167	155	2619	2271	320	30
2009	167	155	2776	2257	281	23
2010	167	155	1649	2250	316	13
2011	167	155	2672	2318	282	43
2012	168	156	2678	2238	320	70
2013	168	156	2678	2234	320	70
2014	173	161	2690	2192	313	70
2015	173	161	2696	2192	379	145

20-7 交通事故发生情况

年 份	交通事故发生数（起）	交通事故死伤人数（人）	#死亡人数	每十万人交通事故发生数（起）	每起交通事故死伤人数(人)
1984	518	520	156	7.4	1.0
1985	541	501	156	7.6	0.9
1986	529	576	199	7.4	1.1
1987	1999	1631	448	27.5	0.8
1988	1382	787	342	18.6	0.6
1989	1139	825	291	15.0	0.7
1990	1104	887	235	13.7	0.8
1991	1374	1071	289	16.8	0.8
1992	1436	1316	320	17.4	0.9
1993	1475	1398	337	17.8	0.9
1994	1601	1365	339	19.1	0.9
1995	1383	1396	351	16.3	1.0
1996	1107	1167	319	12.9	1.1
1997	1094	1253	319	12.6	1.1
1998	1063	1271	360	12.1	1.2
1999	775	1095	326	8.8	1.4
2000	3557	3700	773	39.7	1.0
2001	2099	2407	518	23.3	1.1
2002	1730	2100	459	19.2	1.2
2003	1569	1993	458	17.3	1.3
2004	1506	1824	521	16.5	1.2
2005	1289	1619	487	13.9	1.3
2006	1123	1431	448	12.0	1.3
2007	1007	1336	373	10.7	1.3
2008	1038	1425	374	11.0	1.4
2009	969	1343	371	10.1	1.4
2010	852	1140	357	8.8	1.3
2011	733	994	364	8.6	1.4
2012	839	1084	350	9.8	1.3
2013	914	1154	348	10.7	1.3
2014	913	1154	348	10.6	1.3
2015	912	1152	347	10.5	1.3

20-8 主要年份火灾事故发生情况

年 份	火灾发生数（起）	火灾死伤人数（人）	#死亡人数	直接经济损失（万元）	平均每起火灾损失（元）
1985	118	35	11	47.72	4044
1990	284	21	5	205.80	7246
1991	142	19	7	122.40	8620
1992	162	24	6	223.04	13768
1993	108	81	23	192.45	17819
1994	140	53	20	271.71	19408
1995	185	75	13	345.42	18671
1996	204	34	8	394.36	19331
1997	903	33	15	449.65	4980
1998	841	55	23	307.41	3655
1999	799	60	11	289.74	3626
2000	858	62	12	322.25	3756
2001	1122	42	15	244.52	2179
2002	1360	46	19	293.29	2157
2003	1103	22	10	417.76	3787
2004	1346	46	18	394.66	2932
2005	1728	36	21	488.26	2826
2006	1504	23	14	348.03	2314
2007	1123	20	17	408.91	3641
2008	1029	7	4	314.82	3059
2009	884	11	8	544.95	6165
2010	856	10	7	447.45	5227
2011	763	9	9	387.30	5076
2012	717	10	7	562.68	7848
2013	2140	18	10	1480.30	6917
2014	2312	23	14	2225.00	9624
2015	2417	23	14	2081.34	8611

20-9 火灾事故发生情况

（2015 年）

项 目	合 计	按事故发生程度分			按事故发生地区分					
		特大	重大	一般	市区	县(市)	集镇镇区	农村	开发区、旅游区	其他
火灾发生数（起）	2417			2417	416	411	476	986	71	57
死伤人数（人）	23			23	2	1	15	5		
#死亡人数	14			14	2	1	6	5		
直接经济损失（万元）	2081			2081	452	317	326	890	36	61
平均每起火灾损失（元）	8611			8611	10868	7703	6840	9027	5127	10632

主要统计指标解释

律师 指受聘参加法律顾问处工作，担任法律顾问、刑(民)事代理人、刑事辩护人，办理非诉讼事件、解答法律询问、代定法律事务文书等主要从事律师业务的专职法律工作者和兼职律师。

公证人员 指在国家公证机关依法办理公证事务的司法人员。包括公证员、助理公证员和在公证处工作的其他人员。

办理公证文书 指公证处在一定时期内办结的公证文书件数。公证文书系按司法部门规定或批准的格式制作。包括国内公证和涉外公证两部分。其中国内公证分为经济合同公证和民事法律关系公证两大类。

调解人员 在人民调解委员会担负调解民间一般民事纠纷和轻微违法行为所引起的纠纷的工作人员。包括调解委员会的委员和调解小组的调解员。

调解民间纠纷 指调解委员会依照法律规定，根据自愿原则，用说服教育的方法调解民间发生的有关民事权利和义务的争执，促成当事双方达到协议的谅解，解决纠纷。包括婚姻家庭纠纷，财产权益纠纷等。不包括法院受理调解的民事案件数。

第21部分

县(市)社会经济(1978–2015)

SOCLAL ECONOMIC OF COUNTIES(CITIES)

版面负责人：卓卫华　李跃东　郭绍林
　　　　　　李　燕　许　清　王廷宝
　　　　　　徐　康　迟　伶

编　　　辑：宋　蕊　闫礼建　刘　畅
　　　　　　殷溪晨　张　虹　柏　慧
　　　　　　柳　震　徐　勇

江苏省统计条例

（2014年1月16日江苏省第十二届人民代表大会常务委员会第八次会议通过）

第三十八条 政府统计机构应当加强对政府统计活动、民间统计调查活动的监督检查，依法查处统计违法行为。政府统计机构在实施监督检查时，有关部门、单位和个人应当予以配合。

【释义】 本条是关于政府统计机构统计监督检查权的规定。

政府统计机构依法组织实施和管理协调本行政区域的统计工作，承担着确保统计数据真实、准确、完整、及时的责任。本条规定：政府统计机构应当对全社会统计活动(包括政府统计活动、民间统计调查活动)实施监督检查，依法查处统计违法行为；有关部门、单位和个人应当予以配合。

对政府统计活动的监督检查。是指对统计法律、法规、规章和统计调查制度的执行情况进行监督检查，对发现的统计违法行为依法及时查处。主要包括：对领导干部是否存在违法干预政府统计机构和统计人员独立行使统计职权的情况等进行监督检查；对统计调查的组织实施情况及统计资料的真实性、准确性、完整性、及时性进行监督检查；对政府统计机构和统计人员依法履行职责的情况进行监督检查等。

对民间统计活动的监督检查。主要包括：是否强迫调查对象接受调查；是否冒用政府统计调查的名义组织实施调查；是否存在欺骗、蒙蔽调查对象等情况；是否对外提供、泄露能够识别或者推断单个调查对象身份的信息和数据以及伪造、篡改调查资料或者结果等情况。

有关部门、单位和个人配合检查的义务。主要包括：一是有关单位和个人应当如实反映情况，提供相关证明和资料。如实反映情况，也就是应当按照政府统计机构的要求，将自己所掌握的有关监督检查所需要的情况，以及相关证明和资料，实事求是向政府统计机构提供。二是要为政府统计机构依法履行监督检查职权提供便利，不能消极应付，更不能采取任何方式阻碍检查。三是不得转移、隐匿、篡改、毁弃原始记录和凭证、统计台账、统计调查表、会计资料及其他相关证明和资料。对拒不配合政府统计机构检查的部门、单位和个人，应当根据《统计法》第四十一条、本条例第四十二条的规定依法追究其法律责任。

统汁违法行为。是指公民、法人或其它组织因为主观上的故意或过失，不履行法定的统计义务，或者作出统计法律、法规、规章和统计调查制度禁止作出的行为。

第三十九条 县级以上地方人民政府有关部门应当对职责范围内的统计活动实施监督检查，及时向本级人民政府统计机构移送有关涉嫌统计违法的材料，协助查处统计违法案件。

【释义】 本条是关于政府有关部门统计监督检查权的规定。

部分地方统计调查是由政府有关部门组织实施的，组织实施该项调查的有关部门掌握着统计调查及有关统计违法行为的具体情况。为了保证统计违法行为得到及时、有效查处，维护统计工作的正常秩序，本条规定：县级以上地方人民政府有关部门应当对其职责范围内组织实施的统计调查活动进行监督检查，及时向本级政府统计机构移送有关涉嫌统计违法材料，积极协助查处统计违法案件。

统计违法案件。是指政府统计机构根据法律赋予的权限，对违反统计法律、法规、规章和统计调查制度的行为进行调查，认为应依法追究行为人法律责任而立案查处的案件。

编辑：王中彬

21-1 历年地区生产总值

（当年价格） 单位:亿元

年　份	丰　县	沛　县	铜山区	睢宁县	新沂市	邳州市
1978	1.72	2.04	3.18	2.12	2.21	2.42
1979	1.99	2.24	4.08	2.21	2.24	2.82
1980	2.32	2.54	4.18	2.69	2.38	3.11
1981	2.42	2.80	4.83	2.91	2.62	3.23
1982	3.04	3.39	5.76	3.41	2.82	3.73
1983	3.53	3.78	6.96	3.61	3.55	4.93
1984	4.14	4.85	7.95	4.90	4.27	5.69
1985	3.87	5.88	8.89	5.30	5.02	6.46
1986	4.48	6.36	10.20	5.58	5.80	7.99
1987	4.86	7.11	12.35	5.70	6.85	8.94
1988	5.37	8.96	15.29	6.26	8.46	11.29
1989	7.06	8.59	15.13	6.88	9.49	12.04
1990	7.51	9.37	16.37	8.49	10.10	13.55
1991	9.28	13.18	18.29	9.46	11.42	14.70
1992	9.77	15.56	16.38	11.45	12.69	17.10
1993	12.42	20.07	21.79	15.28	17.41	20.75
1994	14.61	25.42	32.37	22.07	28.50	29.79
1995	16.36	32.33	45.67	29.53	32.51	34.59
1996	17.13	35.81	50.37	32.59	36.50	38.94
1997	17.91	38.88	55.55	30.29	39.51	44.48
1998	19.47	43.86	60.70	32.69	43.30	50.71
1999	22.78	49.23	64.65	34.31	44.53	55.96
2000	26.28	60.15	70.91	36.61	38.91	62.68
2001	30.40	68.00	77.75	41.35	43.66	69.05
2002	34.91	76.41	86.21	47.03	47.96	76.46
2003	40.50	86.57	99.00	53.20	54.24	88.07
2004	48.89	104.75	117.39	54.04	64.55	102.26
2005	57.94	125.22	147.69	64.26	82.99	128.93
2006	68.58	150.82	181.08	78.12	103.83	161.98
2007	81.08	179.50	229.31	95.58	129.32	198.55
2008	102.43	218.89	290.58	129.93	168.66	257.13
2009	120.15	249.98	338.11	151.15	195.53	298.46
2010	150.18	301.60	462.75	200.10	241.20	365.39
2011	190.61	376.98	570.57	252.36	301.37	448.86
2012	228.73	431.30	647.60	302.45	350.16	513.49
2013	281.78	495.37	737.14	360.16	412.22	599.14
2014	341.63	564.96	835.27	419.97	473.54	684.48
2015	370.33	605.84	900.42	451.89	507.63	731.71

注:1993-2004 年为按 2004 年经济普查调整修订数据;2006-2008 年数据是全国第二次经济普查调整修订后的数据。2013 年数据根据全国第三次经济普查调整结果进行了修订。

21-2 历年地区生产总值指数

（按可比价格计算、以 1978 年为 100）

年 份	丰 县	沛 县	铜山区	睢宁县	新沂市	邳州市
1978	100.0	100.0	100.0	100.0	100.0	100.0
1979	99.0	95.5	110.3	90.8	89.5	99.9
1980	114.1	107.5	113.7	109.2	93.8	108.5
1981	117.5	117.6	128.3	115.8	101.1	110.1
1982	140.8	138.1	150.4	129.6	105.9	122.6
1983	161.0	151.6	181.0	134.8	129.7	159.3
1984	181.9	188.0	200.2	174.3	151.6	175.9
1985	158.6	210.8	209.6	173.2	165.0	189.4
1986	170.4	219.0	226.2	178.9	180.5	215.1
1987	171.9	228.4	256.3	173.1	195.7	224.0
1988	167.7	254.6	289.7	169.6	221.8	241.7
1989	199.1	221.2	249.8	169.8	240.8	238.1
1990	202.1	224.3	261.3	195.9	254.7	248.8
1991	241.7	304.8	283.8	212.9	277.1	269.7
1992	245.3	347.5	359.3	249.7	312.3	308.0
1993	274.5	376.0	395.6	283.9	360.7	363.7
1994	326.4	418.9	447.0	343.5	445.8	432.1
1995	378.0	517.8	596.3	401.6	465.9	523.7
1996	408.6	577.3	647.6	425.6	515.3	573.5
1997	455.6	665.6	736.3	435.9	563.7	543.1
1998	506.2	752.1	832.8	471.6	635.3	608.8
1999	569.5	843.1	934.4	509.3	688.7	679.4
2000	632.1	936.7	1047.5	547.0	739.7	754.8
2001	704.8	1041.6	1153.3	618.1	828.5	841.6
2002	787.3	1172.8	1287.1	685.5	927.1	943.4
2003	866.0	1322.9	1455.7	760.9	1043.0	1069.8
2004	976.0	1504.1	1669.7	858.3	1185.9	1227.1
2005	1107.8	1729.7	1928.5	974.2	1361.4	1422.2
2006	1275.1	2006.5	2250.6	1120.3	1575.1	1659.7
2007	1469.9	2321.0	2604.9	1290.7	1816.0	1920.2
2008	1678.6	2664.5	2993.0	1474.0	2077.5	2204.4
2009	1916.9	3056.2	3439.0	1690.7	2385.0	2532.9
2010	2183.8	3508.5	3941.0	1937.5	2740.1	2904.7
2011	2476.7	4003.3	4504.6	2204.8	3136.0	3314.3
2012	2816.0	4559.8	5148.8	2506.9	3578.2	3781.6
2013	3182.1	5138.9	5807.6	2835.3	4505.5	4273.2
2014	3551.2	5724.7	6481.3	3175.5	5028.1	4773.2
2015	3920.5	6325.8	7135.9	3508.9	5561.1	5269.6

21-3 历年地区生产总值指数

（按可比价格计算、以上年为 100）

年 份	丰 县	沛 县	铜山区	睢宁县	新沂市	邳州市
1978						
1979	99.0	95.5	110.3	90.8	89.5	99.9
1980	115.3	112.6	103.1	120.3	104.8	108.6
1981	103.0	109.4	112.8	106.0	107.8	101.5
1982	119.8	117.4	117.2	111.9	104.7	111.4
1983	114.3	109.8	120.3	104.0	122.5	129.9
1984	113.0	124.0	110.6	129.3	116.9	110.4
1985	87.2	112.1	104.7	99.4	108.8	107.7
1986	107.4	103.9	107.9	103.3	109.4	113.6
1987	100.9	104.3	113.3	96.8	108.4	104.1
1988	97.6	111.5	113.0	98.0	113.3	107.9
1989	118.7	86.9	86.2	100.1	108.6	98.5
1990	101.5	101.4	104.6	115.4	106.5	104.5
1991	119.6	135.9	108.6	108.7	113.0	108.4
1992	101.5	114.0	126.6	117.3	111.1	114.2
1993	111.9	108.2	110.1	113.7	122.7	118.1
1994	118.9	111.4	113.0	121.0	123.6	118.8
1995	115.8	123.6	133.4	116.9	104.5	121.2
1996	108.1	111.5	108.6	106.0	110.6	109.5
1997	111.5	115.3	113.7	102.4	109.4	94.7
1998	111.1	113.0	113.1	108.2	112.7	112.1
1999	112.5	112.1	112.2	108.0	108.4	111.6
2000	111.0	111.1	112.1	107.4	107.4	111.1
2001	111.5	111.2	110.1	113.0	112.0	111.5
2002	111.7	112.6	111.6	110.9	111.9	112.1
2003	110.0	112.8	113.1	111.0	112.5	113.4
2004	112.7	113.7	114.7	112.8	113.7	114.7
2005	113.5	115.0	115.5	113.5	114.8	115.9
2006	115.1	116.0	116.7	115.0	115.7	116.7
2007	115.3	115.7	115.7	115.2	115.3	115.7
2008	114.2	114.8	114.9	114.2	114.4	114.9
2009	114.2	114.7	114.9	114.7	114.8	114.9
2010	113.9	114.8	114.6	114.6	114.9	114.7
2011	113.4	114.1	114.3	113.8	114.4	114.1
2012	113.7	113.9	114.3	113.7	114.1	114.1
2013	113.0	112.7	112.8	113.1	113.2	113.0
2014	111.6	111.4	111.6	112.0	111.6	111.7
2015	110.4	110.5	110.1	110.5	110.6	110.4

21-4 历年人均地区生产总值

（当年价格） 单位:元

年 份	丰 县	沛 县	铜山区	睢宁县	新沂市	邳州市
1978	215	254	236	224	310	213
1979	246	274	300	232	313	246
1980	284	307	305	280	330	269
1981	294	332	348	300	359	277
1982	363	292	408	347	381	315
1983	417	429	486	364	474	410
1984	486	546	549	490	562	367
1985	451	660	607	526	653	524
1986	518	700	692	550	746	641
1987	557	777	827	557	872	707
1988	608	951	1001	603	1058	874
1989	785	879	1304	649	1248	913
1990	805	916	1345	767	1289	985
1991	960	1241	1450	817	1398	1025
1992	997	1445	1878	973	1612	1234
1993	1250	1846	1938	1287	2094	1415
1994	1451	2299	2863	1845	3150	2013
1995	1611	2880	4004	2447	3577	2320
1996	1677	3169	4387	2679	3941	2598
1997	1718	3427	4819	2471	4177	2960
1998	1845	3834	5221	2647	4515	3375
1999	2149	4263	5529	2776	4718	3691
2000	2403	4776	6044	2917	4075	4066
2001	2770	5465	6592	3221	4511	4429
2002	3179	6302	7292	3648	4949	4888
2003	3698	7328	8378	4108	5646	5774
2004	4811	8991	10368	4130	6723	6892
2005	5702	10928	13206	4856	9001	8766
2006	6722	13091	16158	6616	11038	10903
2007	8044	15789	20788	8193	13941	13542
2008	10182	19402	26603	11285	18439	17531
2009	12130	22322	31289	13328	21480	20616
2010	15414	26727	40362	18498	26360	25186
2011	19867	33335	50982	24366	32861	30972
2012	24021	38633	58873	29427	38443	35736
2013	29711	44514	66649	35177	45414	41799
2014	36086	50772	77674	41087	52195	47761
2015	39124	54394	86123	44210	55891	51015

21-5 历年年末总人口

单位:万人

年份	丰县	沛县	铜山区	睢宁县	新沂市	邳州市
1978	80.53	81.07	135.85	95.06	71.53	114.30
1979	81.10	82.03	136.27	95.71	71.85	114.92
1980	81.78	83.46	137.36	96.22	72.38	115.81
1981	83.00	85.64	139.90	97.56	73.38	117.58
1982	84.21	87.43	142.58	98.95	74.48	119.51
1983	84.94	88.88	143.99	99.74	75.22	120.89
1984	85.50	88.59	145.73	100.48	76.31	122.79
1985	86.13	89.66	146.90	101.07	77.25	124.07
1986	86.68	90.93	147.97	101.96	78.28	125.51
1987	87.62	92.20	150.68	102.96	79.38	127.47
1988	89.08	96.18	154.90	104.84	80.69	130.89
1989	90.78	99.28	160.13	107.03	82.36	132.96
1990	95.78	105.36	170.35	114.40	88.37	142.22
1991	97.61	107.16	172.16	117.23	89.44	144.71
1992	98.51	108.15	172.38	118.26	89.74	146.06
1993	99.39	109.29	173.29	119.15	90.33	147.32
1994	100.67	111.84	128.56	120.09	90.62	148.59
1995	101.51	112.66	129.90	121.21	91.13	149.60
1996	102.14	113.32	130.30	122.12	94.10	150.11
1997	104.28	113.62	131.34	123.08	95.05	150.45
1998	105.57	115.16	132.77	124.25	96.15	150.02
1999	106.04	115.79	133.00	122.96	94.59	152.74
2000	109.38	118.13	128.34	128.06	96.34	155.59
2001	109.74	118.48	128.90	128.71	97.22	156.25
2002	109.80	118.92	128.94	129.09	96.58	156.56
2003	109.51	119.50	128.80	129.93	95.55	158.04
2004	110.24	120.34	129.19	131.76	96.48	161.43
2005	111.03	120.48	119.60	132.89	97.47	163.96
2006	112.11	121.74	120.72	134.04	99.06	165.46
2007	113.30	123.59	120.47	132.89	99.11	168.66
2008	114.03	123.80	122.11	132.51	100.31	169.70
2009	114.58	125.81	124.21	132.91	101.95	171.93
2010	116.49	127.94	129.27	133.12	104.01	178.62
2011	115.08	127.12	131.07	135.46	104.70	178.63
2012	116.62	128.66	134.51	137.35	107.15	179.86
2013	118.23	128.91	137.06	140.74	109.66	182.95
2014	120.05	130.63	131.56	143.58	111.89	185.89
2015	120.67	130.92	131.36	144.28	112.66	187.49

21-6 历年年末农业人口

单位:万人

年 份	丰 县	沛 县	铜山区	睢宁县	新沂市	邳州市
1978	78.34	76.75	132.80	92.61	68.32	111.00
1979	78.77	77.47	133.36	93.08	68.45	111.23
1980	79.32	78.39	134.26	93.45	68.85	112.03
1981	80.39	79.99	136.72	94.61	69.69	113.56
1982	81.40	81.42	139.37	95.74	70.66	115.27
1983	81.98	82.04	140.96	96.45	71.22	116.55
1984	82.29	81.39	142.46	96.95	72.01	118.15
1985	82.28	81.39	143.21	97.13	72.49	118.85
1986	82.64	82.12	143.88	97.90	73.27	120.38
1987	83.13	82.80	145.43	98.59	74.26	122.01
1988	83.61	85.46	145.78	98.90	74.88	123.42
1989	84.68	87.23	148.35	99.98	75.10	124.39
1990	89.28	92.58	156.87	106.85	80.56	132.65
1991	90.74	92.83	156.98	109.39	81.11	134.64
1992	91.28	93.41	155.94	110.19	81.06	135.39
1993	91.78	94.01	155.17	110.64	80.98	136.11
1994	92.77	95.73	116.63	111.30	80.90	136.69
1995	93.12	95.89	116.09	111.74	80.68	136.36
1996	93.22	95.88	115.72	112.30	82.85	135.79
1997	94.82	95.57	115.94	112.93	83.21	135.14
1998	95.62	96.11	117.04	113.70	83.40	134.10
1999	95.75	95.95	116.88	112.04	81.24	135.60
2000	94.02	96.88	111.68	111.56	77.95	121.74
2001	93.62	97.27	110.92	111.67	76.27	120.89
2002	93.48	97.42	110.85	111.68	75.92	121.32
2003	90.54	87.09	101.09	113.29	75.80	124.46
2004	88.15	87.56	101.00	110.86	76.35	121.62
2005	88.40	87.48	94.56	109.91	77.14	121.72
2006	89.47	88.69	95.92	110.95	78.13	122.92
2007	90.20	94.09	91.06	109.99	79.70	125.60
2008	80.75	93.64	91.82	110.26	80.89	126.45
2009	65.10	81.04	85.55	110.68	82.30	127.49
2010	65.22	79.67	83.65	100.83	43.69	129.62
2011	50.45	54.62	52.69	60.95	46.11	68.45
2012	50.49	52.54	51.87	60.03	43.88	47.43
2013	49.20	52.01	24.96	55.02	41.94	47.16
2014	48.63	53.69	21.70	55.32	42.53	47.08
2015	72.30	67.38	64.87	55.80	61.02	88.82

注:从2015年起,公安局对城乡人口划分依据做了重新调整,导致原非农业人口的一部分转为农业人口。

21-7 历年人口出生率

单位:‰

年份	丰县	沛县	铜山区	睢宁县	新沂市	邳州市
1978	18.96	19.40	15.94	15.36	16.94	14.67
1979	13.03	15.91	13.58	12.35	12.34	11.93
1980	17.51	25.44	22.86	17.35	15.19	17.48
1981	16.88	19.30	21.51	14.19	18.08	16.79
1982	15.41	17.87	20.46	14.64	17.58	18.05
1983	13.44	12.81	16.46	12.05	14.46	15.63
1984	12.52	16.54	14.42	11.71	15.99	15.28
1985	11.79	11.50	12.50	9.99	14.91	12.86
1986	13.25	13.34	13.48	11.14	16.98	13.72
1987	15.89	15.08	16.52	12.02	16.30	15.33
1988	19.13	44.33	25.48	13.18	19.01	22.87
1989	21.83	31.63	31.69	15.49	19.22	18.90
1990	19.77	23.92	28.08	17.19	18.90	18.50
1991	21.24	19.90	18.31	26.21	16.72	20.93
1992	13.20	13.29	12.22	14.08	11.52	12.77
1993	13.78	15.92	12.37	10.76	10.08	11.26
1994	16.73	22.94	14.20	10.78	9.26	10.96
1995	12.67	10.68	10.75	9.90	8.29	8.75
1996	10.64	9.28	8.88	10.85	12.57	7.92
1997	23.83	8.28	13.83	10.74	9.03	7.77
1998	13.64	9.60	13.54	8.88	8.23	9.67
1999	9.49	7.73	8.32	7.49	8.00	8.44
2000	35.54	24.04	13.86	18.66	13.15	15.28
2001	7.74	8.17	7.85	6.96	8.10	8.47
2002	7.31	7.17	8.72	7.04	6.65	9.59
2003	6.45	8.92	8.85	13.76	6.91	13.18
2004	15.74	11.69	9.18	19.10	15.70	22.63
2005	13.07	9.23	14.50	14.01	15.32	19.52
2006	15.24	15.58	14.68	15.03	16.50	17.92
2007	20.13	21.01	18.86	14.67	22.31	32.02
2008	17.09	18.93	20.62	13.85	21.24	23.21
2009	17.34	19.14	20.67	14.30	16.24	30.79
2010	26.31	24.14	18.09	15.69	23.33	26.77
2011	19.17	18.51	26.52	25.46	20.70	9.13
2012	21.96	19.75	23.79	21.26	25.64	15.78
2013	20.44	20.75	24.69	26.43	25.69	18.46
2014	21.55	20.45	19.05	25.67	23.61	18.30
2015	14.07	14.71	14.74	16.05	18.03	14.30

注:各县(市、区)出生人口中包含往年补报出生人口,下同。

21-8 历年人口自然增长率

单位:‰

年 份	丰 县	沛 县	铜山区	睢宁县	新沂市	邳州市
1978	13.44	14.30	10.35	9.50	10.82	9.11
1979	7.55	11.13	8.16	6.60	6.36	6.52
1980	11.53	17.81	15.24	9.61	8.65	11.07
1981	11.76	14.10	15.00	9.05	11.86	11.88
1982	10.71	13.13	15.66	9.54	12.50	13.12
1983	8.55	7.72	11.59	7.16	9.38	11.13
1984	7.09	11.01	9.23	6.31	10.98	10.75
1985	6.62	6.81	7.29	5.20	9.96	8.31
1986	8.08	8.74	8.47	6.63	11.93	9.17
1987	10.76	10.73	11.38	7.49	11.36	11.06
1988	13.77	39.92	20.19	8.80	13.80	18.23
1989	16.48	27.40	27.02	11.28	14.38	14.61
1990	15.14	19.70	23.08	12.51	13.70	14.27
1991	17.07	15.42	13.00	20.70	11.60	15.66
1992	8.16	8.65	6.60	8.67	6.36	7.34
1993	8.93	11.42	6.93	5.20	4.79	5.94
1994	11.43	18.14	8.44	5.44	4.06	5.55
1995	7.83	6.42	5.97	5.02	3.42	3.63
1996	5.82	4.90	2.96	5.67	8.25	2.46
1997	19.26	4.42	7.81	5.55	4.93	2.84
1998	9.09	6.17	8.04	3.82	3.52	5.47
1999	5.69	4.80	2.86	3.22	4.18	5.04
2000	30.15	18.83	7.50	14.38	9.06	11.18
2001	4.37	4.29	4.14	4.03	4.99	5.32
2002	3.51	4.27	4.63	4.18	0.68	5.71
2003	2.85	5.47	2.97	10.06	4.67	9.29
2004	10.18	6.84	4.32	14.54	11.13	17.91
2005	10.58	5.92	11.83	12.22	13.91	17.33
2006	10.82	12.64	10.66	12.40	14.86	11.60
2007	11.82	14.06	-2.70	-6.91	1.37	17.24
2008	7.01	1.66	11.93	-2.16	11.50	9.56
2009	5.54	15.37	16.11	2.85	14.97	17.57
2010	17.19	16.66	2.84	5.89	17.79	21.40
2011	11.59	13.53	20.97	20.80	12.32	-3.36
2012	18.85	14.49	19.98	14.48	22.78	8.51
2013	16.45	14.86	20.40	25.13	23.69	15.78
2014	16.32	18.33	15.77	21.97	21.95	16.14
2015	8.76	7.77	6.14	10.98	10.72	10.21

注:2007 年及以后死亡人口中含有往年未销户人口。

21-9 历年从业人员

单位:万人

年 份	丰 县	沛 县	铜山区	睢宁县	新沂市	邳州市
1978	34.29	32.05	57.76	40.84	29.23	45.71
1979	31.55	31.76	57.82	40.14	29.59	45.20
1980	32.83	34.16	59.44	41.92	30.15	46.46
1981	34.33	36.01	61.67	43.22	30.45	47.78
1982	35.75	38.04	62.54	44.42	32.74	50.07
1983	36.00	39.20	64.85	44.83	32.37	51.67
1984	38.19	41.00	68.50	46.10	34.02	53.93
1985	39.44	41.72	70.57	48.16	34.37	56.64
1986	39.98	43.20	72.07	49.64	36.18	57.70
1987	41.69	43.83	72.48	52.21	37.06	60.27
1988	43.18	46.23	75.02	53.25	38.46	63.87
1989	44.02	47.28	77.43	54.45	40.58	65.20
1990	46.85	49.73	80.08	57.42	42.66	69.25
1991	47.98	50.97	81.50	59.21	42.76	73.44
1992	48.65	51.39	82.72	58.40	43.12	74.17
1993	49.49	49.25	81.91	60.03	43.78	74.98
1994	50.34	49.81	61.46	59.55	46.18	75.89
1995	50.75	48.46	58.56	60.95	47.23	76.59
1996	51.22	49.64	58.67	61.28	47.74	77.50
1997	51.60	51.42	59.47	61.14	48.41	77.99
1998	50.93	51.45	58.22	61.28	47.10	77.72
1999	51.69	50.24	58.01	62.73	45.86	78.83
2000	52.03	55.75	55.60	63.62	44.79	73.71
2001	54.01	55.21	54.10	61.92	44.68	73.05
2002	54.02	52.73	52.44	57.15	41.37	70.88
2003	53.77	51.74	50.23	52.69	39.82	71.03
2004	53.43	51.85	52.51	52.91	42.30	71.13
2005	58.09	56.39	52.48	66.72	48.65	78.77
2006	58.74	57.52	54.37	68.38	48.67	80.73
2007	58.97	58.55	59.13	71.12	50.47	82.55
2008	59.71	57.01	62.28	72.85	50.10	84.93
2009	61.30	58.18	64.69	73.32	52.43	87.41
2010	62.76	60.80	68.38	73.09	55.57	89.61
2011	66.17	62.09	70.40	72.63	58.19	90.26
2012	66.58	62.61	70.80	72.92	59.09	90.55
2013	68.07	65.87	73.01	74.70	62.48	92.78
2014	56.31	66.55	65.63	59.93	54.30	77.54
2015	56.36	66.67	65.69	60.11	54.31	77.63

注:从业人员口径发生变化,2011 年以前是全社会口径,2012 年起改为劳动力抽样调查推算数。

21-10 历年在岗职工人数

单位：万人

年 份	丰 县	沛 县	铜山区	睢宁县	新沂市	邳州市
1978	2.72	3.46	4.44	3.30	3.11	3.89
1979	2.72	2.86	4.02	3.31	3.23	3.68
1980	2.95	3.66	4.58	3.73	3.58	3.76
1981	3.21	3.86	4.82	3.89	3.55	3.89
1982	3.29	4.04	5.03	3.86	3.61	3.99
1983	3.29	4.00	5.04	3.97	3.53	3.97
1984	3.61	4.37	5.52	4.00	4.12	5.02
1985	3.77	4.52	5.39	4.28	4.06	4.62
1986	3.71	4.97	5.56	4.48	4.27	4.73
1987	3.86	4.90	5.68	4.83	4.41	5.13
1988	4.25	5.41	5.84	5.21	4.70	6.40
1989	4.32	5.14	5.92	5.15	4.86	5.99
1990	4.73	5.24	6.14	5.14	4.91	6.14
1991	4.84	5.55	6.46	5.42	4.86	6.41
1992	4.80	5.79	6.69	5.44	4.91	6.44
1993	5.00	6.15	7.16	5.10	5.47	6.81
1994	5.15	6.05	6.49	5.39	5.56	7.00
1995	5.22	6.04	7.00	5.45	5.87	6.89
1996	4.99	6.53	7.53	5.63	5.99	7.36
1997	5.03	6.32	7.51	5.56	6.03	7.42
1998	3.86	5.61	7.11	4.65	5.14	6.64
1999	3.76	5.40	6.76	4.48	5.12	6.70
2000	3.80	5.06	6.41	4.31	4.94	6.41
2001	3.41	4.84	6.03	4.03	4.94	6.27
2002	3.28	4.44	5.46	3.58	4.73	5.93
2003	3.13	4.44	5.17	3.41	4.77	5.56
2004	3.03	4.03	5.04	3.44	4.88	5.17
2005	3.11	4.14	4.82	3.51	4.90	5.24
2006	3.25	4.17	5.17	3.66	5.11	5.36
2007	3.62	4.12	5.25	3.73	4.86	5.44
2008	3.67	4.07	5.63	3.84	4.97	5.85
2009	3.76	4.04	5.39	4.06	4.89	6.15
2010	3.84	3.99	5.48	4.16	4.95	6.23
2011	3.99	3.85	5.52	4.34	5.29	6.47
2012	4.07	4.05	5.70	4.54	5.73	6.38
2013	8.11	11.38	18.39	7.69	7.85	11.66
2014	8.26	11.46	17.21	8.14	8.25	10.94
2015	8.49	11.79	16.64	7.62	9.02	10.08

21-11 历年乡村劳动力

单位:万人

年　份	丰　县	沛　县	铜山区	睢宁县	新沂市	邳州市
1978	31.57	28.59	53.32	37.54	26.12	41.82
1979	28.79	28.81	53.80	36.82	26.36	41.49
1980	29.84	30.36	54.86	38.00	23.54	42.69
1981	31.02	31.92	56.85	39.21	26.81	43.88
1982	32.43	33.96	57.51	40.53	29.10	46.06
1983	32.68	35.14	59.81	40.80	28.80	46.69
1984	34.55	36.52	62.98	41.99	29.83	48.88
1985	35.64	37.14	65.18	43.77	30.17	51.98
1986	36.24	38.13	66.51	45.04	31.78	52.92
1987	37.79	33.80	66.81	47.24	32.55	55.08
1988	38.89	40.73	69.18	47.95	33.66	57.40
1989	39.65	41.91	71.51	49.20	34.74	59.13
1990	42.07	44.27	73.94	52.15	36.78	63.04
1991	43.02	45.21	75.04	53.64	37.79	66.95
1992	43.76	45.35	75.87	52.78	37.90	67.63
1993	44.26	42.65	74.71	54.73	37.63	67.98
1994	44.96	43.06	54.86	53.90	39.66	68.63
1995	45.19	41.80	51.46	55.18	39.96	69.01
1996	45.85	42.33	51.00	55.11	40.03	69.44
1997	46.43	44.21	51.93	57.54	41.46	71.06
1998	46.62	44.34	51.13	58.26	41.51	71.06
1999	46.48	42.43	50.41	56.71	39.35	70.01
2000	46.59	47.84	48.33	57.68	38.16	66.55
2001	49.04	47.79	47.62	56.29	37.61	65.64
2002	49.90	48.73	48.73	59.33	38.33	69.56
2003	50.87	49.61	46.87	60.18	38.31	68.66
2004	51.50	50.24	50.37	61.48	39.55	70.30
2005	53.24	49.99	45.83	61.64	40.36	68.75
2006	53.48	50.40	46.73	62.76	40.37	68.76
2007	51.38	49.74	49.91	63.96	40.40	69.76
2008	51.53	47.26	51.46	64.38	40.36	69.71
2009	52.00	47.61	52.62	63.66	41.72	69.70
2010	52.81	49.46	54.41	62.83	43.43	69.50
2011	54.36	49.64	55.42	60.87	43.71	67.65
2012	55.77	52.33	58.63	62.11	47.46	72.40
2013	54.14	49.89	55.42	59.28	46.63	68.22
2014	53.18	48.94	51.65	59.97	45.46	67.02
2015	53.21	49.25	52.20	59.83	44.38	66.22

21-12 历年固定资产投资

单位:万元

年份	丰县	沛县	铜山区	睢宁县	新沂市	邳州市
1978	846	381	932	257	721	927
1979	830	575	1394	468	1040	1036
1980	654	795	1817	1054	810	844
1981	456	552	1226	577	726	613
1982	811	956	2377	637	846	1134
1983	640	1255	2114	538	1137	1485
1984	572	2036	1871	863	946	1530
1985	1016	1917	4021	1034	1609	2983
1986	5058	8509	30918	6564	16901	6136
1987	6794	9879	26961	8976	18966	26902
1988	8435	11978	31727	10496	23567	14313
1989	6587	11901	35441	8836	24988	30930
1990	9373	12345	38817	10194	30595	15335
1991	14560	16841	52059	11899	34845	17397
1992	19873	19901	71959	15199	36754	41934
1993	30578	30026	94013	45751	46133	55851
1994	46867	42717	141040	62722	66874	84525
1995	63137	79776	190435	82607	92935	88830
1996	80677	94540	238234	91157	94616	163509
1997	86698	113573	239240	84216	91756	116662
1998	96895	112588	211505	76037	129451	137538
1999	109440	144693	214600	102185	155269	165504
2000	125324	159146	229307	110264	129970	195998
2001	142671	175018	260666	132805	173082	227638
2002	172107	208096	295093	175419	197020	258616
2003	247625	310271	395956	240029	236778	383732
2004	323756	480920	537958	301340	461986	523462
2005	310470	607311	717791	325584	608550	950910
2006	413310	750129	1050982	402385	785000	1082000
2007	505000	1001518	1469954	508178	922500	1465814
2008	516480	1138254	1819519	617000	1184300	1816780
2009	650120	1586504	2397838	1058325	1583500	2602000
2010	901750	2140020	3351370	1345338	2101912	3349981
2011	1039371	2372031	3473398	1247240	2207210	3213528
2012	1273340	2923210	4267923	1532206	2706367	3938766
2013	1449732	3312973	4869369	1747941	3075835	4490608
2014	1801402	4090561	5665406	2185526	3862929	5459584
2015	2158322	4870889	6755075	2697732	4736939	6526898

注:2011 年起不再统计全社会固定资产投资,统计口径改为 500 万元以上固定资产投资。

21-13 历年财政收入

单位:万元

年份	丰县	沛县	铜山区	睢宁县	新沂市	邳州市
1978	1326	1612	1831	1839	1491	1625
1979	962	1417	1611	1538	1377	1498
1980	1003	1322	1818	1604	1546	1608
1981	1014	1400	2251	1879	1617	1615
1982	1341	1751	3609	1820	1800	2123
1983	1441	2008	4025	2029	1736	2156
1984	1503	2132	4841	2285	1954	2489
1985	1852	2829	5401	2692	2375	2941
1986	2195	2944	6336	2960	2622	3400
1987	2509	3517	6316	3275	3045	3726
1988	2853	4465	7737	3778	3819	4264
1989	2483	4552	11609	3769	3434	3927
1990	2831	5227	12021	3879	3721	4309
1991	3004	5928	12122	3672	4151	4375
1992	3570	6579	12551	3886	4431	4963
1993	5331	9350	16627	5212	7367	7462
1994	7851	13335	18225	7574	10702	11575
1995	12054	18003	23454	11252	12468	15183
1996	14308	21534	30026	14002	15125	19222
1997	15559	26208	34911	14259	16772	22055
1998	16586	28004	38507	15360	18204	24271
1999	17620	30039	43062	16906	19410	26726
2000	17886	33018	48118	16330	20605	29060
2001	18508	36320	55685	18008	24463	34442
2002	19662	44582	62452	21137	27284	42168
2003	25318	50609	76398	26139	33342	56998
2004	27724	63601	92668	29502	40227	80058
2005	35221	85008	116500	35016	50576	95826
2006	49318	120271	156800	47073	75278	131022
2007	59755	157645	185086	55122	89561	150777
2008	81671	203279	236725	78109	114918	188589
2009	122515	261124	295654	115424	153260	253046
2010	169252	353923	387417	183819	236023	307900
2011	252468	481652	568925	282610	346516	463876
2012	305518	539131	663088	337728	404448	525325
2013	365891	579056	778290	406591	457312	583166
2014	438794	649830	859746	482701	529191	653571
2015	528682	716880	971057	580301	602911	740720

注:2007年及以后财政收入及支出中不包括基金性收入和支出,与往年不可比(后同)。

21-14　历年财政支出

单位:万元

年　份	丰　县	沛　县	铜山区	睢宁县	新沂市	邳州市
1978	1590	1314	2088	1680	1447	1684
1979	2018	1675	2529	1840	1531	2237
1980	1667	1709	2315	1973	1479	2125
1981	1693	1724	2174	1951	1522	2160
1982	1896	2182	3082	2127	2016	2371
1983	2429	2554	3416	2629	2256	2858
1984	2840	3802	3706	2738	2531	3153
1985	2742	3950	4536	2940	2682	3488
1986	3653	5073	5628	4067	3538	4495
1987	4290	5118	6212	4199	3975	4661
1988	5181	6501	7952	5170	5187	5465
1989	5924	7687	10851	6605	6168	6678
1990	6896	8989	13543	7252	6811	7556
1991	7614	9556	15276	7886	7771	8476
1992	7586	9506	15621	8056	8303	9014
1993	10265	13261	16591	10324	10355	10811
1994	12891	13324	16611	12675	11454	14275
1995	16217	18621	20332	16013	14375	16403
1996	20248	21725	27532	19392	17820	21464
1997	24032	25682	32493	21162	19223	24898
1998	26558	27162	35526	23762	21683	29529
1999	26651	29588	39390	26580	24986	34094
2000	29667	31180	40284	26386	28064	36627
2001	35393	36889	44391	33568	34858	42889
2002	37866	45020	50338	39808	39122	49543
2003	45639	53456	62569	46134	48682	66217
2004	55325	67373	78394	54676	58307	84928
2005	72979	88488	107780	77545	79123	113430
2006	91672	116118	145418	96865	99903	143508
2007	116415	168273	162830	117449	113104	173183
2008	157929	203316	224738	167227	157278	237026
2009	208700	271959	285893	217116	221451	311689
2010	276883	360103	382972	284511	303498	411118
2011	403976	507852	521982	423914	431830	534465
2012	476067	611756	616370	482555	547278	679840
2013	541357	672191	824175	571385	617017	777384
2014	627100	731506	945903	675628	684991	886240
2015	747200	923535	1077401	788948	825003	1034275

21-15 历年常用耕地面积

（年底数） 单位：千公顷

年 份	丰 县	沛 县	铜山区	睢宁县	新沂市	邳州市
1978	89.29	83.81	159.38	103.04	84.12	118.23
1979	89.07	83.64	158.77	102.47	84.04	117.75
1980	88.30	83.03	157.90	102.43	83.76	117.66
1981	87.80	82.87	157.07	102.27	83.73	117.60
1982	87.76	82.73	156.29	102.22	83.55	117.57
1983	88.00	82.67	156.00	102.00	83.33	117.33
1984	88.03	82.46	155.15	102.08	83.49	117.23
1985	88.01	81.19	154.73	102.03	83.48	117.01
1986	88.01	81.12	151.88	102.03	83.35	116.53
1987	87.93	80.86	151.32	101.95	83.21	116.32
1988	87.81	80.77	150.63	101.91	82.54	115.79
1989	87.63	80.73	149.94	101.89	82.32	115.73
1990	87.61	80.62	148.89	101.82	82.15	114.83
1991	87.51	80.45	148.33	101.25	82.10	114.67
1992	86.01	80.38	147.53	100.79	81.63	114.16
1993	86.00	80.20	146.79	100.52	81.55	112.86
1994	85.85	79.97	115.52	100.09	81.42	112.45
1995	85.85	77.97	115.38	99.92	81.07	111.88
1996	85.68	77.91	115.15	99.62	80.47	111.44
1997	76.65	77.44	117.47	100.79	79.37	122.66
1998	76.60	77.03	117.40	100.67	80.65	122.83
1999	76.64	77.05	117.66	100.63	80.14	122.48
2000	76.70	77.22	115.99	100.63	80.57	121.37
2001	76.25	77.13	116.05	100.10	79.90	121.16
2002	76.41	76.93	116.31	100.05	79.85	121.17
2003	76.10	76.72	113.19	100.08	79.70	112.70
2004	76.09	76.56	108.97	100.08	79.57	111.84
2005	76.28	76.44	109.43	100.08	79.37	111.39
2006	75.34	75.92	109.31	99.84	79.02	112.38
2007	75.51	75.80	109.37	99.76	79.00	111.79
2008	75.72	75.48	106.52	100.00	78.76	110.68
2009	75.67	73.57	105.10	99.40	78.64	111.86
2010	75.67	75.51	106.52	97.46	78.43	111.96
2011	79.58	81.09	106.53	103.47	80.41	116.31
2012	79.75	80.92	107.02	103.41	80.23	116.33
2013	79.57	80.90	106.91	103.30	80.30	116.30
2014	79.57	81.20	106.85	103.42	80.33	116.32

21-16 历年农业机械总动力

（年底数）　　单位：万千瓦

年份	丰县	沛县	铜山区	睢宁县	新沂市	邳州市
1978	12.44	12.95	23.21	11.44	10.47	13.70
1979	12.86	14.47	26.21	12.64	14.28	14.87
1980	15.96	15.65	29.45	14.10	15.65	16.74
1981	16.77	17.27	30.82	16.04	17.15	18.35
1982	18.95	19.29	35.35	18.84	18.47	22.39
1983	20.59	21.80	40.13	20.18	20.05	25.99
1984	24.02	23.91	49.46	21.56	19.99	29.12
1985	25.74	24.32	56.19	22.93	19.91	30.07
1986	27.61	25.54	60.61	25.00	21.27	34.61
1987	30.40	28.50	72.00	26.84	22.76	36.96
1988	32.50	29.16	86.62	28.11	23.23	38.18
1989	34.39	27.70	93.14	26.25	23.44	39.96
1990	30.27	34.42	93.52	25.27	23.15	39.81
1991	30.49	34.29	72.86	25.19	22.34	40.40
1992	28.09	33.17	65.23	24.79	22.66	36.61
1993	29.56	32.81	63.29	25.59	22.73	34.90
1994	29.51	32.73	39.84	25.89	23.66	33.58
1995	30.34	34.52	36.93	23.55	24.74	29.72
1996	31.80	35.32	36.37	24.55	25.02	31.54
1997	44.92	40.34	54.86	26.98	29.97	38.24
1998	47.90	41.96	58.19	29.92	32.61	41.47
1999	50.58	43.30	72.20	31.33	36.55	46.83
2000	57.51	65.59	70.67	45.85	41.18	57.97
2001	58.11	67.20	71.06	48.66	43.09	65.02
2002	57.81	68.52	73.14	50.93	44.58	70.80
2003	59.37	69.07	73.85	53.43	46.42	75.55
2004	59.98	70.25	73.95	55.83	46.62	78.06
2005	60.44	74.62	67.30	60.02	49.76	83.15
2006	61.66	78.44	70.46	65.01	53.91	88.34
2007	62.13	79.94	71.50	66.99	56.71	94.46
2008	66.25	82.31	91.90	82.07	60.40	96.80
2009	69.13	84.10	93.90	86.26	65.84	101.40
2010	69.93	85.65	96.20	89.37	69.03	104.10
2011	73.80	89.13	98.79	96.96	72.61	111.13
2012	76.77	92.41	98.76	103.00	77.18	116.04
2013	77.83	95.94	98.92	106.30	81.13	113.25
2014	80.27	97.80	199.44	111.80	94.93	116.02
2015	81.73	100.09	102.63	117.99	105.08	117.34

21-17 历年农林牧渔业总产值

（当年价格）　　　　单位：万元

年　份	丰　县	沛　县	铜山区	睢宁县	新沂市	邳州市
1978	15810	18382	31848	18356	18265	24491
1979	20724	19705	42217	18880	18612	28479
1980	23182	21854	37976	23603	18598	31461
1981	24163	24754	37987	26421	21157	34168
1982	29770	27695	47763	33934	26418	38514
1983	35419	33163	60996	35885	33330	43581
1984	43388	40732	66347	47968	37414	55344
1985	41474	42583	75225	49402	41786	59884
1986	45200	55998	85209	51449	50860	76645
1987	52613	62592	94380	51600	63375	83140
1988	64426	73268	146023	54879	78355	110264
1989	69328	73819	147659	66570	87884	110596
1990	78230	91721	163381	80470	94180	128027
1991	91766	93687	175889	89271	104601	135059
1992	91465	91402	209745	102009	119878	142777
1993	131067	122049	257302	135878	154151	171199
1994	180928	197257	320311	217635	213544	292885
1995	239818	247827	399924	269129	256031	384102
1996	280443	324758	454553	317969	293759	461242
1997	256802	333973	384232	296479	285292	426967
1998	266865	348366	401055	282536	303556	450727
1999	279736	354591	381167	278597	312216	459072
2000	300605	363461	400294	273376	321307	486340
2001	320867	381637	431471	289274	339682	516544
2002	342465	405504	460307	314341	360180	552480
2003	366826	422362	405606	325021	308914	580636
2004	414977	483373	478627	399044	380824	599434
2005	355373	566218	464871	389692	414548	695374
2006	395859	594072	501253	413557	446353	779016
2007	437125	651825	541433	442820	507574	830250
2008	530887	673930	599778	519253	503328	882368
2009	580693	751617	670996	665887	615434	991811
2010	649355	903156	684373	787066	694783	1100101
2011	775231	1090245	856960	950728	806247	1327479
2012	886899	1207167	981564	1046895	916229	1494402
2013	1027733	1352225	1152242	1182998	1028666	1628505
2014	1232193	1501940	1286776	1342580	1175475	1873621
2015	1371308	1618628	1452086	1463121	1281589	2054161

21-18 历年粮食产量

单位:万吨

年　份	丰　县	沛　县	铜山区	睢宁县	新沂市	邳州市
1978	24.82	29.08	51.50	30.57	31.47	36.94
1979	28.59	33.87	60.73	32.04	36.83	41.14
1980	30.81	32.71	63.44	37.69	38.98	44.22
1981	31.30	35.49	69.80	45.39	41.40	49.93
1982	35.09	36.30	68.95	52.62	45.55	53.33
1983	42.13	49.79	95.67	57.79	55.16	65.35
1984	49.19	56.51	103.18	64.08	58.77	71.22
1985	49.41	48.94	94.84	62.97	54.68	67.14
1986	51.27	55.30	105.80	66.17	57.32	72.59
1987	45.11	54.20	100.12	68.25	58.89	74.99
1988	38.92	52.38	94.04	59.29	52.50	71.34
1989	43.55	55.97	104.71	68.58	54.27	75.44
1990	43.72	55.69	107.60	67.29	51.54	71.20
1991	48.70	55.82	108.48	66.88	55.30	74.62
1992	46.11	55.63	111.70	68.27	55.47	79.67
1993	50.15	59.30	105.65	60.79	54.54	74.86
1994	46.64	52.62	72.63	61.02	50.61	70.92
1995	51.24	58.58	76.75	63.66	54.20	76.10
1996	52.24	62.25	79.94	69.76	54.29	78.25
1997	53.44	62.50	82.56	73.80	56.55	81.10
1998	44.19	51.91	75.87	64.62	49.79	73.00
1999	54.93	56.89	81.88	73.62	50.74	75.66
2000	40.34	45.60	56.63	53.92	39.00	64.57
2001	38.25	44.43	54.17	51.53	37.55	65.30
2002	38.06	45.22	48.88	49.49	37.69	60.38
2003	23.83	36.22	33.28	39.70	25.74	36.80
2004	43.17	47.35	51.32	58.48	35.07	62.03
2005	38.08	48.19	53.30	53.68	36.80	60.65
2006	42.77	48.03	61.58	65.47	41.98	60.30
2007	40.03	46.29	65.43	61.34	49.12	66.11
2008	43.91	51.76	65.43	74.67	52.94	69.93
2009	49.43	55.62	71.37	84.29	59.93	73.75
2010	46.01	58.11	79.20	85.31	62.67	75.88
2011	51.10	59.89	81.61	88.51	63.58	79.50
2012	52.89	61.17	84.22	91.62	65.68	82.77
2013	51.76	58.99	83.33	85.03	62.68	78.74
2014	53.49	60.71	78.94	90.98	65.97	80.85
2015	52.99	61.63	79.32	92.03	65.95	80.64

21-19 历年棉花产量

单位:万吨

年 份	丰 县	沛 县	铜山区	睢宁县	新沂市	邳州市
1978	0.25	0.37	0.73	0.64	0.07	0.41
1979	0.32	0.31	0.60	0.41	0.01	0.35
1980	0.71	0.73	1.22	1.00	0.01	0.79
1981	0.63	0.75	1.26	0.93	0.01	0.75
1982	1.15	1.07	1.73	0.94		0.80
1983	1.43	1.25	2.33	1.28		1.04
1984	2.33	1.40	2.56	1.68		1.36
1985	1.45	1.04	1.97	1.06		1.53
1986	1.77	0.77	1.63	0.76		1.31
1987	2.05	1.09	1.94	0.85		1.56
1988	1.94	1.18	2.55	1.15	0.04	1.97
1989	1.25	0.30	1.23	0.72	0.03	1.16
1990	1.62	0.42	1.51	0.84	0.01	1.18
1991	1.98	0.86	2.36	1.05		1.70
1992	1.00	0.41	1.81	0.98		1.26
1993	1.12	0.55	1.74	0.60		0.78
1994	0.80	0.32	1.04	0.71		1.10
1995	1.01	0.55	1.54	0.85		1.69
1996	0.90	0.61	1.25	0.68		1.17
1997	0.80	0.40	0.86	0.68		1.20
1998	0.71	0.23	1.02	0.57		1.07
1999	0.36	0.09	0.71	0.39		0.70
2000	1.53	0.26	1.24	0.62		1.12
2001	1.66	0.47	1.43	1.02		1.80
2002	1.71	0.49	1.16	1.10		1.51
2003	1.45	0.31	0.78	0.58		1.03
2004	2.31	1.02	1.65	0.99		1.95
2005	0.95	0.39	0.84	0.62		1.04
2006	1.05	0.31	0.54	0.37		0.78
2007	1.60	0.52	0.63	0.34		0.86
2008	1.68	0.45	0.81	0.25		0.86
2009	1.61	0.42	0.80	0.14		0.77
2010	1.10	0.34	0.79	0.21		0.68
2011	1.30	0.38	0.71	0.17		0.70
2012	1.54	0.39	0.74	0.15		0.74
2013	1.62	0.46	0.70	0.16		0.58
2014	1.69	0.16	0.63	0.14		0.52
2015	1.58	0.17	0.47	0.11		0.17

21-20　历年油料产量

单位:万吨

年　　份	丰　县	沛　县	铜山区	睢宁县	新沂市	邳州市
1978	0.11	0.08	0.35	0.19	0.73	0.12
1979	0.17	0.12	0.32	0.29	0.99	0.18
1980	0.28	0.23	0.50	0.44	1.37	0.33
1981	0.41	0.24	0.67	0.96	2.20	0.56
1982	0.44	0.21	0.83	2.63	2.67	0.77
1983	0.27	0.11	0.53	1.86	2.49	0.43
1984	0.30	0.26	0.52	1.69	1.92	0.41
1985	0.79	0.74	1.41	3.67	3.09	0.79
1986	1.00	0.78	1.29	3.75	3.05	0.76
1987	0.68	0.61	1.28	4.53	2.71	0.80
1988	0.36	0.46	0.40	0.61	2.67	0.31
1989	0.44	0.47	0.50	0.87	2.34	0.38
1990	0.51	0.57	0.57	0.62	2.08	0.41
1991	0.49	0.60	0.70	1.18	2.53	0.82
1992	0.50	0.43	0.66	0.97	2.21	0.75
1993	0.62	0.50	0.86	1.44	3.14	0.57
1994	0.68	0.40	0.45	2.15	4.04	1.33
1995	0.63	0.55	0.35	1.42	3.91	1.22
1996	0.68	0.70	0.32	0.96	2.75	0.70
1997	0.86	0.75	0.36	1.22	3.83	0.58
1998	1.18	1.01	0.23	2.11	4.03	0.61
1999	1.73	1.07	1.00	3.43	5.79	0.78
2000	2.68	1.44	1.40	5.28	7.65	1.21
2001	3.50	1.46	1.13	4.83	8.78	2.54
2002	2.20	1.60	1.42	5.52	9.09	1.92
2003	1.12	0.86	0.93	3.01	2.78	1.09
2004	1.56	0.81	1.78	4.73	8.67	1.97
2005	0.60	0.62	1.19	3.33	8.43	1.62
2006	0.70	0.68	0.95	2.20	6.11	1.33
2007	0.68	0.35	0.96	1.75	5.76	1.60
2008	0.62	0.36	0.73	1.95	5.40	1.47
2009	0.61	0.40	0.68	2.06	7.04	1.49
2010	0.51	0.24	0.64	1.60	7.44	1.48
2011	0.47	0.20	0.68	1.58	6.57	1.76
2012	0.47	0.20	0.69	1.66	5.83	1.63
2013	0.45	0.27	0.56	1.46	5.51	1.50
2014	0.48	0.26	0.49	1.49	6.23	1.47
2015	0.51	0.28	0.51	2.04	6.26	1.42

21-21 历年肉类总产量

单位:万吨

年份	丰县	沛县	铜山区	睢宁县	新沂市	邳州市
1978						
1979						
1980						
1981						
1982						
1983						
1984						
1985	1.71	1.83	2.65	2.53	2.39	2.81
1986	1.79	1.70	2.86	2.88	2.40	2.36
1987	2.52	1.68	3.58	2.72	2.49	3.01
1988	2.78	2.27	4.33	3.25	2.72	3.05
1989	2.83	2.27	4.48	3.17	2.58	3.38
1990	3.03	2.61	5.12	3.56	2.86	4.13
1991	3.66	2.86	5.37	3.65	2.90	4.54
1992	3.98	2.96	6.09	4.14	3.16	5.10
1993	4.45	3.49	7.32	4.99	3.64	5.30
1994	4.55	3.81	6.56	6.17	4.93	6.23
1995	5.03	4.67	8.15	7.25	5.32	7.67
1996	7.48	6.32	9.16	8.92	5.15	8.98
1997	3.14	5.19	4.78	6.06	5.29	6.20
1998	4.76	5.67	4.55	4.82	5.58	7.26
1999	4.35	5.49	5.06	4.06	5.01	6.84
2000	4.56	6.30	5.63	3.97	6.20	7.45
2001	5.10	6.87	5.79	4.36	6.89	8.06
2002	5.23	6.94	6.03	5.32	6.11	8.26
2003	5.60	6.94	6.61	5.34	6.30	8.81
2004	5.63	7.15	6.82	6.22	6.30	9.38
2005	6.32	8.17	6.40	7.06	6.86	10.17
2006	4.29	11.36	7.14	6.43	7.34	10.56
2007	4.23	9.90	6.42	5.48	5.89	8.83
2008	7.86	11.94	7.30	7.22	7.80	13.36
2009	10.57	12.67	8.74	9.24	9.88	17.48
2010	12.01	17.61	10.23	11.04	12.70	20.42
2011	13.32	19.54	11.49	12.91	12.63	19.55
2012	15.14	19.49	12.47	15.57	14.92	20.43
2013	16.19	18.55	11.09	14.34	13.28	20.62
2014	15.93	18.96	10.59	14.93	13.89	21.08
2015	16.72	19.38	10.41	14.17	12.91	20.68

21-22 历年工业产品销售收入

单位:万元

年 份	丰 县	沛 县	铜山区	睢宁县	新沂市	邳州市
1978	6093	5539	6942	4038	3789	3597
1979	5521	4748	8234	6101	5110	7643
1980	7288	5914	13371	9432	7945	9448
1981	7594	7593	10992	9663	8080	11276
1982	9037	7635	21254	12244	11178	11518
1983	9940	8399	23379	13468	12296	12670
1984	10442	10412	24848	13830	13966	15216
1985	12089	12889	29743	16709	17718	19573
1986	12978	15635	34276	19551	22452	23271
1987	17426	19654	43188	24516	28916	26512
1988	25030	27617	65925	33840	46398	40831
1989	31697	32552	81245	42265	52302	49290
1990	30066	31251	82778	34802	53081	53643
1991	30698	36702	91081	39554	55867	59475
1992	40842	47562	127876	47105	71612	78587
1993	54946	54946	194665	73764	108146	124530
1994	74415	101265	228878	110356	144329	166624
1995	123593	167353	463747	155227	195580	271147
1996	160092	216443	626225	202132	236024	291125
1997	196218	279907	740342	119934	285216	185141
1998	137860	151483	837798	61014	135734	135609
1999	155166	163600	942589	68148	152031	158264
2000	160578	176848	1020779	74519	170343	168582
2001	173585	193699	1141803	88199	202297	196712
2002	130208	221719	1312678	126891	239156	256489
2003	200799	285100	1209910	181201	287972	352189
2004	217832	431470	1502553	257885	412006	596828
2005	288579	659600	1961668	397786	637953	957120
2006	365312	946365	2927393	537142	889313	1364986
2007	494401	1445039	4188926	661268	1216672	2014706
2008	697564	2025139	6173759	839734	1705810	3057777
2009	961436	3100737	8737012	1414594	2344880	4524177
2010	1352859	5207771	12668254	2328915	3824086	6977492
2011	2164308	7736896	17578572	3752484	6014427	10500899
2012	3193821	9968799	23362278	5435180	9077506	14857790
2013	4115015	11642171	28676326	6827441	12080336	18660289
2014	5056350	13053292	29504312	7731941	13827788	20204711
2015	6024297	14853089	31834559	8878229	15817046	21715382

注:根据《企业会计制度》修订要求,该指标统计口径即为主营业务收入。

21-23 历年工业利税总额

单位:万元

年 份	丰 县	沛 县	铜山区	睢宁县	新沂市	邳州市
1978	654	751	1294	1088	1173	937
1979	765	802	1552	1212	1156	1026
1980	1070	770	2821	1680	1338	1488
1981	1215	906	3095	1936	1593	1318
1982	1077	1064	3851	1667	1541	1325
1983	1178	1053	3696	1810	1860	1487
1984	1352	1920	4086	2334	2422	2485
1985	1303	1550	4072	2272	2175	2197
1986	936	1688	3224	2257	2383	2545
1987	1677	2169	3689	2633	3523	2527
1988	2401	3245	6385	3710	5661	3314
1989	2812	3588	7147	3052	5513	3207
1990	2332	2153	2400	1743	5400	3149
1991	1859	3355	4765	2195	4609	3928
1992	3032	4080	9292	2933	6333	5415
1993	2463	2463	14971	3622	8603	8609
1994	5903	8184	22357	6591	13445	14062
1995	8234	13999	55036	8154	14785	16898
1996	11377	13885	54521	11171	11742	19740
1997	12760	17344	59679	243	13488	11367
1998	6654	10021	67158	-413	2789	11542
1999	7112	8777	72330	1191	3545	10051
2000	7272	10420	76355	5287	4502	12594
2001	7699	12794	90875	6819	6460	13449
2002	5287	15460	121167	10308	7624	18588
2003	8287	20816	103248	13715	16006	23195
2004	13409	19761	139549	21430	25108	35289
2005	18137	33090	194102	30257	38674	59337
2006	27396	63530	329099	39931	66066	98171
2007	39878	79715	505331	46627	101417	161090
2008	64581	266504	976394	125773	158478	552478
2009	122028	453514	1287571	232828	248118	793915
2010	203384	705335	1936434	384522	466113	1054324
2011	331167	1055409	2651766	616100	785797	1713339
2012	484455	1380665	3431046	852617	1124075	2477509
2013	619855	1577595	4371185	1084012	1409713	2795984
2014	717701	1636272	4373799	1211394	1702546	2818078
2015	832350	1742349	4704688	1357819	1962276	3039422

21-24 历年邮电业务总量

单位:万元

年份	丰县	沛县	铜山区	睢宁县	新沂市	邳州市
1978	53	66	72	65	67	72
1979	56	74	70	70	78	73
1980	63	79	80	76	84	82
1981	68	88	89	82	97	94
1982	69	92	95	82	101	97
1983	74	100	107	87	106	99
1984	81	113	107	98	110	114
1985	93	130	122	112	126	128
1986	97	148	128	119	148	142
1987	108	165	128	138	162	163
1988	131	199	153	176	199	216
1989	139	213	172	193	217	222
1990	325	483	206	430	477	480
1991	386	529	593	544	543	596
1992	511	763	774	752	840	829
1993	722	1207	1154	1008	1259	1227
1994	1356	1750	1398	1598	1834	2090
1995	2200	2594	2335	2575	3405	3354
1996	2994	3779	3735	3464	4087	4463
1997	4520	5628	4880	5169	5614	6272
1998	5851	6986	1084	6756	7227	8534
1999	6981	9140	1164	8144	8275	10724
2000	10487	14645	1638	10763	13269	17517
2001	10308	12875	2010	11297	11784	16573
2002	10742	13486	2488	11767	11986	16611
2003	12905	15924	9207	13946	14313	19077
2004	6234	8340	11043	7227	7245	10789
2005	7235	9905	5233	8630	9111	12756
2006	10181	13059	14502	11904	11399	16508
2007	26922	37403	45696	33023	33868	49353
2008	30719	38781	58462	37780	39634	56284
2009	40988	51202	46242	46782	44708	59252
2010	56228	69137	58455	60394	60718	79485
2011	42916	55635	55410	49128	50933	65536
2012	51983	64783		57971	57155	74320
2013	65678	81385		75872	72496	97095
2014	60756	73865		76696	76651	89935
2015	74953	84649		93285	94583	105097

注:2006 年及以前邮电业务总量中电信业务总量以电信业务收入代替;2011 年及以后邮电业务总量按 2010 年价格计算。

21-25 历年年末电话用户

单位:户

年 份	丰 县	沛 县	铜山区	睢宁县	新沂市	邳州市
1978	992	2044		1517	1391	1716
1979	1110	2130		1563	1483	1809
1980	1186	2130		1674	1705	1881
1981	1250	2162		1729	1774	1898
1982	1229	2237		1799	2132	1863
1983	1152	2374		1815	2253	1917
1984	1224	2500		1907	2508	2076
1985	1353	2744		2028	2833	2310
1986	1462	3122		2167	2965	2348
1987	1547	3579		2304	3288	2611
1988	1800	4141		2625	3650	2946
1989	1961	5059		3189	4060	3418
1990	2256	6011		3659	4316	3791
1991	2848	6767		4779	4953	4502
1992	3133	8601		5393	7452	5845
1993	3627	11141		6763	9206	7883
1994	6910	16834		10704	11529	11767
1995	12173	22799		16219	20675	22594
1996	21588	33719		29817	39309	34371
1997	36893	53963		40811	54080	48738
1998	49871	70380		61097	75566	82685
1999	44267	59464		52052	58453	70343
2000	65944	81326		73890	80146	100162
2001	94810	106240		106927	98699	134368
2002	124422	140187		134598	129540	175820
2003	165988	187204	198979	177939	168802	229143
2004	208672	239275	282600	228993	209109	293284
2005	239468	275750	295707	273883	257232	353097
2006	248726	288165	270251	298558	266937	372969
2007	242158	235777	272056	297598	270527	353257
2008	220611	230571	241018	270364	237400	312135
2009	145540	167392	180008	199079	160805	202749
2010	137603	157466	173708	188348	150520	190971
2011	140462	197216	239038	187160	207733	221426
2012	100803	146045	161416	155666	132020	154129
2013	100036	146919	170089	155292	133787	157783
2014	88545	146269	154977	146843	120367	144323
2015	82152	113449	133088	128151	100704	130520

21-26 历年社会消费品零售总额

单位:万元

年份	丰县	沛县	铜山区	睢宁县	新沂市	邳州市
1978	5581	6587	11569	7448	6594	7799
1979	6981	8136	12704	9037	7842	10096
1980	8962	9357	13144	10741	8968	12282
1981	10167	10934	14478	11616	10625	13140
1982	11883	12036	16486	12343	12169	14186
1983	12191	13541	18637	13945	13490	15083
1984	14000	16071	21802	16575	14216	17547
1985	18465	19762	27613	21199	18869	22883
1986	20579	22168	32365	23307	22833	26869
1987	23555	26658	37441	25849	25821	29582
1988	28620	31213	43827	30628	30630	35904
1989	31599	33343	44445	31893	31650	38837
1990	32267	32521	42464	31685	32118	40060
1991	32403	34096	49490	31180	32383	41918
1992	34881	35409	53118	32751	34459	46422
1993	41004	50429	67999	38870	42663	54945
1994	54011	61581	64651	51600	58291	68552
1995	74978	85502	85414	63669	77231	86774
1996	91807	104356	110087	72042	90872	111463
1997	105186	119155	129757	77511	102264	125514
1998	115033	128715	135971	76110	110139	130665
1999	123018	137866	151757	78839	119568	144046
2000	134526	156215	164494	82276	131226	163492
2001	153120	173339	182109	93115	147012	189651
2002	173596	191614	200440	127452	163521	214305
2003	168067	185347	191502	140192	178210	237918
2004	190284	347448	281052	233373	228244	295771
2005	218489	401302	322648	268379	262708	342503
2006	253188	465918	374434	310894	304810	399337
2007	294141	545168	438068	362246	355990	469111
2008	374000	701000	575000	460000	455000	619000
2009	429748	807965	664348	528884	523198	713333
2010	508844	921280	871283	629654	613273	843942
2011	613797	1094873	1024992	757458	738148	1003705
2012	685764	1244249	1164333	852198	831300	1140613
2013	782456	1419689	1329669	974063	947691	1302580
2014	1180588	1921264	1902559	1396217	1357182	1978977
2015	1333593	2172181	2151033	1585544	1537144	2235452

注:2004、2008及2014年数据为经济普查后调整数。

21-27 历年实际利用外资

单位:万美元

年份	丰县	沛县	铜山区	睢宁县	新沂市	邳州市
1978						
1979						
1980						
1981						
1982						
1983						
1984						
1985						
1986						
1987						
1988						
1989						
1990		58				10
1991		61	19		143	
1992	531	62	154	29	44	52
1993		142		127	528	150
1994	112	330	552	47	711	265
1995	23	316	1734	659	1067	70
1996	520	878	1544	604	608	820
1997	42	632	878	253	717	118
1998	426	759	1294	91	762	280
1999	377	821	1624	10	143	15
2000	3477	5240	3448	1164	453	464
2001	1843	1345	2360	881	913	784
2002	1518	1840	2458	1242	1828	2586
2003	2129	3110	3817	1750	1945	4030
2004	701	2037	3254	1998	2859	4811
2005	453	793	3709	1698	914	3337
2006	669	1813	3006	385	1197	3940
2007	119	955	4279	1310	1930	3910
2008	482	2394	6073	1134	1326	3012
2009	1098	1981	8080	2667	2604	6653
2010	3548	8186	5013	5351	4214	4227
2011	4240	10677	16287	10472	6599	16734
2012	6889	17022	10225	12932	18450	17991
2013	13288	9444	20099	11177	6240	25193
2014	10016	7174	22040	12239	3390	18803
2015	5093	8306	6524	1060	661	18802

21-28　历年金融机构存款余额

（年底数）　单位:万元

年　份	丰　县	沛　县	铜山区	睢宁县	新沂市	邳州市
1978	1837	3136	5345		2316	3106
1979	2399	3284	4902		3120	3100
1980	2875	4200	9832		4069	1961
1981	5022	6940	14116	4877	5027	6553
1982	5088	7023	20008	4838	6008	6372
1983	6797	10208	22421	6141	7317	8638
1984	8901	14301	29211	8842	8902	13061
1985	9533	15979	27026	8953	7778	12967
1986	14755	23518	36338	13134	13392	18106
1987	21314	31463	42162	15096	16638	23157
1988	33930	50916	101302	26576	24604	38244
1989	41592	54235	101385	30909	28825	45297
1990	45540	72942	130105	30578	37086	51235
1991	58389	91595	163671	43924	44799	63715
1992	68038	109118	191854	56667	53151	76573
1993	82111	138413	235212	69903	65805	98074
1994	101203	177476	227397	89463	84266	133823
1995	126259	228300	299449	108597	114259	170289
1996	160051	282481	397126	129704	144377	212096
1997	184294	334381	466258	155819	172473	265491
1998	202842	375402	479798	176429	189829	290241
1999	214309	399968	447114	195967	200851	327727
2000	234947	435149		232361	211738	376325
2001	267706	515503		277154	238487	416461
2002	313444	591085		328267	286770	465173
2003	342292	650666	782659	376152	339602	531812
2004	381379	766597	1005189	450926	401685	640338
2005	464517	894761	1227538	541638	459154	714438
2006	579389	1022218	1448235	648257	542146	832182
2007	685879	1160059	1673637	748577	634831	965045
2008	818346	1449307	2102891	874589	762853	1117426
2009	1012609	1802697	2713274	1203225	1022393	1412470
2010	1237618	2105658	3500298	1552054	1367829	1777676
2011	1456157	2464859	3757705	1868564	1580320	2053286
2012	1744220	2929076		2155969	1800078	2514837
2013	2058711	3231849		2446515	2181317	2976061
2014	2398365	3365344		2827866	2353682	3463384
2015	2973594	3788786		3299813	2658207	4117882

21-29 历年金融机构贷款余额

（年底数） 单位:万元

年份	丰县	沛县	铜山区	睢宁县	新沂市	邳州市
1978	5797	5147	7531		6539	7389
1979	6557	6056	507		9046	8416
1980	8608	8320	11041		11117	5693
1981	10657	10164	14552	14950	12047	12502
1982	11838	11047	18971	16873	12806	13666
1983	14961	14973	23631	18659	15731	17608
1984	22800	20272	33537	26554	20597	23621
1985	23955	21811	30849	26556	21967	24260
1986	23619	25493	34318	30139	25202	28473
1987	30051	34615	43078	35710	27659	35065
1988	40078	42129	72414	42454	33682	45529
1989	42760	48419	30092	45644	39567	51291
1990	54344	60156	97147	48158	47492	63296
1991	68054	75465	122990	65786	60662	78020
1992	71953	87955	137975	72499	70518	82859
1993	83172	104424	165564	81590	82763	93846
1994	101478	123824	172538	101536	99263	119778
1995	122433	156109	229780	119301	116298	146597
1996	139456	199805	288921	127800	144036	165083
1997	162500	270044	340406	154744	194145	210939
1998	177176	290329	389318	174750	214116	228154
1999	185233	300287	356499	169663	211732	232973
2000	172863	290188		143036	192087	221341
2001	186201	302386		158528	200594	358097
2002	186511	317655		175184	208252	416690
2003	196355	378965	541156	193408	243692	461613
2004	180528	372238	586723	201152	269633	500891
2005	190997	344037	630614	217166	275663	495003
2006	245075	357974	721496	271389	353228	567831
2007	238736	347166	873131	312390	435818	619833
2008	289367	346410	990968	369949	539993	679753
2009	466892	520922	1471172	593081	842694	975664
2010	638501	706312	2075650	808866	1067845	1241637
2010	848770	892845	2426655	982607	1304818	1498377
2012	966398	1087704		1172305	1571333	1889226
2013	1146818	1417916		1392059	1862149	2260353
2014	1280908	1573277		1693980	2020852	2713875
2015	1474972	1873874		1926127	2218496	3195690

21-30　历年各类专业技术人员

单位:万人

年　份	丰　县	沛　县	铜山区	睢宁县	新沂市	邳州市
1978	0.24	0.21	0.32	0.16	0.18	0.25
1979	0.27	0.24	0.35	0.18	0.20	0.27
1980	0.29	0.27	0.39	0.21	0.23	0.30
1981	0.32	0.30	0.43	0.24	0.26	0.33
1982	0.36	0.33	0.47	0.27	0.29	0.36
1983	0.39	0.38	0.52	0.30	0.32	0.39
1984	0.43	0.42	0.57	0.34	0.36	0.43
1985	0.44	0.44	0.65	0.41	0.31	0.51
1986	0.45	0.49	0.68	0.44	0.38	0.50
1987	0.55	0.51	0.77	0.52	0.45	0.57
1988	0.65	0.63	0.79	0.63	0.53	0.66
1989	0.78	0.81	0.93	0.87	0.66	0.84
1990	0.82	0.82	0.98	0.91	0.68	0.89
1991	0.97	0.94	1.08	0.92	0.72	0.99
1992	1.00	0.93	1.18	0.98	0.77	0.85
1993	1.01	1.04	1.29	1.04	0.86	1.08
1994	1.01	1.16	1.12	1.04	0.88	1.12
1995	1.18	1.50	1.57	1.29	1.00	1.28
1996	1.40	1.56	1.70	1.43	1.43	1.29
1997	1.53	1.81	1.76	1.65	1.58	1.77
1998	1.58	2.00	1.83	1.79	1.69	2.05
1999	1.62	2.05	1.87	1.81	1.74	2.23
2000	1.67	2.16	1.95	1.86	1.91	2.39
2001	1.67	2.06	1.93	1.88	1.89	2.57
2002	1.71	2.04	1.86	1.76	1.94	2.46
2003	1.63	2.05	1.87	1.80	1.77	2.38
2004	1.40	2.87	1.88	1.80	1.65	2.10
2005	1.51	1.92	2.13	1.79	2.09	2.60
2006	1.83	3.30	2.59	1.83	2.57	3.29
2007	1.84	3.31	2.59	1.84	2.58	3.30
2008	2.27	2.51	2.25	2.60	3.39	2.55
2009	2.27	2.52	2.25	2.61	3.40	2.56
2010	2.53	2.74	2.65	2.74	3.76	2.79
2011	3.17	3.98	4.77	3.98	3.84	4.52
2012	3.29	4.08	4.88	4.09	3.96	4.71
2013	3.54	4.28	5.13	4.32	4.17	5.10
2014	3.83	4.45	5.86	4.50	4.35	5.38
2015	4.00	5.50	4.60	4.60	4.90	5.40

注:2013 年及以后各类专业技术人员口径调整,仅含国有、集体口径,不再是全社会口径。

21–31 历年普通中学在校学生

单位:万人

年 份	丰 县	沛 县	铜山区	睢宁县	新沂市	邳州市
1978	9.57	5.64	7.31	5.54	4.21	6.52
1979	8.45	5.28	6.34	5.00	4.02	5.48
1980	7.69	4.32	5.74	4.61	3.80	4.40
1981	4.28	4.18	5.45	3.88	3.16	3.60
1982	4.05	3.75	5.45	3.52	3.09	3.51
1983	3.73	3.61	5.71	3.39	3.13	4.01
1984	3.71	3.65	6.18	3.57	3.06	4.08
1985	4.00	3.88	6.77	3.95	3.47	4.44
1986	4.16	4.16	6.98	4.24	3.57	5.31
1987	4.16	4.28	6.90	4.11	3.43	5.18
1988	3.94	4.32	6.73	3.84	3.31	5.10
1989	3.90	4.50	6.96	3.82	3.23	5.15
1990	3.69	4.15	7.45	3.72	3.02	5.15
1991	3.20	3.79	7.71	3.48	3.22	5.50
1992	3.31	3.89	7.74	3.61	3.38	5.51
1993	3.41	4.20	7.89	3.76	3.51	5.84
1994	4.06	5.49	6.56	4.20	3.57	6.73
1995	4.72	6.30	7.29	4.85	3.95	7.80
1996	5.28	7.05	8.18	5.66	4.49	7.67
1997	5.84	7.00	8.76	6.10	5.15	7.08
1998	6.25	7.22	9.53	6.73	5.70	7.67
1999	6.65	7.65	9.04	7.23	6.14	8.96
2000	7.14	8.06	8.21	7.82	5.89	10.85
2001	7.59	8.51	8.21	8.94	7.72	12.15
2002	8.20	9.45	9.53	10.24	8.84	13.94
2003	8.83	10.69	11.30	11.62	9.71	15.86
2004	9.42	11.49	11.92	12.62	9.97	15.80
2005	9.69	11.78	10.26	12.54	9.48	15.18
2006	10.17	11.34	10.29	12.21	8.83	13.94
2007	10.47	10.63	9.60	11.55	7.93	12.64
2008	10.12	9.93	8.28	10.95	6.93	11.27
2009	8.99	8.57	7.01	10.00	5.78	10.02
2010	7.94	7.17	5.85	8.95	4.72	9.00
2011	6.72	5.97	4.68	8.34	4.08	8.20
2012	5.80	5.25	4.35	7.42	3.85	7.94
2013	4.87	3.94	4.23	6.29	3.40	7.04
2014	4.45	3.72	4.12	5.73	3.20	6.87
2015	4.18	3.58	4.12	5.05	3.13	6.90

21-32 历年小学在校学生

单位:万人

年 份	丰 县	沛 县	铜山区	睢宁县	新沂市	邳州市
1978	8.85	13.91	21.36	14.47	12.32	16.60
1979	9.72	13.61	21.67	14.57	12.34	18.80
1980	9.99	12.86	22.34	14.11	12.50	17.17
1981	12.75	12.67	21.26	12.96	11.61	16.29
1982	12.09	12.15	20.58	12.59	10.68	15.52
1983	11.97	11.82	19.96	13.21	10.55	16.82
1984	11.67	11.59	19.65	12.45	10.27	16.84
1985	11.29	11.14	19.63	12.23	9.72	16.38
1986	10.92	10.82	18.67	12.15	9.32	16.10
1987	10.57	11.18	17.41	11.84	9.28	15.53
1988	10.38	11.48	16.93	11.50	9.10	14.51
1989	10.55	11.75	16.84	11.30	9.21	14.30
1990	10.40	12.66	16.87	12.19	9.58	15.03
1991	11.35	14.01	17.80	13.15	10.00	15.45
1992	11.56	14.31	18.73	13.78	10.59	16.51
1993	11.76	14.34	19.56	13.90	11.41	17.61
1994	12.30	14.79	15.04	15.05	12.46	19.09
1995	12.73	15.32	15.94	16.43	13.51	21.12
1996	13.24	15.94	16.51	17.50	14.72	24.18
1997	13.86	16.69	17.46	19.13	15.79	27.42
1998	14.38	17.41	17.98	20.29	16.00	27.95
1999	14.56	17.96	17.77	20.33	14.89	27.29
2000	14.69	17.82	18.29	20.17	13.92	25.05
2001	14.90	17.68	17.16	19.32	12.89	22.25
2002	14.55	16.46	15.51	17.96	11.43	19.39
2003	13.53	14.73	13.37	16.04	9.60	16.15
2004	12.24	12.70	11.01	13.95	7.97	13.47
2005	10.83	10.59	8.09	12.27	7.00	11.78
2006	9.63	8.73	6.89	10.97	6.21	11.21
2007	8.32	7.42	5.90	9.88	5.78	10.70
2008	7.11	6.78	5.36	8.62	4.96	10.68
2009	6.43	6.37	5.22	7.60	4.88	11.17
2010	6.34	6.53	5.53	7.19	5.37	11.87
2011	6.50	6.98	6.30	7.54	6.25	12.82
2012	6.81	7.70	7.31	7.85	7.44	14.18
2013	7.02	7.75	8.56	7.24	8.55	14.58
2014	7.81	8.96	10.09	8.17	10.09	16.53
2015	8.52	10.02	11.57	9.44	11.42	18.19

21–33 历年卫生机构数

单位:个

年 份	丰 县	沛 县	铜山区	睢宁县	新沂市	邳州市
1978	50	28	46	15	51	44
1979	50	28	46	15	51	46
1980	51	57	98	58	62	70
1981	59	66	102	69	67	76
1982	64	66	105	69	65	76
1983	64	71	96	71	77	74
1984	67	70	96	72	76	73
1985	71	70	101	74	77	73
1986	74	70	96	73	62	72
1987	74	70	92	74	62	73
1988	74	70	102	66	63	73
1989	74	79	102	70	69	77
1990	74	79	111	70	65	77
1991	74	79	149	72	65	77
1992	74	77	132	72	68	78
1993	82	109	144	72	68	82
1994	82	109	123	71	68	82
1995	82	109	123	71	68	82
1996	82	109	123	69	67	83
1997	82	109	123	69	67	84
1998	94	169	136	67	67	86
1999	86	69	61	56	47	86
2000	85	80	72	68	50	111
2001	91	89	65	56	40	101
2002	85	102	73	30	46	94
2003	152	125	71	22	51	91
2004	192	217	66	29	50	149
2005	192	192	63	29	60	149
2006	159	192	64	29	62	149
2007	154	188	63	28	187	149
2008	144	67	63	27	61	96
2009	177	66	63	37	60	138
2010	194	70	90	51	64	136
2011	530	487	498	647	440	807
2012	521	506	497	629	439	778
2013	515	598	515	623	447	739
2014	559	613	511	650	468	773
2015	558	608	511	608	480	767

注:2011 年及以后卫生机构数包括村卫生室。

21-34 历年卫生技术人员

单位:万人

年份	丰县	沛县	铜山区	睢宁县	新沂市	邳州市
1978	0.11	0.12	0.14	0.14	0.12	0.14
1979	0.10	0.13	0.14	0.14	0.12	0.18
1980	0.10	0.13	0.13	0.14	0.13	0.16
1981	0.10	0.13	0.15	0.14	0.13	0.12
1982	0.11	0.13	0.15	0.14	0.13	0.15
1983	0.11	0.13	0.15	0.14	0.14	0.14
1984	0.11	0.13	0.17	0.14	0.14	0.15
1985	0.12	0.14	0.19	0.14	0.14	0.16
1986	0.12	0.15	0.20	0.14	0.15	0.17
1987	0.12	0.15	0.20	0.15	0.14	0.17
1988	0.14	0.16	0.23	0.15	0.14	0.18
1989	0.14	0.18	0.24	0.16	0.16	0.18
1990	0.15	0.19	0.26	0.17	0.16	0.18
1991	0.16	0.21	0.29	0.18	0.17	0.20
1992	0.17	0.21	0.31	0.19	0.18	0.23
1993	0.18	0.33	0.32	0.19	0.19	0.24
1994	0.18	0.35	0.26	0.19	0.20	0.29
1995	0.19	0.36	0.27	0.19	0.20	0.31
1996	0.19	0.37	0.27	0.19	0.20	0.34
1997	0.19	0.38	0.28	0.21	0.21	0.40
1998	0.19	0.39	0.28	0.21	0.22	0.40
1999	0.19	0.38	0.28	0.21	0.22	0.43
2000	0.19	0.37	0.28	0.20	0.22	0.47
2001	0.20	0.37	0.27	0.20	0.22	0.48
2002	0.18	0.35	0.27	0.19	0.21	0.48
2003	0.19	0.33	0.28	0.19	0.16	0.47
2004	0.20	0.34	0.27	0.19	0.18	0.48
2005	0.18	0.31	0.26	0.19	0.21	0.46
2006	0.19	0.32	0.27	0.19	0.22	0.47
2007	0.20	0.33	0.25	0.19	0.22	0.48
2008	0.22	0.32	0.25	0.20	0.23	0.47
2009	0.22	0.32	0.26	0.19	0.24	0.47
2010	0.22	0.34	0.28	0.22	0.27	0.46
2011	0.23	0.36	0.29	0.24	0.29	0.53
2012	0.34	0.38	0.30	0.28	0.34	0.56
2013	0.38	0.43	0.33	0.31	0.37	0.56
2014	0.39	0.47	0.36	0.34	0.41	0.63
2015	0.42	0.49	0.38	0.46	0.46	0.69

21-35 历年医院、卫生院床位数

单位:万张

年 份	丰 县	沛 县	铜山区	睢宁县	新沂市	邳州市
1978	0.06	0.10	0.15	0.11	0.10	0.10
1979	0.06	0.11	0.15	0.12	0.11	0.11
1980	0.06	0.11	0.15	0.12	0.11	0.10
1981	0.08	0.11	0.15	0.12	0.11	0.10
1982	0.08	0.11	0.15	0.13	0.11	0.10
1983	0.08	0.11	0.15	0.13	0.11	0.09
1984	0.08	0.11	0.15	0.11	0.11	0.10
1985	0.08	0.10	0.16	0.11	0.12	0.10
1986	0.08	0.12	0.16	0.11	0.12	0.10
1987	0.09	0.11	0.16	0.11	0.11	0.10
1988	0.10	0.11	0.17	0.11	0.12	0.10
1989	0.10	0.11	0.17	0.11	0.12	0.10
1990	0.10	0.11	0.17	0.11	0.13	0.10
1991	0.10	0.12	0.17	0.12	0.13	0.10
1992	0.11	0.13	0.18	0.12	0.12	0.11
1993	0.10	0.17	0.18	0.12	0.12	0.13
1994	0.11	0.17	0.15	0.11	0.11	0.12
1995	0.10	0.17	0.15	0.11	0.12	0.13
1996	0.10	0.17	0.15	0.12	0.12	0.12
1997	0.10	0.17	0.14	0.11	0.11	0.12
1998	0.11	0.17	0.15	0.12	0.11	0.13
1999	0.10	0.20	0.14	0.11	0.12	0.15
2000	0.10	0.20	0.14	0.11	0.12	0.16
2001	0.10	0.20	0.14	0.11	0.13	0.15
2002	0.10	0.19	0.14	0.12	0.12	0.14
2003	0.10	0.19	0.13	0.12	0.12	0.15
2004	0.11	0.19	0.14	0.12	0.12	0.15
2005	0.11	0.20	0.14	0.12	0.13	0.15
2006	0.11	0.21	0.15	0.12	0.14	0.15
2007	0.11	0.23	0.14	0.12	0.15	0.18
2008	0.15	0.25	0.16	0.13	0.14	0.19
2009	0.18	0.26	0.17	0.15	0.18	0.21
2010	0.20	0.29	0.21	0.18	0.17	0.25
2011	0.23	0.32	0.24	0.24	0.17	0.32
2012	0.33	0.38	0.27	0.29	0.25	0.41
2013	0.36	0.41	0.28	0.35	0.28	0.45
2014	0.40	0.45	0.28	0.36	0.31	0.49
2015	0.40	0.45	0.30	0.39	0.31	0.54

21-36 历年职工平均工资

单位:元

年　份	丰　县	沛　县	铜山区	睢宁县	新沂市	邳州市
1978	403	381	442	364	472	471
1979	503	454	464	451	496	501
1980	584	547	598	551	564	565
1981	609	548	581	541	571	587
1982	640	596	608	578	621	625
1983	635	606	616	576	641	634
1984	870	902	936	786	971	861
1985	943	1101	960	914	995	941
1986	1106	1072	1134	1079	1106	1124
1987	1164	1141	1160	1132	1217	1174
1988	1541	1487	1416	1355	1517	1590
1989	1558	1520	1568	1551	1549	1480
1990	1691	1647	1751	1700	1787	1653
1991	1725	1837	1838	1742	1928	1777
1992	2159	2118	1961	2042	2243	2047
1993	2676	2328	2339	2328	2638	2506
1994	3422	3081	3464	3203	3841	3755
1995	4071	3890	4442	3964	4580	3964
1996	4789	4411	5379	4416	5151	5035
1997	4719	5111	5997	4193	5024	4832
1998	5625	6108	6678	5148	5974	5972
1999	6264	6687	7260	5476	6533	6382
2000	6669	7234	7862	5693	7047	7002
2001	7200	7765	8441	5868	7519	7560
2002	7568	8202	9012	7331	7998	8085
2003	8254	8838	9708	8242	8313	8659
2004	9455	9950	10938	8987	9525	9485
2005	11220	11950	13235	10658	11659	11625
2006	12530	13688	15604	11984	13423	13412
2007	14406	16128	18725	13825	15855	15746
2008	17389	18688	21845	17136	18483	18722
2009	20791	22166	25393	20694	22156	22168
2010	24090	25786	30525	22993	26061	26130
2011	29872	30713	36726	26606	31986	30633
2012	34189	35433	40977	31094	35337	35535
2013	35951	44659	44758	34836	38647	40092
2014	41980	46251	46321	37683	45212	42793
2015	45126	48454	49664	44057	48540	50108

21-37 历年城乡居民储蓄存款余额

（年底数）

单位:万元

年　份	丰　县	沛　县	铜山区	睢宁县	新沂市	邳州市
1978	586	624	1507	539	632	734
1979	1336	898	2432	777	1101	937
1980	1615	1810	3539	1512	1649	1603
1981	2382	2559	4856	2133	2130	2326
1982	2958	3404	7008	2539	2681	3036
1983	4103	5190	12165	3434	3964	4214
1984	6131	7736	17268	5428	4794	6706
1985	8368	10594	21242	6057	5823	7973
1986	12708	16225	30893	8861	8585	12290
1987	16501	23200	41731	11992	11733	16771
1988	21174	32136	52867	15390	14500	22296
1989	25950	41532	70538	19006	18521	26550
1990	34202	56573	94683	25825	25157	35367
1991	43926	72169	117328	32366	31235	44820
1992	49950	86495	139644	41025	37116	55914
1993	66718	113260	178720	55765	47034	76298
1994	80922	142420	167956	76328	63093	103133
1995	99477	184149	223857	90917	87749	136143
1996	123305	232008	275204	107658	108385	169884
1997	147178	278504	313763	126611	125355	201070
1998	165461	314558	344175	147203	136191	220552
1999	177192	347884	322766	161323	140484	244637
2000	198535	374997		190522	159261	274035
2001	229579	416814		227229	186972	313571
2002	264249	474533		268767	222142	345541
2003	289921	535110	660774	308658	261334	402443
2004	330664	611413	778962	372365	310294	492403
2005	395565	710275	896873	457046	362101	583793
2006	479684	786261	1030057	532538	404096	648887
2007	544418	863847	1197030	592255	463567	736551
2008	659610	1065308	1526967	719016	559798	890588
2009	764610	1222173	1509486	857904	611631	1030206
2010	924204	1439169		1065322	710413	1195898
2011	1038767	1615171	1946720	1281978	978517	1355304
2012	1292601	1918117		1525560	1240984	1677574
2013	1560756	2214804		1807558	1398079	2082612
2014	1902973	2523432		2142900	1690732	2544222
2015	2251179	2893774		2516866	1926070	3021499

注:2015年起居民储蓄调整为住户存款,与往年不可比。

21-38 历年农民人均收入

单位:元

年 份	丰 县	沛 县	铜山区	睢宁县	新沂市	邳州市
1978	84	131	120	54	72	55
1979	121	149	176	56	77	64
1980	117	170	205	74	163	76
1981	129	193	268	109	199	92
1982	144	215	342	164	282	123
1983	307	373	377	325	308	257
1984	419	425	478	379	424	345
1985	422	428	412	316	356	345
1986	412	451	522	378	426	427
1987	454	498	567	369	443	476
1988	462	578	646	460	535	576
1989	491	682	785	448	624	639
1990	504	613	832	519	610	648
1991	595	739	873	559	729	783
1992	669	758	982	638	760	815
1993	777	919	1142	761	890	893
1994	1067	1170	1451	1022	1291	1259
1995	1545	1751	2038	1513	1764	1706
1996	2162	2362	2770	2121	2301	2360
1997	2561	2852	3202	2427	2643	2604
1998	2807	3109	3428	2551	2857	2847
1999	3003	3241	3590	2661	3016	3001
2000	3129	3365	3748	2664	2814	3121
2001	3034	3544	3943	2850	2959	3295
2002	3479	3735	3780	3050	3123	3475
2003	3611	3880	3930	3163	3231	3613
2004	4027	4325	4402	3465	3613	4004
2005	4026	4550	4920	3845	4025	4477
2006	4537	5143	5591	4314	4516	5088
2007	5104	5831	6340	4849	5076	5770
2008	5724	6593	7167	5452	5698	6526
2009	6369	7342	7988	6077	6340	7267
2010	7258	8378	9173	7022	7231	8331
2011	8642	10001	10934	8384	8634	9931
2012	9783	11351	12421	9541	9808	11282
2013	10957	12725	13924	10686	10979	12635
2014	11757	13249	15100	11600	12140	12846
2015	12850	14441	16459	12656	13281	14028

注:2013 年及之前为农民人均纯收入,自 2014 年起为农民人均可支配收入。

21-39 历年农民人均生活消费支出

单位:元

年 份	丰 县	沛 县	铜山区	睢宁县	新沂市	邳州市
1978	71		109		65	
1979	85		148		71	
1980	116		160		148	
1981	175		221		177	
1982	211		239		225	
1983	253	210	272	247	289	223
1984	294	272	311	278	350	247
1985	363	343	353	269	347	285
1986	398	362	390	334	424	353
1987	418	415	443	370	400	448
1988	500	511	544	386	450	447
1989	585	611	622	423	590	598
1990	565	510	575	425	537	550
1991	663	622	536	497	530	603
1992	526	579	582	546	512	684
1993	594	955	690	499	606	679
1994	864	938	927	891	1039	992
1995	917	1227	1040	1073	1361	1192
1996	1455	1699	1610	1325	1344	1467
1997	1605	1714	1943	1555	1393	1311
1998	1586	1576	1258	1466	1538	1227
1999	1685	1603	1459	1286	1496	1258
2000	1468	1741	1384	1429	1358	1583
2001	1596	1913	1582	1395	1453	1381
2002	1912	2296	1674	1588	1552	1311
2003	1933	2510	1881	1648	1915	1361
2004	2230	2110	2200	1861	1862	1257
2005	3082	3282	2961	2567	2501	2630
2006	3118	3666	3515	2932	3145	3027
2007	3461	4695	4311	3432	3565	3528
2008	4083	5318	4807	3746	3756	4218
2009	4695	5814	4957	4079	3951	4761
2010	5306	6572	5513	4436	4651	4937
2011	6288	7587	6496	4987	5766	5188
2012	7095	8558	7149	5616	6481	5866
2013	8325	7207	7858	6190	7141	6969
2014	7641	8682	8066	7292	8201	7990
2015	8296	9473	8927	8054	9025	8674

注:2013 年及之前为农民人均生活消费支出,自 2014 年起为农民人均消费支出。

21–40　县(市)社会经济主要指标

(2015 年)

指　　标		丰　县	沛　县	铜山区	睢宁县	新沂市	邳州市
人口、就业及土地面积							
年末总人口	(万人)	120.67	130.92	131.36	144.28	112.66	187.49
年平均人口		120.36	130.77	131.46	143.93	112.28	186.69
当年出生人口	(人)	16934	19787	19379	23108	20244	26703
当年死亡人口		6392	9073	11305	7308	8205	7638
年末总户数	(万户)	32.65	36.33	35.81	33.58	31.75	45.73
从业人员	(万人)	56.36	66.67	65.69	60.11	54.31	77.63
第一产业		26.12	23.97	23.23	17.21	23.57	31.96
第二产业		15.75	23.97	21.30	22.79	15.17	22.66
第三产业		14.49	18.73	21.16	20.11	15.57	23.01
年末单位从业人员	(人)	88337	131742	187296	78603	95484	103784
按国民经济行业分							
第一产业(农林牧渔业)		97	7177	5472		312	300
第二产业		52187	82325	149407	42630	60375	58203
第三产业		36053	42240	32417	35973	34797	45281
按登记注册类型分							
# 国有单位		32267	50348	37673	42271	29333	35871
城镇集体单位		4417	7396	2919	2336	3184	10161
港澳台商投资单位		2415	2425	3187	9984	2400	7861
外商投资单位		2029	1422	3861	989	1487	5561
在岗职工人数		59016	86484	152335	72591	78142	98379
在岗职工平均人数		57382	87712	151449	68627	77467	95510
私营企业从业人员		97904	128543	115375	136448	171907	157807
个体从业人员		43698	40226	32696	51844	54699	104715
年末城镇登记失业人员数		2363	3569	3495	2596	3794	4612
行政区域土地面积	(平方公里)	1450	1806	1871	1769	1592	2085
综合经济							
地区生产总值	(亿元)	370.33	605.84	900.42	451.89	507.63	731.71
第一产业		69.53	85.59	73.07	77.51	61.93	104.59
第二产业		160.32	277.91	475.74	192.72	212.36	313.59
# 工业		122.89	217.06	414.36	151.79	180.99	271.77
第三产业		140.48	242.34	351.61	181.66	233.34	313.53
地区生产总值指数(上年 =100)		110.4	110.5	110.1	110.5	110.6	110.4
第一产业		103.6	102.5	103.5	103.4	102.8	103.3
第二产业		111.2	111.8	110.8	112.1	111.9	111.2
# 工业		114.5	111.0	113.2	113.4	112.3	116.1
第三产业		111.9	111.1	110.0	111.3	111.1	111.5
固定资产投资							
固定资产投资		215.83	487.09	675.51	269.77	473.69	652.69
# 房地产开发投资		31.13	21.59	32.07	39.71	41.02	50.44

21-40 续表 1 (2015 年)

指标	丰县	沛县	铜山区	睢宁县	新沂市	邳州市
商品房销售面积 (万平方米)	58.58	66.51	27.82	82.24	94.06	128.78
# 住宅	54.10	60.86	25.85	70.22	80.00	118.97
财政、金融、保险						
上划中央收入 (亿元)	8.79	11.46	18.30	13.57	7.85	9.91
公共财政预算收入 (亿元)	43.09	59.30	77.20	43.68	51.33	62.38
# 税收收入	37.32	49.68	64.83	38.37	43.56	53.29
# 增值税(25%)	2.52	3.45	4.24	3.87	2.31	3.02
营业税	26.32	25.76	32.69	19.93	21.22	21.34
企业所得税(40%)	0.76	1.20	3.21	1.25	1.26	1.49
个人所得税(40%)	1.48	0.52	0.89	0.71	0.68	0.59
公共财政预算支出 (亿元)	74.72	92.35	107.74	78.89	82.50	103.43
# 一般公共服务	5.19	6.38	7.46	7.37	4.96	7.21
科学技术	1.50	2.78	3.61	1.64	1.28	0.89
教育	15.25	18.53	21.68	16.09	13.24	27.23
文化体育与传媒	0.77	0.65	0.62	0.57	0.34	2.11
社会保障和就业	6.83	6.32	8.32	7.43	5.64	8.69
医疗卫生	6.48	7.39	7.80	8.28	5.64	9.90
节能保护	3.68	3.51	3.92	1.51	1.46	2.14
城乡社区事务	6.47	13.21	10.77	11.77	27.98	7.14
农林水事务	1.61	1.38	2.18	0.84	4.04	5.64
交通运输	13.08	22.16	23.86	13.75	11.72	24.33
年末金融机构各项存款余额 (亿元)	297.36	378.88		329.98	265.82	411.79
# 住户存款	225.12	289.38		251.69	192.61	302.15
年末金融机构各项贷款余额 (亿元)	147.50	187.39		192.61	221.85	319.57
保费收入 (亿元)	8.08	10.29		6.89	6.76	9.42
财产险	3.08	3.20		2.90	3.77	4.62
人寿险	5.00	7.09		3.99	2.99	4.80
赔款和给付 (亿元)	2.70	3.32		2.42	2.26	3.40
财产险	1.51	1.62		1.35	1.78	2.36
人寿险	1.19	1.70		1.08	0.49	1.03
农业						
乡村户数 (万户)	23.65	23.65	28.28	25.29	21.62	33.95
乡村人口数 (万人)	92.60	91.54	101.21	103.74	82.11	128.60
乡村从业人数 (万人)	53.21	49.25	52.20	59.83	44.38	66.22
# 农林牧渔业	23.95	16.52	20.91	23.24	17.94	21.24

21-40　续表 2　　　　　　　　　　　　（2015 年）

指　　　　标		丰　县	沛　县	铜山区	睢宁县	新沂市	邳州市
农林牧渔业总产值(当年价)	(万元)	1371308	1618628	1452086	1463121	1281589	2054161
农业		981599	1040371	884596	848936	638130	1312747
林业		10626	7965	13920	24588	43383	37514
牧业		326649	468723	428245	501986	383201	547809
渔业		10898	35449	74941	47039	172345	82981
农林牧渔服务业		41536	66120	50384	40572	44530	73110
农作物总播种面积	(千公顷)	146.52	150.70	173.29	188.42	192.93	229.70
#粮食作物		85.51	90.19	121.23	148.92	101.13	123.99
粮食总产量	(万吨)	52.99	61.63	79.32	92.03	65.95	80.64
油料产量		0.51	0.28	0.51	2.04	6.26	1.42
棉花产量		1.58	0.17	0.47	0.11		0.17
肉类总产量		16.72	19.38	10.41	14.17	12.91	20.68
#猪肉		6.06	5.49	6.03	6.38	7.66	7.98
牛肉		0.12	0.2	0.17	0.17	0.14	0.18
羊肉		1.51	0.7	0.65	1.76	0.53	0.51
水产品产量(万吨)		0.29	1.69	4.35	2.26	5.93	2.96
规模以上工业、建筑业							
规模以上工业企业单位数	(个)	312	467	409	323	485	524
内资企业		288	459	391	306	470	491
港澳台商投资企业		10	4	9	13	8	15
外商投资企业		14	4	9	4	7	18
工业总产值(当年价)	(亿元)	616.91	1521.09	3210.85	922.79	1599.25	2225.10
内资企业		572.21	1499.31	3015.84	813.50	1511.00	2051.77
港澳台商投资企业		19.12	11.07	82.31	88.08	37.67	98.90
外商投资企业		25.58	10.70	112.70	21.21	50.58	74.43
主营业务收入		602.43	1485.31	3183.46	887.82	1581.70	2171.54
#主营业务税金及附加		3.71	8.60	29.98	5.36	15.08	21.58
利润总额		49.76	95.36	305.48	97.56	113.04	183.26
亏损企业亏损总额		0.19	0.68	1.80	0.02	1.20	1.33
利税总额		83.24	174.23	470.47	135.78	196.23	303.94
本年应交增值税		29.77	70.28	135.01	32.85	68.11	99.10
全部从业人员年平均人数	(万人)	4.72	12.30	15.03	6.30	8.77	13.06
建筑企业单位数	(个)	38	77	55	35	52	52
建筑企业期末从业人员(万人)		4.64	9.92	8.54	3.38	4.94	5.38
建筑业总产值	(亿元)	134.98	264.11	223.24	129.77	112.42	123.86

21-40 续表 3 (2015 年)

指标		丰县	沛县	铜山区	睢宁县	新沂市	邳州市
交通运输、邮电通信、电力							
公路里程	(公里)	1848	2298		2474	2853	3098
# 等级公路		1848	2298		2291	2355	2781
# 高速公路		33	34		59	112	39
一级公路		109	135		161	186	154
公路客运量	(万人)	533	884		1038	884	857
公路货运量	(万吨)	1345	1388		1471	1358	2041
民用汽车拥有量	(辆)	75055	76315	135847	83068	69973	110442
# 私人汽车拥有量		69989	68439	126241	76093	62960	102595
邮政局所数	(处)	26	29		32	33	42
邮电业务总量	(亿元)	7.50	8.46	3.74	9.33	9.46	10.51
# 邮政业务总量		1.79	1.39		2.42	3.16	2.16
邮政业务收入	(亿元)	1.66	1.40		1.77	1.81	1.91
电信业务收入	(亿元)	4.74	5.94	2.10	5.77	5.13	6.98
固定电话用户	(万户)	8.22	11.34	13.31	12.82	10.07	13.05
# 农村电话用户	(万户)	3.50	6.30	10.80	6.90	5.10	7.40
移动电话年末用户	(万户)	67.67	80.64	78.50	76.95	70.16	99.50
国际互联网用户	(万户)	9.53	11.40	13.02	11.81	11.75	13.57
全年用电量	(亿千瓦时)	18.86	32.53	47.45	22.69	40.47	27.01
# 工业用电		11.14	24.04	37.17	14.07	33.38	16.32
城乡居民生活用电		4.79	4.93	5.93	4.98	4.00	6.15
批发零售贸易、外经、旅游							
社会消费品零售总额	(亿元)	133.36	217.22	215.10	158.55	153.71	223.55
# 批发和零售业		122.64	196.03	196.86	147.00	139.53	205.16
住宿和餐饮业		10.72	21.19	18.24	11.55	14.18	18.39
进出口总额(海关数)	(亿美元)	1.00	3.18	6.05	5.56	4.05	9.47
# 出口总额		0.99	3.12	5.06	4.09	2.08	8.20
外国和港、澳、台地区在华直接投资							
新签项目(合同)个数	(个)	11	10	8	15		20
合同外资金额	(亿美元)	1.25	1.69	1.34	2.21	-1.61	3.07
实际到帐外资(商务部口径)	(亿美元)	0.51	0.83	0.65	1.06	0.07	1.88

注:此表中的公路客货运量为营业性口径,后同;2011 年及以后邮电业务总量按 2010 年价格计算。

21-40　续表 4　（2015 年）

指　　标		丰　县	沛　县	铜山区	睢宁县	新沂市	邳州市
市政公用事业、环境保护(城市)							
城市维护建设资金支出	(亿元)	8.36	6.65		8.06	2.20	5.82
供水综合生产能力(包括自备水源)	(万吨/日)	8	9		9	21	25
供水总量	(万吨)	2245	2833		2470	2648	2972
售水量		2071	2625		2255	2200	2825
# 居民家庭用水		880	1420		1063	785	1061
用水人口	(万人)	26.26	33.3		25.3	31.97	34.97
公共汽(电)车运营车辆数	(辆)	58	221		150	148	260
公共汽(电)车客运总量	(万人次)	450	1239		480	725	2300
出租汽车数	(辆)	302	626		598	458	536
煤气(人工煤气、天然气)供气总量	(万立方米)	4209	1042		333	1694	1085
# 家庭用量		2435	968		232	330	289
煤气用气人口	(万人)	25.94	18.9		4.2	8.25	10.3
液化石油气供气总量	(吨)		6000		7597	9001	4611
# 家庭用量			6000		7585	8100	3940
液化石油气用气人口	(万人)		14.5		20.92	23.7	25.3
道路面积	(万平方米)	536	1055		486	683	622
排水管道长度	(公里)	333	694		230	636	575
建成区绿化覆盖面积	(公顷)	1219	1529		1334	1464	1926
绿地面积		1374	1538		1516	2124	1837
公园绿地面积	(公顷)	357	380		325	329	512
污水处理厂数	(座)	1	1		1	1	3
垃圾处理站数	(个)	1	1		1	1	1
生活垃圾无害化处理率	(%)	100	100		100	100	100
污水集中处理率	(%)	83.3	87.0		67.0	88.6	64.9
自然保护区个数	(个)					1	2
自然保护区面积	(公顷)					13270	4230
工业废水排放量	(万吨)	2012	2752	1845	651	947	651
工业二氧化硫排放量	(吨)	3590	20978	39766	2280	4170	10960
化学需氧量排放量	(吨)	1725	2596	1662	913	1289	964
工业烟尘排放量	(吨)	4425	6105	14992	3590	7902	7682
工业废气排放量	(亿标米)	1052.60	390.52	2268.49	26.42	749.58	280.23
工业固体废物综合利用率	(%)	100.0	100.0	100.0	92.5	100.0	100.0

21-40　续表 5　　　　（2015 年）

指　　标		丰　县	沛　县	铜山区	睢宁县	新沂市	邳州市
教育、科技、卫生							
学校总数	（个）	151	164	182	184	149	248
# 普通高等学校							
普通中等专业学校				2	2		
普通中学		42	43	40	44	36	52
职业高中		1	2	1		1	2
技工学校							
小学		108	119	139	138	112	194
在校学生总数	（万人）	13.41	14.86	17.04	15.13	15.14	26.71
# 普通高等学校							
普通中等专业学校		0.03		0.33	0.29	0.20	0.86
普通中学		4.18	3.58	4.12	5.05	3.13	6.90
职业高中		0.68	1.25	1.02	0.35	0.39	0.75
技工学校							
小学		8.52	10.02	11.57	9.44	11.42	18.19
专任教师总数	（人）	9388	9410	9743	10810	7612	14569
# 普通高等学校							
普通中等专业学校		62		313	344	30	24
普通中学		4770	3779	4629	5035	3433	5358
职业高中		212	550	185		180	307
技工学校							
小学		4344	5081	4616	5431	3969	8880
幼儿园数	（个）	88	61	105	95	78	91
在园幼儿数	（万人）	4.53	6.22	6.33	4.93	5.63	6.26
小学毕业生升学率	（%）	100	100	100	100	100	100
各类专业技术人员数	（人）	40000	55000	46000	46000	49000	54000
专利申请受理量	（件）	1049	244	1603	857	443	577
专利申请授权量	（件）	725	385	1029	311	193	348
# 发明		21	49	133	6	22	46

21-40 续表 6 （2015 年）

指　　标		丰　县	沛　县	铜山区	睢宁县	新沂市	邳州市
广播覆盖率	（%）	100.0	100.0	100.0	100.0	100.0	100.0
电视覆盖率		100.0	100.0	100.0	100.0	100.0	100.0
有线电视入户率		92.5	100.0	95.5	100.0	100.0	95.8
剧场、影剧院数	（个）	1	1	1	1	1	1
公共图书馆		1	1	1	1	1	1
公共图书馆图书总藏量	（千册、件）	214.28	335.34	321.17	411.39	184.31	464.23
卫生机构数	（个）	558	608	511	608	480	767
# 医院		5	11	15	10	10	15
卫生院		25	26	23	24	20	31
卫生机构床位数	（张）	3980	4477	2957	3879	3134	5378
# 医院		1854	3044	1384	2019	2216	3230
卫生院		2037	1433	1513	1560	787	1816
卫生技术人员	（人）	4244	4894	3826	4634	4620	6934
# 执业(助理)医师		1981	2013	1804	2064	2217	2540
注册护士		1535	1989	1332	1712	1665	2510
# 卫生防疫人员		77	91	129	247	96	109
人民生活							
在岗职工工资总额	（亿元）	28.08	44.91	75.84	30.37	39.58	48.17
全体居民人均可支配收入	（元）	16481	19372	22930	16516	17100	18842
工资性收入		9219	10726	14498	7154	9308	10131
经营净收入		4539	4719	5198	6361	4324	5104
财产净收入		607	975	835	1148	841	806
转移净收入		2116	2951	2399	1853	2627	2802
人均生活消费支出		11548	12452	14487	9863	11521	11051
食品烟酒		3587	3541	4811	3251	3857	3404
衣着		938	1148	1482	707	1097	887
居住		1891	2749	1615	2236	2204	2205
生活用品及服务		875	830	894	486	821	797
交通通信		1271	1777	1898	825	1241	1428
教育文化娱乐		2205	1348	2648	1776	1578	1353
医疗保健		548	747	931	475	546	750
其他用品和服务		231	313	209	106	177	227
人均期末拥有房屋面积	（平方米）	45	47	52	55	47	65
人均现住房建筑面积	（平方米）	45	45	45	49	47	65
城镇居民人均可支配收入	（元）	21094	25163	29522	21478	22901	26334
工资性收入		13964	14789	19529	10726	13936	15790
经营净收入		2617	4018	4717	7084	3756	4165
财产净收入		1088	1975	1416	2368	1710	1764
转移净收入		3425	4382	3860	1300	3498	4615

21-40 续表7 (2015年)

指　　标		丰　县	沛　县	铜山区	睢宁县	新沂市	邳州市
人均生活消费支出		15678	15951	20150	12188	15312	14749
食品烟酒		4676	4457	6323	3883	5071	4519
衣着		1378	1585	2292	949	1613	1218
居住		2821	3603	1800	2887	3174	3188
生活用品及服务		1245	996	1347	665	1144	1101
交通通信		1687	2023	2865	972	1489	1685
教育文化娱乐		2911	1785	3912	2203	2083	1668
医疗保健		597	1036	1264	498	501	983
其他用品和服务		364	465	347	130	237	386
人均期末拥有房屋面积	（平方米）	43	45	42	54	46	63
人均现住房建筑面积	（平方米）	42	43	31	45	45	63
农村居民人均可支配收入	（元）	12850	14441	16459	12656	13281	14028
工资性收入		5303	7267	9559	4375	6261	6494
经营净收入		6292	5316	5671	5798	4698	5708
财产净收入		211	124	265	199	268	190
转移净收入		1043	1734	964	2283	2053	1636
人均生活消费支出		8296	9473	8927	8054	9025	8674
食品烟酒		2736	2761	3327	2617	3057	2688
衣着		574	775	686	518	757	674
居住		1178	2022	1433	1610	1565	1573
生活用品及服务		555	688	449	480	608	601
交通通信		945	1567	948	791	1078	1263
教育文化娱乐		1685	976	1406	1452	1246	1150
医疗保健		506	501	604	511	575	600
其他用品和服务		117	183	74	76	138	125
人均期末拥有房屋面积	（平方米）	48	48	62	56	48	67
人均现住房建筑面积	（平方米）	48	48	60	53	48	67
城镇企业职工基本养老保险参保人数	（万人）	2.93	4.34	4.07	3.10	3.30	4.61
城镇职工基本医疗保险参保人数		7.41	10.47	9.67	6.91	8.93	13.42
城镇失业保险参保人数		4.01	8.46	6.78	5.28	5.70	8.51
社会福利收养性单位数	（个）	20	27	67	23	26	25
社会福利收养性单位床位数	（张）	4280	5860	8408	4700	4088	5617
社区服务设施数	（个）	431	186	960	436	90	506
社会治安							
刑事案件立案数	（件）	840	895	903	797	975	1140
交通事故死亡人数	（起）	22	23	77	48	40	40
交通事故损失额	（万元）	40	144	39	59	61	46
火灾事故死亡人数	（起）	2	3		1		3
火灾损失金额	（万元）	683	181	155	67	293	165

第22部分

乡镇基本情况

BASIC CONDITIONS OF COUNTRY AND TOWN

版面负责人：郭绍林

编　　辑：刘　畅

江苏省统计条例

（2014 年 1 月 16 日江苏省第十二届人民代表大会常务委员会第八次会议通过）

第四十条 政府统计机构应当明确承担统计执法检查职责的内设机构，配备相适应的统计执法检查人员。

【释义】 本条是关于政府统计机构内设统计检查机构的规定。

为确保依法履行职责，本条规定：政府统计机构应当明确承担相应执法检查职责的内设机构，配备与统计执法检查任务相适应的统计执法检查人员。

统计执法检查人员。指政府统计机构根据工作需要，明确承担统计执法检查职责的内设机构，对出现的统计违法行为进行行政处理或依法采取司法诉讼等工作的人员。统计执法检查人员，应由省统计局或者地方人民政府法制部门统一培训，并经考核合格、取得执法证件后，方可从事执法工作。

第四十一条 政府统计机构在调查统计违法行为或者核查统计数据时，可以发出统计检查查询书。被查询对象收到统计检查查询书后，应当按照规定期限如实书面答复，提供相关证明和资料。

【释义】 本条是关于统计检查查询书制发及被查询对象答复义务的规定。

为规范统计执法查询，本条作出如下规范：

一是明确了统计检查查询书的法律地位。统计检查查询书，是针对被查询对象拒报统计资料，或者报送统计资料存在重大问题，政府统计机构制发的一种法律文书，被查询对象应当按照查询书规定，书面提供有关材料和各种证据。

二是严格限定了使用范围。即政府统计机构在调查统计违法行为，或者在核查统计数据时，方可制发统计检查查询书。主要包括：(1)在统计检查中，发现被检查对象有提供不真实统计数据，或者拒报、迟报等违法行为；(2)发现有关单位制发非法统计调查表以及有关人员对依法行使统计法律、法规授予的职权的统计人员进行刁难、打击报复等违法行为，需要进行检查、调查、询问时；(3)在查处统计违法案件过程中，需要对有关单位、当事人、知情人进行调查、提取证据或了解情况时；(4)在受理复议或复查统计违法案件过程中，需要查证有关情况时。

三是规定了被查询对象书面答复的义务。即在规定期限内，被查询的单位或者个人应当以书面的形式，按期据实答复有关查询问题，并提供相关证明材料佐证。被查询单位、个人不按照规定答复，属于统计违法行为，依法承担相应的法律责任。

编辑：王中彬

22-1 分镇主要经济指标

（2015 年）

乡　镇	居委会数（个）	村委会数（个）	通宽带村　数（个）	通自来水　村（个）	通有线电视村（个）	乡镇行政区域面积（公顷）	年末常用耕地面积（公顷）	年末有效灌溉面积（公顷）	农业机械总动力（千瓦）
贾汪区									
大泉街道	2	11	11	11	11	7435	2787	450	52457
大吴街道	11	6	6	6	6	3840	1324	1205	28870
潘安湖街道	2	4	4	4	4	2580	842	791	30560
青山泉镇	5	11	11	11	11	6647	2862	2061	42369
紫庄镇	3	15	15	14	15	6668	3200	2373	86079
塔山镇	3	20	20	20	20	9468	5497	4379	67620
汴塘镇		17	17	12	17	10080	4169	3920	66110
江庄镇		11	11	11	11	7496	4280	1160	34682
徐州经济技术开发区									
大黄山街道	2	12	12	12	12	4300	1021	368	18331
大庙街道	6	20	20	20	20	9126	2433	2280	53200
徐庄镇		22	22	20	22	13259	7691	3942	64810
丰　县									
中阳里街道	16					990	325	325	3281
凤城街道	12	11	11	11	11	8846	4160	4160	52832
孙楼街道		19	19	19	19	6608	3452	3430	31520
首羡镇		33	33	33	33	12176	7844	7500	70285
顺河镇		22	22	22	22	9404	5868	5828	64328
常店镇		27	27	27	27	7727	4885	4885	58860
欢口镇		27	27	27	27	10500	6561	6561	94372
师寨镇		28	28	28	28	8011	5281	4650	65000
华山镇		25	25	25	25	10100	3950	3900	76250
梁寨镇		20	20	20	20	8680	4550	4550	65175
范楼镇		31	31	31	31	11610	7331	6827	76021
宋楼镇		32	32	22	32	12214	3766	3365	53820
大沙河镇		19	19	19	19	8150	1539	1500	49582
王沟镇		31	31	31	31	12621	8088	8088	77672
赵庄镇		18	18	18	18	9100	5112	5112	74315
沛　县									
沛城街道	16	14	14	14	14	6240	2794	2517	55689
大屯街道	15	10	10	10	10	5430	3287	3003	62235
汉源街道	10	4	4	2	4	2950	1768	1768	4599
汉兴街道	14	4	4	4	4	5310	2088	1283	5260
龙固镇	12	11	11	11	11	5302	2659	2610	71125
杨屯镇	12	9	9	9	9	4100	2066	2030	73754
胡寨镇	4	10	10	10	10	4594	2731	2682	73486
魏庙镇	3	14	14	14	14	5200	3950	3677	60196
五段镇	3	14	14	14	14	4700	2822	2602	10965
张庄镇	8	24	24	24	24	11200	6848	6076	107525
张寨镇	3	26	26	23	23	10634	6945	3130	5920
敬安镇	8	18	18	18	18	9600	5091	4912	21460
河口镇	2	16	16	11	16	8257	5485	5085	75100
栖山镇	4	18	18	18	18	8951	6225	6184	42950
鹿楼镇	2	22	22	19	22	12540	5996	5915	88516
朱寨镇	2	20	20	5	20	7900	4700	4380	46664
安国镇	8	23	23	23	23	10294	5535	5521	60003

注：部分指标为待国家统计局审定反馈的统计上报数。

22-1 续表 1 （2015 年）

乡 镇	居委会数（个）	村委会数（个）	通宽带村 数（个）	通自来水 村（个）	通有线电视村（个）	乡镇行政区域面积（公顷）	年末常用耕地面积（公顷）	年末有效灌溉面积（公顷）	农业机械总 动 力（千瓦）
铜山区									
新区街道	5	7	7	7	7	6450	2640	2240	29642
三堡镇街道	4	2	2	2	2	3540	1837	1800	31050
何桥镇		15	15	15	15	7400	5326	4674	56000
黄集镇		18	18	18	18	8340	4566	4566	46010
马坡镇		12	12	1	12	6900	3670	3455	70214
郑集镇		10	10	10	10	6800	5045	4270	79706
柳新镇		19	19	19	19	8500	4260	4169	39100
刘集镇		15	15	15	15	8360	4143	4130	65260
大彭镇		14	14	13	14	7600	3029	2990	41300
汉王镇		9	9	9	9	6420	2053	1219	19260
棠张镇		17	17	16	17	8030	4375	3753	47020
张集镇	1	19	19	19	19	14800	7933	7867	66503
房村镇		20	20	20	20	13600	7987	7987	90256
伊庄镇		15	15	15	15	8560	3261	2850	58106
单集镇		21	21	18	21	13210	7384	2908	64025
利国镇	3	10	10	10	10	7769	2590	1480	20120
大许镇		23	23	17	23	12900	6415	5195	99521
茅村镇		13	13	13	13	8396	3845	2750	81760
柳泉镇	1	17	17	17	17	10520	4714	1887	27783
睢宁县									
睢城镇	25					10173	5091	4512	42075
王集镇	6	22	22	22	22	13152	7259	4487	85104
双沟镇	4	13	13	13	13	8183	3992	435	31225
岚山镇	3	17	17	14	17	12837	8364	4392	105317
李集镇	4	11	11	11	11	6368	3840	2584	47335
桃园镇	4	21	21	21	21	9682	5339	2260	41890
官山镇	8	16	16	16	16	12528	7237	7237	63498
高作镇	5	8	8	8	8	4171	2277	1151	26710
沙集镇	4	13	13	13	13	4000	3398	2980	38100
凌城镇	6	19	19	19	19	9365	5358	4592	65760
邱集镇	5	28	28	28	28	14079	8858	7890	89705
古邳镇	6	20	20	20	20	10666	5040	4620	43100
姚集镇	7	29	29	29	29	16700	6700	1965	69700
魏集镇	5	20	20	20	20	12938	7252	5820	68109
梁集镇	5	8	8	8	8	11036	5803	5053	61130
庆安镇	8	15	15	15	15	11571	7356	6550	54570

22-1　续表 2　　　　（2015 年）

乡　　镇	居委会数（个）	村委会数（个）	通宽带村　数（个）	通自来水　村（个）	通有线电视村（个）	乡镇行政区域面积（公顷）	年末常用耕地面积（公顷）	年末有效灌溉面积（公顷）	农业机械总动力（千瓦）
新沂市									
新安街道	16	4	4	4	4	8087	2991	2059	42553
北沟街道	7					3400	1210	1122	4592
墨河街道	9					7758	2789	2505	5830
唐店街道	5	4	4	4	4	6777	2966	1275	50800
瓦窑镇		12	12	12	12	6312	3397	3086	22100
港头镇	7	4	4	4	4	6356	2892	2489	40798
合沟镇		20	20	20	20	6872	2845	2800	36201
草桥镇		16	16	16	16	10125	3650	2661	32011
窑湾镇	1	21	21	21	21	11597	4112	3145	42356
棋盘镇		26	26	26	26	17214	6644	2561	50981
马陵山镇		16	16	16	16	10500	4196	2184	71360
新店镇		15	15	15	15	12800	4615	2301	59633
邵店镇		14	14	14	14	5800	2656	1382	20185
时集镇		18	18	18	18	10600	6420	4241	81063
高流镇		14	14	14	14	12290	7235	7210	67650
阿湖镇		18	18	18	18	12545	5428	3860	76940
双唐镇		14	14	14	14	8800	3552	2500	46490
邳州市									
东湖街道	4	3	3	3	3	2646	1890	645	2263
运河街道	15	12	12	12	12	7823	2683	1455	45694
戴圩街道	6	19	18	18	17	7999	3219	2498	42486
炮车街道	3	12	10	7	7	5299	2880	1906	30548
邳城镇	1	22	8	22	22	9028	5035	3513	32287
官湖镇		27	27	27	27	8880	2053	1945	19825
四户镇		17	17	17	17	8100	4859	4840	73002
宿羊山镇	1	24	24	24	24	9013	4297	4297	77612
八义集镇	1	25	19	25	25	9112	8362	3079	100816
土山镇		21	21	21	21	6380	3542	3500	54768
碾庄镇	1	27	27	27	27	12100	7117	6620	58984
港上镇	3	22	22	22	22	6400	3200	2880	94581
邹庄镇	1	16	16	16	16	7366	5690	5446	34620
占城镇	1	18	9	12	14	8900	4200	2000	32800
新河镇		19	19	19	19	9797	4498	3850	20945
八路镇		14	14	8	14	6695	3660	3125	33520
铁富镇		30	30	30	30	12444	5980	5980	29990
岔河镇		12	12	12	12	7030	3440	3440	40995
陈楼镇		11	11	11	11	3996	1714	400	3571
邢楼镇		18	10	15	18	9650	5510	5510	98600
戴庄镇		16	16	16	16	7373	3468	2590	13650
车辐山镇		16	16	16	15	9500	5618	4701	64130
燕子埠镇		16	16	16	16	7700	4000	1635	12451
赵墩镇	1	27	27	27	27	12000	5500	3030	42910
议堂镇	3	12	12	12	12	5760	2619	2300	37150

22-1 续表 3 （2015 年）

乡镇	乡镇总户数（户）	乡镇总人口（人）	乡镇从业人员数（人）	#外来从业人员	农民人均纯收入（元）
贾汪区					
大泉街道	17718	53433	24914	235	11615
大吴街道	15369	55017	29213	2058	20137
潘安湖街道	5544	22176	9772	1608	19854
青山泉镇	15612	47719	30195	4432	20311
紫庄镇	16857	50866	24956	171	15319
塔山镇	19623	76009	28514	1204	14375
汴塘镇	14465	50711	19102	42	10894
江庄镇	9650	35698	14860	312	14586
徐州经济技术开发区					
大黄山街道	15642	57986	27857	856	19689
大庙街道	26803	99659	42855	5410	20450
徐庄镇	17418	68287	38944	738	15148
丰　县					
中阳里街道	7072	29151	14055	2899	21601
凤城街道	18934	67375	32816	958	18889
孙楼街道	13992	51533	29346	660	13692
首羡镇	24554	84895	52396	2974	13133
顺河镇	13167	51070	29786	431	11322
常店镇	16594	62777	34302	680	11896
欢口镇	27953	101754	54614	3799	15625
师寨镇	16462	67371	45138	1650	11529
华山镇	22996	74229	48248	2150	14328
梁寨镇	19042	68711	33489	850	12440
范楼镇	23096	83429	40287	248	12045
宋楼镇	24628	92836	44135	2287	13105
大沙河镇	15661	62345	28591	1137	14476
王沟镇	26167	106830	56307	1311	11352
赵庄镇	17680	63028	40966	1086	11586
沛　县					
沛城街道	59329	174758	89073	8915	17922
大屯街道	19356	70523	44285	4780	16772
汉源街道	8606	32803	18997	219	15520
汉兴街道	13080	45458	24112	427	15498
龙固镇	16285	63412	30386	3386	17387
杨屯镇	16171	58155	35977	1011	15669
胡寨镇	11986	40698	23046	186	15065
魏庙镇	16427	59635	37101	355	15574
五段镇	10387	40768	24597	338	14749
张庄镇	26022	101052	65210	1782	16348
张寨镇	24108	100032	37059	2068	15163
敬安镇	15168	57052	31626	436	16202
河口镇	15250	58985	33089	320	15092
栖山镇	15819	63526	31490	455	15642
鹿楼镇	21373	77281	47607	160	14506
朱寨镇	15546	60520	27497	326	15551
安国镇	21596	82983	44515	1192	16129

22-1 续表 4 （2015 年）

乡　　镇	乡镇总户数（户）	乡镇总人口（人）	乡镇从业人员数（人）	#外来从业人员	农民人均纯收入（元）
铜山区					
新区街道	12548	50201	26426	1782	21365
三堡镇街道	7326	24905	13093	1123	21253
何桥镇	15284	52935	30768	158	13927
黄集镇	17003	59241	32532	570	14777
马坡镇	13418	52221	24351	492	15651
郑集镇	15648	52014	27910	422	16494
柳新镇	20231	74343	33291	4611	22735
刘集镇	18900	64077	28737	1625	16408
大彭镇	20150	68813	43112	3581	17204
汉王镇	10751	41077	17006	118	16696
棠张镇	15502	57208	36110	5160	19232
张集镇	24059	78819	36242	3409	19253
房村镇	19878	76128	39852	675	14618
伊庄镇	11740	46809	21840	465	13776
单集镇	18812	68092	28319	55	13018
利国镇	19075	57648	23221	1558	23963
大许镇	21447	81357	40379	2589	14263
茅村镇	20567	75326	33354	957	18955
柳泉镇	17415	64104	39427	1380	18806
睢宁县					
睢城镇	80263	250019	156545	43705	18243
王集镇	19511	76321	45474	1205	13084
双沟镇	12030	48921	29054	789	13344
岚山镇	19272	76833	47983	1456	11522
李集镇	13413	52253	31101	1130	15073
桃园镇	17831	71117	37769	881	12968
官山镇	20607	80648	53547	502	11904
高作镇	9604	35417	22995	606	16601
沙集镇	13922	58306	30681	140	12551
凌城镇	17904	72748	39563	395	12210
邱集镇	24352	98801	55923	172	12363
古邳镇	17789	72990	46285	1023	11966
姚集镇	22146	95100	49518	586	11725
魏集镇	18256	72828	43096	56	12387
梁集镇	11889	51646	27167	469	12247
庆安镇	16545	64512	35962	1956	11695

22-1 续表5 （2015年）

乡　镇	乡镇总户数（户）	乡镇总人口（人）	乡镇从业人员数（人）	#外来从业人员	农民人均纯收入（元）
新沂市					
新安街道	78726	204720	141896	11476	19684
北沟街道	18240	52659	23989	2431	14743
墨河街道	13624	42977	23610	1925	14562
唐店街道	9848	36219	23458	3055	11171
瓦窑镇	8750	30972	20127	1471	13971
港头镇	10240	35674	20620	720	11165
合沟镇	14120	54607	29384	1125	15199
草桥镇	19948	62272	38677	4822	14502
窑湾镇	18860	57289	33758	265	13927
棋盘镇	17821	66712	37331	564	10213
马陵山镇	16370	49752	32197	170	14947
新店镇	12486	45661	28033	2969	11439
邵店镇	9491	34862	19267	238	12928
时集镇	12058	48618	26537	39	11348
高流镇	14779	58012	35615	1381	13766
阿湖镇	16477	56810	36159	2400	12075
双唐镇	9760	35643	25381	1320	11869
邳州市					
东湖街道	6648	23879	12033	2471	20309
运河街道	76464	264657	121541	49324	19801
戴圩街道	19424	71733	36978	5351	17666
炮车街道	14454	53869	33698	3312	17873
邳城镇	17938	74752	36994	163	12940
官湖镇	27528	103971	63145	17935	20839
四户镇	12686	54818	26997	490	15927
宿羊山镇	19450	76515	42153	3127	19983
八义集镇	17739	78832	48212	418	15769
土山镇	12924	53538	33601	953	15088
碾庄镇	25346	91852	39894	1417	16350
港上镇	15824	62849	32101	1394	17947
邹庄镇	12345	56865	34689	665	18265
占城镇	10841	42798	19924	498	13607
新河镇	15045	60826	33825	405	12799
八路镇	13082	45930	26320	320	15226
铁富镇	28216	122145	66890	920	17963
岔河镇	9552	45577	22341	145	14713
陈楼镇	12211	52260	26463	244	17491
邢楼镇	11960	53267	33435	281	14930
戴庄镇	11524	51369	30537	604	12628
车辐山镇	13276	57135	34624	2510	16185
燕子埠镇	9235	36075	22834	314	12509
赵墩镇	22047	97914	58994	369	13784
议堂镇	8687	35841	19159	1180	14584

22-1　续表 6　　　　　　　　　　　　（2015 年）

乡　镇	农作物总播种面积（公顷）	# 粮食面积	油料面积	蔬菜面积	设施种植业占地面积（公顷）	农业保险面积（种植业）（公顷）	市级以上农业龙头企业个数（个）	市级以上农业龙头企业销售收入（万元）
贾汪区								
大泉街道	3928	3656	76		327	1404	3	3603
大吴街道	2415	2175		239	31	2410	4	70081
潘安湖街道	950	830	3	114	8	410		
青山泉镇	5594	4771	82	624	27	1472	1	15353
紫庄镇	9232	5748		3231	1289	5761	2	1948
塔山镇	10783	7108	2	2777	802	2616	4	5462
汴塘镇	7819	6072	313	1033	1722	2538		
江庄镇	7898	6565	140	475	130	2644	2	3120
徐州经济技术开发区								
大黄山街道	1630	1169		461	129	1238		
大庙街道	5260	4618		642	86	4255	2	1200
徐庄镇	14430	12886	143	656	506	5364	2	18055
丰　县								
中阳里街道	325	276		49		182	25	113
凤城街道	7190	6438	38	714	1127	1713	19	49826
孙楼街道	6357	5293	19	1011	520	5733	4	12200
首羡镇	15040	4980		5775	80	11650	4	62156
顺河镇	10368	5816	4	2590	152	7179	3	60936
常店镇	7395	6247		1100	735	6350	2	373
欢口镇	12434	10901	11	1139	102	10658		
师寨镇	8436	7688	12	736	1087	7073	3	5015
华山镇	7629	4103	153	2939	2596	5314	5	33441
梁寨镇	9761	5846	5	3395	2540	5960	7	20200
范楼镇	12686	7523	41	4959	372	11018	3	17225
宋楼镇	6268	5088	315	530	434	5417	2	3380
大沙河镇	2681	1887	389	338	60	2418	4	18323
王沟镇	12936	11045	203	1440	101	8346	1	7050
赵庄镇	10516	7332	12	2429	640	9615	2	42505
沛　县								
沛城街道	6243	4379		1839	722	3793	2	128396
大屯街道	6941	5432		541	531	3498	2	5170
汉源街道	3537	3430		107	4	3087		
汉兴街道	2655	2655						
龙固镇	5658	4200	50	1185	66	3925		
杨屯镇	4699	4406		265	92	4333	3	36307
胡寨镇	7100	5733		1366	991	4933	4	1520
魏庙镇	9000	7013		1933	776	1456	2	14422
五段镇	7840	6646		533	40	6230		
张庄镇	15551	8973		6245	2745	6988	2	7410
张寨镇	14430	8853	87	5177	1636	8389	4	17920
敬安镇	10526	5133	67	4926	1548	6376	1	11210
河口镇	12233	4487	100	7367	2737	4158	3	14637
栖山镇	13580	6107		6900	1287	4525	1	10063
鹿楼镇	16189	12167	361	2950	1781	4583	2	602
朱寨镇	9655	5487		4087	1276	5596		
安国镇	12961	6600	33	2544	598	2698		

22-1 续表 7 （2015 年）

乡镇	农作物总播种面积（公顷）	#粮食面积	油料面积	蔬菜面积	设施种植业占地面积（公顷）	农业保险面积（种植业）（公顷）	市级以上农业龙头企业个数（个）	市级以上农业龙头企业销售收入（万元）
铜山区								
新区街道	3755	3240		510	520	1140	2	18912
三堡镇街道	3450	2440		960	945	920	3	1391
何桥镇	11373	6427		4946	749	4349	1	6127
黄集镇	9940	8200	75	1660	1142	1700	2	27523
马坡镇	12252	7999		3260	352	3711	4	33168
郑集镇	8671	7024	237	1310	1785	6095	1	5688
柳新镇	8490	8014		476	41	5400		
刘集镇	9952	7595	175	2182	348	5565		
大彭镇	9936	6814		2870	530	3340	1	7660
汉王镇	5597	3431	25	1555	348	2369	1	800
棠张镇	8521	3273		5248	990	2970	1	7532
张集镇	12946	9620	103	3160	1023	4458	2	50243
房村镇	15536	10857	134	3860	685	10812	2	60882
伊庄镇	7401	5967	363	538	37	4932	2	4850
单集镇	13036	10024	494	2000	875	6410	2	1995
利国镇	5029	4252	263	438	355	3835		
大许镇	13199	10974	20	1550	630	11833	1	35652
茅村镇	6479	5360	13	591	2050	4623	1	14281
柳泉镇	9622	7624	184	1272	667	4121		
睢宁县								
睢城镇	7055	6407		480	213	2857		
王集镇	15832	9446	2359	3050	1995	8608	8	13073
双沟镇	8671	7476	215	901	136	7521	1	2752
岚山镇	13157	11432	365	959	257	8674		
李集镇	6978	6652	11	298	72	6291		
桃园镇	9853	8035	119	1634	70	8200		
官山镇	14476	13221	32	1207	267	11339	3	51236
高作镇	4878	4139	10	594	230	3278	1	24862
沙集镇	6562	6060	41	406	57	5213		
凌城镇	9914	9493	2	380	715	8898	4	45970
邱集镇	17083	14464	89	2496	215	5933	1	10365
古邳镇	9133	8696	198	239	562	7022	2	7250
姚集镇	13984	11726	773	697	180	8600	1	6800
魏集镇	12317	10336	364	1005	340	7947	1	846
梁集镇	8564	5256	403	2001	480	3588		
庆安镇	12390	11695	106	579	196	915	12	31256

22-1 续表 8 （2015 年）

乡 镇	农作物总播种面积（公顷）	#粮食面积	油料面积	蔬菜面积	设施种植业占地面积（公顷）	农业保险面积(种植业)（公顷）	市级以上农业龙头企业个数（个）	市级以上农业龙头企业销售收入（万元）
新沂市								
新安街道	5079	4387	25	667	110	670	1	3679
北沟街道	1813	1620	50	142		632		
墨河街道	5338	5125		185	480	2684		
唐店街道	8370	7247	110	1013	986	7170	5	9545
瓦窑镇	5052	4473		395	140	4413	6	44252
港头镇	8708	6539	25	1444	166	6746	5	46339
合沟镇	5666	4800	16	600	500	710	1	20
草桥镇	10123	7106	45	2639	2219	3550	8	365420
窑湾镇	8669	7269	224	1176	811	4109	7	34929
棋盘镇	13288	12299	280	558	526	12856	6	19857
马陵山镇	13414	9628	993	2792	711	1388	1	2584
新店镇	8133	7688	98	215	174	6246	5	3263
邵店镇	5472	4619	11	842	97	4569	5	9896
时集镇	13521	11416	1140	656	313	9850	7	32022
高流镇	11464	8192	1020	392	263	7350	7	11900
阿湖镇	10441	8805	820	483	360	9000	2	10960
双唐镇	9414	7595	827	987	536	5637	2	26000
邳州市								
东湖街道	1259	983		39	8	185		
运河街道	5984	3558		2426	30	73		
戴圩街道	5182	4891	81	161	227	2511	1	54865
炮车街道	5361	3521	9	1803	652	440	6	9306
邳城镇	7573	3854	1109	2135	1346	5712		
官湖镇	2513	2099		383	326	651	3	103851
四户镇	8549	6868	439	658	1000	8317	1	4315
宿羊山镇	9459	4449	32	4976	1221	5148	4	35725
八义集镇	19917	12294	156	643	275	194	1	1395
土山镇	8106	3654	192	1394	332	2873	3	55853
碾庄镇	13763	7174	90	1691	812	5372	12	184626
港上镇	3140	1495	230	1155	2240	2515	11	3251
邹庄镇	4980	4395	5	568	1499	3305	1	45995
占城镇	8075	5320	21	2210	2250	2935	1	402
新河镇	12348	9065	181	3013	1532	5590		
八路镇	6232	4620	520	464	2480	2392	1	3320
铁富镇	8960	5690	145	328	798	5990	4	88960
岔河镇	8439	7047	22	95	26	5991		
陈楼镇	1520	1082	60	69	37	29	1	7510
邢楼镇	7463	5500	119	365	402	135		
戴庄镇	7014	6350	267	385	722	5595		
车辐山镇	5026	2945	120	1639	3584	1984	1	45650
燕子埠镇	7100	4000	481	2342	732	3236		
赵墩镇	16780	8600		6400	1470	2378	1	32479
议堂镇	5415	4494	16	896	51	5115		

22-1 续表 9 （2015 年）

乡　　镇	粮　食 总产量 （吨）	棉　花 总产量 （吨）	油　料 总产量 （吨）	蔬　菜 总产量 （吨）	肉　类 总产量 （吨）	# 猪肉 产量	牛奶 产量 （吨）
贾汪区							
大泉街道	28584	30	85		4055	1632	1905
大吴街道	14968			6019	3462	2997	4
潘安湖街道	5585		10	3527	1215	871	
青山泉镇	25212	83	225	15024	5087	4006	96
紫庄镇	43666			142585	11208	6533	34
塔山镇	34622	406	4	64824	8334	6984	
汴塘镇	33396	421	656	23049	3358	3102	
江庄镇	28422	192	762	15839	9978	5415	371
徐州经济技术开发区							
大黄山街道	10581			25950	2986	2830	1100
大庙街道	30069			31387	10600	7200	300
徐庄镇	89074	323	382	16535	8928	7582	805
丰　县							
中阳里街道	2701			2583	3256	1397	
凤城街道	39739	228	92	37342	7831	3243	
孙楼街道	31834	43	45	40070	7778	3120	
首羡镇	30617	5287		269961	6692	5962	52
顺河镇	39504	3462	22	101450	6525	3066	8654
常店镇	47463	970		39791	11053	6570	250
欢口镇	96602	392	40	51875	7503	3548	
师寨镇	46528	550	5	22450	4995	2280	12
华山镇	24892	507	438	83234	14050	5489	89
梁寨镇	38158	1564	540	136656	10251	3000	
范楼镇	47947	257	116	129207	8242	5102	78
宋楼镇	29572	245	880	13284	5804	4460	
大沙河镇	10174	13	890	6418	7258	4683	
王沟镇	68371	297	461	58668	11356	7581	350
赵庄镇	49634	920	46	107784	11495	6820	11
沛　县							
沛城街道	31872			75309	11357	7066	293
大屯街道	53100			38150	13460	12380	15
汉源街道	25600			48000	2936	1785	
汉兴街道	21349				5635	3245	
龙固镇	30711	55	113	43428	5016	3826	17
杨屯镇	33640			11416	7208	4897	
胡寨镇	43318			57090	11012	8268	122
魏庙镇	51641			63308	9614	8002	3871
五段镇	66395			26870	12972	6685	46
张庄镇	59265			338077	13875	11698	6
张寨镇	60851	247	196	209059	12120	10980	1300
敬安镇	33044	98	215	199765	11501	3960	123
河口镇	27428	75	285	292290	9365	4541	19
栖山镇	39150	142		269332	10040	8100	129
鹿楼镇	81971	689	95	198503	13435	13046	172
朱寨镇	39011	18		160375	9967	5600	5500
安国镇	47210	3215	125	140392	13646	8012	

22-1　续表 10　　　　（2015 年）

乡　镇	粮　食 总产量 （吨）	棉　花 总产量 （吨）	油　料 总产量 （吨）	蔬　菜 总产量 （吨）	肉　类 总产量 （吨）	# 猪肉 产量	牛奶 产量 （吨）
铜山区							
新区街道	17505	3		36175	1928	1388	887
三堡镇街道	13599			22354	3670	1118	3205
何桥镇	46488			155277	3153	1786	2638
黄集镇	53882	105	258	91416	13525	11201	20
马坡镇	61261			126	5564	3261	194
郑集镇	52107	135	48	61880	12680	9618	227
柳新镇	56118			24364	1721	1295	2100
刘集镇	46972	258	96	72145	6062	4380	16
大彭镇	56720	137		81500	9620	7300	1900
汉王镇	22368	31	73	65970	870	375	446
棠张镇	20972	240		329560	6420	855	2800
张集镇	67332	703	229	167111	8126	5644	15000
房村镇	73418	1473	301	69833	5492	3528	5105
伊庄镇	43010	602	968	38956	2105	546	518
单集镇	68763	88	1296	118836	8854	4439	8870
利国镇	26264	13	846	16042	3657	1901	3415
大许镇	75053	745	26	32411	15153	9324	944
茅村镇	36273	28	62	15691	3605	2685	978
柳泉镇	52338	365	583	42200	7542	5014	1320
睢宁县							
睢城镇	41468			12866	3287	2800	2042
王集镇	52737	508	5592	122886	13050	5455	23405
双沟镇	47080	137	622	80244	7056	5210	6826
岚山镇	72496	201	1270	32677	9424	6134	54
李集镇	42892		13	8874	2404	1912	60
桃园镇	54424	3	238	38884	5642	4416	
官山镇	88620		74	22909	7210	3844	6587
高作镇	28573		30	37735	3263	1777	
沙集镇	38404		111	8255	4226	1952	253
凌城镇	70265	1	4	21134	7198	4341	
邱集镇	90758		208	101	11890	6218	337
古邳镇	55165	4	526	6619	7560	4512	
姚集镇	79428	143	3913	15322	8474	4543	207
魏集镇	70931		938	48723	14048	6495	4786
梁集镇	29064		1224	62628	5510	3852	
庆安镇	58715	84	390	16652	8256	5782	598

22-1 续表 11 （2015 年）

乡　镇	粮　食 总产量 （吨）	棉　花 总产量 （吨）	油　料 总产量 （吨）	蔬　菜 总产量 （吨）	肉　类 总产量 （吨）	# 猪肉 产量	牛奶 产量 （吨）
新沂市							
新安街道	35607		269	18322	8991	5642	9427
北沟街道	11404		283	10378	563	470	
墨河街道	41355			12226	10880	8350	
唐店街道	42114		684	35130	3200	2200	
瓦窑镇	39273			20012	12500	10150	
港头镇	46998		228	58826	6588	1933	189
合沟镇	27850		120	29302	5240	5012	
草桥镇	62079		350	89640	8824	5973	
窑湾镇	62201		1902	32967	4065	3815	
棋盘镇	89921		2098	22658	13237	10505	
马陵山镇	64805		7085	43273	11522	6025	510
新店镇	63363		763	11497	12638	10316	
邵店镇	28692		90	36727	3032	1522	
时集镇	77996		5650	23295	6200	5200	185
高流镇	52833		6470	15754	7528	6313	
阿湖镇	63755		6740	13221	13070	8760	40
双唐镇	52324		5204	37019	7322	4480	218
邳州市							
东湖街道	6748			1189	3026	2329	362
运河街道	24268			5430	10607	7133	19
戴圩街道	35999		161	4199	7711	4311	
炮车街道	23145	1	44	20204	8143	7034	341
邳城镇	27843	762	307	4412	13387	8104	141
官湖镇	16203			6518	16305	9835	42
四户镇	42736	42	4630	34439	6912	3509	
宿羊山镇	34126	808	887	71591	7503	5092	
八义集镇	51257	1418	503	4883	15854	10394	238
土山镇	36526	510	878	35835	5021	3023	14
碾庄镇	45143	1962	227	9754	10632	8753	
港上镇	10541	168	242	7419	5685	3891	10
邹庄镇	31558	384	1225	25446	8706	7254	
占城镇	37640	330	2243	10631	1780	1375	
新河镇	42959	105	1735	3718	9073	6775	
八路镇	35062	82	135	230	35820	17206	
铁富镇	39890	198	680	1460	14560	8890	6890
岔河镇	49133	25	743	4376	5679	3978	
陈楼镇	5877		90	5109	273	270	181
邢楼镇	36320	1530	7970	2610	6130	6020	1600
戴庄镇	37046	59	1486	7050	1214	910	
车辐山镇	21962	192	261	12087	13982	11296	
燕子埠镇	38742	191	521	7043	7065	5596	
赵墩镇	58215	112		10645	12475	12072	
议堂镇	35137	68	72	13440	4158	3150	

22-1 续表 12 （2015 年）

乡 镇	禽蛋产量（吨）	水产品产 量（吨）	企业个数（个）	# 工业企业	企业从业人员（人）	# 工业企业	企业实交税金总额（万元）	工 业总产值（万元）
贾汪区								
大泉街道	436	373	293	94	7911	5571	16585	557202
大吴街道	355	2910	303	193	20152	18212	15560	1273816
潘安湖街道	124		74	36	5610	3102	2217	60124
青山泉镇	1456	478	259	149	24832	20992	88865	1552927
紫庄镇	1071	1914	175	128	7968	6175	4081	416419
塔山镇	10754	824	214	127	6859	5505	2031	213352
汴塘镇	2832	1664	255	149	4094	2754	1416	80792
江庄镇	4125	58	588	9	6860	5114	11130	413935
徐州经济技术开发区								
大黄山街道	4812	302	209	139	22176	14283	29321	605556
大庙街道	5000	725	228	187	18789	14490	82063	747684
徐庄镇	3450	648	529	260	6832	3480	5426	99548
丰 县								
中阳里街道	139	75	2401	1493	29836	17845	44584	1095077
凤城街道	1923	267	1238	783	42562	18534	63047	1775897
孙楼街道	2010	150	1655	1365	21200	20300	10744	709500
首羡镇	2850	152	1623	838	20485	18700	84612	1069809
顺河镇	3943	1056	2430	780	30000	20390	16380	504000
常店镇	2385	750	875	800	19855	17395	10009	652440
欢口镇	19181	835	1979	1934	23118	21288	28356	934441
师寨镇	3980	30	2298	1480	21432	16100	37870	710330
华山镇	9503	574	2815	1835	28310	21012	6978	421420
梁寨镇	1260	150	1305	536	15364	10549	6217	298950
范楼镇	2877	26	1189	786	17890	11762	23894	446134
宋楼镇	1862	710	2300	1700	30185	20120	22478	655028
大沙河镇	1695	1642	1218	724	13770	11370	11273	417801
王沟镇	10735	244	1608	1108	16591	12251	2663	391630
赵庄镇	8596	165	1536	1085	27381	20050	11290	393150
沛 县								
沛城街道	5602	5375	6251	1813	56249	29816	32778	1854108
大屯街道	18756	18190	829	425	60150	35250	94131	3646117
汉源街道	820		32	24	1650	1225	423	42360
汉兴街道	954		52	34	2895	750	1123	53548
龙固镇	2795	2274	785	565	18761	12716	28585	841986
杨屯镇	4185	22856	1012	625	24063	16187	20549	2257516
胡寨镇	6690	4657	768	495	11042	8481	41258	984254
魏庙镇	5275	990	735	403	11624	11074	3149	955416
五段镇	10517	10311	792	616	6521	5460	1765	319172
张庄镇	5411	7042	1350	852	16467	9120	7486	718263
张寨镇	17795	2370	289	160	7162	4412	4460	174000
敬安镇	6507	3786	1566	712	20314	14930	5942	3248303
河口镇	1437	191	985	480	10275	7736	27930	554197
栖山镇	2495	58	979	665	11214	9722	22360	792836
鹿楼镇	9772	116	1637	796	14536	11609	10635	630327
朱寨镇	15500	334	1312	916	15122	11852	34350	649398
安国镇	9303	467	122	88	7503	5130	4782	712310

22-1 续表 13

（2015 年）

乡　镇	禽蛋产量（吨）	水产品产　量（吨）	企业个数（个）	#工业企业	企业从业人员（人）	#工业企业	企业实交税金总额（万元）	工　业总产值（万元）
铜山区								
新区街道	219	442	1103	320	59539	31564	642733	7304293
三堡镇街道	195	428	151	97	9906	8017	23838	2104448
何桥镇	6989	1539	91	27	7216	3158	15678	495529
黄集镇	882	1792	569	161	9894	7567	3121	529040
马坡镇	2799	1442	266	186	9154	6912	13925	822154
郑集镇	2088	7504	248	106	19756	9140	9181	268027
柳新镇	510	5995	1039	272	20891	13196	75856	1813729
刘集镇	4405	14130	968	796	13725	13654	18002	535290
大彭镇	41159	3670	495	256	8400	6600	6235	761005
汉王镇	480	132	792	253	10052	7257	1403	383507
棠张镇	3400	950	725	389	11050	5382	6690	176500
张集镇	5265	4109	1322	1053	26007	20234	30054	2326984
房村镇	9927	3139	882	411	8525	5452	14894	786474
伊庄镇	376	510	295	95	4250	2190	5678	103448
单集镇	4526	1160	424	261	6517	3647	4807	223120
利国镇	3054	9772	2120	1365	27054	16556	62573	3585721
大许镇	8081	1632	693	525	21633	16582	20252	747662
茅村镇	1696	2466	533	368	18390	13618	70940	1477930
柳泉镇	5568	2945	601	466	21346	16270	59260	1848346
睢宁县								
睢城镇	1967	1751	1975	759	87964	27509	90669	524078
王集镇	11513	1471	145	80	14535	6440	554	152140
双沟镇	4357	2106	534	330	4368	3102	8598	85462
岚山镇	6787	987	172	113	5520	5016	4728	137780
李集镇	1780	1900	351	248	14142	10045	8352	631272
桃园镇	6173	1373	175	144	10957	8103	6045	176667
官山镇	5269	2412	171	114	3124	2419	2142	188897
高作镇	14479	1176	106	41	3670	883	3328	48738
沙集镇	3240	1032	837	410	6903	4552	4417	371860
凌城镇	3339	2250	182	115	10957	7680	9710	368268
邱集镇	8688	2066	212	159	3368	2943	4226	107589
古邳镇	2109	17456	462	231	8317	3365	5986	148966
姚集镇	14733	1260	452	374	7250	5870	1935	118780
魏集镇	1496	2789	1478	906	14050	7508	2473	124721
梁集镇	6850	5117	172	86	6810	4485	4930	108682
庆安镇	5470	2570	150	99	2986	2158	6390	356280

22-1 续表 14 （2015 年）

乡镇	禽蛋产量（吨）	水产品产量（吨）	企业个数（个）	#工业企业	企业从业人员（人）	#工业企业	企业实交税金总额（万元）	工业总产值（万元）
新沂市								
新安街道	5692	904	2109	256	102456	33125	123021	2260000
北沟街道	151	76	116	82	9622	6689	23018	1071426
墨河街道	2655	1000	205	158	27200	25545	216500	349550
唐店街道	2800	1950	1534	273	17689	11856	9765	782542
瓦窑镇	6000	2240	544	388	8120	6621	16785	732200
港头镇	6333	6027	348	125	9005	8566	4401	215069
合沟镇	14520	2100	840	450	10300	4980	3200	88546
草桥镇	4540	18967	2180	1131	22638	16412	21703	1053965
窑湾镇	14150	40221	1852	756	17011	9925	43757	221459
棋盘镇	5032	16958	430	360	10528	8151	8559	1148562
马陵山镇	14855	9790	385	210	8672	3715	5825	387535
新店镇	4893	16571	330	147	4909	3233	3603	144896
邵店镇	1631	89	115	55	6514	2214	4216	99771
时集镇	5000	300	431	90	8522	4512	5823	332466
高流镇	1540	1600	1023	475	11800	5600	1230	1150000
阿湖镇	2523	900	1415	982	12520	8768	5172	248985
双唐镇	6600	720	1131	640	13922	9740	29765	341702
邳州市								
东湖街道	191	153	166	34	6165	2089	1287	53694
运河街道	2294	6503	4867	1004	82044	9861	57038	1649588
戴圩街道	6517	4951	409	301	23662	16411	15001	2695411
炮车街道	8698	5801	901	462	15604	12304	34124	1587253
邳城镇	1266	1871	312	191	5072	2754	5786	463182
官湖镇	2014	9185	1910	1356	54831	38642	34291	3402841
四户镇	4358	352	651	195	8210	5431	11351	185537
宿羊山镇	923	3873	411	299	11317	7269	7037	791415
八义集镇	7315	1246	2051	657	19628	10224	2341	359166
土山镇	5776	3326	912	266	19420	13623	26935	522059
碾庄镇	7248	4651	1584	251	22654	13865	56497	2018654
港上镇	7415	541	945	561	15169	6415	3861	614559
邹庄镇	279	1204	159	60	6045	4598	1793	283460
占城镇	1714	870	95	68	2734	1984	789	198635
新河镇	1792	7756	375	165	7361	5786	3706	491179
八路镇	5560	4623	225	158	4020	2876	4062	115260
铁富镇	7680	3295	906	126	14290	3360	4890	492635
岔河镇	7277	859	323	231	4459	3256	5165	715485
陈楼镇	5314	640	1295	827	21937	15240	14376	2207816
邢楼镇	8190	1190	420	330	13705	10710	2715	171051
戴庄镇	7671	225	49	30	6768	3392	4675	148257
车辐山镇	3635	1126	541	276	13575	7036	1796	296858
燕子埠镇	3047	1	118	106	1734	1431	1268	201065
赵墩镇	6478	5142	177	131	6126	3723	3317	1429690
议堂镇	3255	1595	251	221	7786	7120	11560	1784162

22-1 续表 15　　　　（2015 年）

乡　　镇	社会消费品零售总额（万元）	# 限额以上社会消费品零售总额	固定资产投资完成额（万元）	机构在职财政供给人数（人）				机构在职财政供给人员工资总额（万元）
					公务员	事业编制	其他人员	
贾汪区								
大泉街道	51740	31567	152424	70	28	42		385
大吴街道	23396	4368	431000	107	31	43	33	768
潘安湖街道	6395		75213	67	13	6	48	357
青山泉镇	11186	1381	650927	105	36	69		416
紫庄镇	38819	13439	87312	65	31	34		345
塔山镇	10938	9675	77883	98	46	52		508
汴塘镇	5339	2921	70620	45	25	20		265
江庄镇	3816	3510	217820	64	23	32	9	333
徐州经济技术开发区								
大黄山街道	38976	22683	199517	233	28	59	146	1624
大庙街道	287600	168745	463012	251	35	88	128	2857
徐庄镇	21031	19074	69438	100	36	31	33	460
丰　县								
中阳里街道	312524	225871	751255	74	37	31	6	261
凤城街道	179245	154842	314812	108	43	52	13	484
孙楼街道	118750	109721	84990	96	38	36	22	453
首羡镇	126880	100890	92760	152	35	93	24	756
顺河镇	55481	22680	112541	97	32	65		402
常店镇	104364	30811	292000	117	39	52	26	570
欢口镇	111800	53686	231749	121	47	42	32	626
师寨镇	46557	16315	81560	88	38	30	20	361
华山镇	97368	42410	110452	99	46	43	10	346
梁寨镇	37581	24581	93548	129	45	58	26	352
范楼镇	116797	79532	63452	124	29	30	65	457
宋楼镇	1278310	35275	77230	112	35	64	13	597
大沙河镇	139572	25767	61348	125	35	73	17	490
王沟镇	77105	22856	55069	143	36	51	56	591
赵庄镇	143738	72228	110829	163	36	46	81	593
沛　县								
沛城街道	571796	435819	551627	316	74	213	29	1852
大屯街道	363751	182665	1507431	282	45	187	50	1190
汉源街道	45721		2860	27	11	16		159
汉兴街道	48568		1286	78	19	9	50	50
龙固镇	100214	81756	410268	114	40	61	13	576
杨屯镇	112947	109042	413800	97	36	54	7	389
胡寨镇	31462	15983	139683	102	30	64	8	550
魏庙镇	161169	149606	24233	108	28	72	8	332
五段镇	175670	149157	22135	270	54	212	4	238
张庄镇	246040	117380	400160	186	23	105	58	1545
张寨镇	26010	24581	164000	120	43	67	10	552
敬安镇	185672	151724	502000	174	54	114	6	723
河口镇	49734	40256	116760	112	46	58	8	447
栖山镇	84592	67525	190013	133	50	73	10	505
鹿楼镇	78810	66837	17672	225	94	124	7	1406
朱寨镇	98260	94107	138095	125	56	60	9	552
安国镇	87120	64120	368000	113	49	61	3	412

22-1 续表 16 （2015 年）

乡 镇	社会消费品零售总额（万元）	# 限额以上社会消费品零售总额	固定资产投资完成额（万元）	机构在职财政供给人数（人）	公务员	事业编制	其他人员	机构在职财政供给人员工资总额（万元）
铜山区								
新区街道	742505	444828	864547	56	32	24		256
三堡镇街道	322955	312781	312200	91	30	28	33	604
何桥镇	57863	36994	586344	54	33	12	9	501
黄集镇	144768	101414	234708	43	29	11	3	237
马坡镇	100124	52145	125467	67	42	22	3	385
郑集镇	18056	14605	358816	54	35	19		405
柳新镇	185220	141090	483120	155	55	43	57	410
刘集镇	149745	119275	316500	74	38	25	11	410
大彭镇	55300	51000	413200	99	39	47	13	456
汉王镇	135942	117720	191220	64	38	18	8	361
棠张镇	85205	85140	432500	60	33	27		338
张集镇	626148	82926	740009	108	44	48	16	327
房村镇	306752	210832	305276	62	36	25	1	311
伊庄镇	65368	40125	107014	44	30	14		213
单集镇	128977	55517	168204	56	32	16	8	389
利国镇	97080	63826	1102816	87	39	28	20	583
大许镇	52153	46354	168440	67	34	25	8	345
茅村镇	214643	86800	526250	93	38	20	35	453
柳泉镇	258526	186191	918216	76	36	12	28	431
睢宁县								
睢城镇	387400	349600	100024	360	127	144	89	1768
王集镇	138213	21583	80158	99	35	60	4	631
双沟镇	6512	5128	105020	97	34	38	25	485
岚山镇	106621	26146	125678	117	37	58	22	477
李集镇	69544	48020	102124	90	37	36	17	391
桃园镇	25148	20948	71455	120	34	40	46	455
官山镇	5826	4123	89595	118	47	35	36	394
高作镇	23196	13845	62435	113	33	45	35	295
沙集镇	87950	28387	121175	116	46	70		555
凌城镇	32886	14365	86000	108	31	45	32	463
邱集镇	1770	512	37248	110	37	73		446
古邳镇	50112	39462	52120	114	57	57		712
姚集镇	68067	4500	62300	138	44	54	40	830
魏集镇	121486	90896	124525	136	38	54	44	462
梁集镇	16188	10022	100510	189	39	51	99	712
庆安镇	48960	29052	112050	203	44	146	13	802

22-1 续表 17 （2015 年）

乡　镇	社会消费品零售总额（万元）	# 限额以上社会消费品零售总额	固定资产投资完成额（万元）	机构在职财政供给人数（人）				机构在职财政供给人员工资总额（万元）
					公务员	事业编制	其他人员	
新沂市								
新安街道	188697	117192	978000	256	60	48	148	1265
北沟街道	2242	1362	107256	104	45	27	32	478
墨河街道	90464	73756	182220	88	31	14	43	330
唐店街道	84093	60690	325685	77	35	31	11	504
瓦窑镇	105556	78095	256000	106	32	35	39	457
港头镇	55216	25133	161776	113	49	30	34	331
合沟镇	52445	42854	43196	73	33	24	16	380
草桥镇	85873	80809	403500	118	47	43	28	643
窑湾镇	77143	61626	113600	100	37	34	29	445
棋盘镇	95862	88451	268754	97	39	41	17	504
马陵山镇	48365	5338	309127	134	43	52	39	446
新店镇	37143	27175	188329	161	41	36	84	873
邵店镇	52948	45316	193520	126	37	51	38	350
时集镇	48130	1102	125000	68	41	27		309
高流镇	28194	13001	20084	69	30	31	8	350
阿湖镇	27927	23850	23800	140	42	84	14	312
双唐镇	51297	40554	128000	91	50	35	6	422
邳州市								
东湖街道	3646	1498		67	23	15	29	246
运河街道	264343	193189	713299	264	96	168		1521
戴圩街道	64179	36995	418944	461	52	54	355	2681
炮车街道	20132	20108	610201	109	52	42	15	304
邳城镇	16522	15088	99683	97	55	30	12	201
官湖镇	368315	32684	536021	184	49	133	2	761
四户镇	7017	6273	15400	85	35	41	9	272
宿羊山镇	118576	58558	238219	179	36	115	28	469
八义集镇	103827	60832	224029	125	49	40	36	383
土山镇	40658	20594	223658	95	34	47	14	412
碾庄镇	29865	19784	574875	141	60	81		853
港上镇	180013	36559	16840	135	69	43	23	325
邹庄镇	16887	9968	123887	100	53	38	9	310
占城镇	28945	5585	74371	89	39	42	8	181
新河镇	8332	6856	64527	81	46	31	4	170
八路镇	8682	6215	110882	116	38	75	3	276
铁富镇	389850	345800	279860	105	53	52		406
岔河镇	18952	10319	150052	60	34	2	24	412
陈楼镇	58563	43646	210923	83	29	47	7	294
邢楼镇	89900	3600	22100	75	49	19	7	183
戴庄镇	38672	5857	109850	87	36	51		315
车辐山镇	112483	21564	13568	72	34	33	5	189
燕子埠镇	4456	3553	77916	97	42	43	12	257
赵墩镇	107450	9235	119326	192	53	15	124	1514
议堂镇	28654	21865	658600	113	50	43	20	1026

22-1 续表 18 （2015 年）

乡　　镇	财　政 总收入 （万元）	# 公共财 政预算 收　入	本地可用 财政收入	财　政 支　出 （万元）	# 公共财 政支出	年末资产 总　额 （万元）
贾汪区						
大泉街道	15466	13787	1112	5255	5255	6716
大吴街道	7536	4588	2870	1755	1755	7880
潘安湖街道	3837	3485	523	5094	2116	413
青山泉镇	89579	80296	3912	13216	12812	1895
紫庄镇	6637	6097	394	6652	6504	6132
塔山镇	5011	2802	2402	3995	3370	15007
汴塘镇	2484	2408	1195	4795	2287	2806
江庄镇	27095	24786	1912	2610	2610	3510
徐州经济技术开发区						
大黄山街道	99182	43665	11862	5892	5892	4223
大庙街道	109760	79462	72871	74867	9778	4965
徐庄镇	1462	713	1176	6103	6103	9087
丰　县						
中阳里街道	25200	15702	6141	6141	3521	3812
凤城街道	192672	166149	116149	97337	97337	216500
孙楼街道	15084	13538	10959	11158	10959	3366
首羡镇	15480	13301	12969	19843	19779	16979
顺河镇	12469	11114	8681	12469	11114	9385
常店镇	15446	13918	13918	11600	11600	3680
欢口镇	19441	16589	12891	12891	12891	580
师寨镇	15572	14648	11890	12347	12347	6870
华山镇	19005	14557	14557	9633	7124	7345
梁寨镇	22890	17507	13258	15819	15819	11415
范楼镇	15898	13600	10977	15898	11118	9221
宋楼镇	19191	13087	10399	15938	10933	17758
大沙河镇	11005	10170	8008	8323	8323	12994
王沟镇	13069	9957	7718	13069	7718	13032
赵庄镇	10831	9904	7816	8012	8012	2212
沛　县						
沛城街道	91699	86325	81500	89809	81500	1653
大屯街道	84290	77804	75287	73904	73904	19866
汉源街道	1601	1601		1598	1598	767
汉兴街道	250	250	250	250	250	2239
龙固镇	55121	47466	36869	39126	36869	7528
杨屯镇	32481	29181	29181	40266	3607	41039
胡寨镇	13522	12583	12582	12582	12582	2515
魏庙镇	10213	9701	9705	10220	10220	10379
五段镇	15066	9727	6397	4820	4579	1203
张庄镇	19800	18722	19622	19622	19622	12774
张寨镇	12619	11728	11729	12596	12596	4321
敬安镇	21425	17831	17831	21425	17833	8927
河口镇	11972	10762	10610	13371	11064	4350
栖山镇	12965	12665	12665	12965	12666	8915
鹿楼镇	13790	13482	6766	9778	7126	1395
朱寨镇	19169	17678	17939	17939	17939	3641
安国镇	27300	25822	25822	27890	24561	13256

22-1 续表 19 （2015 年）

乡 镇	财 政 总收入 （万元）	# 公共财 政预算 收 入	本地可用 财政收入	财 政 支 出 （万元）	# 公共财 政支出	年末资产 总 额 （万元）
铜山区						
新区街道	124826	124826	109622	109130	109130	2839
三堡镇街道	2947	2947		2947	2947	4114
何桥镇	7901	7280	3624	7755	7755	5673
黄集镇	10184	10011	974	10215	659	7220
马坡镇	9969	9497	3948	10406	5134	7274
郑集镇	14486	13730	3883	14212	14212	2675
柳新镇	119124	62132	22110	45113	45113	28030
刘集镇	17922	17461	15680	16362	16362	7579
大彭镇	27931	20823	5950	18740	18740	1156
汉王镇	10176	9705	9605	11968	11968	14444
棠张镇	17536	15731	15731	15324	15324	5864
张集镇	24979	20952	5100	21569	21569	14257
房村镇	9342	8840	1425	9627	8915	13152
伊庄镇	8960	8439	3375	8886	8886	2158
单集镇	9471	9062	9012	10826	10826	6719
利国镇	74642	65289	57827	58087	58087	50771
大许镇	11121	10460	9980	12113	12113	7642
茅村镇	35071	22650	20392	33757	21506	12063
柳泉镇	39793	37355	37427	38049	38049	16414
睢宁县						
睢城镇	117981	104241	108249	121614	93550	36240
王集镇	5410	4218	2518	5407	801	1744
双沟镇	11500	10088	1412	9000	9000	3298
岚山镇	10336	7405	4324	10076	4260	9882
李集镇	21801	20218	19236	20057	19236	7280
桃园镇	13002	10250	2752	5761	5761	3163
官山镇	22810	8180	6062	9362	1546	7881
高作镇	17016	14150	2866	15409	4468	14806
沙集镇	12906	10006	1354	10008	10008	10513
凌城镇	11458	10224	10224	9222	9222	3259
邱集镇	7796	6038	2658	5835	5230	3862
古邳镇	12100	10021	10120	9860	9660	3190
姚集镇	6298	6202	3235	5900	5100	7600
魏集镇	13027	8747	4280	6730	6730	3025
梁集镇	19683	19014	16538	18347	17964	28006
庆安镇	8865	8729	2500	7768	5465	1786

22-1　续表 20　　　　　　　　　　　　　（2015 年）

乡　　镇	财　政 总收入 （万元）	#公共财 政预算 收　入	本地可用 财政收入	财　政 支　出 （万元）	#公共财 政支出	年末资产 总　　额 （万元）
新沂市						
新安街道	111311	102824	70386	70386	70386	11900
北沟街道	13866	12280	1587	1587	1587	465
墨河街道	4348	1780	1552	402	320	235
唐店街道	25763	23208	23208	4348	3252	4475
瓦窑镇	29231	27135	26488	26488	26488	3206
港头镇	20869	19786	10559	19399	19198	2355
合沟镇	17265	17265	11650	6950	6650	2410
草桥镇	21843	20341	20341	19468	19468	1680
窑湾镇	23759	22940	10256	24375	24375	8025
棋盘镇	22290	20753	19854	21692	19588	3130
马陵山镇	18863	18280	10723	18863	18280	2249
新店镇	13939	13033	7063	13210	13210	2384
邵店镇	20254	19630	4402	19848	19848	2450
时集镇	18601	17149	17048	17048	17048	2623
高流镇	19065	18364	13000	18100	14250	8760
阿湖镇	19530	18716	7700	12564	8564	4854
双唐镇	25536	24265	18558	22315	22315	5060
邳州市						
东湖街道	332	322	87	295	240	98
运河街道	135980	127401	1200	56556	9076	6384
戴圩街道	49281	27997	26511	32589	8452	7111
炮车街道	53856	52142	32104	37205	36978	10231
邳城镇	8896	7765	6427	6942	2616	2243
官湖镇	58416	58400	39037	42631	102	4026
四户镇	16434	14841	11625	11923	11912	2115
宿羊山镇	14732	11226	3123	6836	2971	2706
八义集镇	9512	9512	8758	9654	4252	5065
土山镇	7585	6939	6939	7635	6135	5235
碾庄镇	35728	34489	31489	23159	23159	2841
港上镇	18155	10163	5315	12945	10986	2860
邹庄镇	13498	9205	6024	10893	7915	2140
占城镇	5381	4715	2418	4528	1698	1917
新河镇	7667	7667	421	3356	394	3654
八路镇	5802	5766	1680	1670	890	1080
铁富镇	31860	18990	18890	16580	15680	13450
岔河镇	14597	9246	7814	8509	2617	1325
陈楼镇	22795	22795	13864	16664	1246	2953
邢楼镇	10940	9324	5500	4840	1710	2490
戴庄镇	7499	7068	3042	8405	8405	4295
车辐山镇	8874	8684	4027	5564	4796	5663
燕子埠镇	6837	5679	270	4925	4925	1305
赵墩镇	18547	14821	897	7412	5812	3832
议堂镇	21733	20040	18965	18566	14620	7150

22-1 续表 21 （2015 年）

乡　镇	年末负债金额（万元）	#当年负债	公路里程（公里）	市场个数（个）	集贸市场成交额（万元）	公园及休闲健身广场个数（个）	各类科技人员（人）	农业技术服务机构从业人员数（个）	农业专业合作社个数（个）	农业专业合作社成员数（户）
贾汪区										
大泉街道	7995	527	145	2	19775	13	970	15	38	850
大吴街道	7898		145	3	92495	13	2549	30	62	534
潘安湖街道	96		36	1	1382	1	1030	13	9	1002
青山泉镇	1610		118	2	8879	7	2906	52	38	7405
紫庄镇	17665	1034	256	2	14025	1	648	12	67	724
塔山镇	23405	3650	200	5	45390	7	780	34	44	8486
汴塘镇	7159		302	3	530		560	8	62	2052
江庄镇	6459		108	1	15268	1	366	22	18	432
徐州经济技术开发区										
大黄山街道	3004		185	2	9975	14	410	20	15	1879
大庙街道	2371		238	5	32500	5	1560	35	38	17748
徐庄镇	37056	5798	476	5	9780	22	994	22	110	2101
丰　县										
中阳里街道	4013		152	8	365612	2	837	10	5	2118
凤城街道	216349	27774	430	1	41358	2	1351	53	96	9834
孙楼街道	2717		241	1	10241	1	525	15	80	14600
首羡镇	15430	312	280	4	25856	2	1135	18	48	1722
顺河镇	9623		285	2	32432	1	829	13	92	7932
常店镇			276	3	10650	10	995	12	127	4420
欢口镇	200		276	3	43920	3	1337	59	92	14924
师寨镇	161	35	128	2	14950	1	540	17	128	11050
华山镇	3211	350	420	5	48270	2	1230	14	135	7145
梁寨镇	9850	820	350	4	48527	2	965	10	64	3568
范楼镇	6811	2051	205	3	36679	2	692	10	81	11236
宋楼镇	21241	3596	505	4	27920	1	1396	29	135	46210
大沙河镇	13662	42	232	2	19738	2	771	25	72	4139
王沟镇	10654	454	235	2	16938		1005	10	116	21268
赵庄镇	4040		315	2	38909	5	1125	12	95	32295
沛　县										
沛城街道	5982		209	6	92071	40	31	19	101	11937
大屯街道	34977	4376	87	8	152352	6	5260	31	151	46795
汉源街道	669		65	1	35420	2		5	11	736
汉兴街道			78	2	18251	1	16	4	48	924
龙固镇	1521		212	1	43498	6	839	95	72	7523
杨屯镇			95	4	52500	1	639	9	105	16753
胡寨镇	9088	2040	79	1	4218	3	40	21	42	2358
魏庙镇	1355		162	7	1096	1	725	15	61	12953
五段镇	994	33	50	2	2291	2	908	53	29	156
张庄镇	15059		182	3	62357	1	1360	26	146	10350
张寨镇	12844	1019	212	4	27860	1	1348	12	110	18628
敬安镇	8927	1361	235	3	30291	3	796	19	100	25630
河口镇	15429	1278	47	2	19265	1	115	20	24	401
栖山镇	7026	1643	15	3	3945	1	725	10	40	646
鹿楼镇	9907	1782	98	2	25061	3	998	18	37	937
朱寨镇	6164	1898	29	4	71		1061	5	61	453
安国镇	17865	6541	203	3	56890	2	756	8	82	419

22-1 续表 22 （2015 年）

乡　　镇	年末负债金额（万元）	#当年负债	公路里程（公里）	市场个数（个）	集贸市场成交额（万元）	公园及休闲健身广场个数（个）	各类科技人员（人）	农业技术服务机构从业人员数（个）	农业专业合作社个数（个）	农业专业合作社成员数（户）
铜山区										
新区街道	2566	1239	32	2	74650	27	698	18	27	2526
三堡镇街道	3714		245	2	33810	4	116	16	14	3458
何桥镇	15323	1192	98	4	5329	21	534	96	145	979
黄集镇	16314		231	4	4572	35	1132	20	87	4841
马坡镇	12157	2267	110	3	2215	1	470	25	56	568
郑集镇	19862		220	4	26180	14	1547	25	107	7526
柳新镇	25810		241	6	282295	11	1132	10	10	158
刘集镇	23396	2215	190	4	15658	18	605	50	20	515
大彭镇	15320	15210	70	3	9970	1	1520	13	38	280
汉王镇	6360		130	3	13217	1	510	17	73	970
棠张镇	5617		120	3	68280	2	65	23	170	23866
张集镇	31663		220	8	124633	25	1782	15	25	4306
房村镇	22685	4626	152	6	7025	10	730	18	73	2848
伊庄镇	15950	2014	385	6	53400	3	348	60	18	115
单集镇	22539	1346	460	4	22559	4	705	33	62	540
利国镇	65767	5568	175	6	212650	13	1698	13	18	170
大许镇	22883	745	282	4	38741	4	1598	24	89	12453
茅村镇	20531	683	236	1	37175	34	973	65	70	27729
柳泉镇	13802		148	3	38900	3	568	31	65	6976
睢宁县										
睢城镇	3196	300	190	10	281040	9	4350	16	130	4250
王集镇	11574	723	452	10	80208	1	1707	35	81	5122
双沟镇	1015	504	157	4	29585	3	823	68	34	2985
岚山镇	11666	1449	230	8	38272	24	1257	30	82	28453
李集镇	5849	1723	101	3	19814	1	990	35	46	9324
桃园镇	9103	2508	77	3	31532		956	18	85	1415
官山镇	10257		142	4	9321	1	943	17	84	11232
高作镇	14540	2702	217	1	50172		859	107	57	895
沙集镇	9249	2336	358	4	48100	1	564	40	19	537
凌城镇	4067	1000	275	3	21850	1	976	56	20	3562
邱集镇	12817	2418	291	5	32225	1	1759	22	68	1334
古邳镇	1650	400	57	3	20725	3	173	60	53	305
姚集镇	6320	54	310	5	48067	1	1263	21	28	145
魏集镇	948	181	127	2	78831		1054	30	100	5615
梁集镇	4712		502	13	8704	1	1102	19	61	8662
庆安镇	4786	2716	183	7	24560	1	1089	41	78	407

22-1 续表 23 （2015 年）

乡　　镇	年末负债金额（万元）	#当年负债	公路里程（公里）	市场个数（个）	集贸市场成交额（万元）	公园及休闲健身广场个数（个）	各类科技人员（人）	农业技术服务机构从业人员数（个）	农业专业合作社个数（个）	农业专业合作社成员数（户）
新沂市										
新安街道	15873		55	15	169852	3	1367	26	24	2820
北沟街道	6133		48	3	46491	1	1292	11	1	60
墨河街道			35	5	4855	1	240	38	10	68
唐店街道	4057	362	50	4	39167	1	685	11	42	3142
瓦窑镇	2996	155	19	5	7820	1	821	26	70	4330
港头镇	3877	92	52	4	30886	3	633	28	51	2356
合沟镇	2260	350	50	3	1250	1	750	9	13	432
草桥镇	4554	600	60	5	40402	5	2340	41	24	4490
窑湾镇	8025	890	98	2	31034	1	956	74	94	1820
棋盘镇	1063	641	610	8	3658	2	1101	19	24	3326
马陵山镇	2312	280	162	4	42158	2	1231	10	70	5214
新店镇	4905	682	52	4	22943	1	85	9	82	3012
邵店镇	2178	720	110	2	70256	8	73	11	57	2596
时集镇	1788	40	105	3	18825	1	607	8	101	12422
高流镇	5500	620	225	4	20040	2	990	17	25	2920
阿湖镇	3226	400	200	8	1680		705	32	97	6900
双塘镇	1170		85	6	57450	2	512	9	19	200
邳州市										
东湖街道	16	11	122	6	3562	3	151	3	6	613
运河街道	11686	1687	855	23	311868	31	7644	117	7	328
戴圩街道	3611	1941	139	2	12311	1	541	35	14	356
炮车街道	4505	298	203	3	29134	2	301	18	52	3923
邳城镇	1153	193	186	3	31142		118	15	43	6943
官湖镇	6815		361	5	2181647	3	1621	20	53	20681
四户镇	689		98	6	13749	10	442	12	36	6289
宿羊山镇	4302	197	12	5	8546	1	1123	110	1	113
八义集镇	2053	26	211	5	17210	2	50	46	31	7562
土山镇	4005	300	686	3	30125	5	1452	16	61	20526
碾庄镇	1786		315	4	2578	4	1215	44	78	5327
港上镇	3487	180	230	2	11013	4	741	23	19	18145
邹庄镇	350	21	81	5	2897	1	121	51	24	3895
占城镇	2245	109	198	3	4739		146	16	6	343
新河镇	1915	62	230	2	22387	2	70	13	34	3751
八路镇	1245	52	210	1	730	2	326	26	18	765
铁富镇	6080	5360	290	6	3290	2	368	76	60	11456
岔河镇	745	102	214	4	9112	4	134	13	45	13125
陈楼镇	2851	1350	274	5	74181	2	87	23	27	4438
邢楼镇	510	120	130	6	13600	1	470	11	26	688
戴庄镇	906		205	4	32046	2	88	34	10	860
车辐山镇	2565	842	165	2	3015	2	62	23	10	443
燕子埠镇	1305	98	84	2	9884		391	7	27	4118
赵墩镇	5212	234	142	6	2148		204	64	2	12
议堂镇	50		325	1	4155		210	16	14	1630

22-1 续表 24 （2015 年）

乡 镇	学校总数（个）	在校学生总数（人）	教师总数（人）	幼儿园、托儿所（个）	剧场、影剧院（个）	体育场馆（个）	医疗卫生机构个数（个）	医疗卫生机构床位（床）	执业（助理）医生（人）
贾汪区									
大泉街道	8	10830	612	17	2	2	2	147	123
大吴街道	9	5972	530	19	1	1	4	120	115
潘安湖街道	3	670	113	6			1	17	8
青山泉镇	6	6483	503	12	1	1	16	225	112
紫庄镇	10	6268	462	11		2	2	120	107
塔山镇	10	7335	502	12			2	120	62
汴塘镇	8	4656	323	5	1		1	129	62
江庄镇	5	3362	248	7	1		2	95	53
徐州经济技术开发区									
大黄山街道	7	8034	638	6			2	56	26
大庙街道	11	13057	1280	62	1	1	3	550	151
徐庄镇	12	4407	397	29	1	1	2	50	41
丰 县									
中阳里街道	12	23049	781	41	2		18	823	389
凤城街道	11	12482	627	15			40	142	139
孙楼街道	6	3069	274	15			22	180	59
首羡镇	11	6468	466	10		1	60	389	92
顺河镇	8	8588	593	13	1		23	233	116
常店镇	8	3585	412	26			31	185	118
欢口镇	12	11741	817	10	1	2	30	141	84
师寨镇	10	6133	495	26	1		38	150	99
华山镇	12	14996	1070	26	1	1	30	139	94
梁寨镇	13	7222	580	17	1	1	30	195	112
范楼镇	13	6552	452	21			49	160	73
宋楼镇	11	9615	757	21			34	215	149
大沙河镇	7	4556	355	14			21	132	51
王沟镇	12	4747	704	15			33	129	100
赵庄镇	9	3952	367	19	1	2	46	116	75
沛 县									
沛城街道	13	14389	908	16	1	2	43	2406	2127
大屯街道	14	6898	669	50	3	1	29	355	236
汉源街道	1	326	22	14	1		14	115	42
汉兴街道				14			16	168	62
龙固镇	10	7094	565	14	1		23	271	56
杨屯镇	9	4580	342	2	1	1	24	216	58
胡寨镇	6	2129	313	12			16	170	81
魏庙镇	6	4063	296	24		1	18	197	37
五段镇	7	8762	579	8	1	0	18	196	115
张庄镇	16	7886	568	49	1	1	32	340	151
张寨镇	14	10634	746	22			30	308	124
敬安镇	8	4201	466	29		2	27	290	41
河口镇	8	4429	337	19			19	205	146
栖山镇	12	4415	425	2			22	242	141
鹿楼镇	16	5913	497	20	1	1	25	268	196
朱寨镇	9	3910	609	6			27	278	95
安国镇	13	6910	435	17			32	340	142

22-1 续表 25 （2015 年）

乡　镇	学校总数（个）	在校学生总数（人）	教师总数（人）	幼儿园、托儿所（个）	剧场、影剧院（个）	体育场馆（个）	医疗卫生机构个数（个）	医疗卫生机构床位（床）	执业（助理）医生（人）
铜山区									
新区街道	5	3854	142	20			11	118	48
三堡镇街道	4	3512	197	13	1	2	7	45	39
何桥镇	8	3794	268	26		2	1	80	46
黄集镇	8	4049	344	13	1	2	1	68	50
马坡镇	5	3881	347	16		1	1	38	59
郑集镇	9	13799	990	10	1	3	1	245	195
柳新镇	12	9616	668	7	1		1	79	60
刘集镇	13	6817	496	13		1	1	56	52
大彭镇	8	8970	593	16	1	3	1	87	61
汉王镇	6	2750	288	19	1	2	1	110	49
棠张镇	7	5660	358	10	1	1	1	120	45
张集镇	11	13964	1094	11	1	1	2	190	128
房村镇	8	5329	518	23		3	2	125	58
伊庄镇	7	3030	260	15		1	2	55	30
单集镇	10	5218	352	11		3	2	71	25
利国镇	7	5078	384	10		1	2	115	132
大许镇	12	9574	798	15		4	3	229	218
茅村镇	9	10368	703	30		1	1	75	77
柳泉镇	6	5891	294	13		3	11	43	49
睢宁县									
睢城镇	34	59506	3894	29	4	2	58	1100	930
王集镇	17	12265	911	8			18	220	94
双沟镇	10	6455	391	8	1	1	23	244	52
岚山镇	15	6358	497	23			52	157	62
李集镇	8	6894	514	6	1	1	17	118	41
桃园镇	15	5456	453	13			36	126	82
官山镇	10	5762	490	18			2	180	110
高作镇	5	2165	348	6			21	110	23
沙集镇	8	3332	290	12			27	150	89
凌城镇	11	7230	465	5		1	26	195	160
邱集镇	16	5829	526	16	1		3	281	152
古邳镇	10	7112	460	3			29	263	85
姚集镇	16	3580	513	8		1	38	410	144
魏集镇	12	9529	691	1			2	141	129
梁集镇	20	9720	516	10	1	1	27	329	161
庆安镇	11	7568	578	26			37	387	187

22-1 续表 26 （2015 年）

乡　镇	学校总数（个）	在校学生总　数（人）	教师总数（人）	幼儿园、托儿所（个）	剧场、影剧院（个）	体育场馆（个）	医疗卫生机构个数（个）	医疗卫生机构床位（床）	执业（助理）医生（人）
新沂市									
新安街道	11	15025	1205	15	3	2	20	2600	1197
北沟街道	7	10586	1029	4		1	3	141	112
墨河街道	8	6350	276	10			1	50	20
唐店街道	4	5050	335	20		1	1	92	80
瓦窑镇	5	4322	453	7			1	165	56
港头镇	7	4899	349	4	1	1	1	76	59
合沟镇	7	6160	325	5			1	150	50
草桥镇	11	7109	439	25	1	1	3	225	91
窑湾镇	10	8586	489	6			2	115	131
棋盘镇	14	9791	529	28	1	1	2	241	157
马陵山镇	8	10548	794	17	1		2	120	65
新店镇	8	3501	354	5	1		2	132	73
邵店镇	7	3354	266	5	1	1	1	154	63
时集镇	11	7401	410	12			2	90	100
高流镇	9	12000	576	9		1	10	290	152
阿湖镇	12	6631	356	27		1	22	276	176
双唐镇	8	3355	272	18		1	2	130	120
邳州市									
东湖街道	8	33285	2778	17		1	19	465	105
运河街道	26	67365	3228	29	2	4	12	1149	2153
戴圩街道	11	8110	636	28			17	282	338
炮车街道	7	10856	1401	8		2	16	60	207
邳城镇	11	6963	495	14			23	232	249
官湖镇	20	16872	861	25	2	1	25	271	172
四户镇	6	5465	312	8	1		1	40	78
宿羊山镇	10	7801	991	12	1	1	25	260	167
八义集镇	17	15428	864	16	1	1	27	188	258
土山镇	10	9135	832	5	1	2	23	250	308
碾庄镇	12	10427	573	28		1	29	291	237
港上镇	8	6245	512	10	1	1	23	65	94
邹庄镇	7	1221	91	5		1	17	60	48
占城镇	9	3065	366	6	1	1	19	83	90
新河镇	10	9845	498	9	1	1	21	35	128
八路镇	6	4676	370	3			9	98	103
铁富镇	24	15680	940	29		3	33	340	116
岔河镇	9	4677	450	6	1	1	13	135	35
陈楼镇	9	6155	387	19			12	30	141
邢楼镇	6	5518	268	8	1	1	19	191	69
戴庄镇	6	4529	389	12			17	70	57
车辐山镇	9	14387	435	8			17	171	95
燕子埠镇	7	2954	313	1			17	46	31
赵墩镇	9	14234	983	18			29	342	91
议堂镇	10	3564	369	5			14	142	136

22-1 续表 27 （2015 年）

乡 镇	使用自来水户数（户）	生活用燃气户数（户）	有线电视入户率（%）	住楼房户比重（%）	各种社会福利收养性单位（个）	各种社会福利收养性单位床位数（床）	现收养人数（人）	新型农村合作医疗参保人数（个）	新型农村社会养老参保人数（个）	农村居民最低生活保障人数（个）
贾汪区										
大泉街道	17223	5991	87	91	3	127	120	40294	20100	671
大吴街道	15369	10399	79	54	1	150	52	35818	20512	176
潘安湖街道	5544	5123	90	59				14856	9839	120
青山泉镇	15602	3812	95	69	2	159	126	46827	30628	365
紫庄镇	13668	10683	72	64	1	230	215	52019	23974	676
塔山镇	11750	5090	45	40	4	310	310	65333	31005	1390
汴塘镇	9118	7136	93	37	6	284	228	48596	28917	910
江庄镇	7608	7061	99	45	1	78	78	35120	13450	956
徐州经济技术开发区										
大黄山街道	12694	8475	67	88				28391	38690	253
大庙街道	19248	21260	100	96	1	120	69	76710	35836	1301
徐庄镇	15201	10878	68	61	5	402	347	61921	30294	1926
丰 县										
中阳里街道	1755	6329	99	58				13326	9361	1101
凤城街道	6943	11274	95	55	1	200	87	57612	31009	804
孙楼街道	13000	11210	100	41	2	126	39	44752	15102	637
首羡镇	18385	15235	67	25	2	260	24	77634	22116	1866
顺河镇	12461	11370	94	30	1	220	218	45404	16108	726
常店镇	15760	11430	95	44	1	230	65	58265	17781	1488
欢口镇	20033	25006	96	33	1	330	114	81927	45656	2169
师寨镇	13588	15120	98	35	2	288	85	52474	17503	1501
华山镇	22950	18660	100	50	2	340	104	73429	21000	1589
梁寨镇	13682	14368	87	33	2	290	129	62531	31026	1258
范楼镇	20119	12896	65	38	2	163	51	67739	36502	2257
宋楼镇	14000	12680	89	27	1	368	189	88600	31898	996
大沙河镇	12453	11681	90	37	1	100	43	57486	15128	833
王沟镇	21081	15150	85	35	1	270	87	86968	31003	1612
赵庄镇	17680	14810	96	46	2	263	85	71531	16610	1120
沛 县										
沛城街道	36582	47062	69	72	3	327	162	91451	18266	6129
大屯街道	18460	19020	86	75	2	330	60	50933	21671	1590
汉源街道	4767	8606	72	74				29523	8958	908
汉兴街道	6723	7865	72	73				40846	14259	502
龙固镇	9752	11852	95	58	2	200	89	59682	26859	1116
杨屯镇	16171	11352	78	70	1	98	96	52319	24578	1490
胡寨镇	9218	9567	74	63	2	76	45	35766	15066	277
魏庙镇	16397	13092	97	70	2	148	139	57235	16043	843
五段镇	10387	10387	99	91	1	80	72	46975	2461	843
张庄镇	23965	24022	97	82	2	200	80	79800	41000	1866
张寨镇	13210	17862	70	50	2	220	147	84196	46187	2273
敬安镇	13865	10115	98	69	1	192	104	65001	16815	1296
河口镇	6836	8950	65	60	2	134	134	53810	17164	1625
栖山镇	14436	13729	87	56	1	245	120	60933	24177	1822
鹿楼镇	14350	15404	65	65	1	119	115	77281	13899	3039
朱寨镇	900	9301	63	66	2	260	211	53888	29816	2001
安国镇	20892	16840	72	58	1	120	92	77231	35123	2045

22-1 续表 28 （2015 年）

乡 镇	使用自来水户数（户）	生活用燃气户数（户）	有线电视入户率（%）	住楼房户比重（%）	各种社会福利收养性单位（个）	各种社会福利收养性单位床位数（床）	现收养人数（人）	新型农村合作医疗参保人数（个）	新型农村社会养老参保人数（个）	农村居民最低生活保障人数（个）
铜山区										
新区街道	11864	11879	90	85				22280	16724	1044
三堡镇街道	5680	6057	85	70	1	120	120	24702	11000	174
何桥镇	5382	8014	70	50	3	176	175	43713	25144	780
黄集镇	16042	15301	99	87	2	240	240	52484	22132	794
马坡镇	1345	5841	48	76	4	263	263	44545	16480	1754
郑集镇	15590	14276	100	90	3	218	104	50910	13520	688
柳新镇	2521	19620	96	75	5	172	172	67960	21561	831
刘集镇	6145	17012	96	65	4	258	155	59435	3890	1075
大彭镇	11537	16850	93	69	1	220	210	61500	4900	2205
汉王镇	9622	5462	98	88	3	122	116	41925	18518	558
棠张镇	11200	100	98	89	1	150	125	54000	16021	810
张集镇	14143	12232	96	53	2	293	246	62278	24018	1150
房村镇	6316	8912	80	65	5	330	288	66356	23192	1922
伊庄镇	10932	10920	96	94	2	305	264	39553	13756	690
单集镇	18655	11742	84	54	2	310	285	59385	19695	1879
利国镇	19052	17790	100	97	6	405	336	58015	3985	360
大许镇	10950	17857	91	73	8	614	403	71325	38935	2056
茅村镇	17920	19937	98	78	2	128	72	63895	16638	657
柳泉镇	17410	17406	92	84	3	154	92	47600	19228	635
睢宁县										
睢城镇	80100	79000	98	64	8	680	350	125900	68400	7800
王集镇	11242	12715	88	42	2	200	175	73530	26896	1552
双沟镇	8541	3785	100	45	1	80	80	47620	18624	978
岚山镇	12102	1013	80	27	2	38	38	73092	28525	2064
李集镇	13164	9371	99	75	1	267	148	53296	15472	1530
桃园镇	16538	7578	88	38	3	195	135	68698	25548	1985
官山镇	9874	10862	62	19	1	210	118	76244	35324	2069
高作镇	8643	6372	90	35	1	96	28	35417	14340	1174
沙集镇	9780	11032	77	44	2	145	92	55721	43879	2371
凌城镇	17895	10895	68	22	1	330	210	72163	19861	2220
邱集镇	22617	16090	69	36	2	200	175	101002	44994	3064
古邳镇	17785	15102	99	56	2	180	70	66536	2968	4516
姚集镇	20100	18200	94	22	2	160	145	91600	50080	1710
魏集镇	6621	182	91	35	1	212	144	69896	20908	2057
梁集镇	7975	71	50	32	2	213	210	47303	31221	3671
庆安镇	16523	15862	87	46	2	88	83	62056	20868	3563

22-1 续表 29 （2015 年）

乡 镇	使用自来水户数（户）	生活用燃气户数（户）	有线电视入户率（%）	住楼房户比重（%）	各种社会福利收养性单位（个）	各种社会福利收养性单位床位数（床）	现收养人数（人）	新型农村合作医疗参保人数（个）	新型农村社会养老参保人数（个）	农村居民最低生活保障人数（个）
新沂市										
新安街道	78726	15918	98	72	4	225	190	58896	16678	6520
北沟街道	12536	9708	92	36	1	150	78	32363	8579	1202
墨河街道	13624	13220	39	58	1	100	85	43155	18420	2890
唐店街道	9848	9848	94	48	2	178	173	39865	11800	1396
瓦窑镇	8750	6460	100	46	1	260	260	31228	12265	2242
港头镇	10228	9225	100	72	1	268	258	38963	10025	2726
合沟镇	9000	4050	99	34	1	75	60	45210	39501	2050
草桥镇	14915	17985	98	55	2	260	225	66774	11726	3112
窑湾镇	18860	13092	96	47	1	230	215	57559	14082	4007
棋盘镇	17821	12564	85	30	2	330	260	61552	29075	2993
马陵山镇	16370	16370	99	48	4	380	242	42716	26414	3018
新店镇	12423	12486	96	32	1	413	413	45120	18983	1523
邵店镇	9291	8294	98	32	1	146	80	34576	10699	1209
时集镇	10320	8613	93	27	2	310	128	51812	18536	1999
高流镇	13210	12950	99	48	1	101	90	57000	1300	330
阿湖镇	14000	12000	96	51	3	480	358	59200	11321	2634
双唐镇	9260	7560	90	35	1	128	123	27500	15136	1702
邳州市										
东湖街道	5446	3649	68	37	1	131	109	25223	13095	351
运河街道	74197	56671	94	92	2	60	55	189787	90975	7727
戴圩街道	14691	1494	61	29	1	158	55	72814	22856	1888
炮车街道	13513	653	99	47	2	145	141	53206	15452	2762
邳城镇	17328	7862	73	64	2	121	121	65334	21547	1223
官湖镇	27528	27528	95	70	3	230	173	94215	61609	1903
四户镇	10123	6139	66	11	2	200	153	49258	16504	1029
宿羊山镇	11794	16623	90	45	1	161	155	67412	2905	1237
八义集镇	17491	11198	95	11	2	320	127	71943	35297	1471
土山镇	12203	11125	95	39	1	280	245	52955	20653	1987
碾庄镇	25346	25346	100	47	2	347	347	89646	42674	1853
港上镇	15824	7522	94	56	1	120	95	62108	42019	1209
邹庄镇	10250	12099	99	78	1	59	52	53669	14962	30
占城镇	3619	958	46	27	1	66	46	42268	2459	398
新河镇	4120	8546	92	53	2	274	251	58625	23796	411
八路镇	11890	4810	78	33	1	128	122	45832	8285	238
铁富镇	28216	28216	99	58	1	168	126	118880	36560	2250
岔河镇	6698	8705	92	43	1	106	102	41724	421	1125
陈楼镇	11510	11324	93	56	1	40	32	42098	11312	891
邢楼镇	7200	10020	96	16	1	121	120	46010	596	324
戴庄镇	9167	6642	96	37	1	90	84	49107	35864	588
车辐山镇	5012	2294	93	40	2	61	61	46148	2726	759
燕子埠镇	9121	4935	30	15	1	140	121	31241	1109	1567
赵墩镇	19356	7876	52	13	1	39	37	90748	25723	3578
议堂镇	7125	7550	45	30	1	154	86	34222	11315	1652

22-2　分镇建成区主要经济指标

（2015 年）

乡　　镇	城镇规划区面积（公顷）	城镇建成区面积（公顷）	#绿化面积	建成区总户数（户）	建成区总人口（人）
贾汪区					
大泉街道	310	227	81	5237	16788
大吴街道	560	560	323	8750	34021
潘安湖街道	528	520	181	1760	8991
青山泉镇	1085	785	424	11605	40312
紫庄镇	785	682	216	5217	17278
塔山镇	605	605	163	5211	19816
汴塘镇	389	361	89	2516	8930
江庄镇	340	275	75	1024	4395
徐州经济技术开发区					
大黄山街道	600	400	130	6379	23465
大庙街道	660	660	380	17582	57657
徐庄镇	1000	378	73	8469	31402
丰　县					
中阳里街道	400	95	45	2487	7211
凤城街道	2300	182	87	4418	15934
孙楼街道	220	299	75	3120	8950
首羡镇	620	312	165	3968	13938
顺河镇	450	424	156	4510	20275
常店镇	400	400	99	3088	11897
欢口镇	616	611	215	16199	51412
师寨镇	400	170	43	3493	14828
华山镇	890	590	248	13030	46900
梁寨镇	1000	410	181	8235	30108
范楼镇	216	158	53	3357	11532
宋楼镇	380	290	73	4110	10905
大沙河镇	450	403	148	5773	32682
王沟镇	300	248	37	4081	15560
赵庄镇	519	492	212	9501	39528
沛　县					
沛城街道	1437	1237	172	57248	147036
大屯街道	1059	566	269	12443	54423
汉源街道	98	95	50	866	2771
汉兴街道	110	92	45	965	2895
龙固镇	1310	586	263	9895	43629
杨屯镇	240	240	80	6278	24571
胡寨镇	216	206	10	1116	5702
魏庙镇	440	248	126	7406	25922
五段镇	125	107	15	1881	7467
张庄镇	819	551	277	9918	42715
张寨镇	410	88	10	1623	8986
敬安镇	1000	640	143	11204	41056
河口镇	135	128	38	1392	5837
栖山镇	65	70	29	1774	6765
鹿楼镇	255	187	19	3006	12676
朱寨镇	205	199	28	3131	10906
安国镇	618	410	201	8263	44181

22-2 续表 1 （2015 年）

乡 镇	城镇规划区面积（公顷）	城镇建成区面积（公顷）	#绿化面积	建成区总户数（户）	建成区总人口（人）
铜山区					
新区街道	4360	2070	719		
三堡镇街道	477	140	52	4914	13581
何桥镇	299	270	72	2216	6531
黄集镇	680	514	85	4354	19975
马坡镇	240	240	24	2560	11440
郑集镇	384	328	132	7210	32594
柳新镇	750	615	253	4720	27421
刘集镇	833	655	58	3052	11585
大彭镇	2160	274	9	2650	10550
汉王镇	335	302	133	1420	6800
棠张镇	480	480	162	8280	17250
张集镇	410	368	48	3426	7443
房村镇	600	230	30	2458	9615
伊庄镇	246	243	20	2458	7451
单集镇	290	224	16	4750	13934
利国镇	330	356	98	6350	30511
大许镇	540	410	104	9089	38125
茅村镇	400	372	154	13887	35256
柳泉镇	8990	249	28	3601	20120
睢宁县					
睢城镇	4954	4230	490	71580	244125
王集镇	2410	573	76	3975	18995
双沟镇	2667	512	121	5021	21020
岚山镇	1566	833	9	7157	28743
李集镇	3389	542	268	6910	25086
桃园镇	1000	416	5	4203	17396
官山镇	800	484	9	2522	8431
高作镇	360	260	50	5997	18239
沙集镇	661	656	273	6797	23110
凌城镇	520	510	265	6405	26280
邱集镇	2333	429	50	6110	24599
古邳镇	2000	830	356	7216	34658
姚集镇	1395	775	28	4435	19880
魏集镇	2400	728	4	6594	17592
梁集镇	2300	267	34	2932	7862
庆安镇	1605	318	85	4025	16952

注：铜山新区街道部分数据暂时无法取得。

22-2 续表 2 （2015 年）

乡 镇	城镇规划区面积（公顷）	城镇建成区面积（公顷）	#绿化面积	建成区总户数（户）	建成区总人口（人）
新沂市					
新安街道	6473	4592	974	61706	190258
北沟街道	3390	1090	208	16224	48801
墨河街道	6258	4505	1351	11494	35205
唐店街道	2372	1660	531	7142	25368
瓦窑镇	283	281	60	4582	17381
港头镇	306	292	120	2730	11142
合沟镇	490	430	142	1072	7443
草桥镇	842	892	238	8469	27126
窑湾镇	546	490	210	7955	23816
棋盘镇	815	710	310	7557	27058
马陵山镇	450	340	156	11695	22388
新店镇	380	368	77	2473	9045
邵店镇	430	398	131	3518	9657
时集镇	256	181	47	2823	10669
高流镇	580	510	142	5554	21553
阿湖镇	610	580	137	2087	6909
双唐镇	400	375	95	2650	6982
邳州市					
东湖街道	1204	1051	239	4096	12109
运河街道	4087	4087	457	67456	226461
戴圩街道	4090	1539	699	6239	25647
炮车街道	2013	623	96	7012	26621
邳城镇	78	52	38	6382	33592
官湖镇	1477	870	190	9351	46890
四户镇	510	420	43	2258	8705
宿羊山镇	64	63	35	3459	11923
八义集镇	314	279	32	2099	8716
土山镇	660	390	210	5691	22664
碾庄镇	1080	540	131	11527	49044
港上镇	660	401	112	4312	22159
邹庄镇	670	611	78	2263	8640
占城镇	300	204	6	689	2318
新河镇	380	367	21	2039	9258
八路镇	280	210	35	2520	11859
铁富镇	1130	1080	860	18990	83600
岔河镇	201	122	32	2159	8502
陈楼镇	283	185	94	2851	8531
邢楼镇	50	178	29	1079	4721
戴庄镇	320	227	34	1908	8892
车辐山镇	550	467	17	1995	8385
燕子埠镇	169	119	30	924	3752
赵墩镇	1280	514	115	2552	11623
议堂镇	350	310	91	1662	7510

22–3　分镇主要经济指标排序（2015 年）
行政区域面积

排序	乡　镇	绝对量（公顷）	排序	乡　镇	绝对量（公顷）	排序	乡　镇	绝对量（公顷）
1	新沂市棋盘镇	17214	41	邳州市邢楼镇	9650	81	邳州市戴庄镇	7373
2	睢宁县姚集镇	16700	42	沛县敬安镇	9600	82	邳州市邹庄镇	7366
3	铜山区张集镇	14800	43	邳州市车辐山镇	9500	83	邳州市岔河镇	7030
4	睢宁县邱集镇	14079	44	贾汪区塔山镇	9468	84	铜山区马坡镇	6900
5	铜山区房村镇	13600	45	丰县顺河镇	9404	85	新沂市合沟镇	6872
6	徐州经济开发区徐庄镇	13259	46	睢宁县凌城镇	9365	86	铜山区郑集镇	6800
7	铜山区单集镇	13210	47	徐州经济开发区大庙街道	9126	87	新沂市唐店街道办事处	6777
8	睢宁县王集镇	13152	48	邳州市八义集镇	9112	88	邳州市八路镇	6695
9	睢宁县魏集镇	12938	49	丰县赵庄镇	9100	89	贾汪区紫庄镇	6668
10	铜山区大许镇	12900	50	邳州市邳城镇	9028	90	贾汪区青山泉镇	6647
11	睢宁县岚山镇	12837	51	邳州市宿羊山镇	9013	91	丰县孙楼街道办事处	6608
12	新沂市新店镇	12800	52	沛县栖山镇	8951	92	铜山区新区街道办事处	6450
13	丰县王沟镇	12621	53	邳州市占城镇	8900	93	铜山区汉王镇	6420
14	新沂市阿湖镇	12545	54	邳州市官湖镇	8880	94	邳州市港上镇	6400
15	沛县鹿楼镇	12540	55	丰县凤城街道办事处	8846	95	邳州市土山镇	6380
16	睢宁县官山镇	12528	56	新沂市双塘镇	8800	96	睢宁县李集镇	6368
17	邳州市铁富镇	12444	57	丰县梁寨镇	8680	97	新沂市港头镇	6356
18	新沂市高流镇	12290	58	铜山区伊庄镇	8560	98	新沂市瓦窑镇	6312
19	丰县宋楼镇	12214	59	铜山区柳新镇	8500	99	沛县沛城街道办事处	6240
20	丰县首羡镇	12176	60	铜山区茅村镇	8396	100	新沂市邵店镇	5800
21	邳州市碾庄镇	12100	61	铜山区刘集镇	8360	101	邳州市议堂镇	5760
22	邳州市赵墩镇	12000	62	铜山区黄集镇	8340	102	沛县大屯街道办事处	5430
23	丰县范楼镇	11610	63	沛县河口镇	8257	103	沛县汉兴街道办事处	5310
24	新沂市窑湾镇	11597	64	睢宁县双沟镇	8183	104	沛县龙固镇	5302
25	睢宁县庆安镇	11571	65	丰县大沙河镇	8150	105	邳州市炮车街道办事处	5299
26	沛县张庄镇	11200	66	邳州市四户镇	8100	106	沛县魏庙镇	5200
27	睢宁县梁集镇	11036	67	新沂市新安街道办事处	8087	107	沛县五段镇	4700
28	睢宁县古邳镇	10666	68	铜山区棠张镇	8030	108	沛县胡寨镇	4594
29	沛县张寨镇	10634	69	丰县师寨镇	8011	109	徐州经济开发区大黄山街道	4300
30	新沂市时集镇	10600	70	邳州市戴圩街道办事处	7999	110	睢宁县高作镇	4171
31	铜山区柳泉镇	10520	71	沛县朱寨镇	7900	111	沛县杨屯镇	4100
32	丰县欢口镇	10500	72	邳州市运河街道办事处	7823	112	睢宁县沙集镇	4000
33	新沂市马陵山镇	10500	73	铜山区利国镇	7769	113	邳州市陈楼镇	3996
34	沛县安国镇	10294	74	新沂市墨河街道办事处	7758	114	贾汪区大吴街道	3840
35	睢宁县睢城镇	10173	75	丰县常店镇	7727	115	铜山区三堡街道办事处	3540
36	新沂市草桥镇	10125	76	邳州市燕子埠镇	7700	116	新沂市北沟街道办事处	3400
37	丰县华山镇	10100	77	铜山区大彭镇	7600	117	沛县汉源街道办事处	2950
38	贾汪区汴塘镇	10080	78	贾汪区江庄镇	7496	118	邳州市东湖街道办事处	2646
39	邳州市新河镇	9797	79	贾汪区大泉街道	7435	119	贾汪区潘安湖街道	2580
40	睢宁县桃园镇	9682	80	铜山区何桥镇	7400	120	丰县中阳里街道办事处	990

22-3　续表 1

财政总收入

排序	乡　　镇	绝对量（万元）	排序	乡　　镇	绝对量（万元）	排序	乡　　镇	绝对量（万元）
1	丰县凤城街道办事处	192672	41	沛县张庄镇	19800	81	沛县河口镇	11972
2	邳州市运河街道办事处	135980	42	睢宁县梁集镇	19683	82	睢宁县双沟镇	11500
3	铜山区新区街道办事处	124826	43	新沂市阿湖镇	19530	83	睢宁县凌城镇	11458
4	铜山区柳新镇	119124	44	丰县欢口镇	19441	84	铜山区大许镇	11121
5	睢宁县睢城镇	117981	45	丰县宋楼镇	19191	85	丰县大沙河镇	11005
6	新沂市新安街道办事处	111311	46	沛县朱寨镇	19169	86	邳州市邢楼镇	10940
7	徐州经济开发区大庙街道	109760	47	新沂市高流镇	19065	87	丰县赵庄镇	10831
8	徐州经济开发区大黄山街道	99182	48	丰县华山镇	19005	88	睢宁县岚山镇	10336
9	沛县沛城街道办事处	91699	49	新沂市马陵山镇	18863	89	沛县魏庙镇	10213
10	贾汪区青山泉镇	89579	50	新沂市时集镇	18601	90	铜山区黄集镇	10184
11	沛县大屯街道办事处	84290	51	邳州市赵墩镇	18547	91	铜山区汉王镇	10176
12	铜山区利国镇	74642	52	邳州市港上镇	18155	92	铜山区马坡镇	9969
13	邳州市官湖镇	58416	53	铜山区刘集镇	17922	93	邳州市八义集镇	9512
14	沛县龙固镇	55121	54	铜山区棠张镇	17536	94	铜山区单集镇	9471
15	邳州市炮车街道办事处	53856	55	新沂市合沟镇	17265	95	铜山区房村镇	9342
16	邳州市戴圩街道办事处	49281	56	睢宁县高作镇	17016	96	铜山区伊庄镇	8960
17	铜山区柳泉镇	39793	57	邳州市四户镇	16434	97	邳州市邳城镇	8896
18	邳州市碾庄镇	35728	58	丰县范楼镇	15898	98	邳州市车辐山镇	8874
19	铜山区茅村镇	35071	59	丰县师寨镇	15572	99	睢宁县庆安镇	8865
20	沛县杨屯镇	32481	60	丰县首羡镇	15480	100	铜山区何桥镇	7901
21	邳州市铁富镇	31860	61	贾汪区大泉街道	15466	101	睢宁县邱集镇	7796
22	新沂市瓦窑镇	29231	62	丰县常店镇	15446	102	邳州市新河镇	7667
23	铜山区大彭镇	27931	63	丰县孙楼街道办事处	15084	103	邳州市土山镇	7585
24	沛县安国镇	27300	64	沛县五段镇	15066	104	贾汪区大吴街道	7536
25	贾汪区江庄镇	27095	65	邳州市宿羊山镇	14732	105	邳州市戴庄镇	7499
26	新沂市唐店街道办事处	25763	66	邳州市岔河镇	14597	106	邳州市燕子埠镇	6837
27	新沂市双塘镇	25536	67	铜山区郑集镇	14486	107	贾汪区紫庄镇	6637
28	丰县中阳里街道办事处	25200	68	新沂市新店镇	13939	108	睢宁县姚集镇	6298
29	铜山区张集镇	24979	69	新沂市北沟街道办事处	13866	109	邳州市八路镇	5802
30	新沂市窑湾镇	23759	70	沛县鹿楼镇	13790	110	睢宁县王集镇	5410
31	丰县梁寨镇	22890	71	沛县胡寨镇	13522	111	邳州市占城镇	5381
32	睢宁县官山镇	22810	72	邳州市邹庄镇	13498	112	贾汪区塔山镇	5011
33	邳州市陈楼镇	22795	73	丰县王沟镇	13069	113	新沂市墨河街道办事处	4348
34	新沂市棋盘镇	22290	74	睢宁县魏集镇	13027	114	贾汪区潘安湖街道	3837
35	新沂市草桥镇	21843	75	睢宁县桃园镇	13002	115	铜山区三堡街道办事处	2947
36	睢宁县李集镇	21801	76	沛县栖山镇	12965	116	贾汪区汴塘镇	2484
37	邳州市议堂镇	21733	77	睢宁县沙集镇	12906	117	沛县汉源街道办事处	1601
38	沛县敬安镇	21425	78	沛县张寨镇	12619	118	徐州经济开发区徐庄镇	1462
39	新沂市港头镇	20869	79	丰县顺河镇	12469	119	邳州市东湖街道办事处	332
40	新沂市邵店镇	20254	80	睢宁县古邳镇	12100	120	沛县汉兴街道办事处	250

22-3 续表 2

固定资产投资完成额

排序	乡 镇	绝对量（万元）	排序	乡 镇	绝对量（万元）	排序	乡 镇	绝对量（万元）
1	沛县大屯街道办事处	1507431	41	铜山区黄集镇	234708	81	睢宁县梁集镇	100510
2	铜山区利国镇	1102816	42	丰县欢口镇	231749	82	睢宁县睢城镇	100024
3	新沂市新安街道办事处	978000	43	邳州市八义集镇	224029	83	邳州市邳城镇	99683
4	铜山区柳泉镇	918216	44	邳州市土山镇	223658	84	丰县梁寨镇	93548
5	铜山区新区街道办事处	864547	45	贾汪区江庄镇	217820	85	丰县首羡镇	92760
6	丰县中阳里街道办事处	751255	46	邳州市陈楼镇	210923	86	睢宁县官山镇	89595
7	铜山区张集镇	740009	47	徐州经济开发区大黄山街道	199517	87	贾汪区紫庄镇	87312
8	邳州市运河街道办事处	713299	48	新沂市邵店镇	193520	88	睢宁县凌城镇	86000
9	邳州市议堂镇	658600	49	铜山区汉王镇	191220	89	丰县孙楼街道办事处	84990
10	贾汪区青山泉镇	650927	50	沛县栖山镇	190013	90	丰县师寨镇	81560
11	邳州市炮车街道办事处	610201	51	新沂市新店镇	188329	91	睢宁县王集镇	80158
12	铜山区何桥镇	586344	52	新沂市墨河街道办事处	182220	92	邳州市燕子埠镇	77916
13	邳州市碾庄镇	574875	53	铜山区大许镇	168440	93	贾汪区塔山镇	77883
14	沛县沛城街道办事处	551627	54	铜山区单集镇	168204	94	丰县宋楼镇	77230
15	邳州市官湖镇	536021	55	沛县张寨镇	164000	95	贾汪区潘安湖街道	75213
16	铜山区茅村镇	526250	56	新沂市港头镇	161776	96	邳州市占城镇	74371
17	沛县敬安镇	502000	57	贾汪区大泉街道	152424	97	睢宁县桃园镇	71455
18	铜山区柳新镇	483120	58	邳州市岔河镇	150052	98	贾汪区汴塘镇	70620
19	徐州经济开发区大庙街道	463012	59	沛县胡寨镇	139683	99	徐州经济开发区徐庄镇	69438
20	铜山区棠张镇	432500	60	沛县朱寨镇	138095	100	邳州市新河镇	64527
21	贾汪区大吴街道	431000	61	新沂市双塘镇	128000	101	丰县范楼镇	63452
22	邳州市戴圩街道办事处	418944	62	睢宁县岚山镇	125678	102	睢宁县高作镇	62435
23	沛县杨屯镇	413800	63	铜山区马坡镇	125467	103	睢宁县姚集镇	62300
24	铜山区大彭镇	413200	64	新沂市时集镇	125000	104	丰县大沙河镇	61348
25	沛县龙固镇	410268	65	睢宁县魏集镇	124525	105	丰县王沟镇	55069
26	新沂市草桥镇	403500	66	邳州市邹庄镇	123887	106	睢宁县古邳镇	52120
27	沛县张庄镇	400160	67	睢宁县沙集镇	121175	107	新沂市合沟镇	43196
28	沛县安国镇	368000	68	邳州市赵墩镇	119326	108	睢宁县邱集镇	37248
29	铜山区郑集镇	358816	69	沛县河口镇	116760	109	沛县魏庙镇	24233
30	新沂市唐店街道办事处	325685	70	新沂市窑湾镇	113600	110	新沂市阿湖镇	23800
31	铜山区刘集镇	316500	71	丰县顺河镇	112541	111	沛县五段镇	22135
32	丰县凤城街道办事处	314812	72	睢宁县庆安镇	112050	112	邳州市邢楼镇	22100
33	铜山区三堡街道办事处	312200	73	邳州市八路镇	110882	113	新沂市高流镇	20084
34	新沂市马陵山镇	309127	74	丰县赵庄镇	110829	114	沛县鹿楼镇	17672
35	铜山区房村镇	305276	75	丰县华山镇	110452	115	邳州市港上镇	16840
36	丰县常店镇	292000	76	邳州市戴庄镇	109850	116	邳州市四户镇	15400
37	邳州市铁富镇	279860	77	新沂市北沟街道办事处	107256	117	邳州市车辐山镇	13568
38	新沂市棋盘镇	268754	78	铜山区伊庄镇	107014	118	沛县汉源街道办事处	2860
39	新沂市瓦窑镇	256000	79	睢宁县双沟镇	105020	119	沛县汉兴街道办事处	1286
40	邳州市宿羊山镇	238219	80	睢宁县李集镇	102124			

注：邳州东湖街道因数据无法取得，未能参与排序。

22-3 续表 3

农民人均可支配收入

排序	乡　　镇	绝对量（元）	排序	乡　　镇	绝对量（元）	排序	乡　　镇	绝对量（元）
1	铜山区利国镇	23963	41	邳州市四户镇	15927	81	新沂市高流镇	13766
2	铜山区柳新镇	22735	42	邳州市八义集镇	15769	82	丰县孙楼街道办事处	13692
3	丰县中阳里街道办事处	21601	43	沛县杨屯镇	15669	83	邳州市占城镇	13607
4	铜山区新区街道办事处	21365	44	铜山区马坡镇	15651	84	睢宁县双沟镇	13344
5	铜山区三堡街道办事处	21253	45	沛县栖山镇	15642	85	丰县首羡镇	13133
6	邳州市官湖镇	20839	46	丰县欢口镇	15625	86	丰县宋楼镇	13105
7	徐州经济开发区大庙街道	20450	47	沛县魏庙镇	15574	87	睢宁县王集镇	13084
8	贾汪区青山泉镇	20311	48	沛县朱寨镇	15551	88	铜山区单集镇	13018
9	邳州市东湖街道办事处	20309	49	沛县汉源街道办事处	15520	89	睢宁县桃园镇	12968
10	贾汪区大吴街道	20137	50	沛县汉兴街道办事处	15498	90	邳州市邳城镇	12940
11	邳州市宿羊山镇	19983	51	贾汪区紫庄镇	15319	91	新沂市邵店镇	12928
12	贾汪区潘安湖街道	19854	52	邳州市八路镇	15226	92	邳州市新河镇	12799
13	邳州市运河街道办事处	19801	53	新沂市合沟镇	15199	93	邳州市戴庄镇	12628
14	徐州经济开发区大黄山街道	19689	54	沛县张寨镇	15163	94	睢宁县沙集镇	12551
15	新沂市新安街道办事处	19684	55	徐州经济开发区徐庄镇	15148	95	邳州市燕子埠镇	12509
16	铜山区张集镇	19253	56	沛县河口镇	15092	96	丰县梁寨镇	12440
17	铜山区棠张镇	19232	57	邳州市土山镇	15088	97	睢宁县魏集镇	12387
18	铜山区茅村镇	18955	58	睢宁县李集镇	15073	98	睢宁县邱集镇	12363
19	丰县凤城街道办事处	18889	59	沛县胡寨镇	15065	99	睢宁县梁集镇	12247
20	铜山区柳泉镇	18806	60	新沂市马陵山镇	14947	100	睢宁县凌城镇	12210
21	邳州市邹庄镇	18265	61	邳州市邢楼镇	14930	101	新沂市阿湖镇	12075
22	睢宁县睢城镇	18243	62	铜山区黄集镇	14777	102	丰县范楼镇	12045
23	邳州市铁富镇	17963	63	沛县五段镇	14749	103	睢宁县古邳镇	11966
24	邳州市港上镇	17947	64	新沂市北沟街道办事处	14743	104	睢宁县官山镇	11904
25	沛县沛城街道办事处	17922	65	邳州市岔河镇	14713	105	丰县常店镇	11896
26	邳州市炮车街道办事处	17873	66	铜山区房村镇	14618	106	新沂市双塘镇	11869
27	邳州市戴圩街道办事处	17666	67	贾汪区江庄镇	14586	107	睢宁县姚集镇	11725
28	邳州市陈楼镇	17491	68	邳州市议堂镇	14584	108	睢宁县庆安镇	11695
29	沛县龙固镇	17387	69	新沂市墨河街道办事处	14562	109	贾汪区大泉街道	11615
30	铜山区大彭镇	17204	70	沛县鹿楼镇	14506	110	丰县赵庄镇	11586
31	沛县大屯街道办事处	16772	71	新沂市草桥镇	14502	111	丰县师寨镇	11529
32	铜山区汉王镇	16696	72	丰县大沙河镇	14476	112	睢宁县岚山镇	11522
33	睢宁县高作镇	16601	73	贾汪区塔山镇	14375	113	新沂市新店镇	11439
34	铜山区郑集镇	16494	74	丰县华山镇	14328	114	丰县王沟镇	11352
35	铜山区刘集镇	16408	75	铜山区大许镇	14263	115	新沂市时集镇	11348
36	邳州市碾庄镇	16350	76	新沂市瓦窑镇	13971	116	丰县顺河镇	11322
37	沛县张庄镇	16348	77	铜山区何桥镇	13927	117	新沂市唐店街道办事处	11171
38	沛县敬安镇	16202	78	新沂市窑湾镇	13927	118	新沂市港头镇	11165
39	邳州市车辐山镇	16185	79	邳州市赵墩镇	13784	119	贾汪区汴塘镇	10894
40	沛县安国镇	16129	80	铜山区伊庄镇	13776	120	新沂市棋盘镇	10213

附录一

PROCESS INVESTIGATION OF WELL-OFF SOCIETY

小康社会进程监测(2004-2015年)

版面负责人：卓卫华

编　　　辑：唐子午

江苏省统计条例

（2014年1月16日江苏省第十二届人民代表大会常务委员会第八次会议通过）

第四十二条 本条例规定，政府统计机构或者有关部门有下列行为之一的，由本级人民政府、上级人民政府统计机构、本级人民政府统计机构责令限期改正，予以通报；对直接负责的主管人员和其他直接责任人员，由任免机关或者监察机关依法给予处分：

（一）违反第十一条第一款规定，地方统计调查项目未经批准或者虽经批准但未依法公布，擅自组织实施的；

（二）违反第十二条第二款规定，拒绝向本级人民政府统计机构提供统计所需的行政记录的；

（三）违反第三十五条第一款规定，不依法履行职责，不如实搜集、报送统计资料，伪造、篡改统计资料或者要求政府统计调查对象提供不真实统计资料的；

（四）违反第三十八条、第三十九条规定，不依法履行统计监督检查职责或者不依法查处统计违法行为的。

【释义】 本条是关于政府统计机构、有关部门组织实施地方统计调查活动中违法行为及法律责任的规定。

本条规定政府统计机构或者有关部门在组织实施统计调查活动中，有下列违法行为之一的，应当承担法律责任：一是地方统计调查项目未经批准或者虽经批准但未依法公布，擅自组织实施。政府统计机构和有关部门开展地方统计调查，应当制定统计调查项目，并根据本条例第九条、第十条和第十一条的规定报经批准、公布后才能够组织实施。二是拒绝向本级人民政府统计机构提供统计所需的行政记录。本条例第十二条规定，机构编制、民政、工商行政、税务、质量监督等有关部门，应当按照有关规定向本级人民政府统计机构提供统计所需的行政记录，不得以任何理由拒绝提供。三是不依法履行职责，不如实搜集、报送统计资料，伪造、篡改统计资料或者要求政府统计调查对象提供不真实统计资料。本条例第三十五条规定，政府统计机构应当依法履行职责，如实搜集、报送统计资料，不得伪造、篡改统计资料，不得以任何方式要求任何单位和个人提供不真实的统计资料。四是不依法履行统计监督检查职责或者不依法查处统计违法行为。本条例第三十八条和第三十九条规定，政府统计机构和有关部门分别对全社会的统计活动、职责范围内的统计活动履行监督检查职责，不得不履行上述职责。

政府统计机构或者有关部门在组织实施统计调查活动中，有上述违法行为之一的，应当承担下列法律责任：一是由本级人民政府、上级人民政府统计机构或者本级人民政府统计机构责令改正，予以通报。即责令停止违法行为并予以纠正，并在一定范围内对违法行为及处理情况予以公开。二是对直接负责的主管人员和其他直接责任人员，由任免机关或者监察机关按照管理权限，根据违法行为的性质、情节及危害程度，决定给予警告、记过、记大过、降级、撤职或者开除的处分。

直接负责的主管人员。是指违法行为的决策人、事后对单位违法行为予以认可和支持的人员、由于疏于管理或放任而对违法行为负有不可推卸责任的人员。

其他直接责任人员。是指直接实施违法行为的人员。

第四十三条 违反本条例第十五条第一项、第二项、第三项规定，政府统计调查对象未在规定期限内补正的，由政府统计机构责令补正，给予警告；拒不补正的，对企业事业单位或者其他组织处以二千元以上一万元以下罚款，对个体工商户处以二百元以上一千元以下罚款。

【释义】 本条是关于政府统计调查对象未补正统计资料法律责任的规定。

本条规定政府统计调查对象未在规定期限内未补正统计资料，属于本条例所规定的违法行为，应当承担法律责任：一是未按照统计调查制度规定的方式报送统计资料；二是以纸介质方式报送统计调查表，没有签字，或者未加盖单位公章；三是以数据电文方式报送统计资料，没有电子签名等身份识别标志。

企业事业单位或者其他组织有上述违法行为的，应当承担下列责任：由政府统计机构责令补正，给予警告；拒不补正的，处二千元以上一万元以下的罚款。个体工商户有上述违法行为的，应当承担下列责任：由政府统计机构责令补正，给予警告；拒不补正的，处二百元以上一千元以下的罚款。

编辑：王中彬

2015年徐州市全面建成小康社会指标评价表

指　　标		目标值	2015年实现值	实现度(%)
经济发展				
人均地区生产总值(2010年不变价)	(元)	90000	59135	65.7
二、三产业增加值占GDP比重	(%)	92	90.5	98.4
城镇化率		65	61.1	93.9
信息化发展水平		80	85.8	100
现代农业发展水平		85	81.4	95.8
研发经费支出占GDP比重		2.5	1.84	73.6
人民生活				
居民收入水平				
城镇居民人均可支配收入	(元)	46000	26219	57.0
农村居民人均可支配收入		20000	13982	69.9
城乡居民收入达标人口比例	(%)	>50	16.9	33.8
居民住房水平				
城镇家庭住房成套比例		90	86.2	95.8
农村家庭住房成套比例		80	61.1	76.4
公共交通服务水平				
城市万人公交车拥有量	(标台)	15	17.1	100
行政村客运班线通达率	(%)	100	100.0	100
城镇登记失业率		<4	1.9	100
恩格尔系数		<40	30.8	100
社会发展				
现代教育发展水平		85	79.5	93.5
基本社会保障				
城乡基本养老保险覆盖率		97	96.6	99.6
城乡基本医疗保险覆盖率		97	96.3	99.2
失业保险覆盖率		97	97.5	100
城镇住房保障体系健全率		90	86.2	95.8
每千名老人拥有养老床位数	(张)	32	36.5	100
文化产业增加值占GDP比重	(%)	5	3.41	68.2
人均拥有公共文化体育设施面积	(平方米)	2.3	2.4	100
每千人拥有医生数	(人)	2	2.3	100
民主法治				
党风廉政建设满意度	(%)	80	80.4	100
法治和平安建设水平				
法治建设满意度		80	94.4	100
公众安全感		90	92.6	100
城乡居民依法自治				
城镇居委会依法自治达标率		92	97.2	100
农村村委会依法自治达标率		97	97.6	100
生态环境				
单位GDP能耗	(吨标煤/万元)	<0.62	0.69	89.9
环境质量				
空气质量达到二级标准的天数比例	(%)	60	63.2	100
地表水好于Ⅲ类水质的比例		60	76.3	100
城镇污水达标处理率		90	79.2	88.0
村庄环境整治达标率		95	100.0	100
绿化水平				
林木覆盖率		22	30.3	100
城镇绿化覆盖率		38	35.8	94.3

注:本表数据为初步计算数。

2014 年徐州市全面建成小康社会指标评价表

指　　标		目标值	2014 年实现值	实现度(%)
经济发展				
人均地区生产总值(2010 年不变价)	(元)	90 000	54 238	60.3
二、三产业增加值占 GDP 比重	(%)	92	90.5	98.4
城镇化率		65	59.5	91.5
信息化发展水平		80	82.0	102.6
现代农业发展水平		85	75.5	88.8
研发经费支出占 GDP 比重		2.5	1.8	70.0
人民生活				
居民收入水平				
城镇居民人均可支配收入	(元)	46 000	24 080	52.3
农村居民人均可支配收入		20 000	12 811	64.1
城乡居民收入达标人口比例	(%)	>50	12.9	25.8
居民住房水平				
城镇家庭住房成套比例		90	84.3	93.7
农村家庭住房成套比例		80	43.0	53.8
公共交通服务水平				
城市万人公交车拥有量	(标台)	15	16.2	108.0
行政村客运班线通达率	(%)	100	100.0	100.0
城镇登记失业率		< 4	1.9	209.4
恩格尔系数		< 40	31.2	128.2
社会发展				
现代教育发展水平		85	70.1	82.4
基本社会保障				
城乡基本养老保险覆盖率		97	96.6	99.5
城乡基本医疗保险覆盖率		97	96.1	99.1
失业保险覆盖率		97	97.5	100.5
城镇住房保障体系健全率		90	81.0	89.9
每千名老人拥有养老床位数	(张)	32	38.6	120.6
文化产业增加值占 GDP 比重	(%)	5	3.4	67.2
人均拥有公共文化体育设施面积	(平方米)	2.3	2.7	115.4
每千人拥有医生数	(人)	2	2.0	100.0
民主法治				
党风廉政建设满意度	(%)	80	80.0	100.0
法治和平安建设水平				
法治建设满意度		80	92.9	116.2
公众安全感		90	93.2	103.5
城乡居民依法自治				
城镇居委会依法自治达标率		92	97.1	105.5
农村村委会依法自治达标率		97	97.6	100.6
生态环境				
单位 GDP 能耗	(吨标煤 / 万元)	< 0.62	0.74	83.8
环境质量				
空气质量达到二级标准的天数比例	(%)	60	65.6	109.3
地表水好于Ⅲ类水质的比例		60	76.3	127.2
城镇污水达标处理率		90	76.7	85.2
村庄环境整治达标率		95	84.3	88.7
绿化水平				
林木覆盖率		22	32.6	148.2
城镇绿化覆盖率		38	35.0	92.2

注:城镇居民人均可支配收入、农村居民人均可支配收入统计口径调整,与往年不可比。

2013年徐州市全面建成小康社会指标评价表

指　　标		目标值	2013年实现值	实现度(%)
经济发展				
人均地区生产总值(2010年不变价)	(元)	90 000	49 287	54.8
二、三产业增加值占GDP比重	(%)	92	90.3	98.2
城镇化率		65	58.1	89.4
信息化发展水平		80	79.5	99.4
现代农业发展水平		85	71.8	84.5
研发经费支出占GDP比重		2.5	1.7	67.2
人民生活				
居民收入水平				
城镇居民人均可支配收入	(元)	46 000	23 770	51.7
农村居民人均纯收入		20 000	12 052	60.3
城乡居民收入达标人口比例	(%)	> 50	10.5	21.0
居民住房水平				
城镇家庭住房成套比例		90	84.3	93.6
农村家庭住房成套比例		80	35.5	44.4
公共交通服务水平				
城市万人公交车拥有量	(标台)	15	16.1	107.3
行政村客运班线通达率	(%)	100	100.0	100.0
城镇登记失业率		< 4	2.1	186.9
恩格尔系数		< 40	34.7	115.3
社会发展				
现代教育发展水平		85	60.9	71.6
基本社会保障				
城乡基本养老保险覆盖率		97	96.5	99.5
城乡基本医疗保险覆盖率		97	95.9	98.8
失业保险覆盖率		97	97.4	100.4
城镇住房保障体系健全率		90	77.2	85.8
每千名老人拥有养老床位数	(张)	32	35.5	110.8
文化产业增加值占GDP比重	(%)	5	3.4	67.0
人均拥有公共文化体育设施面积	(平方米)	2.3	2.6	113.0
每千人拥有医生数	(人)	2	1.9	94.0
民主法治				
党风廉政建设满意度	(%)	80	79.9	99.8
法治和平安建设水平				
法治建设满意度		80	93.2	116.5
公众安全感		90	94.1	104.6
城乡居民依法自治				
城镇居委会依法自治达标率		92	96.7	105.1
农村村委会依法自治达标率		97	97.4	100.4
生态环境				82.8
单位GDP能耗	(吨标煤/万元)	< 0.62	0.805	77.0
环境质量				
空气质量达到二级标准的天数比例	(%)	60	53.6	89.3
地表水好于Ⅲ类水质的比例		60	71.1	118.5
城镇污水达标处理率		90	71.7	79.7
村庄环境整治达标率		95	43.8	46.1
绿化水平				
林木覆盖率		22	32.3	146.8
城镇绿化覆盖率		38	34.1	89.8

注:2013年起小康社会监测执行2013年版。

2012年徐州市全面建设小康社会进程测算表

指　　标		目标值	2012年实现值	2011年实现值	比上年增减值	年均应完成进度		时序进度情况	
						按省定时间	按自定时间	省定时间	市定时间
经济发展									
人均地区生产总值	（元）	≥24 000	46 877	41 407	5 470	—	—	√	√
二、三产业增加值占GDP比重	（%）	≥92	90.5	90.6	-0.1	0.4		△	△
城市化水平		55	56.7	55.4	1.3	—	—	√	√
城镇登记失业率		<5	2.4	2.6	-0.2	—	—	√	√
生活水平									
居民收入									
城镇居民人均可支配收入	（元）	≥16 000	21 716	19 206	2 510	—	—	√	√
农村居民人均纯收入		≥8 000	10 762	9 490	1 272	—	—	√	√
居民住房									
城镇人均住房建筑面积	（M^2）	30	35.0	34.7	0.3	—	—	√	√
农村人均钢筋、砖木结构住房面积		40	44.5	43.6	0.9	—	—	√	√
居民出行									
农村行政村通灰黑公路（或航道）比重	（%）	100	100	100.0	0.0	—	—	√	√
城镇人均拥有道路面积	（M^2）	12	19.9	17.6	2.3	—	—	√	√
居民信息化普及程度									
百户家庭电话拥有量	（部）	200	280.7	268.8	12.0	—	—	√	√
百户家庭电脑拥有量	（台）	40	66.0	51.2	14.8	—	—	√	√
居民文教娱乐服务支出占家庭消费支出比重	（%）	18	17.6	18.6	-0.9	—	—	√	√
恩格尔系数		<40	35.4	35.5	-0.1	—	—	√	√
社会发展									
R&D经费支出占GDP比重		≥1.5	1.61	1.59	0.02	—	—	√	√
高中阶段教育毛入学率		≥90	96.9	93.6	3.3	—	—	√	√
卫生服务体系健全率		≥90	100.0	100.0	0.0	—	—	√	√
社会保障									
城镇劳动保障三大保险各自覆盖面		≥95	97.0	96.2	0.8	—	—	√	√
#城镇基本养老保险		≥95	97.5	97.4	0.1	—	—	√	√
城镇失业保险		≥95	97.3	96.1	1.2	—	—	√	√
城镇基本医疗保险		≥95	96.0	95.0	1.0	—	—	√	√
新型农村合作医疗覆盖面		≥85	100.0	99.2	0.8	—	—	√	√
人民群众对社会治安的满意率		90	92.3	89.8	2.5	0.1		√	√
城乡村（居）民依法自治									
城镇社区居委会依法自治达标率		90	96.6	98.4	-1.8	—	—	√	√
农村村委会依法自治达标率		95	97.2	99.1	-1.9	—	—	√	√
生态环境									
绿化水平									
城市绿化覆盖率		40	41.3	40.8	0.5	—	—	√	√
森林覆盖率		20	31.9	31.3	0.6	—	—	√	√
环境质量综合指数	（分）	80	88.4	87.8	0.7	—	—	√	√

注：1.表中“—”表示该指标上年总体已达到目标值；“√”表示当年达到时序进度，总体达标视同当年达到时序进度；“△”表示未达到时序进度。

2.徐州市省定与市自定实现目标时间分别为2017年和2011年。

2011年徐州市全面建设小康社会进程测算表

指　　标		目标值	2011年实现值	2010年实现值	比上年增减值	年均应完成进度		时序进度情况	
						按省定时间	按自定时间	省定时间	市定时间
经济发展									
人均地区生产总值	（元）	≥24 000	41 407	34 084	7 323	—	—	√	√
二、三产业增加值占GDP比重	（%）	≥92	90.6	90.4	0.2	0.3	1.6	△	△
城市化水平		55	55.4	53.9	1.5	0.2	1.1	√	√
城镇登记失业率		<5	2.6	2.6	0.0	—	—	√	√
生活水平									
居民收入									
城镇居民人均可支配收入	（元）	≥16 000	19 206	16 762	2 444	—	—	√	√
农村居民人均纯收入		≥8 000	9 490	7 955	1 535	9	45	√	√
居民住房									
城镇人均住房建筑面积	（M^2）	30	34.7	32.9	1.8	—	—	√	√
农村人均钢筋、砖木结构住房面积		40	43.6	41.4	2.2	—	—	√	√
居民出行									
农村行政村通灰黑公路（或航道）比重	（%）	100	100	100	0.0	—	—	√	√
城镇人均拥有道路面积	（M^2）	12	17.6	16.0	1.6	—	—	√	√
居民信息化普及程度									
百户家庭电话拥有量	（部）	200	268.8	268.1	0.7	—	—	√	√
百户家庭电脑拥有量	（台）	40	59.6	46.5	13.1	—	—	√	√
居民文教娱乐服务支出占家庭消费支出比重	（%）	18	18.6	14.6	4.0	0.7	3.4	√	√
恩格尔系数		<40	35.5	36.3	-0.8	—	—	√	√
社会发展									
R&D经费支出占GDP比重		≥1.5	1.59	1.50	0.09	—	—	√	√
高中阶段教育毛入学率		≥90	93.6	93.5	0.1	—	—	√	√
卫生服务体系健全率		≥90	100.0	99.6	0.4	—	—	√	√
社会保障									
城镇劳动保障三大保险各自覆盖面		≥95	96.2	96.8	-0.6	—	—	√	√
#城镇基本养老保险		≥95	97.4	97.5	-0.1	—	—	√	√
城镇失业保险		≥95	96.1	97.5	-1.4	—	—	√	√
城镇基本医疗保险		≥95	95.0	95.3	0.3	—		√	√
新型农村合作医疗覆盖面		≥85	99.2	99.2	0.0	—	—	√	√
人民群众对社会治安的满意率		90	89.8	87.8	2.0	0.4	2.2	√	√
城乡村（居）民依法自治									
城镇社区居委会依法自治达标率		90	98.4	97.2	1.2	—	—	√	√
农村村委会依法自治达标率		95	99.1	98.7	0.4	—	—	√	√
生态环境									
绿化水平									
城市绿化覆盖率		40	40.8	40.3	0.5	—	—	√	√
森林覆盖率		20	31.3	30.9	0.4	—	—	√	√
环境质量综合指数	（分）	80	87.8	85.6	2.2	—	—	√	√

注：1.表中"—"表示该指标上年总体已达到目标值；"√"表示当年达到时序进度，总体达标视同当年达到时序进度；"△"表示未达到时序进度。

2.徐州市省定与市自定实现目标时间分别为2017年和2011年。

3.人民群众对社会治安满意率调查方法自2011年起作了调整，与往年不可比。

2010年徐州市全面建设小康社会进程测算表

指标		目标值	2010年实现值	2009年实现值	比上年增减值	年均应完成进度		时序进度情况	
						按省定时间	按自定时间	省定时间	市定时间
经济发展									
人均地区生产总值	(元)	≥24 000	34 084	27 514	6 570	—	—	√	√
二、三产业增加值占GDP比重	(%)	≥92	90.4	89.5	0.9	0.3	1.2	√	△
城市化水平		55	53.9	49.1	4.0	0.7	3.0	√	√
城镇登记失业率		<5	2.6	2.9	-0.3	—	—	√	√
生活水平									
居民收入									
城镇居民人均可支配收入	(元)	≥16 000	16 762	14 798	1 964	150	601	√	√
农村居民人均纯收入		≥8 000	7 955	6 951	1 004	131	525	√	√
居民住房									
城镇人均住房建筑面积	(M^2)	30	32.9	32.5	0.4	—	—	√	√
农村人均钢筋、砖木结构住房面积		40	41.4	37.2	4.2	0.4	1.4	√	√
居民出行									
农村行政村通灰黑公路(或航道)比重	(%)	100	100	100	0.0	—	—	√	√
城镇人均拥有道路面积	(M^2)	12	16.0	16.7	-0.7	—	—	√	√
居民信息化普及程度									
百户家庭电话拥有量	(部)	200	268.1	256.8	11.3	—	—	√	√
百户家庭电脑拥有量	(台)	40	46.5	37.1	9.4	0.4	1.5	√	√
居民文教娱乐服务支出占家庭消费支出比重	(%)	18	14.6	14.5	0.1	0.4	1.8	△	△
恩格尔系数		<40	36.3	36.9	-0.6	—	—	√	√
社会发展									
R&D经费支出占GDP比重		≥1.5	1.50	1.33	0.17	0.02	0.09	√	√
高中阶段教育毛入学率		≥90	93.5	89.2	4.3	0.1	0.4	√	√
卫生服务体系健全率		≥90	99.6	99.5	0.1	—	—	√	√
社会保障									
城镇劳动保障三大保险各自覆盖面		≥95	96.8	96.5	0.3	—	—	√	√
# 城镇基本养老保险		≥95	97.5	97.4	0.1	—	—	√	√
城镇失业保险		≥95	97.5	97.5	0.0	—	—	√	√
城镇基本医疗保险		≥95	95.3	94.5	0.8	0.1	0.3	√	√
新型农村合作医疗覆盖面		≥85	99.2	99.0	0.2	—	—	√	√
人民群众对社会治安的满意率		90	98.6	98.0	0.6	—	—	√	√
城乡村(居)民依法自治									
城镇社区居委会依法自治达标率		90	97.2	96.2	1.0	—	—	√	√
农村村委会依法自治达标率		95	98.7	97.7	1.0	—	—	√	√
生态环境									
绿化水平									
城市绿化覆盖率		40	40.3	39.2	1.1	0.1	0.4	√	√
森林覆盖率		20	30.9	28.7	2.2	—	—	√	√
环境质量综合指数	(分)	80	85.6	80.1	5.5	—	—	√	√

注：1.表中"—"表示该指标上年总体已达到目标值；"√"表示当年达到时序进度，总体达标视同当年达到时序进度；"△"表示未达到时序进度。

2.徐州市省定与市自定实现目标时间分别为2017年和2011年。

3.由于区划调整2010年及以后城市绿化覆盖率与往年不可比。

2009年徐州市全面建设小康社会进程测算表

指标		目标值	2009年实现值	2008年实现值	比上年增减值	年均应完成进度		时序进度情况	
						按省定时间	按自定时间	省定时间	市定时间
经济发展									
人均地区生产总值	(元)	≥24 000	27 514	24 350	3 164	—	—	√	√
二、三产业增加值占GDP比重	(%)	≥92	89.5	89.0	0.5	0.3	1.0	√	△
城市化水平		55	49.1	47.2	1.9	0.9	2.6	√	△
城镇登记失业率		<5	2.9	2.7	0.2	—	—	√	√
生活水平									
居民收入									
城镇居民人均可支配收入	(元)	≥16 000	14 798	13 205	1 593	311	932	√	√
农村居民人均纯收入		≥8 000	6 951	6 240	711	196	587	√	√
居民住房									
城镇人均住房建筑面积	(M^2)	30	32.5	32.1	0.4	—	—	√	√
农村人均钢筋、砖木结构住房面积		40	37.2	35.0	2.2	0.6	1.7	√	√
居民出行									
农村行政村通灰黑公路(或航道)比重	(%)	100	100	100	0.0	—	—	√	√
城镇人均拥有道路面积	(M^2)	12	16.7	13.9	2.8	—	—	√	√
居民信息化普及程度									
百户家庭电话拥有量	(部)	200	256.8	238.1	18.7	—	—	√	√
百户家庭电脑拥有量	(台)	40	37.1	29.7	7.4	1.1	3.4	√	√
居民文教娱乐服务支出占家庭消费支出比重	(%)	18	14.5	13.8	0.7	0.5	1.4	√	△
恩格尔系数		<40	36.9	38.6	-1.7	—	—	√	√
社会发展									
R&D经费支出占GDP比重		≥1.5	1.33	1.32	0.01	0.02	0.06	√	√
高中阶段教育毛入学率		≥90	89.2	82.9	6.3	0.8	2.4	√	√
卫生服务体系健全率		≥90	99.5	98.6	0.9	—	—	√	√
社会保障									
城镇劳动保障三大保险各自覆盖面		≥95	96.5	94.2	2.3	0.1	0.3	√	√
#城镇基本养老保险		≥95	97.4	95.7	1.7	—	—	√	√
城镇失业保险		≥95	97.5	97.3	0.2	—	—	√	√
城镇基本医疗保险		≥95	94.5	89.7	4.8	0.6	1.8	√	√
新型农村合作医疗覆盖面		≥85	99.0	97.6	1.4	—	—	√	√
人民群众对社会治安的满意率		90	98.0	99.0	-1.0	—	—	√	√
城乡村(居)民依法自治									
城镇社区居委会依法自治达标率		90	96.2	93.4	2.8	—	—	√	√
农村村委会依法自治达标率		95	97.7	96.4	1.3	—	—	√	√
生态环境									
绿化水平									
城市绿化覆盖率		40	39.2	40.1	-0.9	—	—	√	√
森林覆盖率		20	28.7	27.6	1.1	—	—	√	√
环境质量综合指数	(分)	80	80.1	79.7	0.4	0.0	0.1	√	√

注:1、表中"—"表示该指标上年总体已达到目标值;"√"表示当年达到时序进度,总体达标视同当年达到时序进度;"△"表示未达到时序进度。

2、徐州市省定与市自定实现目标时间分别为2017年和2011年。

3、本表2008年人均地区生产总值、二三产业增加值占GDP比重为2008年经济普查调整数。

2008年徐州市全面建设小康社会进程测算表

指标		目标值	2008年实现值	2007年实现值	比上年增减值	年均应完成进度		时序进度情况	
						按省定时间	按自定时间	省定时间	市定时间
经济发展									
人均地区生产总值	（元）	≥24 000	23 069	19 221	3 847	478	11 95	√	√
二、三产业增加值占GDP比重	（%）	≥92	89.5	88.5	1.0	0.3	0.9	√	√
城市化水平		55	47.2	45.8	1.4	0.9	2.3	√	△
城镇登记失业率		＜5	2.7	2.8	-0.1	—	—	√	√
生活水平									
居民收入									
城镇居民人均可支配收入	（元）	≥16 000	13 205	11 418	1 787	458	1 145	√	√
农村居民人均纯收入		≥8 000	6 240	5 534	706	247	617	√	√
居民住房									
城镇人均住房建筑面积	（M^2）	30	32.1	31.5	0.6	—	—	√	√
农村人均钢筋、砖木结构住房面积		40	35.0	33.8	1.2	0.6	1.6	√	△
居民出行									
农村行政村通灰黑公路（或航道）比重	（%）	100	100	100	0.0	—	—	√	√
城镇人均拥有道路面积	（M^2）	12	15.7	15.1	0.6	—	—	√	√
居民信息化普及程度									
百户家庭电话拥有量	（部）	200	238.1	224.3	13.8	—	—	√	√
百户家庭电脑拥有量	（台）	40	29.7	23.3	6.4	1.7	4.2	√	√
居民文教娱乐服务支出占家庭消费支出比重	（%）	18	13.8	14.4	-0.6	0.4	0.9	△	△
恩格尔系数		＜40	38.6	38.2	0.3	—	—	√	√
社会发展									
R&D经费支出占GDP比重		≥1.5	1.22	1.12	0.10	0.04	0.10	√	√
高中阶段教育毛入学率		≥90	82.9	70.1	12.9	2.0	5.0	√	√
卫生服务体系健全率		≥90	98.5	97.0	1.6	—	—	√	√
社会保障									
城镇劳动保障三大保险各自覆盖面		≥95	94.2	93.1	1.1	0.2	0.5	√	√
#城镇基本养老保险		≥95	95.7	95.3	0.4	—	—	√	√
城镇失业保险		≥95	97.3	98.0	-0.7	—	—	√	√
城镇基本医疗保险		≥95	89.7	86.1	3.6	0.9	2.2	√	√
新型农村合作医疗覆盖面		≥85	97.6	95.0	2.6	—	—	√	√
人民群众对社会治安的满意率		90	99.0	97.6	1.4	—	—	√	√
城乡村（居）民依法自治									
城镇社区居委会依法自治达标率		90	93.4	92.7	0.7	—	—	√	√
农村村委会依法自治达标率		95	96.4	95.8	0.6	—	—	√	√
生态环境									
绿化水平								√	√
城市绿化覆盖率		40	40.1	38.2	1.9	0.2	0.5	√	√
森林覆盖率		20	27.6	26.6	1.0	—	—	√	√
环境质量综合指数	（分）	80	79.7	79.6	0.1	0.0	0.1	√	√

注：1.表中“—”表示该指标上年总体已达到目标值；“√”表示当年达到时序进度，总体达标视同当年达到时序进度；“△”表示未达到时序进度。

2.徐州市省定与市自定实现目标时间分别为2017年和2011年。

3.2007年及以后城镇居民人均可支配收入、城镇居民人均住房建筑面积、百户家庭电话拥有量、百户家庭电脑拥有量、居民文教娱乐支出占家庭消费支出比重、城镇居民人均拥有道路面积、恩格尔系数计算口径由市区调整为全市（含县、区）城镇住户。

2007年徐州市全面建设小康社会进程测算表

指标	目标值	2007年实现值	2006年实现值	比上年增减值	年均应完成进度		时序进度情况	
					按省定时间	按自定时间	省定时间	市定时间
经济发展								
人均地区生产总值（元）	≥24 000	19 221	16 256	2 965	704	1 549	√	√
二、三产业增加值占GDP比重（%）	≥92	88.5	87.3	1.2	0.4	0.9	√	√
城市化水平	55	45.8	44.8	1.0	0.9	2.0	√	△
城镇登记失业率	<5	2.8	3.0	-0.2	—	—	√	√
生活水平								
居民收入								
城镇居民人均可支配收入（元）	≥16 000	14 875	12 836	2 039	288	633	√	√
农村居民人均纯收入	≥8 000	5 534	4 896	638	282	621	√	√
居民住房								
城镇人均住房建筑面积（M²）	30	26.2	25.8	0.4	0.4	0.8	√	△
农村人均钢筋、砖木结构住房面积	40	33.8	32.1	1.7	0.7	1.6	√	√
居民出行								
农村行政村通灰黑公路（或航道）比重（%）	100	100	100	0.0	—	—	√	√
城镇人均拥有道路面积（M²）	12	12.9	12.7	0.2	—	—	√	√
居民信息化普及程度								
百户家庭电话拥有量（部）	200	234.1	212.1	22.0	—	—	√	√
百户家庭电脑拥有量（台）	40	28.8	23.9	4.9	1.5	3.2	√	√
居民文教娱乐服务支出占家庭消费支出比重（%）	18	14.7	14.4	0.3	0.3	0.7	√	△
恩格尔系数	<40	37.1	37.8	-0.7	—	—	√	√
社会发展								
R&D经费支出占GDP比重	≥1.5	1.12	0.97	0.15	0.05	0.11	√	√
高中阶段教育毛入学率	≥90	70.1	56.1	14.0	3.1	6.8	√	√
卫生服务体系健全率	≥90	97.0	86.0	11.0	0.4	0.8	√	√
社会保障								
城镇劳动保障三大保险各自覆盖面	≥95	93.1	91.8	1.3	0.3	0.6	√	√
#城镇基本养老保险	≥95	95.3	95.1	0.2	—	—	√	√
城镇失业保险	≥95	98.0	98.0	0.0			√	√
城镇基本医疗保险	≥95	86.1	82.4	3.7	1.1	2.5	√	√
新型农村合作医疗覆盖面	≥85	95.0	91.5	3.5	—	—	√	√
人民群众对社会治安的满意率	90	97.6	96.9	0.7	—	—	√	√
城乡村（居）民依法自治								
城镇社区居委会依法自治达标率	90	92.7	91.1	1.6	—	—	√	√
农村村委会依法自治达标率	95	95.8	95.0	0.8	—	—	√	√
生态环境								
绿化水平								
城市绿化覆盖率	40	38.2	37.9	0.3	0.2	0.4	√	△
森林覆盖率	20	26.6	25.5	1.1	—	—	√	√
环境质量综合指数（分）	80	79.6	79.2	0.4	0.1	0.2	√	√

注：1.表中"—"表示该指标上年总体已达到目标值；"√"表示当年达到时序进度，总体达标视同当年达到时序进度；"△"表示未达到时序进度。

2.徐州市省定与市自定实现目标时间分别为2017年和2011年。

2006年徐州市全面建设小康社会进程测算表

指标		目标值	2006年实现值	2005年实现值	比上年增减值	年均应完成进度		时序进度情况	
						按省定时间	按自定时间	省定时间	自定时间
经济发展									
人均地区生产总值	(元)	≥24 000	16 256	13 697	2 559	859	1 717	√	√
二、三产业增加值占GDP比重	(%)	≥92	87.3	86.0	1.3	0.5	1.0	√	√
城市化水平		55	44.8	43.4	1.4	1.0	1.9	√	△
城镇登记失业率		<5	3.0	3.4	-0.4	—	—	√	√
生活水平									
居民收入									
城镇居民人均可支配收入	(元)	≥16 000	12 836	11 185	1 651	401	802	√	√
农村居民人均纯收入		≥8 000	4 896	4 443	453	296	593	√	△
居民住房									
城镇人均住房建筑面积	(M^2)	30	25.8	24.8	1.0	0.4	0.9	√	√
农村人均钢筋、砖木结构住房面积		40	32.1	28.8	3.3	0.9	1.9	√	√
居民出行									
农村行政村通灰黑公路(或航道)比重	(%)	100	100	100	0.0	—	—	√	√
城镇人均拥有道路面积	(M^2)	12	12.7	10.9	1.8	0.1	0.2	√	√
居民信息化普及程度									
百户家庭电话拥有量	(部)	200	212.1	182.9	29.2	1.4	2.9	√	√
百户家庭电脑拥有量	(台)	40	23.9	19.7	4.2	1.7	3.4	√	√
居民文教娱乐服务支出占家庭消费支出比重	(%)	18	14.4	16.6	-2.2	0.1	0.2	△	△
恩格尔系数		<40	37.8	38.6	-0.8	—	—	√	√
社会发展									
R&D经费支出占GDP比重		≥1.5	0.97	1.00	-0.03	0.04	0.08	△	△
高中阶段教育毛入学率		≥90	56.1	51.6	4.5	3.2	6.4	√	△
卫生服务体系健全率		≥90	86.0	78.4	7.6	1.0	1.9	√	√
社会保障									
城镇劳动保障三大保险各自覆盖面		≥95	91.8	91.8	0.0	0.3	0.5	△	△
#城镇基本养老保险		≥95	95.1	98.0	-2.9	—	—	√	√
城镇失业保险		≥95	98.0	99.0	-1.0	—	—	√	√
城镇基本医疗保险		≥95	82.4	78.4	4.0	1.4	2.8	√	√
新型农村合作医疗覆盖面		≥85	91.5	82.4	9.1	0.2	0.4	√	√
人民群众对社会治安的满意率		90	96.9	96.6	0.3	—	—	√	√
城乡村(居)民依法自治									
城镇社区居委会依法自治达标率		90	91.1	91.0	0.1	—	—	√	√
农村村委会依法自治达标率		95	95.0	95.0	0.0	—	—	√	√
生态环境									
绿化水平									
城市绿化覆盖率		40	37.9	36.3	1.6	0.3	0.6	√	√
森林覆盖率		20	25.5	24.9	0.6	—	—	√	√
环境质量综合指数	(分)	80	79.2	68.8	10.4	0.9	1.9	√	√

注:1.表中"—"表示该指标上年总体已达到目标值;"√"表示当年达到时序进度,总体达标视同当年达到时序进度;"△"表示未达到时序进度。

2.徐州市省定与市自定实现目标时间分别为2017年和2011年。

2005年徐州市全面建设小康社会进程测算表

指标		目标值	2005年实现值	2004年实现值	比上年增减值	年均应完成进度		时序进度情况	
						按省定时间	按自定时间	省定时间	自定时间
经济发展									
人均地区生产总值	(元)	≥24 000	13 697	11 596	2 101	954	1 240	√	√
二、三产业增加值占GDP比重	(%)	≥92	86.0	84.6	1.4	0.6	0.7	√	√
城市化水平		55	43.4	42.0	1.4	1.0	1.3	√	√
城镇登记失业率		<5	3.4	4.0	-0.6	—	—	√	√
生活水平									
居民收入									
城镇居民人均可支配收入	(元)	≥16 000	11 185	9 840	1 346	474	616	√	√
农村居民人均纯收入		≥8 000	4 443	4 003	440	307	400	√	√
居民住房									
城镇人均住房建筑面积	(M^2)	30	24.8	21.4	3.4	0.7	0.9	√	√
农村人均钢筋、砖木结构住房面积		40	28.8	27.8	1.0	0.9	1.2	√	√
居民出行									
农村行政村通灰黑公路(或航道)比重	(%)	100	100	100	0.0	—	—	√	√
城镇人均拥有道路面积	(M^2)	12	10.9	11.4	-0.5	0.04	0.1	△	△
居民信息化普及程度									
百户家庭电话拥有量	(部)	200	182.9	150.6	32.3	3.8	4.9	√	√
百户家庭电脑拥有量	(台)	40	19.7	14.8	4.9	1.9	2.5	√	√
居民文教娱乐服务支出占家庭消费支出比重	(%)	18	16.6	15.2	1.4	0.2	0.3	√	√
恩格尔系数		<40	38.6	41.1	-2.5	-0.1	-0.1	√	√
社会发展									
R&D经费支出占GDP比重		≥1.5	1.00	0.83	0.17	0.05	0.07	√	√
高中阶段教育毛入学率		≥90	51.6	47.9	3.7	3.2	4.2	√	△
卫生服务体系健全率		≥90	78.4	66.8	11.6	1.8	2.3	√	√
社会保障									
城镇劳动保障三大保险各自覆盖面		≥95	91.8	87.4	4.4	0.6	0.8	√	√
#城镇基本养老保险		≥95	98.0	95.8	2.2	—	—	√	√
城镇失业保险		≥95	99.0	94.9	4.1	0.01	0.01	√	√
城镇基本医疗保险		≥95	78.4	71.6	6.8	1.8	2.3	√	√
新型农村合作医疗覆盖面		≥85	82.4	64.9	17.5	1.5	2.0	√	√
人民群众对社会治安的满意率		90	96.6	90.1	6.5	—	—	√	√
城乡村(居)民依法自治									
城镇社区居委会依法自治达标率		90	91.0	90.0	1.0	—	—	√	√
农村村委会依法自治达标率		95	95.0	95.0	0.0	—	—	√	√
生态环境									
绿化水平									
城市绿化覆盖率		40	36.3	33.4	2.9	0.5	0.7	√	√
森林覆盖率		20	24.9	24.1	0.9	—	—	√	√
环境质量综合指数	(分)	80	68.8	64.4	4.4	1.2	1.6	√	√

注:1.表中"—"表示该指标上年总体已达到目标值;"√"表示当年达到时序进度,总体达标视同当年达到时序进度;"△"表示未达到时序进度。

2.徐州市省定与市自定实现目标时间分别为2017年和2014年。

2004年徐州市全面建设小康社会进程测算表

指标		目标值	2004年实现值	2003年实现值	比上年增减值	年均应完成进度		时序进度情况	
						按省定时间	按自定时间	省定时间	自定时间
经济发展									
人均地区生产总值	（元）	≥24 000	11 596	9 992	1 604	1 001	1 273	√	√
二、三产业增加值占GDP比重	（%）	≥92	84.6	85.1	-0.5	0.5	0.6	√	△
城市化水平		55	42.0	40.4	1.6	1.0	1.3	√	√
城镇登记失业率		<5	4.0	4.3	-0.3	—	—	√	√
生活水平									
居民收入									
城镇居民人均可支配收入	（元）	≥16 000	9 840	8 954	886	503	641	√	√
农村居民人均纯收入		≥8 000	4 003	3 605	398	314	400	√	△
居民住房									
城镇人均住房建筑面积	（M^2）	30	21.4	20.3	1.1	0.7	0.9	△	√
农村人均钢筋、砖木结构住房面积		40	27.8	26.6	1.2	1.0	1.2	√	√
居民出行									
农村行政村通灰黑公路（或航道）比重	（%）	100	100	100	0.0	—	—	√	√
城镇人均拥有道路面积	（M^2）	12	11.4	11.0	0.4	0.1	0.1	√	√
居民信息化普及程度									
百户家庭电话拥有量	（部）	200	150.6	126.0	24.6	5.3	6.7	√	√
百户家庭电脑拥有量	（台）	40	14.8	11.6	3.2	2.0	2.6	√	√
居民文教娱乐服务支出占家庭消费支出比重	（%）	18	15.2	16.3	-1.1	0.1	0.2	△	△
恩格尔系数		<40	41.1	38.3	2.8	—	—	△	△
社会发展									
R&D经费支出占GDP比重		≥1.5	0.83	0.68	0.15	0.06	0.07	△	√
高中阶段教育毛入学率		≥90	47.9	45.8	2.1	3.2	4.0	△	△
卫生服务体系健全率		≥90	66.8	62.7	4.1	1.9	2.5	√	√
社会保障									
城镇劳动保障三大保险各自覆盖面		≥95	87.4	83.3	4.1	0.8	1.1	√	√
# 城镇基本养老保险		≥95	95.8	94.9	0.9	0.0	0.0	√	√
城镇失业保险		≥95	94.9	86.2	8.7	0.6	0.8	√	√
城镇基本医疗保险		≥95	71.6	68.9	2.7	1.9	2.4	√	√
新型农村合作医疗覆盖面		≥85	64.9	19.6	45.3	4.7	5.9	√	√
人民群众对社会治安的满意率		90	90.1	95.5	-5.4	—	—	√	√
城乡村（居）民依法自治									
城镇社区居委会依法自治达标率		90	90.0	89.0	1.0	0.1	0.1	√	√
农村村委会依法自治达标率		95	95.0	95.0	0.0	—	—	√	√
生态环境									
绿化水平									
城市绿化覆盖率		40	33.4	29.5	3.9	0.7	1.0	√	√
森林覆盖率		20	24.1	19.7	4.4	0.0	0.0	√	√
环境质量综合指数	（分）	80	64.4	55.5	8.9	1.8	2.2	√	√

注：1.表中“—”表示该指标上年总体已达到目标值；“√”表示当年达到时序进度，总体达标视同当年达到时序进度；“△”表示未达到时序进度。

2.徐州市省定与市自定实现目标时间分别为2017年和2014年。

指标解释及计算方法

1.人均地区生产总值(元)。指一定时期内按平均常住人口计算的地区生产总值。指标值按2010年不变价计算。地区生产总值(GDP)是指一个国家(或地区)所有常住单位在一定时期内生产活动的最终成果。资料来源:统计部门。计算公式:

人均地区生产总值=GDP/年平均常住人口

2.二、三产业增加值占GDP比重(%)。指第二产业、第三产业实现的增加值之和在全部地区生产总值中所占的比重。

我国的三次产业划分是:第一产业:农业(即农林牧渔业)。第二产业:工业(包括采矿业、制造业、电力燃气及水的生产和供应业)、建筑业。第三产业:除第一、第二产业以外的其他各行业。资料来源:统计部门。计算公式:

二、三产业增加值占GDP比重=(第二产业增加值+第三产业增加值)/地区生产总值(GDP)×100%

3.城镇化率(%)。指一个地区城镇常住人口占该地区常住总人口的比重。资料来源:统计部门。计算公式:城镇化率=年末城镇常住人口/年末常住总人口×100%

4.信息化发展水平(%)。该指标是评价一个地区国民经济和社会信息化发展水平的综合性指标,衡量利用信息技术来创造、获取、使用和分享信息和知识的能力,以及信息化发展对社会经济发展的推动作用。信息化发展水平由五个分类指数构成:基础设施指数、产业技术指数、知识支撑指数、应用消费指数、发展效果指数。资料来源:经信部门。计算公式:信息化发展水平=基础设施指数×20%+产业技术指数×20%+知识支撑指数×20%+应用消费指数×20%+发展效果指数×20%

5.现代农业发展水平(%)。以江苏省农业基本现代化指标体系监测综合得分作为指标值。该指标反映农业现代化程度,从农业产出效益、科技进步、产业经营、设施装备、生态环境、支持保障等6个方面综合反映现代农业发展状况。资料来源:统计部门。

6.研发经费支出占GDP比重(%)。指用于研究与试验发展(R&D)活动的经费占地区生产总值(GDP)的比重。研究与试验发展(R&D)活动包括基础研究、应用研究、试验发展三类活动。资料来源:统计部门、科技部门。计算公式:

研发经费支出占GDP比重=研发经费支出/GDP×100%

7.居民收入水平。包括城镇居民人均可支配收入、农村居民人均纯收入、城乡居民收入达标人口比例3个子项。资料来源:调查总队、统计部门。

(1)居民可支配收入(元)。指调查户可用于最终消费支出和储蓄的总和,即调查户可以用来自由支配的收入。可支配收入既包括现金,也包括实物收入。按照收入的来源,可支配收入包含四项,分别为:工资性收入、经营净收入、财产净收入和转移净收入。(自2014年实施住户一体化调查始,城镇和农村居民收入均调整为可支配收入口径。)

(2)农村居民人均纯收入(元)。指按人口平均计算的农村住户当年从各个来源得到的总收入相应地扣除有关费用性支出后的收入总和。包括货币收入和自产自用的实物收入,不包括向银行、信用社和向亲友借款等属于借贷性的收入。

(3)城乡居民收入达标人口比例(%)。指城镇居民人均可支配收入达到或超过目标值(46000元)的人口和农村居民人均纯收入达到或超过目标值(20000元)的人口占总人口的比例。计算公式:

城乡居民收入达标人口比例=(城镇居民人均可支配收入达标人口数+农村居民人均纯收入达标人口数)/总人口数×100%

8.居民住房水平。包括城镇家庭住房成套比例和农村家庭住房成套比例2个子项。成套住房是指室外配套设施(道路、水、电、气等)和室内居住功能(具备卧室、起居室、厨房、卫生间等基本空间)基本齐全的住房。资料来源:住建部门。计算公式:

(1)城镇家庭住房成套比例=城镇国有土地上登记的成套住房面积/城镇国有土地上登记的住宅总面积×100%

(2)农村家庭住房成套比例=农村家庭成套住房面积/农村家庭住宅总面积×100%

农村家庭成套住房面积=混合结构以上的住宅建筑面积×配套设施达标比例。满足配套设施达标的住宅需同时满足以下条件:以行政村为单位,城乡统筹区域供水农户覆盖率、生活污水处理覆盖率、生活垃圾集中收运率均达到90%以上;道路满足基本出行需求比例达100%。

9.公共交通服务水平。包括城市万人公交车拥有量、行政村客运班线通达率、城市居民公共交通出行分担率和镇村公共交通开通率4个子项。资料来源:交通部门。(1)城市万人公交车拥有量(标台)。指城市每万人平均拥有的公共交通车辆标台数。计算公式:城市万人公交车拥有量=城市公共交通车辆标台数/城市人口数

(2)行政村客运班线通达率(%)。指农村通客运班线的行政村个数占行政村总数的比重。计算公式:

行政村客运班线通达率=(通客运班线的行政村个数/行政村总数)×100%

(3)城市居民公共交通出行分担率(%)。指中等以上城市居民出行方式中选择公共交通的出行量占总出行量的比重。公共交通出行包括轨道交通、地面公交、出租车及城市轮渡等出行方式;总出行包括公共交通出行和家用汽车、摩托车、自行车、步行

等其他所有方式。城市公共交通出行量和总出行量的统计范围包括省辖市建成区和人口规模20万人以上的县级城市建成区。计算公式:城市居民公共交通出行分担率＝城市公共交通出行量/总出行量×100%

(4)镇村公共交通开通率(%)。指已开通镇村公共交通的乡镇个数占乡镇总数的比重。镇村公共交通指以乡镇为单位或者相邻几个乡镇为片区,连接乡镇至行政村(镇与镇之间、镇与村之间、村与村之间),具有公共交通基本特征的客运线路。计算公式:镇村公共交通开通率＝已开通镇村公共交通的乡镇个数/乡镇总数×100%

10.城镇登记失业率(%)。指期末城镇登记失业人数占期末城镇从业人员总数与城镇登记失业人数之和的比重。城镇登记失业人员:指非农业人口,在劳动年龄(16周岁至退休年龄)内,有劳动能力、无业而要求就业、并在当地就业服务机构进行求职登记的人员。资料来源:人社部门。计算公式:

城镇登记失业率＝年末城镇登记失业人数/(年末城镇从业人员总数＋年末城镇登记失业人数)×100%

11.恩格尔系数(%)。指居民用于食品消费的支出占生活消费支出的比重。食品消费支出是指居民用于主食、副食、其他食品以及在外饮食的支出总和。资料来源:调查总队、统计部门。计算公式:

恩格尔系数＝(城镇食品支出/消费性支出×100%)×城镇化率＋(农村食品支出/消费性支出×100%)×(1－城镇化率)

12.现代教育发展水平(%)。以江苏省教育现代化指标体系监测综合得分作为指标值。该指标反映教育现代化程度,从教育普及度、教育公平度、教育质量度、教育开放度、教育保障度、教育统筹度、教育贡献度和教育满意度等8个方面综合反映现代教育发展状况。资料来源:教育部门。

13.基本社会保障。包括城乡基本养老保险覆盖率、城乡基本医疗保险覆盖率、失业保险覆盖率、城镇住房保障体系健全率、每千名老人拥有养老床位数等5个子项。

(1)城乡基本养老保险覆盖率(%)。指参加企业职工基本养老保险、机关事业单位社会养老保险、城镇居民养老保险、新型农村社会养老保险、被征地农民社会保障参保人数之和占应参保人数的比重。资料来源:人社部门。计算公式:

城乡基本养老保险覆盖率＝(企业职工基本养老保险参保人数＋机关事业单位社会养老保险参保人数＋城镇居民养老保险参保人数＋新型农村社会养老保险参保人数＋被征地农民社会保障参保人数)/应参保人数×100%

(2)城乡基本医疗保险覆盖率(%)。指参加城镇职工基本医疗保险、城镇居民医疗保险(不含城镇居民参加新农合人数)以及参加新型农村合作医疗人数之和占应参保人数的比重。资料来源:人社部门、卫生部门。计算公式:

城乡基本医疗保险覆盖率＝(城镇职工基本医疗保险参保人数＋城镇居民医疗保险参保人数－城镇居民参加新农合人数＋参加新型农村合作医疗人数)/应参保人数×100%

(3)失业保险覆盖率(%)。指失业保险参保人数占应参保人数的比重。失业保险覆盖范围:各类企业、民办非企业单位和与之形成劳动关系的人员,个体经济组织及其雇工,国家机关、事业单位、社会团体和与之建立劳动合同关系的人员,法律、法规规定应当参加失业保险的其他单位和人员。资料来源:人社部门。计算公式:失业保险覆盖率＝失业保险参保人数/应参保人数×100%

(4)城镇住房保障体系健全率(%)。该指标包括新增保障性住房完成率、城镇保障性住房覆盖率、各类棚户和危旧房片区改造覆盖率、住房保障制度完善率、住房保障管理服务网络健全率、住房保障信息化管理达标率和住房公积金覆盖率等7项内容。对各单项指标分别赋权重加总合成。资料来源:住建部门。计算公式:

城镇住房保障体系健全率＝年度保障性住房建设完成率(15%)＋城镇保障性住房覆盖率(20%)＋各类棚户区和危旧房片区改造覆盖率(15%)＋住房公积金覆盖率(20%)＋住房保障制度完善率(10%)＋住房保障管理服务网络健全率(10%)＋住房保障信息化管理达标率(10%)

(5)每千名老人拥有养老床位数(张)。指每千名老人平均拥有的各类养老床位数。资料来源:民政部门。计算公式:

每千名老人拥有养老床位数＝公办、民办以及社会各类养老服务机构拥有床位数(含社区服务中心、居家养老服务中心等养老床位数)总和/60周岁以上常住人口数×1000

14.文化产业增加值占GDP比重(%)。指文化及相关产业创造的增加值与GDP之比。资料来源:统计部门。计算公式:

文化产业增加值占GDP比重＝文化产业增加值/GDP×100%

15.人均拥有公共文化体育设施面积(平方米)。指按照本地区常住人口计算的每人拥有公共文化设施和公共体育设施的面积。资料来源:文化部门、体育部门。计算公式:

人均拥有公共文化体育设施面积＝(公共文化设施面积＋公共体育设施面积)/年末常住人口

16.每千人拥有医生数(人)。指一个地区平均每千人拥有的在岗执业(助理)医师数。资料来源:卫生部门。计算公式:

每千人拥有医生数＝年末在岗执业(助理)医师数/年末常住人口×1000

17.党风廉政建设满意度(%)。反映党风廉政建设和反腐败的成效,根据党风廉政建设民意调查结果计算所得。资料来源:纪检部门。

18.法治和平安建设水平。包括法治建设满意度和公众安全感2个子项。资料来源:政法部门。

(1)法治建设满意度(%)。指通过对党政机关在宪法和法律范围内活动、公共权力行使、公民意识与社会秩序、人民群众民主权利和民生保障、法制宣传教育和法治文化等方面的调查，反映人民群众对法治建设成果的满意程度，通过第三方民调机构调查取得。

(2)公众安全感(%)。既反映公众的安全程度，也反映人民群众对政府和社会管理综合治理各个部门工作绩效的认可程度，通过第三方民调机构调查取得。

19.城乡居民依法自治。包括城镇居委会依法自治达标率和农村村委会依法自治达标率2个子项。资料来源：民政部门。

(1)城镇居委会依法自治达标率(%)。指按照有关文件要求，达到四民主(即民主选举、民主决策、民主管理、民主监督)、三自我(即自我管理、自我教育、自我服务)要求的居委会所占的比重。计算公式：

城镇居委会依法自治达标率＝城镇达标居委会个数/居委会总个数×100%

(2)农村村委会依法自治达标率(%)。指按照有关文件要求，达到四民主(即民主选举、民主决策、民主管理、民主监督)、三自我(即自我管理、自我教育、自我服务)要求的村委会所占的比重。计算公式：

农村村委会依法自治达标率＝农村达标村委会个数/村委会总个数×100%

20.单位GDP能耗(吨标煤/万元)。指一定时期内能源消费总量与GDP的比值。资料来源：统计部门。计算公式：

单位GDP能耗＝能源消费总量/GDP

21.环境质量。包括空气质量达到二级标准的天数比例、地表水好于Ⅲ类水质的比例、城镇污水达标处理率、村庄环境整治达标率、生活垃圾无害化处理率、城镇污水达标处理率、康居乡村建设达标率等7个子项。

(1)空气质量达到二级标准的天数比例(%)。指按国家环保部新颁布的空气质量标准(空气质量指数AQI)要求，空气质量达到二级标准的天数占全年天数的比例。资料来源：环保部门。计算公式：

空气质量达到二级标准的天数比例＝空气质量达到二级标准的天数/全年天数×100%

(2)地表水好于Ⅲ类水质的比例(%)。指地表水质达到Ⅰ、Ⅱ、Ⅲ类地表水断面数占监测断面总数的比重。以国家和地方水质监测断面为基础，考核全省及各地优良水质比例。资料来源：环保部门。计算公式：

地表水好于Ⅲ类水质的比例＝地表水质好于Ⅲ类地表水断面数/监测断面总数×100%

(3)城市污水达标处理率(%)。指报告期内城镇污水达标处理总量与排放总量的比率。资料来源：住建部门。计算公式：

城镇污水达标处理率＝城镇污水达标处理总量/城镇污水排放总量×100%

(4)村庄环境整治达标率(%)。指达到村庄环境整治标准的村庄个数占村庄总数的比重。资料来源：住建部门。计算公式：

村庄环境整治达标率＝村庄环境整治达标村庄个数/村庄总数×100%

(5)生活垃圾无害化处理率(%)。指报告期内城乡生活垃圾无害化处理量与生活垃圾产生量的比率。资料来源：住建部门。计算公式：生活垃圾无害化处理率＝城乡生活垃圾无害化处理量/城乡生活垃圾产生量×100%

(6)城镇污水达标处理率(%)。指报告期内城镇污水达标处理总量与排放总量的比率。资料来源：住建部门。计算公式：

城镇污水达标处理率＝城镇污水达标处理总量/城镇污水排放总量×100%

(7)康居乡村建设达标率(%)。是指规划布点村庄达到康居乡村建设标准的比例。资料来源：住建部门。计算公式：

康居乡村建设达标率＝达到康居乡村建设标准的村庄个数/规划布点的村庄总数×100%

22.绿化水平。包括林木覆盖率和城镇绿化覆盖率2个子项。

(1)林木覆盖率(%)。指林木覆盖面积占土地面积的比重。林木覆盖面积包括：郁闭度0.2以上的乔木林地面积和竹林地面积、灌木林地面积、农田林网以及村旁、路旁、水旁、宅旁林木的覆盖面积。土地面积中扣除大于10平方公里的湖泊水面及重盐碱地等面积。资料来源：林业部门。计算公式：林木覆盖率＝林木覆盖面积/土地面积×100%

(2)城镇绿化覆盖率(%)。指城镇建成区内绿化覆盖面积与建成区总面积的比例。统计范围包括城市、县城、建制镇建成区。资料来源：住建部门。计算公式：

城镇绿化覆盖率＝城市、县城、建制镇建成区绿化覆盖面积之和/城市、县城、建制镇建成区面积之和×100%

23.服务业增加值占GDP比重(%)。指当年第三产业增加值及农林牧渔服务业增加值之和与GDP的百分比。资料来源：统计部门。计算公式：服务业增加值占GDP比重＝(第三产业增加值＋农林牧渔服务业增加值)/GDP×100%

24.工业全员劳动生产率(万元/人)。该指标是反映工业企业从业人员平均生产效率的相对指标。用工业增加值除以同一时期全部工业企业从业人员的平均人数来计算。资料来源：经信部门。计算公式：

工业企业全员劳动生产率＝工业增加值/工业企业从业人员平均人数

25.高新技术产业产值占规模以上工业产值比重(%)。指一定时期内高新技术产业产值与规模以上工业总产值之比。资料来源：统计部门、科技部门。计算公式：

高新技术产业产值占规模以上工业产值比重＝高新技术产业产值/规模以上工业总产值×100%

26.自主品牌企业增加值占GDP比重(%)。指拥有省级以上自主品牌(驰名商标和著名商标)的企业所创造的增加值与GDP之比。资料来源：统计部门、工商部门。计算公式：自主品牌企业增加值占GDP比重＝自主品牌企业增加值/GDP×100%

27.万人发明专利拥有量(件)。指每万人口拥有的经国内外知识产权行政部门授权且在有效期内的发明专利件数。资料来

源:科技部门、知识产权部门。计算公式:万人发明专利拥有量 = 年末发明专利拥有量 /年末常住总人口 × 10000

28.居民健康水平。包括人均预期寿命、每千人拥有医生数和国民体质合格率等 3 个子项。

(1)人均预期寿命(岁)。指在当前的年龄别死亡率水平下,同批出生的人平均一生可存活的年数。资料来源:统计部门。

(2)每千人拥有医生数(人)。指一个地区平均每千人拥有的在岗执业(助理)医师数。资料来源:卫生部门。计算公式:

每千人拥有医生数 = 年末在岗执业(助理)医师数 /年末常住人口 × 1000

(3)居民体质合格率(%)。指达到国家体育总局制定的《国家体质测定标准》合格以上标准城乡居民人数的比例,是反映城乡居民在生活水平、生活方式、医疗保障等因素共同作用下其体质健康状况的指标。资料来源:体育部门。计算公式:

居民体质合格率 = 达到《国家体质测定标准》合格以上标准城乡居民人数 /人口总数 × 100%

29.人力资源水平。包括每万劳动力中研发人员数和每万劳动力中高技能人才数 2 个子项。

(1)每万劳动力中研发人员数(人年)。指每万劳动力中从事科学研究与试验发展人员全时当量数。研发(R&D)人员指参与科学研究与试验发展项目研究、管理和辅助的工作人员。资料来源:统计部门、科技部门。计算公式:

每万劳动力中研发人员数 =R&D 人员全时当量数 /从业人员年平均人数 × 10000

(2)每万劳动力中高技能人才数(人)。指每万劳动力中取得高级技工、技师和高级技师职业资格人数。资料来源:人社部门。计算公式:

每万劳动力中高技能人才数 = (高级技工人数 + 技师人数 + 高级技师人数)/ 从业人数 × 10000

30.基尼系数。指在全部居民收入中,用于进行不平均分配的那部分收入占总收入的百分比。资料来源:调查总队、统计部门。

31.和谐社区建设水平。包括城市和谐社区建设达标率和农村和谐社区建设达标率 2 个子项。资料来源:民政部门。

(1)城市和谐社区建设达标率(%)。指达到城市和谐社区建设标准的社区数占城市社区总数的比重。计算公式:

城市和谐社区建设达标率 = 城市和谐社区达标数 /城市社区总数 × 100%

(2)农村和谐社区建设达标率(%)。指达到农村和谐社区建设标准的社区数占农村社区总数的比重。计算公式:

农村和谐社区建设达标率 = 农村和谐社区达标数 /农村社区总数 × 100%

32.居民文明素质水平。包括居民科学素质达标率、居民综合阅读率、注册志愿者人数占城镇人口比例等 3 个子项。

1)居民科学素质达标率(%):指具备基本科学素质即在“了解科学知识(包括科学术语和科学观点)”、“理解科学方法”、“理解科学技术对个人和社会的影响”三方面都达到标准的 18 岁至 69 岁的居民人数占 18 岁至 69 岁居民总人数的比例。资料来源:科技协会。计算公式:

居民科学素质达标率 = 具备基本科学素质的 18 岁至 69 岁居民人数 /18 岁至 69 岁居民总人数 × 100%

(2)居民综合阅读率(%)。指 18 – 70 岁居民对各种媒介(包含图书、报纸、期刊等纸质出版物,网络在线阅读和电子阅读器阅读等数字阅读方式)的阅读率,主要体现全民阅读参与情况。委托第三方独立调查机构通过问卷调查取得。资料来源:宣传部门。

(3)注册志愿者人数占城镇人口比例(%)。指注册志愿者人数占 16 – 70 岁城镇常住人口的比例。注册志愿者是指依据《中国注册志愿者管理规定》明确的条件和程序,在文明办、民政、体育、工会、共青团、妇联、科协、残联、红十字会、老龄办等组织和志愿服务组织注册登记,每年志愿服务时间在 24 小时及以上的人员。资料来源:宣传部门。

33.单位 GDP 二氧化碳排放强度(吨 /万元)。指一定时期内二氧化碳排放总量与地区生产总值(GDP)的比值。二氧化碳排放是指化石燃料燃烧过程中产生的排放量。

二氧化碳排放量 = 燃煤排放量 + 燃油排放量 + 燃气排放量 + 电力调入二氧化碳排放量 – 电力调出二氧化碳排放量。资料来源:发改部门。计算公式:单位 GDP 二氧化碳排放强度 = 二氧化碳年度排放总量 /本年度地区生产总值

34.主要污染物排放强度。包括单位 GDP 化学需氧量排放强度、单位 GDP 二氧化硫排放强度、单位 GDP 氨氮排放强度、单位 GDP 氮氧化物排放强度等 4 个子项。资料来源:环保部门。

(1)单位 GDP 化学需氧量排放强度(千克 /万元)。指一定时期内化学需氧量排放量与 GDP 的比值。GDP 按 2010 年可比价计算。计算公式:单位 GDP 化学需氧量排放强度 = 化学需氧量排放量 /GDP

(2)单位 GDP 二氧化硫排放强度(千克 /万元)。指一定时期内二氧化硫排放量与 GDP 的比值。GDP 按 2010 年可比价计算。计算公式:单位 GDP 二氧化硫排放强度 = 二氧化硫排放量 /GDP

(3)单位 GDP 氨氮排放强度(千克 /万元)。指一定时期内氨氮排放量与 GDP 的比值。GDP 按 2010 年可比价计算。计算公式:

单位 GDP 氨氮排放强度 = 氨氮排放量 /GDP

(4)单位 GDP 氮氧化物排放强度(千克 /万元)。指一定时期内氮氧化物排放量与 GDP 的比值。GDP 按 2010 年可比价计算。计算公式:单位 GDP 氮氧化物排放强度 = 氮氧化物排放量 /GDP

评判指标:人民群众对全面建成小康社会成果满意度(%)和基本现代化建设成果满意度(%)。这是公众参与的主观感受指标,反映人民群众对全面建成小康社会成果和基本现代化建设成果的认可程度,委托第三方调查机构,采用问卷、电话访问等抽样调查方式取得。资料来源:统计部门。

附录二

MAJOR ECONOMIC INDICATORS OF CITIES AND COUNTIES OF JIANGSU

江苏省市、县主要经济指标(2015年)

版面负责人：卓卫华

编　　　辑：徐向忠

江苏省统计条例

（2014年1月16日江苏省第十二届人民代表大会常务委员会第八次会议通过）

第四十四条 违反本条例第十七条规定，地方各级人民政府、政府统计机构或者有关部门、单位的主要负责人及其他负责人有下列行为之一的，由任免机关或者监察机关依法给予处分，并由政府统计机构予以通报：

(一)自行修改统计资料、编造虚假统计数据的；

(二)要求政府统计机构、统计人员或者其他机构、人员拒报、虚报、瞒报或者伪造、篡改统计资料的；

(三)对依法履行职责或者拒绝、抵制统计违法行为的统计人员打击报复的；

(四)对揭发、检举统计违法行为的人员打击报复的；

(五)对本地区、本部门、本单位发生的严重统计违法行为不履行监督管理职责的。

【释义】 本条是关于地方人民政府、政府统计机构或者有关部门、单位主要负责人及其他负责人违法行为及法律责任的规定。

本条规定地方各级人民政府、政府统计机构或者有关部门、单位的主要负责人及其他负责人有下列违法行为之一的，应当承担法律责任：一是自行修改统计资料、编造虚假统计数据。自行修改统计资料，是指没有按照规定的权限、程序和要求，擅自修改统计资料的行为；编造虚假统计数据，是指没有事实根据，凭主观臆测捏造不真实的统计数据的行为。地方、部门、单位的主要负责人及其他负责人无权对统计资料进行修改，如果统计数据有错误，只能由政府统计机构、统计人员依照法定权限和程序进行核实订正。二是要求政府统计机构、统计人员或者其他有关机构、人员拒报、虚报、瞒报或者伪造、篡改统计资料。要求统计机构、统计人员或者其他机构、人员拒报、虚报、瞒报或者伪造、篡改统计资料，是指主要负责人及其他负责人利用职权强令、授意或者以其他方式，要求他人拒报、虚报、瞒报或者伪造、篡改的统计资料或者没有根据而修改统计资料。三是对依法履行职责或者拒绝、抵制统计违法行为的统计人员打击报复。统计人员依法履行职责的行为受法律保护，主要负责人及其他负责人不得通过调动工作、撤换职务、进行处罚以及其他任何方式，对依法履行职责或者拒绝、抵制统计违法行为的统计人员进行打击报复。四是对揭发、检举统计违法行为的人员打击报复。揭发、检举统计违法行为是包括统计调查对象在内的任何单位和个人的法定权利，主要负责人及其他负责人不得以各种方式，对揭发和检举者打击报复。五是对本地方、本部门、本单位发生的严重统计违法行为不履行监督管理职责。该行为是指当本地方、本部门、本单位发生严重的统计违法行为时，主要负责人及其他负责人不履行监督管理职责，或者发现后不立即予以纠正，而是听之任之，造成不良后果的行为。

对于有上述违法行为的地方政府、部门、单位的主要负责人及其他负责人，由任免机关或者监察机关依法给予处分。依照《行政监察法》、《公务员法》、《行政机关公务员处分条例》等法律、行政法规，对国家工作人员给予处分，由任免机关或者监察机关按照管理权限决定。处分分为警告、记过、记大过、降级、撤职、开除六种。具体应当给予何种处分，由处分决定机关根据违法行为的性质、情节及危害程度决定。

对上述主要负责人及其他负责人的违法行为，除由任免机关或者监察机关依法给予处分外，还应由政府统计机构予以通报，即在一定范围内以一定方式对违法行为及其处理情况予以公开，对违法行为人予以警戒。

第四十五条 违反本条例第十九条第二款规定，民间统计调查组织超出委托权限或者范围实施统计调查活动的，由政府统计机构责令改正，给予警告，并处一万元以上五万元以下罚款。

【释义】 本条是关于民间统计调查组织违法实施政府统计调查法律责任的规定。

本条例第十九条规定，民间统计调查组织接受地方各级人民政府、政府统计机构和有关部门的委托进行统计调查，应当在受委托的权限和范围内实施有关活动。本条规定民间统计调查组织超出委托权限或者范围实施统计调查活动，属于本条例规定的违法行为，应当承担法律责任。

民间统计调查组织有上述违法行为的，应当承担下列责任：由政府统计机构责令改正，给予警告，并处一万元以上五万元以下的罚款。

编辑：王中彬

江苏省市、县主要经济指标

（2015 年）

市(县)	土地面积（平方公里）	年末户籍人口（万人）	当年出生人口（人）	当年死亡人口（人）	年末总户数（万户）	年末常住人口（万人）	从业人员（万人）	第一产业	第二产业	第三产业
南京市	**6587**	**653.40**	**57406**	**40448**	**225.14**	**823.59**	**455.00**	**46.70**	**148.60**	**259.70**
无锡市	**4627**	**480.90**	**40571**	**33769**	**161.67**	**651.10**	**390.00**	**17.60**	**219.40**	**153.00**
江阴市	987	124.10	11306	8765	37.12	163.68	99.76	5.00	62.20	32.56
宜兴市	1997	108.29	9704	8303	37.59	125.33	74.49	8.87	41.09	24.53
徐州市	**11765**	**1028.70**	**151956**	**59174**	**277.66**	**866.90**	**482.10**	**152.80**	**155.60**	**173.70**
丰 县	1450	120.67	16934	6392	32.65	94.72	56.36	26.12	15.75	14.49
沛 县	1806	130.92	19787	9073	36.33	111.47	66.67	23.97	23.97	18.73
睢宁县	1769	144.28	23108	7308	33.58	102.28	60.11	17.21	22.79	20.11
新沂市	1592	112.66	20244	8205	31.75	90.91	54.31	23.57	15.17	15.57
邳州市	2085	187.49	26703	7638	45.73	143.54	77.63	31.96	22.66	23.01
常州市	**4372**	**370.85**	**35522**	**25699**	**130.24**	**470.14**	**281.00**	**30.70**	**143.50**	**106.80**
溧阳市	1535	79.60	8637	4921	26.25	76.09	49.42	11.56	25.41	12.45
苏州市	**8657**	**667.01**	**65846**	**45691**	**219.23**	**1061.60**	**691.40**	**23.80**	**414.50**	**253.10**
常熟市	1276	106.82	7827	8618	32.79	151.01	104.72	4.00	64.64	36.08
张家港市	987	92.28	9048	6519	33.18	125.31	77.39	4.47	46.85	26.07
昆山市	932	78.70	9540	4394	26.57	165.12	116.08	1.75	74.72	39.61
太仓市	810	47.96	3348	3900	14.91	70.95	45.83	2.63	26.96	16.24
南通市	**10549**	**766.77**	**58273**	**68860**	**282.49**	**730.00**	**460.00**	**97.20**	**214.50**	**148.30**
海安县	1184	94.01	7109	10192	34.05	86.63	54.40	11.40	28.70	14.30
如东县	2791	103.96	6407	10914	36.88	98.20	62.20	13.50	30.80	17.90
启东市	1715	112.06	7701	8379	45.32	95.40	67.40	18.50	29.40	19.50
如皋市	1576	143.63	11802	11867	45.18	125.30	74.50	19.50	34.80	20.20
海门市	1144	100.04	7026	9275	38.43	90.43	65.20	16.70	31.50	17.00
连云港市	**7615**	**530.56**	**80296**	**21963**	**141.26**	**447.37**	**250.30**	**78.90**	**80.50**	**90.90**
东海县	2037	122.84	20411	7575	28.91	96.35	56.54	18.69	17.76	20.08
灌云县	1538	104.82	15236	1603	26.34	80.10	47.83	18.54	12.88	16.40
灌南县	1028	82.17	12853	2598	20.80	63.19	36.41	15.13	10.94	10.35

续表 1 （2015 年）

市(县)	土地面积（平方公里）	年末户籍人口（万人）	当年出生人口（人）	当年死亡人口（人）	年末总户数（万户）	年末常住人口（万人）	从业人员（万人）	第一产业	第二产业	第三产业
淮安市	**10030**	**564.45**	**76922**	**26784**	**162.87**	**487.20**	**282.5**	**79.20**	**88.60**	**114.70**
涟水县	1678	114.97	21469	5551	29.54	84.68	48.73	17.38	11.78	19.57
洪泽县	1273	39.65	4128	1411	12.18	33.76	20.17	5.89	6.94	7.34
盱眙县	2497	80.25	9556	5045	21.62	65.25	38.33	11.87	12.71	13.75
金湖县	1378	35.96	3302	2656	12.77	33.10	19.20	5.55	6.62	7.03
盐城市	**16931**	**828.03**	**97590**	**61201**	**271.56**	**722.85**	**445.70**	**114.70**	**156.90**	**174.10**
响水县	1474	62.37	7718	4600	16.87	50.19	28.71	8.51	9.81	10.39
滨海县	1950	122.35	18205	9080	34.13	94.10	56.37	17.37	18.46	20.54
阜宁县	1439	112.28	15281	10841	35.90	83.82	51.39	15.88	17.10	18.41
射阳县	2606	96.32	9610	6138	31.60	89.10	56.98	16.48	19.27	21.23
建湖县	1157	80.01	7810	5216	29.69	73.71	44.15	11.30	16.80	16.05
东台市	3176	112.65	9442	8124	39.18	98.71	65.14	16.90	22.84	25.40
扬州市	**6591**	**461.12**	**41261**	**32995**	**149.06**	**448.36**	**264.50**	**48.20**	**117.90**	**98.40**
宝应县	1462	91.16	8487	4233	27.87	75.54	41.73	12.29	17.58	11.86
仪征市	902	56.46	5147	4346	18.74	56.47	39.34	8.86	18.09	12.39
高邮市	1922	81.58	7113	6657	25.63	74.01	45.71	12.64	19.19	13.88
镇江市	**3840**	**271.67**	**23396**	**19168**	**101.19**	**317.65**	**193.10**	**22.90**	**88.90**	**81.30**
丹阳市	1047	81.21	6543	6397	27.85	98.02	63.13	5.96	33.96	23.21
扬中市	327	28.16	2708	2384	10.52	34.21	21.58	1.37	11.79	8.42
句容市	1378	59.13	5590	3763	22.68	62.50	39.04	9.87	15.67	13.50
泰州市	**5787**	**507.85**	**46731**	**42485**	**167.92**	**464.16**	**281.30**	**63.20**	**118.00**	**100.10**
兴化市	2395	158.16	16047	11057	51.93	125.50	76.12	22.95	29.49	23.68
靖江市	656	66.61	4735	5615	21.35	68.69	41.59	7.40	20.77	13.42
泰兴市	1170	119.53	10761	10364	39.19	107.72	65.37	17.32	26.34	21.71
宿迁市	**8524**	**586.28**	**101459**	**25597**	**149.28**	**485.38**	**281.60**	**99.60**	**99.30**	**82.70**
沭阳县	2299	195.37	36629	10349	49.35	154.30	90.22	32.90	30.25	27.07
泗阳县	1378	106.76	15341	6033	26.89	83.70	49.13	18.41	16.91	13.81
泗洪县	2694	110.10	19005	2055	29.43	88.90	52.33	20.27	17.67	14.39

续表 2 （2015 年）

市(县)	在岗职工人数（万人）	#国有单位	#城镇集体单位	#港澳台商投资单位	#外商投资单位	私营企业和个体从业人员（万人）	乡村从业人员（万人）	#农林牧渔业
南京市	**200.28**	**47.70**	**2.25**	**12.73**	**26.53**	**346.66**	**117.84**	**24.11**
无锡市	**110.43**	**17.72**	**4.42**	**15.10**	**33.04**	**299.67**	**112.31**	**18.60**
江阴市	24.52	3.58	3.73	4.81	3.25	79.11	38.12	5.38
宜兴市	13.96	2.83	0.09	1.34	1.43	63.41	34.55	9.66
徐州市	**97.17**	**32.05**	**3.16**	**4.53**	**3.39**	**175.13**	**358.48**	**132.75**
丰　县	8.49	3.00	0.41	0.24	0.20	14.16	53.21	23.95
沛　县	11.79	4.30	0.57	0.24	0.14	16.88	49.25	16.52
睢宁县	7.62	4.11	0.22	1.00	0.09	18.83	59.83	23.24
新沂市	9.02	2.78	0.32	0.24	0.15	22.66	44.38	17.94
邳州市	10.08	3.55	0.94	0.67	0.54	26.25	66.22	21.24
常州市	**67.47**	**15.46**	**1.25**	**13.94**	**13.69**	**209.66**	**129.40**	**23.56**
溧阳市	5.77	2.36	0.08	0.63	0.65	27.96	31.76	7.96
苏州市	**296.24**	**28.61**	**4.15**	**60.39**	**130.83**	**515.50**	**173.30**	**22.26**
常熟市	25.04	3.20	0.61	6.29	6.84	63.74	38.76	3.62
张家港市	27.17	3.80	0.45	1.74	4.36	66.73	30.45	3.14
昆山市	76.58	4.35	0.83	17.39	46.19	81.10	20.80	1.72
太仓市	13.70	2.05	0.41	2.71	6.25	28.75	15.53	2.96
南通市	**198.99**	**19.71**	**2.11**	**13.97**	**19.67**	**287.44**	**301.65**	**64.69**
海安县	25.06	2.00	0.13	0.87	1.27	40.22	37.45	6.98
如东县	16.13	2.37	0.35	1.55	1.65	34.23	47.46	8.36
启东市	26.63	2.05	0.27	1.55	2.39	24.47	50.18	12.35
如皋市	24.65	2.78	0.12	1.93	1.99	39.86	60.10	13.50
海门市	33.02	2.10	0.36	2.52	1.93	38.15	49.01	11.58
连云港市	**43.86**	**14.97**	**1.91**	**2.05**	**3.83**	**66.09**	**175.69**	**79.83**
东海县	4.71	2.55	0.26	0.66	0.46	12.24	43.94	19.22
灌云县	4.95	1.90	0.42	0.08	0.24	9.00	38.01	18.60
灌南县	4.05	1.45	0.24	0.12	0.20	7.43	30.06	15.43

续表 3　　（2015 年）

市(县)	在岗职工人数（万人）	# 国有单位	# 城镇集体单位	# 港澳台商投资单位	# 外商投资单位	私营企业和个体从业人员（万人）	乡村从业人员（万人）	# 农林牧渔业
淮安市	**63.00**	**16.24**	**1.67**	**9.02**	**3.65**	**112.99**	**212.50**	**86.44**
涟水县	10.10	2.12	0.26	0.93	1.06	14.70	50.14	20.47
洪泽县	0.49	0.26	0.13	0.27	0.10	11.75	16.84	6.02
盱眙县	5.24	0.93	0.44	0.51	0.15	12.26	33.42	12.90
金湖县	2.75	1.06	0.15	0.57	0.04	9.62	13.62	4.98
盐城市	**76.01**	**20.98**	**2.01**	**4.10**	**5.61**	**184.48**	**300.95**	**109.91**
响水县	4.82	1.92	0.24	0.06	0.16	8.58	21.38	8.96
滨海县	9.10	2.02	0.21	0.12	0.10	16.38	44.53	16.58
阜宁县	7.67	1.78	0.16	0.13	0.45	25.62	37.15	15.08
射阳县	5.64	2.34	0.37	0.69	0.21	13.46	34.86	12.63
建湖县	7.13	1.55	0.32	0.53	0.18	17.70	30.42	9.30
东台市	10.31	2.39	0.33	0.89	0.96	29.15	48.25	19.49
扬州市	**85.18**	**17.05**	**2.40**	**7.00**	**7.10**	**171.55**	**180.65**	**33.69**
宝应县	10.51	1.92	0.52	0.50	0.58	20.44	41.69	10.10
仪征市	9.13	2.09	0.08	0.52	1.06	18.34	23.14	3.31
高邮市	10.66	2.40	0.68	1.10	0.43	28.06	36.05	9.07
镇江市	**47.94**	**13.27**	**1.48**	**8.38**	**6.66**	**122.64**	**101.36**	**22.19**
丹阳市	10.50	2.31	0.21	2.31	1.89	40.74	36.12	7.26
扬中市	7.06	1.20	0.24	0.54	0.52	17.71	13.51	2.07
句容市	9.24	2.23	0.44	3.60	1.05	15.96	25.87	7.82
泰州市	**99.62**	**13.70**	**2.57**	**4.75**	**8.09**	**152.34**	**211.37**	**43.75**
兴化市	8.13	2.52	0.47	0.28	0.79	28.14	61.03	19.98
靖江市	16.06	2.07	0.37	1.00	2.27	24.69	27.25	5.42
泰兴市	27.22	2.62	0.62	0.68	1.53	32.29	56.45	8.81
宿迁市	**47.05**	**12.11**	**0.58**	**4.61**	**1.63**	**127.22**	**225.25**	**85.63**
沭阳县	9.33	3.93	0.33	0.78	0.41	53.54	82.3	28.55
泗阳县	7.44	1.98	0.09	0.32	0.07	18.92	40.30	15.38
泗洪县	5.15	2.43	0.15	0.17	0.46	18.42	38.34	20.39

续表 4　　（2015 年）

市(县)	地区生产总　值（亿元）	第一产业	第二产业	#工业	第三产业	人均地区生产总值(按常住人口计算,元)	地区生产总值指数(上年=100)	三次产业占 GDP 比重(%)		
								第一产业	第二产业	第三产业
南京市	**9720.77**	**232.39**	**3916.77**	**3395.26**	**5571.61**	**118171**	**109.3**	**2.4**	**40.3**	**57.3**
无锡市	**8518.26**	**137.72**	**4197.43**	**3837.28**	**4183.11**	**130938**	**107.1**	**1.6**	**49.3**	**49.1**
江阴市	2880.86	46.28	1584.42	1515.18	1250.16	176119	107.4	1.6	55.0	43.4
宜兴市	1285.66	50.34	659.05	559.96	576.27	102652	107.2	3.9	51.3	44.8
徐州市	**5319.88**	**504.76**	**2355.06**	**1976.57**	**2460.07**	**61511**	**109.5**	**9.5**	**44.3**	**46.2**
丰　县	370.33	69.53	160.32	122.89	140.48	39124	110.4	18.8	43.3	37.9
沛　县	605.84	85.59	277.91	217.06	242.34	54394	110.5	14.1	45.9	40.0
睢宁县	451.89	77.51	192.72	151.79	181.66	44210	110.5	17.2	42.6	40.2
新沂市	507.63	61.93	212.36	180.99	233.34	55891	110.6	12.2	41.8	46.0
邳州市	731.71	104.59	313.59	271.77	313.53	51015	110.4	14.3	42.9	42.8
常州市	**5273.15**	**146.55**	**2516.04**	**2269.99**	**2610.56**	**112221**	**109.2**	**2.8**	**47.7**	**49.5**
溧阳市	738.15	46.32	367.07	311.86	324.76	97055	103.1	6.3	49.7	44.0
苏州市	**14504.07**	**215.71**	**7045.12**	**6490.44**	**7243.24**	**136702**	**107.5**	**1.5**	**48.6**	**49.9**
常熟市	2044.88	40.76	1064.27	1011.88	939.85	135431	107.2	2.0	52.0	46.0
张家港市	2229.82	30.34	1190.76	1132.68	1008.72	177987	107.1	1.4	53.4	45.2
昆山市	3080.01	28.88	1695.68	1597.62	1355.45	186582	107.5	0.9	55.1	44.0
太仓市	1100.08	37.21	564.53	529.25	498.34	155159	107.1	3.4	51.3	45.3
南通市	**6148.40**	**354.90**	**2977.53**	**2453.38**	**2815.97**	**84236**	**109.6**	**5.8**	**48.4**	**45.8**
海安县	680.44	53.77	323.18	261.35	303.49	78551	109.9	7.9	47.5	44.6
如东县	672.69	64.97	314.83	262.62	292.90	68506	110.0	9.7	46.8	43.5
启东市	803.14	65.45	389.13	306.70	348.56	84099	109.8	8.1	48.5	43.4
如皋市	812.46	60.47	401.57	333.43	350.41	64761	109.8	7.4	49.4	43.1
海门市	915.02	51.80	471.59	390.45	391.63	101298	109.8	5.7	51.5	42.8
连云港市	**2160.64**	**282.69**	**959.00**	**767.27**	**918.95**	**48416**	**110.8**	**13.1**	**44.4**	**42.5**
东海县	393.54	61.89	173.71	150.82	157.94	40947	111.2	15.7	44.1	40.1
灌云县	300.13	59.81	133.52	101.23	106.80	37542	110.6	19.9	44.5	35.6
灌南县	281.63	48.23	136.86	118.56	96.54	44682	110.7	17.1	48.6	34.3

续表 5 （2015 年）

市(县)	地区生产总值(亿元)	第一产业	第二产业	#工业	第三产业	人均地区生产总值(按常住人口计算,元)	地区生产总值指数(上年=100)	三次产业占 GDP 比重(%) 第一产业	第二产业	第三产业
淮安市	**2745.09**	**307.67**	**1176.66**	**985.66**	**1260.76**	**56460**	**110.3**	**11.2**	**42.9**	**45.9**
涟水县	340.87	53.14	132.51	107.49	155.22	40290	111.1	15.6	38.9	45.5
洪泽县	230.81	31.58	95.46	81.49	103.77	68459	110.8	13.7	41.4	45.0
盱眙县	320.13	51.98	128.57	102.39	139.58	49145	110.0	16.2	40.2	43.6
金湖县	216.53	30.94	83.31	73.23	102.28	65476	110.8	14.3	38.5	47.2
盐城市	**4212.50**	**516.53**	**1923.47**	**1653.90**	**1772.50**	**58299**	**110.5**	**12.3**	**45.7**	**42.1**
响水县	244.30	40.35	113.68	99.46	90.27	48646	110.5	16.5	46.5	37.0
滨海县	361.30	55.97	148.98	128.24	156.35	38359	110.5	15.5	41.2	43.3
阜宁县	363.20	52.97	159.27	118.42	150.95	43315	110.5	14.6	43.9	41.6
射阳县	407.61	78.41	147.61	139.38	181.59	45737	110.5	19.2	36.2	44.5
建湖县	431.05	45.19	189.25	161.61	196.61	58483	110.3	10.5	43.9	45.6
东台市	670.23	87.92	279.21	243.49	303.10	67916	110.7	13.1	41.7	45.2
扬州市	**4016.84**	**241.86**	**2012.10**	**1749.58**	**1762.88**	**89647**	**110.3**	**6.0**	**50.1**	**43.9**
宝应县	458.02	65.63	204.00	165.96	188.39	60669	110.7	14.3	44.5	41.1
仪征市	408.19	21.69	186.44	157.12	200.06	76792	110.6	5.3	45.7	49.0
高邮市	483.86	66.34	215.53	177.86	201.98	65420	110.5	13.7	44.5	41.7
镇江市	**3502.48**	**132.89**	**1726.96**	**1588.95**	**1642.63**	**110351**	**109.6**	**3.8**	**49.3**	**46.9**
丹阳市	1070.25	50.94	540.95	518.22	478.36	109276	109.2	4.8	50.5	44.7
扬中市	475.80	11.87	249.82	240.57	214.11	139184	110.3	2.5	52.5	45.0
句容市	468.50	41.32	223.85	200.51	203.33	75020	110.0	8.8	47.8	43.4
泰州市	**3687.90**	**218.93**	**1811.04**	**1565.28**	**1657.93**	**79479**	**110.2**	**5.9**	**49.1**	**45.0**
兴化市	667.40	93.62	268.49	230.97	305.29	53186	110.0	14.0	40.2	45.7
靖江市	748.32	20.55	384.08	344.89	343.69	108973	108.5	2.7	51.3	45.9
泰兴市	740.77	49.10	357.97	311.06	333.70	68768	111.1	6.6	48.3	45.0
宿迁市	**2126.19**	**258.11**	**1031.33**	**873.04**	**836.75**	**43853**	**110.0**	**12.1**	**48.5**	**39.4**
沭阳县	630.13	81.68	293.28	260.29	255.17	40719	109.9	13.0	46.5	40.5
泗阳县	362.24	52.74	185.31	154.09	124.19	43072	110.1	14.6	51.2	34.3
泗洪县	361.32	55.38	154.91	129.25	151.03	40394	110.2	15.3	42.9	41.8

续表 6　　（2015 年）

市(县)	农林牧渔业总产值（亿元）（现价）	农作物总播种面积（千公顷）	#粮食作物	粮食总产量（万吨）	油料产量（万吨）	棉花产量（吨）	肉类总产量（万吨）	水产品产量（万吨）	农业机械总动力（万千瓦）
南京市	**415.27**	**316.88**	**156.21**	**114.06**	**10.84**	**3837**	**10.47**	**22.87**	**224.55**
无锡市	**255.60**	**173.13**	**102.00**	**72.28**	**0.86**		**7.60**	**12.53**	**101.16**
江阴市	89.03	44.44	25.23	17.65	0.28		4.00	2.69	25.56
宜兴市	89.22	94.39	63.89	45.56	0.56		2.78	7.97	53.96
徐州市	**976.93**	**1160.62**	**736.27**	**470.92**	**11.20**	**25973**	**100.17**	**18.79**	**684.57**
丰　县	137.13	146.52	86.56	52.99	0.51	15818	16.72	0.29	81.73
沛　县	161.86	150.70	90.19	61.63	0.28	1697	19.38	1.69	100.09
睢宁县	146.31	188.42	148.92	92.03	2.04	1074	14.17	2.26	117.99
新沂市	128.16	192.93	101.13	65.95	6.26		12.91	5.93	105.08
邳州市	205.42	229.70	123.99	80.64	1.42	1701	20.68	2.96	117.34
常州市	**271.76**	**214.66**	**142.77**	**108.31**	**3.60**	**419**	**14.39**	**17.79**	**142.86**
溧阳市	85.85	92.80	68.53	53.90	2.63	407	2.29	6.39	55.24
苏州市	**415.17**	**250.22**	**147.82**	**108.22**	**1.57**	**666**	**10.84**	**26.21**	**163.56**
常熟市	76.20	71.91	41.66	30.60	0.40	370	1.46	3.73	32.30
张家港市	59.32	52.14	34.46	24.61	0.37	27	1.18	1.63	29.81
昆山市	52.37	21.63	14.61	10.68	0.18	23	0.52	4.35	17.99
太仓市	70.13	47.97	27.02	19.49	0.44	246	4.56	2.34	20.77
南通市	**664.20**	**835.73**	**516.87**	**337.15**	**38.66**	**36471**	**47.99**	**90.00**	**401.51**
海安县	108.12	102.30	78.70	64.11	1.52		8.98	4.78	64.60
如东县	133.35	170.17	132.63	93.47	4.53	8049	10.24	31.60	91.79
启东市	127.85	143.23	69.39	26.29	9.13	11160	5.83	36.50	56.89
如皋市	104.19	151.52	108.70	74.94	3.87	100	11.31	2.80	85.31
海门市	90.85	113.49	39.24	19.46	9.23	10645	4.33	7.24	37.11
连云港市	**549.03**	**633.72**	**502.62**	**362.15**	**11.42**	**1542**	**29.93**	**75.28**	**581.65**
东海县	121.54	204.84	159.29	112.91	4.80		7.54	6.44	159.15
灌云县	118.79	135.37	112.65	82.26	0.04		5.34	5.76	127.20
灌南县	90.99	109.53	86.72	63.42	0.22	40	5.43	3.57	118.75

续表 7　　（2015 年）

市(县)	农林牧渔业总产值（亿元）（现价）	农作物总播种面积（千公顷）	#粮食作物	粮食总产量（万吨）	油料产量（万吨）	棉花产量（吨）	肉类总产量（万吨）	水产品产量（万吨）	农业机械总动力（万千瓦）
淮安市	**573.71**	**795.68**	**658.24**	**467.22**	**8.88**	**83**	**31.11**	**26.35**	**620.21**
涟水县	102.52	167.40	133.40	90.87	3.43		6.47	1.87	118.22
洪泽县	63.81	68.90	57.73	43.99	0.32		2.32	5.59	83.65
盱眙县	96.91	163.25	142.75	98.72	1.52	83	7.50	5.76	120.12
金湖县	58.09	82.64	74.63	54.92	0.82		1.42	4.83	86.95
盐城市	**1073.51**	**1426.86**	**981.03**	**708.06**	**28.17**	**30164**	**89.61**	**116.80**	**667.48**
响水县	73.25	113.21	78.64	54.37	2.13		5.21	6.75	74.09
滨海县	107.25	170.93	128.71	97.35	3.60	267	11.56	10.00	85.04
阜宁县	106.85	168.64	125.97	94.77	1.72	78	18.46	7.51	83.83
射阳县	176.33	209.53	156.85	114.54	3.17	9840	8.17	21.10	99.84
建湖县	89.81	115.47	99.60	74.87	1.87	82	6.52	10.11	58.84
东台市	196.32	251.67	147.80	101.17	7.45	4106	14.43	18.26	92.05
扬州市	**460.30**	**509.12**	**421.19**	**314.41**	**7.17**	**1066**	**18.16**	**39.85**	**263.37**
宝应县	122.90	138.43	120.47	93.47	1.61		4.83	14.96	54.59
仪征市	43.64	59.80	47.99	33.84	0.99	43	2.14	0.70	39.08
高邮市	128.92	140.82	117.37	88.80	2.05	89	4.78	16.18	70.86
镇江市	**232.28**	**236.00**	**175.17**	**125.15**	**5.81**	**1085**	**8.16**	**9.77**	**141.39**
丹阳市	84.41	85.27	71.12	51.21	0.96		2.42	4.01	37.03
扬中市	23.53	17.90	12.93	9.84	0.16		0.91	0.76	13.58
句容市	70.37	77.00	50.09	35.38	3.61	1063	1.60	2.70	55.08
泰州市	**379.53**	**581.03**	**437.45**	**329.35**	**13.28**	**4996**	**26.90**	**39.26**	**268.29**
兴化市	164.30	226.51	184.46	142.53	4.13	4293	5.91	30.00	116.03
靖江市	36.38	55.13	45.99	33.95	0.54		3.25	1.01	27.95
泰兴市	83.47	139.12	95.69	71.30	4.33		9.07	2.53	61.95
宿迁市	**485.26**	**712.00**	**577.30**	**386.63**	**4.58**	**647**	**33.60**	**26.61**	**566.89**
沭阳县	160.69	251.11	185.53	128.80	1.46		9.73	1.84	205.87
泗阳县	98.81	114.30	92.30	60.44	0.86	12	5.01	8.61	95.26
泗洪县	114.03	186.90	165.67	105.55	1.81	557	7.35	9.94	143.63

续表 8 （2015 年）

市(县)	工业企业个数（个）	工业总产值（当年价）（亿元）	#内资企业	#大中型企业	#轻工业	主营业务收入（亿元）	利润总额（亿元）	从业人员年平均人数（万人）
南京市	**2703**	**12905.13**	**7475.01**	**8785.29**	**2904.04**	**12180.70**	**837.39**	**78.42**
无锡市	**4988**	**14549.87**	**9487.88**	**10062.86**	**3760.97**	**14083.94**	**895.09**	**125.31**
江阴市	1368	5744.96	4346.47	4530.20	1838.58	5502.22	351.63	43.84
宜兴市	897	2779.18	2407.94	1470.43	314.33	2673.64	119.31	16.30
徐州市	**2875**	**12215.91**	**11078.26**	**7069.13**	**4003.89**	**12034.33**	**978.53**	**79.50**
丰　县	312	616.91	572.21	113.12	287.80	602.43	49.76	4.72
沛　县	467	1521.09	1499.31	1065.49	580.33	1485.31	95.36	12.30
睢宁县	323	922.79	813.50	382.26	492.89	887.82	97.56	6.30
新沂市	485	1599.25	1511.00	443.49	499.48	1581.70	113.04	8.77
邳州市	524	2225.10	2051.77	1078.65	599.71	2171.54	183.26	13.06
常州市	**4244**	**11101.64**	**7386.61**	**6941.93**	**2775.24**	**11500.68**	**642.27**	**86.04**
溧阳市	392	1212.73	830.78	881.09	123.25	1223.03	73.24	7.20
苏州市	**10062**	**30249.25**	**10826.79**	**22698.58**	**7633.17**	**29768.65**	**1529.04**	**303.71**
常熟市	1387	3612.54	1924.06	2572.44	1514.14	3547.87	168.60	35.67
张家港市	1126	4485.74	3497.44	3538.78	1062.20	4577.74	142.81	28.26
昆山市	1880	8270.97	1144.38	6834.60	1027.58	8225.99	401.42	79.80
太仓市	1096	1993.08	994.38	1058.01	703.53	1918.99	126.23	18.27
南通市	**5066**	**13515.33**	**9123.23**	**6968.69**	**4262.88**	**13322.91**	**1015.25**	**99.38**
海安县	871	1992.15	1639.74	917.25	715.28	1956.87	141.97	11.99
如东县	677	1860.27	1303.26	758.68	794.05	1847.23	146.21	11.50
启东市	505	1631.36	1126.05	640.00	311.32	1584.10	121.24	11.37
如皋市	824	1759.43	1453.46	1076.27	522.07	1752.44	80.09	19.49
海门市	623	1871.30	1176.63	965.43	454.14	1876.72	206.81	11.67
连云港市	**1701**	**5433.14**	**4240.89**	**3158.05**	**1672.69**	**5356.08**	**434.64**	**29.08**
东海县	491	929.82	819.77	135.94	358.32	917.62	64.30	6.80
灌云县	263	636.22	618.44	200.40	218.80	600.27	39.97	3.89
灌南县	175	619.80	604.19	499.90	45.36	613.33	43.08	3.42

注：工业企业相关指标为规模以上口径。

续表 9　　（2015 年）

市(县)	工业企业个数（个）	工业总产值（当年价）（亿元）	# 内资企业	# 大中型企业	# 轻工业	主营业务收入（亿元）	利润总额（亿元）	从业人员年平均人数（万人）
淮安市	**2647**	**6560.50**	**5094.74**	**2758.80**	**2676.33**	**6542.23**	**374.36**	**47.91**
涟水县	368	729.48	654.97	269.41	424.09	699.73	36.87	8.45
洪泽县	333	645.47	579.60	66.21	231.92	635.23	43.00	4.50
盱眙县	467	912.50	872.23	178.53	360.40	943.05	38.93	7.64
金湖县	317	476.94	404.20	152.49	202.88	472.94	21.62	2.85
盐城市	**3156**	**8253.62**	**6320.90**	**3888.12**	**2877.63**	**8038.97**	**564.34**	**56.09**
响水县	174	718.52	628.48	391.13	237.64	710.29	81.15	3.18
滨海县	229	657.39	630.68	278.25	369.86	640.92	32.16	4.23
阜宁县	266	682.56	627.63	128.95	233.94	674.67	31.30	4.42
射阳县	294	630.61	552.86	105.05	425.58	620.99	30.13	4.25
建湖县	441	895.06	754.35	369.19	345.26	852.53	59.50	6.91
东台市	545	1060.47	898.39	347.90	416.42	1057.30	57.64	9.10
扬州市	**2774**	**9194.19**	**6626.32**	**5941.37**	**2365.96**	**8973.50**	**605.64**	**72.48**
宝应县	408	990.88	907.13	620.51	209.39	914.62	54.92	8.52
仪征市	358	1462.10	735.59	940.10	321.64	1453.77	101.50	7.64
高邮市	542	1157.32	1010.29	463.51	415.57	1101.43	78.61	10.11
镇江市	**2843**	**8403.82**	**5584.71**	**5843.08**	**1443.72**	**8211.10**	**556.73**	**57.22**
丹阳市	788	2512.23	1790.84	1918.38	456.37	2453.93	151.22	19.09
扬中市	468	1255.91	1106.56	1002.36	52.78	1206.65	82.80	7.88
句容市	573	1361.19	932.66	644.89	414.57	1322.13	74.50	13.48
泰州市	**2867**	**11063.14**	**8702.97**	**5890.46**	**2980.27**	**10792.62**	**840.00**	**58.34**
兴化市	597	1558.69	1447.59	233.76	384.16	1535.05	89.27	6.75
靖江市	481	2002.83	1363.14	1497.87	294.84	1946.08	148.99	12.86
泰兴市	654	2589.50	2043.69	1210.16	626.58	2564.30	235.97	14.43
宿迁市	**2565**	**3863.32**	**3517.43**	**1276.24**	**1970.42**	**3714.77**	**374.85**	**40.45**
沭阳县	888	1319.01	1235.45	260.39	592.65	1295.56	116.37	10.93
泗阳县	504	584.28	565.39	126.16	276.60	579.16	43.51	8.02
泗洪县	542	720.78	685.55	150.50	394.60	668.79	66.57	6.29

注：工业企业相关指标为规模以上口径。

续表 10　　　　　　　　　　　　（2015 年）

市(县)	社会消费品零售总额（亿元）	#批发和零售业	进出口总额（海关数）（亿美元）	#出口总额	实际到帐外资（商务部口径）（亿美元）	固定资产投资（亿元）	#房地产开发投资	商品房建筑面积（万平方米）	#住宅
南京市	**4590.17**	**4193.01**	**532.40**	**315.03**	**33.35**	**5425.98**	**1429.02**	**1543.16**	**1429.18**
无锡市	**2847.61**	**2632.96**	**684.67**	**422.32**	**32.02**	**4888.55**	**991.66**	**986.91**	**866.07**
江阴市	705.16	664.94	203.11	124.12	10.11	1128.59	260.39	211.51	177.54
宜兴市	506.96	483.52	38.20	29.18	1.85	663.55	133.24	131.23	115.04
徐州市	**2358.45**	**2166.50**	**54.13**	**43.89**	**14.28**	**4266.12**	**470.22**	**790.51**	**684.83**
丰　县	133.36	122.64	1.00	0.99	0.51	215.83	31.13	58.58	54.10
沛　县	217.22	196.03	3.18	3.12	0.83	487.09	21.59	66.51	60.86
睢宁县	158.55	147.00	5.56	4.09	1.06	269.77	39.71	82.24	70.22
新沂市	153.71	139.53	4.05	2.08	0.07	473.69	41.02	94.06	80.00
邳州市	223.55	205.16	9.47	8.20	1.88	652.69	50.44	128.78	118.97
常州市	**1990.45**	**1825.79**	**280.41**	**212.56**	**17.21**	**3398.97**	**508.04**	**784.25**	**672.86**
溧阳市	275.30	253.66	8.35	7.46	1.06	442.40	40.30	62.74	60.52
苏州市	**4461.62**	**4041.99**	**3053.50**	**1814.59**	**60.00**	**5965.44**	**1864.95**	**2133.73**	**1940.92**
常熟市	675.64	618.87	221.57	146.10	8.05	622.47	150.58	145.96	130.54
张家港市	494.87	426.19	292.69	148.29	6.50	733.79	164.13	147.25	123.53
昆山市	714.68	577.98	834.53	537.96	11.01	799.15	412.66	533.86	484.34
太仓市	264.70	226.84	127.27	63.09	5.01	483.48	64.23	92.65	86.01
南通市	**2379.46**	**2177.46**	**315.79**	**228.26**	**23.16**	**4376.03**	**690.94**	**937.96**	**858.09**
海安县	247.39	213.91	16.16	13.64	3.01	510.00	54.76	74.05	70.30
如东县	287.43	271.99	24.46	14.41	3.17	486.98	25.60	24.79	20.69
启东市	293.06	267.03	30.67	24.81	1.37	539.06	63.36	98.84	91.59
如皋市	308.99	275.26	30.53	26.10	2.41	503.15	60.00	86.30	73.65
海门市	311.15	287.04	22.54	14.19	2.20	565.32	39.34	81.68	76.70
连云港市	**830.71**	**753.31**	**80.45**	**40.60**	**8.01**	**2077.35**	**205.42**	**441.58**	**418.30**
东海县	156.21	142.25	3.69	2.90	0.55	251.09	21.52	63.67	61.84
灌云县	106.57	96.56	1.98	1.79	0.33	205.10	19.08	34.78	32.63
灌南县	83.51	75.72	2.51	2.08	0.37	175.69	20.32	29.06	27.65

注：工业企业相关指标为规模以上口径。

续表 11　　（2015 年）

市(县)	社会消费品零售总额(亿元)	#批发和零售业	进出口总额(海关数)(亿美元)	#出口总额	实际到帐外资(商务部口径)(亿美元)	固定资产投资(亿元)	房地产开发投资	商品房建筑面积(万平方米)	#住宅
淮安市	**970.74**	**874.22**	**41.30**	**30.09**	**12.14**	**2203.24**	**283.69**	**703.99**	**608.20**
涟水县	117.20	106.42	3.71	3.18	1.21	276.32	17.87	87.57	80.28
洪泽县	84.75	76.14	2.10	1.98	1.24	170.03	17.18	46.29	37.25
盱眙县	111.07	98.14	2.74	2.13	1.17	328.00	41.45	94.07	63.70
金湖县	81.02	71.82	3.45	3.40	1.27	164.37	16.31	40.77	27.97
盐城市	**1468.60**	**1320.45**	**81.19**	**51.24**	**7.95**	**3372.89**	**367.68**	**716.49**	**619.17**
响水县	59.90	54.49	4.37	3.88	0.56	250.02	7.07	34.53	27.57
滨海县	99.46	89.64	3.84	3.04	0.64	321.08	17.20	56.49	53.15
阜宁县	117.01	110.12	2.14	1.66	0.40	279.69	24.16	58.50	54.90
射阳县	151.19	134.31	3.07	1.67	0.26	241.99	32.23	48.90	46.59
建湖县	155.43	131.41	3.16	3.02	0.63	311.36	12.77	50.33	40.92
东台市	228.30	205.14	7.12	6.81	0.70	510.54	49.55	90.54	80.76
扬州市	**1236.96**	**1096.69**	**103.38**	**77.11**	**8.48**	**2856.82**	**378.18**	**638.30**	**591.22**
宝应县	135.63	122.81	8.90	6.75	0.09	287.57	37.20	83.06	81.11
仪征市	100.19	87.56	3.72	2.86	0.27	383.11	26.43	71.70	67.98
高邮市	153.06	133.19	4.40	4.07	0.60	360.50	35.37	97.39	89.48
镇江市	**1113.71**	**987.21**	**100.64**	**68.73**	**13.05**	**2541.07**	**355.78**	**597.88**	**540.54**
丹阳市	283.94	250.89	28.03	23.50	3.31	457.74	69.16	125.48	111.11
扬中市	126.77	106.32	5.62	4.80	1.31	256.19	17.47	39.52	36.74
句容市	129.16	117.18	5.28	4.54	2.80	306.44	82.36	153.09	143.45
泰州市	**1001.64**	**863.59**	**102.29**	**63.77**	**10.66**	**2693.75**	**245.57**	**528.37**	**489.61**
兴化市	154.61	132.78	5.40	4.92	0.49	349.63	18.22	66.42	61.46
靖江市	159.41	133.73	29.89	18.07	2.56	495.86	40.08	61.76	58.75
泰兴市	191.52	154.14	24.34	12.54	3.24	560.62	59.19	118.94	111.13
宿迁市	**626.64**	**547.14**	**25.99**	**18.50**	**2.98**	**1838.97**	**362.53**	**610.93**	**556.98**
沭阳县	175.49	147.25	5.80	4.63	0.73	455.59	83.60	128.77	109.88
泗阳县	88.88	77.24	3.27	3.19	0.35	336.10	65.84	103.46	95.93
泗洪县	93.41	85.29	1.42	1.17	0.07	336.04	77.26	216.70	202.36

续表 12 （2015 年）

市(县)	公共财政预算收入（亿元）	#税收收入	公共财政预算支出（亿元）	年末金融机构各项存款余额（亿元）	#住户存款	年末金融机构各项贷款余额（亿元）	公路里程（公里）	#等级公路	公路客运量（万人）
南京市	**1020.03**	**838.67**	**1045.57**	**25887.77**	**5535.53**	**18217.80**	**11303**	**10526**	**9166**
无锡市	**830.00**	**668.18**	**821.86**	**12710.45**	**4639.66**	**9332.27**	**7659**	**7659**	**6247**
江阴市	218.92	180.31	205.35	2954.56	1027.51	2396.17	2362	2362	433
宜兴市	102.50	86.87	109.11	1821.70	909.83	1373.06	2365	2365	603
徐州市	**530.68**	**429.13**	**752.46**	**4747.01**	**2780.60**	**3069.90**	**16512**	**15396**	**13347**
丰　县	43.09	37.32	74.72	297.36	225.12	147.50	1848	1848	533
沛　县	59.30	49.68	92.35	378.88	289.38	187.39	2298	2298	884
睢宁县	43.68	38.37	78.89	329.98	251.69	192.61	2474	2291	1038
新沂市	51.33	43.56	82.50	265.82	192.61	221.85	2853	2355	884
邳州市	62.38	53.29	103.43	411.79	302.15	319.57	3098	2781	857
常州市	**466.28**	**373.70**	**485.33**	**7438.68**	**3193.77**	**5354.58**	**9010**	**8960**	**5856**
溧阳市	56.19	46.08	61.38	866.37	462.65	698.72	2557	2557	1022
苏州市	**1560.76**	**1338.61**	**1527.17**	**23659.10**	**7358.04**	**19200.10**	**12692**	**12692**	**34110**
常熟市	157.70	128.40	155.26	2418.40	1104.60	1930.91	3157	3157	3792
张家港市	174.22	143.64	171.34	2372.21	958.77	1824.69	1562	1562	3595
昆山市	284.76	251.85	255.36	3062.60	1046.03	2174.54	2005	2005	4076
太仓市	114.54	97.78	109.07	1269.17	486.49	1139.46	1304	1304	2178
南通市	**625.64**	**521.08**	**748.97**	**9659.15**	**5115.51**	**5997.24**	**18255**	**18213**	**8859**
海安县	62.06	53.51	84.40	1104.37	634.40	752.65	2374	2374	835
如东县	58.54	49.34	93.82	843.70	543.95	419.66	2599	2595	543
启东市	76.86	63.44	86.24	1073.30	715.85	644.85	3576	3566	887
如皋市	77.10	63.63	101.02	980.91	649.64	602.88	3261	3261	701
海门市	78.40	65.04	85.55	1169.05	699.66	688.40	2495	2481	702
连云港市	**291.77**	**237.55**	**425.92**	**2128.22**	**1048.27**	**1781.05**	**12004**	**11935**	**4700**
东海县	41.02	35.52	68.72	269.90	186.69	210.18	2990	2990	502
灌云县	39.32	34.67	61.80	216.82	132.21	165.91	2624	2624	444
灌南县	38.85	34.11	60.91	146.83	94.02	116.82	1922	1905	362

续表 13　　（2015 年）

市(县)	公共财政预算收入（亿元）	#税收收入	公共财政预算支出（亿元）	年末金融机构各项存款余额（亿元）	#住户存款	年末金融机构各项贷款余额（亿元）	公路里程（公里）	#等级公路	公路客运量（万人）
淮安市	**350.31**	**284.05**	**512.47**	**2328.63**	**1183.92**	**1864.76**	**13270**	**12404**	**7297**
涟水县	33.32	28.45	62.85	275.77	160.93	182.69	2550	2296	1403
洪泽县	25.21	21.31	47.78	179.32	78.94	132.34	1523	1416	632
盱眙县	34.98	29.19	57.52	218.90	139.65	206.20	2704	2704	1189
金湖县	23.91	21.00	41.14	186.24	114.86	148.60	1481	1315	711
盐城市	**477.50**	**384.31**	**746.31**	**4363.99**	**2397.52**	**3045.50**	**19525**	**17603**	**8364**
响水县	32.54	26.83	50.82	134.23	76.75	121.35	1798	1691	468
滨海县	38.65	31.64	69.45	233.83	153.17	184.67	2163	1851	1050
阜宁县	39.17	32.55	71.51	318.38	228.03	213.57	1950	1626	1032
射阳县	20.56	17.48	59.38	334.53	239.44	217.36	2500	1906	955
建湖县	50.61	42.33	83.64	365.00	258.21	265.99	1798	1641	921
东台市	71.55	60.85	101.72	631.03	480.02	347.76	3255	3012	321
扬州市	**336.75**	**274.67**	**442.78**	**4719.40**	**2376.68**	**3095.77**	**10530**	**9280**	**4146**
宝应县	30.49	25.31	53.02	406.05	262.60	259.49	2313	1962	622
仪征市	39.44	33.95	46.83	501.92	273.21	306.22	1547	1547	373
高邮市	33.24	27.36	53.62	453.80	309.85	278.44	2571	2113	912
镇江市	**302.85**	**245.40**	**348.73**	**3969.11**	**1741.48**	**2982.60**	**7333**	**7333**	**3859**
丹阳市	67.06	57.58	80.07	885.13	508.40	858.08	2187	2187	822
扬中市	34.03	29.22	38.53	471.92	260.03	384.11	1019	1019	388
句容市	40.01	33.62	49.49	473.28	265.69	371.86	2498	2498	688
泰州市	**316.56**	**256.89**	**429.90**	**4441.70**	**2242.46**	**3228.08**	**9538**	**9526**	7882
兴化市	40.85	33.52	82.50	580.79	430.57	392.98	2732	2726	2192
靖江市	61.61	50.83	69.95	823.68	433.87	615.11	1326	1326	1375
泰兴市	52.79	43.81	67.45	754.29	428.60	502.24	2145	2145	1971
宿迁市	**235.67**	**196.95**	**405.78**	**1819.81**	**949.51**	**1696.70**	**11175**	**9932**	**5967**
沭阳县	71.75	58.85	112.69	394.83	281.04	338.74	3512	2760	1665
泗阳县	33.68	28.27	69.46	263.26	174.11	269.13	1752	1710	1096
泗洪县	31.59	26.72	66.96	250.02	168.40	265.86	2448	2441	2026

续表 14 （2015 年）

市(县)	公路货运量（万吨）	私人汽车拥有量（万辆）	全年用电量（亿千瓦时）	#工业用电	邮电业务总量（亿元）	本地电话用户（万户）	移动电话年末用户（万户）	国际互联网用户（万户）
南京市	**11985**	**172.06**	**495.18**	**300.54**	**360.90**	**279.71**	**1082.17**	**241.91**
无锡市	**12716**	**117.80**	**600.50**	**472.24**	**240.55**	**194.95**	**844.45**	**163.17**
江阴市	2833	31.26	235.60	208.47	30.61	38.04	204.49	58.70
宜兴市	1619	19.45	85.21	65.58	19.08	29.42	142.10	42.62
徐州市	**16909**	**76.30**	**344.19**	**254.36**	**150.49**	**138.50**	**756.44**	**116.42**
丰　县	1345	7.00	18.86	11.14	7.50	8.22	67.67	9.53
沛　县	1388	6.84	32.53	24.04	8.46	11.34	80.64	11.40
睢宁县	1471	7.61	22.69	14.07	9.33	12.82	76.95	11.81
新沂市	1358	6.30	40.47	33.38	9.46	10.07	70.16	11.75
邳州市	2041	10.26	27.01	16.32	10.51	13.05	99.50	13.57
常州市	**10668**	**82.15**	**408.04**	**325.49**	**150.13**	**139.76**	**534.59**	**124.16**
溧阳市	1950	10.39	68.12	57.41	7.73	20.85	70.29	15.21
苏州市	**11814**	**228.42**	**1311.72**	**1074.20**	**517.39**	**340.68**	**1446.86**	**319.89**
常熟市	1323	30.24	162.38	136.76	32.90	36.97	200.87	54.87
张家港市	1792	25.71	289.92	268.16	28.75	28.40	164.70	42.57
昆山市	1330	34.73	200.50	159.37	44.61	44.08	286.82	72.77
太仓市	1319	14.65	90.97	77.05	14.65	16.37	94.26	25.13
南通市	**11091**	**102.84**	**349.19**	**253.05**	**169.03**	**208.92**	**681.51**	**134.57**
海安县	1895	10.06	43.24	33.91	7.47	26.59	99.66	23.40
如东县	1154	11.78	45.49	33.88	7.45	22.90	99.38	21.50
启东市	883	12.94	28.37	18.10	8.71	28.88	109.30	25.10
如皋市	1610	16.66	46.43	32.84	10.98	29.39	147.30	31.30
海门市	656	12.73	36.04	25.02	9.66	28.01	108.30	27.40
连云港市	**8215**	**35.95**	**166.68**	**116.57**	**77.96**	**83.59**	**368.31**	**72.65**
东海县	1770	8.00	20.90	12.64	9.11	13.25	82.16	21.49
灌云县	856	5.43	11.00	5.25	5.94	10.26	61.30	12.78
灌南县	681	3.65	32.60	27.06	3.81	7.98	48.65	10.39

续表 15　　（2015 年）

市(县)	公路货运量（万吨）	私人汽车拥有量（万辆）	全年用电量（亿千瓦时）	#工业用电	邮电业务总量（亿元）	本地电话用户（万户）	移动电话年末用户（万户）	国际互联网用户（万户）
淮安市	**5553**	**34.44**	**156.54**	**108.89**	**79.10**	**76.90**	**383.09**	**63.54**
涟水县	1431	5.42	15.24	8.88	4.23	8.93	42.72	6.77
洪泽县	260	1.75	17.59	14.50	2.26	5.37	21.25	4.55
盱眙县	214	3.08	15.99	9.80	3.56	6.61	36.90	6.65
金湖县	1399	1.91	10.65	7.33	2.32	4.75	20.88	4.37
盐城市	**4977**	**55.84**	**280.58**	**206.28**	**112.50**	**125.23**	**589.20**	**98.49**
响水县	447	3.37	48.11	43.24	3.35	6.44	35.48	5.96
滨海县	1135	6.21	24.66	17.06	5.93	12.88	56.09	8.89
阜宁县	240	5.06	31.36	24.21	5.38	10.74	50.22	9.17
射阳县	628	6.08	19.83	12.21	5.96	12.01	70.01	9.71
建湖县	277	4.31	20.64	13.91	5.47	9.97	57.93	9.31
东台市	874	7.97	36.63	27.17	7.15	19.51	68.99	12.04
扬州市	**6419**	**48.59**	**211.50**	**152.49**	**103.37**	**118.79**	**441.30**	**87.62**
宝应县	552	4.12	17.94	11.26	5.78	14.34	26.65	8.24
仪征市	868	4.85	41.27	35.39	6.42	17.93	30.22	9.81
高邮市	803	4.63	30.20	22.90	7.35	18.36	36.44	10.87
镇江市	**6815**	**37.24**	**216.27**	**165.33**	**71.85**	**87.23**	**309.57**	**65.77**
丹阳市	1552	12.33	65.91	52.22	21.28	24.60	90.59	25.47
扬中市	415	4.59	16.84	12.18	7.96	10.11	34.63	11.30
句容市	1023	3.07	23.25	14.76	10.38	14.00	50.45	15.03
泰州市	**2478**	**47.47**	**227.46**	**172.53**	**86.66**	**120.23**	**406.84**	**79.38**
兴化市	429	8.54	58.81	47.56	16.37	23.00	91.38	19.62
靖江市	359	9.36	36.63	26.79	15.27	19.97	67.79	17.67
泰兴市	468	9.51	51.94	41.18	18.31	27.65	89.70	21.81
宿迁市	**3711**	**37.75**	**151.24**	**106.04**	**99.34**	**58.50**	**382.99**	**57.85**
沭阳县	1943	10.81	41.70	28.85	8.70	19.17	124.92	28.09
泗阳县	462	5.80	21.04	13.15	4.56	9.97	67.52	14.19
泗洪县	450	5.13	16.18	8.17	4.70	7.81	74.43	14.74

续表 16　　（2015 年）

市(县)	在校学生总数（万人）	#普通中学	#小学	专任教师总数（万人）	公共图书馆（个）	公共图书馆图书总藏量（千册、件）	卫生机构床位数（张）	卫生技术人员（人）	#执业(助理)医师
南京市	**149.41**	**21.99**	**35.80**	**9.97**	**15**	**16343**	**46643**	**65139**	**22307**
无锡市	**74.26**	**21.09**	**34.84**	**5.19**	**10**	**5186**	**37366**	**44707**	**16632**
江阴市	16.45	5.47	9.23	1.22	1	1138	7829	8975	3399
宜兴市	11.85	4.17	6.04	0.90	1	764	5330	7555	2840
徐州市	**143.52**	**34.74**	**84.13**	**8.78**	**8**	**3163**	**47949**	**51567**	**20172**
丰　县	13.41	4.18	8.52	0.94	1	214	3980	4244	1981
沛　县	14.86	3.58	10.02	0.94	1	335	4477	4894	2013
睢宁县	15.13	5.05	9.44	1.08	1	411	3879	4634	2064
新沂市	15.14	3.13	11.42	0.76	1	184	3134	4620	2217
邳州市	26.71	6.90	18.19	1.46	1	464	5378	6934	2540
常州市	**62.46**	**16.25**	**27.37**	**3.79**	**4**	**3140**	**24263**	**29616**	**12009**
溧阳市	7.25	2.67	3.89	0.57	1	378	2817	4052	1780
苏州市	**124.10**	**29.25**	**65.07**	**7.87**	**11**	**17457**	**59304**	**68179**	**26197**
常熟市	15.30	4.28	8.23	1.04	1	2449	7346	8569	3570
张家港市	14.02	4.04	7.80	0.93	1	2100	9093	8910	3599
昆山市	19.39	4.34	11.94	1.07	1	2207	6640	10626	4218
太仓市	7.10	2.03	4.24	0.44	1	1093	3730	4303	1636
南通市	**72.16**	**23.81**	**32.56**	**5.31**	**10**	**4703**	**36031**	**41067**	**16790**
海安县	7.37	2.72	3.31	0.62	1	439	4574	4338	1921
如东县	6.13	2.64	2.99	0.55	1	417	3509	3906	1685
启东市	7.22	2.91	3.75	0.63	1	452	3539	3835	1523
如皋市	12.04	4.73	6.20	0.85	2	905	5225	5686	2593
海门市	8.72	3.33	4.72	0.70	1	513	3539	4039	1687
连云港市	**72.76**	**22.48**	**41.08**	**4.75**	**7**	**2660**	**19035**	**23056**	**8701**
东海县	16.82	5.06	11.10	1.03	1	873	3021	3472	1442
灌云县	11.25	4.01	6.79	0.67	1	251	2516	2756	1006
灌南县	10.02	3.19	6.05	0.67	1	183	2996	2907	1113

续表 17

（2015 年）

市(县)	在校学生总数（万人）	#普通中学	#小学	专任教师总数（万人）	公共图书馆（个）	公共图书馆图书总藏量（千册、件）	卫生机构床位数（张）	卫生技术人员（人）	#执业(助理)医师
淮安市	**66.24**	**21.19**	**34.43**	**4.57**	**9**	**2564**	**25966**	**30475**	**12037**
涟水县	13.24	4.36	8.18	0.83	1	133	3755	4176	1895
洪泽县	3.55	1.34	1.85	0.27	1	267	1405	1572	660
盱眙县	9.13	2.93	5.43	0.66	1	206	3106	3505	1470
金湖县	2.44	1.00	1.34	0.20	1	209	1477	1713	706
盐城市	**85.07**	**26.60**	**44.22**	**5.93**	**11**	**3253**	**37169**	**39494**	**17767**
响水县	7.05	2.03	4.82	0.46	1	81	2558	3052	1391
滨海县	11.86	3.25	8.23	0.77	1	207	4402	4451	2021
阜宁县	10.08	3.38	6.27	0.72	2	400	4103	3564	1852
射阳县	8.35	3.06	4.87	0.64	1	238	3472	4175	2117
建湖县	7.13	2.66	4.09	0.53	1	250	3688	3769	1880
东台市	7.08	3.19	3.50	0.64	1	274	5286	4719	2238
扬州市	**54.16**	**17.88**	**21.63**	**3.87**	**7**	**3211**	**20121**	**24326**	**9826**
宝应县	7.73	3.30	3.80	0.57	1	162	2283	3558	1310
仪征市	5.41	1.95	2.39	0.42	1	364	2190	2892	1069
高邮市	6.23	2.84	2.76	0.51	1	231	2603	3553	1385
镇江市	**35.24**	**9.41**	**14.13**	**2.71**	**9**	**3003**	**14637**	**18985**	**7658**
丹阳市	8.49	3.19	4.85	0.71	2	596	3412	4641	1964
扬中市	2.51	0.94	1.42	0.22	1	321	1060	1646	722
句容市	4.50	1.69	2.40	0.39	1	201	1869	2457	1063
泰州市	**47.75**	**17.15**	**22.15**	**3.84**	**7**	**2570**	**21838**	**24215**	10176
兴化市	10.42	3.93	6.25	0.86	1	246	4541	4692	2113
靖江市	5.63	2.38	2.94	0.53	1	535	3944	4232	1798
泰兴市	10.03	4.40	5.06	0.90	1	319	4205	4647	2064
宿迁市	**73.39**	**22.65**	**42.23**	**4.55**	**6**	**1216**	**23290**	**26179**	**8944**
沭阳县	22.55	7.08	14.25	1.43	1	165	6675	7965	2986
泗阳县	14.19	4.97	8.54	0.80	1	287	4521	4485	1316
泗洪县	13.42	4.49	8.23	0.80	1	95	4265	5022	1675

续表 18　　（2015 年）

市(县)	城镇居民人均可支配收入（元）	城镇居民人均消费支出（元）	#食品烟酒	城镇居民恩格尔系数（%）	城镇居民人均现住房建筑面积（平方米）	农村居民人均可支配收入（元）	农村居民人均消费支出（元）	#食品烟酒	农村居民恩格尔系数（%）	农村居民人均现住房建筑面积（平方米）	在岗职工平均工资（元）
南京市	**46104**	**27794**	**7213**	**26.0**	**36.5**	**19483**	**14041**	**4230**	**30.1**	**56.2**	**81075**
无锡市	**45129**	**29466**	**8333**	**28.3**	**46.4**	**24155**	**16469**	**5161**	**31.3**	**56.3**	**76022**
江阴市	50701	26970	7913	29.3	59.0	26012	16716	5048	30.2	50.0	72921
宜兴市	42750	26862	8270	30.8	47.6	21910	14999	4772	31.8	66.7	67480
徐州市	**26219**	**16143**	**4872**	**30.2**	**41.2**	**13982**	**9873**	**3153**	**31.9**	**51.3**	**54310**
丰　县	21094	15678	4676	29.8	42.0	12850	8296	2736	33.0	47.6	45126
沛　县	25163	15951	4457	27.9	42.8	14441	9473	2761	29.1	47.8	48454
睢宁县	21478	12188	3883	31.9	45.0	12656	8054	2617	32.5	53.4	44057
新沂市	22901	15312	5071	33.1	46.4	13281	9025	3057	33.9	47.7	48540
邳州市	26334	14749	4519	30.6	62.7	14028	8674	2688	31.0	66.9	50108
常州市	**42710**	**25358**	**7101**	**28.0**	**44.1**	**21912**	**14764**	**4678**	**31.7**	**64.0**	**70850**
溧阳市	38445	20294	6758	33.3	38.0	19880	15003	5180	34.5	52.9	67965
苏州市	**50390**	**31136**	**8302**	**26.7**	**43.8**	**25580**	**16761**	**4327**	**25.8**	**64.5**	**72291**
常熟市	50413	29323	8427	28.7	50.7	25811	18686	5392	28.9	67.5	71290
张家港市	50618	29664	8505	28.7	58.3	25715	16623	4716	28.4	68.1	70905
昆山市	50749	30363	8595	28.3	36.6	25978	16819	4910	29.2	44.8	64285
太仓市	50134	31488	9503	30.2	58.2	25643	17333	5356	30.9	78.2	78389
南通市	**36291**	**23680**	**6794**	**28.7**	**47.3**	**17267**	**12052**	**3521**	**29.2**	**59.3**	**66535**
海安县	34445	21611	6191	28.6	49.6	16549	13559	4267	31.5	55.5	68286
如东县	34338	20275	6996	34.5	53.9	15827	11960	3578	29.9	60.4	64432
启东市	34566	28060	8570	30.5	42.9	18287	13083	4196	32.1	61.2	61879
如皋市	33792	20558	6095	29.6	53.4	15532	11182	3514	31.4	57.7	63574
海门市	37404	24555	7231	29.4	45.0	18986	13124	3883	29.6	60.0	63177
连云港市	**25728**	**17259**	**5644**	**32.7**	**46.5**	**12778**	**9052**	**2989**	**33.0**	**48.2**	**56154**
东海县	25281	17748	6122	34.5	48.0	13286	9092	3151	34.7	52.0	47217
灌云县	21240	13019	4643	35.7	40.7	11881	8181	2942	36.0	45.1	46270
灌南县	22657	14557	5074	34.9	49.9	11408	7972	2961	37.1	49.1	47689

续表 19 （2015 年）

市(县)	城镇居民人均可支配收入（元）	城镇居民人均消费支出（元）	#食品烟酒	城镇居民恩格尔系数（%）	城镇居民人均现住房建筑面积（平方米）	农村居民人均可支配收入（元）	农村居民人均消费支出（元）	#食品烟酒	农村居民恩格尔系数（%）	农村居民人均现住房建筑面积（平方米）	在岗职工平均工资（元）
淮安市	**28105**	**15867**	**4892**	**30.8**	**43.8**	**13128**	**8615**	**2731**	**31.7**	**50.7**	**55613**
涟水县	23325	14877	5058	34.0	51.5	12259	7444	2455	33.0	61.9	50516
洪泽县	28120	13128	4162	31.7	38.6	14385	10091	3221	31.9	47.8	53229
盱眙县	28359	15104	4798	31.8	48.5	13295	7073	2262	32.0	52.0	55804
金湖县	28454	18537	5913	31.9	41.6	14352	11938	3916	32.8	60.0	54995
盐城市	**28200**	**16539**	**5219**	**31.6**	**42.4**	**15748**	**11819**	**3675**	**31.1**	**50.4**	**53228**
响水县	23642	10659	3470	32.6	33.2	13088	8748	3087	35.3	43.7	43428
滨海县	24451	14831	4788	32.3	42.7	13683	10137	3192	31.5	53.5	49034
阜宁县	23528	19019	6749	35.5	34.0	14138	7386	2520	34.1	43.2	45165
射阳县	24460	20842	6795	32.6	41.6	15136	7330	2626	35.8	37.2	51280
建湖县	27393	14867	4563	30.7	43.4	15687	9854	3333	33.8	46.2	50370
东台市	30330	16803	5420	32.3	51.7	18097	11576	3786	32.7	58.9	48684
扬州市	**32946**	**19780**	**6171**	**31.2**	**45.1**	**16619**	**12316**	**3892**	**31.6**	**54.3**	**63044**
宝应县	24746	15102	5222	34.6	38.8	15507	10813	3636	33.6	49.3	59356
仪征市	33808	19540	6335	32.4	46.3	16138	14632	4577	31.3	66.7	59417
高邮市	29007	19427	6101	31.4	40.6	15608	11984	3817	31.9	42.9	59512
镇江市	**38666**	**22859**	**6530**	**28.6**	**43.8**	**19214**	**14217**	**4139**	**29.1**	**55.5**	**62871**
丹阳市	38574	20907	7487	35.8	43.7	19892	16701	5189	31.1	51.9	62873
扬中市	42407	22486	7286	32.4	54.7	21886	14890	4824	32.4	61.2	61931
句容市	37548	21497	6505	30.3	42.3	17355	13369	4390	32.8	47.2	57450
泰州市	**34092**	**21008**	**6133**	**29.2**	**48.0**	**16410**	**11844**	**3611**	**30.5**	**62.0**	**57874**
兴化市	31170	17798	5289	29.7	38.0	15527	10464	3522	33.7	48.0	46997
靖江市	36790	24843	7459	30.0	54.0	18045	15124	4757	31.5	68.0	58458
泰兴市	33800	21117	6047	28.6	51.0	16392	10630	2320	21.8	71.0	57514
宿迁市	**22233**	**14494**	**5076**	**35.0**	**45.4**	**12772**	**8444**	**3035**	**35.9**	**48.5**	**53338**
沭阳县	22098	14770	5604	37.9	44.1	12940	9031	3462	38.3	48.2	48531
泗阳县	21720	14021	4874	34.8	52.0	12800	9512	3353	35.3	49.8	45922
泗洪县	21191	14117	5114	36.2	43.3	12477	7005	2636	37.6	42.9	46744

附录三

MAJOR ECONOMIC INDICATORS OF MUNICIPAL DISTRICTS OF JIANGSU

江苏省市辖区主要经济指标(2015)

版面负责人：卓卫华

编　　　辑：徐向忠

江苏省统计条例

（2014 年 1 月 16 日江苏省第十二届人民代表大会常务委员会第八次会议通过）

第四十六条 违反本条例第二十一条规定，民间统计调查组织者有下列行为之一的，由政府统计机构责令停止调查，给予警告，并处一万元以上五万元以下罚款：

(一)强迫调查对象接受调查的；

(二)冒用政府统计调查的名义组织实施调查的；

(三)欺骗、蒙蔽调查对象的；

(四)未经调查对象同意，对外提供、泄露能够识别或者推断单个调查对象身份的信息和数据的。

民间统计调查组织者冒用政府统计调查的名义组织实施调查，情节严重的，由政府统计机构处以五万元以上十万元以下罚款。

【释义】 本条是关于民间统计调查组织者在实施调查活动中违法行为和法律责任的规定。

本条例第二十一条就开展民间统计调查活动提出了规范要求。本条规定，民间统计调查组织者有下列违法行为之一的，应当承担法律责任：一是强迫调查对象接受调查的。民间统计调查组织、个人组织实施民间统计调查时，不得以各种方式强迫调查对象接受调查。二是冒用政府统计调查的名义组织实施调查。民间统计调查组织、个人应当表明其非官方的身份，不得冒用政府统计调查的名义组织实施民间统计调查。三是欺骗、蒙蔽调查对象。民间统计调查组织、个人实施民间统计调查时，未向调查对象告知调查目的，欺骗、蒙蔽调查对象。四是未经调查对象同意，对外提供、泄露能够识别或者推断单个调查对象身份的信息和数据。民间统计调查组织、个人未经调查对象同意，对外提供、泄露直接标明了单个调查对象身份的资料，或者是通过地址、编码、有关公开资料等相关信息可以识别或者推断出单个调查对象的身份的资料等。

民间统计调查组织、个人在民间统计调查活动中有上述违法行为之一的，应当承担下列责任：由政府统计机构责令停止调查，给予警告，并处一万元以上五万元以下罚款；冒用政府统计调查的名义组织实施调查，情节严重的，处以五万元以上十万元以下罚款。

第四十七条 违反本条例第二十二条规定，应当公布统计资料而未公布，或者公布统计资料不符合规定要求的，对直接负责的主管人员和其他直接责任人员由任免机关或者监察机关依法给予处分。

【释义】 本条是关于政府统计机构、有关部门违法公布统计资料法律责任的规定。

本条规定了两类违法行为，政府统计机构、有关部门应当承担法律责任：一是应当公布统计资料而未公布公布。除依法应当保密的以外，政府统计机构、有关部门应当及时向社会公布政府统计资料。二是公布统计资料不符合规定要求。公布统计资料，应当同时公布主要统计指标含义、调查范围、调查方法、计算方法、调查样本量等信息；引用其他机构或者部门资料的，应当注明资料来源。

政府统计机构或者有关部门在统计资料公布和管理工作中，有上述违法行为之一的，应当承担下列责任：对直接负责的主管人员和其他直接责任人员，由任免机关或者监察机关按照管理权限，根据违法性质、情节及危害程度，决定给予警告、记过、记大过、降级、撤职或者开除的处分。

编辑：王中彬

江苏省市辖区法人单位数

（2015 年）　　　　单位:个

市辖区	合　计	企　业	事业单位	机　关	社会团体	民办非企业单　　位	其他组织机　　构
南京市							
玄武区	13406	12121	311	123	385	310	156
秦淮区	22515	20926	357	106	276	553	297
建邺区	12644	11624	224	111	208	237	240
鼓楼区	24996	22654	677	244	721	378	322
浦口区	14892	13695	270	88	106	289	444
栖霞区	11835	10506	202	92	123	635	277
雨花台区	6152	5583	139	66	82	189	93
江宁区	19310	17123	371	87	110	688	931
六合区	12748	11530	345	97	88	106	582
溧水区	9102	8254	309	76	76	58	329
高淳区	6226	5300	254	102	121	75	374
无锡市							
崇安区	12400	11616	221	70	195	186	112
南长区	11998	11358	213	52	153	145	77
北塘区	10230	9713	156	47	69	150	95
锡山区	16053	15300	199	76	128	88	262
惠山区	19988	18908	315	73	171	151	370
滨湖区	20723	19286	482	151	195	263	346
徐州市							
鼓楼区	9794	9300	143	54	42	163	92
云龙区	13674	12514	327	166	243	255	169
贾汪区	4085	3142	227	60	81	75	500
泉山区	15128	14088	311	98	223	210	198
铜山区	11555	9510	423	106	217	222	1077
常州市							
天宁区	19262	17640	249	55	823	201	294
钟楼区	16926	15426	314	67	635	259	225
新北区	29064	27198	275	124	728	170	569
武进区	38962	35337	565	162	1477	214	1207
金坛区	10442	9053	352	74	209	164	590
苏州市							
虎丘区	23950	23054	249	54	98	249	246
吴中区	39878	38507	373	108	194	98	598
相城区	23735	22900	198	76	92	53	416

续表 1　（2015 年）　单位:个

市辖区	合　计	企　业	事业单位	机　关	社会团体	民办非企业单　　位	其他组织机　　构
姑苏区	40227	38101	480	140	541	455	510
吴江区	44870	43056	488	101	315	129	781
南通市							
崇川区	22636	20814	408	152	525	502	235
港闸区	9572	8885	159	54	61	291	122
通州区	17801	15783	484	107	233	151	1043
连云港市							
连云区	3282	2878	144	62	35	70	93
海州区	17042	15471	428	156	226	207	554
赣榆区	7051	5526	353	67	188	79	838
淮安市							
清河区	10718	9263	452	200	452	115	236
淮安区	8968	6733	525	133	192	166	1219
淮阴区	8283	6434	487	116	254	151	841
清浦区	5102	4150	239	92	142	126	353
盐城市							
亭湖区	11241	10016	450	116	127	204	328
盐都区	7761	6584	386	156	59	61	515
大丰区	8827	7454	400	83	169	283	438
扬州市							
广陵区	14940	13403	364	155	281	313	424
邗江区	15096	13227	541	187	313	255	573
江都区	14416	11791	667	91	273	218	1376
镇江市							
京口区	9633	8437	334	62	484	183	133
润州区	7976	6750	316	127	391	191	201
丹徒区	6856	6079	289	74	146	107	161
泰州市							
海陵区	12175	10195	605	149	491	291	444
高港区	6861	6099	226	65	156	129	186
姜堰区	11269	9110	418	75	205	354	1107
宿迁市							
宿城区	9063	7666	487	179	139	171	421
宿豫区	5576	4394	327	113	22	79	641

江苏省市辖区人口、面积

（2015年）　　单位:个

市辖区	年末户籍人口（万人）	出生人口（人）	死亡人口（人）	年末总户数（万户）	年末常住人口（万人）	土地面积（平方公里）	人口密度（人/平方公里）
南京市							
玄武区	48.65	5433	2399	14.65	65.24	75	8699
秦淮区	69.91	3330	4970	25.94	102.24	49	20865
建邺区	30.07	6971	1478	10.76	45.45	83	5476
鼓楼区	93.05	8316	5369	31.28	127.56	53	24068
浦口区	64.28	8316	3622	21.78	74.94	910	823
栖霞区	45.08	4554	2470	15.58	67.98	395	1719
雨花台区	25.83	2968	1434	9.36	42.69	132	3225
江宁区	99.36	13068	5687	35.53	119.14	1563	762
六合区	90.34	8567	6242	29.63	93.44	1471	635
溧水区	42.95	5942	3182	15.25	42.44	1064	399
高淳区	43.88	4526	3595	15.38	42.47	790	537
无锡市							
崇安区	18.64	1299	1360	6.98	23.10	16	14438
南长区	32.45	2411	2346	12.38	38.10	24	15875
北塘区	25.61	1689	1779	10.13	34.10	31	11000
锡山区	43.51	3142	3201	12.99	70.28	399	1761
惠山区	45.68	3381	2889	14.20	70.66	325	2174
滨湖区	47.94	4207	2936	18.31	69.85	628	1112
徐州市							
鼓楼区	30.58	3373	2514	10.46	37.93	66	5747
云龙区	33.70	4655	1500	10.84	41.11	120	3426
贾汪区	52.07	7670	2047	13.93	42.79	620	690
泉山区	55.68	5426	1575	18.89	70.31	100	7031
铜山区	131.36	19379	11305	35.81	104.67	1871	559
常州市							
天宁区	46.18	3867	3149	17.23	63.92	155	4124
钟楼区	42.22	3691	2805	15.78	61.73	133	4641
新北区	54.89	6165	3675	17.83	68.88	509	1353
武进区	93.03	8452	6794	32.87	143.62	1065	1348
金坛区	54.93	4710	4355	20.28	55.90	976	573
苏州市							
虎丘区	36.37	4001	1863	11.06	59.08	332	1780
吴中区	63.16	6884	3934	19.08	112.12	2231	502
相城区	40.54	4743	2771	12.73	72.87	490	1487

续表 1 （2015 年）

市辖区	年末户籍人口（万人）	出生人口（人）	死亡人口（人）	年末总户数（万户）	年末常住人口（万人）	土地面积（平方公里）	人口密度（人/平方公里）
姑苏区	73.44	5498	5672	28.04	95.20	83	11470
吴江区	81.80	7753	6215	25.76	129.68	1237	1048
南通市							
崇川区	52.30	4829	3254	19.05	70.85	160	4435
港闸区	19.25	1738	1695	7.47	28.20	152	1856
通州区	126.59	10164	12201	50.05	114.19	1562	731
连云港市							
连云区	17.69	2145	982	5.72	19.25	797	242
海州区	75.42	10666	2997	22.66	84.15	700	1202
赣榆区	119.63	17742	5760	34.19	96.11	1514	635
淮安市							
清河区	29.48	3859	868	9.37	33.73	32	10541
淮安区	118.94	14235	6168	33.05	98.74	1452	680
淮阴区	93.32	12910	2414	28.24	78.04	1307	597
清浦区	32.69	3996	1795	10.47	33.41	277	1206
盐城市							
亭湖区	70.82	7545	3241	23.94	70.44	800	881
盐都区	71.42	10031	7440	24.05	64.17	1015	632
大丰区	71.72	7586	5591	27.41	70.32	3008	234
扬州市							
广陵区	49.57	4167	3942	16.97	52.86	335	1578
邗江区	59.17	6535	3669	18.60	68.75	553	1244
江都区	106.26	8096	9077	35.43	100.77	1330	758
镇江市							
京口区	31.39	2444	1627	12.51	39.65	125	3172
润州区	24.40	1951	1624	10.19	30.41	124	2452
丹徒区	29.00	2516	2122	10.34	30.80	617	499
泰州市							
海陵区	42.73	4027	2998	15.66	47.88	237	2017
高港区	26.27	2800	2420	8.08	25.22	287	879
姜堰区	78.82	6284	8818	26.94	73.04	928	787
宿迁市							
宿城区	93.73	16032	3793	23.53	80.78	917	881
宿豫区	65.95	11734	2649	16.44	62.05	1236	502

江苏省市辖区从业人员

（2015 年）

单位:万人

市辖区	从业人员	第一产业	第二产业	第三产业	在岗职工人数	私营企业从业人员	个体从业人员
南京市							
玄武区	38.34		2.90	35.44	20.25	14.16	5.04
秦淮区	63.26		8.43	54.83	19.41	25.74	11.64
建邺区	29.30	0.13	14.78	14.39	10.00	11.86	4.66
鼓楼区	75.98		22.64	53.34	44.30	21.85	8.84
浦口区	41.20	2.06	18.06	21.08	15.05	14.78	9.39
栖霞区	36.02	1.45	13.90	20.67	17.40	18.02	6.53
雨花台区	21.13	0.64	3.56	16.93	9.67	9.63	6.04
江宁区	74.31	6.90	34.23	33.18	29.42	31.73	15.96
六合区	49.08	6.29	23.47	19.32	14.70	21.18	8.30
溧水区	31.23	3.94	16.25	11.04	9.51	13.24	3.82
高淳区	31.25	5.69	16.58	8.98	10.56	16.32	2.99
无锡市							
崇安区	16.42		1.16	15.26	5.00	9.84	4.23
南长区	13.56		2.90	10.66	4.65	10.36	2.67
北塘区	12.56		3.12	9.44	2.25	8.86	2.44
锡山区	45.63	1.76	30.56	13.31	11.31	21.92	5.88
惠山区	45.71	1.46	29.29	14.96	5.97	27.93	5.93
滨湖区	35.10	0.48	15.34	19.28	11.17	23.49	4.67
徐州市							
鼓楼区	29.62	0.52	11.39	17.70	3.52	4.30	2.59
云龙区	19.28	0.05	4.87	14.36	4.18	5.04	7.68
贾汪区	24.19	6.13	10.32	7.74	3.11	6.46	1.64
泉山区	28.24	0.03	7.38	20.83	14.86	6.39	5.67
铜山区	65.69	23.23	21.30	21.16	16.64	11.54	3.27
常州市							
天宁区	32.39	1.69	10.82	19.88	10.38	14.80	7.78
钟楼区	29.49	0.73	10.81	17.95	7.29	12.90	7.59
新北区	43.44	2.48	24.19	16.77	14.25	28.23	8.53
武进区	90.05	7.89	54.44	27.72	21.99	55.88	12.64
金坛区	36.21	6.35	17.83	12.03	7.80	17.32	5.30
苏州市							
虎丘区	36.71	0.54	22.88	13.29	30.75	19.64	5.35
吴中区	74.45	5.20	43.33	25.92	17.98	48.23	15.50
相城区	49.13	1.02	31.01	17.10	11.95	29.26	10.88

续表 1　　（2015 年）　　单位：万人

市辖区	从业人员	第一产业	第二产业	第三产业	在岗职工人数	私营企业从业人员	个体从业人员
姑苏区	48.20	0.03	16.73	31.44	15.29	30.81	10.42
吴江区	86.26	3.79	53.88	28.59	33.13	41.48	11.54
南通市							
崇川区	37.10		7.55	29.55	16.57	15.30	12.85
港闸区	16.85	0.50	9.90	6.45	7.95	7.05	2.85
通州区	70.00	16.60	33.60	19.80	39.22	27.92	13.87
连云港市							
连云区	7.80	0.38	2.17	5.26	4.62	2.15	1.26
海州区	40.50	7.33	12.44	20.73	12.62	9.76	5.11
赣榆区	57.42	18.61	22.05	16.76	7.91	7.99	3.82
淮安市							
清河区	18.35		3.76	14.59	8.44	5.08	6.02
淮安区	56.92	19.01	17.72	20.19	6.42	10.85	5.17
淮阴区	45.69	15.14	14.38	16.17	6.21	7.76	5.39
清浦区	20.78	3.32	5.57	11.89	4.22	3.14	3.49
盐城市							
亭湖区	40.06	4.97	14.93	20.16	11.48	12.08	7.97
盐都区	39.94	8.57	15.23	16.14	9.83	10.61	5.02
大丰区	45.98	12.23	15.46	18.29	2.02	16.65	5.37
扬州市							
广陵区	29.58	0.85	15.07	13.66	9.80	17.24	10.06
邗江区	37.54	0.90	16.15	20.49	16.89	21.92	8.73
江都区	61.34	11.70	27.54	22.10	18.40	32.97	7.59
镇江市							
京口区	19.64	0.15	5.96	13.53	6.70	3.87	4.29
润州区	16.49	0.62	5.59	10.28	5.46	3.62	2.91
丹徒区	19.74	3.82	8.32	7.60	4.20	8.30	4.39
泰州市							
海陵区	29.02	1.32	12.68	15.02	11.39	12.21	6.32
高港区	15.29	2.68	6.74	5.87	10.97	7.90	4.05
姜堰区	44.28	10.87	16.94	16.47	20.42	19.75	4.99
宿迁市							
宿城区	45.43	14.61	16.58	14.24	16.72	5.94	8.95
宿豫区	35.55	11.73	13.89	9.93	4.71	7.46	4.29

江苏省市辖区地区生产总值

（2015 年）

市辖区	地区生产总值（亿元）	第一产业	第二产业	#工业	第三产业	地区生产总值指数（上年=100）	人均地区生产总值（元）
南京市							
玄武区	708.36		40.97	40.97	667.39	110.9	107834
秦淮区	805.49		63.00	63.00	742.49	110.7	78271
建邺区	522.86		246.27	246.27	276.59	108.5	115371
鼓楼区	1178.65		97.23	97.23	1081.42	106.5	91767
浦口区	822.30	37.75	427.70	386.98	356.85	111.0	110882
栖霞区	1286.57	7.12	871.63	822.59	407.82	111.7	190914
雨花台区	491.57	0.89	130.39	100.65	360.29	105.0	116155
江宁区	1652.52	56.08	862.42	741.77	734.02	109.4	139183
六合区	951.04	56.16	554.98	499.05	339.90	108.7	102163
溧水区	603.94	36.24	311.29	262.85	256.41	109.6	142961
高淳区	564.50	38.05	281.82	221.03	244.63	111.6	133436
无锡市							
崇安区	468.41		24.10	17.22	444.31	106.8	202863
南长区	269.53		75.46	66.88	194.07	106.9	70789
北塘区	272.00		64.50	46.12	207.50	106.8	79824
锡山区	650.18	17.78	339.84	288.61	292.56	107.2	92598
惠山区	669.16	16.91	397.91	362.62	254.34	107.1	94802
滨湖区	750.08	4.44	333.11	289.31	412.53	107.5	107508
徐州市							
鼓楼区	211.77	0.15	49.20	31.64	162.42	109.5	56210
云龙区	252.60	1.01	30.04	6.43	221.55	110.0	62247
贾汪区	260.54	20.90	132.56	127.38	107.08	109.0	60966
泉山区	474.83	0.41	78.30	30.38	396.12	109.7	68037
铜山区	900.42	73.07	475.74	414.36	351.61	110.1	86123
常州市							
天宁区	632.19	8.71	187.91	169.89	435.57	108.2	98973
钟楼区	595.96	2.97	211.38	185.69	381.61	107.2	96590
新北区	1050.12	17.45	564.89	540.29	467.78	110.7	152556
武进区	1830.00	38.76	1018.98	972.23	772.26	108.0	127460
金坛区	525.49	32.32	266.11	222.65	227.06	113.8	94090
苏州市							
虎丘区	1006.19	2.18	671.92	630.92	332.09	108.0	170382
吴中区	949.83	21.81	462.35	420.56	465.67	107.3	84746
相城区	605.16	11.21	298.03	235.03	295.92	107.4	83086

续表 1　　（2015 年）

市辖区	地　区生产总值（亿元）	第一产业	第二产业	#工业	第三产业	地区生产总值指数（上年 =100）	人均地区生产总值（元）
姑苏区	600.15		73.09	29.87	527.06	107.1	62995
吴江区	1540.09	41.40	804.11	753.95	694.58	107.3	118784
南通市							
崇川区	625.18	0.20	166.89	114.80	458.08	108.5	88364
港闸区	308.03	1.92	178.01	148.99	128.10	109.7	109618
通州区	940.16	54.49	476.75	395.89	408.92	109.9	82330
连云港市							
连云区	116.54	5.24	45.28	38.04	66.02	111.0	78664
海州区	290.72	17.72	83.08	64.29	189.92	111.2	34653
赣榆区	473.57	69.97	230.27	178.96	173.33	111.6	49384
淮安市							
清河区	172.25		31.13	19.59	141.12	110.8	151229
淮安区	402.74	60.32	159.57	107.05	182.85	110.3	40873
淮阴区	400.56	66.76	169.47	144.25	164.33	110.3	51407
清浦区	180.18	9.71	55.66	43.31	114.81	111.1	78169
盐城市							
亭湖区	360.30	32.03	134.97	92.83	193.3	110.3	63685
盐都区	407.06	41.99	206.57	179.86	158.50	110.9	63435
大丰区	535.11	75.36	214.44	174.49	245.31	111.1	76167
扬州市							
广陵区	495.57	8.05	198.55	174.66	288.97	109.5	107569
邗江区	616.55	18.22	257.88	208.19	340.46	110.9	107422
江都区	862.87	56.60	424.81	358.42	381.46	110.5	85636
镇江市							
京口区	432.94	1.46	119.72	98.67	311.76	109.1	109259
润州区	341.90	1.73	124.16	79.69	216.01	109.4	112523
丹徒区	342.12	17.69	180.64	170.59	143.79	110.0	111150
泰州市							
海陵区	461.08	6.94	223.39	187.19	230.75	109.5	96339
高港区	377.67	10.88	226.91	207.00	139.88	111.1	149899
姜堰区	521.36	36.62	246.75	199.96	237.99	110.9	71400
宿迁市							
宿城区	258.52	20.24	99.20	64.45	139.08	109.9	42360
宿豫区	230.06	24.36	137.21	121.20	68.49	110.0	51874

江苏省市辖区投资、财政收支

（2015 年）

单位:亿元

市辖区	固定资产投资	房地产开发投资	#住宅	公共财政预算收入	#税收收入	公共财政预算支出
南京市						
玄武区	123.42	78.08	42.57	45.40	40.89	36.12
秦淮区	205.27	88.91	68.10	65.72	56.66	53.27
建邺区	296.62	176.97	121.92	81.91	72.36	44.05
鼓楼区	278.08	129.10	69.93	87.91	76.66	65.37
浦口区	930.17	188.45	150.44	93.68	76.51	80.60
栖霞区	550.65	261.78	219.62	90.26	78.96	61.73
雨花台区	262.72	133.89	85.19	61.29	54.69	48.02
江宁区	884.04	175.33	156.88	191.73	170.95	176.22
六合区	619.36	90.90	81.11	82.92	71.46	75.20
溧水区	506.03	38.57	26.50	46.40	37.87	56.97
高淳区	434.12	39.51	31.39	30.04	24.93	45.70
无锡市						
崇安区	124.32	44.29	20.64	22.20	16.86	18.83
南长区	123.57	59.82	37.31	20.17	16.66	13.52
北塘区	77.51	37.82	26.06	17.77	14.26	18.52
锡山区	640.49	70.83	58.36	66.24	56.63	61.09
惠山区	588.88	75.65	47.98	76.79	61.83	71.03
滨湖区	546.27	242.21	173.71	90.08	73.43	68.55
徐州市						
鼓楼区	275.51	59.03	32.34	14.83	13.42	10.38
云龙区	276.33	102.63	65.57	22.82	20.59	15.14
贾汪区	219.65	6.71	5.64	20.51	17.15	31.89
泉山区	242.37	73.09	55.82	25.93	23.80	16.80
铜山区	675.51	32.07	25.00	77.20	64.83	107.74
常州市						
天宁区	360.60	90.85	62.44	44.79	38.04	24.60
钟楼区	369.77	99.28	58.04	35.97	30.06	23.84
新北区	783.34	92.41	69.45	97.59	78.50	63.02
武进区	971.53	159.26	115.09	140.38	115.42	141.72
金坛区	336.23	25.94	17.41	36.15	31.19	46.59
苏州市						
虎丘区	557.64	188.77	152.22	110.00	96.93	83.47
吴中区	563.27	198.02	142.69	121.13	110.70	97.12
相城区	476.62	184.52	133.50	70.05	62.62	56.10

续表 1 （2015 年） 单位:亿元

市辖区	固定资产投资	房地产开发投资	#住宅	公共财政预算收入	#税收收入	公共财政预算支出
姑苏区	194.13	108.05	62.44	59.21	53.80	52.38
吴江区	720.57	206.01	159.85	147.39	121.06	137.87
南通市						
崇川区	416.85	167.77	106.90	78.50	72.77	38.79
港闸区	276.01	170.99	121.32	40.82	37.85	23.63
通州区	597.74	64.52	53.28	80.65	66.98	96.52
连云港市						
连云区	203.43	8.99	5.17	14.78	12.50	11.96
海州区	271.21	98.88	86.07	35.33	28.31	32.54
赣榆区	281.40	25.01	21.55	44.51	38.59	75.58
淮安市						
清河区	173.07	63.54	41.00	37.17	29.47	26.99
淮安区	295.51	35.83	26.29	36.28	30.51	62.70
淮阴区	283.01	35.34	25.23	43.94	36.75	66.36
清浦区	142.63	17.92	16.23	22.89	22.15	30.57
盐城市						
亭湖区	353.15	67.76	50.45	34.15	22.50	46.10
盐都区	307.99	23.22	22.80	54.94	47.29	53.16
大丰区	391.90	36.80	27.02	69.33	57.60	94.76
扬州市						
广陵区	284.80	99.00	74.75	39.42	35.67	37.42
邗江区	404.90	90.13	65.20	58.44	47.78	55.28
江都区	565.51	50.26	44.91	54.47	44.54	71.32
镇江市						
京口区	373.15	47.26	35.45	21.16	19.29	17.85
润州区	375.29	85.70	65.87	24.93	22.63	20.74
丹徒区	307.72	16.08	10.71	27.79	24.46	28.00
泰州市						
海陵区	230.45	50.02	37.12	38.60	34.13	26.86
高港区	304.65	13.12	12.51	35.09	28.92	31.78
姜堰区	423.76	36.07	28.36	34.95	28.94	61.23
宿迁市						
宿城区	201.44	57.33	38.95	24.37	20.25	38.93
宿豫区	230.69	31.84	24.61	23.55	20.69	39.72

江苏省市辖区规模以上工业企业个数、产值

（2015 年）

市辖区	规模以上工业企业个数（个）	工业总产值（亿元）	内资企业	港澳台商投资企业	外商投资企业
南京市					
玄武区	12	38.76	14.82		23.94
秦淮区	44	175.92	101.96	3.62	70.33
建邺区	7	3.90	1.64	0.21	2.05
鼓楼区	28	137.70	104.25	27.77	5.68
浦口区	343	1419.66	949.36	297.70	172.60
栖霞区	217	2389.95	463.94	207.14	1718.87
雨花台区	72	130.42	120.04	3.79	6.58
江宁区	669	2916.07	946.64	131.87	1837.56
六合区	502	1463.69	815.42	160.78	487.49
溧水区	489	1004.79	826.00	89.23	89.56
高淳区	323	868.87	770.18	53.78	44.90
无锡市					
崇安区	7	5.87	4.52	0.67	0.67
南长区	37	152.42	123.07	2.03	27.32
北塘区	72	61.17	43.43	10.29	7.46
锡山区	649	1171.71	800.08	139.57	232.07
惠山区	817	1149.43	804.83	228.79	115.81
滨湖区	411	486.06	333.85	42.49	109.71
徐州市					
鼓楼区	6	8.91	8.31		0.60
云龙区	3	2.65	2.24		0.40
贾汪区	164	637.06	539.79	76.06	21.21
泉山区	14	14.32	9.00	0.20	5.13
铜山区	409	3210.85	3015.84	82.31	112.70
常州市					
天宁区	413	1035.57	633.31	163.44	238.82
钟楼区	334	930.92	659.01	132.27	139.64
新北区	991	2623.68	1054.17	330.78	1238.73
武进区	1678	4273.20	3451.58	492.22	329.40
金坛区	436	1025.53	757.77	148.46	119.31
苏州市					
虎丘区	687	2678.65	391.82	562.91	1723.92
吴中区	897	1172.78	519.72	184.35	468.71
相城区	773	1071.77	722.34	108.85	240.58

续表 1 （2015 年）

市辖区	规模以上工业企业个数（个）	工业总产值（亿元）	内资企业	港澳台商投资企业	外商投资企业
姑苏区	20	44.58	42.77	0.65	1.15
吴江区	1409	3020.82	1228.44	822.37	976.49
南通市					
崇川区	89	325.20	92.06	30.34	202.79
港闸区	241	494.34	296.81	59.12	138.42
通州区	758	1961.71	1340.97	227.11	393.63
连云港市					
连云区	59	115.44	69.37	11.43	34.64
海州区	106	324.66	203.54	9.23	111.89
赣榆区	453	1388.18	1310.00	18.06	60.12
淮安市					
清河区	28	85.80	54.09	7.76	23.95
淮安区	374	749.09	673.87	35.74	39.48
淮阴区	435	1285.14	1193.45	24.42	67.28
清浦区	120	282.70	260.63	1.77	20.30
盐城市					
亭湖区	239	691.09	634.32	2.62	54.15
盐都区	370	910.02	768.68	42.44	98.90
大丰区	441	840.88	712.33	37.10	91.45
扬州市					
广陵区	302	989.91	813.63	74.51	101.77
邗江区	406	1261.20	967.98	158.57	134.66
江都区	617	2162.03	1943.77	80.84	137.42
镇江市					
京口区	51	307.36	288.86	6.39	12.11
润州区	87	132.48	68.37	45.08	19.03
丹徒区	371	1064.68	770.85	169.32	124.51
泰州市					
海陵区	251	1272.60	936.44	29.12	307.03
高港区	228	1749.08	1483.97	10.54	254.56
姜堰区	497	1295.09	1129.42	42.41	123.26
宿迁市					
宿城区	222	237.45	194.76	37.89	4.80
宿豫区	257	456.41	409.24	29.47	17.71

江苏省市辖区规模以上工业效益

（2015 年）

市辖区	资产合计（亿元）	负债合计（亿元）	主营业务收入（亿元）	利润总额（亿元）	从业人员年平均人数（万人）
南京市					
玄武区	52.70	25.03	34.04	3.56	0.32
秦淮区	268.71	139.68	189.41	6.84	1.28
建邺区	8.72	6.81	4.04	-0.68	0.11
鼓楼区	272.28	179.62	153.97	14.57	1.43
浦口区	1124.06	588.23	1371.45	126.78	7.81
栖霞区	1681.35	895.95	2206.67	67.77	10.55
雨花台区	183.61	112.18	131.54	7.38	1.51
江宁区	2327.07	1299.11	2362.03	294.99	20.25
六合区	1272.07	697.90	1409.56	71.56	11.93
溧水区	622.84	345.09	988.46	117.66	7.77
高淳区	443.91	241.99	856.37	62.93	8.43
无锡市					
崇安区	7.06	5.23	5.97	0.46	0.07
南长区	125.37	69.91	148.02	15.06	1.01
北塘区	186.74	146.31	60.39	2.68	0.94
锡山区	1165.95	601.94	1121.14	61.48	14.09
惠山区	1070.68	634.70	1128.54	88.75	11.53
滨湖区	604.89	273.19	459.26	40.13	6.30
徐州市					
鼓楼区	5.97	4.79	8.88	0.37	0.23
云龙区	13.08	8.55	2.39	0.71	0.09
贾汪区	345.90	180.79	628.69	40.88	3.28
泉山区	39.18	35.77	14.76	-2.05	0.67
铜山区	1251.54	467.87	3183.46	305.48	15.03
常州市					
天宁区	553.48	278.09	1063.96	68.11	7.51
钟楼区	592.93	319.27	969.43	55.34	6.15
新北区	1987.64	1103.89	2629.79	126.04	18.38
武进区	3425.83	1865.61	4567.20	241.03	37.67
金坛区	894.70	596.95	1047.28	78.51	9.14
苏州市					
虎丘区	2106.56	1067.74	2478.88	119.86	25.20
吴中区	1265.00	655.29	1141.14	60.04	20.30
相城区	1047.49	552.79	1023.09	53.39	16.51

续表 1 （2015 年）

市辖区	资产合计（亿元）	负债合计（亿元）	主营业务收入（亿元）	利润总额（亿元）	从业人员年平均人数（万人）
姑苏区	74.86	32.75	44.38	5.37	0.34
吴江区	3176.82	1812.90	2936.67	120.56	41.11
南通市					
崇川区	469.67	227.56	328.42	41.08	2.97
港闸区	550.81	264.71	457.99	44.19	4.38
通州区	973.49	486.12	1924.09	137.07	16.62
连云港市					
连云区	124.92	66.98	99.23	1.63	0.69
海州区	472.55	253.45	334.17	40.08	3.34
赣榆区	530.94	194.75	1381.94	102.19	5.32
淮安市					
清河区					
淮安区	221.76	109.95	734.69	28.53	4.75
淮阴区	508.93	180.45	1261.85	90.68	6.20
清浦区					
盐城市					
亭湖区	310.14	148.60	675.60	55.19	12.65
盐都区	441.06	166.13	885.00	48.76	15.29
大丰区	725.17	424.41	785.93	59.99	10.48
扬州市					
广陵区	556.29	249.73	992.92	55.21	11.15
邗江区	691.66	363.84	1207.16	78.04	14.61
江都区	765.43	440.57	2118.50	152.47	13.79
镇江市					
京口区	361.50	261.11	298.87	27.44	1.60
润州区	129.14	67.04	129.21	5.75	1.54
丹徒区	758.06	394.69	1042.61	75.15	7.13
泰州市					
海陵区	556.67	296.47	1235.11	72.19	5.35
高港区	835.17	407.82	1728.60	154.22	8.80
姜堰区	487.88	248.54	1202.44	92.74	6.09
宿迁市					
宿城区	178.56	103.61	236.37	11.94	3.24
宿豫区	300.83	164.66	413.92	22.84	5.02

江苏省市辖区贸易、外资

（2015年）

市辖区	社会消费品零售总额（亿元）	进出口总额（亿美元）	#出口总额（亿美元）	合同外商直接投资（亿美元）	实际外商直接投资（亿美元）
南京市					
玄武区	430.89	60.81	28.02	5.17	1.91
秦淮区	837.47	90.80	64.01	1.41	1.20
建邺区	178.92	8.84	6.72	4.00	2.56
鼓楼区	797.60	45.87	31.05	2.04	3.71
浦口区	269.16	15.22	13.42	1.70	2.65
栖霞区	218.64	126.88	56.96	13.19	5.68
雨花台区	335.50	28.33	19.13	3.56	1.71
江宁区	418.43	118.03	76.14	18.25	7.05
六合区	346.43	16.11	9.72	2.28	2.07
溧水区	174.82	5.97	5.44	3.40	1.82
高淳区	170.58	4.86	4.22	1.67	1.21
无锡市					
崇安区	405.43	14.27	12.61	0.30	0.52
南长区	223.96	4.15	3.55	-0.02	0.15
北塘区	198.42	5.59	5.23	0.03	0.03
锡山区	148.58	42.92	33.54	3.40	3.34
惠山区	160.58	25.93	22.42	0.68	2.81
滨湖区	234.58	22.22	16.42	2.12	1.20
徐州市					
鼓楼区	353.45	0.46	0.43	0.33	1.11
云龙区	359.73	2.27	2.12	1.77	1.23
贾汪区	62.13	1.22	1.12	0.56	0.04
泉山区	471.17	2.84	1.96	0.54	1.00
铜山区	215.10	6.05	5.06	1.34	0.65
常州市					
天宁区	429.65	31.56	27.48	1.23	0.62
钟楼区	319.08	24.06	21.95	1.44	1.01
新北区	263.95	106.53	75.97	2.75	4.26
武进区	479.86	94.26	68.07	12.37	8.25
金坛区	222.61	15.56	11.46	0.83	0.52
苏州市					
虎丘区	222.49	379.57	249.35	10.71	9.12
吴中区	337.69	112.11	71.94	5.64	2.51
相城区	197.95	42.21	29.48	1.02	2.01

（2015 年）

市辖区	社会消费品零售总额（亿元）	进出口总额（亿美元）	#出口总额（亿美元）	合同外商直接投资（亿美元）	实际外商直接投资（亿美元）
姑苏区	778.44	22.13	18.99	0.10	0.29
吴江区	422.30	225.46	144.27	5.68	9.70
南通市					
崇川区	361.92	69.53	48.77	1.88	1.13
港闸区	121.27	32.67	25.04	1.78	1.16
通州区	307.73	53.41	29.73	5.59	2.41
连云港市					
连云区	64.59	14.25	6.85	1.44	1.15
海州区	249.71	10.70	9.39	2.66	0.92
赣榆区	153.44	6.37	3.70	1.33	0.59
淮安市					
清河区	159.05	2.16	1.90	1.57	1.00
淮安区	153.57	2.58	2.47	1.24	1.23
淮阴区	105.99	2.85	1.44	1.51	1.38
清浦区	97.09	1.64	1.58	0.78	1.04
盐城市					
亭湖区	226.15	3.31	3.04	0.28	0.24
盐都区	187.84	5.54	3.13	1.23	0.87
大丰区	155.58	15.13	8.95	2.42	1.87
扬州市					
广陵区	263.76	16.77	15.52	3.29	0.95
邗江区	261.87	19.96	16.76	3.29	2.74
江都区	230.71	15.46	11.85	0.65	0.30
镇江市					
京口区	260.04	11.11	9.07	0.18	0.63
润州区	159.39	7.34	6.15	0.90	1.18
丹徒区	61.45	5.64	5.15	0.43	0.91
泰州市					
海陵区	219.47	12.61	10.45	0.88	0.53
高港区	43.97	12.15	4.55	2.80	1.73
姜堰区	154.35	8.52	7.58	1.12	1.00
宿迁市					
宿城区	158.73	4.78	3.09	0.32	0.29
宿豫区	47.64	3.31	2.97	0.09	0.02

江苏省市辖区教育、卫生、居民收支

（2015年）

市辖区	普通中学在校学生（万人）	小学在校学生（万人）	医院个数（个）	医院床位数（张）	执业（助理）医师（人）	城镇常住居民人均可支配收入(元)	城镇常住居民人均生活消费支出(元)
南京市							
玄武区	2.06	2.27	16	2455	2034	51277	38871
秦淮区	2.19	3.50	39	7151	3763	57542	37678
建邺区	1.24	1.76	8	2135	1080	44980	27792
鼓楼区	3.14	5.24	38	14849	6799	50526	30839
浦口区	1.78	3.62	16	1992	1247	43687	29112
栖霞区	1.33	2.79	15	1661	1271	44612	32737
雨花台区	1.24	1.92	9	1009	630	44486	27538
江宁区	3.46	6.39	24	4476	2221	44735	28693
六合区	2.72	4.17	11	3013	1790	42591	27477
溧水区	1.41	2.14	6	1270	701	40685	23748
高淳区	1.40	2.00	15	1557	771	41588	25855
无锡市							
崇安区	0.46	1.32	18	3287	1781	43295	30033
南长区	0.48	1.94	13	2877	1849	43295	30033
北塘区	0.50	1.26	12	3213	1123	43295	30033
锡山区	2.16	3.75	9	1817	1108	43045	21355
惠山区	2.53	4.30	3	1050	1076	43756	24047
滨湖区	1.56	3.18	26	7731	2720	44971	31175
徐州市							
鼓楼区	0.26	2.49	12	2456	1470	29841	19357
云龙区	0.16	3.06	16	3528	1333	29841	19357
贾汪区	1.56	3.81	5	1360	826	25778	16394
泉山区	0.07	3.16	25	13461	3924	29841	19357
铜山区	4.12	11.57	15	1384	1804	29522	20150
常州市							
天宁区	0.62	3.41	12	10651	4361	42736	25422
钟楼区	0.43	3.44	7	1353	1041	42351	25346
新北区	2.18	4.31	4	290	1040	44767	26472
武进区	4.97	9.73	9	2979	2529	44738	25006
金坛区	1.87	2.59	7	1913	1258	40002	21270
苏州市							
虎丘区	1.70	3.44	13	2376	997	50275	31573
吴中区	2.21	6.27	22	4498	1873	52030	31370
相城区	1.55	4.07	11	2597	1043	46108	28729

（2015 年）

市辖区	普通中学在校学生（万人）	小学在校学生（万人）	医院个数（个）	医院床位数（张）	执业（助理）医师（人）	城镇常住居民人均可支配收入（元）	城镇常住居民人均生活消费支出（元）
姑苏区		5.08	27	12320	4825	50275	31573
吴江区	3.74	8.13	12	4934	2547	50499	33369
南通市							
崇川区	0.67	4.05	21	7668	4225	38547	22683
港闸区	0.43	1.24	10	1716	709	38547	22683
通州区	3.38	4.82	6	3364	2447	37646	22051
连云港市							
连云区	1.06	1.76	7	831	778	31919	22098
海州区	3.56	5.75	24	4934	2878	28580	20659
赣榆区	5.61	9.63	11	2248	1484	25074	15384
淮安市							
清河区	1.25	1.32	16	2343	1135	33907	19405
淮安区	4.09	5.78	6	2167	2082	24109	14630
淮阴区	3.07	5.95	4	3134	2423	26203	15157
清浦区	1.49	1.46	7	1540	1228	34239	16551
盐城市							
亭湖区	1.28	3.82	32	5950	2977	33434	19228
盐都区	2.46	3.45	3	2060	1416	30316	23649
大丰区	2.30	2.75	21	2941	1875	28752	16508
扬州市							
广陵区	0.61	3.20	15	5342	2437	35092	27587
邗江区	1.98	3.26	17	1887	1672	37275	26692
江都区	3.80	4.40	12	2932	1953	33743	21628
镇江市							
京口区	0.15	1.75	6	2271	1551	38264	24625
润州区	0.36	1.23	14	3200	1560	38264	24625
丹徒区	0.88	1.38	2	360	516	37824	23823
泰州市							
海陵区	1.28	2.39	16	4146	2247	35205	21774
高港区	0.54	1.23	3	446	401	34382	21867
姜堰区	3.18	3.24	10	2400	1553	34117	20142
宿迁市							
宿城区	1.16	4.83	46	5360	2160	24095	14990
宿豫区	1.07	2.92	27	2422	807	21741	14198

附录四

MAJOR ECONOMIC INDICATORS OF HUAIHAI ECONOMIC ZONE

淮海经济区主要经济指标(2015年)

版面负责人：卓卫华

编　　　辑：唐子午

江苏省统计条例

（2014年1月16日江苏省第十二届人民代表大会常务委员会第八次会议通过）

第四十八条 违反本条例第二十四条规定，有下列情形之一的，由政府统计机构责令停止发布、公开更正，给予警告，可以处以五千元以上二万元以下罚款：

（一）民间统计调查组织者发布伪造、篡改的民间统计调查资料，发布时不按照要求说明相关内容，或者不注明资料来源的；

（二）新闻媒体和其他单位、组织对外发布信息引用民间统计调查资料未注明民间统计调查组织者名称，或者伪造、篡改民间统计调查资料的。

【释义】 本条是关于民间统计调查组织者、新闻媒体和其他单位、组织违法发布和使用民间统计调查资料违法行为和法律责任的规定。

本条例第二十四条规定了民间统计调查组织者、新闻媒体和其他单位、组织发布或者引用民间统计调查资料应当客观真实、准确引用，说明调查目的以及主要技术规范，不得伪造、篡改。本条规定了两类违法行为，民间统计调查组织、个人应当承担法律责任：一是发布伪造、篡改的民间统计调查资料；二是发布时不按照要求说明相关内容，或者不注明资料来源。对新闻媒体和其他单位、组织对外发布信息引用民间统计调查资料，本条规定，未注明民间统计调查组织者名称，或者伪造、篡改民间统计调查资料，承担法律责任。

民间统计调查组织、个人、新闻媒体和其他单位、组织在发布和使用民间统计调查资料中，有上述违法行为的，应当承担下列责任：由政府统计机构责令停止发布、公开更正，给予警告，处以五千元以上二万元以下罚款。

第四十九条 违反本条例第三十二条规定，承担经常性政府统计调查任务的国家机关、企业事业单位和其他组织，任用、聘用不具有统计从业资格或者统计专业技术职务资格的人员从事统计工作的，由政府统计机构责令改正，给予警告；拒不改正的，直接负责的主管人员和其他直接责任人员属于国家工作人员的，由任免机关或者监察机关依法给予处分。

企业事业单位或者其他组织有前款行为，拒不改正的，由政府统计机构处以二千元以上一万元以下罚款。

【释义】 本条是关于经常性政府统计调查对象安排未取得资格人员从事统计工作法律责任的规定。

本条例第三十二条规定了承担经常性政府统计调查任务的统计调查对象应当任用、聘用具有一定资格的人员从事统计工作。本条规定，作为经常性政府统计调查对象的国家机关、企业事业单位和其他组织任用、聘用不具有统计从业资格或者统计专业技术职务资格的人员从事统计工作，应当承担下列责任：由政府统计机构责令改正，给予警告；拒不改正的，处以二千元以上一万元以下罚款，其直接负责的主管人员和其他直接责任人员属于国家工作人员的，由任免机关或者监察机关依法给予处分。

编辑：王中彬

淮海经济区主要经济指标

（2015 年）

地　区	地区生产总值		第一产业增加值		第二产业增加值		第三产业增加值	
	绝对量（亿元）	增长（%）	绝对量（亿元）	增长（%）	绝对量（亿元）	增长（%）	绝对量（亿元）	增长（%）
江苏省								
徐州市	5319.88	9.5	504.76	3.5	2355.06	9.8	2460.06	10.2
连云港市	2160.64	10.8	282.69	3.6	959.00	11.1	918.95	12.4
淮安市	2745.09	10.3	307.67	3.6	1176.66	10.9	1260.76	11.3
盐城市	4212.50	10.5	516.53	3.6	1923.47	10.5	1772.50	12.5
宿迁市	2126.19	10.0	258.11	3.4	1031.33	10.9	836.75	11.1
山东省								
菏泽市	2400.96	9.3	270.09	3.0	1267.43	10.0	863.44	10.1
聊城市	2663.62	8.8	316.39	4.5	1360.25	10.0	986.98	7.9
枣庄市	2031.00	7.1	154.11	4.0	1070.19	6.7	806.70	8.3
济宁市	4013.12	8.4	454.19	4.1	1896.13	7.6	1662.80	10.7
泰安市	3158.40	8.1	269.10	4.1	1461.80	7.2	1427.50	9.9
日照市	1670.80	7.5	140.60	4.0	813.06	8.0	717.14	7.4
莱芜市	665.83	6.6	52.72	3.4	344.16	6.6	268.95	7.1
临沂市	3763.20	7.1	346.50	4.5	1687.10	6.5	1729.60	8.4
德州市	2750.94	7.6	283.71	4.3	1358.00	7.1	1109.23	9.1
安徽省								
亳州市	942.60	9.1	195.00	4.4	370.20	10.0	377.40	10.5
淮南市	770.60	2.8	69.20	4.2	398.00	0.5	303.40	7.4
蚌埠市	1253.05	10.2	188.55	4.7	641.95	10.5	422.56	12.2
淮北市	760.40	4.4	59.30	4.4	460.90	2.6	240.20	9.0
阜阳市	1267.40	9.5	286.30	4.7	526.40	10.3	454.80	11.3
宿州市	1235.83	8.9	268.30	4.7	506.50	8.5	461.00	11.7
滁州市	1305.70	9.9	221.50	4.3	694.90	10.7	389.30	11.5
六安市	1143.40	7.0	222.80	4.1	527.00	6.3	393.60	9.6
河南省								
周口市	2082.38	9.0	454.02	4.4	964.39	9.6	663.97	11.3
商丘市	1803.93	8.7	377.01	4.5	762.14	8.5	664.78	11.8
信阳市	1877.75	8.9	453.86	4.5	754.53	9.1	669.36	11.5

续表 1

（2015 年）

地 区	人均地区生产总值（元）	地区生产总值中三次产业比重（%）	粮食总产量		油料总产量		棉花总产量	
			绝对量（万吨）	增长（%）	绝对量（万吨）	增长（%）	绝对量（万吨）	增长（%）
江苏省								
徐州市	61511	9.5：44.3：46.2	470.92	0.4	11.20	5.5	2.60	–19.8
连云港市	48416	13.1：44.4：42.5	362.15	0.8	11.42	0.3	0.15	–10.3
淮安市	56460	11.2：42.9：45.9	467.22	0.0	8.88	–3.1	0.01	1.2
盐城市	58299	12.3：45.7：42.0	708.06	0.7	28.17	–5.7	3.02	–52.8
宿迁市	43853	12.1：48.5：39.4	386.63	–0.6	4.58	0.3	0.06	–43.3
山东省								
菏泽市	28350	11.2：52.8：36.0	741.06	5.5	25.55	–2.4	16.76	–5.0
聊城市	44743	11.9：51.0：37.1	504.95	–0.9	10.22	1.0	4.05	–6.1
枣庄市	52692	7.6：52.7：39.7	168.00	–1.5	9.58	–0.6	0.49	–0.2
济宁市	48529	11.3：47.3：41.4	586.00	1.2	16.90	–0.6	8.50	–19.0
泰安市	56490	8.5：46.3：45.2	276.80	–1.7	23.40	0.1	0.83	–2.4
日照市	58110	8.4：48.7：42.9	93.22	–6.9	22.97	–3.4	0.25	12.3
莱芜市	49377	7.9：51.7：40.4	25.95	5.1	1.96	0.9	0.16	11.4
临沂市	36656	9.2：44.8：46.0	482.70	–0.2	81.57	0.5	0.90	–9.3
德州市	48062	10.3：49.4：40.3	871.40	0.3	2.40	14.6	6.60	–22.7
安徽省								
亳州市	18771	20.7：39.3：40.0	485.20	3.8	5.30	–0.7	1.90	–0.8
淮南市	32298	9.0：51.6：39.4	144.20	3.4	1.60	5.2	0.11	–38.8
蚌埠市	38267	15.1：51.2：33.7	285.59	4.0	40.01	–1.2	0.96	–38.5
淮北市	35057	7.8：60.6：31.6	129.78	3.8	0.48	6.1	0.08	–15.8
阜阳市	16121	22.6：41.5：35.9	570.30	4.0	7.70	–4.2	1.00	–33.4
宿州市	22415	21.7：41.0：37.3	412.26	3.9	25.21	3.4	2.58	–0.7
滁州市	32634	17.0：53.2：29.8	445.08	3.3	19.65	–2.0	0.96	2.4
六安市	19885	19.5：46.1：34.4	478.10	3.2	17.70	2.3	1.71	–8.6
河南省								
周口市	23644	21.8：46.3：31.9	829.56	2.9	56.59	13.8	2.28	–34.4
商丘市	24827	20.9：42.2：36.9	558.38	4.4	35.97	–4.1	1.71	–29.1
信阳市	29321	24.2：40.2：35.6	596.99	0.8	69.00	2.8		

续表 2　　　　（2015 年）

地　区	肉类总产量		水产品产量		规模以上工业企业个数（个）	规模以上工业增加值		规模以上工业主营业务收入	
	绝对量（万吨）	增长（%）	绝对量（万吨）	增长（%）		绝对量（亿元）	增长（%）	绝对量（亿元）	增长（%）
江苏省									
徐州市	101.45	1.7	18.79	1.0	2853	2708.74	9.3	12234.92	7.7
连云港市	29.93	−2.4	75.28	−1.0	1637	1156.50	12.9	5451.56	13.3
淮安市	30.48	−2.6	26.35	1.0	2511	1483.25	11.5	6608.73	16.6
盐城市	89.62	−1.3	116.80	2.2	3156	2061.27	11.5	8010.89	11.0
宿迁市	33.61	−1.3	26.61	0.9	2474	994.22	11.5	3714.77	37.2
山东省									
菏泽市	69.52	2.5	13.10	0.1	3011		13.1	7051.30	9.8
聊城市	58.04	5.9	8.42	4.7	2867		12.8	9087.24	4.7
枣庄市	26.40	1.4	9.10	−3.1	1459		6.8	3727.83	3.2
济宁市	72.40	−9.6	31.50	0.6	2631		8.0	5510.68	−3.6
泰安市	47.80	3.4	9.20	−1.1	1970	1243.80	7.5	6751.00	0.2
日照市	26.12	24.0	59.56	1.9	624	586.90	8.4	2502.05	−6.6
莱芜市	6.27	−2.2	0.35	−1.6	611	296.84	6.5	1832.68	−4.7
临沂市	76.60	0.7	15.20	2.7	4053	2040.60	6.7	10115.00	−0.4
德州市	67.90	−5.6	8.60	−14.4	2930	1823.80	8.0	9566.10	7.1
安徽省									
亳州市	32.50	1.7	5.70	4.8	793	249.60	10.9	853.50	9.9
淮南市	9.30	2.3	8.00	3.0	543	331.80	−0.4	828.60	−7.6
蚌埠市	34.59	6.2	12.41	3.4	929	679.80	10.8	2168.66	10.0
淮北市	9.48	4.4	2.90	1.9	799	422.90	2.3	2328.40	−2.6
阜阳市	65.20	3.3	10.50	5.0	1549		10.8	1772.50	11.3
宿州市	52.90	3.2	4.49	3.3	1169	382.86	8.4	1556.70	12.7
滁州市	39.68	1.9	34.77	4.1	1391		11.1	2474.20	11.0
六安市	55.30	1.5	31.20	3.2	1079	429.00	4.8	1529.70	−0.3
河南省									
周口市	75.10	−3.3			1204	927.31	10.7	3970.65	11.5
商丘市	54.67	−4.8	8.81	3.2	991	491.44	9.3	2143.40	12.0
信阳市	65.62	−1.9	26.87	5.7	1268	571.55	10.1	2406.23	10.4

续表 3

（2015 年）

地区	规模以上工业利税合计		规模以上工业利润总额		规模以上固定资产投资		房地产开发投资	
	绝对量（亿元）	增长（%）	绝对量（亿元）	增长（%）	绝对量（亿元）	增长（%）	绝对量（亿元）	增长（%）
江苏省								
徐州市	1788.79	9.3	984.01	9.3	4266.12	16.5	470.22	0.3
连云港市	678.33	10.9	420.87	13.0	2077.35	21.0	205.42	8.5
淮安市	653.66	21.2	384.60	27.0	2203.24	22.7	283.69	–20.7
盐城市	864.06	6.3	473.89	1.6	3372.89	22.6	367.68	–3.2
宿迁市			374.85	12.4	1838.97	17.9	362.53	–3.9
山东省								
菏泽市	895.58	6.1	548.03	5.5	1073.35	14.1	258.48	12.2
聊城市	871.80	5.7	609.59	5.1	2100.82	14.6	190.42	12.0
枣庄市	331.74	–9.8	171.47	–11.7	1625.93	13.8	186.64	–13.5
济宁市	537.72	–3.8	311.75	–7.4	2891.00	13.9	308.50	–13.4
泰安市	724.00	–3.6	438.80	–3.9	2618.20	13.9	145.20	1.4
日照市	109.88	–11.6	66.70	22.8	1407.81	14.0	108.85	18.4
莱芜市	37.17	–34.5	13.93	–51.7	619.07	13.5	31.85	8.9
临沂市	784.10	–3.9	507.60	–4.5	3219.20	13.9	392.90	5.9
德州市	989.80	3.0	556.60	2.4	2237.91	14.1	214.57	2.3
安徽省								
亳州市	77.70	15.6	46.30	19.2	767.30	17.9	205.20	–1.9
淮南市	54.90	–3.6	14.70	–33.5	781.90	3.5	98.10	–11.2
蚌埠市	159.72	5.2	67.21	5.0	1457.97	17.2	428.60	5.3
淮北市	103.30	–8.9	32.30	–21.4	925.30	10.0	147.80	–3.0
阜阳市	170.20	–2.4	78.70	4.3	1005.00	24.8	264.80	22.8
宿州市	98.90	24.4	66.31	30.2	1133.39	19.8	219.81	20.6
滁州市	379.50	9.5	257.00	7.4	1457.60	16.8	334.40	9.5
六安市	97.70	–2.2	65.28	1.1	1131.30	12.7	200.00	9.7
河南省								
周口市	102.03	4.1	430.53	12.3	1607.30	16.9	192.29	–8.4
商丘市			117.74	2.9	1458.54	13.2	217.84	26.4
信阳市	225.54	17.5	153.97	20.0	2023.88	17.5	292.50	17.7

续表 4　　（2015 年）

地 区	社会消费品零售总额		居民消费价格总指数（以上年为 100）（%）	进出口总额		# 进口总额		# 出口总额	
	绝对量（亿万）	增长（%）		绝对量（亿美元）	增长（%）	绝对量（亿美元）	增长（%）	绝对量（亿美元）	增长（%）
江苏省									
徐州市	2358.45	12.3	101.5	54.13	–9.6	10.23	–22.0	43.89	–6.1
连云港市	830.71	12.4	101.8	80.35	0.1	39.78	8.3	40.56	–6.9
淮安市	970.74	12.3	101.5	41.30	0.6	11.20	18.7	30.10	–4.8
盐城市	1468.60	11.9	101.6	81.19	8.0	29.95	–4.1	51.24	16.6
宿迁市	626.64	11.0	101.6	25.99	–30.8	7.49	–8.1	18.50	–37.1
山东省									
菏泽市	1352.11	11.3	101.1	43.25	21.0	21.28	50.2	21.97	1.8
聊城市	1060.22	10.5	101.2	50.73	–11.3	25.36	–23.9	25.37	6.3
枣庄市	805.40	10.8	101.0	15.95	10.7	1.92	–33.1	14.03	21.6
济宁市	1910.98	10.5	100.8	54.37	3.9	20.02	2.0	34.35	5.1
泰安市	1331.60	10.8	100.8	22.80	–23.2	5.30	–57.0	17.50	1.1
日照市	603.87	10.3	101.2	151.85	–56.3	110.51	–63.1	41.34	–13.7
莱芜市	320.88	10.5	101.1	18.97	–14.4	9.13	–29.5	9.84	6.9
临沂市	2235.00	10.7	101.2	87.40	–19.0	26.90	–47.3	60.60	6.4
德州市	1257.41	10.7	101.3	31.77	–9.2	9.68	–24.0	22.09	–0.7
安徽省									
亳州市	436.40	12.4	101.6	5.00	35.9	0.50	11.6	4.50	39.3
淮南市	381.30	9.5	100.9	3.32	–25.7	0.46	–48.6	2.86	–19.9
蚌埠市	570.65	12.7	101.4	23.41	12.6	6.89	50.8	16.52	1.8
淮北市	283.40	12.1	100.8	5.77	5.3	0.31	8.8	5.46	5.1
阜阳市	674.70	12.8	101.8	15.00	–7.1	1.50	–9.1	13.50	–6.9
宿州市	424.50	12.6	100.5	7.59	17.0	0.96	27.3	6.63	15.7
滁州市	457.00	12.5	100.8	20.46	–7.1	6.04	–12.3	14.42	–4.7
六安市	562.60	10.9	101.1	6.17	–10.1	0.87	266.3	5.30	–20.0
河南省									
周口市	974.73	12.8	101.2	7.82	–8.1	1.63	104.3	6.19	–19.7
商丘市	666.21	13.1	100.8	3.01	–11.7	0.34	–38.8	2.66	–6.3
信阳市	880.28	13.1	101.2	6.43	–14.9	2.53	–28.1	3.90	–3.4

续表 5 （2015 年）

地 区	实际利用外资		邮电业务总量		年末固定电话用户（万户）	年末移动电话用户（万户）	公共财政一般预算收入	
	绝对量（亿美元）	增长（%）	绝对量（亿元）	增长（%）			绝对量（亿元）	增长（%）
江苏省								
徐州市	14.28	–13.9	95.34	15.0	123.22	901.28	530.68	12.4
连云港市	8.01	–16.1	38.86	2.3	78.48	423.61	291.77	11.5
淮安市	12.10	5.1	35.95	3.4	67.97	368.57	308.51	13.5
盐城市	7.95	–24.1	60.55	2.8	115.60	640.09	477.50	14.2
宿迁市	2.98	–55.0	65.66	23.5	56.92	411.38	235.67	12.2
山东省								
菏泽市	2.31	5.5	56.55	10.5	19.70	680.40	177.66	9.7
聊城市	0.57	–46.6	37.67	8.7	37.36	430.58	175.93	12.6
枣庄市	1.00	–4.6	62.69	5.7	34.70	336.60	149.31	8.3
济宁市	0.90	3.4	45.88	–15.4	36.30	694.70	368.62	10.3
泰安市	4.96	20.0	37.90	4.1	80.80	583.40	205.30	9.6
日照市	5.78	1.0	23.45	23.4	25.84	267.56	121.65	9.5
莱芜市	1.35	120.0	8.21	–2.7	18.21	130.51	50.17	1.2
临沂市	4.01	17.9					283.90	13.1
德州市	1.19	–24.1	4.81	14.2	35.19	447.08	182.78	6.7
安徽省								
亳州市	6.60	10.0	34.10	31.2	27.20	283.70	81.40	11.9
淮南市	2.08	3.5	19.80	17.4	27.50	168.10	77.30	2.6
蚌埠市	13.92	14.7	31.23	16.6	41.77	248.09	119.68	13.6
淮北市	6.00	102.0	2.32	24.0	25.20	152.90	60.20	14.0
阜阳市	1.85	13.9	47.70	18.1	53.90	441.30	120.00	16.0
宿州市	6.76	14.7	31.45	16.2	53.12	473.91	125.57	9.8
滁州市	10.60	14.7	43.36	24.2	47.50	322.70	143.70	16.3
六安市	3.87	10.0	29.10	0.0	45.80	340.20	103.30	8.9
河南省								
周口市	4.90	9.3					100.42	10.4
商丘市	3.43	11.2	76.55	27.6	47.88	483.08	110.71	9.9
信阳市	4.95	3.5	59.68	28.3	43.20	436.00	91.03	13.3

续表 6　　（2015 年）

地　区	公共财政一般预算支出		金融机构年末存款余额（亿元）	#城乡居民储蓄存款余额（亿元）	金融机构年末贷款余　额（亿元）	各级各类学校数（所）	各级各类学校在校学生数（万人）	卫生机构数（个）
	绝对量（亿元）	增长（%）						
江苏省								
徐州市	752.46	13.8	4747.01	2780.60	3069.90	1264	136.99	4601
连云港市	429.78	14.5	2163.92	1055.97	1827.40	650	77.51	2708
淮安市	513.41	19.0	2356.91	1187.73	1879.29	982	86.24	800
盐城市	746.09	23.9	4414.84	2367.82	3077.48	626	85.07	3242
宿迁市	405.70	17.4	1819.81	949.51	1696.70			
山东省								
菏泽市	399.62	16.3	2550.47	1912.26	1635.43	1967	300.43	3849
聊城市	346.84	21.3	2571.93	1651.20	1845.65	1353	96.16	552
枣庄市	236.41	8.8	1436.81	982.49	1081.13	1381	69.41	2457
济宁市	515.52	10.4	4097.45	2461.35	2723.80	3427	147.40	6825
泰安市	326.90	14.4	2705.00	1732.10	1800.60	731	61.70	4198
日照市	185.39	10.5	1872.35	971.08	2159.30	1026	52.97	644
莱芜市	83.84	4.7	829.35	489.44	619.60	188	16.19	312
临沂市	533.40	17.2	4734.20		3362.60			
德州市	337.44	22.6	2470.31	1727.50	1546.00	1108	82.01	209
安徽省								
亳州市	277.80	22.1	1260.10	866.30	783.00	1464	83.77	436
淮南市	153.50	5.9	1401.60	771.30	970.50		67.31	1211
蚌埠市	244.72	17.3	1616.54	803.31	1191.50	1232	59.15	1413
淮北市	131.40	13.3	1037.70	584.90	702.50	464	30.67	718
阜阳市	431.10	22.0	2452.70	1655.80	1187.00	2150	134.70	2644
宿州市	294.37	19.0	1487.98	1018.23	808.44	1776	24.63	1880
滁州市	302.60	12.8	1666.20	971.60	1202.30	555	56.76	1655
六安市	361.40	13.1	1959.60	1200.10	1082.00	1465	81.14	2343
河南省								
周口市	441.28	15.4	2109.90	1731.80	917.90	5788	209.14	7997
商丘市	382.84	8.7	1978.07	1459.20	1137.75	3678	170.48	6468
信阳市	373.98	12.0	2375.36	1706.19	1290.94	2094	121.17	4017

地　区	卫生技术人员数（人）	卫生机构床位数（张）	全体居民人均可支配收入		城镇居民人均可支配收入		农村居民人均可支配收入	
			绝对量（元）	增长（%）	绝对量（元）	增长（%）	绝对量（元）	增长（%）
江苏省								
徐州市	51600	47949	20425	9.0	26219	8.9	13982	9.1
连云港市	23056	19035	19418	9.1	25728	9.0	12778	9.2
淮安市	30500	25966	20840	9.1	28105	8.9	13128	9.3
盐城市	39494	37169	22419	9.1	28200	9.1	15748	9.3
宿迁市			17342	9.1	22233	9.0	12772	9.4
山东省								
菏泽市	48294	35800	14276	9.6	20370	8.5	9802	9.8
聊城市	28864	26280	15249	8.9	21570	7.9	10512	8.9
枣庄市	21023	19150	19075	8.4	25792	7.2	12038	8.0
济宁市	51827	44367	20120	9.1	27877	7.8	12570	9.1
泰安市	26330	29035	21377	8.9	28132	8.0	13322	9.5
日照市	14830	13632	19547	9.1	26217	8.2	12319	9.3
莱芜市	7632	6509	22924	7.8	30219	6.8	13714	8.9
临沂市			19912	8.6	28627	7.5	10828	8.9
德州市	27600	22259	16020	9.5	21039	8.4	11269	9.6
安徽省								
亳州市	15035	16000	14202	9.6	23120	9.1	9738	8.6
淮南市	13896	14000	22376	7.8	28106	7.0	11433	8.4
蚌埠市	17306	17804	18717	10.0	26369	9.2	11552	9.9
淮北市	10796	11852	18937	8.8	25690	8.0	9882	8.4
阜阳市	30067	31360	14095	9.7	23496	8.2	9001	9.6
宿州市	21416	19471	14222	9.3	23630	7.7	9140	9.7
滁州市	15000	15226	16444	10.2	24168	9.4	10070	9.8
六安市	18301	7614	14206	9.2	22238	7.9	9074	9.5
河南省								
周口市	37888	36776	12906	11.0	21019	9.2	8576	9.9
商丘市	36563	32766	14025	10.7	23572	8.4	8885	9.7
信阳市	23921	22983	14842	10.8	22434	9.1	9844	9.9

附录五

INTRODUCTION OF ENTERPRISES

企业选介（2015 年）

版面负责人：李　燕　王廷宝　许　清
陈晓红　袁晓昀

编　　辑：殷溪晨　柏　慧　刘云祥
孙　伟　陈晓红　董　方

江苏省统计条例

（2014 年 1 月 16 日江苏省第十二届人民代表大会常务委员会第八次会议通过）

第五十条　涉外民间统计调查活动，按照国家有关规定执行。

【释义】　本条是关于涉外民间统计调查活动法律适用的规定。

在实践中，有些国际组织或者境外机构、个人来华进行形式不同的民间统计调查活动。为规范涉外的民间统计调查活动，并加强管理，维护我国的国家安全和利益，《统计法》规定，中华人民共和国境外的组织、个人需要在中华人民共和国境内进行统计调查活动的，应当按照国务院的规定报请审批。另外，我省还按照《涉外调查管理办法》（2004 年 10 月 13 日国家统计局令第 7 号公布），对涉外的民间统计调查活动进行管理。

第五十一条　本条例自 2014 年 5 月 1 日起施行。1989 年 12 月 15 日江苏省第七届人民代表大会常务委员会第十二次会议通过，1997 年 7 月 31 日江苏省第八届人民代表大会常务委员会第二十九次会议修正的《江苏省统计管理条例》同时废止。

【释义】　本条是关于本条例正式施行生效日期和《江苏省统计管理条例》废止的规定。

法律的施行日期，即生效日期。本条例于 2014 年 1 月 16 日省十二届人大常委会第八次会议通过，于 2014 年 5 月 1 曰起施行，具有法律效力。

本条例不溯及既往。即对本条例施行前的行为应当适用《江苏省统计管理条例》。

地方各级人民政府及其有关部门应当对其制定的规章、规范性文件进行清理，并依照本条例规定制定配套规定，加强对本条例的宣传教育，切实保障本条例的顺利实施。

编辑：王中彬

2015年徐州市工业企业前五十强

(按主营业务收入排序)

序号	企 业 名 称	序号	企 业 名 称
1	维维集团股份有限公司	26	铜山县宏达精细化工厂
2	徐州工程机械集团有限公司	27	徐州富山医疗制品有限公司
3	江苏中烟工业有限责任公司徐州卷烟厂	28	睢宁县宁峰钢铁有限公司
4	江苏天裕能源化工集团有限公司	29	邳州市金龙生化制品有限公司
5	徐州矿务集团有限公司	30	徐州固城铜业有限责任公司
6	江苏协鑫硅材料科技发展有限公司	31	江苏润阳药业有限公司
7	徐州东南钢铁工业有限公司	32	国华徐州发电有限公司
8	徐州海天石化有限公司	33	徐州市建平化工有限公司
9	江苏中能硅业科技发展有限公司	34	徐州金属熔剂厂
10	徐州市永大化工有限公司	35	江苏江昕轮胎有限公司
11	江苏金彭车业有限公司	36	铜山华润电力有限公司
12	徐州光环钢管科技有限公司	37	江苏宗申三轮摩托车制造有限公司
13	沛县金虹特钢有限公司	38	徐州天龙液压机械有限公司
14	江苏星星家电科技有限公司	39	江苏万邦生化医药股份有限公司
15	徐州东亚钢铁有限公司	40	徐州崇德化工助剂厂
16	徐州大长实工程机械有限公司	41	沛县万隆化工厂
17	徐州二原电力测控技术有限公司	42	江苏侨昌诺恩农化有限公司
18	大屯煤电(集团)有限责任公司	43	徐州卫生材料厂有限公司
19	江苏嘉利精细化工有限公司	44	徐州诺特化工有限公司
20	徐州丰源铝业有限公司	45	徐州金广机械有限公司
21	徐州伟天化工有限公司	46	徐州科源液压股份有限公司
22	肯纳金属(徐州)有限公司	47	徐州金石彭源稀土材料厂
23	江苏四方锅炉有限公司	48	江苏原元生物工程有限公司
24	卡特彼勒(徐州)有限公司	49	江苏润源能源科技发展有限公司
25	徐州雷奥医疗设备有限公司	50	江苏沂州煤焦化有限公司

2015年徐州市高新技术产业前五十强

（按主营业务收入排序）

序号	企 业 名 称	序号	企 业 名 称
1	徐州工程机械集团有限公司	26	徐州诺特化工有限公司
2	江苏协鑫硅材料科技发展有限公司	27	徐州金广机械有限公司
3	江苏中能硅业科技发展有限公司	28	徐州科源液压股份有限公司
4	徐州市永大化工有限公司	29	徐州金石彭源稀土材料厂
5	徐州光环钢管科技有限公司	30	江苏原元生物工程有限公司
6	江苏星星家电科技有限公司	31	江苏润源能源科技发展有限公司
7	徐州大长实工程机械有限公司	32	江苏沂州煤焦化有限公司
8	徐州三原电力测控技术有限公司	33	铜山县光明金属添加剂厂
9	江苏嘉利精细化工有限公司	34	徐州中矿大传动与自动化有限公司
10	肯纳金属(徐州)有限公司	35	沛县恒瑞化工有限公司
11	江苏四方锅炉有限公司	36	江苏晋煤恒盛化工有限公司
12	卡特彼勒(徐州)有限公司	37	沛县卫星化工厂
13	徐州雷奥医疗设备有限公司	38	徐州市恒源电器有限公司
14	铜山县宏达精细化工厂	39	江苏德信中大能源科技发展有限公司
15	邳州市金龙生化制品有限公司	40	徐州彭祖中药饮片有限公司
16	江苏润阳药业有限公司	41	江苏恩华药业股份有限公司
17	徐州市建平化工有限公司	42	徐州市东亚电器有限公司
18	徐州金属熔剂厂	43	徐州格利尔数码科技有限公司
19	江苏江昕轮胎有限公司	44	徐州吉文电子有限公司
20	徐州天龙液压机械有限公司	45	江苏神龙巨力机械制造有限公司
21	江苏万邦生化医药股份有限公司	46	徐州丰成盐化工有限公司
22	徐州崇德化工助剂厂	47	沛县卢发气体有限公司
23	沛县万隆化工厂	48	徐州金牌药业有限公司
24	江苏侨昌诺恩农化有限公司	49	徐州恒业化工有限公司
25	徐州卫生材料厂有限公司	50	徐州同一工程机械科技有限公司

2015年徐州市贸易零售企业前五十强

（按销售额排序）

序号	企 业 名 称	序号	企 业 名 称
1	江苏金驹物流投资有限公司	26	江苏中汇贸易发展有限公司
2	徐州徐工物资供应有限公司	27	徐州工程机械保税有限公司
3	江苏省烟草公司徐州市公司	28	江苏马龙国华工贸有限公司
4	中国石油化工股份有限公司江苏徐州石油分公司	29	徐州苏宁云商销售有限公司
5	徐州淮海药业有限公司	30	徐州悦家商业有限公司
6	徐州金鹰国际实业有限公司	31	徐州皇美物资贸易有限公司
7	新沂中纺天润粮油有限公司	32	徐州花厅商贸有限公司
8	江苏大屯煤炭贸易有限公司	33	徐州中收农机汽车销售有限公司
9	徐州工程机械集团进出口有限公司	34	徐州弛平汽车销售有限公司
10	徐州华东煤炭交易市场有限公司	35	徐州恒运汽车销售服务有限公司
11	江苏万邦医药营销有限公司	36	徐州润东汇通汽车销售服务有限公司
12	江苏恒盛农业生产资料有限公司	37	徐州东辰汽车销售服务有限公司
13	国药控股徐州有限公司	38	徐州谐润冶金炉料有限公司
14	徐州医药股份有限公司	39	徐州汉城煤炭销售有限公司
15	江苏欢乐买商贸股份有限公司	40	徐州勇康蔬菜有限公司
16	江苏恩华和润医药有限公司	41	徐州北方汽车销售服务有限公司
17	江苏沙钢鹭翔炉料有限公司	42	徐州金茂汽车贸易有限公司
18	沛县糖烟酒采购供应站	43	沛县长胜物资贸易有限公司
19	徐州市洋德商贸有限公司	44	徐州万和煤炭购销有限公司
20	中国石油天然气股份有限公司江苏徐州销售分公司	45	徐州宝景汽车销售服务有限公司
21	徐州市圆通燃料有限公司	46	徐州绿健乳业有限责任公司
22	徐州韩东农业发展有限公司	47	徐州之星汽车有限公司
23	徐州中央百货大楼股份有限公司	48	徐州彭鑫金属材料贸易有限公司
24	徐州市海荧汽车销售维修有限公司	49	徐州仁旺商贸有限公司
25	徐州海西物资贸易有限公司	50	徐州金源钢材贸易有限公司

2015年徐州市建筑企业前三十强

（按总产值排序）

序号	企 业 名 称	序号	企 业 名 称
1	江苏大汉建设实业集团有限责任公司	16	江苏汉皇安装工程有限公司
2	江苏集慧建设集团有限公司	17	徐州汉源建筑工程有限公司
3	中煤第五建设有限公司	18	徐州天利达建筑安装工程有限公司
4	江苏汉中建设集团有限公司	19	江苏秦汉建设有限公司
5	江苏中阳建设集团有限公司	20	江苏中昊建设工程有限公司
6	江苏九鼎环球建设科技集团有限公司	21	江苏双信建筑工程有限公司
7	徐州运成建设(集团)有限公司	22	江苏昱诚建设有限公司
8	江苏长安建设集团有限公司	23	睢宁县城市建设工程总公司
9	新沂市远大建筑安装工程有限公司	24	江苏汉邦建设集团有限公司
10	徐州汉韵环球建筑安装工程公司	25	江苏奥宇建设工程有限公司
11	江苏中盛建设集团有限公司	26	江苏省淮海建设集团有限公司
12	江苏嘉泰建设工程有限公司	27	沛县铁路工程公司
13	江苏荣德建设有限公司	28	江苏圣邦建设集团有限公司
14	沛县防腐保温工程总公司	29	江苏陆峰建设工程有限公司
15	陇海建设集团有限公司	30	江苏荣邦建设有限公司

2015年徐州市房地产企业销售前三十强

(按销售面积排序)

序号	企 业 名 称	序号	企 业 名 称
1	徐州万科城置业有限公司	16	徐州鼎尚置业有限公司
2	上海绿地集团徐州新诚置业有限公司	17	徐州银建林增房地产开发有限公司
3	徐州广达置业有限公司	18	徐州世茂置业有限公司
4	徐州雨润置业有限公司	19	邳州汇宸置业有限公司
5	绿地地产集团徐州东部置业有限公司	20	睢宁碧桂园房地产开发有限公司
6	新沂市经济适用住房发展中心	21	新苏商业(邳州)有限公司
7	荣盛(邳州)房地产开发有限公司	22	徐州金顶房地产开发有限公司
8	华润置地(徐州)发展有限公司	23	徐州绿润置业有限公司
9	徐州万达广场置业有限公司	24	江苏汇川房地产开发有限公司
10	徐州富兴源置业有限公司	25	徐州安冉房地产开发有限公司
11	徐州荣凯置业有限公司	26	徐州康乐房屋开发经营公司
12	徐州市美的新城房地产发展有限公司	27	徐州市玉融房地产开发有限公司
13	徐州美的置业有限公司	28	徐州新源置业发展有限公司
14	沛县瑞盛投资置业有限责任公司	29	徐州恒江房地产开发有限公司
15	徐州名仕房产开发有限公司	30	新沂市太湖世家房地产有限公司

2015年徐州市重点耗能工业企业前百家

(按综合耗能量排序)

序号	单位名称	序号	单位名称
1	铜山华润电力有限公司	26	徐州市龙山水泥有限公司
2	国华徐州发电有限公司	27	徐州丰成盐化工有限公司
3	江苏晋煤恒盛化工有限公司	28	铜山县利国钢铁有限公司
4	江苏阚山发电有限公司	29	江苏润丰生化有限公司
5	徐州华润电力有限公司	30	江苏恒鑫化工有限公司
6	徐州东南钢铁工业有限公司	31	江苏兴达钢铁集团有限公司
7	大屯煤电(集团)有限责任公司	32	沛县金虹特钢有限公司
8	江苏徐塘发电有限责任公司	33	徐州腾达焦化有限公司
9	江苏天裕能源化工集团有限公司	34	江苏协鑫硅材料科技发展有限公司
10	徐州宝丰特钢有限公司	35	徐州中泰能源科技有限公司
11	徐州矿务集团有限公司	36	保利协鑫(徐州)再生能源发电有限公司
12	徐州华宏特钢有限公司	37	徐州泰发特钢科技有限公司
13	徐州中联水泥有限公司	38	邳州市金龙生化制品有限公司
14	江苏中能硅业科技发展有限公司	39	徐州天成氯碱有限公司
15	徐州东亚钢铁有限公司	40	徐州利国镇北钢铁有限公司
16	维维集团股份有限公司	41	徐州聚成铸造科技有限公司
17	徐州华鑫发电有限公司	42	徐州建平环保热电有限公司
18	江苏沂州煤焦化有限公司	43	徐州华联玻璃制品有限公司
19	圣戈班(徐州)管道有限公司	44	徐州金山桥热电公司
20	徐州伟天化工有限公司	45	睢宁县宁峰钢铁有限公司
21	江苏成钢集团有限公司	46	徐州大华玻璃制品有限公司
22	徐州牛头山钢铁有限公司	47	徐州东兴能源有限公司
23	淮海中联水泥有限公司	48	徐州华隆热电有限公司
24	考伯斯(江苏)炭素化工有限公司	49	徐州恒发玻璃制品有限公司
25	徐州荣阳钢铁有限公司	50	徐州荣昌玻璃制品有限责任公司

（按综合耗能量排序）

序号	单位名称	序号	单位名称
51	沛县坑口环保热电有限公司	76	邳州市中鑫木业有限公司
52	徐州中建纸业有限公司	77	睢宁县冠兴轧辊制造有限公司
53	徐州博丰钢铁有限公司	78	徐州强盛城市煤气有限公司
54	丰县鑫源生物质环保热电有限公司	79	江苏新春兴再生资源有限责任公司
55	徐州徐轮橡胶有限公司	80	新沂市泷山建材科技有限公司
56	徐州建滔能源有限公司	81	徐州坝山环保热电有限公司
57	铜山县新汇热电有限公司	82	新沂市阳光热电有限公司
58	江苏大运发玻璃制品有限公司	83	丰县鑫成环保热电有限公司
59	徐州工程机械集团有限公司	84	徐州三合木业有限公司
60	利民化工股份有限公司	85	江苏伟业铝材有限公司
61	江苏苏醇酒业有限公司	86	徐州光大铸管有限公司
62	江苏省瑞丰盐业有限公司	87	徐州宏昌粮油购销有限责任公司
63	徐州徐腾木业有限公司	88	徐州市永强木业有限公司
64	徐州诺特化工有限公司	89	徐州天元纸业有限公司
65	徐州蔺家坝水泥制造有限公司	90	邳州市巨龙化工厂
66	江苏花厅生物科技有限公司	91	睢宁县永华木业有限公司
67	邳州市伟龙聚氨脂制品有限公司	92	徐州南区热电有限责任公司
68	徐州卫生材料厂有限公司	93	睢宁县鑫旺轧辊有限公司
69	泰山石膏（邳州）有限公司	94	徐州天能姚庄煤矸石热电有限公司
70	徐州天福缘食品有限公司	95	徐州得隆生物科技有限公司
71	徐州中原木业有限公司	96	徐州格瑞德科技有限公司
72	徐州海天石化有限公司	97	邳州市江山木业有限公司
73	徐州天虹时代纺织有限公司	98	江苏新沂泰禾化工有限公司
74	徐州罗特艾德环锻有限公司	99	徐州金舟电源有限公司
75	江苏星星家电科技有限公司	100	徐州嘉丰特种合金有限公司

2015年徐州市其他服务业企业前五十强

（按营业收入排序）

序号	企业名称	序号	企业名称
1	中国石油化工股份有限公司管道储运分公司	26	江苏创新投资集团有限公司
2	江苏徐州港务(集团)有限公司	27	江苏徐工广联机械租赁有限公司
3	中国移动通信集团江苏有限公司徐州分公司	28	江苏十全电子商务有限公司
4	江苏宝通物流发展有限公司	29	徐州五岳生辉生态农业发展有限公司
5	邳州市润城资产经营集团有限公司	30	徐州顺衡速运有限公司
6	中国电信股份有限公司徐州分公司	31	邳州市铁佛寺景区管理有限公司
7	睢宁县润企投资有限公司	32	邳州市中远运输有限公司
8	新沂市交通投资有限公司	33	徐州矿务集团第二医院
9	江苏省邮政公司徐州分公司	34	大屯煤电(集团)有限责任公司中心医院
10	新沂市城市投资发展有限公司	35	邳州市东方航运有限公司
11	中国联合网络通信有限公司徐州市分公司	36	徐州矿务集团第一医院
12	徐州矿务集团总医院	37	徐州全鸿运输有限公司
13	徐州金地商都集团有限公司	38	邳州苏源农电管理有限公司
14	中国石化集团管道储运公司	39	沛县航联运输有限公司
15	上海铁路局徐州货运中心	40	新沂市江海航运有限公司
16	徐州公路运输集团有限责任公司	41	徐州中国矿大岩土工程新技术发展有限公司
17	云光信息技术(徐州)有限公司	42	邳州市九龙山景区开发有限公司
18	徐州报业传媒有限公司	43	邳州市平安运输有限公司
19	徐州报业传媒集团(徐州日报社)	44	徐州润东汽车营销管理有限公司
20	邳州华通物资贸易有限公司	45	徐州鸿安运输公司
21	邳州港上银杏博览园景区管理有限公司	46	沛县西集港
22	徐州市公共交通有限责任公司	47	徐州市观音机场有限公司
23	徐州大屯劳动服务有限公司	48	邳州奉驰运输代理有限公司
24	江苏中润物流有限公司	49	邳州市汽车运输公司
25	徐州仁慈创伤外科医院(州市急救医疗中心金山桥分站)	50	睢宁县鸿发客运有限公司

中国统计出版社最新图书简目

（仅供参考，以实际出版为准）

统计资料

中国统计年鉴 中国统计摘要 中国发展报告
中国经济普查年鉴2013 国际统计年鉴 金砖国家联合统计手册
中国-东盟国家统计手册 中国农村统计年鉴 中国县域统计年鉴
中国城市统计年鉴 中国对外直接投资统计公报 中国地区经济监测报告
中国贸易外经统计年鉴 中国零售和餐饮连锁企业统计年鉴 中国商品交易市场统计年鉴
大中型批发零售和住宿餐饮企业统计年鉴 中国农产品价格调查年鉴 中国住户调查年鉴
中国价格统计年鉴 中国能源统计年鉴 全国农产品成本收益资料汇编
中国环境统计年鉴 中国建筑业统计年鉴 国外资源、能源和环境统计资料汇编
中国工业统计年鉴 中国城乡建设统计年鉴 中国房地产统计年鉴
中国城市建设统计年鉴 中国科技统计年鉴 中国第三产业统计年鉴
中国证券期货统计年鉴 中国劳动统计年鉴 中国高技术产业统计年鉴
工业企业科技活动资料 中国社会统计年鉴 中国人口和就业统计年鉴
中国人才资源统计报告 中国教育经费统计年鉴 中国文化及相关产业统计年鉴
文化及相关产业统计概览 中国民政统计年鉴 中国民族统计年鉴
中国残疾人事业统计年鉴 中国妇女儿童状况统计资料（英） 中国乡镇街道行政区域简册
中国基本单位统计年鉴

省级综合统计年鉴系列

北京 天津 河北 山西 内蒙古 辽宁 吉林 黑龙江 上海 江苏 浙江 安徽 福建 江西 山东 河南 湖北 湖南
广东 广西 海南 重庆 四川 贵州 云南 西藏 陕西 甘肃 青海 宁夏 新疆 新疆生产建设兵团

市(县)级综合统计年鉴系列

天津滨海新区 石家庄 唐山 邯郸 保定 沧州 邢台 廊坊 承德 衡水 秦皇岛 张家口 太原 大同 阳泉 长治 晋城
朔州 晋中 运城 忻州 临汾 呼和浩特 呼和浩特新城区 鄂尔多斯 包头 沈阳 大连 长春 延吉 四平 通化 哈尔滨
齐齐哈尔 黑龙江垦区 上海浦东新区 南京 无锡 徐州 常州 苏州 南通 连云港 淮安 盐城 扬州 镇江 泰州
宿迁 江阴 丹阳 杭州 宁波 温州 嘉兴 湖州 绍兴 金华 衢州 舟山 台州 丽水 合肥 安庆 马鞍山 福州 厦门
宁德 漳州 南昌 九江 上饶 新余 抚州 萍乡 赣州 吉安 景德镇 济南 青岛 潍坊 枣庄 日照 滕州 郑州 洛阳
平顶山 三门峡 商丘 信阳 济源 武汉 十堰 荆州 宜昌 荆门 咸宁 长沙 广州 深圳 惠州 东莞 南宁 柳州 桂林
来宾 海口 三亚 成都 贵阳 昆明 西安 安康 兰州 庆阳 银川 乌鲁木齐 兵团一师 兵团十师

调查年鉴系列

天津 山西 内蒙古 辽宁 吉林 上海 福建 江西 河南 湖北 湖南 广西 重庆 四川 云南 甘肃 宁夏 新疆

统计方法应用/实用手册

实用SAS统计分析教程 马克威统计分析与数据挖掘应用案例
乡镇统计人员岗位知识培训系列教材：辅助调查员岗位基础知识 乡镇统计人员岗位基础知识
县级统计人员岗位知识培训系列教材：Excel在统计工作中的应用 简明统计分析
EXCEL在基层统计工作中的应用 统计公文知识问答

统计通俗读物/统计科普图书

漫话诺贝尔经济学大师与数学情缘 魅力统计 漫话信息时代的统计学 统计使人更聪明
漫游数据王国 探访随机世界 新中国统计工作历史流变1949-1999 无处不在的统计

重点图书

新编英汉汉英统计大词典 中华医学统计百科全书
挑大学选专业2016—考研择校指南 挑大学选专业2016—高考志愿填报指南